HERVÉ RYSSEN

PSICOANÁLISIS DEL
JUDAÍSMO

OMNIA VERITAS.

Hervé Ryssen

Hervé Ryssen (Francia) es historiador y un investigador exhaustivo del mundo intelectual judío. Es autor de doce libros y varios videos documentales acerca de la cuestión judía. En el 2005 publicó *Las Esperanzas planetarias*, libro en el que demuestra los orígenes religiosos del proyecto mundialista. *Psicoanálisis del judaísmo*, publicado en el 2006, muestra como el judaísmo intelectual presenta todos los síntomas de la patología histérica. No existe ninguna "elección divina", sino la manifestación de un trastorno que tiene su origen en la práctica del incesto. Freud había estudiado pacientemente esta cuestión a partir de lo que constataba en su propia comunidad.

En Francia reside una de las mayores comunidades judía de la diáspora con una vida cultural e intelectual muy intensa. Hervé Ryssen ha podido desarrollar su extensa obra en base a numerosas fuentes históricas y contemporáneas, tanto internacionales como francesas.

Psicoanálisis del judaísmo

Psychanalyse du judaïsme, Levallois-Perret, éd. Baskerville, 2006

Traducido por Alejo Domínguez Rellán

Publicado por
Omnia Veritas Limited

OMNIA VERITAS.

www.omnia-veritas.com

© Omnia Veritas Limited – Hervé Ryssen – 2022

PRIMERA PARTE

EL MESIANISMO JUDÍO

El judaísmo[1] no es sólo una religión. Es además un proyecto

[1] El término "judaísmo" que designa a la religión de los hebreos, aunque también abarca aspectos étnicos y culturales, merece una aclaración previa. Según el Rabino Adolph Moses, "de todas las desgracias ocurridas, aquella cuyas consecuencias fueron más lamentables fue la invención de la palabra "judaísmo". (…) Peor aún, los propios judíos llegaron a designar su propia religión con el nombre de "judaísmo", (...) mientras que ni en la Biblia, ni en los escritos posteriores, ni en el Talmud, hay una sola mención de este término. (…) Fue Flavio Josefo quien acuñó el término "judaísmo" para instruir a los griegos y a los romanos sobre esta cuestión, y para distinguir esta religión del helenismo (...) Por ello, el término "judaísmo", acuñado por Flavio Josefo, permaneció completamente desconocido para los judíos, (...) y no fue utilizado por ellos hasta un periodo relativamente reciente, después de que los judíos comenzaran a leer las obras cristianas. Por lo tanto, también comenzaron a llamar a su religión judaísmo." (in Adolph Moses, *Yahvism and Other Discourses*, 1903). De hecho, en la *Encyclopaedia Universalis* leemos en su artículo sobre los fariseos lo siguiente: "El fariseísmo es un gran movimiento que, durante muchos siglos y hasta hace poco, aseguró la permanencia de un judaísmo sin Templo y una religión sin Estado. Los fariseos se quedaron solos en la escena judía y, al no tener ya ninguna razón para llamarse a sí mismos fariseos, ya que la etiqueta reflejaba una distinción que ya no era relevante (habiendo desaparecido los representantes de las otras tres sectas [Saduceos, Esenios y Zelotes]), se convirtieron y permanecieron simplemente: "los judíos" (...) Así, bajo el nombre de judaísmo, el fariseísmo se convirtió en una verdadera religión: paralelamente al cristianismo, se hizo rabínico y luego talmúdico."

La doctrina de los fariseos era la más ortodoxa y aceptaba todos los libros de la Torá como inspirados por Dios. Los fariseos promovían la religión de la sinagoga y daban mucha importancia a la tradición oral (la inmensa mayoría de los escribas eran fariseos). Únicamente los fariseos creían en la ley oral. Esto es algo muy importante a tener en cuenta.

El eminente rabino estadounidense Louis Finkelstein escribiría así: "El fariseísmo se convirtió en talmudismo, el talmudismo se convirtió en rabinismo medieval, y el rabinismo medieval se convirtió en rabinismo moderno. Pero a través de todos estos cambios de nombre (...), el espíritu de los antiguos fariseos siguió siendo el mismo (...) De Palestina a Babilonia, de Babilonia al norte de África, luego a Italia, España, Francia y Alemania, y de allí a Polonia, Rusia y toda Europa oriental, el antiguo fariseísmo continuó su viaje, (...) demostrando su importancia como una de las grandes religiones del mundo." (in Louis Finkelstein,*The Pharisees: The Sociological Background of Their Faith*, 1962.). Cabe subrayar además que los rabinos no son sacerdotes, sino los

político que se basa en una idea principal: la desaparición de las fronteras, la unificación de la tierra y la instauración de un mundo de "paz". Para los judíos religiosos, esta aspiración de un mundo pacificado, unificado y globalizado se confunde con la esperanza febril de la llegada de un Mesías que aguardan desde hace tres mil años. Éste vendrá a restaurar el "reino de David". Para los judíos no creyentes, este mesianismo ha tomado la forma de un activismo político secularizado en favor de todas las utopías del globalismo.

Ese es el motivo por el que tantos judíos se comprometieron en la aventura comunista a lo largo del siglo XX con un entusiasmo y desenfreno tan especial. Pero incluso antes de la caída del sistema soviético, fueron muchos los que habían comprendido que la democracia liberal era mucho más eficaz para borrar las fronteras y disolver las identidades nacionales. Se trata de trabajar incansablemente para la instauración del Imperio global, que debe ser también el Imperio de la Paz. Esa es la "misión" del pueblo judío.

Durante siglos, esta esperanza ha alimentado y modelado el espíritu de los judíos de todo el mundo, aislados entre los demás pueblos y fomentando firmemente ese aislamiento como si hubiera una revancha futura que tomar sobre el resto de la humanidad. Ese espíritu de revancha se manifiesta en numerosos textos de la literatura cosmopolita. Es uno de los rasgos característicos del judaísmo. El estudio de la producción religiosa, filosófica, literaria y cinematográfica permite efectivamente revelar y exponer las ideas predominantes del judaísmo en general, particularmente la personalidad intelectual judía. Observamos entonces una sorprendente homogeneidad de pensamiento de los judíos en las cuatro esquinas del mundo, ya sean creyentes o ateos. Todos parecen haber sido formados en la misma escuela, hablando y expresándose en distintas lenguas únicamente para difundir las mismas ideas, las mismas emociones, las mismas paradojas, la misma esperanza mesiánica, la misma fe en la victoria final.

---

jefes que reúnen la comunidad judía en las sinagogas. Los sacerdotes de la religión hebrea desaparecieron con la destrucción del Templo de Jerusalén en el año 70. (Nota del Traductor, NdT).

1. La propaganda planetaria

El pueblo judío es el pueblo militante por excelencia. Es un pueblo de propagandistas, un pueblo de "sacerdotes" que tiene un mensaje que transmitir al resto de la humanidad y una "misión" que cumplir. Pero al contrario que el cristianismo o el islam, los judíos no pretenden convertir los demás al judaísmo, sino llevarlos a renegar de su religión, su raza, su identidad, su familia y todas sus tradiciones en nombre de la "Humanidad" y de los "derechos humanos". El Imperio global, en efecto, sólo podrá levantarse sobre los restos de las grandes civilizaciones, con el polvo humano producido por las sociedades democráticas y el sistema mercantil capitalista.

Un mundo por fin unificado

La idea de un mundo sin fronteras es una perspectiva que provoca desde hace mucho tiempo el entusiasmo de la juventud occidental. Pero mientras que en el siglo XX ese ideal era enarbolado sobre todo por el marxismo militante, parece que en la actualidad ha encontrado su verdadera realización a través de la ideología liberal triunfadora y la democracia plural. El derrumbe del bloque soviético fue la oportunidad para redoblar los esfuerzos en esa dirección. Se esperaba entonces que el final del mundo bipolar y el triunfo de la democracia iban a permitir la instauración de un mundo de paz y el "final de la historia", como algunos filósofos pensaban de manera un poco ingenua. Los principales representantes de esa corriente de pensamiento cosmopolita son por cierto a menudo antiguos marxistas. Edgar Morin, por ejemplo, es un sociólogo francés de la segunda mitad del siglo XX que personifica perfectamente el espíritu "planetariano". Es el autor de numerosas obras y artículos de prensa que abogan invariablemente, desde hace muchos años, por una "confederación planetaria" y por la unificación mundial. En un libro titulado *Un nuevo comienzo*, publicado en 1991, recordaba al lector que el proceso de unificación de la humanidad era bastante reciente, ya que empezó a materializarse en el siglo XVI con el descubrimiento de las Américas: "Cristóbal Colón había hecho entrar la humanidad en la era planetaria." En ese sentido, Morin afirmaba lo siguiente: "Aún estamos en la edad de hierro de la era planetaria", en "la prehistoria del espíritu humano...No nos hemos separado de los primates, nos hemos convertido en súper-primates[2]."

Es una idea que Edgar Morin retoma sistemáticamente en todos sus libros. Así, en *Tierra-Patria*, en 1993, reiteraba sus convicciones cosmopolitas. Nuestra tarea, decía, consiste en "reformar la civilización occidental", en "federar la Tierra" con el fin de "llevar a cabo la era de la civilidad planetaria[3]". Debemos "considerar la ciudadanía planetaria, que daría y garantizaría a todos derechos terrenales." Es, según él, la única manera de "salir de esta edad de hierro planetaria".

La "consciencia planetaria" debe ser primero antropológica: todos los seres humanos son hermanos. Pero debe también ser ecológica, y hasta cósmica, pues, a fin de cuentas, sólo somos Humanos perdidos en el universo: "Nuestra Tierra ya sólo es un minúsculo planeta perdido en un gigantesco cosmos donde proliferan miles de millones de estrellas y galaxias. Es un planeta minúsculo y tibio en un espacio sin fin donde reina un gélido frío[4]."

Presentado así, comprenderemos que la solidaridad humana se impone por sí misma, más allá de todas las divergencias. Notemos además que esta visión intergaláctica de la vida sobre la tierra es también la trama de muchos guiones de películas catastróficas y futuristas producidas por Hollywood. En esta búsqueda de lo universal, la lucha por el respeto del medio ambiente es hoy en día una razón esencial de movilización, más aún cuando la contaminación de todo tipo amenaza nuestro planeta: "La amenaza ecológica ignora las fronteras nacionales, escribía Morin. Una amenaza a escala planetaria pende sobre la humanidad." Debemos por lo tanto "pensarlo todo en una perspectiva planetaria."

Con el fin de obligar a los hombres a fusionar en una nación común, el intelectual cosmopolita parece tomar la Tierra como rehén bajo la amenaza de un catastrofismo apocalíptico: "Civilizar la Tierra, transformar la especie humana en humanidad, se convierte en el objetivo fundamental y global de cualquier política que aspire no solamente al progreso sino también a la supervivencia de la humanidad[5]." Lo habéis comprendido: nos va la vida en ello, nuestra supervivencia está en juego.

Se debe por lo tanto destruir las naciones lo antes posible, suprimir

---

[2]Edgar Morin, *Un nouveau commencement*, Seuil, 1991, p. 192, 23, 186

[3]Edgar Morin y Anne Brigitte Kern, *Tierra-Patria*, Editorial Kairós, 2005, Barcelona, p. 136, 143

[4]Edgar Morin, *Un nouveau commencement*, Seuil, 1991, p. 19, 21

[5]*Le Monde*, 21 de abril de 1993

las fronteras, transformar las viejas civilizaciones en polvo humano a partir del cual se podrá modelar un mundo por fin unificado y realizar la "confederación mundial", condición de nuestra salvación: "Los Estados-nación son en sí mismos unos monstruos paranoides incontrolables...El ideal que debe anunciarse al mundo ya no es la independencia de las naciones, sino la confederación de las naciones." Y no existe ninguna razón para limitar estos proyectos grandiosos a la pequeña Europa: "la idea confederativa es una idea no sólo válida para Europa, sino que tiene un alcance universal."

"He aquí el nuevo futuro, incierto y frágil, que debemos alimentar. No tenemos la Tierra prometida, pero tenemos una aspiración, un deseo, un mito, un sueño: hacer realidad la Tierra patria[6]." Es hacia un mundo de paz que nos quiere conducir el filósofo, pues ese mundo unificado y pacificado será finalmente la Tierra prometida.

El pensamiento de Jacques Attali está también totalmente impregnado de ideas cosmopolitas. En su libro del 2003 titulado *El hombre nómada*, profetizaba él también lo que será el mundo de mañana con una visión muy personal: "Después de muchos desórdenes, incluso espantosos desastres, el planeta se convertirá en una entidad única, sin fronteras; los hombres serán a la vez sedentarios y nómadas, gozando de derechos y asumiendo nuevos tipos de deberes: una democracia universal al servicio de un "Bien común" de la humanidad." En este Nuevo Orden mundial, "los *hipernómadas* (artistas, poseedores de un activo nómada, patente o saber hacer)" formarán una *hiperclase* de decenas de millones de personas." Constituirán "la red que gobierna el mundo en búsqueda de nuevas conquistas y colonias que poblar en el espacio real y virtual[7]."

Para hacernos aceptar la idea de la futura dominación de los nómadas, Jacques Attali reescribía así la historia de la humanidad desde el punto de vista cosmopolita: "El sedentarismo no es más que un breve paréntesis en la historia humana. Durante la mayor parte de su aventura, el hombre ha sido formado por el nomadismo y actualmente está volviendo a ser un viajero." En este nuevo mundo, revisado por Jacques Attali, las identidades tradicionales ya no sirven. Ya no hay bretones, ni flamencos, ni franceses que valgan:

"El transhumano tendrá derecho a pertenecer a varias tribus a la vez, obedeciendo, según el lugar donde esté, a distintas reglas de afiliación, a múltiples ritos de paso, a diversas formas de cortesía y códigos de hospitalidad. Deberá asumir con honestidad sus múltiples

---

[6]Edgar Morin, *Un nouveau commencement*, Seuil, 1991, p, p. 190, 204-206, 9
[7]Jacques Attali, *L'Homme nomade*, Fayard, 2003, Livre de Poche, p. 451, 32

afiliaciones...La poliandria y la poligamia le permitirán compartir con otros, de forma provisional o duradera, un techo, bienes, proyectos, un compañero o una compañera, sin por ello desear tener o criar hijos, ni llevar el mismo nombre, o mantener relaciones sentimentales o sexuales, redescubriendo así las variadas prácticas de algunos pueblos nómadas como los Nuer de África, donde las mujeres sin hijos se casan entre ellas y ponen sus bienes en común, mientras que otras concilian poligamia y poliandria con la misma tolerancia. Podrá mezclar las culturas, las fes, las doctrinas, las religiones, tomar a su antojo elementos de unas y otras sin verse obligado a entrar en tal Iglesia o partido encargado de pensar por él[8]."

En efecto, en el mundo futuro descrito por el profeta Attali la vieja civilización europea habrá definitivamente desaparecido, reemplazada por el modelo africano nómada considerado netamente superior. La globalización democrática "no solamente pasará por la tecnología, sino además por la reinvención de nuevos modos de vida, inspirados en los de los pueblos primigenios. Esto exigirá volver a pensar las culturas y la organización del trabajo en las ciudades y en la política; inventar un gobierno del planeta; una democracia transhumana... Se vislumbrará entonces, más allá de inmensos desórdenes, un prometedor mestizaje planetariano, una Tierra hospitalaria para todos los viajeros de la vida."

En esta nueva organización, "el gobierno del planeta será –utopía final- organizado alrededor de un conjunto de agentes y redes dependientes de un Parlamento planetario" y estará "al servicio del Bien común". Será el tiempo bendito "de un planeta sereno y reunido". Jacques Attali concluía su libro con estas palabras: "Entonces surgirán, como una promesa de una Tierra por fin acogedora para todos los humanos, los viajeros de la vida." Al principio de su libro, escribía lo siguiente: "El nómada terminará teniendo sólo un sueño: detenerse, asentar cabeza, tomarse su tiempo; hacer del mundo una tierra prometida[9]."

Más allá de la poesía que sustenta el discurso de su visión del mundo, podemos observar cierta similitud de vocabulario en los dos filósofos. Entre la "Tierra-patria" de Edgar Morin y la "Tierra prometida" de Jacques Attali, casi se podría pensar que a través de estos libros profanos y dirigidos al público en general se expone en realidad una interpretación laica de antiguas profecías hebraicas.

---

[8]Jacques Attali, *L'Homme nomade*, Fayard, 2003, Livre de Poche, p. 451, 32
[9]Jacques Attali, *L'Homme nomade*, Fayard, 2003, Livre de Poche, p. 35, 471, 472, 34

El desprecio por las culturas arraigadas

La promesa de un mundo unificado no va sin una denuncia virulenta por parte de los intelectuales cosmopolitas de las sociedades tradicionales. El desprecio de la "Francia profunda" y de las tradiciones lugareñas ya había sido expresado de forma hiriente por el muy mediático filósofo Bernard-Henri Levy en su libro de 1981 titulado *La ideología francesa*[10]. François Mitterrand y los socialistas llegaban entonces al poder en Francia, y se podía soñar con un mundo mejor. A caballo de esas esperanzas liberadoras, otro autor cosmopolita, Guy Konopnicki, daba al traste a su vez con los viejos valores tradicionales y los prejuicios de esos franceses todavía demasiado "timoratos" ante la modernidad. En 1983, en un libro titulado *El Lugar de la nación*, pretendía liberar el país de todo lo exasperante que todavía podía tener: "El culto de la tierra, el éxtasis ante las virtudes campesinas, la filosofía espontánea, el sentido común popular y todas las antiguallas reaccionarias."

Y para desacreditar aún más esa Francia profunda aborrecida, Konopnicki la equiparaba a un régimen político sobre el que ya se había vertido montones de basura desde el final de la guerra y que había sido claramente reprobado por todos: "Esa imagen se debe a Vichy y sigue siendo su rasgo dominante[11]." Así pues, Marcel Pagnol[12] simboliza para Konopnicki todo lo que esa Francia desmedrada puede producir de más arraigado: "*La Fille du puisatier* limpiaba el alma nacional de las mancillas infligidas por el cosmopolitismo de los intelectuales parisinos", escribía. Ciertamente, una película de Pagnol como *Regain*, por ejemplo, podría estremecer a los intelectuales de hoy en día por su belleza y la dirección artística que tomaba, a contrapié de los valores del desarraigo y del nomadismo. Esa cultura demasiado francesa sólo puede inspirar el desdén: "El país había perdido una batalla, pero le quedaba Tino Rossi y Marcel Pagnol." Y debemos reconocer, dándole la razón a Konopnicki, que "nunca hubo un cine más francés que el que se produjo durante la ocupación alemana".

Tras la estrepitosa derrota de 1940, Francia intentaba

---

[10] Léase en Hervé Ryssen, *Las Esperanzas planetarianas,* 2022, p. 97

[11] Guy Konopnicki, *La Place de la nation*, Olivier Orban, 1983, p. 112, 60, 62. El régimen de Vichy fue el régimen colaboracionista del Mariscal Petain instaurado tras la derrota de Francia en junio de 1940.

[12] Marcel Pagnol, novelista y cineasta francés cuya obra se caracterizaba por una visión popular y realista del mundo, y una preocupación por los temas regionales. Se le considera precursor del neorrealismo italiano. (NdT)

efectivamente lamer sus heridas y renacer reponiendo fuerzas en su historia, su cultura y sus valores nacionales. Ciertamente, veinte años después de la masacre de la Primera Guerra mundial, los franceses se habían lanzado a regañadientes en una nueva guerra en nombre de la "democracia" y de los "derechos humanos", y no habían mostrado el ardor guerrero que los intelectuales habían esperado de ellos para combatir el régimen hitleriano. Para Guy Konopnicki, esa actitud era difícilmente perdonable. No comprendía esa falta de combatividad de los Galos y fustigaba su poco espíritu de sacrificio: "¿Cuantos funcionarios dimitieron? ¿Cuántos oficiales se suicidaron antes que ser prisioneros? Todos aquellos franceses profesionales se mantuvieron en sus puestos[13]." Debemos comprender el disgusto y la indignación de Guy Konopnicki ante la cobardía de aquellos que se negaron a morir por los "derechos humanos".

Esta bajeza francesa nunca ha dejado de manifestarse en realidad. En los años cincuenta, esta Francia "raquítica" seguía lastrando el país con su inercia, encarnándose en la figura paterna de Antoine Pinay. Pinay, escribía Konopnicki sin disimular su desprecio, era un hombre "muy popular en esa Francia profunda que almacena patatas ante la menor huelga y que se vanagloria de no invertir más en la industria desde que se la jugaron con la crisis de Suez y los empréstitos del ferrocarril ruso."

El pequeño ahorrador francés es sin duda exasperante, con su manía por ahorrar para su vejez y su desconfianza instintiva respecto a los mercachifles de las finanzas. "La tradición del anticapitalismo de derecha, una tradición muy francesa", que tomaba sus referencias de autores antisemitas como Edouard Drumont, no podía satisfacer nuestro intelectual, el cual precisaba: "Es una tradición fundamentalmente hipócrita, pues bajo el pretexto de preferir los valores nobles de la tierra y de la piedra, hace que el dinero se refugie en valores y propiedades inmobiliarias. En Francia, no se invierte, se esconde el dinero. No se juega con el dinero. Se entierra, se oculta en montones de sábanas y en los colchones. Y cuando el gallo es vencido, queda la pequeña ardilla de las cajas de ahorro[14]."

Es cierto que después de los continuos escándalos financieros y las incontables estafas que habían jalonado la historia de la Tercera República, los pequeños ahorradores engañados tendían a mirar con suspicacia las inversiones financieras. Entendemos, pues, el dolor de

---

[13]Guy Konopnicki, *La Place de la nation*, Olivier Orban, 1983, p. 55, 56

[14]Guy Konopnicki, *La Place de la nation*, Olivier Orban, 1983, p. 77, 173. [La ardilla es la efigie de una conocida caja de ahorro francesa (La Caisse d'Epargne). (NdT).]

Konopnicki, el cual, evidentemente, hubiese preferido que el botín fuese entregado a los especuladores internacionales.

Esta mezquindad muy francesa se ha mantenido naturalmente hasta la Quinta República, cuya constitución y prácticas seguían la misma lógica: "Paraguas institucional de una Constitución presidencial, paraguas económico de las reservas de oro del Banco de Francia, sin olvidarnos, naturalmente, de nuestro pequeño "pepino" nuclear[15]." Esa manera de reforzar el Estado protector es constitutiva del espíritu francés: "El Estado invertía en el oro, los franceses en la piedra y en la tierra...Así, Francia se libró una vez más del gusto por el riesgo industrial, cultural y político." Esta pusilanimidad sólo puede inspirar el más alto desprecio de nuestro intelectual: "Bajo las plumas del gallo, el gaullismo vio un gallina ...El Hexágono[16] se había convertido en un jardín francés: ninguna sorpresa en nuestras alamedas, ningún desorden sobre nuestros céspedes." Ciertamente, los jardines de Luis XIV- belleza, mesura y armonía- son exactamente lo opuesto a lo que puede producir el espíritu cosmopolita de un Konopnicki.

Pero el desprecio del intelectual no sólo era hacia la Francia "reaccionaria", aferrada a sus antiguas virtudes campesinas y "pequeño burguesas". También iba en contra de una parte de la cultura de izquierda representada por el Partido Comunista, el cual aún difundía conceptos demasiado impregnados de la idea de terruño: El PCF, decía, "apoyado por los corporativismos", sólo envuelve sus posturas reaccionarias en un discurso plebeyo. "A él se le debe la paternidad del eslogan "Fabriquemos francés"."

Parte de la izquierda francesa coincidía por lo tanto con la derecha en su veneración de los valores nacionales. Para Konopnicki, ese aferramiento a su identidad era precisamente lo que explicaba que los franceses aún estuvieran un poco impregnados de ese hedor a estiércol propio de sus antepasados campesinos: "¿Cómo nos puede sorprender entonces que la imaginación y la novedad tengan tan poca cabida en este país? Hace mucho tiempo que dos fuerzas se unen para marginar todos aquellos que, desde los antiguos mendesistas[17] hasta los judíos alemanes de mayo del 68, intentan mirar más allá de un horizonte cercado por seis costados. El gaullismo y el estalinismo son las dos mandíbulas que atenazan a Francia, son los dos pilares del conformismo

---

[15]Alain Minc usa el mismo lenguaje cuando habla de una "Francia parapetada detrás de su capacidad nuclear." (*La Grande illusion*, Grasset, 1989, p. 255)

[16]La geografía de Francia forma un hexágono. A menudo se alude así a Francia. (NdT).

[17]Partidarios de Pierre Mendès-France, antiguo primer ministro de la IV República francesa. (NdT).

francés. Los dos convergen para prohibir la audacia; coinciden en el miedo que provoca en ellos todas las filosofías que no exhalan el terruño."

Pero si Konopnicki nos honra a todos viviendo en Francia, a pesar de todo lo que le molesta, es porque sin embargo le agradan algunas cosas: "Sería muy injusto pasar por encima del paisaje ideológico sin mencionar la existencia de bocanadas de aire fresco como *Libé* o el *Canard* que hacen que Francia sea todavía soportable[18]." Nos alegramos poder darle por lo menos esa satisfacción.

El intelectual se satisface naturalmente de la inmigración masiva que ha trasformado profundamente la población francesa durante estas últimas décadas. Así es como celebraba esta "mutación irreversible": "En los suburbios de las grandes ciudades, generaciones han crecido juntas, frecuentado las mismas escuelas y vibrado al son de los mismos ritmos. Guste o no, el mestizaje está ahí, irremediable, definitivo...La vieja república está muerta."

De hecho, según él, el "pueblo francés" ya no corresponde a nada: "La expresión provoca la risa o repelús. Ya nadie habla así excepto en los tribunales para condenar en nombre de...; el pueblo francés ya no tiene coherencia interna, si es que la tuvo un día, sólo está unido por el azar geográfico y la tutela administrativa y política." Todo está finiquitado pues.

"Afortunadamente, los reaccionarios se manifiestan demasiado tarde: la Francia tradicional de la que hablan no está amenazada; está muerta y enterrada."

La propaganda cosmopolita ha vencido en unas cuantas décadas la desconfianza y las angustias de esos pequeños blancos despreciables: misión cumplida pues. ¡Victoria!

"Nunca se agradecerá lo suficiente al capitalismo haber arrancado los campesinos de su tierra para llevarlos a la ciudad. Allí es donde se hace la mezcla de poblaciones, donde se produce el intercambio de las cosas más valiosas, más esenciales que todas esas viejas chozas rurales: cines, teatros, lugares de espectáculos obligados a renovarse constantemente bajo la presión de las leyes más culturales posibles como son las del mercado y de la competencia[19]."

Todos los franceses pueden hoy en día disfrutar de los espectáculos que le ofrece el cine cosmopolita de Hollywood y las exposiciones de

---

[18]Guy Konopnicki, *La Place de la nation*, Olivier Orban, 1983, p. 79, 87, 115. [*Libération*, periódico de izquierda progresista y *Le Canard enchaîné* periódico satírico y de investigación. (NdT).]

[19]Guy Konopnicki, *La Place de la nation*, Olivier Orban, 1983, p. 114, 122, 123, 113

arte moderno. Esa es la verdadera cultura. Sin embargo, Konopnicki no ocultaba que existen culturas superiores y otras que son definitivamente inferiores: "Incluso la más pésima de las revistas de Broadway siempre superará el espectáculo lamentable de los bailes folclóricos con zocos."

Se podría objetar que los pueblos africanos, las tribus del Magreb, los Indios de la Amazona o los pueblos asiáticos podrían sentirse ofendidos por esas palabras. Pero parece que Guy Konopnicki sólo desprecia las culturas europeas, a tenor de este pasaje que escribía después de asistir a un "festival de las repúblicas soviéticas" durante un viaje a la URSS: "Nunca vi algo tan bochornoso como esos bailes folclóricos que parecen todos iguales, con esas pueblerinas trenzas, pañuelos y zocos[20]."

Podemos suponer que Guy Konopnicki añoraba el tiempo de los bolcheviques, antes de la guerra, cuando numerosos judíos habían tomado el control total del aparato de Estado, ridiculizaban las tradiciones rusas, arrestaban cientos de miles de personas, masacraban millones de cristianos y destruían las iglesias y todo aquello que podía recordar la antigua Rusia[21]. Konopnicki lo reconocía: "No se hacía mucho caso durante esos años locos del folclore de las repúblicas soviéticas." Pero al igual que sus congéneres, prefería mantenerse discreto respecto de ese periodo trágico de antes de la guerra. Para él, como para todos los intelectuales planetarianos, el gran, el único responsable de aquellas abominaciones no fue otro que Stalin, sobre el que se prefiere echar todo el peso de la ignominia[22].

En definitiva, según Konopnicki, todo lo que no es cosmopolita debe ser desechado. Sólo "el gran mestizaje de las culturas, que prefigura y acompaña el mestizaje general de la humanidad", podrá triunfar sobre las resistencias y abrir la vía a ese mundo de Paz anunciado por los profetas. "Algo está apareciendo, algo que nos supera y que se nos escapa[23]", escribía enigmáticamente.

Los intelectuales judíos y la inmigración

La apología de la inmigración es una constante dentro del discurso planetariano. El muy mediático ensayista liberal Alain Minc nos dejó una buena muestra de esa voluntad implacable de imponer en los

---

[20]Guy Konopnicki, *La Place de la nation*, Olivier Orban, 1983, p. 175, 176

[21]Léase Aleksandr Solzhenitsyn, *Deux Siècles ensemble*, Fayard, 2003

[22]Hervé Ryssen, *Las Esperanzas planetarianas*, 2022, p. 268

[23]Guy Konopnicki, *La Place de la nation*, Olivier Orban, 1983, p. 185, 220, 114

espíritus la idea de la sociedad plural. En un libro titulado *La Venganza de las naciones*, publicado en 1990, no paraba de fustigar la actitud retrógrada de los franceses autóctonos que no parecían comprender los beneficios de esta evolución y que se alarmaban ante lo que consideraban una invasión. Alain Minc restablecía así la verdad de los hechos en su justa medida:

"Los inmigrantes son hoy en día a penas más numerosos que hace quince años; representan una parte de la población más débil que durante los años treinta. Sin embargo, el problema ha alcanzado una dimensión sin precedentes, como si los hechos se difuminaran ante una realidad más fuerte: una angustia colectiva asediada."

En esas condiciones, el avance de la extrema derecha en la Francia de finales de siglo XX es un fenómeno alarmante e incomprensible. Esta anomalía "nos hace parecer un pueblo de locos" ante el resto del mundo. Francia, en realidad, "se ha inventado el problema de la inmigración...Cuanto más enloquecidos están los franceses por la inmigración, menos comprenden la realidad del fenómeno." Los miedos y las "angustias de la pequeña, mediana y hasta gran burguesía", son en realidad completamente ridículas: "Las fantasías y las fobias son siempre alimentadas por la ignorancia colectiva: pero llegados a este punto, ¡es asombroso! Casi habría que darle la vuelta a la teoría de la conspiración tan apreciada por Le Pen y afirmar que la ignorancia es cultivada deliberadamente para abrirle paso al miedo[24]."

Los análisis de Alain Minc pueden ser desconcertantes cuando se mira en retrospectiva la evolución de la población francesa durante estos últimos veinte años. En realidad, es porque se trata de un discurso ideológico de "sensibilización", y no de un análisis social. Estas palabras de Minc lo demuestran: La población inmigrante es en realidad "más reducida de lo que se dice"; "las cifras siguen siendo inferiores a lo que la agitación política podría hacer creer." El número de inmigrantes ilegales, por ejemplo, "no debe ser superior al que era en 1981." Para Alain Minc, la inmigración es una suerte para Francia, pues en realidad representa "menos un problema para la población que una excusa para el malestar de la sociedad francesa...pues ésta aumenta débilmente y contribuye, como lo viene haciendo desde hace un siglo, a la regeneración de la demografía francesa." Podemos por lo tanto concluir con Alain Minc que es efectivamente "la ignorancia" la que "alimenta la xenofobia" y que no se está produciendo una "invasión" ya que ésta sólo existe en los cerebros estúpidos de los doctrinarios de

---

[24]Alain Minc, *La Vengeance des nations*, Grasset, 1990, p. 11, 21, 15, 154

extrema derecha.

Para el intelectual cosmopolita, en efecto, "la cuestión de la inmigración no se plantea" pues sólo existe "el drama de los guetos como en Estados Unidos". El islam radical puede ser un problema, pero Alain Minc proponía al respecto una solución que podía dejar perplejo: "La respuesta más inteligente, escribía, sería acelerar la normalización y no, mediante una actitud de rechazo, llevar los musulmanes a que se encierren en sí mismos. De ahí una política a contracorriente de la deseada por los xenófobos iluminados: multiplicación de los lugares de culto, autorizaciones especiales para los musulmanes semejantes a las de las fiestas judías, organización simplificada de las matanzas rituales, disposición de espacios para los musulmanes en los cementerios[25]."

Con la misma honestidad y con un gran sentido de la observación, Minc denunciaba el "mito del umbral de tolerancia" y las fantasías de los típicos franceses acerca de la inseguridad. En efecto, según sus estadísticas personales, "los incidentes son numerosos en el Var, con un bajo porcentaje de inmigración, y escasos en la Seine-Saint-Denis donde la inmigración es masiva."

Pensar que "la inmigración es la mayor causa de la inseguridad" es efectivamente una creencia errónea. Hay que tener muy mala fe para afirmar tales cosas. Aunque, efectivamente, los inmigrantes representan "el 27% de los reclusos en las prisiones francesas, es decir cuatro veces más que su peso demográfico en Francia[26]...una observación más atenta que tome en cuenta la clase de delitos aporta matices a la cuestión: con la interrupción de la inmigración en 1974, los delitos de residencia ilegal se han multiplicado...Son la causa del 20% de encarcelamientos de inmigrantes...y no corresponden a ninguna forma de inseguridad."

Por otra parte, "los factores sociales y la edad mitigan la especificidad inmigrante respecto a la inseguridad...Por lo que sería mejor restablecer la inmigración en su justa medida, en vez de alimentar campañas xenófobas con refutaciones abusivas."

Los inmigrantes, como comprenderéis, son en realidad las primeras víctimas de la sociedad francesa: son "parados de larga duración, marginados, personas en situación de vulnerabilidad, víctimas de una serie de desventajas que los deja a un lado del camino", además de ser los "chivos expiatorios" del malestar francés.

Ante el racismo incomprensible de los pequeños blancos pusilánimes, el intelectual cosmopolita se hacía algunas preguntas: "¿Cómo se debe tratar la enfermedad psicológica de los franceses?"

---

[25]Alain Minc, *La Vengeance des nations*, Grasset, 1990, p. 155-160, 166, 171-174
[26]Las cifras del 2005 se acercaban más al 70%.

¿Qué psicoanálisis colectivo nos librará de esta paranoia?" Pues, digámoslo de nuevo: "No existe ningún problema con la inmigración, únicamente la suma de algunas dificultades locales entorno a los guetos y una paranoia colectiva...Francia es paranoica. Debe sanarse y sus élites cumplir con su deber." Se debe pues, "luchar contra el delirio xenófobo", "llevar a cabo un incansable trabajo de información sobre las cifras, la realidad de la inmigración, y la naturaleza de los fenómenos de exclusión social de los que los inmigrantes son las desgraciadas víctimas[27]."

El muy liberal Alain Minc nos proponía finalmente una solución muy concreta, que consistía en copiar el modelo estadounidense de "discriminación positiva", denominado también "preferencia extranjera": "El éxito de la integración exige que salgamos del modelo igualitario francés, reconociendo las desventajas específicas de los inmigrantes." Se trata por lo tanto de "romper con nuestra rigidez mental", y "aplicar métodos no igualitarios", tomando ejemplo en Estados Unidos, donde se aplican cuotas que "reservan a las minorías un número de plazas en las universidades y la administración[28]."

Finalmente, y con mucho tacto, Alain Minc nos avisaba de que la inmigración iba de todas maneras aumentar. Es "una perspectiva inevitable" decía con cierta satisfacción mal disimulada: "La inmigración va a aumentar: más vale prepararse para ello, en vez de dejar que los franceses fantaseen con una situación actual mucho menos crítica de lo que creen[29]." Sin duda, lo que mejor nos prepara para ello es leer los libros de Alain Minc.

Contrariamente a Alain Minc, Guy Konopnicki es un periodista de izquierda. Sin embargo, debemos advertir una cierta convergencia de puntos de vista entre estos dos intelectuales cosmopolitas, pues Konopnicki defiende también la idea de una sociedad multirracial y denuncia el mito de la inmigración según el cual ésta sería la causa de la inseguridad:

"Hay ciertamente un aumento impresionante de la cantidad de delitos, escribía, pero las estadísticas incluyen la delincuencia financiera, inclusive esos dos deportes nacionales que son el fraude fiscal y las infracciones legales con los cheques bancarios. La progresión de las agresiones es apreciable, pero en unas proporciones muy inferiores a lo que se podía temer en un país que bate todos los récords históricos de paro. Nadie ha demostrado todavía con cifras que

---

[27]Alain Minc, *La Vengeance des nations*, Grasset, 1990, p. 176-179, 207, 208

[28]Alain Minc, *La Vengeance des nations*, Grasset, 1990, p. 206, 194, 195

[29]Alain Minc, *La Vengeance des nations*, Grasset, 1990, p. 11, 158

lo acrediten que la proporción de inmigrantes es determinante en el incremento de la delincuencia. El delincuente inmigrante, fácilmente identificable, es más vulnerable ante la represión; se declara más fácilmente en su contra y se le condena con más dureza."

En realidad, escribía Konopnicki, "la principal categoría social criminógena no es la que creemos: el vivero más prolífico de criminales se reconoce por la ropa de camuflaje que se viste allí. Se llama ejército francés. La proporción de delincuentes toca techo en los antiguos voluntarios de Argelia e Indochina. Son muy pocos los truhanes y asesinos que no han peleado en los arrozales y en los djebeles. Desde finales de las guerras coloniales la curva de las agresiones es ascendente. Se podría también mencionar otros colectivos altamente criminógenos como son la policía, la gendarmería o las milicias privadas. ¡Cuántos antiguos polis hemos visto sentados en los juzgados! Pero de eso se habla poco[30]."

Para completar la imagen, Konopnicki bien podría haber hablado de la delincuencia financiera y estafas de todo tipo en las que sus congéneres sobresalen desde hace siglos[31].

Como vemos, el discurso del intelectual cosmopolita corresponde menos a la realidad que a una visión del mundo centrada en la idea obsesiva de alcanzar, cueste lo que cueste, un mundo sin fronteras. No razona más que en base a sus visiones proféticas, y descarta todos los "daños colaterales" que sólo pueden ser pasajeros. Es un discurso de propaganda, en el que el fin parece justificar los medios. Así, como hemos podido ver en la experiencia comunista, todo se justifica en nombre del ideal, hasta las peores atrocidades.

Esta apología de la inmigración y del mestizaje de los pueblos europeos no es un fenómeno nuevo. Existen precedentes antiquísimos, como la España de principios del siglo VIII que iba a sufrir la invasión musulmana. Los judíos de aquella época destilaban ideas derrotistas y pasaron a ser los "colaboracionistas" del invasor, tal como lo escribía el propio Jacques Attali: "Con su ayuda, las tropas musulmanas vencen al rey Roderico en julio de 711 y rápidamente conquistan toda la península, con excepción de algunos enclaves en el norte que siguen siendo cristianos. Las relaciones entre judíos y musulmanes se hacen más intensas." De tal forma que con esos antecedentes se exponían naturalmente a represalias: "Así, el arzobispo de Toledo acusa a los judíos de traición en favor de los sarracenos, con lo que provoca una sublevación; organiza, además, el saqueo de las sinagogas. En

---

[30]Guy Konopnicki, *La Place de la nation*, Olivier Orban, 1983, p. 102, 103
[31]Hervé Ryssen, *Las Esperanzas planetarianas*, 2022 y *La mafia judía*, 2022

Barcelona, en Tortosa, las "disputas "se convierten en procesos contra los textos hebreos[32]."

La España bajo dominación musulmana, en la que los cristianos debían montar en burros y pagar un impuesto especial, mientras que los musulmanes montaban a caballo, sigue siendo una edad de oro que los judíos añoran enormemente. El gran historiador judío León Poliakov escribía al respecto: "En el 711, la invasión árabe los catapultó en la cima de la escala social, en calidad de asesores y aliados de los conquistadores[33]." Jacques Attali lo confirmaba: "Los judíos jamás conocieron un lugar de estadía más bello que ese islam europeo del siglo VIII."

También habremos notado que el discurso cosmopolita siempre se expresa con un aplomo a toda prueba permitiéndose lanzar afirmaciones falsas increíbles. El fin siempre justifica los medios.

El antiguo ministro de cultura, Jack Lang, se expresaba con el mismo aplomo que sus congéneres sobre el tema: el 3 de septiembre del 2005, por ejemplo, en un programa de entrevistas de gran audiencia ante millones de espectadores, respondía así a una pregunta repentina que no se esperaba: "¿No le parece que hay demasiados inmigrantes en Francia? - No, respondió inmediatamente, sabe usted que Francia es el país de Europa con menos inmigrantes[34]."

Ese reflejo a quemarropa es en realidad muy revelador de una tendencia probablemente natural a tomar a los "demás" por retrasados. Esa desfachatez sin límites es absolutamente característica de la mentalidad cosmopolita. Los judíos la llaman "chutzpah[35]".

Es esa chutzpah la que le permitía también al filósofo marxista Jacques Derrida escribir lo siguiente: "Yo subrayé que había mucho más sitio del que se decía para recibir a más extranjeros, y que la inmigración no había aumentado, contrariamente a lo que se afirmaba[36]."

---

[32]Jacques Attali, *Los judíos, el mundo y el dinero*, Fondo de cultura económica, 2005, Buenos Aires, p. 134, 204. ["Averiguado está que la invasión de los Árabes fue únicamente patrocinada por los judíos que habitaban en España. Ellos les abrieron las puertas de las principales ciudades. Porque eran numerosos y ricos, y ya en tiempo de Egica habían conspirado, poniendo en grave peligro la seguridad del reino." Marcelino Menendez Pelayo, *Historia de los Heterodoxos españoles, Tomo I*, Ed. F. Maroto, Madrid, 1880. p. 216. (NdT).]

[33]Léon Poliakov, *Histoires des crises d'identité juives*, Austral, 1994, p. 22

[34]Programa *Tout le monde en parle*, France 2, sábado 3 de septiembre del 2005.

[35]*Chutzpah*: Palabra yiddish. La *chutzpah* es la impudencia más insolente y desvergonzada. Sería la cualidad del hombre que, habiendo asesinado a sus padres, invoca la indulgencia del tribunal porque es huérfano. (NdT).

[36]Jacques Derrida, Élisabeth Roudinesco, *Y mañana, qué...*Fondo de Cultura

Esa misma *chutzpah,* con la que el antiguo anarquista y cabecilla estudiantil de mayo del 68, Daniel Cohn-Bendit (el cual reconoce ahora de manera muy coherente ser "liberal libertario") declaraba: ""Podríamos deducir que para frenar la xenofobia sería mejor aumentar, y no querer disminuir, el número de extranjeros[37]."

La misma *chutzpah* con la que el ensayista liberal Guy Sorman se atrevía escribir: "En consecuencia, no sería la presencia de extranjeros lo que provocaría el racismo, sino su ausencia: sería el fantasma del inmigrado, más que el inmigrado en sí mismo, lo que suscitaría la violencia." Y Guy Sorman añadía en el mismo sentido: "Por otra parte, Francia, que contaba centenares de dialectos, *patois* y lenguas regionales hace un siglo, era entonces más multicultural que hoy[38]."

Asimismo, el pensamiento cosmopolita pretende hacernos comprender que el fenómeno de la inmigración es ineluctable, y que, por consiguiente, nada sirve oponerse a él. Jacques Attali profetizaba lo siguiente acerca de los grandes flujos migratorios que deberemos aceptar: "Francia la primera deberá cambiar radicalmente de actitud en cuanto a esfuerzo y movimiento. Deberá darse los medios de un notable rejuvenecimiento y aceptar la entrada de un gran número de extranjeros[39]."

Es lo que nos explicaba a su vez el director de prensa Jean Daniel (Bensaid) en la revista *Le Nouvel Observateur* del 13 de octubre del 2005: "Nada detendrá los movimientos de poblaciones miserables hacia un Occidente viejo y rico...Es por ello por lo que, en adelante, la sabiduría y la razón consisten en prepararse para recibir y acoger cada vez más emigrantes...Hay que hacerse a la idea de que las naciones ya no serán lo que son hoy en día."

Notemos simplemente que en el discurso marxista era "la sociedad sin clases" la que era "ineluctable". Pero lo habéis comprendido, no se trata aquí de análisis sociales, sino de discursos propagandísticos que intentan eliminar de nuestra cabeza la idea de defendernos. Esta tendencia es el reflejo de un discurso profético muy característico de la mentalidad cosmopolita: uno se proyecta en el futuro, llevado por las "profecías", y declara que todo lo que está "escrito" debe fatalmente ocurrir.

Económica, Buenos Aires, 2002, p. 71

[37]Daniel Cohn-Bendit, *Xénophobies*, Hamburg, 1992, Grasset, 1998, p. 43-45

[38]Guy Sorman, *Esperando a los bárbaros,* Seix Barral, 1993, Barcelona, p. 47, 163

[39]Jacques Attali, *L'Homme nomade*, Fayard, 2003, Livre de poche, p. 436

El proceso de culpabilización

Con el fin de hacer penetrar mejor en los "otros" el ideal de la sociedad plural y de la unificación planetaria, el pensamiento cosmopolita tiene que socavar todos los sentimientos de pertenencia étnica, nacional, racial, familiar o religioso. De tal forma que se nos presentara la historia de los europeos como una sucesión de ignominias y a sus antepasados como unos criminales. En un libro publicado en el 2005 con el título explícito de *Cultura y barbarie europea*, Edgar Morin escribía por ejemplo: "Se puede afirmar que, a través de los recuerdos de las víctimas del nazismo, pero también de la esclavitud de las poblaciones africanas deportadas y la opresión colonial, lo que aflora en la consciencia es la barbarie de Europa occidental...El nazismo no es más que la última fase."

Este proceso de culpabilización no se olvida nunca de escupir a la cara del catolicismo y abrir nuevas perspectivas para combatir otra religión competidora:

"Una de las armas de la barbarie cristiana ha sido la utilización de Satanás, escribía Morin...Es con esta máquina argumental [sic] delirante que el cristianismo ha ejercido su barbarie. Evidentemente, éste no ha tenido la exclusividad del arma satánica. Vemos como hoy en día Satanás regresa a través del virulento discurso islamista[40]."

Viviane Forrester también trabajó en la misma dirección en su libro titulado *El Crimen occidental* (con mayúscula). En él, vemos como la ignominia de los europeos no se limita al episodio de la Segunda Guerra mundial. Toda su historia demuestra su crueldad y su abyección. Viviane Forrester insistía así sobre ese punto: "Espolio, masacres y genocidios de pueblos han sido perpetrados en otros continentes durante siglos por y para los europeos. Todo ello con buena conciencia, con la aprobación y admiración del público ante tales proezas y su gratitud una vez saciada su gusto por las posesiones. Todo ello gracias a la aptitud de los occidentales para gestionar, borrar y ocultar lo que les incomoda, sin que por ello quede alterada la imagen del mundo que tienen, ni el papel que pretenden jugar...En nombre de su supremacía, con un sentido innato de la arrogancia y la certeza de una superioridad natural que justifica su prepotencia universal, los occidentales se dieron el derecho de decretar, sin escrúpulos, y como si fuera una evidencia, la no-importancia de numerosos seres vivientes juzgados molestos y la nulidad infrahumana de poblaciones enteras, incluso su presunta

---

[40]Edgar Morin, *Culture et barbarie européennes*, Bayard, 2005, p. 89, 90, 16

nocividad. A partir de entonces, espoliar, oprimir, perseguir, asesinar sin límites esas masas halógenas consideradas inoportunas y a menudo funestas, se convirtió en algo admisible, incluso necesario, o mejor aún: exigible[41]." El estilo es un poco arisco, pero la idea está ahí.

En *Récidives*, un compendio de artículos publicado en 2004, Bernard-Henri Levy aplastaba todavía un poco más la bestia bajo su talón, declarando que no sólo era la ignominia de la civilización europea la que debía ser incriminada, sino el propio hombre blanco que es intrínsecamente perverso y podrido de raíz: "El hombre occidental, estructurado y definido desde hace cientos o miles de años", escribía Bernard-Henri Lévy, citando el libro de Jean-Claude Milner del 2003 titulado *Las Tendencias criminales de la Europa democrática*, es "potencialmente criminal[42]."

Esta tendencia a mancillar el pasado del hombre europeo no es una especificidad de los intelectuales cosmopolitas que viven en Francia. También la hallamos en sus colegas al otro lado del Atlántico, como Michael Moore, el cual publicó en el 2002 un libro amablemente titulado *Stupid White Men* (*Estúpidos hombres blancos*) y que tuvo un amplio eco mediático[43] en Europa. En la introducción, Michael Moore nos explicaba el origen de los males que abruman actualmente los Estados Unidos:

"Todo se fue al garete. Todo empezó a derrumbarse. La vacilante economía y las acciones de las energéticas, la paz en el mundo que se desvanece, ya no hay seguridad de empleo ni seguridad social...Estaba claro para los estadounidenses que nada funcionaba." Y si toda iba mal, sólo podía ser por culpa de esos cretinos de blancos racistas que estaban en el poder: "Ese virus de la estupidez blanca es tan poderoso que incluso infectó a Negros como Colin Powel, el Secretario de Interior Gale Norton, o la Consejera de Seguridad Nacional Condoleeza Rice...Esos estúpidos Hombres blancos [el equipo del presidente Bush] deben ser detenidos." Naturalmente, Michael Moore se olvidaba de mencionar los innumerables judíos que ocupaban puestos importantes en los sucesivos gobiernos estadounidenses y que gravitaban muy cerca de la presidencia de EE. UU...

Su capítulo IV se titulaba simplemente: "*A matar blancos*" ("*Kill Whitney*"). Michael nos declaraba francamente su odio del hombre blanco: "No sé por qué será, pero cada vez que veo a un hombre blanco

---

[41]Viviane Forrester, *Le Crime occidental*, Fayard, 2004, p. 57, 65

[42]Bernard-Henri Lévy, *Récidives*, Grasset, 2004, p. 436, 448, 455

[43]Michael Moore, *Mike contre-attaque !* 2001, La découverte, 2002. *Estúpidos hombres blancos*, Ediciones B, 2005, Barcelona (http://biblioteca.d2g.com)

caminando hacia mí me pongo tenso. Se me acelera el corazón y enseguida busco algún lugar por donde escapar o algún medio para defenderme...Los blancos me dan un miedo terrible. Puede que resulte difícil de entender visto que soy blanco, pero justamente por eso lo digo...Debe creer en mi palabra: si se ve repentinamente rodeado de blancos, mucho ojo. Podría ocurrir cualquier cosa...Todos aquellos que me han perjudicado en la vida eran blancos...No creo ser el único blanco que puede hacer tales afirmaciones. Cada palabra venenosa, cada acto de crueldad, todo el dolor y el sufrimiento que he experimentado en la vida tenía facciones caucásicas. ¿Por qué motivo debería temer a los negros?"

Está claro que si Michael Moore anduviera por ahí con un faro giratorio sobre la cabeza y un mono fluorescente desconfiaríamos mucho más. Pero dejemos hablar Michael:

"Echo una ojeada al mundo en que vivimos y, chicos, detesto ser chismoso, pero no son los afroamericanos los que han convertido este planeta en el lugar lastimoso y fétido que hoy habitamos. Hace poco, un titular de la primera página de la sección científica del New York Times preguntaba: "¿Quién construyó bomba H?" El artículo profundizaba en el debate acerca de la del artefacto, que se disputaban dos hombres. Con franqueza me daba exactamente igual, porque ya conocía la respuesta que me interesaba: Fue un blanco. Ningún negro construyo jamás ni utilizó una bomba diseñada para liquidar a miles de personas, sea en Oklahoma City o en Hiroshima. Sí, amigos. Siempre hay un blanco detrás"

¡Dichoso Michael! Es verdad que Einstein, Hahn y Oppenheimer, los padres de la bomba atómica, son gallegos de pura cepa, al igual que Cohen, el inventor de la bomba de neutrones, o Weizmann y Fritz Haber, los inventores de los gases asfixiantes durante la primera guerra mundial. Esta manía de proyectar sus propias vilezas sobre los demás es innegablemente un rasgo característico de la mentalidad cosmopolita, y veremos más adelante que esta tendencia está profundamente arraigada en el espíritu de algunos intelectuales. Sabemos también, por otra parte, que el papel y la responsabilidad de los comerciantes judíos de esclavos en la trata de los Negros, por ejemplo, es sencillamente abrumadora e irrefutable. Pero pasemos y observemos más de cerca lo que decía nuestro amigo Michael:

"¿Quiénes propagaron la peste negra? Los blancos. ¿Quiénes inventaron el BPC, el PVC, el BPB y el resto de las sustancias químicas que nos matan día a día? Fueron blancos. ¿Quiénes han empezado todas las guerras en que se ha involucrado Estados Unidos? Hombres blancos.

¿Quiénes son los responsables de la programación de la Fox? Blancos. ¿Quién inventó la papeleta mariposa? Una mujer blanca. ¿De quién fue la idea de contaminar el mundo con el motor de combustión? De un blanco. ¿El Holocausto? Aquel individuo nos dio auténtica mala fama. Por eso preferimos llamarlo nazi y, a sus ayudantes, alemanes. ¿El genocidio de los indios americanos? Fueron los blancos. ¿La esclavitud? Los mismos. En el año 2001, las empresas estadounidenses han despedido a más de 700.000 personas ¿Quiénes dieron la orden? Ejecutivos blancos. ¿Quién sigue haciéndome saltar la conexión de Internet? Algún coñazo de blanco. Si un día descubro quién es, será un fiambre blanco[44]."

En su odio feroz contra el hombre blanco, Michael Moore sólo podía terminar con un llamamiento al mestizaje para acabar con esos goyim arrogantes: "¿Por qué no corremos como alma que lleva el diablo cuando vemos a un blanco? ¿Por qué no nos cagamos encima cuando nuestras hijas nos presentan a sus novios blancos? ...Existe un método infalible para ayudar a crear un mundo sin distinciones cromáticas: cásese con alguien de raza negra y tenga hijos. El hecho de que negros y blancos hagan el amor juntos...dará como resultado un país de un solo color. Y cuando seamos todos del mismo color, no tendremos por qué odiarnos ni por qué discutir." Será entonces un mundo perfecto; o casi: sólo faltarán los judíos por mestizar.

A finales del 2004, el *Nouvel Observateur* sacaba en su primera página una gran foto de Mr. Moore titulando: "La América que amamos, no la de Bush". *Le Nouvel Observateur* nos proponía así opciones limitadas, como lo hace tradicionalmente la manida democracia: si no os gusta la "derecha", siempre podéis tomar la "izquierda". Lo importante es, como bien sabéis, no salirse del círculo, sino, estáis "perdidos".

Esta culpabilización sistemática funciona a pleno rendimiento en todos los sistemas mediáticos democráticos. A este respecto, la Segunda Guerra mundial es un terreno muy fértil para hacer medrar todas las plantas venenosas que alimentarán la nueva historiografía transgénica para las futuras generaciones. Elie Wiesel, por ejemplo, pretendía denunciar la responsabilidad colectiva de los Blancos en el Holocausto; de todos los blancos, y no únicamente de los alemanes: "Dado que Moscú y Washington estaban informados de lo que hacían los asesinos en los campos de la muerte, ¿por qué no se hizo nada para por lo menos reducir la "producción"? El hecho de que ningún avión militar haya

---

[44]Se tratará probablemente de un individuo antisemita.

intentado destruir los ferrocarriles alrededor de Auschwitz sigue siendo para mí un misterio escandaloso. En aquel momento, Birkenau "trataba" diez mil judíos por día[45]...Pero que los judíos viviesen o muriesen, desapareciesen hoy o mañana, eso al mundo libre le daba igual."

Elie Wiesel estaba por lo tanto realmente indignado por la hipocresía de los Aliados: "Hubo un tiempo en que todo me daba rabia e indignaba. Contra la humanidad cómplice. Más tarde, sentía sobre todo tristeza...Cobardemente, los hombres se negaron a escuchar[46]."

El escritor Marek Halter enfocaba el asunto de la misma manera: "¿Qué hacía el mundo mientras se masacraba a los judíos? Esta pregunta obsesiva atormenta mis pensamientos cada vez que manifiesto mi solidaridad con las víctimas perseguidas...Deseo comprender: ¿Por qué la muerte de niños ruandeses nos es hoy en día insoportable, cuando ayer la muerte de niños judíos dejaba la opinión pública mundial indiferente[47]?"

Para Elie Wiesel y Marek Halter, las decenas de millones de goyim europeos fallecidos durante la guerra no fueron por lo visto suficientes para expiar los crímenes de sus dirigentes. Nos limitaremos aquí a subrayar que ni en las memorias de Churchill, ni en las del general De Gaulle, ni tampoco en las de Roosevelt, se mencionan las cámaras de gas durante la guerra. Pero probablemente sea porque estos personajes eran unos cobardes.

Dejaremos la última palabra sobre este terrible capítulo del holocausto al filósofo Bernard-Henri Levy: "Ese crimen sin vestigios, ese crimen sin archivos...ese crimen sin huellas, ese crimen sin ruinas, ese crimen sin tumbas es un crimen perfecto, no en el sentido de que quedaría impune, si no en el sentido de que sería como si no se hubiese producido."

Y a los que se preguntaban: "¿Cuándo llegará el momento del duelo? ¿Cuándo se cerrará la herida?", Bernard-Henri Levy respondía así: "Es una herida sin sutura, sin cicatriz, sin duelo posible, es una de esas heridas de las que Emmanuel Levinas decía, en los años 60, que "deben sangrar hasta el final de los tiempos" ... Esta memoria infinita, escribía Levy, este trabajo interminable, creo muy profundamente que no sólo es asunto de las víctimas y de los supervivientes, menos aun únicamente de los judíos. Creo que incumbe a todas las naciones en

---

[45] ¡Por lo bajo!
[46] Elie Wiesel, *Mémoires, tome I*, Seuil, 1994, p. 97, 133, 134
[47] Marek Halter, *La force du Bien*, Robert Laffont, 1995, p. 154

general[48]."

Lo habéis comprendido: todos los pueblos de todos los continentes deben expiar hasta el final de los tiempos ese "crimen sin vestigios, sin huellas, sin ruinas y sin archivos." Es la nueva religión de los tiempos modernos. Este asombroso egocentrismo es sin lugar a duda otro rasgo característico de la mentalidad planetariana.

El islam y el cosmopolitismo

Si bien actualmente la mayor parte de la población occidental ha comprendido que había que ver con buenos ojos el judaísmo, los musulmanes parecen ver las cosas desde otra perspectiva. El islam es ahora, efectivamente, la principal fuerza que se opone al judaísmo. Tanto es así que los intelectuales planetarianos, a la vez que promueven la inmigración de forma frenética en los países europeos desde hace décadas, no paran de avisarnos contra el peligro del islam radical que los amenaza directamente. Desde la segunda Intifada en Palestina en septiembre del 2000, muchos jóvenes musulmanes nacidos en Francia empezaron a oponerse, a veces de forma violenta, a la comunidad judía. Y es precisamente esta nueva amenaza la que ha provocado que el sistema mediático diabolizara el islam radical como un nuevo avatar del fascismo.

Después de haber destruido la homogeneidad étnica de Europa y debilitado enormemente su religión tradicional, se trata ahora de disolver la fuerza interna del islam que resulta amenazadora: "El cristianismo y el islam, escribía Pascal Bruckner en *Le Figaro* del 5 de noviembre del 2003, tienen en común en ser dos religiones imperialistas, persuadidas de poseer la verdad y de estar siempre dispuestas a aportar la salvación a los hombres, sea a través del sable, el auto de fe o la quema de libros." El ensayista recordaba que en Francia, la integración de la Iglesia católica en la República no se había producido sin choques: "La extraordinaria virulencia del combate anticlerical en Francia y en Europa rayó algunas veces con la barbarie: iglesias, templos, conventos incendiados y arrasados, objetos de culto degradados, curas, obispos, religiosas guillotinados, ahorcados, masacrados...Se pagó un precio terrible en una lucha sectaria desmesurada, pero que nos liberó de la tutela eclesiástica."

Con la ley de separación de la Iglesia y del estado de 1905, el problema que suponía el catolicismo quedó solucionado, pues, además,

---

[48]Bernard-Henri Levy, *Récidives*, Grasset, 2004, p. 435

la Iglesia evolucionó favorablemente hacia los ideales democráticos a partir del concilio Vaticano II de 1965[49].

"Este largo proceso de enmendadura está todavía por hacer en el islam, pues éste tiene la certeza de ser la última religión revelada, y por lo tanto la auténtica...Deberá entablar un tipo de reforma igual de radical que la que hicieron los católicos y los protestantes a lo largo del siglo pasado." Tras lo cual, suponemos que les tocará a los judíos hacer su propia reforma.

La cuestión del islam está hoy en día en el centro de las preocupaciones de los intelectuales cosmopolitas, no solamente debido al peso cada vez mayor e inquietante de los musulmanes en Francia, sino además por la progresión del radicalismo islámico en el mundo. Éste se manifestó una vez más con la elección, en Irán, del presidente Ahmadinejad en junio del 2005, y la victoria del Hamas en Palestina en enero del 2006.

En el semanal *Le Point* del 13 de octubre del 2005 (página 100), el gran novelista internacional peruano Mario Vargas Llosa daba su opinión respecto a la cuestión palestina. Después de una excursión en un Range Rover blindado en la franja de Gaza, el escritor relataba sus impresiones y se compadecía de la situación de aquella desafortunada gente: "Atroz...Lo que he visto es atroz...Peor que el peor de los barrios de chabolas de América latina...Y el futuro no es halagüeño para esta pobre gente que malvive ahí." No estamos acostumbrados a escuchar ese tipo de discurso compasivo hacia los palestinos oprimidos, pero hay que leer a Mario Vargas Llosa hasta el final: "Sharon tuvo razón en eliminar Gaza."

Respecto a la situación en Francia, en vísperas de los graves disturbios étnicos del mes de noviembre del 2005, el escritor progresista no ocultaba sus preferencias. ¿Sarkozy?: "Una pequeña esperanza para Francia." ¿El islamismo?: "El mayor peligro de nuestros tiempos."

Si Mario Vargas Llosa pasó de la extrema izquierda a apoyar la derecha liberal "dura" y pro-estadounidense, al igual que muchos de sus colegas, no es porque ponga la sociedad plural en entredicho, sino más bien porque se trata de restablecer el orden para asentarla mejor.

Escuchemos ahora un diálogo entre dos personajes eminentes de la democracia francesa de finales del siglo XX: Daniel Cohn-Bendit, el antiguo líder anarquista de la revuelta de mayo del 68 y destacado

---

[49]Léase sobre estas evoluciones religiosas y políticas el Vicomte Léon de Poncins, *Judaism and Vatican, an attempt at spiritual subversion*, Christian Book Club of America, 1967. (Léon de Poncins, *El Judaísmo y la Cristiandad*, Ediciones Acervo, Barcelona, 1966.) (NdT).

eurodiputado, y su compadre Bernard Kouchner, antiguo ministro socialista y cofundador de Médicos sin fronteras.

Bernard Kouchner: "Cada vez que leo el Corán, estoy asustado por el espíritu de superioridad que expresa esta religión proselitista y conquistadora. Supedita tanto el comercio, el gobierno de los hombres y el sometimiento de la mujer a los dogmas y ritos, que sólo puede- a menos de evolucionar- parecer provocadora...Sigo convencido de que un día Europa deberá enfrentarse a ese oscurantismo. Es inútil presentarse con una bandera blanca: los fascistas islámicos son nuestros enemigos." A lo que Daniel Cohn-Bendit respondía: "...Como la Europa del siglo XIX e inicios del siglo XX, el islam tiene ante sí una gran reforma secular por hacer. Esto se hará mediante la lucha y el dolor."

Para los intelectuales cosmopolitas no se trata pues de expulsar a los musulmanes, los cuales han sido introducido en masa en Europa, si no de neutralizarlos al igual que se hizo con la religión católica y con los pueblos europeos. Esto lo expresaba claramente Bernard Kouchner cuando decía querer favorecer el islam para luego domesticarlo: "Ese comunitarismo, entiéndase bien, sería simplemente la primera etapa necesaria para la integración, el tiempo necesario para harmonizar las culturas familiares y religiosas. Nos corresponde a nosotros construir las mezquitas, y ¡no en los sótanos[50]!"

El mismo razonamiento conducía a Bernard Kouchner a apoyar los proyectos de discriminación positiva que consisten en favorecer a los inmigrantes en detrimento de los franceses autóctonos y de los europeos: "Estoy bastante a favor", decía simplemente.

En cambio, en la escena internacional, no hay ningún motivo para no combatir por todos los medios el islam y el mundo árabe. Daniel Cohn-Bendit se había opuesto a la intervención estadounidense en Irak en el 2003 porque temía que la guerra tuviese como resultado el de "desestabilizar toda la región y reforzar las fuerzas más destructivas uniendo los bandos opuestos." Pero una vez aplastado el país bajo las bombas, expresaba su verdadero pensamiento: "La intervención de los Estados Unidos ha liberado a los iraquíes", reconocía finalmente. El antiguo anarquista había sido más contundente en su apoyo a la primera intervención estadounidense. En 1991, al final de la primera guerra del Golfo, declaraba que la coalición "tenía que seguir hasta Bagdad y abatir Sadam Husein. Koweit había sido liberado, pero no los kurdos ni los chiitas...Es legítimo afirmar que desde hace veinte años teníamos el derecho y el deber de derrocar a Sadam Husein."

---

[50]B. Cohn-Bendit, B. Kouchner, *Quand tu seras président*, Robert Laffont, 2004, p. 320, 183, 190

Entusiasmado por sus palabras, su amigo Bernard Kouchner le respondía: "Gracias Dany, ¡eres un verdadero partidario de la injerencia![51]" Y precisaba: "Es Wolfowitz, el ideólogo neoconservador del Pentágono, él que está detrás de esa decisión. Incluso quería ocuparse de Afganistán y de Irak al mismo tiempo[52]." Efectivamente, numerosos judíos desempeñan un papel determinante en la política norteamericana.

La cuestión iraquí a penas solucionada surgía entonces Irán en el 2006 como abanderado de la resistencia musulmana. Incluso antes de la elección del presidente Ahmadinejad, el régimen de los mulás preocupaba a los intelectuales y éstos ya soñaban con una intervención armada. Era lo que sugería Daniel Cohn-Bendit de forma un tanto velada: "Cuando hablas con estudiantes de Irán, se ve perfectamente, aunque afirman no querer una intervención estadounidense, que en realidad sueñan con ella por las noches[53]."

En 1983, tras la revolución islámica, Guy Konopnicki confundía sus deseos personales con la realidad, e insinuaba que los iraníes también deseaban ser bombardeados para poder adoptar el sistema democrático occidental y la cultura norteamericana: "Pues en Teherán, no se echa de menos al Shah, sino más bien las películas estadounidenses y el libertinaje importado de Occidente[54]."

El antiguo Primer ministro israelí Ehud Barak, de visita en EE. UU., la víspera de los atentados antiestadounidenses del 11 de septiembre del 2001, hizo un análisis de lo que debía ser la respuesta antiterrorista. En el diario *Le Monde* del 14 de septiembre, escribía: "La amplitud misma de esos actos y el desafío que suponen son de tal magnitud que deberían provocar una lucha mundial contra el terrorismo...Ha llegado el momento de lanzar una guerra mundial contra el terrorismo, de la misma manera que antaño Europa combatió la piratería marítima."

Lo habéis comprendido: si Israel es amenazada, y si Nueva York, la primera ciudad judía del mundo y corazón financiero internacional, ha podido ser objeto de esos atentados, entonces son los occidentales

[51]Bernard Kouchner se distinguió haciendo campaña ante los organismos internacionales en defensa del principio de injerencia humanitaria. En 2010 *The Jerusalem Post* le otorgó el puesto número 15 entre los 50 judíos más influyentes del mundo.(NdT).

[52]Cohn-Bendit, Kouchner, *Quand tu seras président*, Robert Laffont, 2004, p. 228, 229, 219, 222

[53]Cohn-Bendit, Kouchner, *Quand tu seras président*, Robert Laffont, 2004, p. 326

[54]Guy Konopnicki, *La Place de la nation*, Olivier Orban, 1983, p. 138

los que deben contraatacar e ir a la guerra contra el mundo musulmán y los "enemigos de la civilización". Israel, en efecto, parece querer hacer sus guerras con la sangre de los demás. Se sataniza a los islamistas como se hizo en su tiempo con los "fascistas" y en general con todos los enemigos de la finanza internacional y del cosmopolitismo. Esto escribía Ehud Barak: "La única causa de lo ocurrido es la naturaleza diabólica del terrorismo...Quieren destruir el estilo de vida occidental, aunque lo desconozcan, por diversas frustraciones. Quieren amenazar Occidente, imponerle sus decisiones y humillarlo."

Reconocemos el mismo discurso en el filósofo Bernard-Henri Levy cuando éste escribía en noviembre del 2003: "El mismo demonio manipula los militantes del actual islam radical que en su tiempo a los maurrasianos[55]. Y ese demonio, es el antisemitismo[56]."

El novelista estadounidense de notoriedad internacional, Norman Mailer, también pudo detectar y denunciar la presencia del diablo: "Por eso me inclino a pensar que la mejor explicación del 11 de septiembre es que el demonio ganó una gran batalla aquel día. Sí, Satán fue el piloto que guió aquellos aviones hacia aquel desenlace atroz."[57]."

Los hombres blancos, a los que se describía desde hacía décadas como perversos, hipócritas e intrínsecamente malos, debían ir ahora a derrotar los musulmanes en Oriente-Medio mientras se les obliga a integrarlos en masa en sus propios países. Todo esto es un poco gordo, pero el martilleo mediático permite enmascarar estas contradicciones cognitivas. En el semanal *Le Point* del 22 de diciembre del 2005, Bernard-Henri Levy titulaba así su artículo: "¿Es todavía posible detener los fascislamistas de Teherán?" Comparado con el actual régimen iraní que amenaza con conseguir la bomba atómica, las "veleidades guerreras" de Sadam Husein eran en realidad "una buena broma", escribía Levy. Se trataba, pues, de vencer la "pusilanimidad del mundo libre": "Tenemos que apresurarnos, escribía el filósofo, porque nos queda muy poco tiempo."

Después de conducirnos a la guerra contra Irak en 1990, contra Serbia en 1999, contra Afganistán en el 2002, y de nuevo contra Irak en el 2003, los intelectuales cosmopolitas nos conducen ahora a la guerra contra Irán con una propaganda exagerada que pretende hacernos creer que nuestro deber es ir a "liberar" esos pueblos "atemorizados" que sólo

[55]Partidarios de Charles Maurras (1868-1952). Ideólogo de la *Action Française* de cuño nacionalista, monárquico, antiparlamentario y antisemita. (NdT).
[56]Bernard-Henri Levy, *Récidives*, Grasset, 2004, p. 886
[57]Norman Mailer, *¿Por qué estamos en guerra?*, Editorial Anagrama, 2003, Barcelona, p. 121

"aspiran a los derechos humanos". Un poco más y podríamos pensar que éstos son los mismos que nos habrían conducido a la guerra contra el eje germano-nipón en 1940. Pero, a fin de cuentas, ¿no se trata de construir el Imperio de la "Paz"?

Europa y el modelo estadounidense

Los intelectuales cosmopolitas sienten hacia el modelo estadounidense el mismo entusiasmo que sentían en el pasado hacia la revolución bolchevique y el comunismo. No fue hasta después de la Segunda Guerra mundial que este fervor hacia el sistema soviético decayó, debido a la nueva orientación anti-sionista del régimen. Estos intelectuales se comprometieron masivamente con las distintas corrientes del trotskismo, y tuvieron un papel decisivo durante los acontecimientos de mayo del 68. Desde entonces, muchos de ellos se dieron cuenta de que la democracia era en definitiva mucho más eficaz que el marxismo para construir las bases de la sociedad mundial tan deseada. El famoso novelista Mario Vargas Llosa es un ejemplo de cómo muchos de esos intelectuales exaltan ahora Estados Unidos. En *Le Point* del 13 de octubre del 2005 se le presentaba así: "En Francia, Vargas Llosa podría pasar por un hombre de derecha- pero con una memoria de izquierda...En otro tiempo, creyó que era marxista- pero en los años 70 todo cambió lentamente."

La verdad es que hoy en día la divergencia política ya no se sitúa entre la derecha y la izquierda, sino entre los partidarios del Imperio global y los partidarios de las resistencias nacionales. Mario Vargas Llosa es claramente un partidario del Imperio y de la Gran Mezcolanza:

"Me ha horrorizado la victoria del no en el referéndum de la constitución europea" de mayo del 2005, declaraba Vargas Llosas lamentando amargamente ese voto reaccionario y casi insoportable de los franceses: "¿Hasta cuándo Francia, ese país históricamente ejemplar, seguirá enfadado con la mundialización, con el liberalismo, incluso con las leyes de la gravedad? Os deseo de todo corazón...reavivar el universalismo que siempre ha hecho, en contra del nacionalismo, la grandeza de vuestra nación[58]." Globalista cuando era comunista, Mario Vargas Llosa sigue siendo un globalista desde sus posiciones liberales capitalistas.

Este punto de vista permite esclarecer cuáles son las bases ideológicas de la construcción europea, que en definitiva no es más que

---

[58]*Le Point*, 13 de octubre del 2005, p.100

otra versión del modelo estadounidense y una etapa hacia la edificación del gobierno mundial. El sociólogo Edgar Morin se dio cuenta del alcance universal del modelo estadounidense: "De la misma forma que el sueño de la Revolución francesa se convirtió en el horizonte de todos los pueblos de Europa, el sueño americano de una sociedad, en la que sea posible inventar formas de utopías concretas y diversas, se ha convertido en el patrimonio inalienable de los pueblos del mundo[59]."

En 1991, Edgar Morin ya abogaba por una "confederación europea": "La idea confederal, escribía, permite a Europa abordar los problemas propios de la civilización planetaria." Contemplaba así la posibilidad de un sistema que permitiese "liberar" un pueblo que por desgracia se hubiera dejado llevar votando en un sentido equivocado: "Cuando los derechos civiles y democráticos del ciudadano son amenazados en uno de los países de la confederación, podemos considerar un derecho de intervención conjunta de la confederación[60]." El desencadenamiento de guerras, lo hemos vistos durante estos últimos años, es efectivamente una gran especialidad de la política cosmopolita.

Bernard-Henri Levy era mucho más explícito. Sus palabras expresaban perfectamente esa voluntad cosmopolita de destruir las naciones: "La máquina europea, escribía, ha venido para interponerse en contra de esos nacionalismos místicos y ya ha empezado a expulsarlos al museo de los horrores históricos. Con la muerte de esos nacionalismos mesiánicos, los judíos se deshacen del más temible de sus adversarios."

Esto era muy esclarecedor, y Bernard-Henri Levy se apresuraba en precisar la naturaleza de esta Europa democrática que no debería, según él, ser "una nación más", si no: "un dispositivo cuya función es trabajar, fracturar, pulverizar y, finalmente, causar la necrosis de las identidades y fijaciones nacionales[61]."

Es por esta misma razón que venera la sociedad cosmopolita estadounidense. Para él, el antiamericanismo es una "pasión mórbida": "Desde la época de Maurras y Drieu, en él se citan todas las regresiones. Atrae como un imán lo peor y más nauseabundo de cada familia política[62]." Veinte años antes, Levy ya escribía en *La ideología francesa*: "Afirmo que el odio brutal y total de Estados Unidos como tal, es definitivamente el odio de la libertad[63]."

---

[59]Edgar Morin, *Un nouveau commencement*, Seuil, 1991, p. 124

[60]Edgar Morin, *Un nouveau commencement*, Seuil, 1991, p. 90, 94

[61]Bernard-Henri Levy, *Récidives*, Grasset, 2004, p. 458

[62]Bernard-Henri Levy, *Récidives*, Grasset, 2004, p. 830

[63]Bernard-Henri Levy, *Récidives*, Grasset, 2004, p. 280

Los intelectuales planetarianos, que se pueden permitir insultar sus adversarios sin temer acciones legales contra ellos, son generalmente bastante virulentos cuando se critica el sacrosanto modelo estadounidense. A rebufo del poderoso genio de Bernard-Henri Levy, Bernard Cohen, un escritor menor, también creía tener el derecho de insultar a aquellos que no piensan como él. En *El Regreso de los puritanos* (no deja de sorprender que haya editores para publicar semejante nulidad), soltaba su pequeño escupitajo y proclamaba su "voluntad de apartarse del antiamericanismo europeo que, más que exhalar como el buen terruño, huele finalmente a estiércol[64]." La intolerancia a la frustración es un rasgo característico de la mentalidad cosmopolita.

El modelo estadounidense encarna el ideal de desarraigo cosmopolita y de sociedad multirracial, razón por la que tanto se entusiasman estos intelectuales. Guy Konopnicki no se equivocaba cuando escribía: "La angustia de la americanización está ligada al miedo a la inmigración. La Francia "americanizada", es la de las bandas de jóvenes magrebíes, de los músicos negros en el metro, del pueblo nocturno del centro de las grandes ciudades. Esa mezcla es nuestro futuro. Representa desde hace mucho tiempo la pesadilla de todos los regímenes de orden del planeta." Sería lógico entonces que la gente de izquierda apoye el modelo estadounidense, en vez de combatirlo, y que den un giro político, al igual que lo hicieron todos los intelectuales cosmopolitas, pasando del viejo marxismo militante al liberalismo democrático. Pues es esta sociedad multirracial y multicultural la única que permite silenciar las voces de los Blancos "racistas". La integración de los inmigrantes es, al fin y al cabo, la posibilidad de disolver la resistencia de los pueblos europeos aún demasiado reticentes a la dominación mundial de la finanza internacional. Ciertamente, esas nuevas identidades híbridas y desarraigadas serán las más permeables y manejables por los mensajes de la propaganda cosmopolita: "La población de Francia y de Europa occidental se parece cada vez más a la de Estados Unidos", se alegraba Konopnicki. Ese "movimiento de universalización cultural" es "globalmente liberador[65]." Konopnicki escribía estas líneas en 1983. Veinte años después, tras numerosas agresiones anti-blancos durante las manifestaciones de marzo del 2005 y los disturbios del mes de noviembre en casi todas las ciudades de Francia, se puede legítimamente señalar esos intelectuales como

---

[64]Bernard Cohen, *Le Retour des puritains*, Albin Michel, 1992, p. 16
[65]Guy Konopnicki, *La Place de la nation*, Olivier Orban, 1983, p. 123, 124, 175, 148

principales responsables de esta situación[66]. Pero todos sabemos que sería ilusorio pedirles cuentas en un debate público. El filósofo André Glucksman, antiguo dirigente maoísta durante los acontecimientos de mayo del 68, también efectuó su mutación ideológica para así mantener mejor el rumbo hacia la globalización[67]. En su libro, *El XI mandamiento*, daba un paso más en la explicación de la defensa del modelo estadounidense, estableciendo un paralelo entre el antiamericanismo y el antisemitismo: "Empatados en el palmarés del odio...los dos pilares del catequismo integrista -odio del judío y furor anti-yanqui- son complementarios y se retroalimentan. Cuando uno se vuelve momentáneamente inservible por exceso de uso, el otro toma el relevo[68]." Efectivamente, los dos conceptos están relacionados, pues sabemos que la comunidad judía ejerce una gran influencia sobre los distintos gobiernos estadounidenses y que su poderío financiero y mediático hacen de ese país el corazón del judaísmo mundial.

Por lo demás, es exactamente lo que declaraba el director de prensa Jean Daniel, el cual veía en los Estados Unidos, más que en el estado de Israel, la "patria del judaísmo mundial": "Resulta superficial, aunque no inútil, resaltar el poder de los judíos estadounidenses en la prensa y, por lo tanto, en la fabricación de las noticias en todo Occidente. Hay que mencionar esta explicación, pero para acto seguido superarla rápidamente. Es cierto que los Estados Unidos son la patria del periodismo, sean cuales sean sus defectos o la parcialidad de su prensa. Es cierto que, dentro de esa fábrica de las noticias, ese laboratorio de la información, los judíos juegan un papel fundamental, siendo además una minoría financiera y cultural muy influyente. En ese sentido, puedo decir que la vitalidad, el vigor, el esplendor del judaísmo me han impresionado mucho más en Nueva York que en Tel-Aviv... Me ha impresionado tanto la efervescencia cultural judía, el genio de sus escritores, de sus artistas, de sus universitarios, la increíble fecundidad de su humor, y también, claro está, su poco discreto poderío financiero, que me ha parecido que la patria del judaísmo mundial no estaba en la

---

[66]Nótese el grandísimo deterioro de la situación actual de Europa occidental y Estados Unidos. (NdT).

[67]André Glucksmann es también conocido por haber apoyado la intervención de la OTAN en Serbia, junto a otros intelectuales. Se manifestó también a favor de la causa chechena, país en el que permaneció durante un mes, denunciando la actitud complaciente de los países occidentales hacia la política de Vladimir Putin. Su hijo Rafael Glucksmann apoyó el golpe del Euromaiden y la "revolución" ucraniana en el 2013 y es actualmente un vehemente defensor de la causa de la minoría musulmana uigur en china. (NdT).

[68]André Glucksmann, *Le XIe commandement*, Flammarion, 1991, p. 142

fortaleza asediada de los pioneros del Estado Hebreo, sino en los bastiones construidos por los fundadores del Nuevo Mundo para mayor gloria de la libertad de empresa[69]."

Así pues, después de tales consideraciones, podremos dejar Guy Konopnicki explayarse libremente y declarar su amor hacia América: "Los Estados Unidos de América han sido el lugar del mundo donde se produjo el mayor mestizaje de todos los tiempos". Son actualmente "la prefiguración de la cultura mundial."

Y esa cultura mundial no tiene mejor vehículo que las imágenes, las cuales no exigen mucho esfuerzo al espectador para absorberlas. Es a través del cine que las masas planetarias tomarán consciencia de las ventajas de la civilización liberal y cosmopolita: "Creo sinceramente, escribía Konopnicki, que la Metro Goldwyn Mayer, la Warner Brothers, la Fox y la Columbia son en nuestra época lo que fueron las catedrales en la Edad Media[70]." De hecho, Konopnicki dedicaba un capítulo aparte a esta adoración religiosa de Hollywood; un capítulo titulado de forma elocuente: "¡*Yerushalayim- Hollywood, Aleluya!*".

Hollywood simboliza en efecto el poder de la propaganda y el dominio sobre los espíritus. Tal como lo preveían las profecías de Israel, todos los pueblos se someten por fin al modelo cosmopolita, abandonando sus propias tradiciones para arrodillarse a los pies del pueblo judío: "En la ciudad del cine, todas las maldiciones se han acabado, incluida la de la torre de Babel, aniquilada por el doblaje y los subtítulos. Todas las tribus de Israel, todas las naciones de la creación se han reunido con sus rebaños y sus caballos...Se dijo que la historia empezaría de nuevo, que habría un gran *remake* y que se cantaría *Aleluya* con una banda sonora de Leonard Bernstein[71]." En definitiva, para Konopnicki, la redención llegará a través del cine: "Algunos profetas decían incluso que el Mesías sería Luz", escribía. El discurso del intelectual cosmopolita está extrañamente impregnado de términos proféticos:

"Algo está creciendo que no se parece en nada a las revoluciones previstas por los barbudos del siglo pasado, ni a los progresos triunfantes anunciados en los tiempos de la Ilustración. Algo impalpable

---

[69]Jean Daniel, *L'Ère des ruptures*, Grasset, 1979, p. 106, 107

[70]Guy Konopnicki, *La Place de la nation*, Olivier Orban, 1983, p. 145, 155

[71]Jacques Attali nos dice en *Los judíos, el mundo y el dinero* que Hollywood es un feudo judío: "Las firmas esenciales de hoy sí lo son: Universal, Fox, Paramount, Warner Bros, MGM, RCA y CBS son todas creaciones de inmigrantes judíos de Europa del Este..." (*Los judíos, el mundo y el dinero*, Fondo de cultura económica, 2005, Buenos Aires, p. 413)

que nace a través de los enfrentamientos y de las crisis de nuestra época...Algo saldrá de esta crisis. Como en todas las anteriores, algo que no será ni francés, ni americano, ni ruso[72]."

¿No se asemeja esto a las palabras de Edgar Morin?: "La irrupción de los odios raciales, religión, ideología, conllevan siempre guerras, masacres, torturas, odios y desprecio. El mundo atraviesa unos dolores agónicos de algo que no sabemos si es nacimiento o muerte. La humanidad aún no logra dar a luz a la Humanidad[73]." Este singular vocabulario encubre secretamente unas convicciones religiosas que estamos impacientes por presentaros.

El cine planetariano

En *Las Esperanzas Planetarianas*, ya habíamos identificado y comentado sucintamente alrededor de ochenta películas de propaganda cosmopolita producida por la "Matriz" progresista. Este capítulo completa ese estudio, sin, evidentemente, pretender ser exhaustivo.

El cine planetariano siempre alaba las virtudes de la democracia multicultural y del mestizaje. Un cineasta cosmopolita ya pretendía en los años 50 sensibilizar el público sobre el racismo de la sociedad estadounidense. *No way out* (EE. UU., 1950) narra la historia de un interno negro de un hospital, el Dr. Brooks. Un día atiende a dos delincuentes, Ray y John Biddle, heridos durante un atraco. John muere y Ray acusa el Dr. Brooks de haberlo matado... "Alegato antirracista que provocó algún revuelo en aquel entonces" nos informaba la *Guía de las películas* del historiador Jean Tulard (2002). La película es de Joseph Mankiewicz.

La Frontera (EE. UU., 1982) narra la historia de un oficial de policía de inmigración estadounidense que vigila los inmigrantes ilegales en El Paso. Un día se ve en un dilema moral cuando el bebé de una joven mexicana es secuestrado para ser vendido a una pareja estéril. Podemos deducir que la película de Tony Richardson pretende enseñarnos la fraternidad universal.

En *Por encima de todo* (EE. UU., 1992), Michelle Pfeiffer interpreta el papel de una hermosa rubia a la que le encanta los negros. Estamos en 1963 en Estados Unidos, y el presidente Kennedy acaba de ser asesinado. Conmocionada, Lurene decide ir al funeral en Washington a pesar de la oposición de su marido, un imbécil de turno.

---

[72]Guy Konopnicki, *La Place de la nation*, Olivier Orban, 1983, p. 215, 225-229
[73]Edgar Morin, *Un nouveau commencement*, Seuil, 1991, p. 206

En el autobús conoce a un negro y a su hija pequeña. Pero éste es frío y distante. El comportamiento de ese "hombre de color" le parece extraño, y la niña parece haber sido raptada. En una parada, Lurene decide llamar a la policía antes de darse cuenta de su error: esa niña es efectivamente su hija, a la que ha liberado de un horrible orfanato tras la muerte de su madre. Encariñada con la pequeña, la hermosa rubia decide no abandonarlos y huir con ellos. La policía anda ahora detrás de ellos, convencida de que ese "negro" ha raptado a la niña y a la joven rubia que iba a denunciarlo. La escena de violencia racista tarda un poco en llegar, pero finalmente ocurre tal como estaba prevista: mientras el coche robado queda averiado, el bueno del Negro recibe una tremenda paliza por parte de tres cabrones Blancos en medio de una carretera perdida. La hermosa rubia intenta curarlo en una granja y le ofrece su cuerpo. A partir de ahí la suerte está echada. En un motel donde le espera su marido celoso y enfurecido, estalla una pelea entre los dos hombres. El Negro, bueno y bondadoso, vencerá evidentemente al Blanco, reprimido, mezquino y "pusilánime", como diría Alain Minc. La huida hacia delante no durará eternamente claro, y todo volverá a la normalidad tras las detenciones. La hermosa rubia divorciará para vivir en pareja con el Negro. Esta hermosa película es de Jonathan Kaplan. Este director, que había dudado entre la carrera de cineasta y la de rabino, lograba así una obra maestra antirracista.

Hombres de negro (EEUU, 1997) es una película que nos enseña a acoger el extranjero, todos los extranjeros, incluso los extraterrestres. No lo sabemos todavía, pero ya son muchos los que viven entre nosotros con forma humana. Los miembros de una agencia especial ultra-secreta son los encargados de vigilar y regular este nuevo tipo de flujos migratorios y mantener la existencia de estos extraterrestres en secreto para no alarmar a la población. Los dos súper agentes especiales-un Negro y un Blanco- tienen la misión de perseguir un Alien hostil, el cual no podrá resistirse a la eficacia del implacable dúo. Pero, aunque los dos son muy competentes, el Blanco está un poco cansado. El Negro será el que continúe la lucha y disfrute de los favores de su nueva compañera de equipo- una blanca. La película dirigida por Barry Sonnenfeld, en base al guion de Ed Solomon y la música de Danny Elfmann, ha sido producida por Steven Spielberg. Son todos ellos unos extraterrestres disfrazados de seres humanos y agentes de la "Matriz".

En *Lágrimas del sol* (EE. UU., 2003), el director negro Antoine Fugua describía una guerra civil entre tribus negras en África. Una unidad del ejército estadounidense es encargada de rescatar una joven estadounidense que dirige un centro hospitalario. Ésta, como podemos imaginarnos, es una idealista llena de principios humanitarios; hasta tal punto que se niega a seguir Bruce Willis y su comando de choque si los heridos africanos no son evacuados también. Así pues, Bruce Willis va a desobedecer a las órdenes, e irá hasta hacer masacrar la mitad de los hombres de la unidad bajo su mando para salvar a los africanos. Un diálogo de la película permite hacer comprender al espectador que si los estadounidenses actúan así es para "redimirse" de todos los crímenes cometidos por el hombre blanco a lo largo de la historia. Pero esto es obviar un poco rápido que buena parte de los Negros vendidos a los Blancos durante la esclavitud lo fueron por sus hermanos de raza. Además, si el director Antoine Fugua hubiese recordado el papel y la responsabilidad irrefutable de los comerciantes judíos en la trata de los Negros, por no hablar de los esclavistas musulmanes en el Océano Indico durante catorce siglos, con toda seguridad no hubiese podido producir su película.

El día de mañana (EE. UU., 2004) es una película catastrofista. Después de los volcanes, los tornados y los meteoros, el calentamiento del planeta provoca un maremoto seguido de una ola de frío glaciar. La película es tediosa, pero el final es revelador de la mentalidad del director. En efecto, los pueblos del Norte se ven obligados a emigrar hacia el sur. El presidente estadounidense declara así: "Los Estadounidenses, y también muchos otros pueblos, son ahora los huéspedes de los que antaño llamábamos el Tercer mundo. Estábamos necesitados y nos dejaron entrar en sus países, nos acogieron; quiero expresarles toda mi gratitud por su hospitalidad." El mensaje del director es claro: debemos dejar entrar a los inmigrantes en nuestros países porque es posible que, en un futuro, digamos que hipotético e incierto, también nosotros necesitemos su ayuda. Recordemos que Roland Emmerich es también el director de la película *Independance Day* que cuenta como la Tierra es salvada de la catástrofe por un Negro y un judío jasídico. Un tipo genial este Roland.

En Francia no nos faltan películas antirracistas y moralizadoras. En *Unión sagrada* (*L'Union sacrée*, Francia, 1989), dos policías se ven obligados a investigar juntos una red de islamistas que se financia con todo tipo de tráficos. El judío Simon Atlan (Patrick Bruel) y el Árabe Karim Hamida (Richard Berry) se odian cordialmente. Sin embargo, ante la intolerancia y el fanatismo de los malvados islamistas, poco a poco se harán amigos. En esta película, el judío es un poco loco y simpático, mientras que el árabe es serio y eficiente. El comisario, interpretado por Bruno Kremer, habla a sus hombres con un lenguaje muy directo: "¡Tenéis que comportaros como unos cruzados defensores del mundo occidental! ¡Con estos cabrones, todo está permitido!" Con estas palabras debemos comprender que los franceses autóctonos deben ir a la guerra contra los malvados islamistas que amenazan nuestra hermosa democracia multicultural. Los islamistas son evidentemente descritos como bestias feroces. Veamos las palabras de uno de estos peligrosos tarados que el director de la película ha probablemente oído en la terraza de un bar: "Vamos a transformar la vida de este país en una pesadilla. Hoy golpeamos aquí, mañana allá. No hay inocentes que valgan."

Simón está separado de Lisa, su esposa. Es una goy, una francesa muy mona a la que le encanta los judíos pero que no ha podido soportar vivir con Simón, demasiado infantil. Lisa ya no le aguanta; además, tal como se lo cuenta a Karim, su suegra ha circuncidado a su hijo cuando ella jamás impuso el bautizo en la Iglesia. Lisa se ocupa de inauguraciones y exposiciones en una galería de arte. Cuando un funcionario de embajada, un tal Rafjani, se presenta en la exposición de tapices que organiza, no duda en reprenderlo por la condición de las mujeres en su país. Así son las francesas: sermoneadoras, sabelotodo, y, sobre todo, muy abiertas a los vientos de Oriente. Así es como nos gustan. Y efectivamente, Lisa, que ha dejado el judío, caerá bajo los encantos de Karim.

Pero ocurre que ese Rafjani es también el jefe de la red islamista. Los dos súper polis han localizado el cuartel general de esa red mafiosa. Se trata de un seudo-centro cultural que según dicen los dos protagonistas es: "un verdadero arsenal; parece Beyrouth." Ahí, los islamistas, unos individuos realmente muy malos, torturan a un pobre cabileño vertiendo dos botellas de whisky por un embudo en su boca. Al toparse cara a cara con Rafjani, el buen poli Karim le espeta: "¡Me da vergüenza ser de la misma raza que tú!" Así es como nos gustan los musulmanes: divididos, llenos de rencor y de vergüenza, y dispuestos a matarse entre ellos. Pero antes de ser expulsado del territorio, Rafjani exclama lleno de odio: "Me vengaré, aunque tenga que poner a sangre y fuego París. ¡*Allah Akbar*!"

Otra escena bochornosa se produce cuando Lisa, la bonita francesita, cena en el restaurante con Karim. Simón, que sigue estando enamorado de ella, aparece de repente: "¡Te tiras a mi mujer a escondidas!" Siempre impulsivo, Simón decide jugársela a la ruleta rusa: "Si ganas, te quedas con mi mujer". Muy valientemente, coloca el cañón en su sien y dispara: clic. Karim se niega a participar en este juego estúpido y se levanta. Entonces el judío aprieta el gatillo, y esta vez el arma se dispara: "¡Estás muerto, lárgate!" Sin embargo, Karim no se irá la cabeza gacha y, muy dignamente, abofetea Simón antes de marcharse. Vemos como en este tremendo duelo para conquistar la mujer blanca, los dos semitas saben rivalizar con gallardía.

Pero los malvados islamistas están decididos a liquidar estos dos polis demasiado entrometidos. Aquí ocurre una escena antológica del cine francés. El restaurante *kasher*74 de la madre de Simón es ametrallado en pleno día, ¡como en Chicago! Lisa, gravemente herida, muere en el hospital. Durante la ceremonia fúnebre en la iglesia, Simón, lleno de odio y venganza, no aguanta más y sale precipitadamente, interrumpiendo la ceremonia católica (algo recurrente en el cine planetariano, evidentemente). La escena siguiente nos muestra Simón rezando en la sinagoga con una kipá y un chal de rezo sobre la cabeza. Oímos también a su padre rezar por él en el restaurante: "Señor, ¡dale la fuerza, dale la furia!"

El diplomático islamista es finalmente expulsado sin que Simón haya podido saciar su sed de venganza. Delante de las cámaras de televisión, Rafjani todavía intenta hacerse pasar por una víctima, quejándose de la dureza del trato recibido por parte de "la patria de Voltaire y Anatole France, protectora de los oprimidos" (la perfidia de estos islamistas no tiene límite). Afortunadamente, este cabrón de islamista no se sale con la suya y vemos como su coche explota en la noche, con la torre Eiffel iluminada en el fondo. La película acaba con unas líneas que aparecen en pantalla: "Simón y Karim han probablemente soñado esta venganza. La ley del Talión no será nunca una respuesta a la violencia. Esta historia es una ficción. La realidad es igual de cruel." Hermoso, ¿no? Aparecen finalmente los rostros del judío y del árabe mirando el horizonte lejano, como unas estatuas de proletarios soviéticos. Esto es cine del grande con mayúsculas. El director es Arcady, el cual no nos ha tomado el pelo en ningún momento...

Trop de bonheur (Francia, 1994) nos muestra la vida de cuatro adolescentes en el sur de Francia durante el verano: Valerie, Mathilde, Kamel y su amigo Didier. Se reúnen una noche con algunos amigos en la mansión de Mathilde aprovechando la ausencia de sus padres. Kamel ama Valerie. Música, bailes, alcohol, emociones y sentimientos, traición y violencia. Cuando se juntan de nuevo años más tarde, casi no se reconocen. Kamel vive ahora con Mathilde. Esta película con el sello cosmopolita es de Cedric Kahn.

En *La ciudad está tranquila* (Francia, 2000) vemos como se cruzan

---

74 Tipo de comida preparada ritualmente y cuyo consumo está autorizado por la ley judía. (NdT)

los destinos de varios personajes: Michelle, obrera en la lonja del puerto de Marsella, está casada con un parado alcohólico. Cuando termina su dura jornada de trabajo todavía debe ocuparse del bebé de su hija toxicómana, una adolescente que se prostituye para pagar sus dosis de heroína. Viviane, una burguesa madura y profesora de canto está harta del cinismo de su esposo. Se enamora de uno de sus antiguos alumnos, el joven Abderaman...El director es el mismo que la película *Marius et Jeanette*, otra obra con la misma obsesión por el mestizaje de la raza blanca: Robert Guediguian.

Fatú la maliense (Francia, 2001) tiene 18 años. Nació en Francia de padres malienses y acaba de aprobar el bachillerato. Trabaja en una peluquería africana de París. Es hermosa, alegre, llena de vida y de ambición. La familia maliense está perfectamente integrada. El padre trabaja en una tienda de ultramarinos. El apartamento está muy limpio y bien decorado. Los vestidos africanos son magníficos y llenos de colores, como en el teatro. Desgraciadamente, los padres de Fatú deciden casarla con su primo al que no ama, y se ve literalmente secuestrada sin posibilidades de huir en el sexto piso, justo al lado del apartamento de sus padres. Pero Fatú se va a salvar gracias a su amiga Gaelle, una joven francesa de armas tomar y que se lo pasa en grande con sus amigos magrebíes. ¡Un ejemplo de chica! Gaella va a liberar su amiga Fatú y llevársela a Bretaña para abrir una peluquería. Así, la Bretaña se verá enriquecida con nuevos pequeños bretones. La película de Daniel Vigne, y presentada por Fabienne Servan-Schreiber, ha sido evidentemente premiada en el 2001. "Un éxito" según *L'Express*; "sobresaliente" para *France Soir*; "conmovedora" según *Télé 7 Jours*.

La serie de televisión *P.J.* (Policía Judicial) – una serie "muy francesa"- presentaba el viernes 19 de agosto del 2005 un capítulo sobre el antisemitismo: un cóctel molotov ha sido lanzado contra una sinagoga. Agathe está a cargo de la investigación, lo cual le permite de paso reanudar con su religión. Los sospechosos desfilan en la comisaría de policía. Un joven moro insolente da a entender- ¡cosa increíble! - que "las cámaras de gas no han existido". Enrabietada y fuera de sus casillas, la policía se abalanza sobre él antes de ser apartada por sus colegas. El segundo sospechoso entra en la sala para ser interrogado. Es un coloso negro que tampoco da una buena imagen de la juventud inmigrante. El tercer hombre es un blanco de extrema derecha que parece más humano y simpático comparado con los otros dos. Los franceses autóctonos no suelen ser tratados muy bien en estas series, pero parece ser que, a inicios del siglo XXI, la comunidad judía se ha dado cuenta de que la extrema derecha, satanizada desde siempre por el sistema mediático, representa un menor riesgo que las bandas de inmigrantes fanatizados que se deja entrar en el territorio. Sin embargo, no será ninguno de estos sospechosos el culpable, sino un joven judío en rebelión contra sus maestros de la comunidad Jabad-Lubavitch. Uno de los rabinos es interrogado en la comisaría. En efecto, vemos un religioso que parece estar viviendo en "otro planeta", que recusa cualquiera idea de felicidad procurada por la sociedad liberal occidental. Prisionero de semejante espécimen reaccionario, el joven judío, que anhelaba "diversión" y libertad, ha perdido la cabeza. Este guion correspondía en realidad a algunos sucesos del mismo estilo que habían sido noticia recientemente.

Efectivamente, en agosto del 2004 un incendio había sido provocado en un centro social judío parisino. El caso fue muy sonado, como cuando de costumbre se pisotea un representante de la santa comunidad. Pero resultó que el culpable había sido un judío marginado y venido a menos que los medios se apresuraron en calificar de "enfermo mental".

Finalmente, no todo está perdido en este capítulo, pues todo acaba bastante bien. La otra policía está embarazada: "- ¿Es Karim? - No, no, responde. No te lo diré. Pero tiene algo en común con Karim." Este episodio impregnado de ideología es de Gilles-Yves Caro, con un guion de Brigitte Coscas.

Otra serie: *Josefina, ángel guardián, El Color del amor* (Francia, 2005). "Contratada como empleada agrícola en la granja de los Revel, Josefina conoce el propietario Tomas, el cual va a casarse con Aminata, una joven senegalesa conocida por Internet. A pesar de sus esfuerzos, Aminata no consigue que Claudine, su suegra, la acepte." Imaginamos fácilmente que ésta es un pelín racista, terca y meapilas. Esta teleserie es de Laurent Levy. Para *TV Grandes Chaînes*, es sin ningún género de dudas "un capítulo lleno de buen humor y de generosidad" que merece ser "la corazonada" de la crítica.

Matrimonio blanco (Francia, 2005) es un episodio de otra serie ""muy francesa": Tutor en Marsella, François Etchegaray ayuda a los marginados de la sociedad. René es uno de sus protegidos. Es un grandullón fortachón de unos cuarenta años con un hermoso rostro nórdico, pero es un poco simplón y berrinchudo. En realidad, nada le sale bien. Fracasa en todos los trabajitos que le consigue su tutor, y con cuarenta años aún vive en casa de su madre que parece decirle lo que tiene que hacer. Este francés poco viril se va a enamorar de repente de una africana. Se presenta en casa de François, orgulloso de enseñarle la foto de su prometida, Lela, con la que quiere naturalmente casarse, aunque nunca la haya visto en persona. La asociación *Amistad África* le ayudó a encontrar el amor de su vida a cambio de una notable cantidad de dinero. Y es que una mujer africana es el no va más para un idiota francés. ¡El Rolls Royce del pobre! Con todo, la cantidad de dinero que le pide la asociación hace dudar François Etchegaray acerca de la honestidad de esos intermediarios. Rápidamente comprende que René se está dejando engañar como un tonto, y que la africana sólo desea en realidad un matrimonio de conveniencia. Es una bonita historia, ¿no?

A principio del episodio, el telespectador ha podido ver que el generoso François también se ocupaba con ternura de una pareja de viejos homosexuales un tanto amargados y preocupados por sus derechos de sucesión. Apología del mestizaje y de la homosexualidad: esta es la marca de fábrica del cine planetariano de esta obra televisiva de Edouard Molinaro. Desgraciadamente, el final de esta magnífica serie nunca se conocerá.

La apología de la homosexualidad es efectivamente un tema central del cine cosmopolita. *In and out* (EE. UU., 1997) es una comedia "desternillante", según dicen: El profesor Howard Brackett enseña la literatura en la universidad de una pequeña ciudad de Indiana, en Estados Unidos. Es querido por todos sus alumnos y la comunidad local, hasta que un día su reputación da un vuelco cuando, durante un programa de televisión, un antiguo alumno suyo convertido en estrella de cine agradece públicamente su antiguo profesor "gay". Evidentemente, el profesor queda consternado por esa declaración. Los padres, alumnos y amigos lo miran ahora con sospecha. Decide por lo tanto casarse rápidamente con su novia para cortar los rumores de raíz. Pero esto es sin contar con ese periodista que le persigue por todas partes con su cámara, animándole a que haga su "*coming out*" (a que salga del armario). El día de la boda, en plena ceremonia ante el altar, en el momento de dar el "sí" a su novia, renuncia finalmente y declara a media voz y resignado: "Soy gay". Los asistentes están estupefactos y la novia sufre una crisis nerviosa. La ceremonia religiosa queda interrumpida (una obsesión cosmopolita) y la pareja acaba discutiendo en público. Sin embargo, el director nos hace comprender que es mejor así. El entorno de Howard, la familia y los amigos se muestran finalmente comprensivos. El problema radica en que perdió su empleo en la universidad, víctima de la intolerancia de esos cristianos mojigatos. La escena final es otro gran momento del cine cosmopolita: en la universidad, durante la ceremonia de entrega de diplomas, alumnos y padres se enteran de que el profesor ha sido despedido. Entonces, se levantan todos uno por uno para declarar que ellos también son "gais". La película es de Frank Oz.

En la misma línea, *Un sabor a miel* (RU, 1961) cuenta la relación de dos marginados: una adolescente embarazada de un lío de una noche con un negro, y un homosexual. El director es Tony Richardson. *Primer verano* (*Presque rien*, Francia, 1999) es otra película que hace la apología de la homosexualidad del hombre blanco. Es "una película sobre el amor que intenta banalizar la homosexualidad masculina mostrando escenas muy crudas", según el *Guide des films* de Jean Tulard. La película es del director Sebastian Lifshitz.

La propaganda cosmopolita que sale de la "Matriz" no sólo es "antirracista". Numerosas películas "racistas" son producidas regularmente por los estudios de cine de Hollywood. *En el calor de la noche* (EEUU, 1967), un oficial de la policía criminal de Filadelfia es enviado a una pequeña ciudad del Sur para ayudar a la policía local a resolver el caso de un asesinato de un industrial. Problema: es Negro, y esos imbéciles de Blancos no lo pueden soportar. Pero Virgile Tibbs, especialista criminalista, descubre rápidamente que los policías blancos están equivocados. Es un hombre tranquilo, riguroso e inteligente, y siempre mantiene la calma ante el racismo repugnante de esos Blancos arrogantes que no le llegan a la suela de los zapatos. Pero por muy estúpidos que sean, se dan cuenta por fin que no pueden prescindir de él. Varias veces tendrán que ir a la estación y suplicarlo para que se quede. Su investigación va a conducirlo rápidamente hasta el mayor granjero de la región. Se le sospecha de haber ordenado el asesinato del industrial porque éste proyectaba montar una fábrica y contratar cientos de personas de color. Los jóvenes de ese pueblo "retraído" no lo ven con buenos ojos, y van a perseguir y acorralar salvajemente Vigile Tibbs. El asunto se va a dirimir a golpes en una fábrica abandonada, con cadenas y barras de hierro. Cuatro contra uno, pues los Blancos son así: viles, cobardes y despreciables. Afortunadamente, el jefe de la policía llega en el momento perfecto y salva Virgile de una muerte segura. Ese sheriff, lleno de prejuicios en un principio, sella la reconciliación entre las dos comunidades. La película recibió naturalmente cinco Oscars. Quizás hubiera conseguido el sexto, si Virgile hubiese regresado a Filadelfia con la viuda del industrial asesinado. Pues era una mujer Blanca muy bonita. Pero en 1967, el director Norman Jewison probablemente no quería ir demasiado lejos, no fuera a ser que esos imbéciles de Blancos imprevisibles reaccionasen.

Barton Fink (EE. UU., 1991): En 1941, Barton Fink es un joven actor que salta al estrellato gracias a una obra de teatro. La primera escena de la película nos mete directamente en el ambiente. Está entre bastidores, y observa boquiabierto el éxito fenomenal de su obra: ¡es un triunfo! El público le dedica una ovación atronadora y se levanta, entusiasmado por el genio sublime de ese pequeño autor judío desconocido. Pero Barton Fink es una persona tímida y encerrada en sí misma. Su nueva notoriedad le permite conseguir un contrato en Hollywood, aunque en un principio lo rechaza: "Me alejaría del pueblo", dice. Efectivamente, Barton se ha convertido rápidamente en el nuevo ídolo de Broadway. Sin embargo, no puede resistir a la tentación de una mayor gloria, y viaja a Los Ángeles donde conoce un productor truculento. Éste es expeditivo y muy llamativo. Es un judío originario de Minsk, que se declara "más listo que los demás judíos de la zona".

He aquí Barton Fink en el hotel delante de su máquina de escribir. Pero su vecino de la habitación de al lado es demasiado ruidoso y le impide concentrarse. Éste irrumpe de sopetón en su vida. Es gordo, colorado, bruto y alcohólico: ¡es un goy! Sin embargo, el tímido y delicado intelectual Barton Fink va a apreciar este individuo simple y auténtico. Pero debe acabar el guion muy rápido para que se ruede la película. El problema es que Barton está teniendo grandes dificultades para escribir el guion que se le pide. Sigue bloqueado durante varias semanas. Cuando su productor le recibe en su casa al borde de la piscina, Barton, apenado, no tiene más remedio que confesarle que la inspiración no le ha llegado todavía. Recibe entonces los sarcasmos del asistente, el cual no se espera la reacción violenta del productor que lo echa de allí sin miramientos antes de reiterar su confianza en el pequeño genio que tomó bajo su ala. Su admiración hacia Barton es tal que incluso llega a lamerle la suela del zapato, ¡por respeto a la noble función de escritor!

Barton puede regresar tranquilo al hotel. Afortunadamente, la inspiración aparece por fin, y Barton consigue escribir su guion de un tirón en una noche. El resultado es sencillamente genial: Sí, ¡Barton Fink es un genio! Rebosa de alegría por la mañana. Nunca había alcanzado semejante grado de sutileza y perfección: "¡Soy un creador!" Por la noche, celebra por todo lo alto bailando en un club de jazz. En los días siguientes, conoce un gran escritor, pero que resultara finalmente ser un individuo muy decepcionante, alcohólico, brutal y grosero, y que además trata mal a su novia. En un malentendido, por decirlo así, Barton pasa la noche con ésta en su hotel. Pero a la mañana siguiente, descubre con estupor y horror el cuerpo ensangrentado de la mujer en su cama. ¿Qué ocurrió? No tuvo nada que ver con esto evidentemente, e inmediatamente avisa a su vecino. Éste le cree, y se encarga de hacer desaparecer el cuerpo.

De repente todo se desmorona a su alrededor. Encima su productor está muy decepcionado con su guion. Cuando Barton se presenta ante él, es tratado esta vez como la última de las escorias y fuertemente insultado. Todo va mal para Barton. La policía no tarda en investigar la desaparición de la joven mujer: pero resulta en realidad que su vecino, el gordinflón sonrojado y alcohólico, es un peligroso psicópata que tiene por costumbre descabezar sus víctimas. Además, es un nazi: "¡Heil Hitler!", grita antes de matar a tiros dos policías con su escopeta en el hotel en llamas. La película termina así. A fin de cuentas, todos los Blancos son finalmente unas basuras en esta película de los hermanos Ethan y Joel Coen. La película fue evidentemente galardonada con la Palma de oro del festival de Cannes en 1991. John Turturo es verdaderamente magnífico en el papel de intelectual judío "cercano al pueblo".

Buscando a Susan desesperadamente (EE. UU., 1985): una joven un poco reprimida se transforma en una punk desvergonzada a causa de una amnesia. El indigente guion no tiene la más mínima importancia. Observamos simplemente como en una sociedad "abierta", "liberada" y muy multicultural, el saxofonista negro en su apartamento ocupa el lugar de icono democrático, y que el papel de malo cabrón recae infaliblemente en un hombre rubio. ¿Es una coincidencia? La película es de Susan Seidelman.

Music box (EE. UU., 1989) es una película que remacha las atrocidades de la Segunda Guerra mundial: Michael Laszlo es un refugiado húngaro instalado en Estados Unidos desde hace 37 años. De un día para otro se ve acusado de crímenes de guerra. Las declaraciones de testigos estuvieron bloqueadas durante cuarenta años en los archivos de las Naciones Unidas. Es viudo, pero su hija abogada está ahí para defenderlo. Por supuesto, no se cree ni por asomo esas sórdidas historias y decide defender su pobre padre. "¡Los comunistas están detrás de todo esto!", dice para tranquilizarla. Sin embargo, se ve obligado a confesar que, antes de salir de su Hungría natal después de la guerra, había sido policía bajo el régimen fascista, aunque sólo fuera de "funcionario en una oficina", nada más. Su hija, sin embargo, empieza a dudar del papel de su padre durante la guerra: "Tienen una foto de tu carné de miembro de las secciones especiales con tu firma. El gobierno húngaro la envió." Además, los testigos lo identificaron y le acusan de cosas horribles: "Cuando me paro a pensar todo esto, me da vergüenza ser húngara papá", llega a decir la hija (así de arrepentidos queremos a los húngaros).

Un grupo de supervivientes viene luego a manifestarse delante de su casa con pancartas para hacer la vida imposible a ese bien conocido militante anticomunista. Rompen los cristales de las ventanas a pedradas. Un nuevo indicio alarma la mujer cuando su hijo le repite ingenuamente las palabras de su abuelo: "¡Dijo que el holocausto ha sido fabricado, que es exagerado!"

El juicio empieza por fin, y los testigos de cargo comparecen uno tras de otro para relatar las atrocidades cometidas por los fascistas húngaros, a cuál más horrible, y de las que retenemos que "el bello Danubio azul estaba rojo de sangre": "Michka era el peor de todos. Amaba matar a los judíos. Buscaba el oro y el dinero...el bello Danubio azul estaba rojo. Fue él, lo reconozco." La hija consigue sin embargo sacarlo del atolladero, demostrando los vínculos sospechosos de esos testigos con los gobiernos comunistas y el KGB. Afortunadamente, su padre sale exculpado.

Pero más tarde en Budapest, durante un viaje para interrogar un testigo, descubre en una caja de música las fotos atroces que delatan a su propio padre. Esta vez la prueba de su culpabilidad es irrefutable: "No quiero volver a verte jamás papá. No quiero que vuelvas a ver a mi hijo nunca más", le espeta, el corazón lleno de odio y de desprecio. Y cuando la hija amenaza con contarlo todo a su hijo, el malvado abuelo le responde, seguro de sí mismo y arrogante: "No te creerá. Ellos no te creerán. ¡Dirán que estás loca!" Así nos gusta ver a las familias húngaras: destrozadas y dispuestas a matarse entre sí. La abogada envía finalmente las fotos a la prensa, y la película se acaba con ella mirando la foto de su padre en uniforme de miliciano en la portada de un periódico. Notemos que Costa Gavras ha procurado integrar imágenes y música del folclore húngaro a lo largo de toda la película. Probablemente para que sea todavía más repugnante para el espectador.

Falsa seducción (EE. UU., 1992) empieza con una escena sorprendente: en un chalé de una bonita ciudad de extrarradio, una joven pareja descubre un ladrón intentando introducirse en su casa por la noche. El hombre consigue escapar amenazando la joven mujer con un cuchillo de cocina. El agresor es Negro y las víctimas son Blancas, lo cual no es común en el cine planetario. Sospechamos que el director no se quedaría en eso, y efectivamente, en la siguiente escena, nos damos cuenta de que también hay Negros simpáticos, pues uno de los dos policías que aparecen para tranquilizar la bonita pareja es un hombre de color. Su colega- un Blanco- es también un tipo muy simpático y profesional...pero sólo en apariencia. Pues en realidad es un peligroso psicópata que se ha enamorado de la joven mujer y que va a amargar la vida del marido. Incluso llega a matar a su colega negro junto a un joven vendedor de droga, haciendo que el crimen parezca un tiroteo entre los dos hombres, lo cual no le impedirá llorar la muerte de su amigo delante de las cámaras de televisión. En fin, la agresión del hombre negro con el cuchillo queda olvidada al final de la película y el psicópata con ojos azules tiene el papel principal. Hay que agradecer esta película a M. Jonathan Kaplan (¡otra vez él!).

Tierra de policías (EE. UU., 1997) desvela los métodos policiales poco ortodoxos de algunos policías de Nueva York. La mayoría de ellos han abandonado la gran ciudad cosmopolita que aborrecen para instalarse en Garrisson, una pequeña ciudad apacible del otro lado del gran río Hudson donde pueden vivir en paz- entre Blancos. Pronto comprendemos que esos policías blancos, que entierran sus muertos al son de la música irlandesa, están tremendamente organizados, y que no dudan en falsificar las investigaciones y en liquidar los policías que les estorban. Es en realidad una verdadera banda mafiosa. Pero el pequeño sheriff de la zona, que hasta entonces había cerrado los ojos sobre la situación, por fin va a armarse de valor y pasar a la acción. Todos esos cabrones son policías blancos, mientras que, en frente, en Nueva York, la policía multirracial es verdaderamente súper maja. Esta película que lleva "la marca" es del muy astuto James "Mangold".

En *Conspiración* (1997), están los malos y están los buenos. Pero no todo es tan simple, ya que dentro de los malos algunos no son tan malos, y resultan incluso ser buenos. Sólo hay una certeza: todos los malos son Blancos. Una vez más, en este aspecto, no se respetan las cuotas obligatorias. La película es de Richard Donner.

El racismo del cine planetariano también puede ir dirigido a otras comunidades. *Arma letal 4* (EE. UU., 1998) pone en escena a dos policías de Los Ángeles, un Negro y un Blanco que han descubierto una red de tráfico de inmigración clandestina china. Los dos colegas descubren cuatro cientos indigentes amontonados en la bodega de un barco, pero el Negro, apiadado, y recordando quizás sus antepasados esclavos, decide transgredir la ley y acoger una familia olvidada en un bote de salvamento. Los dos policías van a descubrir rápidamente el jefe de esta mafia que hace entrar miles de chinos en Estados Unidos. Éstos deben trabajar durante años para rembolsar el coste de su viaje y de los documentos falsos. Es una temible organización criminal que fabrica además falsa moneda. La película de Richard Donner es innegablemente divertida y espectacular. Pero es también una de las más racista que se haya visto. Hasta donde sepamos, ninguna comunidad, a parte de la comunidad blanca, ha sido nunca descrita por los cineastas judíos de manera tan ofensiva e indignante. Este trato quizás se deba a que la comunidad china es la única en hacer retroceder la comunidad judía en el ámbito de los negocios y en el terreno de la organización comunitaria.

Del mismo estilo, se puede ver la película francesa *XXL* (Francia, 1997), la cual presenta los chinos de París de muy mala manera, pues su actividad comercial compite ventajosamente con los negocios de la comunidad judía en el barrio del Sentier[75]. Aquí tenemos un auvernés dueño de un bar y un comerciante judío del textil que van a aliarse contra la insoportable invasión asiática. El Auvernés (Gerard Depardieu) es un vividor, conquistador y seguro de sí mismo, mientras que el judío (Michel Boujenah) es un tipo angustiado, tímido e inquieto. Pero el espectador debe comprender que sus diferencias son superficiales y que tienen intereses comunes que defender ante esos corruptos chinos, por lo que se les puede insultar sin miramientos y sin temor a ser llevado a juicio. El director de esa película es Ariel Zeitoun.

En *La habitación del pánico* (EE. UU., 2001), una joven mujer adinerada (Jodie Foster) y su hija se instalan en una inmensa mansión en el corazón de Manhattan. La vivienda está equipada de una cámara acorazada concebida para resistir una agresión exterior. Una noche, tres ladrones penetran en la vivienda. Empieza entonces una aventura terrorífica que acabará muy mal, pues el botín que buscan está precisamente en la cámara donde se han refugiado las dos mujeres que ignoran por completo los propósitos de los asaltantes. De los tres ladrones, el coloso negro es el único en ser un poco inteligente: de hecho, fue él el que concibió la cámara acorazada. Es además técnico y el más escrupuloso de los tres delincuentes, pues rechaza el uso de la violencia desde el principio. El jefe del equipo, en cambio, es Blanco, un tipo alto y nervioso e imprevisible que acabará con una bala en la cabeza al intentar huir. El tercero, otro Blanco, muy tranquilo, resulta ser en realidad un peligroso psicópata y un asesino loco. Al final de la película, este tarado está a punto de matar la mujer a mazazos en la cara. Afortunadamente, el Negro interviene in extremis. El Negro también conseguirá salvar a la niña de una muerte segura administrándole una inyección en unas condiciones muy difíciles. Los Blancos son malos, los Negros son buenos; la película es de David Fincher.

En *¡O Brother!* (EE. UU., 2000), tres simpáticos pícaros consiguen evadirse de una penitenciaría del Sur de Estados Unidos. El inicio de la película parece un homenaje a la cultura del Sur profundo, con la huida

---

[75]Tradicional barrio judío parisino copado por el comercio textil. (NdT).

de los tres fugitivos con fondo de música *country*. Pero, como de costumbre, el mensaje antirracista aparece después de un rato: los hombres políticos blancos son unos chanchulleros agresivos, racistas y sin escrúpulos. El Ku Klux Klan recibe naturalmente un buen rapapolvo, y comprendemos que no hay nada mejor que una buena sociedad multirracial. El mensaje político es hábilmente encarnado por una cuadrilla de tres compinches y un "Negro" guitarrista. Hay que reconocer que su música es realmente estimulante. No dejemos sin mencionar que el sistema electoral- *one man, one vote*- es descrito por lo que es: una estafa, donde el candidato vencedor es el que monta la mejor campaña publicitaria. Un punto a favor pues, para los hermanos Joel y Ethan Coen.

El cine planetariano se caracteriza muchas veces por su carga anticristiana. En la televisión y en el cine, los cristianos, principalmente los católicos, son efectivamente representados a menudo como gente mojigata, terca e intolerante, y hasta incluso como violadores y asesinos perturbados. En cuanto al clero católico, la mayoría de las veces es descrito como una guarida de sádicos y perversos polimorfos.

Ya hemos analizado en *Las Esperanzas planetarianas* los casos de películas como *Elmer Gantry* (EE. UU., 1960) de Richard Brooks, *Fanny y Alexander* de Ingmar Bergman, *El nombre de la Rosa* de Jean-Jacques Annaud, *La Diferencia* de Robert Mandel, *Cadena perpetua* de Frank Darabont, *Las Vírgenes suicidas* de Sofia Coppola, *Seven* de David Fincher y *Amen* de Constantin Costa-Gavras. Completaremos aquí la lista.

La noche del cazador (EE. UU., 1955), Robert Mitchum encarna un pastor protestante con un alma buena y generosa. Pero todo eso no es más que una falsa apariencia, pues en realidad resulta ser un peligroso desequilibrado en búsqueda de una gran suma de dinero entregada por un padre a sus hijos antes de su encarcelamiento. Perseguidos sin piedad por ese pastor psicópata, los dos niños huyen desesperadamente. Esta película de Charles Laughton encarna perfectamente la voluntad cosmopolita de ensuciar la religión cristiana.

El Cardenal (EE. UU., 1963) es una película notable por la belleza de sus imágenes y la nobleza de espíritu del futuro cardenal. Aunque el Vaticano y la Iglesia son relativamente bien tratados, en cambio el peso de la ignominia recae sobre el pueblo llano practicante. Así es, pues los católicos que se niegan todavía a casar sus hijas con un judío demuestran que son unos intolerantes odiosos. Lo mismo pasa con el aborto. Y dado que la película es una serie de clichés, comprendemos muy bien por qué el Vaticano mira para otro lado pudorosamente cuando se trata de tomar posición acerca de la cuestión racial que agita los Estados Unidos de los años 60. El héroe, un obispo estadounidense, interviene oficialmente en esa ciudad del Sur donde una iglesia católica ha sido incendiada porque el cura era negro. Los racistas de la zona no lo aceptan, y asistimos entonces a una escena antológica cuando el joven e intrépido obispo es secuestrado por los militantes del Ku Klux Klan. Será flagelado hasta sangrar, en medio de una manada de hombres encapuchados que cantan y golpean el ritmo del Dixieland al son de la armónica, mientras que un crucifijo gigante arde en la noche en segundo plano. Unos genios de la puesta en escena, ¡estos Klansmen! - o más bien Otto Preminger, si lo prefieren.

A propósito de la película *Ben-Hur* (EE. UU., 1959), ésto escribía Guy Konopnicki: "William Wyler es el prototipo de cosmopolita insoportable: nacido en Mulhouse en 1901, llegado a Hollywood cuando Francia acababa de recuperar Alsacia. ¿Alemán? ¿Francés? ¿Suizo? ¿Estadounidense? Cineasta internacional, Wyler jugaba con todas las leyendas del mundo. El modelo de cristianismo que se desprende de la obra maestra de Wyler prefigura el concilio Vaticano II, y Judas Ben-Hur lanza a Poncio Pilato una advertencia dirigida tanto a Washington como a Roma[76]." Estamos avisados pues.

En *Una chica tan decente como yo* (Francia, 1972), Charles Denner actúa de católico que se dedica a desratizar fincas...La película es de François "Truffaut" y el guion de Jean-Loup Dabadie. *La viuda negra,* de Arturo Ripstein (México, 1977) es una película blasfematoria que denuncia la Iglesia y los "bien pensantes". *The Runner Stumbles,* de Stanley Kramer (EE. UU., 1979) es la historia de un cura que se enamora de una joven y acaba en el juzgado.

Monsignore (EE. UU., 1982) es la historia de un cardenal depravado que logra seducir un hombre y termina también en el juzgado. Pero el cardenal es poderoso: maneja las cuentas bancarias y sirve de enlace con la mafia. El Papa, que está al corriente del caso, guarda discretamente silencio al respecto. La película es de Frank Perry.

En *Crímenes de pasión* (EE. UU., 1984), Anthony Perkins actúa de pastor evangélico, dócil y muy piadoso que lee la Biblia con fervor, pero que frecuenta los cines X y se enamora de una cleptómana. Acabará finalmente por matarla en una escena de depravación desenfrenada, ¡para "salvar su alma"!

Agnes de Dios (EE. UU., 1985) se desarrolla en un convento canadiense. Durante una noche de invierno, una monja da a luz un bebé

---

[76]Guy Konopnicki, *La Place de la nation,* Olivier Orban, 1983, p. 209

hallado muerto estrangulado en una basura. La hermana Agnes es acusada del asesinato, pero afirma ante el juez no acordarse de nada. La doctora Livingstone, una joven psiquiatra designada por el tribunal, llega entonces al convento para intentar dilucidar el caso. La monja que le abre la puerta tiene evidentemente un aspecto detestable. La psiquiatra interroga la madre superior, la cual confirma que nadie sabe nada. Para ella, el bebé es un milagro; pero la psiquiatra es mucho más pragmática y realista.: "Usted se niega a ver que Agnes ha sido violada o seducida." La entrevista con la hermana Agnes es mucho más interesante: ésta es totalmente inocente, así como ignorante de la sexualidad y de la procreación. En cambio, entra a menudo en éxtasis y habla de su amor hacia la Virgen María. Nos enteramos finalmente de que esa pobre chica, que fue martirizada por una madre alcohólica, ha sido en realidad violada en un pasadizo secreto por el que pasaba a veces, y cuya existencia ha descubierto la psiquiatra mientras fisgoneaba en los archivos del lugar. Esta lastimosa chica es la única persona un tanto simpática en ese convento, pues todas las demás hermanas son desagradables a más no poder. Y por lo visto, es el caso de todos los católicos, pues incluso la madre de la doctora Livingstone, sola en su habitación de hospicio, es una gruñona, santurrona y xenófoba. Esta película tosca y pesada es de Norman Jewison, que por lo visto no parece apreciar mucho a los católicos.

Silver Bullet (EE. UU., 1985): Una pequeña ciudad estadounidense vive bajo el terror de una bestia que mata y mutila sus habitantes por las noches. En realidad, se trata del pastor que se transforma en hombre lobo. Afortunadamente será liquidado con una bala de plata. La película es de Daniel Attias y el guión de Stephen King, el cual es, al parecer, un escritor "genial". ¿Conocen ustedes alguna película que va de un rabino que se transforma en vampiro en las noches de luna llena?

En *The Penitent*, de Cliff Osmond (EE. UU., 1988), Paul Julia encarna un granjero del Estado de Nuevo México que se embarca en un culto católico primitivo y brutal donde los adeptos disfrutan alegremente de sacrificios humanos en los cuales las víctimas son crucificadas... Se cuenta que en otras películas de la misma índole podemos asistir a escenas de sacrificios de niños cristianos por parte de rabinos sanguinarios. Pero todo eso no es más que una ficción, afortunadamente.

En 1988 de nuevo, *La Ultima tentación de Cristo*, de Martin Scorsese, mostraba un Cristo homosexual, aficionado a los placeres carnales y poseído por el demonio.

The Handmaid's Tale (EE. UU., 1990) es una distopía que

escenifica unos Estados Unidos espantosos, gobernados por unos fundamentalistas cristianos. El gobierno teocrático prohíbe los libros que no difunden el mensaje bíblico, reúne las masas para asistir a los ahorcamientos y a las torturas, y utiliza la fuerza y la brutalidad para hacer aplicar las leyes de la Biblia, incluso las más obsoletas. Además, instaura políticas genocidas contra las minorías étnicas. Toda está sarta de chorradas no impide que los cristianos hipócritas frecuenten los prostíbulos. La película es de Volker Schlöndorff.

The Favour, the Watch and the Very Big Fish (EE. UU., 1991): Luis es un fotógrafo de arte en el estudio que dirige Norberto, especializado en composiciones de inspiración religiosa. Andan buscando un nuevo modelo fotográfico para encarnar Jesús cuando encuentran a un pianista un poco loco con cara de Cristo (¡Jeff Goldblum!). El trato está hecho. El nuevo modelo encarna de maravilla a Cristo, en la cruz, en la cena con los apóstoles y en todos los cuadros bíblicos. Pero he aquí que, poco a poco, el falso Cristo empieza a confundirse con el verdadero. En una escena cómica, Jeff regresa a casa con un pez espada al hombro que deposita sobre la mesa de la cocina y que su esposa va a preparar para la cena. ¡Ésta lo echa tal cual en la trituradora con las patas de pato! La fuente que sirve en la mesa, debajo de las narices de su marido es un potaje negro inmundo y nauseabundo. Le pregunta entonces: "¿Has encontrado nuestro señor Jesús Cristo? (primer plano sobre el plato repugnante). Queda muy claro por lo tanto que ese "Jesús" es vomitivo para el director, y que Ben Lewin desea compartir su desprecio con todo el público.

El cabo del miedo (EE. UU., 1991) es la historia de un recluso injustamente condenado por violación. Tras catorce años de cárcel, sale por fin con la firme intención de vengarse de su abogado corrupto. Robert de Niro encarna un personaje peligroso y psicópata, y Martin Scorsese ha tenido la buena idea de colocar un tatuaje enorme en forma de crucifijo en su espalda para que podamos identificar perfectamente de donde proviene su peligrosidad. Ocasionalmente, este cristiano pentecostal fuma opio e intenta seducir unas niñas, viola a una mujer, y persigue a una familia, para finalmente morir ahogado en un torrente. Martin Scorsese es un italiano bastante extraño, ¿no?

La famosa trilogía del *Padrino*, de Francis Ford Coppola, describe las costumbres de la mafia siciliana en Estados Unidos a principios del siglo XX. La tercera parte (1991) expone todo el poderío de la Iglesia católica. En realidad, el Vaticano posee un inmenso imperio inmobiliario en el mundo. Es una potencia financiera colosal que hace negocios con la mafia. La mafia católica es por lo tanto temible, y podemos estar seguros de que los gobiernos occidentales le obedecen a pies juntillas. La mafia judía está muy lejos de ser tan poderosa.

En *Alien 3* (EE. UU., 1992), la nave de la teniente Ripley se estrella en un planeta donde la "compañía" sólo ha dejado un penitenciario que alberga peligrosos criminales: asesinos, violadores, psicópatas. Nada tranquilizador para una mujer, más aún cuando se da cuenta que un Alien viajaba con ella en la nave. El comandante del penitenciario es una especie de fascista terco que no quiere saber nada de la presencia del Alien. Afortunadamente, será devorado al principio de la película. Los prisioneros se someten a una disciplina religiosa muy estricta, una mezcla "de fundamentalismo cristiano matizado de milenarismo apocalíptico". Van vestidos de monjes y saludan a lo romano levantando el brazo después del discurso de su jefe. Pero no nos engañemos, se trata de peligrosos enfermos mentales de los que es mejor apartarse, sobre todo cuando no han visto una mujer desde hace años. Los cabrones que intentan violarla son todos unos Blancos malvados, mientras que el que va a socorrerla es un Negro fortachón que tiene ascendiente sobre los demás: ¡Él es el jefe! Se sacrificará para salvar la vida de Ripley y atrapar el Alien. La película es de David Fincher. ¡Hay un Alien en mi televisor!

Sacerdote (RU, 1994) pone en escena un sacerdote homosexual que vive con su mayordomo a vista y paciencia de todos, otro cura alcohólico, un obispo lamentable y una chica joven cuyo padre abusa de ella regularmente. Todos son adeptos de la religión católica, si bien cada uno se amolda a ella a su manera.

En *Star Treck V: la última frontera* (EE. UU., 1989). Dios es representado como un ser malévolo y todas las religiones fueron creadas por los hombres y pronto ya no tendrán ningún significado. ¿Todas? No, pues se trata de un mensaje principalmente destinado para la exportación.

Johnny Mnemonics (EEUU, 1995) muestra la naturaleza maléfica de un predicador que tiene por costumbre matar a gente con un crucifijo.

Las dos caras de la verdad (*Primal Fear*, EE. UU., 1996): En Chicago, un arzobispo es asesinado salvajemente. Un sospechoso es rápidamente detenido. Es un adolescente mentalmente limitado al que han hallado aturdido y desorientado y con la ropa machada de sangre. Era uno de los chicos protegidos por el arzobispado que cantaba en el coro. Nos enteraremos al final de que, efectivamente, era culpable y que fingía padecer amnesia. Quería vengarse de todas las vilezas asquerosas que el hombre de Iglesia le obligaba a hacer durante orgías con su novia y el resto de los coristas en el arzobispado. ¡Nada menos! Con semejante imaginación, podemos apostar que la próxima película de Gregory Hoblit tendrá lugar en la cripta de una sinagoga. Éste sería el guion: Los judíos piadosos bailan una zarabanda endiablada aullando como posesos. En medio de un círculo, un niño cristiano inconsciente está siendo víctima de maltratos antes de ser sacrificado. Afortunadamente, la señora Moreira, la mujer de la limpieza portuguesa que se ha hecho pasar por judía para poder conseguir el empleo, consigue mediante tretas liberar el niño y refugiarse en la comisaría de la policía donde cuenta todo lo que vio. Así empieza un nuevo caso Dreyfus. Increíble, ¿no?

Flight of the Black Angel (EE. UU., 1991) pone en escena un piloto de la Fuerza Aérea estadounidense que es también un cristiano fundamentalista. Como por casualidad, de repente se vuelve un loco asesino y masacra su familia y algunos colegas de la escuadrilla. Después de eso, se imagina limpiar Las Vegas con una bomba nuclear táctica, justificándolo con que debe cumplir la voluntad de Dios: "Todo sobre la Tierra debe ser destruido...Traigo la luz del cielo a los enfermos, a los impuros, a los corruptos, a los mentirosos." No cabe la menor duda, ¡es un Marrano!

En *Ríos de color púrpura 2: Los ángeles del apocalipsis* (Francia, 2003), el director sigue fiel a la primera parte en el sentido de que los cadáveres recuperados por los dos protagonistas son igual de horribles. Evidentemente, estamos de nuevo ante una peligrosa red de neonazis tremendamente organizados, cuyo cuartel general es un monasterio de Lorena conectado por galerías subterráneas a la línea Maginot. Los monjes, que luchan "por una Europa blanca y creyente", tienen contactos con altas personalidades europeas que actúan en la sombra de forma soterrada: están en todas partes, lo controlan todo, ¡pero no los veis! La escena en la que el coche es ametrallado durante un minuto muy largo, perforado por al menos dos o tres mil balas, es probablemente el gran momento de la película de Olivier Dahan, cuyo guion es de todas formas ampliamente suficiente para el público al que va dirigido.

En la misma línea, se nos ha presentado recientemente en Broadway una obra de teatro, *Corpus Christi*, que pone en escena un Jesús homosexual muy vinculado a Juda y otros discípulos...

Para relajarse un poco después del visionado de tantas películas, podremos leer el libro de Gore Vidal, *Live from Golgotha*, que, al parecer, representa San Pablo y Timoteo como una pareja homosexual. El autor no deja de subrayar que el cristianismo fue "el mayor desastre que azoto Occidente".

El cine planetariano también aborda a veces la vida de la comunidad judía. La mayoría de las veces, la imagen que sobresale es la de una comunidad injustamente perseguida. Esta tendencia de la propaganda cinematográfica no es nueva, a juzgar por lo que dice Jonathan Weiss: "En 1929, el cine producía películas como *El judío polaco* de Jean Kemm, donde un judío era injustamente acusado de un crimen[77]." Es efectivamente la postura clásica del judío perseguido que refleja el espejo del judaísmo.

La comedia musical de Norman Jewison, *El violinista en el tejado* (EE. UU., 1971), relata la vida de una pequeña comunidad judía tradicional de un pueblo de Ucrania en vísperas de la revolución bolchevique. El ambiente es campechano; la música tradicional y los cantos conmueven los corazones: "Gracias a nuestras tradiciones, cada cual sabe quién es, y lo que Dios espera de él", clama el lechero. Reconocemos en ese pueblo los personajes pintorescos de la época, como el rabino rodeado de sus fieles, la casamentera, o el vendedor ambulante de libros. La "tradición" está en el corazón del universo de este shtetl (pueblo judío de Europa del Este). Sin embargo, vemos como se desmorona poco a poco a lo largo de la película, a medida que las hijas del lechero hacen lo que les apetece y deciden casarse con los jóvenes de los que se han enamorado. Para el lechero es una situación nueva e incomprensible. Sencillamente, la "tradición" se está perdiendo y comprendemos su sufrimiento. Su hija no está enamorada del carnicero, sino del joven tallador: así son las cosas, es un hecho. Después de dolorosas reflexiones, finalmente consiente y da su visto bueno a la unión. Pero desgraciadamente, su segunda hija va a elegir por esposo un joven judío revolucionario que tiene poco respeto por la "tradición". Lo veremos arengar la muchedumbre en una plaza de Kiev, antes de ser detenido por la policía del Zar. En cuanto a su tercera hija, ésta se enamora ni más ni menos que de... ¡un goy! Esta vez es demasiado. La Ley judía no bromea con estas cosas, y los padres la repudian. Para ellos, a partir de ahora, ella ya no existe.

En el telón de fondo de esta historia se añaden las convulsiones políticas de la época, y pronto los policías rusos advierten a los judíos de que van a tener que abandonar el shtetl por orden del Zar. Los judíos, tras el plazo de tres días que se les dio, deciden marcharse después de un breve arrebato de indignación: aunque, a fin de cuentas, ¿qué importancia tiene para los judíos vivir aquí o allá? El violinista, que tocaba sobre el tejado a principio de la película, sigue con la misma

---

[77]Jonathan Weiss, *Irène Némirovsky*, Éditions du Félin, 2005, p. 58

melodía detrás del convoy de judíos que inicia una larga andanza. Esta hermosa crónica de la vida de un shtetl está quizás idealizada, pero refleja bastante bien las mutaciones que los judíos han tenido que aceptar para entrar en el mundo moderno, así como su sorprendente capacidad de adaptación a las situaciones y a las necesidades de la época.

Yentl, de Barbara Streisand (EE. UU., 1983), es una película divertida realizada en base a la novela de Isaac Bashevis Singer. En un pueblo judío de Polonia, a principio del siglo XX, Tentl es una joven que vive con su padre, un hombre instruido. En la plaza del mercado aparece el vendedor de libros ambulante gritando: "¡Libros ilustrados para mujeres, libros santos para los hombres!" Quedan así resumidas muchas cosas, pues efectivamente, la tradición judía hace poco caso de las mujeres, a las cuales está prohibido enseñar las cosas santas. Pero Yentl ama los libros y sólo tiene un deseo: estudiar el Talmud[78]como los hombres. Al morir su padre, decide cortarse el pelo y hacerse pasar por un chico. Se marcha a la ciudad donde conoce Avigdor, el cual lleva a su nuevo "amigo" a Bechev, donde se halla la *yeshivá*[79], el centro de estudio.

Por la noche, los dos amigos duermen en casa de los padres de Avigdor, y Yentl se da cuenta con espanto que sólo hay una habitación y que debe dormir en la misma cama que él. La escena es graciosa, pues ¿cómo hará Yentl para que Avigdor no se dé cuenta que su compañero es en realidad una mujer? La tensión está en su punto máximo cuando Avigdor, acostado y cansado, pierde la paciencia al ver que Yentl no apaga la luz y sigue estudiando. Yentl se inventa entonces una treta sobre la marcha, revelando esa capacidad de salirse con la suya con un aplomo desconcertante retorciendo los textos sagrados si es preciso. Así pues, nos enteramos de que, en el judaísmo, "dos solteros en una misma cama deben ponerse de espaldas". Avigdor se queda un poco sorprendido, pero probablemente demasiado cansado para discutirlo.

En la *yeshivá*, Avigdor es el compañero de estudio de Yentl. Un día le presenta su novia. A una pregunta de Yentl acerca de ella: "¿Qué es lo que piensa?", éste responde simplemente: "No necesito que piense." Y este breve diálogo confirma la situación de las mujeres en el judaísmo. Bajo su falsa identidad, Yentl vengará esta injusticia hecha a las mujeres convirtiéndose en el mejor estudiante de la *yeshivá*.

---

[78]Ver nota del traductor en Anexo I.

[79]Una yeshivá es un centro de estudios de la Torá y del Talmud generalmente reservado a varones en el judaísmo ortodoxo. También se las suele conocer como escuelas talmúdicas.

Descorazonada por no ser correspondida por su amigo al que declaró su amor, el cual se toma muy en serio la tradición, Yentl acabará por marcharse a América. En el barco que la lleva, canta una vez más su amor a Dios y a su padre, a los que confunde en su lamento melódico. "Te estoy viendo, te estoy viendo en el cielo... ¡Mira papá, mírame volar!"

En *Yo Iván, tu Abraham* (Francia, 1993), Yolande Zauberman nos mostraba la vida de unos judíos polacos en 1933. En ese pueblo donde también viven católicos, se culpa con facilidad a todos los judíos de ser responsables de todos los males. Ciertamente, las tradiciones cristianas están impregnadas de intolerancia y de locura. ¿No ven los cristianos en los ojos del pequeño Abraham la mirada del diablo?

Una noche de shabat, un cristiano encolerizado y desconfiado entra por la fuerza en casa de un viejo judío para descubrir por fin lo que se está tramando detrás de esas persianas cerradas. Quiere estar seguro y ver con sus propios ojos todas las atrocidades de las que se acusa a los judíos. Se precipita dentro de la casa, y ¡queda estupefacto! La cámara graba lentamente la casa: una mesa, unas sillas, las velas ardiendo en la oscuridad; en definitiva, nada que pueda dar validez a la tesis del complot. Todas las sospechas contra los judíos son evidentemente ridículas, pues los judíos no tienen nada que ocultar: nada. Esos prejuicios deberán desaparecer un día. Esto es lo único interesante de la película, por lo que la tecla avance rápido del mando a distancia se hace imprescindible. Pero la crítica se extasió ante semejante obra, poniéndola por las nubes: "Yolande Zauberman ha realizado una película indispensable" (Danièle Heymann, *Le Monde*); "La puesta en escena es de una sensibilidad y emoción extraordinarias" (Jooshka Schidlow, *Télérama*); "Yolande Zaubermann alcanza lo universal" (Claude Lanzmann, *Le Journal du Dimanche*).

Los personajes judíos están también presentes en las películas para "el público en general". Su papel prominente en la ideología comunista aparece bastante bien reflejado en *Tal como éramos* (EE. UU., 1973), que narra la historia de una militante comunista en una universidad estadounidense al final de los años treinta. Barbara Streisand encarna el papel de una joven judía que se desvive por la causa. Personifica perfectamente ese incansable activismo tan característico de los intelectuales judíos. Con mucho valor, ella tomará la palabra en el campus de la universidad para denunciar "el fascismo y el gran capital", defender los "Republicanos" españoles, y la "Paz". Evidentemente, consigue conmover a todos los estudiantes. Sin embargo, su activismo frenético es molesto para su entorno. A pesar de ello, consigue seducir

Robert Redford, el típico goy tranquilo al que siempre le cuesta un poco comprender lo que le está pasando. La película es de Sidney Pollack.

El pianista (Europa, 2001) cuenta la historia de un pianista virtuoso de Varsovia con mucho éxito entre sus admiradoras polacas. "M. Szpilman, ¡es usted realmente maravilloso!", le dice una hermosa rubia. Pero la situación internacional está muy tensa, y la guerra va a destrozar la vida de nuestro héroe. Sin embargo, la cosa no puede empezar mejor en ese mes de septiembre de 1939, cuando la familia Szpilman, reunida alrededor de la radio, se entera de que Inglaterra y Francia han declarado la guerra a Alemania. Todos estallan de alegría y se felicitan: "¡Es maravilloso!" Pero por desgracia, todo empeora rápidamente con la victoria de los ejércitos alemanes. Vemos entonces escenas repulsivas, como ese pobre anciano abofeteado en la calle por un soldado que le ordena bajarse de la acera (¡es realmente indignante!).

Nuestra familia judía se va abocada para sobrevivir a vender el piano a un cabrón de polaco que se aprovecha de la situación. Durante la cena frugal, el viejo padre da su opinión: "Los banqueros judíos deberían convencer a los Estados Unidos para declarar la guerra a Alemania" (Nada nuevo bajo el sol). Ocurre entonces una escena atroz: soldados alemanes desenfrenados penetran en el edificio de enfrente, interrumpiendo la cena de una familia y obligándolos a levantarse. Dado que el anciano sobre la silla de ruedas no obedece inmediatamente, los alemanes...atrozmente...lo tiran por la ventana, él y su silla. Todo el mundo es finalmente llevado a un campo de trabajo. Las calles están cubiertas de cadáveres. Una mujer llora porque se ha visto obligada a asfixiar su bebe para que los alemanes no los descubrieran a los dos. Las ejecuciones sumarias se multiplican por las calles... es atroz...Román Polanski... película... atroz...

No recapitularemos aquí todas las películas sobre ese periodo que giran sistemáticamente en torno al tema de la persecución. El objetivo es siempre el mismo: lavar el cerebro acerca de ese periodo "oscuro" de la historia. Los historiadores tampoco miran muy de cerca esos materiales, pues ya sabemos que esas películas no van dirigidas a ellos.

La propaganda cosmopolita está extraordinariamente desbocada estos últimos años. Durante mucho tiempo no pudo mostrarse a la luz del día, debido al peso de los "prejuicios" de los goyim con los que siempre había que tener cuidado. Esta propaganda se expresaba sobre todo a través de la apología del "libertinaje", con el fin de socavar progresivamente el ideal de la célula familiar, pilar y núcleo de la civilización europea desde siempre. Los cineastas cosmopolitas buscaron su inspiración en esa dirección, a falta de poder dar rienda suelta a su imaginación febril. Las obras que presentan el adulterio favorablemente son innumerables. Más adelante, se hizo más abiertamente la apología de la homosexualidad. Se necesitaron varias décadas para trabajar la psiquis de "la bestia" hasta poder mostrarle imágenes donde gente de su especie encarnaba el papel de homosexuales, mientras que sus más bellas mujeres se iban con "hombres de color".

Pero probablemente aún no hayamos tocado fondo en esta caída en el pozo negro. Los tiempos se aproximan en los que veremos en las pantallas una muchedumbre abigarrada, cosmopolita, adulando los Grandes Sacerdotes y prosternándose ante el rey de la casa de David. Sería sin duda lo ideal, pero ¿nos dejará Yahveh probar ese éxtasis?

2. La misión del pueblo judío

Los intelectuales y artistas cosmopolitas parecen escribir o producir sus obras con el único fin de transmitir un mensaje y enseñar al público las virtudes del cosmopolitismo. Esta militancia tiende hacia un objetivo terrestre muy concreto: la desaparición de las fronteras y de las religiones, la aplicación universal de los principios de la democracia y de los derechos humanos, y, finalmente, la instauración del Imperio Global. Esta tensión permanente parece determinar invariablemente la orientación de su producción intelectual, hasta el punto de que podemos preguntarnos si cualquier novela escrita por un judío puede ser totalmente neutra en el plano ideológico. Albert Memmi lo reconocía abiertamente: "La judeidad está en general mucho más presente de lo que se cree en el comportamiento y pensamiento, incluso en las confesiones, de la mayoría de los judíos[80]." Esta propaganda nunca se detiene, pues está motivada por un afán y un propósito religiosos. El pueblo judío, en efecto, tiene una "misión" que cumplir.

El activismo judío

Siempre hay un mensaje, por muy tenue que sea, en las producciones literarias y artísticas de los representantes del cosmopolitismo. Esta propaganda incansable que aspira a convencer a los pueblos de la legitimidad de su doctrina es sin ninguna duda una de las primeras características del pueblo judío. Es un pueblo de propagandistas, o un "pueblo de sacerdotes[81]", como lo decía el filósofo Jacob Leib Talmon, el cual expresaba esa misma idea de que el pueblo judío debe llevar a cabo una misión. Esta militancia desenfrenada también se manifiesta de forma más prosaica a través del combate político. De hecho, encontramos militantes judíos en todas las corrientes de extrema-izquierda, donde la fe y la esperanza revolucionaria animan las almas sedientas de mesianismo y de un

---

[80]Albert Memmi, en nota al final del libro de David Bakan, *Freud et la tradition mystique juive*, 1963, Payot, 2001, p. 342

[81]J.-L. Talmon, *Destin d'Israël*, 1965, Calmann-Lévy, 1967, p. 25. [El mismo diagnóstico que hizo Friedrich Nietzsche en su *Genealogía de la moral*]

mundo por fin liberado de todas las opresiones.

Este "pueblo de sacerdotes" está además muy implicado en la industria publicitaria[82], la cual es, naturalmente, otra forma de propaganda y de sensibilización del público. Una publicidad ostentosa y unos artículos de prensa elogiosos son efectivamente muy útiles para lanzar las obras "geniales" e "incomparables" producidas por el pueblo elegido. Esta es la razón por la que el "pueblo del libro", como ellos mismos se definen, nos parecen sobre todo "el pueblo del megáfono", es decir del activismo, de la propaganda y de la publicidad.

La antigua directora del semanal *L'Express*, Françoise Giroud, ha dado cuenta de este espíritu militante que anima el intelectual cosmopolita. Periodista y escritora, Françoise Giroud, estaba al lado de Jean-Jacques Servan-Schreiber en la fundación del semanal en 1953. El objetivo era entonces apoyar la política de Pierre Mendès France. En su libro titulado *Leçons particulières*, publicado en 1990, subrayaba ese compromiso:

"Jean-Jacques Servan-Schreiber era un jefe de guerra, escribía...Su vida es únicamente un combate: combate para alzar Pierre Mendès France al poder- *L'Express* ha sido creado con ese único propósito-, combate contra la guerra de Argelia, combate para conquistar el partido radical, combate para ganar una circunscripción inexpugnable, combate para que se afiance el movimiento reformador, combate para hacer ganar las elecciones legislativas de 1978 a Valéry Giscard d'Estaing. Nunca descansa. Actuar es su manera de expresar su yo. Se siente responsable de los asuntos del planeta al igual que cualquier jefe de Estado, y es capaz, aquí y allá, de influenciar en los acontecimientos. De hecho, ha tenido relaciones de igual a igual con grandes dirigentes. Muchos lo consultan de buena gana[83]."

En otros de sus libros, podemos comprobar que esta típica agitación también concierne a otros personajes que constituyen la casta mediática por excelencia de las sociedades democráticas, y que se

---

[82]Se puede mencionar aquí a Edwards Louis Bernays (1891-1995), publicista, periodista e inventor de la teoría de la propaganda y las relaciones publicas. Judío de nacionalidad austriaca, fue sobrino de Sigmund Freud, y utilizó ideas relacionadas con el inconsciente en Norteamérica para la persuasión del *self* en el ámbito publicitario masivo. También cabe destacar el papel de Walter Lippmann (1889-1974), destacado intelectual y periodista de origen judío-alemán que teorizó el concepto de opinión pública y acuñó el celebre lema "la fabricación del consentimiento" en sus obras *Liberty and the News* (1920) y *Public Opinion* (1922). Referido a estas cuestiones, el lector puede visionar el interesante documental de Adam Curtis, escritor y documentalista de la BBC, titulado: *El Siglo del individualismo*, (*The Century of the Self*), 2002. (NdT).

[83]Françoise Giroud, *Leçons particulières*, Fayard, 1990, p. 176, 178

manifiesta siempre cuando se trata de "grandes causas internacionales":

"Nos habíamos reunido para fundar *Acción Internacional contra el Hambre* (*Action International contre la Faim*) con algunos amigos como Jacques Attali, Guy Sorman, Patrick Siegler Lathrop, Marek Halter, etc....Queríamos llamar la atención de la opinión pública, actuar, llamar al Papa, crear comités en toda Francia, que sé yo...Alfred Kastler, Premio Nobel, iba a ser nuestro primer presidente. Bernard-Henri Levy había escrito unos estatutos magníficos. Sólo quedaba por poner en práctica nuestras buenas intenciones[84]."

Recordemos aquí que la asociación de defensa de los derechos humanos *Amnesty international,* fue fundada en 1961 por Sean Mac Bride y Peter Beneson-Salomón[85]. Este último era el hijo del fundador de los grandes almacenes Mark & Spencer, lo cual no le impedía ser miembro de la Internacional comunista, al igual que su socio, por cierto. De hecho, no hay ninguna contradicción en ello, en cuanto comprendemos que los negocios y el comunismo trabajan de la mano conjuntamente en la abolición de las fronteras y la instauración del Imperio global.

Este férreo espíritu militante se observaba también en el antiguo ministro socialista, Bernard Kouchner, que nos anunciaba en el 2004 su vocación de "sacerdote", su "voluntad de cambiar el rumbo de las cosas, de influir en la sociedad", y de convertirnos a su lógica planetaria. De tal forma que ya veía posible una "seguridad social mundial":

"El problema del ingreso mínimo se plantea en términos mundiales, escribía. No es tolerable que cientos de millones de personas queden indigentes ante el hambre." Proponía por lo tanto para Francia la "supresión del copago sanitario para los más pobres y los ilegales", para que los extranjeros de todo el mundo puedan beneficiarse gratis de los cuidados sanitarios pagados por los franceses. Pero el "proyecto que deseo con todo mi corazón es la próxima y necesaria lucha" que representa "la seguridad social mundial: todo el mundo, sea cual sea su país o situación, debe poder tener un mínimo de atención médica...Lo llamaremos *Enfermos sin fronteras*[86]." Veremos un poco más adelante en este estudio esta singular predisposición de los intelectuales cosmopolitas para generalizar sus casos personales en un plano universal.

---

[84]Françoise Giroud, *Arthur ou le bonheur de vivre*, Poche, 1993, p. 162, 163

[85]Nicolaï Davidoff, *L'Ours et la chandelle, ou Faut-il détruire Amnesty international?* Éditions Ulysse, 1997

[86]D.Cohm-Bendit, B. Kouchner, *Quand tu seras président*, Robert Laffont, 2004, p. 18, 375

Bernard Kouchner era en realidad igual de agresivo en su lucha como lo era Jean-Jacques Servan-Schreiber: "En el combate por la paz, lo que nos interesa es el combate." Su apoyo al ejército estadounidense, comprometido en una gran obra democrática en Afganistán, era otro claro ejemplo: "En Afganistán, acabaremos por triunfar", proclamaba. A lo que Daniel Cohn-Bendit asentía manifestando él también su férreo compromiso en "la lucha contra la intolerancia y el actual integrismo islámico en Europa".

En esa línea de combate planetariano, Bernard Kouchner es, al igual que Edgar Morin, un ferviente partidario de la injerencia: "Si he inventado el derecho de injerencia es porque quiero que los judíos puedan luchar contra la opresión y, al igual que ellos, también todas las minorías." Y concluía con estas palabras: "Me gustaría tener una muerte violenta, en un gran ademán en contra de la opresión. Cuando era pequeño deseaba morir matando a un cabrón[87]." Esto podría ser un poco problemático dada la noción bastante amplia de cabrón que tienen algunos...

Esta agitación frenética, este runruneo incesante alrededor del planeta es innegablemente una característica del espíritu cosmopolita. Se recorre el planeta en todos los sentidos para transmitir un mensaje; se comprometen en todas las causas humanitarias en las cuatro esquinas del mundo. Los casos de Marek Halter, de Bernard-Henri Levy y de Elie Wiesel son muy sintomáticos de esos escritores que no paran de recorrer el mundo, saltando de aeropuerto en aeropuerto, para difundir la buena palabra[88].

El semanal *Le Point* del 13 de octubre del 2005 publicó una entrevista con el escritor Mario Vargas Llosa. Este escritor nació en Perú, y ha publicado más de treinta libros traducidos en todas las lenguas. En 1990, se presentó a las elecciones presidenciales, pero fue derrotado en la segunda vuelta por Alberto Fujimori. Con motivo de la publicación de su *Diccionario enamorado de América latina (Dictionnaire amoureux de l'Amérique latine),* el periodista de *Le Point* escribía lo siguiente: "No es fácil últimamente echarle el guante a este escritor-viajero. "¿Desea usted que nos veamos en Salzburgo? "Una corta vacilación, y la cita se anula, pues "Mario" se fue a Gaza. "¿Sería mejor verse en Londres? "Pero Mario ya está en Madrid. ¡Ahora voy, espéreme! "De acuerdo, pero a las 17h en punto, porque tengo que volar a Barcelona, y luego a París"."

---

[87]D.Cohm-Bendit, B. Kouchner, *Quand tu seras président, Robert Laffont,* 2004, p. 256, 332, 348, 349

[88]Hervé Ryssen, *Las Esperanzas planetarianas,* 2022.

Este testimonio recuerda lo que escribía Franz Kafka en 1923: "No puedo permanecer mucho tiempo en un mismo lugar; hay gente que se siente en casa únicamente cuando viaja[89]."

El riquísimo hombre de negocios socialista Samuel Pisar también expresó esta incesante agitación en su autobiografía. Durante los acontecimientos de 1968, estaba, como muchos de sus congéneres, en un estado de exaltación febril: "No cesaba de dialogar con aquellos jóvenes rebeldes de Copenhague a la Sorbona, de Chicago a Sao Paulo y a Kyoto... ¿Qué misión es más importante?" Hasta el punto de que uno de sus amigos le decía un día: "Todavía te ajetreas demasiado[90]".

Por su parte, Elie Wiesel era perfectamente consciente de que el activismo cosmopolita podía ser molesto para aquellos que están sometidos continuamente a las ofensivas ideológicas del pueblo elegido. Pero debemos comprender que ese comportamiento que puede parecer inoportuno corresponde en realidad únicamente a un compromiso altruista y benéfico:

"Para mí, la literatura debe tener una dimensión y una exigencia ética. Deseo ir más allá de la literatura. Quiero ayudar. Aspiro a sensibilizar. No he vivido o sobrevivido para "hacer novelas". El objetivo de la literatura -que llamaré de testimonio- no es para agradar o tranquilizar, sino para incomodar; otros lo han dicho antes, y yo sólo lo estoy repitiendo con insistencia. Molesto el creyente porque, dentro de mi fe, me atrevo a interrogar a Dios, el cual es fuente de toda fe. Perturbo el ateo porque, a pesar de mis dudas y mis preguntas, me niego a romper con el mundo religioso y místico que ha construido el mío. Molesto sobre todo a aquellos que están instalados en un sistema-político, psicológico, teológico- en el que se sienten muy cómodos[91]."

"Molestar", "incomodar", "perturbar" e "irritar" son por lo tanto virtudes del pensamiento cosmopolita. Guy Konopnicki también era consciente de ello cuando escribía: "Sé perfectamente que, para cada página irritante de este libro, y las hay para todo el mundo, el lector dirá: "¿Como dice? ¿La identidad? Pretende usted no tener ninguna, pero la suya se ve como la nariz en medio de la cara"- efectivamente, el día en que se repartieron los narizones fui copiosamente servido. Y, sin embargo, insisto y persisto[92]."

Este tipo de "paradoja", que vemos regularmente en la literatura

---

[89]Laurent Cohen, *Variations autour de K.*, Intertextes, Paris, 1991, p. 119

[90]Samuel Pisar, *La Sangre de la esperanza*, Editorial Planeta, 1990, Barcelona, p. 236, 241

[91]Elie Wiesel, *Mémoires, tome I*, Seuil, 1994, p. 438

[92]Guy Konopnicki, *La Place de la nation*, Olivier Orban, 1983, p. 214

planetariana, es en realidad muy práctico, pues permite evitar dar explicaciones acerca de las contradicciones del propio razonamiento y enfoque. Otros pensadores cosmopolitas han expresado esa necesidad mórbida de perturbar a los demás: "Así que los judíos, escribía Steiner, han hecho en tres ocasiones un llamamiento a la perfección individual y social, han sido los centinelas nocturnos que no aseguran el reposo, sino que, por el contrario, despiertan al hombre del sueño de la autoestima y de la comodidad común y corriente. (Freud nos despertó incluso de la inocencia del sueño[93].)"

Resuena así el eco de las palabras de Daniel Cohn-Bendit cuando declaraba: "El contrato firmado con la sociedad multicultural debe impedirnos volvernos demasiado hogareños y cómodos, tradicionalistas y complacernos en nuestro ámbito familiar."

Y escuchamos lo mismo en las palabras del gran filósofo racionalista Emmanuel Levinas: "Los judíos son necesarios para el futuro de una humanidad que, sabiéndose salvada, ya no tiene nada más que esperar. La presencia de los judíos recuerda a los conformistas de todo tipo que no todo está bien en el mejor de los mundos[94]."

Es bastante gracioso leer estos eminentes personajes confirmar ingenuamente su disposición a provocar la desazón en el resto de la humanidad. Pero se ha de comprender que estos intelectuales planetarianos tienen la consciencia de tener una misión divina que les aboca a hacer todo lo posible para unificar la tierra. Es exactamente lo que nos decía un tal Ralph Schor, un escritor "antirracista" autor de varios libros sobre la inmigración y el antisemitismo en los años 1990: "Se debe enseñar que las teorías del odio desembocan en la lucha fratricida y que niegan el principio esencial de la unidad del género humano[95]." Como lo entenderéis, el odio y la guerra es cosa de los demás, mientras que los judíos encarnan los ideales de paz y amor. Otro escritor de segunda fila, aunque miembro de la Academia francesa, Maurice Rheims, también expresó esta idea: "Necesitaríamos una gran oficina central encargada de administrar la humanidad[96]." El famoso Elie Wiesel confirmaba a su vez esta tensión permanente del intelectual judío y su aspiración a edificar el Imperio global: "Para salvar nuestro

---

[93]George Steiner, *Pasión intacta. A través de ese espejo, en enigma*, Ediciones Siruela, Madrid, 1997, p. 447

[94]Emmanuel Levinas, *Difficile liberté*, Albin Michel, 1963, 1995, p. 231, 261

[95]Ralph Schor, *L'Antisemitisme en France pendant les années trente*, Éd. Complexe, Bruxelles, 1992, p. 325-326

[96]Maurice Rheims, *Une Mémoire vagabonde*, Gallimard, 1997, p. 133

pueblo, debemos salvar a toda la humanidad[97]." El antiguo gran rabino de Francia en los años 1980, René Samuel Sirat decía exactamente lo mismo: "El papel del pueblo judío es traer a la vez la bendición para todos los pueblos y la noción de dignidad infinita del hombre[98]."

Todo el pueblo judío está en tensión hacia el ideal planetariano. Es lo que hace de él el pueblo proselitista, el pueblo militante por excelencia. Pero a diferencia de los cristianos y de los musulmanes, la misión de los judíos no consiste en convertir a los demás a su religión. Se trata simplemente de incitarlos a renegar de la suya, sin dar nada a cambio. Resulta a veces un poco "irritante".

La Esperanza mesiánica

Esta agitación continua refleja en realidad una dimensión religiosa. Expresa la expectación febril de una cosa- "de algo"- que debe cumplirse de forma ineluctable, y para lo cual los judíos parecen estar trabajando sin descanso. Ese "algo", que dará por fin comienzo a la "Paz" en el mundo, es en realidad el mismísimo Mesías en persona, figura central del judaísmo. Es efectivamente la espera mesiánica el fermento intelectual y la fuente de inspiración de los filósofos modernos y pensadores planetarianos. Y ese mundo de "Paz" que nos prometen es aquel anunciado por las más antiguas profecías de la Torá.

El filósofo Emmanuel Levinas nos ha traído algo de claridad al respecto: "Es posible, en efecto, agrupar las promesas de los profetas en dos categorías: política y social. La injusticia y la alienación introducidas por la dimensión arbitraria de las potencias políticas en todo emprendimiento humano habrán de desaparecer; pero la injusticia social, el dominio ejercido por parte de los ricos sobre los pobres, desaparecerán al mismo tiempo que la violencia política...En cuanto al mundo futuro, éste parece situarse en otro plano. Nuestro texto lo define como "privilegio de quien te aguarda". Se trata, en principio, de un orden personal e íntimo, exterior a las realizaciones de la historia que están a la espera de una humanidad en vías de unirse en un destino colectivo...Samuel afirma: "Entre este mundo y la época mesiánica, no hay más diferencia que el fin del 'yugo de las naciones'-de la violencia y de la opresión políticas[99]-"."

Las profecías hebraicas nos prometen por lo tanto el progreso de

---

[97]Elie Wiesel, *Mémoires, Tome I,* Seuil, 1994, p. 51

[98]Serge Moati, *La Haine antisémite*, Flammarion, 1991, p. 59

[99]Emmanuel Levinas, *Difícil libertad, Ensayos sobre el judaísmo*. Ediciones Lilmod, Buenos Aires, 2004, p. 283-284

la humanidad hacia un mundo sin fronteras, unificado, y, paralelamente a eso, la supresión de las desigualdades sociales. Así será la sociedad perfecta. La paz reinará en todo el universo, habrá abundancia y los hombres vivirán libres y felices, en un mundo perfecto de igualdad. Reconocemos aquí evidentemente tanto las fuentes primitivas del marxismo como las que inspiran hoy en día la ideología planetaria cosmopolita en este inicio de tercer milenio, y que, mediante gran publicidad, hace soñar muchos de nuestros conciudadanos.

La liberación del hombre sólo se concibe a escala de la humanidad en su conjunto. "La propia idea de una humanidad fraternal, unida en un mismo destino, es una revelación mosaica[100]", confirmaba Levinas. A través de la destrucción de las naciones podrán cumplirse las promesas divinas y, finalmente, Israel podrá guiar la humanidad hacia la felicidad y la prosperidad: "[Nuestros] viejos textos enseñan, precisamente, el universalismo depurado de todo particularismo del terruño propio, de todo recuerdo de lo plantado. Enseñan la solidaridad humana de una nación unida por las ideas[101]."

En *El Undécimo mandamiento*, publicado en 1991, el filósofo André Glucksmann se refería al pensamiento del gran Gershom Scholem para recordar las palabras de los profetas: "Oseas, Amós e Isaías sólo conocen un mundo en el cual todos los acontecimientos se producen, incluidos los grandes acontecimientos del final de los tiempos. Su escatología es de carácter nacional; habla del restablecimiento de la casa de David, entonces en ruina, y de la gloria futura de un Israel que ha vuelto a Dios. Habla de una paz perpetua, del regreso de todas las naciones hacia el Dios único de Israel y de su rechazo de los cultos paganos e idólatras[102]."

Es ese mismo substrato religioso el que parece vislumbrarse de forma laicizada en este diálogo entre Daniel Cohn-Bendit y Bernard Kouchner. Su activismo en favor de una Europa federal se explicaba por la voluntad de destruir todas las resistencias nacionales y de disolver los referentes identitarios de los pueblos europeos: "La Europa federal está a nuestro alcance", declaraba Daniel Cohn-Bendit, afirmando además la "legitimidad de Turquía para ingresar en la Unión europea". Bernard Kouchner asentía y decía: "No se puede dejar que Europa sea como un club cristiano y detenerla donde acaban las cruces." Cohn-Bendit nos desvelaba a continuación lo que realmente pensaba y de paso

---

[100]Emmanuel Levinas, *Difficile liberté*, Albin Michel, 1963, 1995, p. 310

[101]Emmanuel Levinas, *Difícil libertad, Ensayos sobre el judaísmo*. Ediciones Lilmod, Buenos Aires, 2004, p. 254

[102]André Glucksmann, *Le XIe commandement*, Flammarion, 1991, p. 208

expresaba un viejo resentimiento: "La Europa de mañana reconciliará cristianos y ateos, judíos y musulmanes. Así se pasará página del terrible capítulo abierto por la Iglesia Católica en Córdoba en el siglo XVI al expulsar los judíos y los musulmanes." De tal forma que la Europa federal constituirá, según sus propios deseos, "una etapa fundamental hacia la pacificación del mundo[103]." Podemos imaginar que en ese momento todo estará dispuesto para la llegada del Mesías.

Recordemos como, antes del referéndum del mes de mayo del 2005 sobre el proyecto de constitución europea, Daniel Cohn-Bendit, que presentía la victoria de sus adversarios, había increpado e insultado violentamente un político partidario del "no" en un plató de televisión, perdiendo los papeles de forma lamentable. La ira y el odio que se podía ver en su rostro se explicaba fácilmente bajo el prisma religioso. Pónganse en su lugar: espera el Mesías desde hace 3000 años. Le dicen que está ahí, a la vuelta de la esquina, que está por fin al llegar, que todo está listo para recibirlo...y de repente: ¡cataplum!, todo se derrumba porque un puñado de cretinos reaccionarios, que no entienden nada de nada, han preferido su vulgar libertad nacional en vez de la apertura a los tiempos mesiánicos. ¡Hay que reconocer que es para volverse loco!

La "Paz" es sin embargo un concepto siempre muy seductor en el discurso cosmopolita. Pero esta vez, por lo visto, nuestros compatriotas prefirieron rechazar con educación la oferta insistente de los vendedores de remedios milagrosos. Pero la idea sigue siendo atractiva, a pesar de todos los engaños entre bambalinas. Es lo que motivaba por ejemplo algunos artistas como Clara Halter, la esposa del activista Marek Halter, cuando creó el *Muro para la paz* inaugurado por Jacques Chirac en Los Campos de Marte para celebrar el año 2000. Sobre una especie de montículo de tierra, la pequeña Clara escribió la palabra "Paz" en treinta y dos lenguas y trece alfabetos; probablemente para burlarse de los alumnos de la Escuela militar de oficiales ubicados justo en frente.

Gershom Scholem es uno de los cuatro o cinco grandes pensadores judíos del siglo XX junto a Walter Benjamin, Franz Rosenzweig, Emmanuel Levinas y Martin Buber. A él le debemos las explicaciones acerca de la idea de mesianismo que vamos a exponer ahora, y que ha expresado en un libro fundamental publicado en 1971 titulado *El Mesianismo judío*.

El mesianismo ha sido para el pueblo judío una "fuente de consuelo y de esperanza" que le ha permitido superar los difíciles trances que tuvo que atravesar a lo largo de la historia. Pero si bien la

---

[103]D.Cohm-Bendit, B. Kouchner, *Quand tu seras président, Robert Laffont*, 2004, p. 367, 174-177

espera del Mesías es una fuente de esperanza, también genera una insatisfacción permanente, alimentando la idea de que siempre se echa de menos "algo" que asegure la redención y ponga fin a todos los males. "Lo que se denomina "existencia judía", escribía Scholem, implica una tensión que nunca se relaja, que nunca se resuelve."

Las condiciones de la venida del Mesías son en cualquier caso sujetas a debate. "No sabemos nada de la manera en que se producirá ese día del señor que cierra la Historia y durante el cual el mundo se estremecerá hasta en sus cimientos." La luz del Mesías que debe alumbrar el mundo "no siempre es concebida como surgiendo de forma absolutamente imprevista. Puede manifestarse por grados y por etapas[104]." En "la *Agadá*[105]talmúdica", escribía Scholem, "la aparición de la luz mesiánica que debe alumbrar el mundo no tenía que llegar súbitamente, como lo piensan los soñadores y los visionarios, sino progresivamente."

Esta idea de las etapas de la redención fue durante la Edad Media la opinión de la mayoría de los escatólogos que se dedicaban a calcular la fecha de la redención. Es, además, lo que se puede leer en el Zohar, la principal obra clásica de la Cábala escrita en el último cuarto del siglo XIII: ""Pues al igual que la curación del enfermo no viene de repente sino lentamente para que se fortalezca poco a poco", los pueblos extranjeros (simbolizados por Esaú o Edom) tendrán un destino inverso: habiendo recibido la luz de este mundo de golpe, la perderán lentamente para permitir que Israel se fortalezca y los venza. Y cuando el espíritu de la impureza sea expulsado de este mundo y que la luz del Todo Poderoso alumbre Israel sin barrera y obstáculo, todas las cosas retornarán a su estado perfecto y volverán a ser sin defectos, como lo eran en el paraíso antes del pecado de Adán[106]." Han ustedes leído bien: Israel debe vencer todas las naciones.

Pero todavía hay más interpretaciones respecto a la venida del Mesías, escribía Scholem: "La convicción de que era imposible prever la fecha de la venida del Mesías hizo que surgiera en la *Agadá* mesiánica la idea del "Mesías oculto". Según esta *Agadá*, el Mesías estaría siempre presente en todas partes. Una leyenda profunda nos asegura incluso, no sin razón, que nació el día de la destrucción del

---

[104]Gershom Scholem, *Le Messianisme juif*, 1971, Calmann-Lévy, 1974, p. 66, 31, 32

[105]La *Agadá*: la interpretación narrativa o alegórica, no legal, del *Midrash* [ver nota 109]. La *Agadá* es una mezcla de narraciones y anécdotas sobre rabinos, figuras bíblicas, ángeles, demonios, brujerías, milagros, etc... (NdT).

[106]Gershom Scholem, *Le Messianisme juif*, 1971, Calmann-Lévy, 1974, p. 82, 83

Templo[107]...A esta suerte de redención perpetua ofrecida corresponde la idea de un Mesías esperando y perpetuamente oculto. Esta idea ha revestido muchas formas a lo largo de la historia. La más famosa es esa que, mediante una anticipación extravagante, sitúa el Mesías en las puertas de Roma entre los leprosos y mendigos de la Ciudad eterna (Talmud, *Sanedrín, 98a*). Esta historia rabínica realmente asombrosa aparece ya en el siglo II...Esta antítesis simbólica entre el verdadero Mesías sentado en las puertas de Roma, sede del jefe de la Cristiandad y donde tiene su trono, estuvo a lo largo de los siglos constantemente presente en el espíritu de los judíos cuando reflexionaban acerca del Mesías. Veremos en varias ocasiones aspirantes a la dignidad mesiánica hacer el peregrinaje a Roma y sentarse en el puente enfrente del Castillo Sant Ángelo para realizar un ritual simbólico[108]."

Se pueden distinguir dos corrientes del mesianismo en el seno del judaísmo: la corriente que anuncia la venida de grandes cataclismos y la corriente utópica. La primera corriente es un mesianismo apocalíptico: "destaca los cataclismos y las destrucciones que deben acompañar la venida de la redención...El origen y la naturaleza del mesianismo judío es -nunca se insistirá suficientemente en ello, escribía Scholem- la espera de cataclismos históricos. Anuncia revoluciones, catástrofes que deben producirse durante el paso del tiempo de la historia presente a los tiempos mesiánicos futuros. El "día del Señor" de Isaías es un día de calamidades descrito en visiones que anuncian esos cataclismos finales." La venida del Mesías se confunde pues con unos tiempos de gran desolación: "Esa es la razón por la que ese periodo es visto por el judaísmo como el de "los dolores del alumbramiento" del Mesías." Esto es un concepto clave del judaísmo.

Scholem explicaba que los autores de los Apocalipsis siempre tuvieron una visión pesimista del mundo. "Para ellos, la historia sólo merece una cosa: perecer. Su optimismo, su esperanza no iban dirigidos hacia lo que la historia puede aportar sino hacia lo que emergerá de sus ruinas, revelándose así después de la historia, al final de los tiempos."

Así pues, siguiendo a este teólogo, la humanidad debe por lo tanto alcanzar el punto más bajo, las tinieblas más oscuras, para poder por fin renacer en los tiempos mesiánicos.

"En todos esos textos, en todas esas tradiciones, el anuncio de cataclismos, sin los que el Apocalipsis no puede concebirse, es descrito con imágenes fulgurantes que revisten formas de todo tipo: guerras

---

[107]Destrucción del Segundo Templo por las legiones romanas de Tito en el año 70 después de Cristo.(NdT).
[108]Gershom Scholem, *Le Messianisme juif,* 1971, Calmann-Lévy, 1974, p. 37

mundiales, revoluciones, epidemias, hambrunas, catástrofes económicas, pero también apostasías, profanaciones del nombre de Dios, olvido de la Torá y rechazo de todo orden moral y de las leyes de la naturaleza...Las páginas del tratado Sanedrín del Talmud que tratan de la era mesiánica están llenas de fórmulas extravagantes anunciadoras de que el Mesías vendrá cuando el hombre sea, o bien totalmente puro, o bien totalmente pecador y corrompido."

Es una visión del mundo que podría efectivamente explicar muchos acontecimientos y comportamientos de este inicio de milenio, pues tenemos a veces la impresión de que muchas personalidades influyentes parecen querer abocarnos a catástrofes y a terribles guerras.

Pero los tiempos mesiánicos, explicaba Scholem, también han sido descrito bajo una luz utópica, con el restablecimiento de Israel y del reino de David, realizando así el reino de Dios sobre la tierra y el regreso de la condición paradisíaca. "Es lo que sugieren varios antiguos *Midrashim*[109]y sobre todo los místicos judíos, para los cuales la

---

[109]*Midrash* ("explicación o comentario", plural *midrashim*), es un término hebreo que designa un método de exégesis e interpretación del texto bíblico, dirigido al estudio e investigación que facilite la comprensión de la Torá. Consiste en interpretaciones y elaboraciones (comentarios) sobre textos escritos bíblicos, incluyendo historias, parábolas y deducciones legales. El Midrash es un texto que se dice oralmente, pero ligado a un texto escrito. No se puede hacer un Midrash sin base a un texto escrito que citar.

"El rabino Josua ben Levi, un maestro palestino del siglo III, ha dicho:"Escritura, Mishná, Talmud [Guemará, ndt], y Agadá, incluso lo que un discípulo precoz vaya a proponer un día ante su maestro, todo le fue ya dicho a Moisés en el Sinaí"(*Midrash Tankumá, 60a, 58b*) (...) Uno de los autores clásicos de la literatura hasídica, Efraim de Sedylkov, dice:"Hasta que los sabios [los doctores de la Ley] no la investigan, no está de la Torá más que una mitad, hasta que por sus investigaciones se convierte la Torá en un libro completo. Pues en cada generación la Torá es investigada [interpretada] según las necesidades de esa generación, y Dios ilumina los ojos de los sabios de la correspondiente generación [para que ellos] en su Torá perciban lo conveniente [para ellos]. (*Degel Makné Efrayim*, 1808, 3a)". Gershom Scholem, *Conceptos básicos del judaísmo: Dios, Creación, Revelación, Tradición, Salvación*. Editorial Trotta, 1998-2018, Madrid, p. 83-84

"La auténtica forma en que es posible reconocer la verdad no es el pensamiento sistemático sino el comentario. Esta constatación es muy importante para comprender el tipo de creación literaria que se encuentra en el judaísmo...El comentario es la forma característica de la búsqueda judía de la verdad, y el modo de expresión propio del genio rabínico...Se puede proponer numerosas maneras diferentes de interpretar la Torá; la tradición tiene precisamente como función recogerlas todas. Defiende ideas contradictorias con una seguridad y una intrepidez sorprendentes, de modo que siempre debemos preguntarnos si una posición rechazada en una época no podría convertirse en otro tiempo en la piedra angular de un edificio totalmente nuevo". Gershom Scholem, *Le Messianisme juif*, 1971, Les Belles Lettres, 2020, p. 407, 408.

Earl Doherty, autor del controvertido best-seller *El Puzzle de Jesús*, explicaba así el

analogía del Comienzo y del Fin fue siempre una realidad viviente[110]."

En este libro publicado y comercializado para el público en general, Scholem se mantenía sin embargo bastante discreto sobre el verdadero significado de la redención, la cual en realidad sólo concierne el pueblo de Israel y reviste un carácter estrictamente nacional: "El contenido de esta esperanza mesiánica, basada en un colapso de la historia, siempre ha sido el final del exilio y la liberación del yugo de los imperios. La liberación de la nación sojuzgada debía resultar de una intervención divina esperada y de la instauración de un nuevo mundo sin relación alguna con el mundo en que vivimos...Lo esencial, escribía Scholem, es la liberación de la nación, incluso si ésta debe producirse al mismo tiempo que la liberación del mundo entero. La esperanza de un mundo que recobraría su perfección en el estado de redención siempre tuvo un aspecto nacional muy pronunciado."

La literatura judía que trata del mesianismo insiste por lo tanto en dos ideas, escribía Scholem: "La de la guerra final, del derrumbamiento final de la historia que debe provocar la venida de la redención, y la de la liberación nacional. La redención aparece aquí como la culminación de un mito nacional y popular, profundamente arraigado en la consciencia nacional[111]."

Midrash: "Era un antiguo método judío para presentar alguna clase de verdad espiritual, una percepción, comunicar un punto moral o instructivo, encarnándolo en un nuevo comentario, incluso en una narración. Los detalles de esa historia, los indicadores que señalaban la percepción o la verdad, debían encontrarse en Las Escrituras [la Torá]...El procedimiento del *midrash* era desarrollar el significado de un pasaje dado, combinar quizá dos o más pasajes y crear una imagen compuesta. Algunas veces se volvía a contar una historia de la Biblia, pero colocada en un contexto nuevo, moderno, para ilustrar que las ideas que se encuentran tras la versión antigua no solo seguían siendo aplicables, sino que Dios les había dado un nuevo significado". *El Puzzle de Jesús* , La Factoría de Ideas, 2006, Madrid, p. 386, 387.

El *Midrash* es la libertad de hacer comentarios sobre las Escrituras, tomar el texto y sacarlo de su sentido literal, extrapolarlo y actualizarlo a la época contemporánea, aunque resulte absurdo. (NdT).

[110] Gershom Scholem, *Le Messianisme juif*, 1971, Calmann-Lévy, p. 31, 32, 35, 38. Los "místicos judíos": es decir, los judíos cabalistas.

[111] Gershom Scholem, *Le Messianisme juif*, 1971, Calmann-Lévy, 1974, p. 78-80. ["El judaísmo siempre y en todas partes ha visto la redención como un acontecimiento público que debe tener lugar en el escenario de la historia y en el corazón de la comunidad judía, en definitiva, como un acontecimiento que debe tener lugar de forma visible y que sería impensable sin esta manifestación externa. El cristianismo, en cambio, ve la redención como un acontecimiento que tiene lugar en el ámbito espiritual e invisible, como un acontecimiento que tiene lugar en el alma, en definitiva en el universo personal del individuo, y que le llama a una transformación interior sin cambiar necesariamente el curso de la historia." Gershom Scholem, *Le Messianisme juif*, 1971, Les Belles Lettres, 2020, p. 23. Por lo tanto, el Mesías judío (*Mashiah*, en

Es una manera velada de afirmar que el pueblo de Israel está en guerra permanente contra el resto de las naciones, y que la "paz perpetua", al igual que "la liberación del mundo entero", no son finalmente más que conceptos que incluyen la idea de "liberación" del pueblo elegido del "yugo de los imperios", y que otros textos más explícitos presentan como una dominación absoluta y definitiva.

Desde la época de la Ilustración y de la Revolución francesa, la espera mesiánica ha revestido la forma de una fe en el progreso continuo de la humanidad. Esta "fe en el progreso", que sostenía la ideología de la burguesía victoriosa a lo largo de la revolución industrial, tomó cuerpo en la doctrina del Sansimonismo[112]. El filósofo Jacob Leib Talmon recordaba en su libro *Destino de Israel*, que, en el siglo XIX, los fundamentos ideológicos sansimonianos estaban en gran parte impregnados de mesianismo utópico.

"El Sansimonismo, decía, está íntima y explícitamente relacionado con las esperanzas mesiánicas judías. Los judíos fueron el alma de la influyente y extremadamente interesante escuela fundada en el siglo XIX por el primer apóstol de la transformación socialista de Europa. Los sansimonianos expresaban enérgicamente su convicción de ser los herederos de la eterna misión mesiánica del judaísmo."

Según la doctrina de San-Simón, "la ciudad futura de la armonía universal debía ser dirigida por técnicos y banqueros, que serían a la vez artistas y sacerdotes; debía basarse en una religión universal de la humanidad, el Nuevo cristianismo, donde la antigua división entre Iglesia y Estado, Materia y Espíritu, teoría y práctica, sería

---

hebreo, proviene del verbo *Masha* que significa ungir para consagrar un rey; el *Mashiah* es el ungido para ser Rey) es una figura política y nacional que debe reinar, literal y realmente, como descendiente de la casa de David y restablecer la soberanía de Israel. La redención profética va ligada a la realeza política y la independencia nacional. Así pues, creemos que el judaísmo no es una religión, sino ante todo un nacionalismo religioso fraguado en la lucha contra los imperios vecinos (Egipcio, Babilónico, Asirio, etc.), y especialmente contra el Imperio romano. Al contrario, para los cristianos, la figura de Jesus, tras su muerte y resurrección, va ligada a la noción de *Christos* (palabra griega), el Salvador, una reinterpretación de la noción judía de Mesías en un sentido diametralmente opuesto, totalmente espiritual, despolitizado y universal. (NdT).]

[112] El Sansimonismo fue el movimiento ideológico con fines políticos fundado por los seguidores del socialista aristocrático Henri de Saint-Simon después de la muerte de éste en 1825. En Francia, constituyó la primera experiencia práctica de socialismo, aunque se discute si sus propuestas fueron realmente socialistas. Su influencia se extendió fuera de Francia y alcanzó prácticamente a todo el planeta, presentándose no tanto como un "movimiento socialista o social como cuanta agrupación técnico-política, con objetivos reformistas, metas financieras y místico-filosóficas no demasiado definidas". En Gian Mario Bravo, (1976). *Historia del socialismo 1789-1848. El pensamiento socialista antes de Marx*. (NdT).

definitivamente abolida." Jacob Talmon precisaba, además: "Es muy significativo que los sansimonianos judíos como Rodríguez, Pereire y d'Eichtal, se convirtieron luego en los artífices de la revolución industrial y financiera francesa, y hayan sido los promotores de buena parte de la banca e industria europea."

Si bien es cierto que los financieros judíos siempre han desempeñado un papel importante en la historia, sería seguramente muy arriesgado atribuirles la paternidad de la revolución industrial. Por otro lado, en la otra punta del espectro ideológico de la época, el socialismo revolucionario estaba impregnado de esa "fe en el progreso", y podía también emparentarse con la escatología judía, tal como lo escribía Talmon:

"Es gracias a la tradición mesiánica judía que el descontento social de las víctimas de la revolución industrial...ha tomado la forma de un preludio del Juicio final que debe inaugurar el reino de la justicia y de la paz: pues cuando estén resueltos todos los conflictos y todas las contradicciones, la Historia comenzará de verdad[113]."

No vamos a volver aquí sobre el papel predominante de los doctrinarios y dirigentes judíos en el marxismo, ni sobre su responsabilidad abrumadora en las atrocidades que fueron perpetradas en la URSS y en Europa del Este[114]. Notemos una vez más que el marxismo no es finalmente más que una forma racionalizada y secularizada de la escatología judía, y que las esperanzas que alimenta esa doctrina se emparentan perfectamente con la espera mesiánica.

La actividad febril de los judíos, de cara a preparar la venida del Mesías, ha tomado formas diferentes según las épocas y se ha adaptado a las distintas situaciones políticas del momento. Sin embargo, este activismo mesiánico, esta tendencia a creer que cada judío, de forma personal, tiene el deber y la misión de preparar la redención, no están a penas presentes en el judaísmo rabínico. Los maestros del Talmud se han preguntado entonces si era posible "apresurar el final", usando la expresión judía corriente, es decir si era posible forzar la venida del Mesías. Gershom Scholem recordaba así lo siguiente: "En los textos bíblicos que constituyen la fuente, el advenimiento mesiánico nunca es descrito como el resultado de la acción del hombre. Ni el día del Señor de Amós, ni las visiones de Isaías acerca del final de los tiempos se presentan como el resultado de una iniciativa humana. Igualmente, los autores de los Apocalípticos antiguos que se proponían desvelar los

---

[113]J-L. Talmon, *Destin d'Israël*, 1965, Calmann-Lévy, 1967, p. 31. (Léase nota 543 en *Las Esperanzas planetarianas*).

[114]Hervé Ryssen, *Las Esperanzas planetarianas*, (2022) y *El Fanatismo judío* (2019).

secretos del final nunca mencionan una iniciativa humana[115]." Esto es una cuestión fundamental, pues esta idea parece determinar el comportamiento actual de los intelectuales judíos, que piensan y actúan de manera conjunta con el objetivo de instaurar la república universal. La forma secularizada y utópica de las esperanzas mesiánicas, primero de la Revolución francesa y luego del liberalismo, del marxismo, y finalmente del globalismo actual, es a día de hoy todavía predominante en el judaísmo:

"Vivimos dentro del legado del siglo XIX, especialmente en lo que atañe al mesianismo. Vivimos de la herencia del judaísmo del siglo XIX", escribía Scholem. Para los judíos contemporáneos, en efecto, "el mesianismo contiene la idea de progreso del género humano, de la salvación del hombre merced a sus conquistas cada vez mayores y que proseguirán en virtud del progreso continuo". El mesianismo apocalíptico se ha visto por lo tanto ampliamente eclipsado por el mesianismo utópico. Llegados a este punto, Gershom Scholem nos informaba de que "las raíces de esta idea deben buscarse en la Cábala. En efecto, no hallamos ningún otro rastro en las tradiciones antiguas[116]."

La Cábala no es sino la corriente mística del judaísmo a través del estudio de la lengua hebrea de las Escrituras[117]. El judío debe buscar ahí la salvación, en el fondo de su consciencia, para hallar una redención individual en un diálogo directo con Dios. La Cábala es pues desde el principio una mística del individuo. Es designada a veces bajo el término de Sabiduría oculta, en el sentido de que los cabalistas consideran que las Escrituras contienen verdades que no pueden ser aprehendidas con una simple lectura literal, y por lo tanto sólo son comprendidas por los iniciados que conocen los misterios. Sabemos que, para los judíos piadosos, cada palabra, incluso cada letra de las Escrituras tiene su importancia. Sabemos también que cada letra hebraica corresponde a una cifra, y es precisamente en base a los números obtenidos de las letras y de las palabras de las Escrituras que los cabalistas fundan su doctrina secreta. Las Escrituras son para los

---

[115]Gershom Scholem, *Le Messianisme juif*, 1971, Calmann-Lévy, 1974, p. 39, 40

[116]Gershom Scholem, *Le Messianisme juif*, 1971, Calmann-Lévy, 1974, p. 76, 77

[117]"La mística judía es en lo esencial teosofía: profundización en los secretos de la divinidad y de su acción respecto de la creación y el enigma de la existencia. Un resultado importante de la investigación moderna sobre la Cábala es, precisamente, que la mística judía más antigua no vivió al margen, sino exactamente en el centro del judaísmo farisaico y rabínico, en la época en que éste se estaba constituyendo". En Gershom Scholem "... *Todo es Cábala*". *Diálogo con Jorg Drews, seguido de Diez tesis ahistóricas sobre la Cábala*, Editorial Trotta, Madrid, 2001, p. 14. (NdT)

cabalistas una especie de código, de tal forma que la Cábala es también una suerte de mística numérica o matemática[118].

Los orígenes de la Cábala moderna puede que se remonten al año 1200, pero su edad de oro es más tardía. El más importante documento cabalístico, el Zohar (*El Libro del Esplendor*), es oficialmente obra de Shimon Bar Yojai, quien lo habría escrito entre el siglo I y II. Se compone, en su mayor parte, de un largo comentario de los pasajes de la Torá, con otros diversos escritos. Moisés de León lo publicó al final del siglo XIII en España[119]. Permaneció dos siglos en la sombra, antes de que su influencia empezara a crecer, hasta convertirse en uno de los escritos más común del pensamiento judío. El Zohar se convirtió entonces en un texto canónico. Durante varios siglos tuvo el mismo rango que la Torá y el Talmud.

"¿Cómo pudo la Cábala, un movimiento místico, un movimiento aristocrático donde los haya...llegar a imponerse así?", se preguntaba Scholem. ¿Cómo la Cábala ha podido "transformarse en un movimiento colectivo y convertirse en un factor histórico extraordinariamente poderoso?" Debemos apuntar a la situación de los judíos de España, cuya poderosa comunidad fue expulsada en 1492 por los Reyes Católicos, pues esa expulsión masiva, "que causó estupor en los cabalistas", fue el factor esencial y determinante que relanzó un gran movimiento mesiánico judío.

"Parece ser que después de la expulsión de los judíos de España, escribía Scholem, se produjo una metamorfosis radical dentro de la Cábala...La Cábala después de 1492 ha cambiado de fisionomía y se formó entonces, propiamente hablando, una nueva Cábala... Es precisamente en ese contexto que las dos corrientes espirituales, hasta ahora distintas, del mesianismo y de la Cábala se unieron y se convirtieron en una sola[120]."

---

[118]Interrogado al respecto, Gershom Scholem contestaba así: "La mística numérica juega, en efecto, un gran papel en la Cábala. Este, sin embargo, fue el factor que menos me atrajo. En los escritos que reciben el nombre de Cábala encontré asuntos filosóficos que me interesaron, y también otros religiosos, que también lo hicieron. El factor que es la mística numérica, y que sólo era para los cabalistas un recurso auxiliar en sus especulaciones o en sus investigaciones, no me parecía esencial. Ni me atrajo entonces, ni me atrae ahora. Desde hace muchos años recibo cartas de gentes que se ocupan con especulaciones místicas numerológicas, a las que siempre tengo que contestar fríamente que ése es un asunto que no me fascina gran cosa." En " ...*Todo es Cábala*". *Diálogo con Jorg Drews, seguido de Diez tesis ahistóricas sobre la Cábala*. Gershom Scholem, Editorial Trotta, Madrid, 2001, p. 58. (NdT).

[119]G. Scholem cree que el *Zohar* fue escrito íntegramente por Moisés de León en Castilla. Ver nota del traductor en Anexo II.

[120]Gershom Scholem, *Le Messianisme juif*, 1971, Calmann-Lévy, 1974, p. 85

Los cabalistas tuvieron que encontrar justificaciones para esa catástrofe que se abatía sobre su comunidad. Para ellos, la expulsión de España era "el principio de los dolores del alumbramiento" del Mesías, es decir cataclismos y pruebas terribles que debían constituir las primicias de la redención y marcar el final de la historia. Ya sólo cabía esperar, llenos de esperanza, la redención final. Los "cuarenta años" que siguieron la expulsión de España fueron tiempos de fermentación y de despertar mesiánico. Sin embargo, como sabemos, la redención no vino, y las esperanzas acabaron en frustración. De tal manera que una vez extinguidas todas las esperanzas, se reexaminó todo el asunto y se formó un movimiento que vio nacer y dio forma a un nuevo universo religioso. "La nueva Cábala se impuso porque dio una respuesta a la preocupación dominante del Judío de ese tiempo: ¿Qué es el exilio y qué es la redención?"

Fue Isaac Luria Ashkenazi quien dio a la Cábala su aspecto mesiánico. Las iniciales hebraicas del nombre del "divino maestro Isaac" han dado su apodo *Ari*, es decir el "León", siendo así que su obra quedó con el nombre de "Cábala de Ari[121]". Nacido en Jerusalén en el año 5294 del calendario hebraico, murió en Safed, en Palestina, en 5332 (1534-1572). Sus ideas, que respondían a las esperanzas de los místicos iniciados, pero también de las masas populares, tuvieron un papel determinante dentro del judaísmo.

En su sistema[122], la redención se convierte en un proceso histórico. "Vemos aquí por primera vez, escribía Scholem, esta inversión de las nociones que transforma la visión catastrófica de la redención en un proceso de la historia." A partir de ahora, corresponde a todo el pueblo de Israel "preparar el mundo de la Reparación".

Recae sobre cada judío el deber de "recoger las chispas [divinas] dispersas en las cuatro esquinas del mundo[123]", y para ello, debe mantenerse en el exilio, en la diáspora. "El exilio no es una mera coincidencia, es una misión[124]", escribía Scholem.

---

[121]La cábala luriana o cábala de Ari, dio un nuevo y seminal relato del pensamiento cabalístico que sus seguidores sintetizaron y leyeron en la anterior Cábala del Zohar que se había diseminado en círculos medievales. El lurianismo se convirtió en la teología judía dominante casi universal en la edad moderna temprana, tanto en los círculos académicos como en la imaginación popular. El esquema de Luria se convirtió en la base de desarrollos posteriores del misticismo judío, como por ejemplo en el Jasidismo. (NdT).

[122]Ver nota del traductor en Anexo III. 1.

[123]Ver nota del traductor en Anexo III. 2.

[124]Gershom Scholem, *Le Messianisme juif*, 1971, Calmann-Lévy, 1974, p. 97

Franz Rosenzweig, otro pensador de primer orden del judaísmo, precisaba en *La Estrella de la Redención*: "La Gloria de Dios, dispersa por el mundo entero en chispas innumerables, va él [el judío] a reunirla de su dispersión y a reconducirla un día a la casa del que se despojó de su gloria. Cada uno de sus actos, cada cumplimiento de una ley realiza un pedazo de esta unificación. A la confesión de la unidad de Dios la llama el judío unir a Dios. Porque esta unidad la hay en su devenir: es devenir unidad[125]."

Así, en cualquier parte de la tierra, en su exilio, "los hijos de Israel levantan chispas" y contribuyen a la unificación de Dios, pero también a la unificación de los hombres. La redención se convierte por lo tanto en la consecuencia lógica de un proceso histórico. Ya no es el Mesías el que inaugura la redención, sino que, al contrario, su venida simboliza la finalización de la obra de Reparación. "De tal manera que no debe sorprendernos que la figura del Mesías tenga finalmente poca importancia en la Cábala de Luria...El Mesías se convierte aquí en el pueblo de Israel. Es el pueblo de Israel, como un todo, él que se prepara para reparar el deterioro primordial[126]."

Sin embargo, este mesianismo progresista no ha eclipsado totalmente el mesianismo apocalíptico que augura cataclismos, epidemias, guerras y revoluciones. En realidad, el pensamiento judío no ha abandonado nunca la visión catastrófica de la historia. Podemos incluso decir, sin riesgo de equivocarnos, que algunos de los hombres influyentes de esa comunidad presionan en ese sentido y amenazan regularmente la paz mundial con una propaganda belicista desenfrenada contra los regímenes que les desagradan, sea contra Alemania, Irak, Afganistán, Serbia o Irán.

Escuchemos por ejemplo este diálogo con un rabino, escrito en una de las novelas de un hombre muy influyente, Jacques Attali, que fue el principal asesor del presidente Mitterrand (y también de sus sucesores):

"... Los judíos, con su locura, son capaces de originar muchas masacres y cataclismos, murmura Eliav girándose sobre sí mismo.

- ¡No son los únicos sin duda! ¡No pueden ellos solos desencadenar el Apocalipsis!

-Digamos que las locuras judías pueden más fácilmente que las otras tener consecuencias universales.

---

[125]Franz Rosenzweig, *La Estrella de la Redención*, Hermenia 43, Ediciones Sígueme, Salamanca, 1997, p. 481.

[126]Gershom Scholem, *Le Messianisme juif*, 1971, Calmann-Lévy, 1974, p. 97, 99-101. Ver nota del traductor en Anexo III. 3.

- ¡Eso es verdad! Si los locos del Partido de la Reconstrucción comenzaran a reconstruir el Templo, eso provocaría seguramente una guerra planetaria.

- ¡Estoy de acuerdo! Sin embargo, es nuestro derecho, quizás incluso nuestro deber. Somos los descubridores de Dios, el pueblo sacerdote de la humanidad. Sería normal que tuviésemos nuestro Templo ahí donde nuestra religión ha sido fundada mucho antes que las demás. Nadie puede hacer nada al respecto. Ni tan siquiera nosotros[127]."

En su libro sobre *El Mesianismo*, David Banon presentaba la visión del mundo de los judíos jasídicos Jabad-Lubavitch[128], los cuales perciben cada crisis "como los dolores del alumbramiento del Mesías". Así es como su líder Rabi Iosef Itzjak Schneerson[129] analizaba la situación desde el final de la Segunda Guerra mundial: "Los sufrimientos de Israel han llegado ahora a un nivel aterrador; el pueblo de Israel está sobrecogido por los dolores del alumbramiento. El tiempo de la liberación inminente ha llegado. Es la única verdadera respuesta a la destrucción del mundo y a los sufrimientos que se han abatido sobre nuestro pueblo... ¡Preparaos para la redención que pronto vendrá!... El liberador de justicia está detrás de nuestras paredes, y ¡el tiempo para prepararse a recibirlo es muy corto[130]!"

Lo habéis entendido, estamos en vísperas de terribles cambios: "Es imposible, continuaba Rabi Schneerson, que el consuelo no venga, pues los padecimientos son insoportables."

Como vemos, el mesianismo utópico no ha conseguido eludir completamente los "dolores del alumbramiento" del Mesías. El universo escatológico de los judíos es fuertemente ambivalente. De hecho, la ambivalencia es una noción que encontraremos en cada paso de este estudio.

La verdadera cara de Israel

Gershom Scholem ha sido más discreto en cuanto a la naturaleza

---

[127] Jacques Attali, *Il viendra*, Fayard, 1994, p. 309

[128] Jabad-Lubavitch es una dinastía jasídica judía ortodoxa fundada por Shneur Zalman de Ladi en 1772. Es uno de los mayores grupos jasídicos y organizaciones religiosas judías del mundo, y probablemente el movimiento jasídico más conocido e influyente, especialmente por sus actividades de divulgación. Su sede central está actualmente en Brooklyn, Nueva York. El lector puede adentrarse en el universo mental jasídico consultando su sitio internet www.Chabad.org. Ver nota del traductor en Anexo IV. 1.

[129] Ver nota del traductor en Anexo IV. 2

[130] David Banon, *Le Messianisme*, Presses Universitaires de France, 1998, p. 120

más terrenal del mesianismo y a las consecuencias universales de la escatología judía. Para comprender mejor lo que será el reino de la "Paz" y de la "Justicia" según los hijos de Israel, podemos leer el interesante libro de Jean-Christophe Attias sobre la obra de Isaac Abravanel, publicado en 1992 y titulado *Isaac Abravanel, la memoria y la esperanza*.

Isaac Abravanel (1437-1508) es una de las grandes figuras míticas del judaísmo. Nacido en Lisboa, en una familia que había destacado por su éxito financiero y político, Abravanel era el hijo de un poderoso cortesano judío. En 1484, puso su experiencia de consejero financiero al servicio del reino de España. Llegó a desempeñar las funciones de recaudador de impuestos y fue el gran tesorero de los reyes Fernando de Aragón e Isabel de Castilla. Gracias a los grandes beneficios y ganancias en sus numerosas empresas, Abravanel tuvo la capacidad de otorgar préstamos considerables al tesoro real.

En 1492, cuando la decisión de expulsar los judíos del reino fue tomada- por motivos sobre los que los historiadores judíos son siempre discretos- Abravanel decidió mantenerse fiel a su Dios, prefiriendo el exilio a la apostasía. Se refugió en Italia, donde sirvió el rey de Nápoles, y luego la República de Venecia. Este personaje que condujo la comunidad judía en el exilio está todavía rodeado de un aura de misterio debido a las especulaciones y cálculos mesiánicos que desarrolló como exegeta prolífico. Sus escritos permiten comprender mejor la ruptura traumatizante resultante de la expulsión de los judíos de España y el consiguiente y muy fuerte resentimiento que todavía pervive hoy en día en las palabras de Daniel Cohn-Bendit citadas más arriba, quinientos años después de los hechos.

La idea de venganza está en efecto muy presente en la escatología judía. Respecto a las visiones del profeta Zacarías, que vio "cuatro cuernos" que dispersaron Juda, Israel y Jerusalén [*Zacarías 1, 18-19*], Abravanel explicaba que Zacarías hacía alusión a los cuatro reinos de Babilonia, Persia, Grecia y Roma, "que dominaron Israel y tanto daño hicieron...Efectivamente, los Persas y los Medos fueron conjuntamente el carpintero que destruyó Babilonia. Grecia fue el carpintero que destruyó Persia y Media. Roma fue el carpintero que destruyó Grecia. Y el reino de Israel será el carpintero que destruirá Roma[131]." Los profetas han hablado al respecto de "una gran nube y un fuego turbulento" [*Ezequiel, 1, 4*] que aluden a calamidades, y "Daniel dijo que la salvación de nuestra nación vendría con "nubes celestes",

---

[131]Jean-Christophe Attias, *Isaac Abravanel, la mémoire et l'espérance*, Les Editions du Cerf, Paris, 1992, p. 86

acompañadas de sufrimientos y tinieblas." (página 120).

Sobre los textos proféticos de Daniel, Abravanel comentaba lo siguiente: "Quiso decir con eso que en el momento en que el Eterno tomará represalias de las naciones, entonces Israel pasará de la oscuridad a la luz y saldrá de la servidumbre" (página 140). Esta venganza caerá concretamente "el día del juicio", que es en realidad "el día de castigo y de venganza que caerá sobre las naciones. Esto es lo que resalta claramente de las palabras de los Sabios y de los textos escriturarios", explicaba Jean-Christophe Attias. "Esta venganza se ejercerá especialmente contra Edom e Ismael", es decir contra la cristiandad y el islam que dominaron la Tierra Santa (página 145).

Las profecías de Ezequiel (25, 12-14) son igual de vengadoras: "Por eso, así dice el Señor, Yahvé: También yo tenderé mi mano sobre Edom, y exterminaré hombres y bestias, y lo reduciré a ruinas; desde Teman hasta Dedán caerán a la espada...Y pondré la venganza contra Edom en manos de mi pueblo Israel, que tratará a Edom conforme al furor de mi ira, y sabrán que yo soy Yahvé y que es mía la venganza. Así dice el Señor, Yahvé[132]." Abravanel notaba aquí lo siguiente: "Esta profecía, debemos interpretarla en referencia al futuro y aplicándose a Roma y a todos los Cristianos" (página 252). En Abravanel resonaba también el eco del espíritu de continuidad de los judíos cuando animaba a "todas las naciones a subir hacia la guerra contra el país de Edom" (página 256). Un poco más y creeríamos escuchar las mismas palabras de nuestros intelectuales cosmopolitas cuando nos aseguran que la inmigración es un fenómeno ineluctable.

La lectura del profeta Abdías inspiraba a Abravanel otras reflexiones: "Está cerca el día en que el eterno tomará represalias sobre todas las naciones que han destruido el Primer Templo y que sometieron Israel en el exilio. Y tú también, Edom, al igual que lo hiciste en la destrucción del Segundo Templo, conocerás la espada y la venganza, y las represalias caerán sobre tu cabeza." Y debe quedar claro que esa venganza se cebará especialmente con la cristiandad, que será "más afectada que las demás naciones" (página 268). Y para que las cosas quedaran todavía más claras, Abravanel precisaba, en base a las

---

[132]*Ezequiel (XXV, 12-14)*, Biblia Nacar-Colunga.

profecías de Abdías[133], que "nada sobrevivirá de la casa de Esaú[134]". "El trono divino no será plenamente restablecido hasta que haya exterminado la descendencia de Esaú" [*Salmos 9, 7135*] (página 274). "En efecto, cualquier liberación prometida por Israel está asociada a la caída de Edom [*Lamentaciones 4, 22136*]" (página 276).

Respecto a las profecías de Daniel (2, 44[137]), Abravanel precisaba que el Dios del cielo establecerá "un quinto reino...que aplastará y aniquilará los cuatro reinos. Y ese quinto reino se levantará y se mantendrá para siempre, y ese es el reino de Israel en la hora de su liberación" (página 111). Israel establecerá entonces su poder sobre todas las naciones y a diferencia de los cuatro reinos precedentes, su dominación será "absolutamente eterna": "Y le fue dado dominio, gloria y reino, para que todos los pueblos, naciones y lenguas le sirvieran; su dominio es dominio eterno, que nunca pasará, y su reino uno que no será destruido" [*Daniel 7, 14138*] (página 126, 127).

"En la época mesiánica, Samuel pensó que todas las naciones serían sometidas a Israel, conformemente a lo que está escrito: "Su señorío será de mar a mar, y desde el río hasta los fines de la tierra". [*Zacarías 9, 10139*] (página 181). "Durante la liberación por venir, un rey de la casa de David reinará y será llamada por su nombre" (página 228). "Los pueblos mirarán hacia el Rey-Mesías y se someterán a su

---

[133] "¿Acaso no destruiré yo en aquel día a los sabios de Edom, a la inteligencia del monte de Esaú? -afirma el Señor- Ciudad de Temán, tus guerreros se caerán de miedo, a fin de que todo hombre sea exterminado del monte de Esaú por la masacre. Por la violencia hecha contra tu hermano Jacob, te cubrirá la vergüenza y serás exterminado para siempre." (*Abdías 1: 8-10*, Biblia nueva versión internacional) "Pero en el monte Sión habrá liberación, y será sagrado. El pueblo de Jacob recuperará sus posesiones. Los descendientes de Jacob serán fuego, y los de José, llama; pero la casa real de Esaú será estopa: le pondrán fuego y la consumirán, de tal forma que no quedará sobreviviente entre los descendientes de Esaú. El Señor lo ha dicho." (*Abdías 1: 17-18* Biblia nueva versión internacional*). (NdT).

[134] Ver nota del traductor en Anexo V.

[135] "Los enemigos han sido destruidos; son perpetuas ruinas; destruiste las ciudades; pereció la memoria de ellos."

[136] "Hija de Edom, Él [Yahvé] castigará tu iniquidad y pondrá al desnudo tus pecados"

[137] "En tiempo de esos reyes, el Dios de los cielos suscitará un reino que no será destruido jamás y que no pasará a poder de otro pueblo; destruirá y desmenuzará a todos esos reinos, mas él permanecerá por siempre."

[138] "Fuele dado el señorío, la gloria y el imperio, y todos los pueblos, naciones y lenguas le sirvieron, y su dominio es dominio eterno, que no acabará, y su imperio, imperio que nunca desaparecerá."

[139] "Extirpará los carros de Efraim y los caballos en Jerusalén, y será roto el arco de guerra, y promulgará a las gentes la paz, y será de mar a mar su señorío y desde el río hasta los confines de la tierra."

autoridad, como lo profetizo el Antiguo [en nota: *Jacobo*] (página 202).

En esa "época del Rey-Mesías", una "gran paz" reinará entonces sobre la tierra. "Será una época donde crecerán la justicia, el derecho y la paz...las guerras desaparecerán, y los hombres ya no se perjudicarán los unos a los otros. Es lo que se dice en el pasaje: "Morará el lobo con el cordero y el tigre con el cabrito se acostará"" [*Isaías, XI, 6-9*[140]] (página 198). En "la época mesiánica, todos formarán un pueblo y una nación única, y nada los dividirá." (página 205). "Después de la Redención por venir, la mayoría de las naciones que habrá subsistido adoptará la fe del Santo Bendito, todas reconocerán su divinidad y se someterán a él[141]." Tenemos aquí un cuadro bastante nítido del mundo de "Paz" que nos proponen los profetas de Israel.

Estas visiones proféticas, que se vislumbran aquí y allá en muchos discursos de los intelectuales de hoy en día, alimentan un resentimiento muy profundo contra las demás naciones, culpables de haber destruido el Templo y humillado a Israel, y también un inmenso orgullo. Pues, aunque el pueblo judío tiene por misión guiar el mundo hacia la Paz perpetua, la redención sólo podrá producirse después de haber vencido a las demás naciones. Después de aplastar a los enemigos, efectivamente, siempre se está a favor de la "Paz". Estos sentimientos de odio y de venganza aparecen pocas veces a plena luz del día, pues el pueblo de Israel ha sufrido demasiadas acusaciones por parte de sus enemigos a lo largo de la historia. Se expresan casi siempre de manera velada, o en libros restringidos de poca difusión.

Les Editions des Belles Lettres, por ejemplo, ha vuelto a publicar recientemente unos textos interesantes en una colección titulada *El árbol de Judea (L'Arbre de Judée)*, entre los cuales destacamos una novela de una tal Camille Marbo, nombre de escritora de Madame Emile Borel, que fue presidenta de la *Société des Gens de Lettres* en 1937-1938 y feminista cuando todavía era un escándalo serlo: "Ha

---

[140]"El lobo habitará con el cordero, el leopardo se recostará con el cabrito; el ternero, la bestia de presa, y el engordado juntos, y un niño pequeño los conducirá. La vaca y la osa pacerán, sus crías se recostarán juntas; y el león comerá paja como el buey. Un niño de pecho jugará sobre la cueva de la cobra, y un recién destetado extenderá su mano sobre el escondrijo de la víbora. Nada malo o vil se hará en todo mi monte sagrado; porque la tierra estará llena de devoción a Yahweh, como las aguas cubren el mar." (Biblia Israelita Nazarena, 2011).

[141]Jean-Christophe Attias, *Isaac Abravanel, la mémoire et l'espérance*, Les Éditions du Cerf, Paris, 1992, p. 231.

"(...) Porque una vez que el Mesías venga, todas las naciones estarán subordinadas al pueblo judío, y le ayudarán a preparar lo que sea necesario para el Shabat." (Talmud, *Eruvin, 43b*).

dejado varias novelas que cuentan con pudor los difíciles inicios de la emancipación de las mujeres." En un libro titulado *Flammes juives*, publicado en 1936 y reeditado en 1999, Camille Marbo narraba la historia de jóvenes judíos marroquíes que dejaban atrás su *mellah*[142] en los años 1920 para instalarse en el país de Jauja que era la Francia republicana.

Algunos rasgos específicos de la mentalidad hebraica de aquellos tiempos aparecen aquí y allá. El desprecio hacia los árabes, por ejemplo, explicaba en parte la fuerte tensión que existía entre las dos comunidades: "Daniel sabía desde que había abierto los ojos que era judío, es decir superior a los árabes que eran más fuerte que él y que lo perseguían" (página 12). Encontramos también este pasaje: "Benatar y Mardoche despreciaban a los musulmanes que dejaban tirados a los pobres en medio de ellos y dejaban que los cristianos organizaran hospitales y dispensarios" (página 14). En cambio, esta familia judía manifestaba un amor desmedido hacia la Francia republicana: "Los franceses protegen inmediatamente a los judíos" contra los árabes. El viejo Benatar decía a su nieto: "He visto los nobles judíos que han venido de Francia. Una aurora nueva amanece. Irás a París, Daniel. Recibirás de los franceses la antorcha de un ideal de civilización y de justicia. Serás uno de los que guiará el pueblo hebreo hacia su destino[143]."

Efectivamente, a través de esa Francia republicana, el pueblo judío parece vislumbrar las grandes visiones de conquista del mundo prometidas por los profetas. Su destino parece cumplirse inevitablemente. La voluntad de poder y el sentimiento de orgullo caracterizan perfectamente la "raza". Vean sino estos pasajes: "El padre de Sara y el tío de Daniel habían recaudado y enviado mucho dinero para la causa...El salón de Nathan les parecía el puesto de mando de la conquista del mundo por Israel" (página 10). El abuelo Benatar vislumbraba un futuro radiante para Daniel: "Me llevaré a este chico a Fez. Irá a la escuela de los franceses y se convertirá en una gloria del pueblo de Israel" (página 14). Desde temprana edad, el joven comprendió muy bien lo que se esperaba de él, pues el abuelo Benatar

---

[142]Mellah: Los barrios judíos amurallados existentes en algunas localidades de Marruecos; un análogo de la judería o gueto europeo.

[143]Camille Marbo, *Flammes juives*, 1936, Les Belles Lettres, 1999, p. 26. El entusiasmo hacia la Francia republicana queda también muy bien retratado en la película *Le Nombril du monde*, de Ariel Zeitoun (Francia, 1993). Vemos judíos tunecinos entusiasmados por la idea de combatir por la República francesa en 1940, lo cual era lógico desde su punto de vista. En una escena de la película *El pianista*, de Roman Polanski, vemos una familia judía esperando que se declare la guerra a Alemania.

y el tío Mardoche le recordaban a menudo el papel del Pueblo judío: "Israel debe gobernar el mundo, dijo Daniel.

- Se nos teme, repetía el viejo Benatar, porque somos la raza de los Profetas. Daniel, repite un poco todos los grandes hombres que son de nuestra sangre" (página 18) ... "Hijos, recordad que sois Judíos, que habéis sido elegidos para incrementar en el mundo el poder y la gloria de Israel y que le debéis vuestra emancipación al noble pueblo francés" (página 20) ... "Este año será bueno. Hijos, podréis conquistar el mundo" (página 44).

"Sara temblaba. Su padre le acarició la cabeza. "Nuestra generación aún no puede conquistar la cristiandad. Vosotros podréis sentar las bases y vuestros hijos estarán a pie de obra. Se mezclarán con los cristianos. Israel guiará el mundo como debe ser, y ensalzaremos el pueblo francés por lo que hizo para liberarnos"" (página 126).

El pequeño Daniel no olvidaría las lecciones de su abuelo fallecido: "Detrás del cuerpo del viejo Benatar, llevado sobre los hombros de cuatro hombres en las estrechas calles del *Mellah*, Daniel juró ser fiel y leal al ideal del abuelo. Conteniendo sus lágrimas, repetía en su fuero interno:" Convertirse en uno de los grandes de la Tierra para la gloria del pueblo de Dios y el bien de los hombres"" (página 26). Indudablemente, Daniel se había vuelto bastante ambicioso, pues así decía: "La vida no tiene interés si no se tiene una palanca de mando" (página 39). He aquí pues el fondo del alma de algunos judíos marroquíes. Su amor hacia Francia es innegable, puesto que ese país parece ser para ellos un trampolín hacia la conquista del universo.

Las *Éditions des Belles Lettres* también reeditaron en el año 2000 en la misma colección un libro de 1929 de un tal Pierre Paraf, titulado *Cuando Israel amó*. Recordemos que ese Pierre Paraf (1893-1989) fue además cofundador de la LICA (Liga contra el antisemitismo), la cual en aquella época no pretendía luchar también contra el racismo.

Una novela de esa antología, *El Coro de tres voces*, dejaba entrever el tema del mesianismo judío en la boca de un personaje. La historia se desarrollaba bajo el Imperio Romano: "El rabino de Alejandría me enseñaba: - Hay setenta naciones sobre la tierra y de esas setenta naciones, cincuenta y nueve están sometidas bajo el yugo del emperador. Pero un día vendrá en que las setenta naciones serán alumbradas por la luz de Israel. Pues está dicho que nuestro pueblo será una bendición para el mundo."

Desafortunadamente, el antisemitismo ya existía en aquellos tiempos. Podemos imaginarnos cómo los judíos eran acusados de todos los males, pasados, presentes y por haber, y cómo servían de chivos expiatorios para las frustraciones de los pueblos gentiles: "¿No nos tratan en todas partes de raza intrigante e insidiosa[144]?", escribía Pierre Paraf.

El relato titulado *Marquesa de Israel* confirmaba esa mentalidad mesiánica. En el siglo XVIII, en la época de Voltaire y de los filósofos, un personaje de la novela proclamaba en una reunión mundana: "Sí, la revolución vendrá, y lo deseo de todo corazón. Dentro de treinta años, de veinte años quizás, los tronos se tambalearán. El árbol de los filósofos habrá dado sus frutos. Habrán socavado todo, el hacha de los sabios, destructores de un mundo antiguo al que le deben quizás lo mejor de su vida y de su pensamiento."

Vemos aquí la innegable cara apocalíptica del mesianismo. Este viene acompañado de un activismo incansable que constituye, como hemos visto, el fondo del alma judía: "En todas partes los hombres insensatos sufren porque desconocen nuestra ley...Es por todo el mundo que el Eterno nos envía a cumplir nuestra misión."

El problema es que los "otros" no parecen comprender los beneficios que traen los judíos, por lo que de momento más vale avanzar a escondidas: "Aunque tengamos que cambiar de vestido y de nombre para difundir nuestras enseñanzas, tal como lo hacen los habitantes de Holanda e Inglaterra, marcharemos alegremente con la certeza de que dentro de unos años o unos siglos nuestros bisnietos podrán quitarse la máscara- atavío de su alma intacta e inviolada- y ostentar con orgullo el verdadero rostro de Israel[145]."

Manifiestamente, los judíos viven en una tensión permanente, transidos de esperanza por ver por fin un día llegar el Mesías. Como lo decía Elie Wiesel: "Reconozco que de todos los rasgos que caracterizan el pueblo judío, el que más me choca es el deber de esperanza[146]."

El célebre escritor austriaco Joseph Roth también expresó esta fe absoluta en el destino de Israel y el profundo desprecio del judío hacia los goyim que no comprenden su misión divina. Los niños judíos saben desde su más tierna infancia que pertenecen al pueblo elegido; las humillaciones de los pequeños goyim no pueden afectarles: "La aparente cobardía del judío- quien no reacciona ante la pedrada que el chico le lanza jugando, quien no quiere oír el grito injurioso a él dirigido- es, en realidad, el orgullo de quien sabe que un día triunfará... ¿Qué le importa un guijarro o la saliva de un perro rabioso? El desprecio que siente un judío oriental contra los infieles es mil veces mayor del

---

[144] Pierre Paraf, *Quand Israël aima*, 1929, Les Belles Lettres, 2000, p. 98, 111

[145] Pierre Paraf, *Quand Israël aima*, 1929, Les Belles Lettres, 2000, p. 72, 70

[146] Elie Wiesel, *Mémoires II*, Éditions du Seuil, 1996, p. 156

que pudiera alcanzarle a él mismo[147]." Estamos avisados pues.

Los intelectuales judíos, que presentan continuamente el pueblo elegido como un pueblo injustamente perseguido, avanzan en realidad con una máscara, tal como ellos mismos lo dicen. Véase el caso- un ejemplo entre mil- del dibujante estadounidense Will Eisner que publicó en octubre del 2005 un cómic titulado *El Complot, historia secreta de los Protocolos de los Sabios de Sion* para denunciar la impostura que representa ese documento. El cómic ha sido prologado por el gran novelista Umberto Eco (autor de *El Nombre de la Rosa*), el cual también prologa ocasionalmente obras que tratan de la Cábala[148].

Según nos contaba la revista *Le Nouvel Observateur*, la investigación de Will Eisner "ha durado veinte años" para denunciar las mentiras insoportables de la propaganda antisemita que acusa a los judíos de querer dominar el mundo. Will Eisner hizo pues un trabajo de salud pública, desvelando a todos y de forma accesible la verdad acerca de esas burdas falsedades: "A lo largo de los años, cientos de libros y de artículos eruditos han denunciado la infamia de los *Protocolos*. Sin embargo, la mayoría de las veces esos estudios son producidos por universitarios y dirigidos a especialistas o a lectores previamente convencidos del fraude… La ocasión se presenta para atacar de frente esta propaganda con un lenguaje más accesible. Mi esperanza es que este trabajo remache definitivamente el ataúd de esta espantosa impostura con aires de vampiro." Vemos aquí que, si bien algunas mujeres musulmanas llevan un velo, muchos intelectuales judíos prefieren llevar una máscara.

La identidad judía

Sabemos ahora que el pueblo judío tiene una misión que cumplir. Diseminados sobre la faz de la tierra, viviendo en medio de los otros pueblos, los judíos reivindican la nacionalidad del lugar donde se han instalado y los derechos que concede el país de acogida, pero conservando su judeidad, y, a menudo, su apego visceral al Estado de Israel. Es otra forma de ambivalencia que hallamos siempre en la mentalidad del judaísmo y de la personalidad judía, y no es casualidad si la palabra "paradoja" aparezca tan frecuentemente bajo la pluma de esos intelectuales.

En *Destino de Israel*, el filósofo Jacob Leib Talmon confirmaba que existe una singularidad judía, una manera judía de concebir el mundo, una "manera de pensar, de sentir y de comportarse" muy

---

[147] Joseph Roth, *Judíos errantes*, Acantilado 164, Barcelona, 2008 p. 47
[148] Umberto Eco ha prologado el libro de Moshé Idel, *Mystiques messianiques, de la Kabbale au hassidisme, XIIIᵉ – XIXᵉ siècle*, 1998, Calmann-Lévy, 2005.

específica del judaísmo. Sin embargo, la identidad judía tiene unos contornos borrosos, poco nítidos. Sabemos que no es sólo la religión lo que conforma la identidad judía, pues los judíos ateos continúan declarándose miembros del pueblo elegido. Los principales doctrinarios y revolucionarios marxistas como el propio Karl Marx, Lenin (origen lejano pero verosímil, ndt), Trostki, Rosa Luxembourg, George Lukacs o Ernest Mandel, por citar sólo unos cuantos, eran militantes del ateísmo, pero cuyos orígenes judíos transparentaban claramente a través del carácter mesiánico de su lucha por un "mundo mejor".

"Después de tres mil quinientos años, no se logra todavía determinar quiénes son judíos o no", escribía Talmon. Pero, sin embargo, existe un criterio de pertenencia bastante claro sobre este punto, y es el de filiación por la madre. Talmon precisaba así: "Un hombre de raza judía que ha perdido la fe judaica y que ha rechazado cualquier práctica religiosa no deja de ser judío, dado que cualquiera que haya nacido de una madre de raza o de religión judía es judío. El individuo cuyo padre es judío pero la madre no lo es, no es reconocido como judío, pues no se puede estar seguro de la paternidad."

Esta explicación permite llegar a esta otra conclusión: "Un judío es un individuo de raza o de religión judía que no ha oficialmente abrazado otra religión, independientemente del hecho de que practique o no la suya. Para ser considerado judío, lo determinante es la sangre (la madre judía) o la adopción de la religión hebraica, decisión siempre equivalente a querer compartir un destino común[149]." Esto sin contar los judíos convertidos a otra religión pero que siguen practicando el judaísmo en secreto.

Elie Wiesel confirmaba esta idea de que los judíos son una nación aparte, y que es conveniente considerarlos como unos extranjeros viviendo en medio de otros pueblos. En el *Testamento de un poeta judío asesinado*, escribía explícitamente: "Entre un comerciante de Marruecos y un químico de Chicago, un trapero de Lodz y un industrial de Lyon, un cabalista de Safed y un intelectual de Minsk, existe un parentesco más profundo, más sustancial porque más antiguo, que entre dos ciudadanos de un mismo país, de una misma ciudad y de la misma profesión. Aun estando solo, un judío nunca es solitario[150]."

En sus *Memorias*, escribía, además: "Ser judío, en mi opinión, era pertenecer a la comunidad judía, en el sentido más amplio y directo. Era sentirse ofendido cada vez que un judío era humillado, cualquiera que fuese su origen, su condición social o el país donde viviera. Era

---

[149]J.-L. Talmon, *Destin d'Israël*, 1965, Calmann-Lévy, p. 137, 139, 140

[150]Elie Wiesel, *Le Testament d'un poète juif assasiné*, 1980, Points Seuil, 1995, p.57

reaccionar, protestar cada vez que un judío, incluso desconocido y alejado, era golpeado y atacado por cualquiera, por el simple motivo de ser judío... Así es: como escritor judío me siento solidario de mi pueblo. Su búsqueda es mi búsqueda y su memoria es mi país. Todo lo que le ocurre me afecta[151]."

En el segundo tomo de sus *Memorias*, escribía lo siguiente: "El Judío está obsesionado con el principio más que con el final. Su sueño mesiánico se refiere al reino de David. Se siente más próximo del profeta Elías que de su vecino de rellano... todo lo que golpeó a sus antepasados le afecta. Sus lutos le pesan, sus triunfos le animan[152]."

La voluntad de mantener a toda costa ese espíritu de comunidad incitó durante siglos a los judíos de todo el mundo a vivir apartados. En *Las Esperanzas planetarianas*, ya habíamos constatado, bajo la pluma de Jacques Attali, que algunas comunidades judías habían reclamado ellas mismas el derecho a encerrarse en los guetos para mantener la pureza del pueblo judío en contra de los extranjeros[153]. Elie Wiesel reconocía que estas disposiciones seculares aún eran comunes en tiempos de la Segunda Guerra mundial. Residía entonces en Rumanía con su familia, en una región del Norte que sería anexionada más tarde por Hungría a principio del conflicto: "¿La estrella amarilla? Pues no me molesta la verdad. Me permite incluso sentirme más íntimamente unido a los Judíos de la Edad Media que llevaban la *rueda*[154] en los guetos de Italia...Hay estrellas para todos los precios. Las de los ricos son resplandecientes; y las de los pobres como apagadas. Es extraño, pero llevo la mía con un orgullo inexplicable[155]."

En su ciudad de Sighet que acababa de ser anexionada por Hungría, Wiesel pudo ver como los gendarmes húngaros- al igual que los rumanos- no llevaban los judíos en sus corazones y se alegraba finalmente de la creación de un gueto que reuniera todos los judíos: "Los gendarmes húngaros; nunca se dirá suficiente mal de ellos... se encargaron de ejecutar el plan de Eichmann con una brutalidad y un afán que quedarán como el deshonor del ejército y de la nación húngara...de tal forma que el anuncio de la creación del gueto fue casi

---

[151]Elie Wiesel, *Mémoires, Tome I*, Éditions du Seuil, 1994, p. 212, 513

[152]Elie Wiesel, *Memoires Tome II*, Editions du Seuil, 1996, p.46

[153]Hervé Ryssen, *Las Esperanzas planetarianas*, (2022).

[154]La rueda era un pequeño trozo de tela cuyo uso ostentoso fue impuesto a los judíos como signo distintivo de vestimenta por las autoridades civiles en la Edad Media. Cortado en un anillo, se dice que simbolizaba los 30 denarios de Judas, según la interpretación tradicional. (NdT).

[155]Elie Wiesel, *Mémoires, Tome I*, Éditions du Seuil, 1994, p. 82

un alivio: estaremos así entre judíos. En familia...Tengo la impresión de reabrir una página de la historia judía del medioevo. Vamos a vivir como vivieron nuestros antepasados en Italia y España primero, y luego en Alemania y en Polonia...Consulto la enciclopedia judía...Sorpresa: descubro que en la Antigüedad, los barrios judíos fueron creados por los propios judíos que temían las influencias extranjeras. Fue el caso de las comunidades de Roma, Antioquia y Alejandría. Sólo más tarde se les impuso el gueto bajo nombres diferentes[156]."

El libro de Laurent Cohen sobre el escritor Franz Kafka, titulado *Una lectura judía de Franz Kafka*, daba unas cuantas informaciones acerca de las costumbres de los judíos del Imperio austrohúngaro. De nuevo vemos esa fuerte tendencia al aislamiento comunitario, incluso el recelo y la hostilidad hacia los nativos. Kafka, el cual "sólo frecuentaba judíos", daba él mismo una idea de la barrera que separaba las comunidades judías y cristianas en el Imperio de los Habsburgo: "Ningún miembro cristiano de los organismos donde mi padre desempeñaba un papel activo puso los pies en casa. Y se notaba. "¿Quieres regresar al gueto?" me preguntaban en las discusiones. Respondía: "sois vosotros los que vivís en el gueto. Sólo que no queréis admitirlo. ¿Dónde están los Goyim? Nunca habéis invitado uno a casa[157]."

Esta identidad exclusivista ha sido definida y explicada por Gershom Scholem, citado en el libro de Laurent Cohen para explicar los sentimientos identitarios de Kafka: "Existe en la tradición judía un concepto difícil de definir y sin embargo muy concreto, que llamamos *Ahavat Israel*, "el amor del pueblo judío". Este concepto de amor por los suyos, Kafka lo había integrado en las entrañas de su ser... haciendo del "amor gratuito" entre judíos, la prioridad de las prioridades[158]." Franz Kafka "se vinculaba con otro concepto fundamental del pensamiento judío: *Ahdout Israel*, literalmente: "Unidad de Israel"." Son efectivamente estos dos conceptos los que sustentan los discursos de Elie Wiesel y de Jacob Talmon, quienes consideran a los judíos como extranjeros viviendo entre las demás naciones.

La preocupación obsesiva por la pureza racial aparece en muchos escritos de intelectuales judíos, y se traduce por el rechazo constante de los matrimonios mixtos. En *Flammes juives*, por ejemplo, la escritora Camille Marbo contaba cómo el hijo de una familia judía marroquí viajaba a Francia en los años 1920 para estudiar en la universidad y

---

[156]Elie Wiesel, *Mémoires, Tome I*, Éditions du Seuil, 1994, p. 83
[157]Laurent Cohen, *Variations autour de K.*, Intertextes éditeur, Paris, 1991, p. 29
[158]Laurent Cohen, *Variations autour de K.*, Intertextes éditeur, Paris, 1991, p. 121

cómo tranquilizaba a su pobre madre Rebeca, "temerosa de que su hijo se enamorase de una mujer cristiana" (página 26). Afortunadamente, su sentido de pertenencia al judaísmo no se había alterado en medio de los goyim. Al contrario: "No se atrevía a decir a su madre que su fe religiosa había muerto mientras que su devoción entusiasta hacia la raza judía crecía, afirmando que nunca se casaría con "una mujer que no fuese de nuestra raza". Rebeca lloraba bendiciéndole[159]."

La novela de Camille Marbo tiene la misma función pedagógica que el libro de Jacob Talmon mencionado más arriba, y refleja de la misma manera la angustia profunda de la novelista y del filósofo de ver sus compatriotas mezclarse con los goyim. La preocupación por preservar la pureza de la sangre de Israel ha sido también expresada por Elie Wiesel, cuando mencionaba la desgracia de una familia judía cuya hija se había enamorada de un goy: "Una chica joven se había convertido para casarse con un oficial húngaro. La tragedia de sus padres avergonzados me preocupaba[160]."

Si queremos darnos cuenta de la gravedad del drama que viven las familias judías en el caso de que un hijo se case fuera de la comunidad, se puede visionar la hermosa película de Norman Jewison, *El violinista sobre el tejado*, que describe la vida de los *shtetl*, esos pueblos judíos de Europa central y oriental antes de la guerra, y que se centra precisamente en el debilitamiento progresivo de la tradición judía y en la tentación en los hijos de los matrimonios mixtos fuera de la comunidad. Efectivamente, si bien las familias judías empezaban poco a poco a aceptar que los hijos pudiesen rechazar una pareja escogida por la familia y la casamentera, aún había un caso en el que no se transigía: el matrimonio exógamo, considerado por los padres ni más ni menos como la muerte del hijo.

En un libro sobre el gansterismo judío en Estados Unidos a principios del siglo XX, el autor estadounidense Rich Cohen aportaba un testimonio acerca de esa tradición y sobre uno de los principales gánsteres de la época, Arnold Rothstein. Era el hijo de un hombre adinerado. Su padre Abraham era dueño de un emporio textil y de una hilandería. Arnold presentó un día a su padre la que sería su esposa. Problema: ella no era judía: "El hombre mayor sacudió la cabeza y declaró: "Bien, espero que seáis felices". Después de la boda, cuando hubo pronunciado la muerte de su hijo, cuando cubrió los espejos y leído el *Kadish*[161], ese momento significó un gran paso hacia delante

---

[159]Camille Marbo, *Flammes juives*, 1936, Les Belles Lettres, 1999, p. 26

[160]Elie Wiesel, *Mémoires, Tome I*, Éditions du Seuil, 1994, p. 47

[161]*Kadish*: principal oración judía que también se reza en los duelos.

para el crimen en EE.UU... Correspondía a la liberación de Arnold. Para Rothstein, fue la ruptura decisiva[162]."

Todavía hoy en día, cuando un miembro de una familia ortodoxa se casa con un gentil, la familia practica el rito de *Shivá*, reservado normalmente a los fallecimientos. Hacer el *Shivá* es como declarar que se considera a la persona muerta en todos los sentidos.

En su *Historia del antisemitismo*, León Poliakov mostraba como las costumbres judías de antaño eran implacables contra los judíos que se dejaban llevar por los deseos de salirse de la comunidad. El rabino Ascher ben Yehiel, que había huido de Alemania para refugiarse en España donde se convirtió en el rabino de la comunidad de Toledo, no bromeaba con ese tipo de transgresiones: "Censuraba severamente las costumbres, y habiendo constatado con espanto que el comercio sexual entre judíos y mujeres cristianas y viceversa era todavía frecuente, exigió que se cortara la nariz a los delincuentes judíos[163]."

Recordemos aquí que el Estado de Israel, al igual que los judíos ortodoxos de la diáspora, no admite los matrimonios mixtos. El periódico inglés progresista *The Guardian* desveló algunas informaciones de cómo son tratados los nuevos inmigrantes en Israel, llamados a sustituir la mano de obra palestina considerada demasiado poco cooperativa. En efecto, el Estado hebreo reclutó hace unos años alrededor de 260 000 extranjeros para sustituir en las fábricas y las granjas los palestinos de los territorios a los que se prohibió la estancia en el Eretz. El corresponsal del diario británico escribía: "Los trabajadores chinos bajo contrato en Israel se ven obligados a comprometerse por escrito a no tener ningún tipo de contacto sexual con las israelíes- incluidas las prostitutas- y, por supuesto, a no contraer matrimonio con judías, bajo pena de ser inmediatamente despedidos y expulsados" ...a su costa, evidentemente. Esta cláusula imperativa ha sido confirmada por el portavoz de la policía israelí que no ve en ello "nada ilegal".

Los intelectuales cosmopolitas occidentales, la mayoría abanderados del Estado de Israel, no ven ninguna contradicción en hacer la apología de la inmigración y de la sociedad plural en los países europeos donde se han instalado. Es otra "paradoja" del espíritu judío que destila un discurso antirracista para los demás, y aparan uno profundamente racista para su propia comunidad. El discurso antirracista es así un producto destinado únicamente a la exportación.

Bernard-Henri Levy, por ejemplo, declara continuamente su apego

---

[162]Rich Cohen, *Yiddish Connection*, 1998, Denoël, 2000, Folio, p. 73

[163]Léon Poliakov, *Histoire de l'antisémitisme, Tome I*, 1981, Points Seuil, 1990, p. 328

indefectible a Israel a todo el que quiera oírlo. De hecho, así se expresaba desde Jerusalén en el 2003, en una conferencia del instituto de estudios levinasianos: "Respecto a la cuestión de Israel, nunca he cambiado desde los tiempos en que me presenté el quinto día de la guerra de los Seis días en el consulado de Israel en París para alistarme en Tsahal."

Bernard-Henri Levy siente "un apego extremo hacia Israel...He escrito cien veces, decía el filósofo, que Israel y la diáspora son como el corazón y la consciencia el uno para el otro, que uno es el apoyo, el pilar, la fuente del otro- y viceversa[164]...Soy judío, por supuesto, debido a mi vínculo con Israel. Soy judío cuando, como todos los judíos del mundo, mi corazón late al unísono del de todos los israelíes amenazados...Cuando todo el mundo cree que los misiles Scud van a caer sobre Tel-Aviv, vengo aquí de forma instintiva, casi sin pensarlo...porque Israel sigue siendo el Estado refugio del pueblo judío."

Pero lo que es válido para los judíos no lo es para los otros pueblos. Si bien ensalza el pueblo judío, las tradiciones judías, el clan judío, Bernard-Henri Levy niega a los que no son judíos el derecho a tener sentimientos de pertenencia comunitaria y alabar las virtudes de su linaje. De hecho, los intelectuales cosmopolitas no dudan jamás en denunciar- y siempre de la manera más virulenta- los sentimientos patrióticos de los franceses y de los europeos en general, los cuales se preocupan de la llegada masiva de inmigrantes del Tercer-Mundo. La inquietud de los "Blancos" no tiene para ellos ningún valor: es una "paranoia" que se debe curar, una "enfermedad" de la mente, como lo escribía Alain Minc. Son "opiniones racistas" que no se deben tolerar en democracia. Es así como Bernard-Henri Levy declara alto y claro cuando está en Francia su oposición intransigente a todas las formas de "intolerancia" y de "fascismo": "Soy judío por mi antifascismo, escribía en el mismo texto, por mis denuncias de todas las ideologías del terruño, del cuerpo, de la raza y de la sangre... Soy judío cuando, recordando que fuimos extranjeros en Egipto, fundé hace veinte años la organización SOS Racismo."

El discurso dirigido a los judíos es por lo tanto el negativo exacto del discurso dirigido a los goyim. Pero para hablar a los franceses, para prodigar sobre las naciones el discurso cosmopolita, Bernard-Henri Levy se ve obligado a pesar de todo a hacerse un poco francés y agitar su banderita tricolor: "Soy judío en Francia. Soy judío y francés, un

---

[164]Bernard-Henri Lévy, *Récidives*, Grasset, 2004, p. 405, 408

judío que ama a Francia[165]." La cosa quedaba clara pues, pero el fondo de su identidad seguía siendo monocromático: "Soy judío, lo soy con todas las fibras de mi ser. Lo soy con mis lapsus, lo soy por las reglas alimenticias que me impuse...Lo soy por mi manera de escribir...Soy judío en virtud del pacto invisible que une a los judíos de todo el mundo...Soy judío por mi paciencia mesiánica...Soy judío por mi rechazo de los nacionalismos, la repugnancia que me inspiran las ideologías del arraigo...Es lo que me enseña el pensamiento judío...De Levinas, recuerdo que son las plantas las que echan raíces y que los hombres son siervos de las raíces y libres gracias a la ley. De Rosenzweig, en *La Estrella de la Redención*, me quedo con la imagen de ese pueblo..."eterno viajero enraizado en el tiempo y en la ley". Y del Maharal de Praga[166]... recuerdo que un lugar jamás es santo si no ha sido consagrado por un acto consciente del hombre. Y, sobre todo, creo que la localidad del lugar no cuenta para nada, o casi nada, para la realización de la Redención...Ahí donde está el hombre, ahí está la *Halajá*[167], ahí está el reino de Dios. Una historia, una ley, que no llevamos pegada a la suela de los zapatos, sino en nuestra lengua[168]."

La tierra, el lugar de nacimiento, el país de su infancia, a los que están sentimentalmente apegados todos los seres humanos, no tienen por lo tanto ninguna importancia para los judíos, que sólo están atados a su ley, y están así predispuestos a cambiar fácilmente de país, a hablar otra lengua, a adaptarse a las costumbres locales, pero manteniendo en su fuero interno su especificidad judía. Extranjeros en medio de las otras naciones, los judíos de la diáspora tienen una misión que cumplir: "Soy un judío de la *Galout*[169], escribía Levy, soy un judío universalista...La elección del pueblo judío, para mi como para Rosenzweig, significa abrir para todos los pueblos las puertas invisibles y sagradas que iluminan la Estrella de la Redención[170]."

---

[165]Bernard-Henri Lévy, *Récidives*, Grasset, 2004, p. 415-421

[166]"Maharal de Praga"(1520- 1609), fue un destacado talmudista, místico judío y filósofo que sirvió como rabino en la ciudad de Praga en Bohemia. (NdT).

[167]*Halajá*, la Ley judía, literalmente "*la forma de comportarse*" o "*la forma de caminar* ". Incluye los 613 mitzvot (mandamientos) y la subsecuente ley rabínica y talmúdica. Es el cuerpo colectivo de reglas religiosas judías, extraídas de la Torá escrita y oral. Los judíos ortodoxos son aquellos que siguen de modo estricto la *Halajá*. Ortodoxia no se refiere a la doctrina o a las creencias, como sí se entiende en el Cristianismo. Se trata de las conductas y de las prácticas concretas prescritas por la *Halajá*. (NdT).

[168]Bernard-Henri Lévy, *Récidives*, Grasset, 2004, p. 413-415

[169]Judío de la *Galout*: judío del exilio, de la diáspora. Que vive fuera del Estado de Israel.

[170]Bernard-Henri Lévy, *Récidives*, Grasset, 2004, p. 384, 385

En *La Estrella de la Redención*, precisamente, Franz Rosenzweig insistía en el concepto racial de la identidad judía: "Sólo la comunidad de sangre nota cómo corre por sus venas, ya hoy, cálidamente, la garantía de su eternidad. Únicamente para ella no es el tiempo un enemigo que haya que aplacar y sobre el que quizá - eso espera; pero quizá no...- llegue a vencer." El pueblo eterno "conserva siempre la falta de ataduras de uno que va de viaje...Es sólo un extranjero que se ha asentado en su país...La santidad de la tierra [de Israel] la preserva de que él se apodere sin más de ella cuando podía haberlo hecho... Le obliga a concentrar todo el brío de la voluntad de ser pueblo en un único punto...en el puro y auténtico punto de la vida, en la comunidad de sangre[171]."

El novelista estadounidense Philip Roth reconocía que la "asimilación" era muy superficial en los judíos. He aquí las palabras de uno de sus personajes, el novelista Appelfeld: "Siempre he sentido cariño por los judíos asimilados, porque era en ellos donde el carácter judío, y quizá también el destino de los judíos se concentraba con mayor fuerza[172]." Cuando los intelectuales judíos hablan de "asimilación", debemos comprender "asimilación social" y "éxito social". Y efectivamente, los judíos se asimilan muy rápido en las poblaciones locales.

Este sentimiento de judeidad funciona siempre a la par con un rechazo violento y despectivo de la identidad de los no-judíos. Es así cómo Guy Konopnicki se permitía escribir con una insolencia flagrante: "Nunca he encontrado esa Francia poblada de franceses de la que tanto se nos habla... Sólo queda Jean-Marie Lepen y algunos fósiles similares para rastrear el extranjero en la tercera generación y hasta el punto de echarme en cara no ser un descendiente de los Galo-Romanos o de los Francos, nuestros antepasados." Y añadía esta pregunta indignada: "¿Cuantas generaciones hacen falta pues para ser francés[173]?" Podemos ahora responderle con propiedad: Tantas como sean necesarias para que un intelectual judío abandone el judaísmo.

---

[171]Franz Rosenzweig, *La Estrella de la Redención*, Hermenia 43, Ediciones Sígueme, Salamanca, 1997, p. 356, 357, 358

[172]Philip Roth, *Operación Shylock*, Debolsillo Penguin Random House, Barcelona, 2005, p. 129

[173]Guy Konopnicki, *La Place de la nation*, Olivier Orban, 1983, p. 16, 36

SEGUNDA PARTE

LA MENTALIDAD COSMOPOLITA

1. La personalidad judía

Los judíos se sienten solidarios los unos de los otros, sea cual sea el país donde viven y la lengua que hablen. Tienen también rasgos de carácter muy específicos que todos los observadores del judaísmo han notado en todas las diferentes épocas y en todas las latitudes. Esto es debido a que su espíritu es formado desde temprana edad por la lectura de los mismos textos, y porque las enseñanzas transmitidas por sus padres es la misma en todas partes: lo importante es la obediencia a la "Ley" de la Torá, esa "patria de bolsillo", como lo escribía el poeta alemán Heinrich Heine en el siglo XIX.

Bernard Lazare dejó un libro bastante ejemplar al respecto. Socialista anarquizante y defensor de Dreyfus[174], Bernard Lazare publicó en 1894 un libro que pretendía ser la respuesta a *La Francia judía* de Edouardo Drumont cuyo éxito había sido rotundo. El pasaje que sigue aporta una visión de lo que puede ser esa "Ley" y su carácter universal en el judaísmo: "Pero el judío tenía algo mejor que su dios: tenía su Thora – su ley – y es ella la que lo conservó. Esta ley, no sólo no la perdió al perder el territorio ancestral, sino que por el contrario reforzó su autoridad: la desarrolló y aumentó su poderío y también su virtud. Cuando, Jerusalén hubo sido destruida, fue la ley la que se

---

[174]El caso Dreyfus tuvo como origen una sentencia judicial de corte supuestamente antisemita, sobre un trasfondo de espionaje y antisemitismo, en el que el acusado fue el capitán Alfred Dreyfus de origen judío alsaciano, y que, durante doce años, de 1894 a 1906, conmocionó a la sociedad francesa de la época, marcando un hito en la historia del antisemitismo. (NdT).

convirtió en el vínculo de Israel: vivió para su ley y por su ley. Ahora bien: esta ley era minuciosa y formalista, era la manifestación más perfecta de la religión ritual en la cual se había convertido la religión judía bajo la influencia de los doctores, influencia ésta que se puede oponer al espiritualismo de los profetas cuya tradición Jesús continuó. Estos ritos que preveían cada acto de la

vida y que los talmudistas complicaron hasta el infinito, estos ritos moldearon el cerebro del judío y, en todas partes – en todos los países – lo moldearon del mismo modo. Los judíos, aunque dispersos, pensaban de la misma manera en Sevilla y en Nueva York, en Ancona y en Ratisbona, en Troye y en Praga. Tenían sobre los seres y las cosas los mismos sentimientos y las mismas ideas. Miraban con las mismas lentes. Juzgaban según principios semejantes de los que no podían apartarse, pues no había en la ley obligaciones graves y menores: todas tenían un idéntico valor porque todas dimanaban de Dios. Todos aquellos a quienes los judíos atraían a sí estaban aprisionados en este terrible engranaje que trituraba las mentes y las moldeaba de un modo uniforme[175]."

Esto era también lo que escribía Mark Zborowski en su gran estudio antropológico sobre los judíos de Europa del Este: "Una página del Talmud presenta el mismo aspecto que hace cien años, y el mismo aspecto en Vilna y en Shangai. En todo el mundo, los alumnos meditan sobre la misma Torá, el mismo Talmud, el mismo comentario de Rachi. Los niños salmodian con su voz aflautada el mismo texto que abre la *Michná*...Allí donde le lleven sus pasos, y a poco que sea en una comunidad tradicional, el erudito del shtetl encontrará los mismos estudios, los mismos debates llevados a cabo con ardor y celo."

Hallamos esta misma uniformidad y atavismo en los escritos de los intelectuales judíos de hoy en día como de antaño. "En las enseñanzas del judaísmo tradicional, las barreras del tiempo son confusas y borrosas, escribía Zborowski. La costumbre de referirse a textos antiguos para regir el presente y a textos modernos para esclarecer el pasado ha forjado entre el pasado y el presente una cadena indestructible a la que cada erudito añade un eslabón...Ese silencioso desdén hacia las divisiones occidentales del tiempo y del espacio afirma que la unidad de la tradición es más sólida que las rupturas de la continuidad física y temporal[176]." Esto es precisamente lo que algunos

---

[175]Bernard Lazare, *El Antisemitismo, su historia y sus causas, (1894).* Ediciones La Bastilla, Edición digital, 2011 p. 120, 121

[176]Mark Zborowski, *Olam,* 1952, Plon, 1992, p. 107, 108. [Véase de nuevo la nota 109 sobre el *midrash*. (NdT).]

llamaron "el judío eterno" (*Der ewige Jude*).

Las horas más oscuras[177]

La imagen mediática que presenta la comunidad judía en todos los países donde se ha instalado es la de una nación siempre perseguida. Los documentales de televisión o las películas sobre el tema son incontables y recurrentes, de tal forma que ese aspecto del judaísmo sigue siendo el más visible y principal rasgo especifico de esa comunidad para el público en general. Es interesante comprobar que los escritos de los intelectuales judíos antes de la Segunda Guerra mundial ya reflejaban la misma tendencia a las "jeremiadas", cosa que también han observado diferentes autores de nuestra época. Shmuel Trigano era perfectamente consciente de esa situación lamentable cuando escribía: "Se acusa a menudo a los Judíos de regodearse en ese lamento victimario y soy el primero en deplorarlo[178]".

Esa peculiaridad no es pues una consecuencia del Holocausto, sino una disposición permanente muy característica de la mentalidad hebraica. Evidentemente, esta constatación no quita nada a los horrores de la guerra. Los testimonios de Elie Wiesel y Samuel Pisar, entre muchos más, son al respecto bastante reveladores. Sin embargo, suelen pecar de una sensiblería un poco ñoña y de un cierto egocentrismo que parece hacerles olvidar las otras decenas de millones de víctimas de la época. Las atrocidades cometidas durante la guerra por los nazis son sin duda los peores momentos de toda la historia del pueblo judío. Los testimonios sobre esos acontecimientos dolorosos son, afortunadamente, bastante numerosos para darnos una idea de lo que tuvieron que padecer los prisioneros ingresados en los campos de la muerte. Samuel Pisar es uno de esos supervivientes de las cámaras de gas. De origen polaco, fue nacionalizado francés antes de convertirse finalmente en un riquísimo hombre de negocios estadounidense. En su famoso libro *La Sangre de la esperanza*, que iba a convertirse en un *best-seller* mundial, narraba como había vivido esos acontecimientos dramáticos en su adolescencia.

En Bialystok, una ciudad del Este de Polonia donde residía con su familia, consiguió librarse una primera vez de los alemanes cuando

---

[177]*Les heures les plus sombres*: es una expresión acuñada y usada por la esfera cultural y mediática francesa que se refiere a los años 30 y a la Segunda Guerra mundial. Es una suerte de invocación recordatoria sobre la memoria del público siempre que se pronuncia. (NdT).

[178]Shmuel Trigano, *L'Idéal démocratique*...Odile Jacob, 1999, p. 43

éstos decidieron arrasar el gueto donde los judíos estaban separados del resto de la población: "Finalmente, los nazis arrasaron el gueto y deportaron a todos sus habitantes. Algunos hombres y algunos adolescentes, completamente desarmados, intentaron oponer resistencia. Rebelión heroica e insignificante, reprimida de una manera atroz. Los mataron a todos." Podemos imaginar la escena horrible a la que tuvo que asistir entonces: "Uno de los combatientes, Malmed, fue salvajemente torturado y ahorcado ante mis ojos por haber arrojado una botella de ácido sulfúrico a la cara de un oficial de las SS, dejándole ciego[179]." Semejante espectáculo, como podemos imaginarlo, debió marcar para siempre la consciencia del pequeño Samuel. Los verdugos torturaban en plena calle, sin preocuparse de los transeúntes y mirones que miraban sus métodos crueles. Pero, en esas circunstancias, el heroísmo también consistió en presenciar ese interminable espectáculo, sin desviar la mirada hasta el desenlace fatal.

Samuel Pisar se enfrentó a otras situaciones difíciles durante la evacuación del gueto. He aquí otra anécdota: "Al alba, las SS forzaron las puertas. Penetraron en la sala y nos arrojaron a la calle a culatazos, como si fuéramos un rebaño. Una silueta oscura, con el emblema de la calavera en el casco, se plantó ante nosotros. - ¡Quiero esto! - ¿Qué, señor? - dijo mi madre. - La sortija que lleva en el dedo. Era su anillo de prometida. Un pequeño diamante rodeado de minúsculos rubíes dispuestos en forma de corazón. Ella intentó sacárselo en seguida, pero sus dedos estaban hinchados por la fatiga. El SS sacó su bayoneta: - ¡De prisa o me llevo también el dedo! En mi terror, me acordé de un trozo de jabón que había colocado en el fondo de mi maleta. En pocos segundos lo saqué. Escupí sobre el dedo de mi madre, mientras lo enjabonaba, y el anillo se deslizó. Se lo tendí al nazi. - Tenga, señor. En aquel instante me había convertido en otro. Era mi primera decisión de luchar por la vida[180]..."

Samuel y su madre se libraron por poco pues. Podemos imaginarnos el pequeño Samuel echándose sobre su maleta, abriéndola febrilmente para intentar salvar a su madre. Afortunadamente el SS no reaccionó en ese momento disparando una ráfaga de ametralladora por temor a ver el adolescente sacar un arma. Pero Samuel fue afortunado, una vez más.

Después de ese episodio, los nazis deportaron a los judíos en los

---

[179]Samuel Pisar, *La Sangre de la esperanza*, Editorial Planeta, 1990, Barcelona, p. 42, 43

[180]Samuel Pisar, *La Sangre de la esperanza*, Editorial Planeta, 1990, Barcelona, p. 44, 45

campos de internamiento. Amontonados en vagones de tren como animales, éstos experimentaron los peores horrores durante ese largo viaje que los llevaba a la muerte. Una vez más, el pequeño Samuel iba a asistir a escenas atroces:

"Permanecimos durante setenta y dos horas encerrados en nuestro vagón, sin alimentos y sin agua...Cuando se detuvo el tren y se abrieron las puertas, buena parte de los ocupantes, unos veinte, estaban muertos. Habían muerto aplastados por sus compañeros o víctimas de la sed. Aquella masa de cadáveres amoratados se esparció como la lava. Estaba oscuro, y los supervivientes, aturdidos, fueron cegados por la luz de los proyectores. Un cordón de SS estaba acompañado por numerosos perros policía. Una breve orden y los molosos irrumpieron en el interior del vagón. En un abrir y cerrar de ojos, algunos rezagados fueron completamente despedazados ante nuestra horrorizada mirada. En el andén todo era pánico, golpes y gritos. Apretando mi pequeña maleta contra el pecho, alcancé la salida, saltando por encima de los cuerpos, empujado por todas partes." Aquí también, hay que intentar imaginarse la escena con más detalles. En efecto, vemos muy bien a los SS y sus perros subiendo en el vagón en contra sentido, mientras que los deportados bajan del mismo, pisando o pasando por encima de numerosos cadáveres para ir hasta el fondo a buscar los rezagados, y finalmente soltar sus bestias feroces sobre esos seres débiles. Podemos imaginar el pánico de los últimos deportados precipitándose fuera del vagón, estrellándose contra el suelo, los unos sobre los otros, mientras que, dentro del vagón, en la penumbra, algunos pobres desgraciados probablemente eran devorados por las bestias.

La vida en el campo trajo también su lote de peripecias extraordinarias, y Samuel Pisar tuvo más de una vez la oportunidad de demostrar su carácter intrépido: "Me acerqué a un SS situado al otro lado de las alambradas. Me apuntó con la ametralladora. Saqué de la maleta un pequeño paquete que me había dado mi madre antes de separarnos. Contenía el reloj y la sortija de mi padre. Abrí el paquete y se lo mostré al nazi...El SS miró el paquete con ojos incrédulos. -Tírame eso. - Sí, si me trae agua. - Tíralo o disparo. - No, primero agua. Había formulado mi respuesta con una obstinación mesurada. Sabía que podía matarme, pero entonces no conseguiría su botín porque yo estaba situado al otro lado de la alambrada...Se alejó y volvió al cabo de pocos minutos con una botella llena." ¡El pequeño David había triunfado sobre Goliath! Pero otros deportados sedientos se acercaron peligrosamente para aprovecharse de la milagrosa fuente de agua: "Me llevé la botella a los labios y bebí un largo trago y después otro...Un clamor. Los hombres avanzaban hacia mí viniendo de todas partes, en una masa compacta, vociferante. Entregué la botella al primero que llegó y salté a un lado. Empezaron a pelear, el recipiente cayó al suelo y se rompió[181]. Entonces, desesperados, y como alucinados, se pusieron de rodillas para lamer con avidez lo que quedaba: la tierra húmeda[182]." Las circunstancias eran verdaderamente difíciles.

El pequeño Samuel estuvo cerca de la muerte varias veces, y se puede decir sin exagerar que su supervivencia en ese infierno concentracionario fue un milagro: "Entre mi primer campo, Maidanek, y mi llegada a Auschwitz, fui seleccionado en cuatro ocasiones. Cuatro cambios de agujas hacia la vida o la muerte": "Los viejos, los enfermos, los indispuestos, incluso los granujientos, todos los de la fila izquierda fueron gaseados antes de llegar...Maidanek, como supimos inmediatamente, era un campo de puro exterminio. Una espantosa contaminación recordaba continuamente la proximidad de la muerte. El humo y las llamas despedidos por las altas chimeneas de ladrillo, instaladas en el otro extremo del patio, esparcían a través del campo el olor de los cuerpos arrojados a los hornos crematorios."

Fue allí, en Maidanek, entre las decenas de miles de pobres gentes, que se encontró con un amigo de Bialystock. ¡Qué suerte increíble!: "Allí, vestido con traje a rayas como el mío, y la cabeza rapada como la mía, se encontraba Ben. Estaba de espaldas, pero indudablemente era él. - ¡Benek! Se dio la vuelta: - ¡Mula! No recordaba que sus ojos fueran tan grandes. En unos pocos meses había envejecido varios años. Nos abrazamos llorando..." Tras la felicidad del reencuentro juraron firmemente salir adelante juntos: "Mi pacto con Ben estaba sellado: la voluntad de vivir[183]."

Samuel Pisar, que creció en los campos de la muerte, forjó su carácter en medio de esas duras realidades. Un día, en el campo de Auschwitz, cometió un error que le costó caro: "Un día pasé por delante de uno de los comandantes del campo, sin verlo. Por la noche, al pasar lista, se me anunció el castigo. Estábamos todos inmóviles en el campo, frente a las alambradas y a las torres de observación. - El número 1713 recibirá veinticinco latigazos por falta de respeto. Me desnudaron y me

---

[181]Samuel Pisar, *La Sangre de la esperanza*, Editorial Planeta, 1990, Barcelona, p. 53, 54

[182]Samuel Pisar, *Le Sang de l'espoir*, Robert Laffont, 1979, p. 55-57. [*Alors, désespérés, comme hallucinés, ils s'accroupirent en léchant avidement ce qui restait : la terre humide.* En la versión francesa. (NdT).]

[183]Samuel Pisar, *La Sangre de la esperanza*, Editorial Planeta, 1990, Barcelona, p. 55, 56, 58, 59, 61

ataron delante de mis camaradas. Cayeron los primeros golpes; las tiras de cuero acababan en bolitas de plomo que me golpeaban la ingle. - Uno, dos, tres, cuatro, cinco, seis, siete...Fuera por un reflejo de orgullo pueril, o porque pensara ingenuamente que sería un tanto a mi favor, no solté ni un solo gemido. El oficial de las SS que me azotaba se detuvo intrigado. - ¡Vaya, esta noche tenemos un prisionero que no siente ningún dolor! Vamos a intentarlo de otra manera: siete, seis, cinco, cuatro, tres, dos, uno...Y después, otra vez; uno, dos...Los golpes me cortaban la piel como cuchillos. Yo no reaccionaba. En las filas algunos prisioneros gritan: - ¡Aúlla, imbécil, o vas a reventar! Recibí más de treinta latigazos antes de desvanecerme." El pequeño Samuel, una vez más, había triunfado sobre Goliath. Nos revelaba entonces lo siguiente: "La regla fundamental que debe tenerse en cuenta continuamente, si se quiere sobrevivir, es no admitir jamás, o demostrar, el menor signo de enfermedad ni de debilitación. ¿Unas anginas, una pierna dislocada, una herida que se infecta? ¡Imposible! El principio es implacable: los más débiles deben ser destruidos." Samuel Pisar no olvidó la lección, pues no volvería a mencionar en su libro las secuelas que esa dolorosa prueba le dejó en el cuerpo.

El exterminio de los judíos de Europa seguía inexorablemente. La cámara de gas tragaba cada día miles de deportados: "A pesar de la ingeniosidad de los nazis, ante los convoyes que no cesaban de verter cargas hacia el matadero había que alcanzar cotas cada vez más altas: seis mil, siete mil y después ocho mil gaseados por día. ¡No es suficiente! Hay que llegar todavía a una cuota más alta, que llegará hasta los diez mil o más por día. La fábrica de la muerte tiene que superar continuamente sus propios récords[184]." La productividad de la cámara de gas y la eficacia de los hornos crematorios parecían sobrepasar todas las esperanzas, todas las previsiones de los criminales nazis.

Samuel Pisar nos narraba después como pudo salir indemne de la cámara de gas. Un día, habiendo sido "seleccionado", consiguió salir adelante gracias a un subterfugio que le salvó la vida. En la sala de espera, en medio de los demás condenados, agarró una cubeta de madera llena de agua y un cepillo que estaban por ahí tirados y se puso a frotar el suelo, de cuclillas, dirigiéndose lentamente hacia la puerta de salida: "Los guardianes, que regularmente echaban una ojeada al interior, por la puerta abierta, me han visto. Pero se convierten involuntariamente en mis cómplices: - ¡Eh, esta parte todavía está sucia,

---

[184]Samuel Pisar, *La Sangre de la esperanza*, Editorial Planeta, 1990, Barcelona, p. 70, 71, 72

vuelve a empezar! De rodillas, sigo frotando. Me lanzan órdenes; obedezco...Sigo arrastrándome y frotando, bajo las miradas burlonas de los vigilantes que se divierten multiplicando las vejaciones. - ¡Limpia otra vez este rincón, holgazán! Mi obediencia es total. Cuando finalmente, después de un tiempo infinito, llego a los peldaños que conducen a la salida, froto cada uno de ellos con convicción, con una convicción que enternecería al más temible de los kapos[185]."

Este testimonio alucinante de veracidad será también retomado en otro libro de Samuel Pisar, *El Recurso humano*, pues ejemplifica esa capacidad de Samuel Pisar de "encontrar la puerta de salida" en cualquier circunstancia.

Samuel Pisar, todavía en bastante buen estado de salud después de esos años terribles, fue transferido a unos campos de trabajo con sus dos amigos Ben y Nico: "El régimen hitleriano tenía penuria de mano de obra industrial, cada día más acentuada. Como aún estábamos relativamente presentables, fuimos cargados en un tren de mercancías, con un contingente de otros prisioneros, y trasladados al corazón de Alemania."

Llegaron entonces al campo de Oranienburg, después al de Sachsenhausen y finalmente a Leonberg, cerca de Stuttgart. Allí verían sus liberadores. De forma muy simbólica, los liberadores mencionados por Samuel Pisar son personificados por un gran Negro estadounidense, probablemente para imprimir mejor en la mente del lector la idea de que las atrocidades que había sufrido sólo podían haber sido hechas por hombres blancos. La imagen es quizás un poco rebuscada, como en las películas de Hollywood con sus inevitables finales felices:

"...los alemanes habían vuelto a abrir fuego y me encontraba en medio de la línea de tiro. Inconscientemente, seguí corriendo...Llegué al carro blindado. Un negro alto salió de la torreta y me apostrofó en una lengua ininteligible. Me eché a los pies del soldado y me abracé a sus piernas. Las tres palabras de inglés que mi madre me repetía con tanta frecuencia cuando pensaba en nuestra liberación, me volvieron a la memoria y grité a pleno pulmón: - ¡*God Bless America!* El negro me hizo trepar a la torreta. Era libre[186]."

El escritor de origen judío polaco Marek Halter también escribió algunas páginas sobre los horrores del régimen nazi. En su libro *La fuerza del Bien*, contaba por ejemplo el testimonio de Varian Fry que le transmitió su amiga Mary Jane Gold: Un día de 1935, en Alemania,

---

[185]Samuel Pisar, *La Sangre de la esperanza*, Editorial Planeta, 1990, Barcelona, p. 73
[186]Samuel Pisar, *La Sangre de la esperanza*, Editorial Planeta, 1990, Barcelona, p. 82, 94

había cerca de él en una cafetería un "tipo" que parecía judío. Marek Halter lo contaba así: "Dos nazis llegaron, unos SS o unos SA, ya no lo recuerdo. El Judío, el supuesto Judío, estaba un poco nervioso cuando iba a coger el vaso. Entonces, uno de los nazis se acercó y ¡le plantó un cuchillo en la mano! ¡Tenía la mano atravesada y pegada a la mesa! Gritó de dolor. El nazi recuperó el cuchillo y salió del bar con su compañero. Varian los escuchó exclamar: "¡Es bueno tener sangre judía sobre la hoja de un cuchillo alemán!¡ Hoy es una fiesta!¡ Para nosotros es un hermoso día de fiesta! Vio todo eso, toda esa escena infame[187]."

Este tipo de testimonios no es verificable, pero refleja probablemente muy bien la percepción de los acontecimientos de la época por parte de los principales interesados.

En un libro titulado *El Odio antisemita*, Serge Moati compartió sus evocadoras impresiones sobre las atrocidades de la guerra inspirándose en la película de Claude Lanzmann sobre los campos de la muerte. Esto escribía, henchido de resentimiento, contra los polacos: "En *Shoah*[188], Claude Lanzmann describió muy bien esa indiferencia, esa complicidad abominable de la población. Cuando se ven los resplandecientes y ricos campos alrededor de Auschwitz, cuando se sabe que la gente de la zona se enriqueció con el oro de los dientes de los mártires del campo...ese oro que encontraron en la tierra misma y que les sirvió para construir sus hermosas casas", sólo nos puede dar arcadas ver esos Polacos. "Hoy en día, algunos todavía van a tamizar la tierra de Auschwitz para hallar en las cenizas los restos de dientes o de joyas. También se cuenta otra historia. Durante la insurrección del gueto de Varsovia, había una feria en los aledaños con un carrusel de sillas voladoras que se elevaban por los aires. Muchos subían para ver arder a los judíos al otro lado del muro del gueto. Se iba a ver morir a los judíos en el carrusel. Y las entradas se vendían caras en el mercado negro[189]." Todas esas "historias" que se "cuentan" son efectivamente espantosas y no dejan en buen lugar a los polacos.

El escritor Elie Wiesel experimentó personalmente los campos de la muerte. Relató con gran emoción las atrocidades que pudo ver con sus propios ojos: "Es como un sueño, un mal sueño de Dios, en el que

---

[187]Marek Halter, *La force du Bien*, Robert Laffont, 1995, p. 161

[188]*Shoah* (del hebreo "catástrofe") es un documental francés del realizador Claude Lanzmann estrenado en 1985, y con una duración aproximada de diez horas. Los subtítulos y testimonios filmados se publicaron en un libro homónimo, traducido al castellano en el 2003. En Francia se suele decir *Shoah* para referirse al holocausto judío. (NdT).

[189]Serge Moati, *La Haine antisémite*, Flammarion, 1991, p. 105, 106

los seres humanos echan niños judíos vivos en las llamas de grandes fosas. Releo lo que acabo de escribir, y mi mano tiembla, todo mi ser tiembla. Estoy llorando, yo que casi nunca lloro. Veo de nuevo las llamas y los niños, y me digo a mí mismo que no basta con llorar. Me llevó tiempo para convencerme a mí mismo de que no me había equivocado[190]." Lo que vio es sencillamente increíble; pero lo que oyó decir quizás lo sea todavía más. En *Palabras de extranjero*, relataba las masacres de Babi-Yar, en Ucrania, donde los alemanes habían ejecutado soviéticos y numerosos judíos: "Más tarde, me enteré por un testigo que durante varios meses el suelo no había parado de temblar; y que de vez en cuando, géiseres de sangre salían de él[191]."

Podemos relacionar ese testimonio con el que dejó el premio nobel de literatura Isaac Bashevis Singer en una de sus novelas, titulada *El Esclavo*, donde relataba las atrocidades incalificables cometidas por los Cosacos en el siglo XVII:

"Los cosacos prácticamente habían arrasado la ciudad y degollado, quemado o ahorcado a la mayoría de sus habitantes. Algunos, empero, consiguieron sobrevivir...Los asesinos incluso habían arrancado las losas sepulcrales. No habían logrado salvar ni un solo capítulo del Rollo Sagrado, ni una página de los libros de la casa de estudio... ¿Por qué tuvo que ocurrirnos esto a nosotros? -preguntó uno de los hombres-. Josefov era un hogar de la Torá. - Fue voluntad de Dios -respondió otro. -Pero ¿por qué? ¿Qué pecados habían cometido los niños? Los enterraron vivos... - ¿Qué daño les habíamos hecho nosotros? ... ¿Necesitaba el Creador la ayuda de los cosacos para revelar Su naturaleza? ¿Era ello motivo suficiente para que se enterrara vivos a los niños?"

El antisemitismo es definitivamente incomprensible, tanto hoy como antaño. ¿"Los poderes del Mal" no cesarán nunca su obra de destrucción? Como siempre, los verdugos compiten entre sí para ver cuál es más cruel con las víctimas débiles y desarmadas. Leyendo al novelista Isaac Bashevis Singer, vemos que el refinamiento de los Cosacos en la materia no tenía nada que envidiar al de los alemanes: "A Moishe Bunim lo empalaron. Estuvo gimiendo toda la noche. Veinte cosacos violaron a tu hermana Lía, y después la descuartizaron...En una mañana semejante costaba creer que éste fuera un mundo en que se asesinaba a los niños o se los enterraba vivos y donde la tierra todavía se nutría de sangre como en los días de Caín[192]."

[190]Elie Wiesel, *Mémoires, Tome I*, Seuil, 1994, p. 102

[191]Elie Wiesel, *Paroles d'étranger*, Seuil, 1982, p. 86

[192]Isaac Bashevis Singer, *El Esclavo*, 1962, Epublibre, editor digital German25 (2014),

Fruto de un viaje de juventud en la India, Elie Wiesel contó una de sus historias sorprendentes: "Un Sabio se me acerca al salir del hotel en Bombay: "Por cinco rupias te diré tu futuro". Le contesté: "Te doy diez si me dices mi pasado". Sorprendido, me pide que le anote mi fecha de nacimiento y una fecha cualquiera en un papel. Lo coge y se da la vuelta para hacer sus cálculos y yo permanezco fijo un momento. Cuando se da la vuelta de nuevo parece asustado: "Veo cadáveres. Muchos cadáveres". Esto me sorprende. No puede saber lo que significa para mí el 11 de abril de 1945. ¡Quién lo diría[193]!"

En sus *Memorias*, Elie Wiesel se indignaba también de la incredulidad de algunos miembros de la comunidad judía acerca de los testimonios de los "supervivientes". Ese fue el caso de Alfred Kazin, un crítico literario "desconocido en Francia, pero con cierta reputación en Estados Unidos", que se permitió dudar de los escritos del "gran escritor" Jerzy Kosinski, el autor de *El pájaro pintado*. Un Elie Wiesel consternado reportaba las palabras irónicas que Kazin había dedicado al suicidio del escritor: "Jerzy Kosinski se ha suicidado- de manera sensacional, evidentemente- sentado en su bañera, metiendo su cabeza en una bolsa de plástico", como si, añadía Wiesel, el gesto de Kosinski hubiese sido "otra manera de autopromocionarse." Y Alfred Kazin añadía en su artículo del *New Yorker* para disgusto de Elie Wiesel: "Nunca he podido creer una sola palabra de lo que decía...Siempre actuaba en público. Probablemente todo eso estaba relacionado con el hecho de que era un superviviente del Holocausto."

En el segundo tomo de sus *Memorias*, Elie Wiesel volvía sobre el caso de Jerzy Kosinski, aportando más aclaraciones sobre las dudas que su obra inspiraban en su propia comunidad. La elogiosa crítica que había dedicado Elie Wiesel a *El pájaro pintado* le había valido una serie de cartas de insultos de algunos judíos que habían conocido Kosinski en Polonia. "Hice mal, según ellos, en mostrarme caluroso con ese Judío vergonzoso...Por lo visto, su libro no sería más que un amasijo de elucubraciones fantasiosas...Me niego a creerlo: ¿Judío vergonzoso, Jerzy? ¡Imposible! ¿Mentiroso, él? ¡inconcebible!... Un largo artículo en *Village Voice* lo ha tratado de impostor. Una biografía reciente trata de desmitificarlo: al haber pasado la guerra junto a sus padres, no habría podido vivir las experiencias atroces narradas en *El pájaro pintado*, y tampoco habría escrito él solo sus libros. La noticia de su suicidio- al igual que el de Bruno Bettelheim- me ha conmocionado[194]."

---

p. 294, 342

[193]Elie Wiesel, *Mémoires, Tome I*, Seuil, 1994, p. 287

[194]Elie Wiesel, *Mémoires, Tome II*, Seuil, 1996, p. 475. El famoso pedo-psiquiatra

No por ello dejaba de ser cierto que Elie Wiesel no podía contener su indignación respecto a la actitud de Alfred Kazin, y a la inexcusable suspicacia de éste acerca de la sinceridad del dolor de los supervivientes:

"Al principio, escribía Wiesel, nos vemos o telefoneamos regularmente. Forma parte del jurado literario fundado por los supervivientes de Bergen-Belsen y cuyo presidente es un tal Yossel: Kazin nos acompaña a Belsen, luego a Jerusalén, y Yossel lo colma con agasajos: habitaciones de hoteles más que confortables, dinero para gastos, regalos para él y su mujer. Hasta lo invita a su casa. Y todo lo que ese intelectual neoyorquino es capaz de decir de esa visita, en un artículo pomposo y pedante, es que la esposa de Yossel es propietaria de un apartamento lujoso y además de un numero desmesuradamente grande tatuado en el brazo: como si se lo hubiese hecho a propósito en Cardin[195]...Peor aún: en un texto donde intenta recordar "lo que le debe" a Primo Levi y a mí, escribe que no le sorprendería descubrir que me inventé el episodio del ahorcamiento en *La Noche*[196]."

Unas cien páginas antes, en la 342 del tomo primero de sus *Memorias*, Elie ya se había visto obligado a rectificar una nota de François Mauriac[197] en su *Blocs-notes*, en 1963, en el que éste citaba "cuatro novelas" de Elie Wiesel: *La Noche, El Alba, El Día, La Ciudad de la suerte*: "*La Noche* no es una novela", subrayaba Elie Wiesel para aquellos que todavía dudaran de ello. Pero, sin embargo, cinco páginas más adelante, no dudaba en informarnos acerca de sus métodos para escribir sus libros:

De visita "en Bnei Brak, el barrio más religioso de Tel-Aviv", Elie se entrevista con el viejo Rabi Israel: éste "me hace preguntas acerca de mi trabajo. Quiere saber si las historias que cuento en mis libros son verdaderas, es decir si realmente ocurrieron. Le respondo: "Rabi, en literatura, es así: hay cosas ciertas, pero que sin embargo no han ocurrido; y otras que no lo son a pesar de que hayan ocurrido". Me hubiera gustado tanto recibir su bendición[198]."

Elie Wiesel también instó firmemente a los supervivientes de Auschwitz a que testificaran, para que nada cayera en el olvido. "En

---

Bruno Bettelheim también se suicidó con una bolsa de plástico en la cabeza.

[195]Pierre Cardin: Diseñador de alta costura, famoso a partir de los años 50. (NdT)

[196]Elie Wiesel, *Mémoires, Tome I*, Seuil, 1994, p. 436

[197]François Mauriac (1885-1970) fue un periodista, crítico y escritor francés. Ganador del premio Nobel de literatura en 1952, es conocido por ser uno de los más grandes escritores católicos del siglo XX. (NdT).

[198]Elie Wiesel, *Mémoires, Tome I*, Seuil, 1994, p. 341, 342, 347

verdad, mi principal preocupación siempre ha sido los supervivientes. A través de la escritura, he intentado convencerlos de la necesidad y de la posibilidad de dar testimonio: "Hagan como yo, les decía. Declaren, cuenten, aunque tengáis que inventar un lenguaje[199]."

El famoso novelista estadounidense Philip Roth hablaba de forma parecida en su novela de 1993 titulada *Operación Shylock*, donde imaginaba un diálogo entre "Roth" y otro escritor, Appelfeld, autor de Badenheim 1939, el cual también fue testigo de sucesos trágicos durante la guerra:

"Nunca he escrito las cosas tal como sucedieron...Escribir las cosas tal como sucedieron equivale a hacerse esclavo de la memoria, la cual constituye sino un elemento secundario del proceso creativo...Las cosas más auténticas son facilísimas de falsificar. La realidad, como bien sabes, siempre es más fuerte que la imaginación humana...La realidad del Holocausto superó toda la imaginación. Si me atuviera a los hechos, nadie me creería...arrebaté "la historia de mi vida" de las poderosas garras de la memoria, poniéndola en manos del laboratorio creativo...De "la historia de mi vida" tuve que ir retirando las partes increíbles, para obtener una versión más verosímil[200]." Un poco más y podríamos pensar que Samuel Pisar utilizó el mismo método.

Vemos sin embargo que Elie Wiesel había preferido la Alemania nazi al ejército rojo: "18 de enero de 1945: el ejército rojo está a unos kilómetros de Auschwitz... Berlín decide evacuar los detenidos hacia el interior de Alemania. Una agitación febril reina en los barracones...Mi padre viene a verme en el hospital. En el desorden general, le dejan entrar. Le digo: "los enfermos pueden quedarse en el KB, pero...- Pero ¿qué? Pregunta mi padre- Es que no quiero separarme de ti "Y añado: "Pero podrás quedarte conmigo, sabes- ¿Es posible? Me pregunta- Sí, es posible". Hay sitio. Hoy la vigilancia está aflojando. En el ir y venir general todo es posible. La idea es tentadora, pero la rechazamos. Tenemos miedo. Los alemanes no dejarán testigos detrás de ellos; los matarán. Todos. Hasta el último. Está dentro de la lógica monstruosa de su acción. Harán explotar todo para que el mundo libre no se entere de la naturaleza y la magnitud de sus crímenes."

Así es como Elie Wiesel y su padre eligieron marchar con los alemanes, en vez de esperar el Ejército rojo. Los enfermos que se habían quedado, contrariamente a las previsiones de los Wiesel, padre e hijo, no habían sido exterminados: "¿Qué hubiera pasado con nosotros si

---

[199]Elie Wiesel, *Mémoires, Tome I*, Seuil, 1994, p. 443
[200]Philip Roth, *Operación Shylock*, Debolsillo Penguin Random House, Barcelona, 2005, p. 96, 97

hubiésemos elegido quedarnos? Todos los enfermos, o casi, sobrevivieron, liberados por los rusos nueve días más tarde. En otras palabras, si hubiésemos elegido quedarnos en la enfermería, mi padre no habría muerto de hambre y de vergüenza diez días después en Buchenwald[201]." Por lo tanto, se cuidaba a los enfermos en Auschwitz, incluidos los pobres judíos.

La sensibilidad judía

Obviamente, no se trata de minimizar aquí los sufrimientos del pueblo judío durante ese periodo trágico. El propósito de este estudio se centra únicamente en la percepción que los intelectuales judíos tienen de los acontecimientos, y no sobre los datos estadísticos. Es cierto que los judíos desconfían desde hace siglos de las poblaciones entre las que viven; una desconfianza que se nutre de una experiencia secular de rechazos, de expulsiones, de pogromos y de leyes humillantes. Ese temor instintivo, animal, no ha desaparecido después de la Segunda Guerra mundial, al contrario. Pero importa también comprender que esas manifestaciones de miedo y de desconfianza corresponden también a una tendencia secular del pueblo judío.

Elie Wiesel expresó así la maldad de sus contemporáneos en los campos de concentración donde daban rienda suelta a sus frustraciones: "Esos ucranianos que nos golpean, esos rusos que nos detestan, esos polacos que nos hieren, esos gitanos que nos abofetean[202]."

Veremos más adelante, a lo largo de este estudio, que el análisis del antisemitismo por parte de los intelectuales judíos deja entrever una desconfianza idéntica respecto de los húngaros, los españoles o los letones, los cuales también persiguieron al pueblo judío en distintas épocas.

El académico francés Maurice Rheims, que fue resistente durante la Segunda Guerra mundial, relató él también la crueldad de los hombres hacia los judíos perseguidos: "La última vez que me encontré con Dios en persona fue en Drancy, en el corazón de la noche. Unos gendarmes franceses vinieron avisarnos de que al alba se verían obligados a apuntarnos y disparar[203]." Afortunadamente, Maurice Rheims salió indemne de ese horrible trance.

El hecho es que los judíos fueron siempre perseguidos, en todas las

---

[201]Elie Wiesel, *Mémoires, Tome I,* Seuil, 1994, p. 119

[202]Elie Wiesel, *Mémoires, Tome I,* Seuil, 1994, p. 111

[203]Maurice Rheims, *Une Mémoire vagabonde,* Gallimard, 1997, p. 78

épocas y bajo todas las latitudes por todos los pueblos donde se habían instalado. Sin embargo, el pueblo judío es en el fondo inocente de todo de lo que se le acusa, y es intrínsecamente incapaz de hacer el mal.

En el primer tomo de sus *Memorias*, Elie Wiesel exponía en distintos párrafos esta singularidad judía. En efecto, después de todos los horrores de la guerra, los sobrevivientes judíos dieron muestra de una altura y nobleza de alma sobresaliente. No cayeron en la bajeza y la venganza contra los verdugos, como habrían hecho vulgares goyim, sino que al contrario mostraron en general gran moderación y autodominio. Es lo que escribía Elie Wiesel:

"Los Alemanes nos temen. Con toda la razón además. La visión de un Judío libre debe llenarlos de aprensión, de terror...Se han equivocado. Los vengadores judíos fueron pocos, y su sed de venganza ha durado poco tiempo. Los prisioneros judíos tenían todas las razones de volver a Alemania, de invadirla para romperle su cuello tieso...Pero los judíos, por razones metafísicas y éticas muy arraigadas en su historia, eligieron otra vía. ¿Cómo se puede explicar esa ausencia de violencia en los supervivientes? ¿Cómo se puede comprender esa ausencia de odio asesino por parte de las víctimas hacia los verdugos, los torturadores de ayer? No hubo represalias sangrientas. Pocas ejecuciones sumarias. Ningún linchamiento público. Ninguna venganza colectiva. Excepto el juicio de Nuremberg y algunos grandes juicios (contra los médicos criminales y contra los *Einsatzkommandos*), nada. Casi nada. ¿La desnazificación? Nada serio realmente[204]."

La inclinación al perdón del pueblo judío es en efecto bien conocido por el resto de la humanidad, y si algunos ancianos han sido sacados de sus guaridas treinta, cuarenta o sesenta años después de los hechos para ser arrastrados ante los tribunales, aquello sólo fueron unas excepciones que ponen de relieve todavía más el espíritu de mansedumbre y la gran tolerancia de los dirigentes de la comunidad judía.

Puesto que los Judíos son un pueblo débil y extremadamente vulnerable, y dado que han padecido demasiados sufrimientos en su historia, no pueden soportar infligirlos a los demás sin padecer dolorosos tormentos internos. Fíjense si no en los temores de animal asustado de Elie Wiesel, joven periodista en 1961 en frente del antiguo nazi Eichmann, juzgado en Israel:

"Estoy cubriendo el proceso Eichmann. Lo miro. Lo miro durante horas; me da miedo. Sin embargo, en su situación, en su jaula de vidrio

---

[204]Elie Wiesel, *Mémoires, Tome I*, Seuil, 1994, p. 176

blindada, no representa ningún peligro. ¿Por qué me inspira ese miedo? ¿Existe un mal ontológico encarnado por un ser que no necesita actuar o salir de sí mismo para hacer sentir su poderío maléfico[205]?"

Elie Wiesel se codea con la alta sociedad estadounidense de multimillonarios, pero veinte años después de la guerra, todavía está temblando. Eso demuestra hasta que punto el miedo y la angustia están profundamente arraigados en el corazón de los judíos de todo el mundo. Unas cuantas páginas más adelante en sus *Memorias*, Elie Wiesel ilustraba otra vez esa debilidad intrínseca de los judíos, incapaces de querer o hacer el mal. En Israel, por ejemplo, contrariamente a lo que la falsa propaganda hace creer, los judíos, vencedores otra vez contra los árabes en 1967, dan prueba de esa grandeza de alma tan característica:

"En *El mendigo de Jerusalén*, escribía Wiesel, me hago eco de los pensamientos de los rabinos y hablo de la tristeza que siente el vencedor ante los vencidos. Y más aún ante los niños árabes que ven en él un vencedor capaz de hacerles daño."

Lo habéis comprendido: si un Judío hace el mal, es muy a su pesar. No es responsable, y quizás sufran más que su víctima ensangrentada. "Esos niños, prosigue Wiesel, los he visto en la ciudad vieja. Me los he cruzado en Hebrón. Me topé con ellos en Ramala y en Naplusa. Les doy miedo. Por primera vez en mi vida, los niños me temían." El sufrimiento de Elie Wiesel fue entonces inhumano, inefable: "La victoria no impide que el sufrimiento haya existido, ni que la muerte haya hecho estragos. ¿Cómo luchar por los vivos sin por ello traicionar a los ausentes?" Para un superviviente de los campos de la muerte, la sensibilidad al dolor es más fuerte, y quizás todavía más cuando se trata de uno mismo y de su propio pueblo: "El superviviente en mí es a la vez vulnerable y fuerte. La menor ofensa me hiere y el menor gesto de generosidad me emociona[206]."

Este miedo de animal acorralado, que fue la dura condición del pueblo judío durante muchos siglos de persecución, Elie Wiesel lo traducía con una sensibilidad y una poesía que expresaban la tragedia de la existencia judía. Por ejemplo, cuando unos años después pidió la nacionalidad estadounidense, también sintió en esa ocasión la difícil condición del ser humano sometido al yugo de la nacionalidad. Se enteraba entonces con inmenso estupor de que el FBI quería interrogarlo:

"Unos días antes recibí un mensaje del conserje del hotel: debo

---

[205]Elie Wiesel, *Mémoires, Tome I*, Seuil, 1994, p. 456

[206]Elie Wiesel, *Mémoires, Tome I*, Seuil, 1994, p. 517, 518, 521

llamar a un agente del FBI...El refugiado dentro de mí se despierta. Tiemblo de miedo. ¿Qué he podido hacer para atraer la atención del todopoderoso y omnisciente servicio del terrible Edgar J. Hoover?" Evidentemente, sólo se trataba de una formalidad administrativa, pero ese testimonio indica que incluso en el corazón de Nueva York, el superviviente de los campos de la muerte puede sentirse en peligro y temblar ante el número y el poder de esos goyim siempre potencialmente hostiles.

El poeta yiddish Heschel también quiso expresar el dolor del pueblo judío, como si éste quisiera llevar sobre sus hombros el dolor de toda la humanidad en guerra: "¿Cómo puedo reivindicar mi judeidad si permanezco insensible al dolor y al duelo de los hombres, mujeres y niños que, desde hace años, ven su sueño destruido por los bombardeos nocturnos[207]?"

El escritor Marek Halter también expresó esa bondad intrínseca de los judíos con la misma emoción, en la que asoma a veces una grandilocuencia un poco ñoña: "Cuando escribo que un hombre puede salvar toda la humanidad haciendo el bien, no se trata de la salvación de los cuerpos sino de una idea del hombre y de la humanidad: esa que permite la esperanza. Y la esperanza nos da algo por lo que vivir[208]."

Esa compasión judía no sólo va dirigida hacia los seres humanos, sino también a todos los animales vivos, a todas las criaturas de Dios, hasta el más insignificante de los insectos. Hallamos esa sensibilidad judía tan particular en el célebre escritor yiddish Isaac Bashevis Singer. En su novela *El Esclavo*, narraba las peripecias de Jacobo, un pobre judío de Polonia del siglo XVII, cuya familia fue masacrada en un pogromo, y que se veía reducido a la condición de siervo en una aldea de montaña, perdido en medio de campesinos estúpidos y violentos. Jacobo, él, era distinto a los demás hombres:

"Jacobo no tenía más remedio que batallar con las moscas y los piojos que lo atacaban a él y a las vacas. Era necesario matar. Cuando iba de un lado a otro no podía evitar el pisar sapos y gusanos, y cuando recogía la hierba encontraba serpientes venenosas que, silbando, se lanzaban sobre él y a las que tenía que aplastar con el bastón o con alguna piedra. Pero cada vez que ocurría una cosa así, se sentía como un asesino. En el fondo, reprochaba al Creador que obligase a una criatura a aniquilar a otras. De todas las preguntas que se formulaba sobre el Universo, ésa era la que le parecía más difícil de responder[209]."

---

[207]Citado en Elie Wiesel, *Mémoires, Tome I*, Seuil, 1994, p. 382, 485

[208]Marek Halter, *La Force du Bien*, Robert Laffont, 1995, p. 139

[209]Isaac Bashevis Singer, *El Esclavo*, 1962, Epublibre, editor digital German25 (2014),

El escritor austríaco Joseph Roth también tenía esa sensibilidad a flor de piel: "El gesto con la mano de un camarero en la terraza de una cafetería para matar una mosca es más significativo que el destino de todos los clientes de la terraza. La mosca se libró y el camarero está decepcionado. ¿Por qué, oh camarero, estás enfadado con la mosca[210]?"

Tenemos otra imagen similar en *Oh vosotros, Hermanos humanos* del novelista Albert Cohen:

"Mi madre que tenía miedo a los odiadores de judíos, mi madre que era ingenua y bondadosa, y a la que hicieron sufrir... Recuerdo que un día, para contarme la grandeza del Eterno, me explicó que él quería incluso a las moscas, y a cada mosca en particular, y añadió: He intentado hacer como Él con las moscas, pero no he podido, hay demasiadas211."

Vemos aquí que el amor hacia toda la creación está profundamente arraigado en el corazón de cada judío. Empleando una fraseología un poco grandilocuente tal como parecen ellos mismos apreciar, se podría decir que "el Judío es amor"; tiene la misión de obrar por la paz y el amor[212].

Samuel Pisar también tiene una conciencia muy especial del destino trágico del pueblo judío. En 1967, después de la aplastante victoria militar del pueblo hebreo sobre los vecinos árabes, relataba su emoción: "Una noche de 1967, al volver a mi casa de París, vi en la televisión un espectáculo increíble, impensable: la liberación del Muro de las Lamentaciones de Jerusalén. Distinguí a los soldados hebreos rezando al pie del lugar sagrado. De pronto, yo, que siempre he sabido dominar mis nervios, estallé por primera vez en sollozos, de los que mis hijos no me hubieran creído nunca capaz, sollozos salidos de lo más profundo de mi ser y de los orígenes del tiempo...el recuerdo de lo que

---

p. 182, 183

[210]Joseph Roth, artículo del 24 de mayo 1921, *Berliner Börsen-Courier*, Éditions du Rocher, 2003

[211]Albert Cohen, *Oh vosotros, hermanos humanos*, Editorial Losada, 2004, Madrid, p. 36

[212]"Existe un desahogo a la agresividad de los niños sobre el que los padres cierran los ojos. De vez en cuando, un cerdo se pierde en el patio de una casa. Cuando eso ocurre, los niños del vecindario se reúnen para maltratarlo. Armados con palos, se abalanzan sobre él, lo repelen de una esquina a otra, lo martirizan hasta que chilla de rabia y terror; y el griterío del cerdo recuerda más una sala de tortura que un corral: "un cerdo furioso es peligroso como un león". Los adultos no intervienen. La crueldad está prohibida, se debe tener "compasión hacia todo lo que vive", los juegos ruidosos, el barullo y el alboroto están prohibidos. Pero es un cerdo, y mientras no consiga escapar, lo pagará." (Mark Zborowski, *Olam*, 1952, Plon, 1992, p. 331). También hay muchos otros seres "impuros" para los judíos.

había sufrido, de lo que había sufrido todo un pueblo durante milenios, acababa de romper mi barrera afectiva ante aquel símbolo eterno de aflicción y de esperanza[213]."

Notaremos aquí que ese acontecimiento, sin duda espectacular, quizás impresionó mucho más a los judíos de todo el mundo que cualquier victoria de su país de acogida. No sería sin embargo la única vez que veríamos Samuel Pisar llorando. En 1969, al escuchar en la radio el general De Gaulle dimitir y anunciar su salida inmediata después del referéndum[214], escribía: "Siento que se cierra brutalmente un capítulo de la Historia. Y un capítulo de mi vida. En ese instante, descubro que estoy llorando. Soy ciudadano estadounidense y lloro. Con su marcha, la película de mi vida vuelve a pasar delante de mis ojos[215]."

Esta sensibilidad a flor de piel forma parte en realidad de la tradición. No se trata de negar los sufrimientos reales, sino de considerarlos en su justa medida, en tanto en cuanto comprendemos que numerosos judíos, conscientemente o no, mantienen viva esa angustia, esa inquietud interior, que contribuye por lo demás a nutrir en ellos el sentimiento de su propia judeidad en detrimento de su integración en el resto de la población. La debilidad manifiesta del pueblo judío, eterno chivo expiatorio de la historia, eterna víctima de la locura de los hombres refleja efectivamente una cierta disposición para las lamentaciones, que es sin duda alguna una de las características más visibles- o audibles- de la singularidad judía.

El gran historiador del antisemitismo, León Poliakov, analizaba así el "sufrimiento" del pueblo judío: "El culto del sufrimiento, su valorización sistemática y razonada, su percepción como castigo divino, pero también en cuanto expresión del amor de Dios, le daba un sentido profundo y permitía así sobreponerse a él más fácilmente[216]."

Esto es lo que relataba por ejemplo Elie Wiesel cuando nació su hermana pequeña: "Regresé a casa. A través de la puerta cerrada, oí mi abuela que suplicaba mi madre: "No te retengas, ¡Chilla! ¡Chilla! Hay que chillar cuando duele- y te duele, sé que te duele[217]."

El estudio antropológico de Mark Zborowski acerca de la vida de

---

[213]Samuel Pisar, *La Sangre de la esperanza*, Editorial Planeta, 1990, Barcelona, p.51

[214]El 27 de abril de 1969 se celebró en Francia el referéndum sobre "el proyecto de ley de creación de regiones y renovación del Senado". El resultado negativo llevó a la renuncia del presidente Charles de Gaulle al día siguiente. (NdT).

[215]Samuel Pisar, *La Resource humaine*, Jean-Claude Lattès, 1983, p. 50

[216]Léon Poliakov, *Histoire de l'antisémitisme, tome I*, 1981, Points Seuil, 1990, p. 326

[217]Elie Wiesel, *Mémoires, tome I*, Seuil, 1994, p. 38

los judíos asquenazíes en los shtetls de Europa oriental confirmaba esta tendencia: "El shtetl no valora el hecho de retener las lágrimas. Llorar es un arma leal y un modo de expresión perfectamente normal cuya gama se extiende desde el sufrimiento, la pena, la alegría, la cólera e incluso la rebelión impotente del niño que no se atreve a contestar a sus padres. Las lágrimas, al no ser vergonzosas, no se ocultan; al contrario, a veces demuestran que se sabe estar a la altura de la situación...Si hay que llorar, se llora, y sin forzarse. "Lloren ahora", ordena el *zogerke* a las mujeres de la sinagoga. Durante las celebraciones del Yom Kipur, todo el mundo llora; la melodía conmovedora del *jazán*[218] se asemeja a un largo sollozo. En determinados momentos, él llora para toda la comunidad a la que representa...Las lágrimas van asociadas por lo general más a las emociones imposibles de contener que a las escenas de disputa. Un niño de cinco años no podía llorar ante el cuerpo de su abuelo fallecido: "Me tuvieron que pellizcar para sacarme las lágrimas."De regreso del cementerio donde acababan de enterrar a su padre, un joven aturdido de pena provocó este comentario: "Mirad Berl, no llora, ¡es indiferente! Inmediatamente, me puse a llorar sin parar". Los matrimonios, los entierros y la celebración de Yom Kipur son ocasiones casi obligatorias para llorar[219]."

En su libro *Judíos errantes*, el escritor Joseph Roth se hacía el eco de estos sufrimientos cuando describía la "verdadera y cálida tradición" que prevalecía en los shtetls de Europa central. He aquí un pasaje que revela este aspecto tan pintoresco de la vida espiritual judía, y que parece desarrollarse plenamente el día del Gran Perdón:

Para el Yom Kipur, escribía Roth, "todos, sin distinciones: los ricos son tan pobres como los pobres, pues nadie tiene nada que comer. Todos son pecadores y todos rezan. Les sobreviene un vértigo, se tambalean, se ponen fuera de sí, cuchichean, se hacen daño a sí mismos, cantan, claman, lloran, pesadas lágrimas caen en regueros por sus viejas barbas, y el hambre se ha esfumado por obra y gracia del dolor del alma y la eternidad de las melodías..."

Los judíos exteriorizan ese dolor durante los entierros de una manera muy especial y, sin lugar a duda, excesiva a los ojos de los

---

[218] El Jazán: es el nombre que recibe la persona que guía los cantos en la sinagoga. Además de cantar, lleva el orden de los rezos.(NdT)

[219] Mark Zborowski, *Olam*, 1952, Plon, 1992, (p. 322, 292. "En su planta, las mujeres también están colocadas según su rango social, de adelante hacia atrás. En un murmullo de seda, repiten, a la vez que comparan discretamente sus joyas respectivas, los rezos que les indica la *zogerke*, una de las pocas mujeres en saber hebreo. Tras ella, repiten cada sílaba, imitan cada entonación. Cuando la *zogerke* dice: "Mujeres, ha llegado la hora de las lágrimas", ellas lloran." (*Olam*, p. 45)

europeos. En esa ocasión, tal como lo describía Joseph Roth, "el cadáver del judío devoto yace en una sencilla caja de madera, cubierto con un paño negro... Casi van a la carrera con el cadáver a través de las calles. Los preparativos han durado un día. A ningún muerto le está permitido permanecer en la tierra más de veinticuatro horas. Los plañidos de dolor de los que le han sobrevivido han de oírse en la ciudad entera. Las mujeres marchan por las callejas gritando su pena a todo desconocido que encuentran a su paso. Hablan al difunto, le dirigen apelativos cariñosos, demandan su perdón y su gracia, se cubren a sí mismas de reproches, preguntan, perplejas, qué harán ahora, aseguran que ya no quieren vivir- y todo esto en mitad de la calle, en la calzada, a todo correr-, mientras en las casas asoman rostros indiferentes, los forasteros se ocupan de sus negocios, los carruajes pasan de largo y los tenderos atraen a la clientela[220]."

Por lo visto, esas manifestaciones ruidosas parecen ser totalmente natural para los demás judíos que entienden que la tradición debe ser respetada. No hay, pues, de que alarmarse, y solamente los extranjeros podrían dejarse atrapar en ese juego de exagerada dramatización. Los gritos, los llantos y las jeremiadas forman parte de la vida comunitaria judía.

El espíritu de empresa

En 1945, tras cuatro años pasados en los campos de concentración, Samuel Pisar tenía entonces 16 años. Afortunadamente, él y sus dos camaradas estaban rebosantes de salud y se lanzaron sin más dilación en el "business":

"La ocupación de Alemania, escribía, ofrecía a todo el mundo posibilidades atractivas y fructíferas. La mano izquierda adquirida en los campos, estimulada por nuestras energías nuevas y ambiciosas, buscaba un terreno para ponerla en práctica. Lo encontramos rápidamente. La mayor parte de los alemanes vivían en una pobreza abyecta frente a los americanos bonachones, sumergidos en una abundancia solitaria, acompañada de un despilfarro enorme...No podía creer lo que veían mis ojos. Podíamos hacer de intermediarios entre aquellos dos mundos. Por un cartón de cigarrillos Lucky Strike podíamos poner en contacto un GI negro borracho y una Frau alemana complaciente." Vendiendo así a las mujeres alemanas necesitadas y atemorizadas a hombres estadounidenses de raza negra, Samuel Pisar y

---

[220]Joseph Roth, *Judíos errantes*, Acantilado 164, Barcelona, 2008, p. 59, 60

sus amigos se lanzaban de alguna manera en el proxenetismo y saciaban también probablemente un deseo de venganza indecible contra el pueblo alemán. Su astucia y desenvoltura rayaban entonces con el chanchullo, llegando al límite del robo y la estafa, tal como lo ilustra este testimonio:

"…Pero nuestro verdadero poder de negociación residía en el café, artículo supremo e inaccesible. Ben encontró una plaza como ayudante de cocinero en un regimiento de negros americanos y cada mañana, mientras preparaba el desayuno, ponía en el recipiente varios centenares de raciones suplementarias de café. Después llegaba yo con mi moto y ponía todos los residuos en mi side-car plateado. Lo llevaba a nuestro apartamento y allí lo secábamos en el horno de la vieja chimenea. A continuación, lo sacábamos al mercado, en bolsitas de lo que llamábamos "verdadero Bohnen café brasileño", a cambio de cualquier objeto de valor. La población alemana, sometida desde mucho antes de la guerra al régimen del sucedáneo, estaba dispuesta a todos los sacrificios para saborear por fin el aroma y el sabor de un "verdadero" café. Después diversificamos el sistema… Al cabo de un mes habíamos adquirido verdadera notoriedad en la ciudad de Landsberg."

A juzgar por la energía que estos antiguos deportados ponían en disfrutar de su victoria, las secuelas infligidas en los campos de la muerte no eran finalmente tan profundas. Hay que reconocer que el caos de la Alemania de posguerra ofrecía toda clase de alegrías para los hijos de Israel. Si la situación hubieses durado más, no cabe duda de que los tres compadres se habrían convertido en los "padrinos" de la región, los jefes de una poderosa mafia, como de hecho lo eran ya algunos de sus congéneres en Estados Unidos donde habían hecho carrera en el gansterismo[221]:

"A cambio de una libra de café, de segunda mano, obteníamos una botella de *schnaps* de primera categoría. Por cinco botellas de este licor, y además una rubia dócil, los chóferes americanos que conducían los enormes camiones-cisternas aceptaban trasegar una parte de su cargamento de gasolina. La nueva actividad prosperaba de manera tan espectacular que estuvimos a punto de convertir en casi no operacional a toda la división americana estacionada en la región...Nico se había convertido en un hombre desenvuelto que coleccionaba mujeres y trajes del mejor corte. Cubierto con un abrigo azul y llevando al cuello una bufanda blanca anudada con negligencia, paseaba a través de la ciudad su silueta indolente...Los años pasados en los campos de la muerte me

---

[221]Hervé Ryssen, *Las Esperanzas planetarianas,* (2022) y *La Mafia Judía* (2022).

habían convencido de que era inmortal."

Pero, sin embargo, el pequeño Samuel y sus amigos se verían de nuevo confrontados al antisemitismo y a la barbarie: "Una mañana, Nico salió para hacer su ronda y se encontró en la cárcel. Fue arrestado en casa de la hija de un antiguo general de la Wehrmacht por dos policías americanos con casco blanco que lo llevaron en un jeep de la Military Police. Me quedé escandalizado. Una víctima de la persecución nazi estaba nuevamente privada de libertad. Y para colmo de la provocación, el buen, el querido Nico estaba encarcelado en la misma prisión alemana que, veinte años atrás, había albergado a un agitador llamado Adolf Hitler, que aprovechó la detención para escribir allí *Mein Kampf*. Me pareció monstruoso. ¿Qué habíamos hecho, salvo responder con eficacia a la ley de la oferta y de la demanda[222]?"

La reacción de Samuel Pisar es muy sintomática de cierta mentalidad que hace que algunos estafadores crean que todo les está permitido debido a las persecuciones del pasado, pudiendo corregir las injusticias de las que consideran han sido víctimas mediante acciones auto-compensatorias extralegales. Incluso después de que pasaran los años, el adulto Samuel Pisar no parece comprender que sus estafas y sus tráficos contravenían a las leyes del país. Esas protestas de inocencia, proclamadas con aplomo, aun cuando las pruebas más abrumadoras están ahí, eran similares, por ejemplo, a las del asesino Pierre Goldman en los años 1970, o del estafador Jacques Crozemarie que guardaba en su bolsillo una parte de los fondos que recaudaba para la lucha contra el cáncer[223].

Pero hacía falta más que eso para impresionar Samuel Pisar. Encarcelado, organiza una revuelta en prisión: "También fuimos arrestados Ben y yo...Yo, que tenía dieciséis años, fui encerrado en una central reservada a los jóvenes delincuentes alemanes. En pocos días conseguí, sin ninguna dificultad, crear tal clima de rebelión entre los detenidos, que me pusieron en una celda apartada." De nuevo, vemos en el discurso indignado de Samuel Pisar la imagen secular del gueto que separaba el pueblo judío de las demás naciones. Pero su estancia en prisión no iba a durar eternamente. Samuel Pisar se marchó a Australia, y luego a Estados Unidos y a Francia donde prosiguió sus actividades comerciales y se convirtió en millonario y filántropo. "Era americano de todo corazón[224]", escribía. También amaba a Francia, la patria de los

---

[222]Samuel Pisar, *La Sangre de la esperanza*, Editorial Planeta, 1990, Barcelona, p. 98-102

[223]Hervé Ryssen, *Las Esperanzas planetarianas* y *La Mafia Judía*.

[224]Samuel Pisar, *La Sangre de la esperanza*, Editorial Planeta, 1990, Barcelona, p. 102,

derechos humanos, donde fue uno de los financieros del partido socialista de François Mitterrand.

El testimonio de Samuel Pisar concuerda con un artículo de Arnold Mandel, publicado en la revista comunitaria judía *L'Arche*, de noviembre de 1977: En las "ruinas de Berlín", en 1945, uno se encontraba, efectivamente, con "grupos de supervivientes judíos que se dedicaban a actividades lucrativas poco ortodoxas, y aún menos *"Kasher"*", escribía Arnold Mandel, precisando además que "ya no creían que tuviesen obligaciones morales."

Elie Wiesel nos informaba de que otros supervivientes del holocausto también se habían enriquecido enormemente para mostrar al resto de los hombres que la vida no se había acabado: "Algunos han dedicado su vida a hacer fortuna. Normal. Habiéndolo perdido todo, querían rehacer su vida, preferiblemente acomodada y tener una familia. Ricos, a menudo muy ricos, necesitaron muchos años para tomar consciencia de su misión y participar en la lucha contra el olvido. Ahora es cuando se ponen al día."

Wiesel nos contaba entonces el éxito de un amigo suyo, dejándonos una imagen pintoresca del éxito de algunos judíos advenedizos: "Mis artículos en la prensa yiddish y *La Noche* me hicieron ganar la amistad de un hombre llamado Yossel y de su círculo. De pequeña estatura, de una vitalidad desbordante, el ojo chispeante, malicioso, rebosante de imaginación, amante de las historias picantes y de las anécdotas heréticas, Yossel me chocó primero por el brillo de su lenguaje primitivo y su estilo de vida principesco: vivía en un lujoso apartamento, lleno de pinturas de maestros. Originario de Polonia, veterano de Auschwitz y de Belsen, hablaba de ello sin parar y sin la menor inhibición. Reconozco que al principio me molestaba...En pintura, manifestaba buen gusto, como lo demostraba sus Picasso, Chagall, Renoir y Manet[225]." Poseer una mansión decorada con pinturas de maestros que valen una fortuna es, sin lugar a duda, una hermosa revancha sobre las cámaras de gas.

Esta capacidad que tienen muchos judíos para enriquecerse rápidamente siempre ha suscitado en todos los países envidia en el resto de la población. Esto no es algo nuevo, y no sólo concierne los "cristianos". León Poliakov, uno de los grandes historiadores del judaísmo, relataba por ejemplo el caso de Semuel Ibn Nagrella, en el Al-Ándalus musulmán del siglo XI, y el odio que su insolente fortuna había suscitado. Semuel Ibn Nagrella era un ministro omnipotente del

[225]Elie Wiesel, *Mémoires, tome I*, Seuil, 1994, p. 444

rey Badis ben Habús de la taifa de Granada que había enfurecido el poeta musulmán Abu Ishaq de Elvira:

"El jefe de estos simios ha adornado su residencia con preciosas incrustaciones de mármol; ha ordenado construir fuentes de las cuales mana el agua más pura, y mientras nos hace esperar delante de su puerta, se mofa de nosotros y de nuestra religión. Si dijera que es tan rico como vos, mi Rey, diría la verdad. ¡Apresúrese en degollarlo y ofrézcalo en holocausto, sacrifíquelo, es un carnero bien graso! Tampoco perdone a sus parientes y aliados; ellos también han amasado inmensos tesoros..."

El asunto acabó mal para la familia de Ibn Nagrella. En 1066, durante una breve insurrección popular, José Ibn Nagrella, su hijo que le sucedió fue crucificado por la muchedumbre desenfrenada y "un gran número de Judíos fueron asesinados; parece ser que los supervivientes tuvieron que abandonar durante algún tiempo Granada[226]", precisaba León Poliakov. Es uno de los raros ejemplos, bajo la pluma de un autor judío, donde el antisemitismo de la población es más o menos explicado.

Esta codicia se veía ilustrada también en este ejemplo más contemporáneo, en un artículo del semanal *Le Point* del 9 de febrero del 2006 titulado: "Steven Cohen, el Mandamás de Wall Street". Steven Cohen la "estrella de la Bolsa" le gusta mantener el secretismo a su alrededor: "El verdadero jefe de Wall Street no vive en Manhattan, sino recluido en una casa de Greenwich (Connecticut) cercada por un muro de cuatro metros de altura. Steven Cohen, 49 años, no se muestra casi nunca...En 2005, embolsó 500 millones de dólares. ¿Cuál es su secreto? Saber todo antes que nadie. Con los ojos clavados en las pantallas de control, analiza miles de datos y se enfurece cuando los analistas de Wall Street no le dan la primicia de una información. Los inversores que le confían su dinero (4 mil millones de dólares) le pagan muy caro sus servicios: Cohen percibe un 3% de las sumas como gastos de gestión (contra el 1,44% de media) y un 35 % de las ganancias (contra el 19,2% de media)." Cohen "profesa un capitalismo total: "Coméis lo que matáis", dice a sus *brokers*, remunerados en base a sus competencias y rendimiento."

Los judíos en general tienen ciertamente la capacidad de enriquecerse más fácilmente que los demás. La Alemania de posguerra era sin duda un terreno propicio para los negocios para las personas más dotadas para el comercio y el manejo del dinero. La situación caótica

---

[226]León Poliakov, *Histoire de l'antisémitisme, tome I*, 1981, Points Seuil, 1990, p. 104

de Rusia tras el derrumbe de la Unión Soviética, al igual que la de Alemania en 1945, fue una oportunidad de oro para muchos hombres de negocios judíos que aprovecharon la situación comprando a precios irrisorios las antiguas industrias de Estado. En pocos años, adquirieron la mayor parte de las riquezas rusas y amasaron fortunas colosales, hasta que Vladimir Putin, elegido presidente, abanderó una resistencia popular, que algunos llegaron a juzgar "antisemita", y desmanteló la "mafia rusa" que no era en realidad más que una mafia judía de origen rusa. Allí también, el liberalismo no era otra cosa más que la ley del zorro dentro del gallinero[227].

La muy larga tradición de los judíos para generar ganancias y beneficios ya fue explicada por algunos analistas que subrayaron la práctica secular de la usura por parte de los judíos desde la Antigüedad, incluso antes de la era cristiana. Junto al espíritu del Talmud[228], esta larga experiencia les dio efectivamente una cierta ventaja sobre los demás, tal como lo escribía Bernard Lazare:

"El judío indudablemente está mejor dotado que cualquier otro para lograr el éxito... Es frío y calculador, enérgico y flexible, perseverante y paciente, lúcido y exacto, y todas estas cualidades las ha heredado de sus antepasados los manejadores de ducados y los traficantes. Si se dedica al comercio y a la finanza, se beneficia con su educación secular y atávica, que no lo ha hecho más inteligente, como su vanidad lo declara, sino más apto para ciertas funciones[229]."

No es por lo tanto sorprendente que, en esas condiciones, los intelectuales judíos sean los adalides del liberalismo y la desregulación del mercado, ya que están mejor preparados y armados para los negocios financieros que practican con éxito desde hace siglos.

Un éxito insolente

Los éxitos de los financieros y hombres de negocios judíos son conocidos por todos, y se sabe que entre las mayores fortunas del

---

[227] Hervé Ryssen, *Las Esperanzas planetarianas y La Mafia judía*.

[228] "Porque Yahvé, tu Dios, te bendecirá, como él te lo ha dicho, y prestarás a muchos pueblos, y no tendrás que tomar prestado de nadie; dominarás a muchas naciones, y ellas no te dominarán a ti."" (*Deuteronomio 15:6-8*); "Como aprendimos en una mishná: Rabí Yishmael dice: El que busca ser sabio debe dedicarse a las leyes monetarias, ya que no hay mayor disciplina en la Torá, pues son como un pozo que fluye y en el que constantemente brotan innovaciones." (Talmud, *Berakhot 63b*). (NdT).

[229] Bernard Lazare, *El Antisemitismo, su historia y sus causas, (1894)*. Ediciones La Bastilla, Ed. digital 2011, p. 159

mundo hay un número totalmente desproporcionado de multimillonarios judíos. De hecho, los judíos representan en Estados Unidos la mitad de los multimillonarios (en miles de millones), cuando sólo representan el 2% de la población total. Ya en el siglo XIX, el ascenso prodigioso de los Rothschild y el formidable poderío que habían acumulado en pocos años había generado sospechas y preguntas en todos los países europeos. A penas salidos del gueto, algunos financieros judíos llegaban a la cima y parecían ejercer una dominación implacable. "Habiendo sobresalido desde siempre en la carrera hacia las riquezas, los Judíos emancipados se aplicaron a ello con el doble de ardor, y las transformaciones políticas y económicas de la época facilitaron muchos ascensos espectaculares[230]", escribía Poliakov.

Esto es lo que escribía en 1983 Guy de Rothschild respecto a su ancestro James de Rothschild, fundador de la rama francesa de la familia y del famoso banco de la calle Lafitte en 1817: Era "orgulloso por naturaleza. Podía mostrarse ocasionalmente imperioso, incluso desdeñoso, y se conocen palabras suyas crueles: "Nuestros ministros... son como las servilletas. Después de un tiempo, hay que lavarlas y dejarlas descansar, eso las mejora"."

Sobre su padre, hombre influyente entre las dos guerras mundiales, escribía también de manera falsamente irónica: "Mi padre, como es sabido, también era regente del Banco de Francia. Blum y Rothschild: ¡Indudablemente Francia pertenecía a los Judíos[231]!"

El éxito financiero de Samuel Pisar fue igual de impresionante. Su posición social le llevó a relacionarse con los grandes de este mundo y las estrellas del cine. Pisar describía así con satisfacción para sus lectores las alegrías y ventajas de ser un hombre rico e influyente: "Al marchar de Washington a Europa, me detuve en Lausana. Comí en casa del actor Yul Brynner, en compañía de mi amigo el director Anatole Litvak, la divina Audrey Hepburn y el banquero Loel Guinness...Es excitante desayunar en París con Catherine Deneuve o en Madrid con Ava Gardner, para discutir el contrato de sus próximas películas, y después volar a Londres y participar en una comida de trabajo en la banca Rothschild." De hecho, Samuel Pisar parecía sentir la misma satisfacción haciendo alarde tanto de sus propios éxitos como de los de sus congéneres. A propósito de Louis B. Mayer, escribía: "El emperador del cine americano, fundador de la legendaria Metro Goldwyn Mayer, que hacía y deshacía las más grandes estrellas de Hollywood, me propuso, en cuanto salí de Harvard, que ejerciera de abogado de su

---

[230]Léon Poliakov, *Histoire de l'antisémitisme, tome II*, 1981, Points Seuil, 1990, p. 134
[231]Guy de Rotschild, *Contre bonne fortune...*, Belfond, 1983, p. 75, 109

compañía[232]."

Pero los logros de Samuel Pisar no se limitan al mundo del espectáculo. También fue un hombre influyente, cuya inmensa fortuna podía resultar útil para algunas ambiciones políticas. Las cenas que organizaba en su casa con su esposa reunían la flor y nata del mundo político de la época. Samuel y Judith Pisar, ciudadanos estadounidenses, nos enseñaban así como los judíos sabían mostrarse abiertos y eclécticos con sus relaciones:

"Con Judith, que en la presidencia del Centro Cultural Americano en París ha sabido dar un nuevo impulso a las relaciones entre Francia y Estados Unidos y a sus intercambios artísticos, nos divertíamos mezclando, en nuestras invitaciones, a adversarios políticos, a excepción de los comunistas. Ellos también parecían encantados del entorno. Se establecía entre nosotros una sutil complicidad: éramos unos inocentes americanos que, seguramente por ignorancia, no respetábamos las fronteras y los círculos. Eran unos productos demasiado perfectos de la cortesía francesa para ofuscarse por ello. ¡Qué satisfacción, y qué buen recuerdo, ver por ejemplo a Pierre Mendès France y a Michel Debré dialogando calurosa y amistosamente en nuestro salón! ...Y a Simone Veil discutiendo con Jacques Chirac [Pierre Uri]...Aquella noche, nuestro invitado de honor era Henry Kissinger. El antiguo secretario de Estado, que había simbolizado con brío la diplomacia americana de los diez últimos años, compartía mis preocupaciones sobre la vulnerabilidad política de la Europa occidental, y de Francia en particular... [Françoise Giroud conversando largamente con Jacques Attali.] No era nada trivial, y sobre todo nada desalentador: ¡Qué país, y qué riqueza[233]!"

Si bien sabía mezclar muy bien sefarditas y asquenazíes, por lo visto se cuidaba mucho de no mezclar los judíos con los goyim. En este caso, su gusto por la provocación no iba tanto en detrimento de sus invitados, los cuales sabían perfectamente que estaban entre ellos de acuerdo a sus propias costumbres seculares, como de sus lectores goyim de los que parecía burlarse con cierto desdén.

Françoise "Giroud", la cual era visiblemente una asidua de las veladas de Samuel Pisar, también dejó un testimonio interesante acerca

---

[232]Samuel Pisar, *La Sangre de la esperanza*, Editorial Planeta, 1990, Barcelona, p. 179, 181, 175

[233]Samuel Pisar, *La Sangre de la esperanza*, Editorial Planeta, 1990, Barcelona, p. 227. *"Simone Veil discutiendo con Pierre Uri (en vez de Jacques Chirac)"* y *"Françoise Giroud conversando largamente con Jacques Attali"*, en la versión francesa *Le Sang de l'espoir*, Robert Laffont, 1979, p. 260, 261

de la vida mundana y mediática de algunos círculos judíos en la Francia de esa época. Había participado con Jean-Jacques Servan-Schreiber en la creación del gran semanal *L'Express* en 1953, convirtiéndose en la directora de éste. Tras su fallecimiento en el 2003, la periodista Christine Ockrent, la esposa del antiguo ministro socialista Bernard Kouchner, publicó una biografía basada en entrevistas que constituye una interesante crónica sociológica de esa diáspora judía liberal y socialdemócrata. Esto es lo que escribía sobre ella el semanal *L'Express*:

"Hay que agradar a la Reina, y todos se esfuerzan en ello. Estamos en Versalles. Jean-Jacques reina en monarca absoluto, cambiando de favorita a su antojo, pero la jefa del periódico es ella..." No os imagináis el poder de *L'Express* en aquellos tiempos: uno podía entrar en todas partes, en todos los círculos...Era antes de la televisión" ...Françoise Giroud era la jefa de ese periódico[234]."

Ese orgullo se manifestaba en el plano material de una manera que ya había puesto de relieve la gran pintura sociológica francesa del siglo XIX: "Desde su infancia, Françoise Giroud mantuvo toda su vida la nostalgia y el gusto por el lujo- llegando a mostrarlo de manera ostensible cuando tenía acceso a él. Coches, zapatos y ropa hecha a medida, hoteles cinco estrellas, el Trianon en Versalles o Eden Roc en Cabo de Antibes...Daniel Heymann lo confirmaba: "Ella no necesitaba dinero, necesitaba el lujo. Una necesidad inextinguible de la que presumía abiertamente. Era la revancha sobre su infancia." Jean Daniel contaba por su parte: "Françoise tenía pasión por el éxito y no desdeñaba hacer alarde de ello"."

Sin embargo, el éxito clamoroso de Françoise Giroud no se explicaba por su estilo o sus cualidades literarias, ni mucho menos. Se había aprovechado sobre todo de la ayuda de un poderoso personaje que la había introducido en el periodismo: Pierre Lazareff. "Los Lazareff han reinado durante muchos años sobre París, escribía la propia Giroud, y me presentaron en cierta sociedad parisina que por entonces era brillante y estimulante." El todopoderoso dueño de *Paris-Soir*, que también lo fue de *France-Soir* y de *France-Dimanche*, era un hombre manifiestamente muy influyente: ""Los Lazareff estaban en el Eliseo[235]como en casa, contaba Daisy de Galard[236]."

---

[234]Christine Ockrent, *Françoise Giroud, une ambition française*, Fayard, Paris, 2003, p. 20-24

[235]Palacio del Elíseo: Residencia oficial del Presidente de la República francesa. (NdT)

[236]Christine Ockrent, *Françoise Giroud, une ambition française*, Fayard, Paris, 2003, p. 53, 54, 63-79

En su libro titulado *Clases particulares,* Françoise Giroud narraba un detalle interesante de la vida de esa dinastía del periodismo: ""Los Lazareff – después del intermedio de la guerra- todavía no habían establecido su supremacía. Nunca se instalaron realmente en ninguna parte. Dondequiera que viviesen, en Villennes, en Louveciennes, recibiendo primeros ministros y primeras espadas de todas las categorías, uno tenía la sensación de que después del desayuno el jefe de comedor desmontaría el decorado, o que un ujier se presentaría para el embargo. Alrededor suyo todo parecía precario[237]." De origen "judío ruso", los Lazareff, que habían huido a Nueva York antes de la guerra, tenían aún esos reflejos tan profundamente arraigados en la consciencia del pueblo elegido.

Bernard Lazare dejó unas líneas muy explícitas sobre el orgullo desmesurado de algunos de sus congéneres: "Pueblo enérgico, dinámico y de un orgullo infinito, que se consideraba superior a las demás naciones, el pueblo judío quiso ser una potencia. Tenía instintivamente el gusto de la dominación puesto que, por sus orígenes, su religión[238]y el carácter de raza elegida que siempre se había atribuido, se creía ubicado encima de todos. Para ejercer esta suerte de autoridad los judíos no pudieron elegir los medios. El oro les dio el poder que todas las leyes políticas y religiosas les negaban; éste era el único que podían esperar. Detentadores del oro, se convertían en amos de sus amos, y los dominaban[239]."

La solidaridad judía

Es notorio y sabido que los judíos demuestran tener entre ellos un sentido muy desarrollado de la solidaridad. Este concepto, ya lo hemos visto, se llama *Ahavat Israel,* es decir "el amor del pueblo judío". Si bien Françoise Giroud pudo beneficiarse de esta solidaridad tribal, el suyo no es un caso aíslado. La periodista Christine Ockrent nos daba otro ejemplo de esa solidaridad en las contrataciones en el mundo

---

[237]Françoise Giroud, *Leçons particulières,* Fayard, 1990, p. 140. Véase al respecto la película *Une étrange Affaire* (1981).

[238]Sobre la supremacía de la nación judía el lector puede consultar las sagradas Escrituras: *Génesis, 27: 29; Éxodo, 19: 5, 6; Deuteronomio, 7: 6; Deuteronomio, 14: 2; Deuteronomio, 28: 1, 10; Isaías, 40: 15; Isaías, 42: 1-6; Isaías, 60: 11, 12, 16; Isaías, 61: 5, 6, 9; Salmos, 22: 27-28; Hageo, 2: 7-8; Miqueas, 5: 8; Jeremías, 3: 17; Jeremías, 10: 25; Sofonías, 3: 19-20;* etc, etc, etc...Todas las versiones en www.Bibliatodo.com. (NdT).

[239]Bernard Lazare, *El Antisemitismo, su historia y sus causas, (1894).* Ediciones La Bastilla, Ed. digital 2011, p. 50

mediático:

"Jean-Jacques, aconsejado por su padre, renuncia a entrar en *Les Echos* donde ya trabajan por motivos de rentabilidad y espíritu de clan hermanas, primos y parejas[240]." Y cuando creó su propio periódico, Jean-Jacques Servan-Schreiber actuó de la misma forma: "En el periódico, los Servan-Schreiber están en todas partes: la madre, la esposa, el cuñado, y también la prima Marie-Claire que se ocupa de la publicidad, la cual pronto vivirá con Pierre Mendès France[241]." Hallamos en ese club muy cerrado la famosa familia Malraux: Florence Malraux, hija de André y amiga de Madeleine Chapsal, la esposa de Jean-Jacques Servan-Schreiber, recibe un día una llamada conminatoria de JJSS: "¡Venga a servir a Francia, su sitio está con nosotros[242]!" Con veintitrés años se convierte así en la asistente de Françoise con la que comparte oficina. Este es un buen ejemplo de lo que puede ser la solidaridad judía.

Simon Nora, inspector de Hacienda, secretario general de la comisión de Cuentas de la Nación, "formaba parte de esos numerosos jóvenes de la administración cuya imaginación Mendès France había sabido cautivar. Amigo de Jean-Jacques, había cooptado para *L'Express* muchos de sus colegas deseosos de poner su saber al servicio de nuestra empresa- es decir al servicio de Mendès France", escribía Giroud.

"Durante años, he visto Pierre Mendès France varias veces por semana... He trabajado con él en torno a *L'Express*, he vivido con él toda clase de peripecias[243]."

En este club muy exclusivo, encontramos evidentemente Elie Wiesel: "¿Mendès France? Acabé conociéndolo en Nueva York en una recepción en el Instituto Weizmann[244]." Vemos perfectamente que Franz Kafka tenía razón cuando recordaba a sus congéneres su etnocentrismo y la poca apertura al mundo de los goyim.

Pero la solidaridad judía tiene una finalidad mucho más amplia que el simple amiguismo profesional, pues sabemos que el semanal *L'Express* había sido fundado "para llevar a Mendès France al poder", tal como lo escribía Françoise Giroud. En cuanto al "servicio de Francia", hay que dejar las cosas clarar al respecto: para *L'Express*, esto

---

[240]Christine Ockrent, *Françoise Giroud, une ambition française*, Fayard, Paris, 2003, p. 88, 89

[241]Primer ministro durante la IV República francesa. (NdT).

[242]Christine Ockrent, *Françoise Giroud, une ambition française*, Fayard, Paris, 2003, p. 118-120, 113

[243]Françoise Giroud, *Leçons particulières*, Fayard, 1990, p. 187-189, 165

[244]Elie Wiesel, *Mémoires, tome I*, Seuil, 1994, p. 325

consistía sobre todo en denunciar la actuación del ejército francés durante la guerra de Argelia.

Visto desde fuera, esta solidaridad es sobre todo visible en el mundo del arte, del espectáculo y de la cultura, donde numerosos judíos ocupan puestos influyentes. Basta con abrir las páginas culturales de cualquier diario, sea cual sea su tendencia democrática, para darse cuenta de que los artículos que alaban tal pintor moderno, que adulan tal joven escritor, que ponen por las nubes tal joven actriz o director de cine, son a menudo escritos por judíos que apoyan a sus congéneres. Los ejemplos son legión, y el lector podrá verificar por sí mismo esta evidencia de que los artistas e intelectuales judíos se benefician de una caja de resonancia mediática a la que no todo el mundo tiene acceso. Este favoritismo como mucho se podría justificar si los beneficiarios fuesen efectivamente más capacitados que los demás y si sus obras tuviesen el mérito de ser siempre superiores. No negamos aquí que en la música, principalmente, autores-compositores o intérpretes de origen judío demuestran a veces tener mucho talento. Pero en la pintura, escultura, literatura y filosofía, nos parece bastante evidente que los autores y artistas judíos se benefician demasiado del apoyo sistemático y apresurado de sus congéneres, y esta discriminación penaliza probablemente franceses goyim más talentosos, condenados a permanecer en la sombra.

Tal es así que, por ejemplo, nos enterábamos en los periódicos que Franz Kafka es "el más grande novelista en lengua alemana de todos los tiempos" o que la novela de Vasili Grossman, *Vida y destino*, es el "*Guerra y Paz* del siglo XX". En el momento en que realizamos este estudio, recolectando informaciones, nos enteramos por casualidad de que el premio Nobel de literatura del 2005 ha sido otorgado al dramaturgo "inglés" Harold Pinter, sucediendo así a la "austríaca" Elfriede Jelineck[245]. Este premio recompensaba así "uno de los grandes nombres del teatro inglés contemporáneo". Harold Pinter parecía en cualquier caso modesto tras haber cosechado este triunfo: ""No sé porque me han dado este premio", confesaba el dramaturgo de 75 años. La academia sueca explicaba por su parte haber querido reconocer aquel que "en sus dramas, descubre el abismo debajo de las palabrerías y fuerza un pasaje hacia los cuartos cerrados de la opresión." Esta única frase es lo bastante esclarecedora para comprender las motivaciones del jurado. Harold Pinter es, en efecto, el hijo de un tallador judío nacido en 1930 en el Este de Londres:

---

[245]Hervé Ryssen, *Las Esperanzas planetarianas,* (2022).

"Expuesto desde temprana edad al antisemitismo, se verá también profundamente... [bla bla bla]... Pero Harold Pinter también ha escrito para el cine y la televisión. Es el colaborador del director Joseph Losey para el que escribió el guion de *The Servant* (1963). Desde los años 70, ha tomado posición para defender los derechos humanos, criticando el liberalismo de Margaret Thatcher o la política de los Estados Unidos en Hispanoamérica. Al final de los años 80, sus obras son cada vez más comprometidas con esa lucha...". Bien, como vemos es inútil ir más lejos: estamos ante un autor "comprometido", y, manifiestamente, eso es lo importante para recibir el premio Nobel y el cheque que lo acompaña. El guion de *The Servant,* escrito por Pinter, es muy revelador de la mentalidad cosmopolita: un joven aristócrata inglés, presuntuoso y suficiente, contrata un criado para su servicio. El primero se hundirá poco a poco en el alcoholismo y en la ruina, mientras que el segundo, muy digno, dominará cada vez más a su amo. Esta tendencia sistemática a invertir los valores y dominar es muy sintomática de la mentalidad hebraica, tal como lo veremos más adelante.

He aquí otro ejemplo de la solidaridad judía escogido entre miles: El semanal *Le Point* del 13 de octubre del 2005 publicaba en sus páginas culturales un artículo sobre otra autora de obras de teatro, Yasmina Reza:

"Yasmina Reza es la reina del teatro contemporáneo. El éxito le cayó encima la noche del 28 de octubre de 1994, con su obra *Art*, puesta en escena por Patrick Kerbrat. Una obra escrita en un mes y medio. Gira mundial, frenesí, salas a rebosar, aplausos. De Tokyo hasta Nueva York, estrenos elegantes, aplausos sin fin, agentes en esmoquin, traductores de buena estofa [sic], autores envidiosos y rúbricas del corazón; gracias a ella el teatro francés brilla de nuevo. Resumiendo: el séquito y la corona del éxito. Además, tiene una silueta longilínea como Yvonne de Galais, nuca egipcia, ojo etrusco, falda para pisar las tablas de Deauville, delicada vibración de voz de enamorada... Ni la muerte, ni la desolación del corazón que intuimos afectan su estilo: casta y clase, furtivo, puro, nuevo, blanco, bordado al punto de Alençon...Yasmina la locuaz...continua el trabajo de Nathalie Sarraute". Cabe observar primero que el periodista de *Le Point* escribe un francés bastante dudoso, y que es por lo tanto curioso que pueda tener una columna en un semanal de gran tirada nacional. Puede firmar su artículo "Jacques-Pierre Amette", o como quiera que sea, tanto nos da. Pero en cuanto a su encantadora Yasmina, no negamos su probable talento, aunque la gracia de su estilo no nos haya sido desvelado. Pero, sin embargo, dudamos que ésta haya podido escribir una obra maestra imperecedera en un mes y medio. Aunque es cierto que, a juzgar por el éxito de un novelista como Marc Lévy, comprendemos que aquello que más se vende a día de hoy no es garantía de calidad. Y es que para gustar a la muchedumbre democrática se tiene que apuntar más bajo. Por último, nos alegramos de que, desde Nathalie Sarraute hasta Yasmina Reza, los Sefarditas hayan tomado el relevo de los Asquenazíes. A fin de cuentas, es justo que todos tengan su parte del pastel.

Pero no basta con escribir buenos libros y buenas obras de teatro; en efecto, hay que saber venderlas. El gran Elie Wiesel nos desvelaba algunos métodos de marketing utilizados con motivo de una de sus publicaciones. Cuando un día se volvió a encontrar con una de sus antiguas y riquísimas amigas, una tal Kathleen, ésta, entusiasmada, le propuso catapultar su libro en las primeras posiciones de las listas de venta: "Excitada, ella me llamó para que fuera a la redacción del *Jewish Daily Forward* (en yiddish: el *Forverts*). Estaba de paso en Nueva York y me invitó a reunirme con ella en el lujoso hotel Sherry Netherlands, en la quinta avenida...Si se lo permitía, me dijo que estaba dispuesta a comprar inmediatamente mil ejemplares de mi novela para ayudar a que figurase en la lista de las mejores ventas[246]."

La solidaridad étnica de los judíos funciona en otras muchas circunstancias: bien sea para la elección de un secretario de gabinete de un ministro, para la contratación de un nuevo directivo, o cuando se trata de la gran generosidad de ricos donantes a los pobres de la comunidad judía. Pero históricamente, esta solidaridad es mucho más "audible" cuando se trata de un caso judicial.

Naturalmente, se conoce el caso Dreyfus que fue muy sonado a finales del siglo XIX, cuando aquel capitán fue acusado de ser un espía al servicio de Alemania. Hay que recordar al respecto que el caso Dreyfus surgió a continuación del famoso escándalo de Panamá, en el que buena parte del personal político del régimen republicano y algunas importantes personalidades judías se habían visto salpicadas por el escándalo. Este nuevo caso era por lo tanto una buena oportunidad para limpiar su reputación a costa de los católicos y de los nacionalistas.

Un guion parecido se volvería a producir en los años 1950 en Estados Unidos, con el caso del matrimonio Rosenberg. Acusados de espionaje a favor de la Unión Soviética, también fueron apoyados por la "Comunidad mediática internacional". En su libro *El Odio antisemita*, Serge Moati recordaba aquel episodio trágico en el que el antisemitismo había rozado el horror:

---

[246]Elie Wiesel, *Mémoires, tome I*, Seuil, 1994, p. 344

"Julius y Ethel Rosenberg, escribía, encarnaban los culpables ideales: judíos, progresistas, doblemente traidores en potencia. A pesar de una campaña internacional, fueron condenados sin pruebas en 1951 y electrocutados en 1953. Fuertemente sospechados por los ultraconservadores de ser agentes bolcheviques en América, los judíos eran acusados en Europa por Stalin y sus partidarios de ser agentes del capitalismo internacional[247]." Una vez más pues, judíos inocentes y sin defensa eran injustamente condenados[248].

Sin embargo, nos vemos obligados a reconocer que las "acusaciones" de espionaje contra los judíos aparecen regularmente en la historia. Jacques Attali recordaba que esas "acusaciones" no eran nuevas y recientes: "En 1744, la Emperadora María Teresa decide expulsar a los judíos de Bohemia bajo la acusación de espionaje en provecho de los prusianos." Afortunadamente, los desdichados se beneficiarían ellos también del apoyo decisivo de su comunidad: "Wolf Wertheimer alerta entonces a los proveedores de cortes y responsables de comunidades en Roma, Burdeos, Bayona, Frankfurt, Ámsterdam, Londres y Venecia. La comunidad de Roma interviene ante el Papa; las de Burdeos y Bayona organizan colectas en favor de los expulsados. A pedido de judíos de su entorno, el rey de Inglaterra y los Estados Generales de los Países Bajos intervienen ante María Teresa, quien termina por anular el decreto de expulsión a cambio del pago de 240 mil florines por Wolf Wertheimer y sus amigos[249]."

En Francia, recordamos también el caso de Pierre Goldman que causó gran revuelo en los años 1970. Este antiguo militante comunista, que se había convertido en gánster, fue acusado de varios atracos a mano armada, así como del homicidio de dos farmacéuticas en París, al final del año de 1969. Goldman confesaría tres atracos cometidos con sus amigos guadalupeños, pero siempre negaría el doble asesinato de la farmacia del bulevar Richard-Lenoir, a pesar de que varios testigos le habían identificado fehacientemente.

Su poder de convicción fue tal que consiguió granjearse el apoyo, no sólo de la comunidad judía, sino también del mundillo del espectáculo y de la militancia política. Sus antiguos camaradas que habían sido los jefes de la revuelta de mayo del 68, Alain Geismar y Alain Krivine, así como su viejo amigo Marc Kravetz, manifestaron

---

[247]Serge Moati, *La Haine antisémite*, Flammarion, 1991, p. 149

[248]Los archivos estadounidenses y soviéticos confirmaron su culpabilidad.

[249]Jacques Attali, *Los Judíos, el mundo y el dinero*, Fondo de cultura económica, 2005, Buenos Aires, p. 283. Wolf Wertheimer, judío palaciego e hijo de Sansón Wertheimer, era banquero de María Teresa hacia 1740.

toda su solidaridad. En septiembre de 1974, Goldman fue condenado a pesar de todo a perpetuidad por la Sala de lo Criminal de París. La sentencia provocó una gran emoción en la sala. El tropel de amigos de Pierre Goldman gritaba e insultaba a los jurados. Pierre Goldman pronunció entonces dignamente estas palabras: "La absurdidad de esta sentencia es, si se me permite decir, perfectamente conforme con mi destino, con mi aptitud fundamental para ser acusado."

Pierre Mendès France, Joseph Kessel, Régis Debray, Yves Montand, Simone Signoret, Philippe Sollers, Eugène Ionesco y muchos más, se declararon "indignados" en un comunicado. Pero todavía quedaba esperanza, pues Goldman tenía derecho a un segundo juicio.

Mientras tanto, escribió en prisión sus *Recuerdos*, publicados en 1975, en los que clamaba su inocencia y no dudaba en acusar todo el sistema político y judicial: "No olvidemos que en 1970, los policías se dedicaban a cazar izquierdistas y que, para ellos, yo era el arquetipo del izquierdista, un izquierdista armado, un izquierdista que había estado en una guerrilla, un izquierdista que había hecho una incursión en el crimen...Ha llegado el momento para mí de decir, aquí y ahora, que siendo inocente, judío y amigo de negros, activista de extrema izquierda o izquierdista, he sido objeto de procedimientos racistas, ideológicos, policiales...Ese juicio fue evidentemente racista... Era judío. Un judío que además no tenía ningún deseo de integración o asimilación. La mayoría de mis amigos eran de las Antillas y esto salió claramente en los debates del juicio[250]."

Para Goldman, su caso personal ilustraba una vez más las persecuciones llevadas a cabo contra los judíos inocentes de todas las épocas: "Hubo la solidaridad de judíos, escribía. De Judíos que se consideraban Judíos y de Judíos que no se consideraban Judíos. De Judíos comunistas y de Judíos conservadores. De Judíos sionistas, anti-sionistas y no sionistas. Todos, en este juicio, habían sentido que eran judíos, y que yo era ahí totalmente judío, para mí, para los Judíos, para los otros...Esta solidaridad puramente judía me conmovió; tuve durante un instante un acceso de misticismo judaico: era un criminal, un ladrón, pero acusado falsamente de asesinato, condenado injustamente, había representado durante un momento a los Judíos ante la justicia de los goyim[251]."

Evidentemente, el libro "rozó el premio Goncourt". El segundo

---

[250]Pierre Goldman, *Souvenirs obscurs d'un Juif polonais né en France*, Points Seuil, 1975, p. 227.

[251]Pierre Goldman, *Souvenirs obscurs d'un Juif polonais né en France*, Points Seuil, 1975, p. 268, 278

juicio tuvo lugar en Amiens en mayo de 1976. Unos días antes, François Mitterrand había declarado que "no creía" en la culpabilidad de Pierre Goldman. La actriz Simone Signoret incluso vendría apoyarlo en la Audiencia de Amiens. El veredicto cayó por fin: Pierre Goldman era declarado inocente del doble homicidio de la farmacia, pero era condenado a 12 años de cárcel por los tres atracos. Fue una gran victoria "para la justicia y la democracia". Finalmente, Goldman fue liberado poco después, y publicó en 1977 una novela titulada *La malandanza ordinaria de Archibaldo Rapoport (L'ordinaire mésaventure d'Archibald Rapoport)*, en la que reconocía de manera velada que él era efectivamente el culpable de los asesinatos de los que había sido acusado y finalmente exculpado.

El héroe de la novela era un judío marginado, un asesino loco, que mataba policías y magistrados. Arnold Mandel hacía una breve presentación de la novela en la revista mensual judía *L'Arche* de noviembre de 1977, en la que condenaba con medias palabras el comportamiento de Goldman que se identificaba de forma evidente con su héroe novelesco y "el inadmisible lema" que su personaje parecía haber hecho suyo: "*Tov chebagoyim harog*: el mejor de los goyim, mátalo." Al lado de cada una de sus víctimas, Archibaldo colocaba un "*olisbos*", una especie de falo facticio. Nos enterábamos a continuación de que Archibaldo tampoco llevaba el cristianismo en su corazón: "Archibaldo miraba su verga. Tenía la horrible forma de un crucifijo que arrancaba con furor sin ningún dolor."

Todos los amigos de Goldman podían legítimamente sentirse engañados por sus semis-confesiones. Todo el mundo había sido engañado. Este aplomo de Goldman es otro rasgo bastante característico. Treinta y cinco años más tarde, dos libros eran publicados acerca del personaje Pierre Goldman en los que se revelaba que el principal testigo que le había servido de coartada, Joel Cautric, reconocía haber mentido. Pero Pierre Goldman no vivió mucho más después de su liberación. Fue asesinado a tiros en plena calle en septiembre de 1979 por dos hombres que habían reivindicado su acto de esta manera: "La justicia del poder habiendo demostrado una vez más sus debilidades y su laxismo, hicimos lo que nuestro deber exigía." Para el filósofo André Glucksmann, se trataba necesariamente de un "crimen antisemita", tal como lo escribía en el diario progresista *Libération* del 27 de septiembre de 1979: "Pierre Goldman hacía de cada hombre un judío". Evidentemente.

Esto es lo que escribía el miembro de la Academia francesa Maurice Rheims respecto de la solidaridad judía: "Desde mi infancia, ser judío conlleva más inquietudes que certezas. Cuando por casualidad, al leer el *Temps*, mi padre se enteraba de algún asunto feo o de algún delito malvado que implicaba a un Herzog, un Behr, un Levy y cuando el caso Dreyfus rondaba por nuestra mesa, recuerdo que nos sentíamos todos responsables[252]."

El filósofo neokantiano Hermann Cohen (1842-1916) fustigaba sus congéneres en estos términos: "¡Miraros en el espejo! Es el primer paso para la autocrítica. Que seáis terriblemente parecidos los unos de los otros, y que por consiguiente la mala conducta de uno se os achaque a todos, no hay nada que hacer al respecto[253]..."

Esto es exactamente lo que describía al principio del siglo XX el famoso judío austríaco Otto Weininger, el cual, al analizar la mentalidad muy particular de sus congéneres, no veía en la "solidaridad" de los judíos más que la manifestación de un claro interés comunitario:

"El antisemitismo supone falsamente que existe entre los judíos un acuerdo consciente, y habla de la "solidaridad judía". Ésta es una confusión fácil de comprender. Cuando se hace una acusación contra cualquier desconocido perteneciente al judaísmo, todos los judíos se sienten internamente dispuestos en su favor, y desean, esperan y buscan demostrar su inocencia. Pero no se crea que el sujeto en cuestión les interesa por ser un individuo judío, que su suerte individual, debido a esa condición, les despierta mayor piedad que si se tratara de un ario injustamente perseguido. No, no es ésta la causa. Los mencionados fenómenos de parcialidad involuntaria se deben puramente a la amenaza que podría cernirse sobre el judaísmo, al temor a que pueda caer una sombra dañosa sobre la totalidad de los judíos o, por mejor decir, sobre todo lo que tenga relación con ellos, sobre la idea del judaísmo[254]."

Comprendemos mejor porque la "Comunidad mediática internacional" se moviliza sistemáticamente en su totalidad para defender un congénere cuando éste está atrapado en las mallas de la justicia de los goyim.

---

[252]Maurice Rheims, *Une Mémoire vagabonde*, Gallimard, 1997, p. 81.

[253]Léon Poliakov, *Histoire des crises d'identités juives*, Austral 1994, p. 123

[254]Otto Weininger, *Sexo y Carácter*, Ediciones 62 s|a Barcelona, 1985, p.306. "Este leitmotiv siempre vuelve: "Todos los judíos son responsables los unos de los otros". Si alguno en la comunidad falta a sus deberes o "salta la barrera", se hace entonces "pecador en Israel". Su mala conducta amenaza con recaer sobre todos." (Mark Zborowski, *Olam*, 1952, Plon, 1992, p. 214). "La ofensa que se hace contra uno afecta a los demás: "Lo que le pasa a Israel también me afecta". (*Olam*, p. 413).

El Etnocentrismo

La solidaridad de los judíos se manifiesta también por el orgullo que demuestran por el trabajo realizado a lo largo del tiempo por las generaciones precedentes. Los intelectuales judíos pregonan a bombo y platillo los éxitos históricos de sus congéneres en la cultura y en la ciencia, y no vacilan en maravillarse de su genio incluso en los casos más que dudosos. Esta solidaridad toma aquí la forma de un etnocentrismo exacerbado.

En el Imperio Austrohúngaro de principios de siglos XX, y especialmente en Viena, la vida cultural era ampliamente influenciada por una bulliciosa élite intelectual judía. En 1867, el emperador Francisco-José, que los consideraba como los más leales sujetos de su Imperio, les concedió una igualdad perfecta con las demás nacionalidades. Decenas de miles de judíos afluyeron así en la capital para enriquecerse o para facilitar los estudios y carreras de sus hijos. Viena acogía por entonces los escritores Stefan Zweig, Joseph Roth, Karl Kraus, pero también músicos como Arnold Schoenberg y Gustav Mahler, sin olvidar, evidentemente, el famosísimo Sigmund Freud. Stefan Zweig y Joseph Roth dejaron testimonios bastante pintorescos sobre la manera en que esas celebridades llegaban a apoyarse los unos a los otros y a adular los miembros de la hermandad[255].

Guy Konopnicki se embarcaba en el mismo ejercicio apologético, pero para ensalzar la generación siguiente, en el Berlín de entreguerras de la República de Weimar. Exaltaba así con mucho orgullo y satisfacción esa época brillante: "Ese Berlín de Döblin, de Berg, de Hindemith, de Piscator, de Fritz Lang, ese Berlín que albergaba quizás el más extraordinario florecimiento cultural de todos los tiempos." En la mente del publicista, evidentemente, ese florecimiento cultural se debía a los maravillosos judíos: "La pintura, la música, el cine y la literatura fueron raramente tan ricas y tan diversas como en Berlín durante la República de Weimar. Y, como en Estados Unidos, o como en París en tiempos de su esplendor, había en Berlín toda una fauna de artistas internacionales."

Pero Konopnicki reconocía también de buena gana que Berlín no era el único foco cultural de la época, ya que Moscú, en manos de los comunistas, rivalizaba entonces con la capital alemana.

Escuchémosle extasiarse ante las magníficas obras de sus congéneres soviéticos: "Los años de la Revolución fueron marcados,

---

[255]Hervé Ryssen, *Las Esperanzas planetarianas*, (2022).

como los de la República de Weimar, por un extraordinario florecimiento de la creación literaria y artística. Malevitch, Chagall, el suprematismo, el futurismo, Tinianov, Alejandro Bloc, Maiakovski, Mandelstam, Meyerhold y muchos más... ¡Qué época[256]!"

Esto era tanto como decir que sin los judíos las culturas alemanas y rusas se quedaban casi reducidas a la nada. De la misma forma, comprenderemos que la devoción que sentía Konopnicki por la cultura estadounidense era la expresión de la misma tendencia comunitaria.

Era el mismo orgullo etnocéntrico que expresaba Alfred Grosser en 1989 en su libro *El Crimen y la memoria*: "La contribución de "los ciudadanos alemanes de confesión israelita" en la vida cultural, científica, médica y jurídica de la Alemania de Weimar es tanto más amplia y visible que la primera república alemana ha, junto a sus múltiples debilidades, constituido una especie de corta edad de oro de una cultura y civilización[257]." Aquí también vemos como los artistas e intelectuales judíos, y sólo ellos, parecen traer la civilización.

Marek Halter se expresaba de forma análoga acerca de esos judíos alemanes y austríacos que huían del nazismo. Son "la élite europea": "En Marsella, que cuenta por entonces unos quince mil habitantes judíos, los que llegan por miles acaban amontonándose en pequeños hoteles mugrientos. Entre ellos, la élite europea: Marc Chagall, Max Ernst, los hijos de Thomas Mann, Anna Mahler, Franz Werfel, Arthur Koestler, Hannah Arendt, Anna Seghers, Lion Feuchtwanger...Toda una civilización desamparada[258]."

Esta idea la expresaba igualmente Samuel Pisar cuando escribía: "La experiencia del Tercer Reich nos demuestra que las raíces de su fracaso es no haber permitido a hombres como Albert Einstein, Thomas Mann o Willy Brandt respirar en el interior de sus fronteras[259]." Apuntaremos sin embargo que el fracaso del III Reich quizás se debió más a las cientos de miles de toneladas de bombas incendiarias que fueron soltadas sobre sus ciudades.

De manera general, los judíos parecen considerarse como superiores a las demás naciones, y, de hecho, ese orgullo desmedido aparece en numerosos libros. En 1929, por ejemplo, Pierre Paraf ya expresaba ese orgullo: "Sostenía que la cristiandad le debía lo mejor de sí misma al pueblo judío, recordaba que sin nuestras santas Escrituras no hubiese habido los Evangelios, y que éstos, por lo demás, eran a

---

[256]Guy Konopnicki, *La Place de la nation*, Olivier Orban, 1983, p. 179, 184, 185

[257]Alfred Grosser, *Le Crime et la mémoire*, Flammarion, 1989, p. 68

[258]Marek Halter, *La force du Bien*, Robert Laffont, 1995, p. 160.

[259]Samuel Pisar, *La Sangre de la esperanza*, Editorial Planeta, 1990, Barcelona, p. 186

veces más bien un pálido reflejo de aquellas[260]." Es, así mismo, lo que enseñaba el filósofo Jacob Talmon, el cual consideraba que los judíos son "portadores de una civilización superior y más antigua[261]."

El propio Sigmund Freud expuso esta idea. Reconocía que el pueblo de Israel, "desarrolló características peculiares y al mismo tiempo despertó la cordial antipatía de todos los restantes pueblos." Para él, el "rasgo característico de los judíos que domina sus relaciones con los otros pueblos" era primero su orgullo desmedido. Y así lo describía:

"No cabe duda de que los judíos tienen una opinión particularmente exaltada de sí mismos, que se consideran más nobles, encumbrados y superiores a los demás, de quienes también se diferencian por muchas de sus costumbres." Además, gracias a Freud, nos enterábamos de que la altivez del pueblo judío se remontaba a tiempos muy antiguos, puesto que ya en la antigüedad presentaban las mismas taras: "Bien conocemos las razones de esta actitud y sabemos cuál es su más arcano tesoro. Los judíos realmente se consideran el pueblo elegido de Dios, creen estar particularmente próximos a éste, y tal creencia les confiere su orgullo y su confiada seguridad. Según nociones fidedignas, ya se conducían así en las épocas helenísticas, de modo que ya entonces el carácter judío estaba perfectamente plasmado, y los griegos, entre los cuales, y junto a quienes vivían, reaccionaron ante la peculiaridad judía de idéntica manera que sus "huéspedes" actuales[262]."

Tras el episodio de la Segunda Guerra mundial, el director de prensa Jean Daniel se percató del peligro que podía entrañar el hecho de declararse "pueblo elegido de Dios", lo cual podía ser percibido como una arrogancia insoportable por los goyim, y notaba al respecto que los grandes pensadores judíos de posguerra sintieron la necesidad de volver a definir esta "Elección" para protegerse de las reacciones indignadas de los Gentiles: "Entre las cosas que más me han sorprendido, está la dificultad de los judíos más importantes a la hora de trata de definir la Elección. Piensen en Martin Buber, Levinas y Leibowitz. Todos dicen: atención, carecería de sentido que nos creyéramos superiores. La Elección no viene dada, se merece. En suma, se pasaron el tiempo destruyendo lo que contiene la Elección."

Martin Buber, Emmanuel Levinas, Franz Rosenzweig y Gershom Scholem "han puesto toda su energía en redefinir el término Elección y

---

[260]Pierre Paraf, *Quand Israël aima*, 1929, Les belles lettres, 2000, p. 47

[261]J.-L. Talmon, *Destin d'Israël*, 1965, Calmann-Lévy, 1967, p. 14

[262]Sigmund Freud, *Moisés y la religión monoteísta: tres ensayos, Obras Completas*, EpubLibre, Trad. Luis López Ballesteros y de Torres, 2001, p. 4417

el de Alianza de tal manera que el pueblo judío no pueda pretender tener la exclusividad de una u otra...Según ellos, Dios concibió para los judíos una vocación que sólo es específica en la excelencia y nunca en la diferencia o la superioridad...Cada uno puede elegir convertirse en santo, es decir, en judío... He llegado a la conclusión de que los judíos sólo deberían retener de su Elección la exhortación a ser los mejores, y de la Alianza, la obligación de hacer de Israel un faro de las naciones[263]." Efectivamente, esto lo cambia todo.

Debemos comprender por lo tanto que los judíos son simple y llanamente "indispensables" para la civilización, y que es inconcebible, ni tan siquiera por un instante, que cualquier pueblo del mundo pueda arreglárselas sin ellos.

Clara Malraux, la esposa del famoso ministro del general De Gaulle, ya escribía respecto de sus congéneres prusianos de la época de la Ilustración: "A penas liberados, a menudo de forma temporal, de las peores obligaciones y humillaciones, su contribución resultaba muy valiosa, indudablemente indispensable, porque venía marcada por esa apertura de mira tan particular que confiere la proximidad con diversas civilizaciones[264]."

Esta idea de la absoluta necesidad del judaísmo para la civilización fue a su vez expresada por Martin Buber, uno de los grandes pensadores judíos del siglo XX. En su libro titulado *Judaísmo*, publicado en 1982, escribía lo siguiente: "La humanidad necesita el judaísmo, y lo necesitará hasta el final de los tiempos porque es la encarnación más significativa, la representación más ejemplar de una de las más altas aspiración del espíritu[265]."

El ineludible Jacques Attali también dio su opinión sobre la cuestión. Esta era su conclusión: "Ninguna de las sociedades sedentarias habría podido sobrevivir sin nómadas que transportasen entre ellas mercancías, ideas, capitales y para eso se atrevieran a asumir riesgos intelectuales y materiales que ningún sedentario habría estado dispuesto a correr...El pueblo judío desempeñó el papel del nómada que crea riquezas para el sedentario. Así, cumplió su tarea, "enmendar el mundo"...El nomadismo no es una superioridad, sino apenas una especificidad compartida con otros pueblos y absolutamente necesaria para la supervivencia y el bienestar de los sedentarios." Los judíos "son la clave del desarrollo del mundo. No hay desarrollo sedentario sin esos

---

[263]Jean Daniel, *La prisión judía. Meditaciones intempestivas de un testigo*, Tusquets, Barcelona, 2007,p. 184, 163, 164, 161

[264]Clara Malraux, *Rahel, Ma grande soeur...*, Edition Ramsay, Paris, 1980, p. 158

[265]Martin Buber, *Judaïsme*, Edition Verdier pour la traduction française, 1982, p. 31

nómadas. Pero tampoco hay cuestionamiento del orden establecido sin ellos[266]."

De tal manera que, "la desgracia del pueblo judío, por ende, es una desgracia para todos los hombres", escribía Attali, añadiendo, además, siguiendo su lógica, el siguiente comentario: "Según un magnífico comentario posterior (*Suká 55a*), la desaparición del Templo también es una tragedia para los no judíos, porque los hebreos oraban por ellos: "No saben lo que perdieron"."

El pueblo judío está en el centro de la humanidad, y es inimaginable que se pueda concebir la vida de otra manera. Los demás pueblos de la tierra no pueden existir sin los judíos, ni tan siquiera la última tribu del Amazona[267]. Este punto de vista tan subjetivo de Jacques Attali no le impedía recordarnos las tan conocidas reglas del judaísmo: "Imponerse una moral muy austera, no tolerar arrogancia ni inmoralidad, para no crear celos ni pretextos para la persecución[268]." En efecto, ya iba siendo hora de decirlo.

Una imaginación fértil

La gloria internacional de Elie Wiesel está ampliamente basada en el éxito de sus relatos de su dolorosa experiencia en los campos de concentración. Su talento de narrador fue además rápidamente reconocido por el escritor François Mauriac, el cual lo tomó bajo su ala protectora, tal como lo relataba en sus *Memorias*: "Sin Mauriac, ¿qué habría sido de mí? El veló por mi "carrera". En cada uno de mis viajes a Francia iba a visitarle." Los dos hombres se conocieron en una recepción mundana: "Vi a Mauriac en 1955 durante una celebración de la fiesta de independencia de la embajada de Israel…Sorprendido, él insistió: "Estoy feliz de que me hayáis invitado. Tengo un gran interés por Israel. Me gusta participar en su fiesta[269]."

En sus inicios, Elie Wiesel debió sin embargo trabajar duro para ganarse la vida. Instalado en París, servía de guía turístico a sus congéneres de visita en Francia. Esta anécdota muestra de manera bastante elocuente su aptitud para embellecer la verdad:

"Miriam me pide explicaciones sobre París, y se las doy

---

[266]Jacques Attali, *Los Judíos, el mundo y el dinero*, Fondo de cultura económica, 2005, Buenos Aires, p. 485, 486, 489

[267]Hervé Ryssen, *Las Esperanzas planetarianas*, (2022).

[268]Jacques Attali, *Los Judíos, el mundo y el dinero*, Fondo de cultura económica, 2005, Buenos Aires, p. 122, 75, 490

[269]Elie Wiesel, *Mémoires, tome I*, Seuil, 1994, p. 338, 326

gustosamente. Sin esfuerzo. Improviso con un aplomo que todavía hoy en día me avergüenza...En aquella época, solía adornar, inventar detalles picantes sobre la historia de París que no se encontraban en ningún libro o novela. ¿Por qué? Por cansancio. Demasiados visitantes israelitas insisten para que les muestre el Louvre y la Concorde, Montmartre y los cabarés rusos. Al principio, hago mi trabajo de guía concienzudamente: sólo digo lo que sé. Pero luego me doy cuenta de que los turistas que están a mi cargo son insaciables en cuanto a cultura parisina: quieren saber más. Relatos más pintorescos. La fachada de Notre-Dame con sus judíos con sombreros puntiagudos y con su sinagoga ciega y miserable no les basta[270]..." Todo eso, dicen, lo hemos aprendido en la escuela. Aquí nos interesan otras cosas" Bueno, pues ¡qué por eso no quede!: empiezo a inventar una anécdota para cada estatua, una historia para cada monumento. ¿Reinventar el pasado de la capital por una hora, una mañana, en qué perjudicaría eso a Francia? Ahora bien, un día lo inevitable se produce: un guía, desgraciadamente profesional, está en la plaza de la Bastilla con el pequeño grupo francófono escuchándome boquiabierto describir los acontecimientos de 1789; estoy en forma, conozco el nombre del oficial que abrió primero las puertas de la prisión; y el del prisionero que de rodillas imploró su misericordia. En la celda vecina, una princesa se preparaba para la muerte; deseaba morir, pero al ver el oficial cambia de idea, y he aquí que, escandalizando a sus amigas, clama su amor por la vida y los vivientes...Podría seguir adornando así hasta la próxima revolución si no fuese por el grito de animal herido de un buen hombre desconocido a nuestro lado...Se abalanza sobre mí, dispuesto a despedazarme:" ¿Cómo...cómo se atreve? Yo que conozco esta ciudad, la historia de cada piedra, ¿cómo se atreve a mentir en mi presencia y hacer mentir la historia? "Lo dejamos más bien precipitadamente". "No hagas caso, me consuela uno de mis invitados de circunstancia. Es un loco furioso. "Otro le corrige: "¡Que va!, está celoso, está claro como el día. "Pero a Miriam le encantan las historias. Y, además, ella es hermosa[271]."

Tenemos aquí un buen ejemplo de huida hacia delante. Pero por una vez, el autor parece admitir que el enfado de su agresor podía quizás estar justificado, a pesar de que sus congéneres estaban dispuestos a apoyarlo con tesón en contra de semejante injusticia.

El oficio de periodista permitió a Elie Wiesel conocer a mucha gente interesante. Así fue como conoció un personaje extraordinario, un tal Joseph Givon, acostumbrado a moverse por los círculos de poder. El

---

[270]Elie Wiesel confunde con la catedral de Estrasburgo.

[271]Elie Wiesel, *Mémoires, tome I*, Seuil, 1994, p. 271, 272

periodista Elie Wiesel quedó entonces muy impresionado por esa personalidad misteriosa e influyente. Su interlocutor era expeditivo en sus comunicaciones telefónicas: ""Paso a buscarte mañana a las doce en punto." Sin tiempo para contestar ya me ha colgado el teléfono. ¿Llamar a Dov? Una pequeña voz me aconseja ser prudente. Con Givon nunca se sabe. Mañana puede significar la semana que viene o el año que viene."

El hombre era misterioso, un poco extravagante, y tremendamente manipulador: "Me tiende su mano invalida (nunca supe porque me tendía a veces la derecha y otras veces la izquierda), me dice adiós y se marcha cojeando."

Su influencia secreta sobre la política era sin embargo muy real, tal como el pequeño periodista pudo darse cuenta: "Es él, y no el presidente del Consejo el que decidió el lugar de la entrevista. ¡Mendès France sólo tiene que obedecer! Todavía no me he recuperado de mi estupor y Givon prosigue: "He pedido que desayunemos juntos. Es mejor. Y más íntimo" ... Desgraciadamente, debe dejar París. La actualidad internacional le llama a otra parte. La Historia también. ¿Ho Chi Minh? ¿Giap? ¿Jrushchov? Vierto sobre él una avalancha de preguntas que le hacen encogerse de hombros: "lo siento, pero..." No pasa nada, lo entiendo: zona restringida, absolutamente prohibido entrar ahí. Un asunto de espionaje probablemente. ¿Creer o no creer? ¿Acaso no me llevó a casa de los Mendès France? ¿Si conoce al presidente del consejo, puede perfectamente frecuentar los grandes de este mundo, ¿verdad? El hecho es que desapareció de París...A partir de ahora, nuestros contactos se harán exclusivamente por correo: cartas de Varsovia, de Pekín, de Praga, o de Moscú, donde se convertirá en productor de cine...Los *Izvestia*[272] publicarán un artículo para denunciar sus actividades de contrabando: detenido como traficante, será condenado a diez años de cárcel. "Soy inocente, me confesaría en una carta patética. La verdad acabará triunfando." ¿La verdad? Bajo la pluma de Givon parece vacilante. Pero triunfaría a pesar de todo. Liberado -"gracias a la intervención de varios embajadores occidentales"- recibirá las disculpas del tribunal. Hastiado del sistema soviético, regresará a Praga para luego reaparecer en París...antes de instalarse definitivamente en Israel. Allí moriría de un ataque al corazón. Los periódicos y revistas de Tel-Aviv le dedicarían numerosos artículos, insistiendo en el lado pintoresco, rocambolesco y manipulador del personaje...Incrédulo y fascinado, el público se

---

[272]Izvestia: órgano de prensa oficial del régimen soviético.(NdT)

entretenía intentando esclarecer el misterio que le rodeaba. ¿Cómo distinguir en él la verdad de la fantasía, siendo que no podía inventarlo todo? A veces pienso en él con afecto. Gracias a él, casi viví algunas de sus aventuras. ¿Reales o imaginarias? No tiene importancia. Los aventureros no dicen siempre la verdad: la inventan primero. Además, ¿No he desayunado con Mendès France[273]?"

Agente de inteligencia, productor de cine, contrabandista, traficante internacional con una repleta agenda de contactos, Joseph Givon era por lo visto un hombre igual de influyente que discreto y misterioso. Los motores de búsqueda en Internet sólo dan cinco respuestas con su nombre y todos parecen ser homónimos. Pero en la página 325 de sus *Memorias*, es decir seis páginas más adelante, Elie Wiesel escribía: "¿Mendès France? Acabé por conocerlo en Nueva York, durante una recepción del Instituto Weizmann".

Pero otros personajes interesantes y pintorescos, reales o imaginarios, se han cruzado en el camino de Elie Wiesel, como ese Mané Katz, con el que parecía tener ciertas afinidades:

"Pequeño y chispeante, de una agilidad sorprendente para su edad, daba saltitos al andar y al hablar. Amaba contar anécdotas (verdaderas o falsas) sobre su lejano parecido con Ben Gurion. Una mujer se habría enamorado de él al confundirlo con el Primer ministro israelí. Un espía le habría propuesto secretos militares árabes a cambio de un certificado de buena conducta para con Dios, pues como todo el mundo sabe, éste vive en algún lugar en Jerusalén. Un ladrón le habría ofrecido una importante suma de dinero para tener acceso al erario del Estado judío. "En cuanto revelo mi verdadera identidad, me dan la espalda", añadía riendo a carcajadas."

Ese Mané Katz ofreció un día a Elie Wiesel un valioso cuadro que éste rechazo ingeniosamente encontrando "una puerta de salida" en la Torá, al igual que lo hiciera Yentl: "Citando antiguas fuentes y referencias que nada tenían que ver, sacadas tanto de las Escrituras como de mi imaginación, hablaba rápido, durante una hora o dos, quizás hasta el amanecer...: "En el caso de un juez que acepta regalos, la Biblia le dedica toda clase de improperios" ¿Le convencí? No lo sé. La verdadera razón de mi rechazo es la siguiente: era demasiado pobre para poseer obras de ese valor. Y de todas maneras no habría sabido donde meter sus cuadros. Vagabundo por gusto y profesión, desarraigado, sólo poseía una máquina de escribir y una maleta. ¡No se pueden guardar obras de arte en una maleta[274]!"

---

[273]Elie Wiesel, *Mémoires, tome I*, Seuil, 1994, p. 313-319
[274]Elie Wiesel, *Mémoires, tome I*, Seuil, 1994, p. 321, 322

Elie Wiesel también contó en sus *Memorias* como se libró por poco de la muerte. En 1955, casi fue víctima de una terrible catástrofe aérea: "Para recuperarme y cambiar de aires me fui a Israel. Había reservado un pasaje en un avión de la compañía El Al, pero se lo ofrecí a una amiga de Bea que había venido de Montreal con sus dos hijos y no conseguía tres plazas en ese vuelo. El avión fue abatido encima de Bulgaria. Tomé la vía marítima[275]."

El autor, que no daba más detalles, no parecía especialmente afectado por esa terrible tragedia. Hay que decir que nuestras búsquedas de informaciones acerca de esa catástrofe aérea resultaron todas infructuosas. Quizás se trataba de un avión pequeño, ¿un minúsculo avión?

Elie Wiesel tuvo la oportunidad de viajar a la Unión Soviética. Durante el régimen comunista, desde que Stalin excluyó definitivamente los dirigentes "sionistas" del poder después de la guerra, los judíos no eran libres de emigrar a Israel. La "Comunidad mediática internacional" clamaba entonces a grito limpio su indignación y reclamaba para los judíos el derecho de salir de la Unión soviética. Elie Wiesel se desplazó hasta allí para recabar más informaciones. En el aeropuerto de Moscú, casi al bajar del avión con sus dos guardas espaldas, ocurrió otro episodio rocambolesco de la vida del gran escritor:

"Llega el avión de Aeroflot. Abajo de la pasarela están las dos últimas verificaciones: a la derecha, la azafata de Intourist verifica mi tarjeta de embarque; a la izquierda, un oficial examina mi pasaporte. La joven mujer me hace señal de subir, pero el oficial grita algo a alguien. De repente, los acontecimientos se precipitan. En un cerrar de ojos, mis dos israelíes surgen a mi lado. Uno de los dos coge mi billete de avión, el otro arranca mi pasaporte de las manos del oficial; noto como me levanta como un enfermo, como un paquete; corren, y yo con ellos, silbidos, órdenes roncos y empujones. No sé cómo conseguimos cruzar todas las puertas, todas las barreras, saltamos dentro del vehículo de la embajada y ya rodamos a tumba abierta. ¿Por qué la policía no nos cierra el paso? No tengo ni idea[276]. Permaneceré tres días y tres noches en la embajada antes de recibir luz verde. ¿Cómo se las apañó David? Nunca me lo desveló, aunque, a decir verdad, no le pregunté, a pesar de que el periodista dentro de mí hubiese deseado saber. Lo importante era salir de Moscú. Recobrar la libertad. Vuelvo al aeropuerto, siempre acompañado de mis dos guardaespaldas israelíes, y esta vez todo ocurre

---

[275]Elie Wiesel, *Mémoires, tome I*, Seuil, 1994, p. 345
[276]¡Nosotros tampoco!

como si fuese un turista ordinario[277]."

En cualquier caso, es indudable que la suerte siempre sonrío a Elie Wiesel. Ya hablamos en *Las Esperanzas planetarianas* de aquel episodio extraordinario que le ocurrió durante la guerra del Golfo en 1991. El gran escritor viajó entonces a Israel para apoyar su comunidad durante los difíciles momentos en que Irak, arrasado por los bombardeos estadounidenses, lanzaba por venganza sus viejos misiles Scud sobre el Estado hebreo:

"Mi primo Eli Hollender está contento de que haya venido: "ven a casa me dice. Ven a cenar. Esperaremos juntos los Scuds." Extraña invitación, curiosa idea...Acepto su invitación y acordamos la cita. A última hora la cancelo. Un impedimento imprevisto. La misma noche escuchamos en la radio, cada uno por su lado, las informaciones sobre el ataque de los misiles que acaba de empezar...Un mes más tarde, recibo una carta de Eli en la que da gracias a Dios por mi impedimento: "Si hubieses venido, nos habríamos quedado en casa en vez de pasar la noche en casa de nuestros hijos. Y quién sabe lo que nos habría pasado. Un Scud cayó sobre nuestra casa y la destruyó por completo. Es un milagro que no hayas venido[278]."

Elie Wiesel es indiscutiblemente un superviviente de la guerra del Golfo. Su aventura es aún más extraordinaria cuando, tal como lo reconocía el mismo, "los Scuds no hicieron ninguna víctima. ¿El hombre que falleció en Bnei Brak? Un paro cardíaco. En otro lugar, una mujer se encerró en un armario y rezó unos salmos. La habitación se derrumbó, pero el armario quedo intacto." Es así tal como os lo cuentan: ¡Israel es el país de los milagros!

Antiguamente en los shtetls, en esos pueblos judíos de Europa central de principios del siglo XX, los judíos llevaban una vida recluida, apartados del resto de la población. Los personajes pintorescos que hacían el encanto y la singularidad de la vida judía fueron descritos por los novelistas y cineastas. El rabino era evidentemente el personaje central de esas pequeñas comunidades. Para los judíos jasídicos, el jefe espiritual se llamaba el *tzadik*. Ese hombre santo tenía a veces poderes sobrenaturales. De hecho, vemos aparecer regularmente "rabíes milagrosos" en la literatura yiddish.

El casamentero (el *shadkhn*, que también podía ser una casamentera), era otro de los personajes relevantes del shtetl. Ponía en relación los padres de los jóvenes, pues éstos estaban completamente sometidos a la autoridad del padre de familia para elegir una pareja. En

---

[277]Elie Wiesel, *Mémoires, tome I*, Seuil, 1994, p. 495, 496
[278]Elie Wiesel, *Mémoires, tome II*, Éditions du Seuil, 1996, p. 148

la hermosa película de Jewison, *El violinista en el tejado,* vemos sin embargo como esas tradiciones empezaban a ser batidas en brecha a principios del siglo XX, y como las jóvenes mujeres reclamaban el derecho a elegir libremente sus maridos. También estaba el vendedor de libros ambulante que respondía a la demanda de una población culta e instruida: "¡Libros ilustrados para mujeres, libros santos para los hombres!". El viernes por la tarde, antes del anochecer, se oía el *shames*- el servidor de la sinagoga-, recorriendo las calles y gritando: "¡Judíos, al baño ritual!"

El *schlemiel* es sin duda uno de los dos personajes más famosos de la comedia humana en versión yiddish. Es un simplón, un torpe inadaptado. También vemos el *schlimazl.* Es la otra celebridad del shtetl: es un perdedor, un desgraciado sobre el que la mala suerte se ceba. Cuando la sopa del *schlemiel* se derrama (lo cual es inevitable), siempre cae en el pantalón del *schlimazl.*

En su libro *Judíos errantes,* publicado en 1927, Joseph Roth nos informaba acerca de la existencia de otro personaje interesante y pintoresco de esos shtetls de Europa central donde se concentraba una parte de la población judía: el *batlen.*

"El oficio más extraño de todos lo tiene el *batlen* judeo-oriental, un gracioso, un bufón, un filósofo, un narrador de historias. En cada pequeña ciudad vive al menos un *batlen,* que divierte a los invitados en las bodas y en los bautizos, duerme en el oratorio, se inventa historias, escucha disputar a los hombres y se rompe la cabeza a propósito de cosas inútiles. Nadie lo toma en serio. Y, sin embargo, es el más serio de los hombres. Bien podría haber sido tratante en plumas y corales, igual que el ricachón que lo invita a la boda para que los demás se rían a su costa, pero no lo es. Le resulta difícil llevar un negocio...A veces deambula de aldea en aldea, de ciudad en ciudad. No se muere de hambre, pero vive siempre al borde del hambre...Sus historias probablemente causarían sensación en Europa si aparecieran en letra impresa[279]."

El oficio es más prestigioso hoy en día desde la salida del shtetl. El *"batlen"* ya no vive en la miseria y la indigencia. Ya no recorre los

---

[279]Joseph Roth, *Judíos errantes,* Acantilado 164, Barcelona, 2008 p. 63, 64. Mark Zborowski, en *Olam,* hacía la misma descripción del personaje, pero con el nombre de *"badkhn"* ("kh" se pronuncia como la j española, sería *badjn* en vez de *batlen*): "El *badkhn* es a la vez actor, poeta, compositor, cantante y reportero. Pero esto sólo es cierto para un gran *badkhn,* pues a veces tienen que contentarse con una persona del lugar que los divierte para la ocasión. Pero el bufón de mucho vuelo goza de una verdadera fama y es muy demandado, por lo que viaja constantemente de una punta a otra del país." (Mark Zborowski, *Olam,* Plon, 1992, p. 266)

caminos enlodados de aldea en aldea, sino que frecuenta con asiduidad los aeropuertos, saltando de un continente a otro para predicar la buena palabra y contar historias extraordinarias. En el tomo II de sus *Memorias*, Elie Wiesel escribía: "Durante treinta años recorro los continentes hasta el agotamiento: a fuerza de hablar en las conferencias he llegado al punto de no soportar el sonido de mi voz...Me veía recorriendo la Tierra, yendo de ciudad en ciudad, de país en país, como el loco de los cuentos de rabí Nahman, recordando a los hombres de lo que son capaces, para bien y para mal, y atrayendo sus miradas sobre los innumerables fantasmas amontonados a nuestro alrededor[280]."

Una sorprendente plasticidad

Los judíos adoptan los hábitos y las costumbres, a veces incluso la religión, de los países donde se instalan con un mimetismo notable, pero conservando siempre su individualidad judía. En unos pocos años, hablan la lengua local de los indígenas y se mezclan en la población. Pero esta asimilación, ya lo hemos visto, es a menudo sólo aparente. Desde hace siglos, el pueblo judío aprendió a vivir en secreto; y desde temprana edad, el joven judío aprende a respetar los secretos de Israel y a convencer a cualquiera que quiera escucharlo que los judíos son "hombres como los demás", y que sólo quieren integrarse.

Jacques Le Rider sostenía que en el Imperio austríaco de principios de siglo XX, los judíos vieneses estaban desjudaizados, y que, de alguna forma, había sido el antisemitismo del ambiente el que les habría obligado a reanudar con su comunidad de origen: estaban "asimilados a la cultura alemana, y la mayoría hubiese considerado su judeidad como un recuerdo piadoso de familia, como un asunto estrictamente privado, si una sociedad en crisis no les hubiese obligado a definirse[281]." Así pues, podemos deducir que el antisemitismo puede tener su utilidad para los jefes de las comunidades judías que temen ante todo los matrimonios mixtos y una asimilación completa.

El escritor Joseph Roth observó la situación de los judíos en la República de Weimar de entreguerras y dio cuenta de lo mismo: "Los judíos alemanes, pese a toda clase de amenazadores síntomas antisemitas, se sentían alemanes de pura cepa; o en el mejor de los casos, en las grandes festividades, alemanes judíos." Para él, la asimilación de los judíos dentro del mundo europeo fue indudablemente

---

[280]Elie Wiesel, *Mémoires, tome II*, Éditions du Seuil, 1996, p. 214, 530
[281]Jacques Le Rider, *Arthur Schnitzler*, Éd. Belin, 2003, p. 201

exitosa: "Los judíos son, ellos mismos, europeos. El gobernador judío de Palestina es sin duda un inglés. Y probablemente más inglés que judío[282]."

Recientemente, hemos podido leer en el diario *Actualité juive*, en diciembre del 2005, declaraciones que iban en el mismo sentido, pero con la desfachatez añadida que tienen ciertos intelectuales judíos proclives a suplantar el autóctono. Esta "*chutzpah*" le permitía a Albert Siboni afirmar lo siguiente: Los judíos con "su dispersión, su diversidad y sus numerosos contactos, han sido, de alguna manera, los primeros europeos."

Pero se trata una vez más de un discurso reservado para la exportación, pues por lo demás, todo lo que se puede leer deja a las claras que los intelectuales judíos no tienen nada en común con los goyim, sean estos europeos o musulmanes.

La visión de Alain Minc al respecto era bastante curiosa y reflejaba esa mentalidad de "okupa" que consiste en instalarse en casa del propietario y reivindicar para sí mismo el lugar. Escuchemos este intelectual liberal hablarnos de los Estados Unidos profundo, tradicionales y wasp (*White Anglo Saxon Protestant*) que han sido apartados del poder y que han dejado el sitio a una banda de arribistas sin escrúpulos: "En los Estados Unidos de los años 1980, los "Wasp" han perdido su monopolio sobre el poder. Los georgianos del presidente Carter, los californianos del presidente Reagan: unos allegados que hubieran parecido muy exóticos para unos Morgenthau y Hopkins de los años 40. Han traído con su exotismo otra visión del mundo. ¿Habrá sido Kissinger el último de los hijos de Europa encargado de la política estadounidense?"

Vemos como para Alain Minc, los verdaderos estadounidenses "wasp" de origen europeo son los Morgenthau, Hopkins y Kissinger, mientras que los recién llegados, esos "georgianos" y esos "californianos" que representan los nuevos conquistadores ávidos de poder son todavía un poco extranjeros en esa América profunda. Los verdaderos wasp, según Minc, son los judíos. Esto es exactamente la *chutzpah* característica de la mentalidad hebraica, es decir ese descaro extraordinario que les permite decir cualquier cosa con tal de seguir martilleando su propaganda. Esa mentalidad consiste en invertir todas las verdades establecidas y defender las opiniones exactamente contrarias.

Alain Minc fingía preguntarse a sí mismo: "¿Dónde están los

---

[282]Joseph Roth, *Judíos errantes*, Acantilado 164, Barcelona, 2008, p. 9, 38

profesores de Harvard o del MIT todavía de cultura europea en los círculos más influyentes? ¿Qué puestos residuales consiguen ocupar los últimos Wasp[283]?" A modo de respuesta, podríamos sugerir a Alain Minc: "¡Los que quieran dejarles los "Californianos"!" Pues es de notoriedad pública que los "Californianos", tan presentes en el entorno de Georges Bush, tienen como proyecto dominar el mundo y, como lo decía tan bien el novelista Norman Mailer, pretenden hacer "una OPA sobre el planeta[284]". ¿Quién nos protegerá de la voracidad de los "Californianos"?

Los judíos tienen por lo tanto disposiciones especiales para adaptarse y asimilarse a los pueblos donde han elegido instalarse. Sin embargo, se trata de medir cuan profunda es la asimilación de aquellos que continúan reivindicándose del judaísmo.

En 1952, Elie Wiesel era entonces un joven periodista prometedor, encargado por el diario israelí *Yedioth Ahronoth* de cubrir las primeras negociaciones oficiales entre Alemania del Oeste e Israel en Holanda:

"Solamente cuatro periodistas han sido acreditados por las dos delegaciones: Sam Jaffe para la Agencia telegráfica judía; Marc Rosen, redactor del órgano oficial de la comunidad judía de Dusseldorf; Alfred Wolfmann, representante de la radio de Berlín, y yo mismo, único corresponsal de un diario israelí." Elie Wiesel experimentó instintivamente una fuerte desconfianza hacia el periodista alemán y se negó a tener cualquier tipo de relación con él:

"Las relaciones entre Wolfmann y yo son inexistentes. No se fraterniza con un oficial que juró fidelidad a Hitler. Sin embargo, a veces lo observo con el rabillo del ojo: no le falta inteligencia ni fineza. Además, conoce su oficio a fondo. Sus análisis son perspicaces, a menudo justos...Juzgada satisfactoria por las dos partes, la conferencia concluye y nuestro pequeño grupo se separa. Alfred me tiende la mano, pero me aparto. Pone mala cara: "Creía que la guerra había acabado entre nuestros dos pueblos". No me digno contestarle."

Al día siguiente en su hotel, Elie Wiesel recibía una visita inesperada: "Unos golpes en la puerta me despiertan temprano por la mañana. ¿Quién es? Una voz de hombre responde, pero no la reconozco. Abro la puerta: es Alfred Wolfmann: "pero ¿qué...qué es lo que quiere usted?" Me dice buenos días. Molesto, le repito mi pregunta. Hace ademán de querer entrar, pero le prohíbo el paso: "Márchese. No quiero veros. Ni en mi habitación ni en ninguna parte." Sonríe, y su sonrisa altiva me saca de mis casillas. Se encoje de hombros y se va,

---

[283]Alain Minc, *La Grande illusion*, Grasset, 1989, p. 25
[284]Hervé Ryssen, *Las Esperanzas planetarianas,* (2022).

despechado." Unas semanas más tarde, alguien toca el timbre de la puerta de mi apartamento parisino: "Otra vez él y de nuevo quiere entrar. Estoy a punto de echarlo cuando se me pone a hablar...en hebreo. Estupefacto, caigo de las nubes..." Os he mentido. Nunca fui oficial de la Wehrmacht. Soy judío..." Tengo ganas de agarrarlo y sacudirlo: ¿Se está burlando de mí? ..." Soy judío, repite. "¿Un judío tiene el derecho de mentir, ¿no? Entiéndame, en Palestina se burlan de mi porque era un "*Yékké*", es decir un judío alemán...Me tomaban por un idiota bien educado, un imbécil educado que se puede engañar fácilmente...Quería demostraros que podía engañaros yo también todo el tiempo que quisiera.""

En resumidas cuentas, los cuatro periodistas seleccionados para cubrir las negociaciones entre Israel y Alemania eran judíos. Pero al fin y al cabo eso no importa, se trataba de verdaderos profesionales cumpliendo con su trabajo con honestidad.

A pesar de toda su "fineza" y su "inteligencia", Alfred Wolfmann sucumbió a las secuelas dejadas por la dolorosa experiencia del holocausto. Como muchos de sus congéneres, se hundió en una depresión bastante grave que lo llevó a un final fatídico: "A fuerza de combatir la resurgencia nazi en su país, explicaba Elie Wiesel, empezó a temerla hasta caer enfermo. Paranoico, creía necesario ir armado constantemente. Veía nazis por todas partes. En la calle, delante de su casa. Nos telefoneábamos frecuentemente. Intentaba calmarlo, levantarle el ánimo...Al día siguiente, se disparó un tiro en la cabeza[285]."

Alfred Wolfmann ocultaba su verdadera identidad desde hacía años, y finalmente no pudo soportar esa doble vida. Es útil, efectivamente, no desvelar siempre su verdadera naturaleza si se quiere vivir y prosperar en medio de gente potencialmente hostil. Pero debe ser a veces pesado y agotador, y hay que reconocer que los suicidios son bastante frecuentes entre los conocidos de Elie Wiesel.

He aquí otra anécdota relatada en las *Memorias* del gran hombre, y que muestra hasta qué punto los hijos de Israel saben cambiar de aspecto para fundirse en la masa. El periodista Elie Wiesel debía ahora embarcar en Marsella con destino a Brasil para hacer un reportaje acerca de las actuaciones inadmisibles de la Iglesia Católica:

"Según parece, la Iglesia católica desarrolla una actividad misionera sospechosa en Israel, sobre todo con los judíos recientemente llegados de Europa del Este. Son pobres, desengañados, y los emisarios de Roma les proponen un visado a Brasil, el precio del viaje y dos

---

[285]Elie Wiesel, *Mémoires, tome I*, Seuil, 1994, p. 264-269

cientos dólares a condición de que se conviertan al catolicismo. "Acércate hasta allí a ver" me sugiere Dov. Acepto. Por un buen reportaje, un verdadero reportero iría hasta los confines de planetas inexplorados." Llegados a Sao Paolo, "me dirijo a un grupo de pasajeros y me entero con asombro de que una treintena o cuarentena de emigrantes israelíes han hecho la travesía en tercera o cuarta clase...Me acerco a ellos y los hallo consternados, enojados y desesperados: se les prohíbe desembarcar... "Lo sentimos, responden los oficiales, sus visados han sido anulados. Sólo obedecemos las órdenes.""

Elie Wiesel sermoneaba entonces así aquellos renegados: "Pero qué idea, qué idea de abandonar no solamente la tierra sino también el pueblo de Israel por un poco de dinero, un visado y un pasaje en un barco. ¿Estáis tan desesperados e infelices? ¿Cómo es posible que judíos como vosotros, con vuestro pasado, hayáis podido aceptar convertiros? Vuestros antepasados eligieron la muerte por la espada o el fuego antes que renegar de la fe de su pueblo, de nuestro pueblo, ¿y vosotros lo habéis consentido por un viaje a Brasil? "Protestan:" ¡Hé, cuidado!¡No nos trate de renegados!¡No hemos renunciado a nuestra fe! El Dios de Israel es todavía nuestro Dios. "¿Pero no se comprometieron en convertirse?" ¿Comprometidos? ¿Quién habla de compromiso? Hemos prometido, sí, hemos prometido, ¿y qué? ¿Ya no se puede prometer?" ..."No somos traidores de nuestro pueblo...Somos buenos judíos[286]"."

Esta es otra anécdota divertida. En 1957, Elie Wiesel recorre los Estados Unidos junto con dos amigos. Deciden visitar una reserva india de Arizona:

"El hombre que nos recibe debajo de su tienda decorada con plumas y otras insignias de su tribu podría trabajar en películas de cine. Paso lento y digno. Es alto, recto, impasible, majestuoso. Rostro

[286]Elie Wiesel, *Mémoires, tome I*, Seuil, 1994, p. 300-304. "Los judíos pueden jurar en falso utilizando frases de doble sentido, o cualquier subterfugio." (Talmud, *Schabbouth Hag., 6d*). Por otra parte, la víspera de Yom Kipur, la fiesta de la expiación de los pecados, la más solemne de las fiestas judías, la celebración religiosa empieza con el rezo de *Kol Nidré*: "Todas las promesas, restricciones, juramentos, excomuniones, renuncias, y cualquier sinónimo, por los cuales hayamos prometido, hayamos jurado, o por los cuales hayamos excomulgado o nos hayamos restringido; desde el presente Iom Kippurim hasta el siguiente Iom Kippurim, que sea para nuestro beneficio, (en cuanto a todos ellos), los repudiamos. Todos ellos son deshechos, abandonados, cancelados, anulados e invalidados, sin vigencia y sin vigor. Nuestras promesas ya no son promesas, y nuestras prohibiciones ya no son prohibiciones, y nuestros juramentos ya no son juramentos." El contenido del rezo *Kol Nidré* aparece en el Talmud en el Libro de *Nedarim 23a-23b*. Los votos y promesas no son válidos, mientras uno se acuerde de eso en el momento de pronunciarlos.

arrugado, anguloso; cejas espesas, gestos mesurados. Nos explica la concepción india de la vida y de la muerte, y escuchamos con atención cada una de sus palabras. Respetuoso, inspira el respeto. Al final, nos ruega que le firmemos su libro de oro. Imperativo turístico. Dov me cede la primicia. No sé porque, pero firmo en hebreo. El indio me honra con un vigoroso espaldarazo:" *Sholem Alei'hem*" (en yiddish: buenos días o la paz esté con vosotros). A pesar de no haberlos tocado, Dov y Lea casi se desploman. De estupor primero, y luego de risa. Nuestro huésped resultó ser judío. Originario de Galitzia y superviviente de los campos de concentración, emigró a México. Pero los negocios no le fueron bien, por lo que decidió ganarse la vida convirtiéndose en indio. Indio de día y judío de noche[287]."

En un libro sobre los activistas judíos comunistas de Europa central y oriental, *El Yidishland revolucionario*, podemos destacar un pasaje que se asemeja bastante a la anécdota anterior: "Judío galitziano, miembro del partido comunista, Shlomo Strauss es movilizado en 1939 en el ejército polaco. Herido durante la invasión alemana, es hecho prisionero e internado en un campo. Cuando se entera de que los prisioneros van a ser divididos por origen nacional, decide forjarse una nueva identidad: se llamara a partir de ahora Timofei Marko, hijo natural de una lavandera ucraniana. Se deja crecer un largo bigote de cosaco[288]."

Atravesemos otra vez el océano para observar el mundo de aquellos terribles gánsteres estadounidenses de los años 1920 y esa mafia que no era únicamente siciliana. La represión policial empezó seriamente a hacer vacilar sus posiciones con la nominación de un juez íntegro e "incorruptible": Tom Dewey. Fue él, el que instruyó el primer gran juicio contra la mafia en 1933 e hizo caer Waxey Gordon. Dutch Schultz fue el siguiente en la lista. Su verdadero nombre era en realidad Arthur Flegenheimer, precisaba Rich Cohen en su libro titulado *Yiddish Connection* en el que también nos explicaba la táctica que el asesino iba a adoptar para salirse con la suya:

"En 1935, después de que se reunieran de nuevo pruebas contra él, los abogados de Schultz obtuvieron un cambio de jurisdicción por lo que el juicio tuvo lugar en Malone, en el Estado de Nueva York. Una sola Iglesia. Una pequeña calle. Un solo semáforo...Se instaló en un pequeño hotel, se presentó ante los lugareños que no conocía, hizo donaciones durante las ventas caritativas locales, vestía trajes muy

---

[287]Elie Wiesel, *Mémoires, tome I*, Seuil, 1994, p. 385, 386

[288]Alain Brossat, Sylvia Klingberg, *Le Yiddishland révolutionnaire*, Balland, 1983, p. 187

sencillos...Se le veía durante las pequeñas reuniones asociativas organizadas por la iglesia, en las fiestas del vecindario, en las partidas de bingo. Una semana antes del juicio, se presentó en una iglesia local y se convirtió al catolicismo. No era el primer judío que intentaba hacerse pasar por un tipo provinciano abjurando su fe. Cuando el jurado tuvo que deliberar, Schultz había engañado y corrompido toda la ciudad. Hay una foto de él, tomada justo después del veredicto exculpatorio, con una gran sonrisa de chiquillo que acaba de amañar su elección de delegado de clase. "En este mundo de tipos duros, no hay lugar para los burros", declaró ante los periodistas[289]."

Podemos mencionar en este capítulo la historia de los Marranos, esos judíos españoles que se habían convertido al catolicismo para librarse de la expulsión general[290]. El 31 de marzo de 1492, en efecto, Fernando e Isabel firmaron el edicto de expulsión de los judíos de España, por el que debían abandonar el país antes del 31 de julio. "En vano ofrecen al tesoro inmensas sumas de dinero", escribía León Poliakov. El bautismo in extremis fue entonces el único recurso que les permitió quedarse. Cincuenta mil judíos se convirtieron al catolicismo; pero ciento cincuenta mil prefirieron el exilio.

La mayor parte de éstos pasaron a Portugal y prosperaron. El rey Manuel I les obligó luego a convertirse oficialmente dejándoles la

---

[289]Rich Cohen, *Yiddish Connection*, 1998, Denoël, 200, Folio, p. 283

[290]El fenómeno ya era antiguo: "Pero después de 1391, cuando la presión sobre los judíos se hizo más violenta, comunidades enteras abrazaron la fe cristiana. La mayoría de los neófitos se aprovechó ansiosamente de su nueva posición. Se agolparon en cientos y miles en los lugares de los cuales habían estado excluidos anteriormente por su fe. Ingresaron a profesiones vedadas y a los tranquilos claustros de las universidades. Conquistaron puestos importantes en el Estado y hasta penetraron al sanctum sanctorum de la Iglesia. Su poder aumentó con su riqueza, y muchos pudieron aspirar a ser admitidos en las familias más antiguas y más aristocráticas de España...Un italiano casi contemporáneo observó que los conversos judíos gobernaban prácticamente en España, mientras su adhesión secreta al judaísmo estaba arruinando la fe cristiana. Una cuña de odio separó inevitablemente las relaciones de los cristianos antiguos y los nuevos. Los neófitos fueron conocidos como marranos (probablemente "los réprobos" o "los puercos"). Fueron despreciados por sus triunfos, por su orgullo, por su cínica adhesión a las prácticas católicas. En tanto que las masas miraban con sombría amargura los triunfos de los nuevos cristianos, el clero denunciaba su deslealtad y su falta de sinceridad. Sospechaban la verdad de que la mayoría de los conversos eran aún judíos de corazón, que la conversión obligada no había extirpado la herencia de siglos. Decenas de miles de los nuevos cristianos se sometían exteriormente, iban mecánicamente a la iglesia, mascullaban oraciones, ejecutaban ritos y observaban las costumbres. Pero el espíritu no había sido convertido." En Abram León Sachar, *Historia de los judíos*, Cáp. XVI (Los marranos y la Inquisición), trad. de la 2ª ed. norteamericana revisada hasta 1940, Ediciones Ercilla, Santiago de Chile, 1945, p. 276, 277. (NdT).

posibilidad de "judaizar" abiertamente. El bautismo bastaba para la paz civil. Pero esta tregua no duró, y Manuel I, que buscaba una alianza matrimonial con España, instituyó él también en 1497 una inquisición como la española que obligó a los judíos a emigrar. Muchos fueron los que se instalaron en Turquía, principalmente en la ciudad de Salónica (hoy en Grecia), donde reafirmaron en seguida su judaísmo. Otros, como la familia del célebre Spinoza, se instalaron en la Holanda protestante.

En cuanto a los cincuenta mil judíos españoles convertidos al catolicismo, iban a misa todos los domingos, respetaban las fiestas del calendario cristiano, pero seguían en realidad practicando en secreto el judaísmo. Con el despliegue de la Inquisición, muchos emigraron a su vez a Portugal, huyendo de nuevo desde allí hacia América, Brasil, México y el Perú, donde algunos se enriquecieron en el comercio de esclavos o en las famosas minas de plata del Potosí.

Le Monde des livres del 27 de septiembre del 2001 publicó una reseña del libro de Nathan Wachtel, *La Fe del recuerdo (La Foi du souvenir),* que trataba de los Marranos de Hispanoamérica: "Ricos o pobres, fueron alcanzados por el largo brazo de la Inquisición que vino a perseguir al otro lado del Atlántico los sospechosos de judaizar en secreto." Los juicios, que fueron consignados en los archivos inquisitoriales, permitieron a Nathan Wachtel encontrar sus rastros: "Confesaban, la mayor parte se arrepentía ante la fuerte presión, pero persistían, inventaban innumerables artimañas, códigos, señales, simulaciones, aunque, después de sucesivos arrestos, acababan siendo condenados a perecer como *"relaps*[291]*"*...De los retratos que nos llegaron, se desprenden maneras de actuar y de pensar comunes: una preferencia hacia las alianzas endogámicas, un fondo variable de creencias y de costumbres, y esa "valorización del secreto" uniformemente compartida." Los judíos son efectivamente un pueblo que ama mantener el secreto.

Dondequiera que se instalaban, los Marranos se conformaban fielmente a todos los ritos católicos, iban a misa y se confesaban, y con razón podían hacer alarde de "vivir muy cristianamente". Esto era lo que escribía el historiador León Poliakov sobre aquellos Marranos portugueses que habían elegido instalarse en Holanda:

"Su camuflaje era tan perfecto que Josefo de Rosheim, el "regente" de los judíos de Alemania que visitó el gran centro marrano de Anverso en 1536, llegó a poder escribir: "Es un país donde no hay judíos.""

---

[291]Relaps (adjetivo y nombre): recaer en la herejía después de haberla abjurado.

Sin embargo, la verdad era totalmente distinta, y ésta estalló durante los conflictos religiosos. Los judíos estaban tan profundamente impregnados del estilo de vida católico, escribía Poliakov, que "más tarde, en los Países Bajos protestantes, no revelaron su calidad de Judíos secretos hasta que fueron amenazados de ser expulsados por ser católicos[292]."

León Poliakov también citaba el ejemplo de un gran Señor "español" de mediados de siglo XV. Hombre de Estado y reputado jurista, Pedro de la Caballería era en realidad un marrano:

"Según los archivos inquisitoriales, escribía Poliakov, se había confiado a un letrado judío. Éste le habría preguntado: "Señor, ¿cómo pudo usted tornarse cristiano, vos que sois tan versado en nuestra Ley?" A lo que respondió el "Señor Pedro": "Imbécil, ¿qué habría llegado a ser yo con la Torá más que un rabino? Ahora bien, gracias al pequeño colgado (Jesús), recibo toda clase de honores, dirijo toda la ciudad de Zaragoza, y la hago temblar. ¿Quién me impide, cuando lo deseo, ayunar en Kipur y respetar vuestras fiestas? Cuando era judío, no me atrevía a infringir las barreras del sábado, y ahora, hago todo lo que me place[293]."

Si bien el caso de los Marranos españoles y portugueses es bastante conocido, el de los Dunmehs y de los Frankistas es en cambio menos conocido. Tenemos aquí que remontarnos al origen de esas dos sectas. Hemos visto en la primera parte de este libro que el mesianismo, a través de la Cábala, fue una reacción a la expulsión de los judíos de España, en el sentido de que se les abrían perspectivas grandiosas que alimentaban sus esperanzas y les consolaba frente a las adversidades que atravesaban. La mística de la Cábala había fuertemente influenciado y marcado los círculos religiosos, pero también toda la comunidad judía, contribuyendo ampliamente a la difusión de las esperanzas mesiánicas. Sin embargo, tuvo que pasar cierto tiempo antes de que el mesianismo judío tomara cuerpo en el pueblo elegido y se encarnara por fin en una figura humana. Esto ocurrió durante el año 1665, cuando Shabtai Tzvi provocó un estallido de mesianismo que empezó desde Palestina y se propagó en toda la diáspora. Ese fenómeno sabateo, escribía Gershom Scholem, "sigue siendo uno de los enigmas más sorprendente de la historia judía[294]." De cualquier manera que se mire, el sabateísmo representó una crisis de la tradición.

Shabtai Tzvi era un descendiente de judíos españoles que habían

---

[292]León Poliakov, *Histoire de l'antisémitisme I*, 1981, Points Seuil, 1990, p. 200
[293]León Poliakov, *Histoire de l'antisémitisme I*, 1981, Points Seuil, 1990, p. 157
[294]Gershom Scholem, *Le Messianisme juif*, 1971, Calmann-Lévy, 1974, p. 115, 116.

sido expulsados en 1492. Vivía en la comunidad judía de Smyrne, en Turquía, y debía ser sin dudad bastante dotado, pues con dieciocho años enseñaba la Cábala a grupos de jóvenes estudiantes. Manifestaba además una imaginación extraordinaria en sus interpretaciones cabalísticas. Desde el inicio de su carrera fue evidente el carácter carismático de su personalidad. Pronto atraería a multitud de gente a la que persuadiría de que él era realmente el Mesías, suscitando numerosos rumores. Algunas leyendas nacieron a su alrededor y provocaron que el mesianismo se extendiera rápidamente de forma contagiosa. Las noticias sobre Shabtai Tzvi y el espíritu que había generado se expandieron a través de toda Europa como un reguero de pólvora.

La Cábala había profetizado que el año 1648 marcaría el inicio de la era mesiánica. Pero los judíos tuvieron que desengañarse rápidamente, ya que el año 1648 fue para los judíos orientales uno de los peores momentos de su historia. En efecto, en lugar del Mesías fue Bogdan Chmielnicki quién se presentó con sus Cosacos para sofocar una revuelta de las comunidades judías contra los polacos, haciendo terribles estragos en ellas. Lejos de calmar los ánimos, las noticias provenientes de Polonia provocaron un recrudecimiento del frenesí mesiánico; y dado que el año 1648 no había traído la redención, Shabtai Tzvi puso sus esperanzas en otra fecha: ¡sería finalmente el año 1666! Esta fecha, paradójicamente, no fue sacada de la Cábala judía, sino que se basada en cálculos cristianos basados en el Libro del Apocalipsis. El año 1666- ¡esta vez seguro que sí! - marcaría el principio del milenio. Lo que hasta entonces era una esperanza y un sueño iba a convertirse en una realidad: la prueba de que los judíos no habían sufrido en vano durante tantos siglos.

1666 se convirtió en el año de la Redención. Los judíos de Polonia se alzaron con gran esperanza, sobre todo después de las terribles persecuciones que habían sufrido. Algunos abandonaron sus casas y sus bienes, rechazaban trabajar y proclamaban que el Mesías iba a llegar para llevarlos sobre una nube hasta Jerusalén. Otros ayunaron durante días, negándoles incluso la comida a sus hijos pequeños.

Shabtai Tzvi debía empezar su obra de redención destronando el sultán de Turquía, que reinaba entonces sobre la Tierra Santa. Dos días antes del año 1666, tuvo la audacia (la famosa *chutzpah*) de ir a Constantinopla para pedir al sultán Ibrahim que le entregara el trono. Y lo que tenía que ocurrir ocurrió: fue encarcelado en una fortaleza en Galípoli. "Pero tenía apoyos tan poderosos que la prisión fue transformada en una residencia real donde los judíos de todo el mundo acudieron en tropel a traerle obsequios. Se había convertido en el jefe espiritual de cientos de miles de personas[295]."

Los turcos idearon entonces un plan para hacer que el movimiento sabateo fuera ineficaz. Curiosamente, éste fue propuesto por un consejero judío del sultán. Pusieron entonces a Shabtai Tzvi en la disyuntiva de elegir entre la muerte y la conversión pública al islam. "Se le autorizaba fingir su conversión, pero el acto debía ser público", escribía David Bakan. En noviembre de 1666, hacia el final del año previsto para la redención, Shabtai Tzvi se convirtió al Islam con gran pompa y ceremonia. Recibió un nombre musulmán, Mehmet Effendi, y fue nombrado capellán del sultán con un generoso salario antes de exiliarse en Albania.

Aquello provocó una gran consternación en los judíos de todo el mundo, como era de esperar, aunque los autores son poco prolijos al respecto. Pero a pesar de que la gran efervescencia mesiánica había caído, la idea continuó calentando algunos espíritus[296]. Un lituano llamado Zadok profetizó que el año 1695 sería la verdadera fecha de la venida del Mesías. Un cabalista, Hayim Malakh, enseñaba que Shabtai Tzvi era realmente el Mesías, pero que al igual que Moisés, que había impedido que los Judíos entraran en la Tierra prometida durante cuarenta años, había que esperar cuarenta años, de 1666 a 1706, antes de que la redención se cumpliera. ¡Sería pues en 1706! En 1700, Hayim Malakh llevó una caravana de 1300 personas hacia la Tierra santa para acoger el Mesías. Al rededor de mil de ellos sobrevivieron a ese extenuante viaje. "Decepcionados por la espera en vano, algunos se hicieron cristianos, otros musulmanes, otros regresaron a Polonia para difundir historias místicas poco realistas[297]."

El movimiento sabateo continuó así, a trancas y barrancas, bajo la forma de una secta judía, a pesar de los esfuerzos de los rabinos para sofocarlo. El desmoronamiento del movimiento había provocado naturalmente un gran recelo y desconfianza hacia el mesianismo exacerbado de la Cábala. En contra de los sabateos que ponían en peligro las comunidades judías, los rabinos no dudaban en lanzar el *herem* (la excomunión).

Fue en ese contexto que nació en Salónica la secta de los Dunmeh. Tras la muerte de Shabtai Tzvi, en 1676, cientos de familias de Salónica se convirtieron al islam en 1683 para seguir el ejemplo de su Mesías. Otros grupos más restringidos hicieron los mismo en Adrianópolis y en

---

[295]David Bakan, *Freud et la tradition mystique juive*, 1963, Payot, 2001, p. 120
[296]Ver nota del traductor en Anexo VI. 1.
[297]David Bakan, *Freud et la tradition mystique juive*, 1963, Payot, 2001, p. 124.

Estambul. El movimiento sabateo tomó entonces cuerpo en el islam con esa secta de Marranos voluntarios, llamados Dunmeh (que significa "apóstata" en turco). "Doblemente apóstatas, escribía León Poliakov, puesto que lo eran tanto para el islam como para el judaísmo y, en consecuencia, igualmente despreciado por los dos lados. A los diez mandamientos de Moisés, la secta sustituyó las dieciocho reglas de Shabtai Tzvi. La segunda regla ordenaba creer en Shabtai Tzvi ("el verdadero Redentor; no hay salvación fuera de él"); la decimosexta y decimoséptima estipulaban que había que seguir todas las costumbres del islam ("todo lo que se ve desde fuera, debe cumplirse"), pero no se debía contraer matrimonio ni alianza con los turcos ("pues son una abominación, y sus mujeres son reptiles")[298]."

Esto hace eco a algunas declaraciones de Bernard-Henri Levy, el cual se define como un buen francés, más francés que los franceses, y a la vez afirma ser judío por los cuatro costados, según las circunstancias.

De hecho, Gershom Scholem admitía que, en esas condiciones, era legítimo que los goyim desconfiaran de la sinceridad de los judíos: "Si bien las autoridades turcas se felicitaron de esas conversiones colectivas al islam y albergaron grandes esperanzas para los judíos de Turquía, tuvieron rápidamente que darse cuenta de que no se trataba en modo alguno de auténticos convertidos." Scholem precisaba además que "la mayor parte de las familias dunmeh...tenían la costumbre de dar en secreto a sus hijos nombres y apellidos en hebreo y en judío-español, a parte de sus nombres y apellidos turcos oficiales."

Por lo visto, la secta no se había extinguido todavía hasta fechas recientes: "Recientemente, escribía Scholem, ha habido miembros de la intelligentsia dunmeh que han desvelado sus nombres en unas entrevistas privadas con visitantes judíos. Con una mirada cómplice los han garabateado en hebreo en sus tarjetas de visita turcas[299]."

La periodista Françoise Giroud, la "reina del periodismo", se sentía vinculada a esa secta de los Dunmeh. Nacida en Ginebra con el nombre de France Gourdji, era la segunda hija de Salih Gourdji y de Elda Fragi, los dos turcos y judíos sefarditas. Él, nacido en Bagdad, se había convertido en periodista, antes de crear en Estambul la Agencia telegráfica otomana. Tuvo que huir de Turquía a principio de la Primera Guerra mundial "a causa de ideas libertarias y de su oposición a la alianza con Alemania" y habría luego dirigido varias misiones para los servicios de inteligencia aliados. Algunos hablarían con razón de

---

[298]León Poliakov, *Histoire de l'antisémitisme I*, 1981, Points Seuil, 1990, p. 218, 219
[299]Gershom Scholem, *Le Messianisme juif*, 1971, Calmann-Lévy, 1974, p. 229, 239, 240

"traición" en favor del enemigo, y si el hombre hubiese sido arrestado por las autoridades turcas, apostamos a que toda la comunidad hubiese saltado a la palestra para defenderlo contra tal injusticia.

"Mi abuelo materno tenía el título de pacha, un título de nobleza no hereditario. Mi padre era bey." Christine Ockrent recogía las confesiones de "Françoise", pero se sorprendía del visible malestar de su interlocutora respecto a este tema: "Un día le hice saber mi sorpresa acerca de sus reticencias sobre la parte turca de su historia", y, finalmente, confesó los orígenes de su familia: "Mi padre es probablemente descendiente de una familia *deunmés*, es decir de una de las quinientas familias sefarditas convertidas al islam en el siglo XVII. Los deumnés [o deunmeh, donmeh] ricos y activos han sido los primeros en el mundo turco en abrirse a las ideas laicas, liberales y nacionales[300]."

El movimiento de los Jóvenes Turcos, la revolución kemalista y el laicismo occidental de Turquía tienen aquí una parte de sus orígenes. Es lo que afirmaba a su vez Gershom Scholem: Los Dunmeh "han aportado numerosos miembros a la intelligentsia de los Jóvenes Turcos...Han jugado un papel importante en los inicios del Comité Unión y Progreso, organización del movimiento de los Jóvenes Turcos que tuvo su origen en Salónica...Tenemos la prueba de que David Bey, uno de los tres ministros del primer gobierno Joven Turco y jefe importante del partido Joven Turco, era un Dunmeh[301]."

Es también lo que declaraba el muy influyente director de prensa y notable intelectual Alexandre Adler, en una conferencia del 14 de marzo del 2005 en el centro Itshak Rabin: "No os sorprenderá si os digo que tengo numerosos amigos Donmeh, es decir discípulos de Shabtai Tzvi, y que me parecen bastante extraordinarios...Si no hubiese habido tantos Donmeh en las élites turcas del final de siglo XIX y principios de siglo XX, no hubiese habido kemalismo." Los "grandes Donmeh" han estado "a la cabeza de la reforma escolar en Turquía" y han creado "los primeros institutos modernos como por ejemplo el de Mustafa Kemal en Salónica, donde realizó sus estudios. Evidentemente, los islamistas turcos dicen que Kemal era él también Donmeh, pero es falso. En cambio, sus allegados y amigos eran ampliamente Donmeh[302]."

Gracias a la influencia de esos judíos Donmeh, falsamente

---

[300]Christine Ockrent, *Françoise Giroud, une ambition française*, Fayard, Paris, 2003, p. 40-42

[301]Gershom Scholem, *Le Messianisme juif*, 1971, Calmann-Lévy, 1974 p. 235

[302]http://www.beit-haverim.com/anoter/ConfAdler0305.htm

convertidos al islam, se puede explicar la alianza entre Turquía e Israel, explicaba Adler: "Si no hubiese habido Donmeh en el puesto de ministro de Asuntos exteriores durante los treinta primeros años de la Turquía laica, pues a día de hoy todavía representan el 40% de los embajadores de Turquía en el mundo y la totalidad de los embajadores de Turquía en Estados Unidos desde los años 1950, indudablemente Turquía no sería aliado de Israel."

Pero en el caso de Françoise Giroud no dudamos de que ella era una verdadera francesa, "perfectamente integrada": Su madre Elda quiso de hecho educarlas en ese sentido: "Elda quería hacer de sus hijas unas perfectas pequeñas francesas. Serían pues bautizadas, aprenderían el catecismo e irían al internado del Instituto Molière... Giroud escribirá más tarde- pero nadie está ahí para confirmarlo- que su madre se habría convertido secretamente al catolicismo hacia la edad de treinta años...Insistiría mucho durante la guerra en empeñarse en no sentirse afectada o preocupada, ni para ella ni para sus hijas, por las leyes antisemitas de Vichy. La estrella amarilla no iba con ellas, no era su historia, su comunidad o familia[303]."

Y así fue como, impregnadas de esos sentimientos patrióticos y de ese amor incondicional hacia Francia y los franceses, Françoise y su hermana se comprometieron con la Resistencia contra los nazis. De la misma forma, ya lo hemos visto, que ella relataría todos sus recuerdos en las cenas mundanas organizadas por Samuel Pisar, junto a todos los demás "Resistentes".

El movimiento sabateo no sólo concernía el Imperio Otomano. Si bien hubo muchos que vinieron de Polonia para unirse a ellos en el siglo XVII, todavía fueron muchos más los que se quedaron en Polonia para seguir el camino trazado por otro Mesías de tendencia radical: Jacob Frank.

Jacob Frank nació en 1726 en Korolovka, en la frontera de Podolia, al oeste de Ucrania y de Moldavia. Su padre era un sabateo que había sido expulsado de la comunidad donde ejercía de rabino. Él era un hombre poco instruido pero dotado de una gran fuerza física y de mucha imaginación. Era muy probablemente un "psicópata, una personalidad con un Superyó poco desarrollado", escribía David Bakan. Viajaba de aquí para allá como vendedor ambulante, predicando la Cábala, haciéndose pasar por curandero, dispensando ayudas religiosas y médicas. Para los rabinos polacos, el individuo en cuestión encarnaba el demonio en persona:

---

[303]Christine Ockrent, *Françoise Giroud, une ambition française*, Fayard, Paris, 2003, p. 50, 51

"Se dice que se dedicaba al bandidaje con sus discípulos, que había cortado un pergamino de la Torá para hacer zapatos para sus amigos, y que había robado un *shofar*[304]y enseñando a unos niños gentiles a tocarlo."

Se consideraba la reencarnación de Shabtai Tzvi y dio un nuevo impulso al movimiento sabateo. En 1755, Frank apareció en Podolia para dinamizar otra vez los grupos sabateos que estaban en descomposición. En su nueva doctrina, planteaba el principio de la santa Trinidad: distinguía a Dios, que se había encarnado en Shabtai Tzvi, de su réplica o parte femenina, la Shejiná, atribuyéndose a sí mismo el papel de Mesías. Rechazaba las enseñanzas del Talmud y declaraba que sólo el Zohar era sagrado. La idea de un Dios a la vez varón y hembra sirvió de pretexto para prácticas religiosas de índole sexual como el intercambio de mujeres. Proclamó que la Ley había muerto; que el yugo de la antigua Torá se había roto; el yugo de la Ley sólo era válido para un mundo no redimido donde el Mesías todavía no había aparecido. La nueva redención y la revelación que traía consigo era de tal magnitud que todas las cosas, incluido el mal, eran ahora santificadas. Fue ese razonamiento el que constituyó la base de la doctrina del Mal.

"La doctrina del Mal, escribía David Bakan, se apoyaba sobre la tesis según la cual las chispas divinas habían sido dispersadas y que los hombres debían dejarse llevar por el pecado para reunirlas. La idea de pecado santificado se volvió predominante, la salvación vendría a través del pecado; del exceso de pecados emergería un mundo donde ya no habría ninguno. Frank había declarado: "He venido para eliminar del mundo todas las leyes y ordenanzas en vigor hasta ahora[305].""

Los frankistas "glorificaban el pecado como una vía hacia la redención", escribía David Bakan, añadiendo esta precisión: "La concepción del mal como una manifestación divina nunca ha sido completamente rechazada[306]."

Gershom Scholem escribía que el movimiento representaba una "revuelta contra la ortodoxia estancada y el oscurantismo fanático de los rabinos[307]." Esta naturaleza revolucionaria de la doctrina de Jacob

---

[304]Cuerno de carnero que sirve de trompa durante las grandes ceremonias religiosas. El sonido del shofar sirve para estremecer hasta el fondo de las entrañas el que lo oye, afín de provocar un despertar, una alarma. (NdT).

[305]David Bakan, *Freud et la tradition mystique juive*, 1963, Payot, 2001, p. 130, 131. Ver nota del traductor en Anexo VI. 2.

[306]David Bakan, *Freud et la tradition mystique juive*, 1963, Payot, 2001, p. 209

[307]Gershom Scholem, *Le Messianisme juif*, 1971, Calmann-Lévy, 1974, p. 256.

Frank era confirmada también por Martin Buber: "El pecado santo se convierte en un sistema, los hombres deben precipitarse en el pecado con el fin de arrebatarle las chispas divinas...El yugo de la antigua Torá está roto, sólo era válido para el mundo no redimido[308]."

Los frankistas, judíos heréticos, fueron excomulgados (declarados *herem*) por los rabinos y éstos replicaron atacando el Talmud, "diciendo que era falso y maléfico." David Bakan refería las graves acusaciones de los frankistas contra los rabinos: "Hasta acusaron el Talmud de obligar al uso de sangre cristiana y atestiguaron que los judíos perpetraban crímenes rituales[309]."

La carrera de Frank alcanzó su apogeo en noviembre de 1759, cuando, siguiendo el ejemplo de Shabtai Tzvi[310], él y todos sus discípulos se convirtieron en gran pompa y ceremonia. En un primer momento, los polacos no tuvieron más discernimiento que los turcos, y los sabateos fueron apadrinados por miembros de la nobleza polaca de los que los nuevos bautizados tomaron sus nombres o apellidos.

Un buen número de ellos accedió así a la nobleza. Jacob Frank tuvo su corte en Offenbach, cerca de Fráncfort, hasta su muerte en 1791. La secta que fundó se había convertido en una rama especialmente radical de los sabateos, pero esta vez con una fachada católica.

Si los Dunmehs favorecieron el movimiento progresista de los Jóvenes turcos a principio del siglo XX, los sabateos y demás frankistas también jugaron un papel importante en la difusión de las ideas liberales en Europa al final del siglo XVIII[311]. "Después de la Revolución francesa, explicaba David Bakan, los grupos sabateos que todavía existían dentro del judaísmo promovieron y apoyaron los movimientos favorables a la reforma, al liberalismo y a la Ilustración[312]."

Gershom Scholem relató así la vida de un tal Moses Dobruska (1751-1793), en un libro titulado *Del frankismo al jacobinismo*. Moses

---

[308]Ver nota del traductor en Anexo VI. 3.

[309]David Bakan, *Freud et la tradition mystique juive*, 1963, Payot, 2001, p. 132

[310]"Abraham Cardoso decía de Shabtai Tzvi que había tenido que disimularse, como un espía que se introduce en el campo enemigo para cumplir su misión." En Gershom Scholem, *Le Messianisme juif*, 1971, Les Belles Lettres, 2020 p. 296. (NdT).

[311]"Las relaciones entre las dos sectas de Salónica y Varsovia han tenido que mantenerse hasta el final del siglo XIX. Conocí personalmente un caso que se situaba incluso después de 1920. Un Dunmeh que visitaba Viena le reveló a un amigo judío que su grupo estaba estrechamente relacionado con algunas familias aparentemente muy católicas de Varsovia. (Gershom Scholem, *Le Messianisme juif*, 1971, Calmann-Lévy, 1974, p. 241)

[312]David Bakan, *Freud et la tradition mystique juive*, 1963, Payot, 2001, p. 125. Ver nota del traductor en Anexo VI. 4.

Dobruska era un personaje misterioso. Había nacido en un gueto de Moravia. Criado como judío ortodoxo, se convirtió luego en un adepto de la secta cabalística herética de los frankistas en la que desempeñó un papel activo. Escritor de lengua hebraica, se convirtió al catolicismo, fue ennoblecido por el emperador de Austria y tomó el nombre de Franz Thomas von Schönfeld. En Viena, frecuentó los círculos nacionalistas ilustrados a la vez que era secretamente miembro de la masonería esotérica. Abandonó la capital austriaca en 1792 y se instaló en Estrasburgo, y luego en París, bajo el nombre de Junius Fey, donde se convirtió en miembro activo del Club de los Jacobinos. En 1793, publicó una *Filosofía social,* que era naturalmente una vibrante apología de las ideas jacobinas. Finalmente ocurriría el desenlace fatal: "Comprometido en intrigas financieras, acusado- sin pruebas [naturalmente]-de ser un agente austríaco, fue guillotinado con 40 años de edad, el 4 de abril de 1791, en compañía de los jefes de la facción dantonista[313]", leíamos en la portada del libro. Resumiendo: este Junius Frey fue un revolucionario que actuaba en secreto sin desvelar sus verdaderas adhesiones y que se codeaba con los grandes de este mundo, además de ser un chanchullero financiero acusado sin pruebas de ser un espía. Podemos decir que Gershom Scholem eligió efectivamente un caso representativo.

Esta plasticidad parece predisponer algunos judíos para el espionaje, y hay que reconocer que las "acusaciones" de ese tipo aparecen frecuentemente en las páginas de los periódicos. El historiador León Poliakov protestaba contra esas innobles acusaciones, y defendía la tesis habitual del chivo expiatorio: "En los albores del siglo XX, las tensiones entre naciones eran cada vez más dramáticas, y los Judíos eran las primeras víctimas designadas, consideradas por las poblaciones como "espías" del enemigo. Ese tipo de creencias tenían vigencia en las dos partes del Rhin..." Sin embargo, en la misma página, unas líneas más abajo, Poliakov citaba el caso de este ciudadano inglés, Ignace Trebitsch: "Comenzó su carrera aventurera haciéndose elegir, bajo el nombre de Lincoln, a la Cámara de los Comunes británicos, a la vez que espiaba para Alemania. Finalmente fue descubierto y se refugió allí,

---

[313]Georges-Jacques Danton: fue un abogado y político que desempeñó un papel determinante durante la Revolución francesa. Es considerado por algunos historiadores, junto con Mirabeau, como la fuerza principal que impulsó la caída del Antiguo Régimen y el establecimiento de la Primera República francesa. Fue uno de los primeros líderes del Club de los Jacobinos junto a Robespierre y uno de los primeros en integrar el Comité de Salvación Pública. Finalmente fue arrestado por orden de este último y condenado a la guillotina acusado de corrupción y misericordia hacia los enemigos de la Revolución. (NdT).

antes de pasar finalmente a China, donde se hizo monje budista, espiando esta vez para Japón[314]..."

Al principio de su obra sobre la Revolución Bolchevique (*Doscientos años juntos*, 2003), el muy célebre disidente soviético, Solzhenitsyn citaba el caso bastante similar de un tal Gruzenberg. El hombre había vivido en Inglaterra y en Estados Unidos. En 1919 ocupaba el puesto de cónsul general de la Unión Soviética en México (país sobre el que tenían puestos los ojos los revolucionarios); el mismo año, se le veía celebrar sesiones en los órganos centrales del Komintern. A continuación, servía en Suecia, después en Escocia, donde era arrestado. Volvía a salir a la luz un poco más tarde en China en 1923 con el nombre de Borodine, con toda una cuadrilla de espías, siendo allí el "consejero político principal del Comité ejecutivo del Kuomintang", puesto que le permitiría favorecer la carrera de Mao-Tse-Tung y de Zhou-Enlai. Sin embargo, Chiang-Kai-Shek lo sospecharía de llevar a cabo actividades subversivas y lo expulsaría de China en 1927. Regresó entonces a la Unión Soviética donde se convirtió en redactor jefe de la Oficina de información soviética. Sería finalmente fusilado en 1951.

Vemos pues con que sorprendente plasticidad algunos judíos pueden cambiar de identidad y adoptar los disfraces más inesperados. Puro alemán, brasileño católico recién desembarcado, viejo jefe indio, cosaco bigotudo, gánster reconvertido en hermana de la caridad, católico español u holandés, Pacha turco musulmán, aristócrata polaco, revolucionario jacobino, monje budista o conspirador chino, los disfraces de estos judíos son siempre provisionales y no son más que una máscara que desecharán cuando llegue el momento oportuno[315].

Solzhenitsyn recordaba en este punto las reflexiones del líder sionista Jabotinsky, que decía al principio del siglo XX: "Cuando el Judío se asimila en una cultura extranjera, no hay que fiarse de la profundidad ni de la consistencia de la transformación. Un Judío asimilado cede ante el primer empuje, abandona la cultura prestada sin la menor resistencia en cuanto está convencido de que su reinado se ha terminado[316]."

Es lo que hacía decir, en 1920, al "brillante crítico anticonformista"

---

[314]Léon Poliakov, *Histoire des crises d'identité juives*, Austral, 1994, p. 141. Poliakov citaba además Puchkine, hablando "de las nociones indisociables de Judío y de espía." (*Histoire de l'antisémitisme, tome II*, Points Seuil, 1990, p. 312, 313).

[315]Los judíos se disfrazan durante la fiesta de Purim. La bella Ester había disimulado su identidad hasta llegar en la cama del rey con el fin de convencerlo de deshacerse de los enemigos de los judíos. La masacre de 75 000 persas es celebrada por los judíos todos los años desde entonces.

[316] Alexandre Solzhenitsyn, *Deux siècles ensemble, tome II*, Fayard, p. 550

inglés, Henry Mencken: "Piensan en yiddish y escriben en inglés." Y Poliakov citaba incluso a Joseph Goebbels, el cual se había percatado de que: "Cuando un judío habla en alemán, ¡miente![317]"

Después de haber comprendido los rasgos dominantes de la identidad judía, se puede captar mejor la verdadera naturaleza de los discursos de algunos intelectuales cosmopolitas, que nos aseguran estar "perfectamente asimilados" para así propagar su mensaje universal a los goyim. Después de la publicación del libro de Bernard-Henri Lévy, *La Ideología francesa*, en 1981, el intelectual y académico Raymond Aron se alarmó de lo insultante que podía resultar el libro para los franceses, e incitó al filósofo a que refrenara su desprecio a fin de no avivar el antisemitismo[318]. El filósofo Levy le contestó en estos términos:

"Me ha leído usted demasiado bien, estoy seguro, como para ignorar que es en calidad de francés y como francés que, al igual que cualquier otro filósofo francés, me he arriesgado con esta investigación acerca de la Francia negra[319]." Es efectivamente más simple, y sobre todo menos arriesgado, llevar la boina y la *baguette*[320] debajo del brazo para escupir y vomitar sobre la Francia profunda y su terruño. Es una posición muy práctica, ya que permite recusar por antemano todos aquellos que se atrevan a una contestación antisemita.

En su libro *Judíos errantes*, Joseph Roth ofrecía otro valioso testimonio acerca de esa plasticidad tan característica, y que se refiere también a los nombres patronímicos judíos:

"No es de extrañar la falta de piedad de los judíos hacia sus nombres. Con una ligereza que resulta sorprendente, los judíos cambian de nombre, el nombre de sus padres, cuyo sonido, para un espíritu europeo, tiene siempre al menos un valor sentimental. Para los judíos, el nombre no tiene ningún valor, porque, sencillamente, no es su nombre. Los judíos, los judíos orientales, no tienen nombre. Llevan pseudónimos forzosos. Su verdadero nombre es aquel con el que el sabbat y los días festivos son llamados a la Torá: su nombre propio judío y el de su padre. Los apellidos, empero, desde Goldenberg hasta Hescheles, son nombres impuestos. Los gobiernos han ordenado a los judíos la aceptación de nombres. ¿Son los suyos propios? Si alguien se llama Nachman y transforma su nombre de pila en el europeo Norbert, ¿no es Norbert el disfraz, el pseudónimo? ¿Acaso es algo más que

---

[317] Léon Poliakov, *Histoire de l'antisémitisme II*, 1981, Points Seuil, 1990, p. 425, 244
[318] Léase en Hervé Ryssen, *Las Esperanzas planetarianas,* (2022).
[319] Bernard-Henri Lévy, *Questions de principe, deux*, Grasset, 1986, p. 306
[320] Barra de pan típicamente francesa. (NdT).

mimetismo? ¿Siente el camaleón piedad hacia los colores a los que continuamente se ve obligado a cambiar? En los Estados Unidos, el judío escribe Greenboom en vez de Grünbaum. No se conduele de las vocales cambiadas[321]."

Guy Konopnicki confirmaba por su parte esas frecuentes falsificaciones: "A pesar de que haya nacido algunos años después de la guerra, mi identidad fue transcrita en un libro de familia notoriamente falsificado en 1940 y mantenido válido hasta día de hoy. Fue en base a ese documento que recibí mi tarjeta de identidad. Por lo tanto, la ecuación que está de moda entre identidad y autenticidad me deja patidifuso[322]."

El escritor Marek Halter, por ejemplo, también tenía una identidad falsificada, tal como lo demostraba un reportaje del periódico *Le Point* del 28 de abril del 2005. Todo era falso en el personaje. Su identidad es falsa, su fecha de nacimiento es falsa, su genealogía es falsa, y toda su biografía es ampliamente falsa[323].

---

[321] Joseph Roth, *Judíos errantes*, Acantilado 164, Barcelona, 2008, p. 109. ["La obligación de llevar un apellido patronímico apareció con el edicto de tolerancia promulgado por Josefo II en 1787, en las regiones de obediencia habsburguesa, después de la partición de Polonia. Se impuso progresivamente en todas las demás regiones a lo largo del siglo XIX." (Marc Zborowski, *Olam*, 1952, Plon, p. 422). Joseph Roth explicaba a continuación que los judíos que querían cruzar las fronteras solían dar datos falsos para conseguir sus documentos de identidad, pues esos datos tenían la ventaja de ser más creíbles para los aduaneros y la policía. Joseph Roth apuntillaba la cuestión de forma un tanto enrevesada y tergiversadora: "Semejantes nombres ocasionan dificultades a la policía. A la policía no le gusta las dificultades. ¡Y si sólo fueran los nombres! Tampoco, sin embargo, cuadran las fechas de nacimiento... ¿Cómo ha pasado ése la frontera? ¿Sin pasaporte? ¿Con uno falso? Además, resulta que no se llama como se llama, y si bien se presenta bajo tantísimos nombres, lo que, en sí mismo, implica que son falsos, lo son también con toda probabilidad desde un punto de vista objetivo. El hombre que figura en los papeles, en la cédula de registro, no comparte identidad con el hombre que acaba de llegar. ¿Qué puede hacerse? ¿Hay que encerrarlo? En tal caso, al que se encierra no es el auténtico. ¿Hay que expulsarlo? En tal caso, el expulsado es un impostor. Pero, si es devuelto a su punto de procedencia para que traiga nuevos documentos como es debido, con nombres indubitables, el devuelto no es, en cualquier caso, sólo el auténtico, sino que al impostor se lo convierte eventualmente en un auténtico. Se lo devuelve, así pues, una, dos, tres veces, hasta que el judío se da cuenta de que no le queda sino aportar datos falsos a fin de que pasen por auténticos...La policía ha hecho que al judío oriental se le ocurra la excelente idea de ocultar sus auténticas y verdaderas- aunque embrolladas- circunstancias personales...Todo el mundo se asombra de la capacidad de los judíos para aportar datos falsos, pero nadie se asombra de las torpes exigencias de la policía." En Joseph Roth, *Judíos errantes*, Acantilado 164, Barcelona, 2008, p. 74, 75. Nótese el *pilpul* de inspiración talmúdica de esta argumentación (ver nota 416). (NdT).]

[322] Guy Konopnicki, *La Place de la nation*, Olivier Orban, 1983, p. 14

[323] Hervé Ryssen, *Las Esperanzas planetarianas*, (2022).

El humor judío

La plasticidad de la personalidad judía es sin duda uno de los principales ingredientes del humor judío. Asociada a una audacia a toda prueba que podemos ver en cualquier situación, tenemos entonces una mezcla explosiva que puede causar la hilaridad cuando está desprovista de malicia y de finalidad política. En el caso contrario, vemos entonces esa famosa "desfachatez" denunciada desde siempre por todos los observadores del judaísmo.

Esa forma de humor judío quedó bien ejemplificada en la película de Roberto Benigni, *La Vida es bella*: Estamos en la Italia fascista antes de la guerra. Nuestro héroe es un divertido y brillante histrión que está enamorado de una joven que quiere seducir a toda costa. Yendo un día a la escuela donde ella es institutriz, se entera por casualidad que un inspector de academia debe llegar en el mismo momento. Decide entonces aprovecharse de la situación y hacerse pasar por dicho personaje. Se metamorfosea inmediatamente, entra en el aula de clase donde le espera todo el personal de la escuela, saluda a todos con un apretón de mano como un inspector e improvisa delante de los alumnos y profesores un discurso totalmente delirante que surte el efecto esperado en la joven institutriz, que le mira con admiración y con los ojos como platos.

Otra escena de la película es muy reveladora de esta audacia desenfrenada: la bella institutriz debe desafortunadamente casarse con un fascista, el cual es evidentemente un personaje grosero. Durante la cena de boda, en la que están reunidos todos los dignatarios de la región en una magnifica mansión, nuestro Roberto, que tiene ideado un plan para raptar la bella, no se le ocurre otra cosa que penetrar en la gran sala de recepción montado en un caballo blanco, y convencer así la joven esposa de seguirlo en su loca aventura ante una asistencia estupefacta.

Una tercera escena es aún más extravagante: Prisionero de los alemanes, llega ahora a un campo de concentración con su hijo pequeño al que quiere tranquilizar a toda costa, y al que hace creer para ello que todo se trata de un gran juego. A penas instalados en los barracones con las camas superpuestas, el comandante entra acompañado de soldados para gritar las instrucciones y el reglamento muy estricto del campo. ¡Ninguna falta será tolerada! Pero necesita un traductor. "Quién habla alemán?" Nuestro Roberto aprovecha la ocasión. Evidentemente no habla ni una sola palabra de alemán, y tras cada frase del comandante, traduce para los prisioneros italianos las reglas de un juego completamente estúpido, un juego de escondite en el que se debe ganar puntos y no dejarse atrapar si se quiere ganar el primer premio: ¡un verdadero carro de combate! Misión cumplida al cabo, ya que su hijo creerá en la superchería hasta el final y obedecerá concienzudamente a su padre para ganar los puntos y ganar el premio gordo.

Esta escena, verdaderamente divertida, muestra muy bien la plasticidad de la personalidad judía. Ilustra además esa tendencia a no echarse atrás ante nada, en metamorfosearse, en disfrazarse de cualquier cosa para conseguir sus fines. La obstinación, la audacia y la plasticidad son la base de ese famoso humor judío.

El escándalo

Pero esta audacia que los judíos saben usar en muchas situaciones no siempre provoca la hilaridad. Desafortunadamente, ese rasgo de carácter puede suscitar la hostilidad de aquellos que se sienten heridos por lo que consideran una ironía y una burla en contra de sus valores.

Ya hemos comprobado algunas predisposiciones del espíritu cosmopolita para decir, escribir o hacer cosas que pueden a menudo ser vistas como unas enormes desfachateces, tan alejadas de la realidad como de nuestras normas sociales. Ese tema aparece en todos los observadores, en todos los que describen el judaísmo. Y son precisamente esas "provocaciones", consciente o no, las que han siempre exacerbado un antisemitismo latente.

Otto Weininger notaba en 1902 respecto de sus antiguos congéneres: "El judío no cree que haya nada verdadero e inmutable, santo e invulnerable. Por esto es eminentemente frívolo y se burla de todo; no cree en el cristianismo de ningún cristiano, y todavía menos en la honradez del bautismo de un judío[324]."

Esto no es cosa nueva, pues esa ironía y esa tendencia a ridiculizar la fe de los cristianos ya había sido sentida como una especie de insolencia por los autores de la Edad Media. Así, en la época de Carlomagno, el arzobispo de Lyon Agobardo había hecho de esa singularidad judía el título de su tratado: *De Insolentia judaeorum*: "De la insolencia de los judíos". Es una lástima que León Poliakov no haya mencionado ese libro en su monumental *Historia del antisemitismo*, pues es uno de los factores que explican la problemática. Cabe subrayar, en cualquier caso, que existen constantes en la historia que se remontan a épocas bastante lejanas en el tiempo. Es llamativo, en efecto,

---

[324] Otto Weininger, *Sexo y Carácter*, Ediciones Península, Edicions 62 s|a, Barcelona, 1985, p. 317

comprobar que los caracteres que observamos hoy en día en nuestros contemporáneos son también los que notaban los analistas de épocas muy remotas.

Pero la insolencia sólo es un aspecto de esa audacia, que es uno de los rasgos característicos del judaísmo. En los asuntos filosóficos o políticos, el judío es alguien "atrevido". De hecho, son perfectamente conscientes de esa facultad, que ellos llaman "*chutzpah*", y que les lleva naturalmente a formular las teorías más estrafalarias, a construir sistemas de pensamiento totalmente nuevos, a pedir una audiencia al papa, a querer destronar el sultán, o a invertir cientos de millones de dólares en un proyecto gigantesco.

Ya vimos, efectivamente, como el "Mesías" Shabtai Tzvi viajó a Estambul imaginándose que podría destronar el sultán. Algo similar hallamos en el novelista Philip Roth, cuando éste se imagina negociando con el papa: "¿Cuándo Philip Roth y el Papa se entrevisten y nos resuelvan todos los problemas[325]?"

El padre de la idea sionista, Theodoro Herzl, también fue locamente audaz al sentar las bases de la ideología de lo que se convertiría en el Estado de Israel. Sus contemporáneos eran a menudo escépticos acerca de sus proyectos de crear un Estado judío en Palestina. Pero se suele ignorar que antes de hacerse el paladín del sionismo, el hombre que había observado que la integración de los judíos en las sociedades europeas era imposible, había sopesado la posibilidad de convertir en masa a todos los judíos para que así desapareciesen: "Quería dirigirse al papa León XIII, para pedirle su protección...En 1893, quiso organizar una conversión solemne de todos los judíos de Viena en la catedral de Santo Estevo, y en 1895, todavía apuntaba en su diario: "Por lo demás, si quisiera ser algo, sería un noble prusiano de vieja raigambre[326]"." Volveremos más adelante sobre este tipo de conflicto interno de la personalidad y de la identidad, que es otra de las numerosas manifestaciones de la ambivalencia del judaísmo.

En su *Historia de las crisis de identidad judías*, León Poliakov citaba el caso de Benjamín Disraeli, el que fue durante un tiempo en el siglo XIX el Primer ministro de Inglaterra. Había expuesto su programa de acción política en tres novelas: *Coningsby*, *Sybil* y *Tancred*, en las que algunos vieron una provocación en la cara del Imperio inglés: "Reivindicaba su pertenencia al pueblo elegido, escribía Poliakov, exigiendo por ello un trato de favor y la promoción política de sus

---

[325] Philip Roth, *Operación Shylock*, Debolsillo Penguin Random House, Barcelona, 2005, p. 186

[326] Léon Poliakov, *Histoire des crises d'identité juives*, Austral, 1994, p. 145

correligionarios. Justificaba esa pretensión de tal forma que causaba escándalo. Disraeli elevaba los "Semitas" a la categoría de "aristocracia de la naturaleza"."

Estas insolencias le valieron muchos ataques y pullazos: "Thomas Carlyle, el ilustre crítico, se indignaba a causa de esas "charlatanerías judías", y se preguntaba "¿cuánto tiempo John Bull permitirá a ese mono absurdo bailar sobre su panza?" Pero esos ataques verbales no impidieron que fuera elegido a la Cámara de los Comunes: al contrario, en 1847 pronunciaba un discurso en esa misma Cámara para exigir la admisión de los Judíos[327]."

León Poliakov nos traía otro testimonio interesante, proveniente del filósofo Salomón Maimón. Éste había nacido en Polonia en 1754, y fue influenciado por el filósofo alemán Moses Mendelssohn y la filosofía de la Ilustración[328]. Provocador y escéptico, se burlaba de sus propios congéneres que todavía vivían en esas comunidades regidas desde hacía siglos por las leyes rabínicas. Salomón Maimón se mofaba con gracia del Talmud y de algunos de sus raciocinios: "Por ejemplo, ¿cuántos pelos blancos puede tener la vaca pelirroja para que siga considerándose pelirroja?" o "¿Está permitido matar un piojo o una pulga el día del sabbat?"

Pero es cierto que Salomón Maimón estaba algo enemistado con su propia comunidad. Siendo un judío racionalista, sentía una desconfianza instintiva hacia los "místicos" del jasidismo. León Poliakov narraba la siguiente anécdota: "Habiendo asistido a una fiesta en casa de Dov Baer, el dirigente de la secta jasídica, aquello en seguida le disgustó: ese "Maestro", al enterarse de que la mujer de uno de los fieles había dado a luz a una niña, ordenó que se atizara el desgraciado, lo cual fue ejecutado inmediatamente. Salomón Maimón juzgó severamente esa secta, destacando sus rasgos más caricaturescos: "Deseosos de hacerse pasar por unos auténticos cínicos, algunos de

---

[327] Léon Poliakov, *Histoire des crises d'identité juives*, Austral, 1994, p. 97

[328] Moses Mendelssohn fue el fundador del movimiento intelectual judío llamado *Haskalá*, que en hebreo significa iluminismo o ilustración, y que pretendía la integración de los judíos en la sociedad europea mediante cierta apertura y reforma política del judaísmo. Mirabeau, francmasón y célebre líder de la Revolución francesa, escribió en 1787 una obra titulada: *Sobre Moses Mendelssohn, sobre la reforma política de los judíos*. Varios autores confirman que Mirabeau fue el principal vínculo entre el iluminismo alemán y la masonería francesa. De hecho, Mirabeau escribió varias páginas sobre los Illuminati en su obra *De la monarquía prusiana* y dejó constancia de su gran conocimiento de ese país en su *Historia Secreta de la Corte de Berlín*. Sobre estas cuestiones y la masonería léase Alberto León Cebrián, *Las Revoluciones masónicas*, Bubok, 2015. (NdT).

ellos pecaban contra las reglas de la decencia, corrían por todas partes en cueros con sus simples atributos y satisfacían sus necesidades naturales en público, etc[329]"…"

Los espíritus cosmopolitas sienten un desprecio insondable hacia todo lo que tiene que ver con lo "sedentario" y el "arraigamiento". Y ese desprecio los lleva al convencimiento de que pueden hacer comulgar con ruedas de molino aquellos que pretenden embaucar. Es así como pudimos escuchar el intelectual y ensayista Alain Minc decir que los inmigrantes eran "hoy en día poco más numerosos que hace quince años" y que representaban "una parte de la población más pequeña que en los años treinta[330]." Con el mismo talante, Daniel Cohn-Bendit había declarado que "para frenar la xenofobia, lo mejor sería aumentar, y no querer disminuir, el número de extranjeros[331]." Y con el mismo formidable descaro decía, además: "En Alemania, como en Francia, no hay nada mejor que una frontera cerrada para que el número de extranjeros aumente y transforme la emigración transitoria en poblamiento definitivo[332]." Efectivamente, ese tipo de fronteras cerradas no escasean en Europa.

La *chutzpah* tiene aquí una finalidad política: se trata de alcanzar los objetivos a toda costa, y todo vale para engañar a la gente que se quiere convencer de aceptar la sociedad sin fronteras. Cualquier lector un poco instruido y observador puede legítimamente pensar que esos intelectuales tienen el don de tomar la gente por imbéciles y suscitar el enfado. Pero en democracia, la presión del sistema mediático es tal que impide que las personas no enteradas se den cuenta del disparate de ese tipo de argumentos proferidos por intelectuales que se pavonean en todos los platós de televisión.

Si bien el espíritu cosmopolita rechaza la idea de frontera y milita incansablemente a favor de su desaparición, sabemos que se trata primero y ante todo de un plan político-religioso, que no tiene otro objetivo más que obrar para la instauración del Imperio global y apresurar la venida del Mesías. Hemos notado ese doble lenguaje de los intelectuales judíos, que consiste en incitar a los demás a renegar de sus tradiciones, mientras que ellos conservan y cultivan los valores tradicionales del judaísmo.

Ahora bien, detener la mirada sobre este punto del fenómeno sería sin duda superficial. Debemos comprender que esa mentalidad

---

[329] Léon Poliakov, *Histoire des crises d'identité juives*, Austral, 1994, p. 55

[330] Alain Minc, *La Vengeance des nations*, Grasset, 1990, p. 11

[331] Daniel Cohn-Bendit, *Xénophobies*, Hamburg, 1992, Grasset, 1998, p. 43-45

[332] Guy Sorman, *Esperando a los bárbaros*, Seix Barral, 1993, Barcelona, p. 31

corresponde precisamente a su propio sistema de valores. Pues la identidad judía es, en realidad, fundamentalmente fluctuante, ambigua y ambivalente, a pesar de todas las profesiones de fe de los pensadores judíos que pretenden así tranquilizarse y justificar su "misión". Si bien se ha encarnado en un pueblo elegido cuyas fronteras étnicas son bastantes imprecisas, el judaísmo es por ende ante todo una idea que desdeña las fronteras terrestres, intelectuales o sociales[333]. La personalidad judía está siempre en los límites, rayando los lindes, siempre con un pie en cada lado, pero sin tocar el suelo.

"El judío es el encargado de borrar los límites. Es el polo opuesto del aristócrata, pues el principio fundamental de la aristocracia es la estricta observación de todos los límites entre los hombres...A ello debe atribuirse la falta de formas en sus relaciones con los demás y la carencia de tacto social."

Otto Weininger notaba así otro aspecto de esta ambivalencia fundamental de la personalidad judía: "El servilismo ha desaparecido dejando su lugar a su reverso, que siempre le acompaña, la insolencia-, ambos son funciones alternativas de la voluntad en el mismo individuo[334]."

La audacia de los judíos es además una razón del éxito de algunos miembros de la comunidad judía, especialmente en los negocios, pero también una causa de tensiones y conflictos debido a la incomprensión que puede suscitar cuando la insolencia se tiñe abiertamente de desprecio hacia los goyim. El asesino Pierre Goldman, por ejemplo, no dudo en aprovecharse de la credulidad de los goyim para librarse de una condena, haciéndose pasar por el "chivo expiatorio[335]" de una justicia y de un Estado "racista".

El estafador Jacques Crozemarie, presidente de la Liga contra el cáncer, que sólo entregaba el 26% del dinero donado por los franceses, manifestó él también en 1996 ese descaro fenomenal cuando declaró ante las cámaras de televisión: "Sería un criminal si hubiese embolsado algo, pero miren mis honorarios de representación, ¡son nulos! ¡Ni tan siquiera me reembolsan las cuentas del restaurante!" (programa de televisión *Secrets d'actualité* del 26 de marzo del 2006). Incluso llegó a poner en tela de juicio la competencia de los magistrados del Tribunal

---

[333] "Están obsesionados con la abstracción", explicaba Danny Balint, un joven cabeza rapada, que era en realidad un judío que se había vuelto violentamente antisemita. Véase la película *Danny Balint* (EEUU, 2001), de Henry Bean.

[334] Otto Weininger, *Sexo y Carácter*, Ediciones Península, Ediciones 62 s|a, Barcelona, 1985, p. 307, 308, 310

[335] El "chivo expiatorio" es una figura bíblica muy importante del judaísmo.

de Cuentas. "¡No saben contar!" En el tribunal, durante el juicio, "le echa la bronca a la presidenta, echándole en cara de no hacer nada contra el cáncer[336]".

La mejor manera de salir de un apuro es, evidentemente, negar la realidad, mentir descaradamente con un aplomo a toda prueba. El filósofo André Glucksmann explicaba así, el 1 de abril del 2006 en un popular programa de televisión (*Tout le monde en parle*), que durante la guerra había visto su madre mentir con aplomo a las autoridades. Esa "insolencia", declaró - término que él mismo empleó- fue una lección que nunca olvidó.

Este descaro monumental alcanzó su esplendor en una estafa extraordinaria acaecida en el año 2005, narrada en el diario *Libération* del 7 de octubre. El 25 de julio, justo después de los atentados mortales de Londres, la directora de una sucursal bancaria recibió una llamada de un hombre que se hacía pasar por el presidente del banco, Jean-Paul Bailly: "La DGSE[337] nos ha pedido colaborar, le dice éste. Unos terroristas preparan un atentado en París y van a sacar dinero en vuestra sucursal. Un agente de la DGSE os va a llamar. Haga todo lo que le pida."

Una hora después, "Jean-Paul, de los servicios franceses", telefonea a la jefa de la sucursal bancaria, le atribuye un nombre en clave, "Martine", exige la confidencialidad y envía la pobre Martine cumplir su primera misión: "Vuestra línea telefónica no es segura. Tiene que conseguir un móvil que sólo servirá para nuestras comunicaciones. Este es un número que llamaréis para dar el vuestro." Martine corre comprarse un móvil, y luego deja su número en el contestador automático de Jean-Paul. Éste la vuelve a llamar: "Pase lo que pase, debe mantener este móvil encendido día y noche".

Según uno de los investigadores, Gilbert C. bombardea Martine con continuas llamadas, unas cuarenta en dos días. La inunda de informaciones acerca del trabajo de la DGSE para hacer fracasar un atentado inminente. La llama a todas las horas, incluso por la noche, hasta tal punto que Martine ya no duerme. "Si no contesta lo suficientemente rápido, le echa la bronca. Si ve que duda, la machaca. Le repite continuamente: "Sobre todo no hable con nadie de esto." La presiona al máximo. Martine está hecha polvo."

Una vez bien condicionada, Martine obedecerá a todo, persuadida de estar "trabajando para la nación". Jean-Paul le ordena entonces: "Encienda el ordenador. Dígame los nombres de los cinco mayores

---

[336] Sobre Crozemarie, léase *Las Esperanzas planetarianas y La Mafia judía*.
[337] Servicio de Inteligencia francés. (NdT).

clientes de vuestra sucursal." Martine obedece. Según las investigaciones, el estafador designa entonces uno de los cinco nombres al azar como el financiador de un atentado inminente y avisa que alguien va a sacar esa tarde 500 000 euros de esa cuenta. Pero la jefa de la sucursal le anuncia que sólo hay 350 000 euros. Jean-Paul se cabrea: "Verdaderamente, ¡usted no es nada operativa!" Martine llora, vacía todos los cajones y los cofres, y consigue finalmente 8000 euros más. Jean-Paul acaba por claudicar y acepta los 358 000 euros: "Ahora, vaya a comprar una maleta. Os volveré a llamar." Luego de comprar la maleta, Martine recibe la llamada de Jean-Paul: "Antes de entregarle el dinero al cliente, debemos magnetizar los billetes para rastrear todo el circuito del financiamiento del terrorismo y desbaratar toda la red. Coja un taxi..." A continuación, le ordena bajarse en una cafetería de la Plaza de la Nación: "¿Ve usted mis agentes? - No." Martine no ve nada. "OK, están bien escondidos, trabajan bien. Siéntese en la terraza."

Unos minutos más tarde, vuelve a llamar: "Baje al lavabo y enciérrese ahí." Martine baja al lavabo. La vuelve a llamar: "Un agente golpeará tres veces la puerta del cuarto de baño, entréguele la maleta, vuelva a la terraza y espere diez minutos a que se la devolvamos." Toc toc toc. "Martine, entregue la maleta", dice Shirley, una cómplice de Gilbert C., que acaba llevándose así el botín.

Martine regresa entonces a la terraza del café y espera...Esperará varias horas antes de caer en la cuenta y admitir los hechos como son. Agotada, se presenta ese 28 de julio ante la Policía Judicial, tras tres días de "terrible manipulación psicológica". Las primeras pesquisas de la Policía Judicial que rastrearon el número de teléfono desembocaron en "un número en Inglaterra volcado en Israel" y permitieron abortar una veintena de intentos de estafa similares en agosto del 2005 avisando a tiempo los banqueros.

Gilbert C. inventó entonces en septiembre una variante que le hizo ganar mucho más, logrando que los banqueros hicieran "transferencias internacionales" en cuentas supuestamente utilizadas por los terroristas. "Con su labia fenomenal, escribía la periodista, y su manera de persuadir los banqueros de que servían a su país en la lucha contra Al-Qaeda, el "cerebro" Gilbert consiguió que se transfirieran millones en las cuentas de sociedades pantallas creadas en Hong-Kong por sus testaferros. El 28 de septiembre, un banco desembolsó así 2,5 millones de dólares en Suiza, y 2,72 millones en Hong-Kong. Alertada por un banquero desconfiado, la Policía Judicial bloqueó los fondos. En cambio, dos transferencias que sumaban 7,25 millones de euros fueron transferidos el 29 de septiembre en cuentas en Estonia e inmediatamente ingresados por la "banda de Gilbert"."

Gilbert C., 40 años, y su hermano Simón, 38 años, los dos nacidos en París, viven hoy en día refugiados en Israel. Desde su escondite, Gilbert C. tuvo la desfachatez de mofarse de la Policía Judicial por teléfono: "No voy a regresar, no me voy a rendir, estoy protegido por Israel". Después de leer el relato de esta estafa, todo el mundo estará de acuerdo en reconocer que la palabra "caradura", comúnmente usada, es ahora un poco suave para calificar estas actuaciones. A menos, claro, que sea otra forma del famoso humor judío[338].

La mejor explicación de este fenómeno parece ser de naturaleza religiosa y moral. En efecto, sabemos que, en ciertas sectas cristianas místicas de la Edad Media, los adeptos, los "elegidos", se imaginaban estar por encima de las leyes, creyendo ellos también que "todo les estaba permitido". Esas manifestaciones de tipo anarquizante pueden ser calificadas de "antinomeas", si se entiende por "antinomismo" un movimiento de liberación respecto de la ley (nomos). De manera general, se puede catalogar bajo esa denominación todas las creencias o doctrinas que disminuyen o que niegan la importancia de las reglas morales para aquellos que han llegado a la "perfección".

Hubo también corrientes antinomeas a lo largo de la historia del cristianismo. En la época de la Reforma protestante, por ejemplo, surgieron sectas propiamente antinomeas, como los Anabaptistas de Münster en el siglo XVI. Ese fenómeno, que se propagó dentro del cristianismo, era en realidad, según Gershom Scholem, una copia del mesianismo judío:

"El mesianismo político y el milenarismo que desarrollaron importantes corrientes religiosas dentro del cristianismo es una réplica del mesianismo judío, escribía Scholem. Sabemos con qué firmeza esos movimientos fueron condenados por la ortodoxia, tanto del catolicismo como del protestantismo. Desde el punto de vista de los hechos, el reproche era sin duda bastante justificado." Esta situación se explicaba, proseguía Scholem, porque "el mesianismo y el milenarismo revolucionarios, tales como siempre aparecieron, por ejemplo, en los Taboritas, los Anabaptistas o en el ala radical de los Puritanos", ha "sacado su inspiración principalmente del Antiguo Testamento y no de las fuentes cristianas."

De hecho, en el cristianismo, la redención, que ya ha ocurrido, ha permitido de alguna forma calmar los espíritus, mientras que al contrario "las tendencias antinomeas están siempre latentes en el

---

[338] Se trataba en realidad de Gilbert Chiki (Léase *La Mafia judía*, Hervé Ryssen).

mesianismo utópico[339]" presentes en el judaísmo. Y esto es quizás un punto importante para comprender la mentalidad de algunos judíos de hoy en día que se comportan en algunos casos políticos, financieros o intelectuales como si, efectivamente, se sintiesen por encima de las leyes de este mundo[340].

El desprecio hacia el goy

El novelista yiddish Isaac Bashevis Singer nació en 1904 cerca de Varsovia en una familia jasídica. Emigró a Estados Unidos en 1935 y recibió el premio Nobel de literatura en 1978 en reconocimiento por toda su obra en la que describió la vida de los judíos de Europa central. En su novela titulada *El Esclavo*, publicada en 1962, nos daba una idea de la manera en que los judíos podían ver el mundo de los goyim. Esa historia narraba la vida de Jacob, un pobre judío en la Polonia del siglo XVII que fue vendido como esclavo a un campesino de las montañas, después de que los pogromos destruyeran su comunidad.

En medio de esos campesinos, Jacob nunca renegó de su judaísmo: "Los montañeses, habían querido casarlo con alguna de sus hijas, construirle una cabaña y convertirlo en miembro del pueblo, pero Jacob se había negado a abjurar de la religión judía." Así es como Isaac Bashevis Singer describía las campesinas polacas de aquella época:

"Lo perseguían noche y día. Atraídas por su alta figura, lo provocaban, charlando, riendo y comportándose casi como animales. Hacían sus necesidades en presencia de él sin el menor recato y continuamente se remangaban la falda para enseñarle picaduras de insectos en muslos y caderas. Jacob se comportaba como si fuese sordo y ciego, y no lo hacía solamente porque fornicar constituyese un pecado mortal, sino porque aquellas mujeres eran impuras, llevaban piojos en la ropa y siempre estaban despeinadas; muchas tenían la cara cubierta de granos y costurones, comían roedores y carroña de aves. Algunas apenas sabían hablar, gruñían como animales, gesticulaban con las manos, daban chillidos y reían como necias[341]."

Pero la hija del amo, Wanda, era sin embargo una campesina

---

[339] Gershom Scholem, *Le Messianisme juif*, 1971, Calmann-Lévy, 1974, p. 42, 48, 49. Véase de nuevo Anexo VI. 2

[340] Sobre las estafas: Hervé Ryssen, *Las Esperanzas planetarianas*, (2022) y *La Mafia judía*, (2022)

[341] En el judaísmo, el hombre judío es el *homo locuens*, el que habla. Bernard-Henri Lévy, en su libro sobre *Daniel Pearl*, muestra a los islamistas que "silban" como serpientes. (JMB)

distinta de las demás. "En comparación con aquellos salvajes, Wanda, la hija viuda de Jan Bzik, parecía una señorita de ciudad...A sus veinticinco años, era más alta que la mayoría de las mujeres. Rubia y de ojos azules, su tez era clara y poseía unas facciones armoniosas." Todos los campesinos la pretendían asiduamente.

Evidentemente, Wanda se enamoró del esclavo más instruido y fino que esos campesinos brutos y groseros: "Se enamoró del esclavo en cuanto lo vio..., la atracción que él ejercía sobre la joven no disminuía, y ella esperaba con impaciencia la llegada de la noche. La gente del pueblo murmuraba. Las mujeres se reían y hacían comentarios socarrones. Se decía que el esclavo la había embrujado."

La única criatura digna de respeto entre esos polacos era así prometida al judío, a pesar de las reticencias que éste último podía tener en contra de los goyim del pueblo: "En el pueblo abundaban los lisiados, chicos y chicas con bocio, con la cabeza deforme o desfigurados por marcas de nacimiento. También había mudos, epilépticos y tipos raros con seis dedos en cada mano o en cada pie." Hay que decir que los miembros de la familia de Wanda no valían mucho más que el resto de los campesinos: "La cabaña hedía, su familia se comportaba como si fuesen animales. A ninguno se le había ocurrido que podía bañarse en el arroyo que corría por delante de la casa[342]."

Sin embargo, Jacob no podía esposar una mujer de los goyim sin padecer grandes sufrimientos internos. Conocía muy bien lo que proclamaba "la ley talmúdica, según la cual cualquier miembro de la comunidad está autorizado a matar al hombre que cohabita con una gentil, [aunque] sólo podía aplicarse después de un aviso, y siempre que hubiera testigos del adulterio[343]." Sin embargo, "bastante pecaba ya al comer el pan de los gentiles. Su alma no toleraba más impureza."

Además, la situación se complicaba por el hecho de que "la ley judía prohibía que los gentiles se convirtiesen por causas ajenas a la fe." A pesar de todas esas dificultades, tuvo que admitir las cosas como eran: "Satanás se había puesto arrogante..., le pedía que se hiciera pagano entre los paganos y le ordenaba que se casara con Wanda o, por lo menos, se acostara con ella."

Esa sociedad polaca era realmente repulsiva. Observen al cura entrar en la taberna del pueblo: "La taberna se hallaba casi en ruinas. El tejado estaba roto y las paredes cubiertas de hongos...No había

---

[342] Isaac Bashevis Singer, *El Esclavo*, 1962, Epublibre, editor digital German25 (2014), p. 35, 45, 46, 64, 97, 98

[343] El Talmud también dice: "Los herejes, los delatores y los apóstatas han de ser bajados a un pozo y olvidados ahí." (*Avodah Zarah, 26b*)

pavimento. Uno de los clientes se levantó y se fue a orinar en un rincón, sobre un montón de basura. La hija de Zagayek se echó a reír enseñando unas encías sin dientes...Se oyeron pisadas fuertes, gruñidos y resuellos. Dziobak, el cura, entró en la taberna. Era un hombre bajo, de hombros anchos...Sus ojos eran verdes como la uva crespa, sus cejas, como cepillos, la nariz, gruesa y moteada de negro, y el mentón, hundido. Dziobak llevaba la sotana cubierta de manchas. Andaba encorvado, renqueando, apoyándose en dos gruesos bastones. Los sacerdotes van rasurados, la cara de éste presentaba unos pelos negros, gruesos y ásperos como cerdas...Dziobak tenía una voz hueca que parecía salirle del pecho como del fondo de un barril- Sí, uno necesita un trago para quemar al diablo." Escuchen a continuación el cura Dziobak propagar el odio contra los pobres judíos: "Abrió

su boca de rana, dejando al descubierto un diente largo y negro." La tabernera le ponía al tanto de la conversación antes de su llegada: "Estábamos hablando del judío que Jan Bzik tiene en las montañas. Dziobak se puso furioso. -Me gustaría saber para qué hay que hablar tanto. Subid y despachadlo de una vez en nombre de Dios[344]."

Leyendo Isaac Bashevis, pareciera que todos los polacos eran igual de repugnantes. Los nobles no parecían valer más que los campesinos o los curas: "Siempre estaban borrachos. Los campesinos les besaban los pies y, a cambio, recibían unos cuantos golpes con la fusta. Las muchachas volvían a casa con la camisa ensangrentada, y al cabo de nueve meses parían bastardos."

Jacob nada tenía en común con esa chusma humana. Era un judío, y, como todos los judíos, era educado, inteligente y lleno de finura. "Para ocupar su tiempo enumeraría los doscientos cuarenta y ocho mandamientos y las trescientas sesenta y cinco prohibiciones contenidas en la Torá. Aunque no las sabía de memoria, sus años de destierro le habían enseñado que la memoria humana es muy avara." Así pues, se fue a la montaña y empezó a grabar en la roca las seiscientas trece prescripciones de la Ley: "Era un trabajo lento. En la piedra grababa frases, fragmentos de frases y palabras sueltas. La Torá no había desaparecido. Permanecía oculta en los recovecos de su mente."

Sus pensamientos eran profundos, muy alejados de las preocupaciones de esos vulgares polacos: "Ahora advertía cosas que antes se le escapaban, y que una ley de la Torá generaba una docena de leyes de la Mishná, y cinco docenas de la Guemará; en los comentarios

---

[344] Isaac Bashevis Singer, *El Esclavo*, 1962, Epublibre, editor digital German25 (2014), p. 117, 131, 147, 163, 108, 112

más recientes, las leyes eran tan numerosas como las arenas del desierto[345]."

Desgraciadamente, desde que había ido a la montaña con el rebaño de Jan Bzik, Jacob se encontraba forzosamente con los demás pastores. Un día vinieron hasta él para invitarle a beber y a bailar con ellos: "El hombre baboseaba, tartamudeaba y pronunciaba mal. Sus camaradas estaban borrachos y reían y voceaban sin tino, sujetándose el estómago con las manos y revolcándose por el suelo... Aquella gente hedía; su olor era una mezcla de sudor y orina con la pestilencia de algo innominado, como si sus cuerpos estuviesen pudriéndose en vida. Jacob tuvo que taparse la nariz, mientras las muchachas reían hasta que se les saltaban las lágrimas. Los hombres se apoyaban los unos contra los otros y emitían gritos semejantes a ladridos." En un claro donde llevaron a Jacob, "unos músicos borrachos tocaban tambores, flautas, un cuerno de carnero...Sin embargo, el auditorio estaba demasiado intoxicado para hacer otra cosa que revolcarse por el suelo, gruñir como cerdos, lamer la tierra y murmurar a las piedras. Muchos yacían como cadáveres..."Bueno -se dijo-. Ahora ya lo he visto. Éstas son las abominaciones que movieron a Dios a exigir el aniquilamiento de pueblos enteros" ... Pero de pronto, al ver a aquella chusma, comprendió que existían formas de corrupción que sólo podían limpiarse con el fuego. En aquellos salvajes se manifestaban miles de años de idolatría. A sus ojos, dilatados y enrojecidos, se asomaban Baal, Astoret y Moloc."

Desde luego, esos cristianos primitivos se comportaban como bestias: "El pastor que le había dado la bebida soltó un alarido. -Dadle más. Que beba el judío. Llenadle el vaso. -Que coma cerdo gritó otro... Echaba espuma por la boca y maldecía...Sus camaradas juraban entre risas y proferían amenazas. - ¡Asesino de Dios! ¡Judío! ¡Tiñoso!"

"A pocos pasos de allí, un pastor saltó sobre una muchacha, pero estaba demasiado borracho para hacer nada. Ambos se retorcían y forcejeaban como perro y perra. Quienes los rodeaban se carcajeaban, escupían, se sonaban y azuzaban a la pareja."

Jacob era muy superior a esa gente infrahumana: "Mantenía con el Todopoderoso un debate constante. ¿Cuánto tiempo van a seguir los paganos dominando el mundo, mientras prevalecen el escándalo y la oscuridad de Egipto?"

Pero, sin embargo, la imagen de Wanda lo atormentaba día y noche. "Si bien sabía que todo aquello eran ardides de Satanás, Jacob

---

[345] Isaac Bashevis Singer, *El Esclavo*, 1962, Epublibre, editor digital German25 (2014), p. 119, 325

se pasaba el día pensando en ella, incapaz de dominar su deseo. Le avergonzaba desear de ese modo a una gentil, pero cuanto más trataba de ahogar su deseo, más crecía éste." Isaac Singer iba a recoger entonces esa hermosa flor del estercolero sobre el que creció, pues hay que tomar lo que hay de bello de esos asquerosos goyim: "Jacob despertó temblando, abrió los ojos y descubrió a Wanda tendida a su lado sobre la paja. Aunque el aire del establo estaba frío, sentía el calor del cuerpo de ella. Wanda se apretó contra él y le rozó la mejilla con los labios." Y Wanda acabaría por decirle: "Llévame con tus judíos. Quiero ser tu mujer y darte un hijo... Adonde tú vayas, yo iré. Tu pueblo será mi pueblo. Tu Dios será mi Dios."

Es bueno, y es sensato que los goyim renuncien a sus familias y tradiciones. Pero entrar en el judaísmo sólo es posible para las mujeres goyim dóciles y obedientes: "Pero no debes convertirte en uno de los nuestros porque me quieras, sino porque tienes fe en Dios." A lo que Wanda respondió: "La tengo, Jacob, la tengo. Pero tú has de enseñarme. Sin ti estoy ciega[346]."

El día de Navidad faltaba un hombre para completar el número de comensales, pero Jacob se negó con cabezonería: "Jacob se mantuvo inflexible. No se trataba de comida kosher; todo aquello era idolatría, y más valía morir que participar en semejantes ceremonias[347]. Permaneció en el granero y comió pan seco, como de costumbre[348]. A Wanda le dolía el que se aislara y escondiese de los demás. Las muchachas se burlaban de él, y también de ella, ya que Jacob era su amante. La madre habló claramente de la necesidad de librarse del maldito judío que había llevado la desgracia a la familia. Wanda tomaba más precauciones para visitarlo por las noches, pues sabía que los hombres querían hacerle daño[349]. Planeaban sacarlo del granero y obligarle a comer cerdo..."

Con todo y eso, la historia acababa bastante mal. Jacob consiguió extirpar a Wanda de su comunidad; se instalaron los dos en una pequeña ciudad de Pilitz, donde Sara- "su mismo nombre demostraba que se había convertido al judaísmo"- se hizo pasar por sorda y muda para que

---

[346] Isaac Bashevis Singer, *El Esclavo*, 1962, Epublibre, editor digital German25 (2014), p. 167, 50, 183, 200, 204, 237

[347] Talmud, *Iore Dea (112, 1)*: "Evita comer con los cristianos, genera familiaridad."

[348] Talmud, *Gittin (62a)*: "Un judío no puede entrar en la casa de un gentil en un día de fiesta y saludarlo, ya que parece que lo está bendiciendo en honor a su día de fiesta."

[349] ¡Atención! Golpear un judío, es como abofetear el mismísimo Dios en la cara" (*Sanedrín, 58b*). "Era otra vez la locura de Kafka diciendo que "aquel que golpea un Judío golpea la humanidad"." Bernard-Henri Lévy, *Le Testament de Dieu*, Grasset, 1979, p. 181.

no sospecharan de sus orígenes. "Si decía la verdad, Sara y él serían quemados en la hoguera."

Pero los dolores del parto harían que Sara no pudiera contener los gritos. Las demás mujeres quedaron atónitas ante la que creían que era sorda y muda: "¿Gritan los mudos? ¿Gritan de dolor? Sara lloraba y gritaba, pero no hablaba." Efectivamente, Sara lloraba, gritaba, y después hasta deliraba...en polaco: "El que habla es un dybbuk. -Un dybbuk ha entrado en Sara, gritó una voz en la calle oscura... ¿Quién eres? ¿Cómo has entrado en el cuerpo de Sara? -preguntó una mujer dirigiéndose al dybbuk... ¡Que traigan al rabino! -gritó una mujer-. Él le sacará el dybbuk[350]."

La pobre Sara moriría en el parto[351]. Jacob conseguiría escapar, exiliándose en Palestina con el bebé. Veinte años más tarde, regresó a Pilitz para ser enterrado junto a Sara. Su hijo se convirtió en profesor en una yeshivá en Jerusalén.

El famoso novelista Philip Roth resumió en pocas lineas el desprecio y el espíritu de venganza que rezuman bajo la pluma de intelectuales judíos estadounidenses como Appelfeld, Bernard Malamud, Norman Mailer o Saul Below: ""La palabra *goy* surgió...Era la palabra a que su padre acudía de vez en cuando para definir la estupidez irreversible". El gentil con quien comparten el mundo los judíos de tus libros decía Roth dirigiéndose a Appelfeld, suele ser la encarnación no sólo de esa estupidez irreversible, sino también de un comportamiento social amenazador y primitivo; el *goy* es un borracho que le pega a su mujer; el *goy* es un tipo medio salvaje, grosero y brutal, incapaz de controlarse...En otros casos, apuntaba Roth, el *goy* se describe en términos de espíritu pedestre...rebosante de salud. *Envidiable* salud. Como dice la madre de Cattails, refiriéndose a su hijo medio gentil: "No le pasa lo que, a mí, no está asustado. Por sus venas corre una sangre distinta, más tranquila"."

Pero "el retrato de *goy* más unilateral de la narrativa norteamericana está en *El dependiente* de Bernard Malamud. El *goy* es Frank Alpine, el vagabundo que saquea la pobre tienda de comestibles de un judío, Bober, y luego intenta violar a la aplicada hija de Bober." Finalmente, el susodicho acabaría "abjurando de la bestialidad *goy*." En *La Víctima*, la segunda novela de Saul Below, el héroe, judío neoyorquino, es perseguido por Allbee. Éste es: "un gentil inadaptado

---

[350] Isaac Bashevis Singer, *El Esclavo*, 1962, Epublibre, editor digital German25 (2014), p. 634, 491, 602, 609, 612, 615

[351] Talmud, *Orach Cahiim (330, 2)*: "No ayudamos a una mujer no judía a dar a luz en Shabat, ni siquiera haciendo algo que no implique la profanación del Shabat."

y alcohólico, no menos canalla y maleante que Alpine", escribía Philip Roth, quién añadía sobre Norman Mailer:

"Todos sabemos que en Mailer el sádico sexual se llama Sergius O'Shaugnessny, y el que mata a su mujer es Stephen Rojack, y el homicida impenitente no se llama Lepke Buchalter, sino Gary Gilmore[352]."

Recordaremos aquí las declaraciones de Albert Memmi: "La identidad judía está en general mucho más presente de lo que se cree en el comportamiento y en el pensamiento, incluso en las confesiones, de la mayoría de los Judíos[353]." Así pues, cuando un judío escribe una novela, debemos comprender que también nos envía un mensaje.

El espíritu de venganza

Ya pudimos comprobar, a través de las producciones cinematográficas, que los espíritus cosmopolitas no sólo se mueven por ideas generosas de Paz y Amor, y que, además, su empresa universal toma la forma de una incansable propaganda planetaria que revela un espíritu de venganza bastante característico. La venganza es en efecto un rasgo dominante del espíritu cosmopolita por razones que podemos hacer remontar simbólicamente a la destrucción del Templo de Salomón en Jerusalén. Naturalmente, este sentimiento de venganza aparece frecuentemente en la literatura.

Les Éditions des Belles lettres reeditaron en el año 2000, en la colección L'Arbre de Judée, un libro de Pierre Paraf, un autor que ya hemos mencionado más arriba. En esa colección de novelas titulada Cuando Israel amó, Paraf narraba la historia del General von Morderburg, ilustrando bastante bien esa mentalidad animada por el orgullo y la venganza.

El General von Morderburg lleva desde 1918 una vida tranquila y discreta. A sus setenta y cinco años, está jubilado del ejercito prusiano. Siendo un joven oficial, se había casado antaño con la condesa Josepha von Neuendorff: "A decir verdad, ese matrimonio no había dejado de suscitar en el joven capitán ciertas dudas y turbación. La madre de Josepha había nacido Goldschroeder y, como tal, ¿no sería descendiente de una familia de Judíos de Polonia...?"

Su hijo, el teniente Fritz von Morderburg, era "un joven alto de

---

[352] Philip Roth, Operación Shylock, Debolsillo Penguin Random House, Barcelona, 2005, p. 243, 244

[353] Albert Memmi, en la nota final del libro de David Bakan, Freud et la tradition mystique juive, 1963, Payot, 2001, p. 342

cejas negras." Éste "siempre había mostrado un carácter distinto de sus compañeros de escuela. Una extraña nostalgia le animaba, aunque él mismo no presentía su origen...¿De dónde provenían esos labios más sangrientos, esas pupilas más grandes, y esos ojos cuya profundidad reflejaban mares más voluptuosos que los de Pomerania?¿De dónde venía esos aires de rey desposeído que arrastraba sin querer por el viejo parque del castillo, en la rectitud austera de los cuarteles y hasta en la suntuosidad disciplinada de Postdam y Berlín?¿De dónde sacaba esa inquietante tendencia a compadecerse demasiado de los sufrimientos y aspiraciones de sus soldados que hacía decir a sus superiores: "el joven barón es un ideólogo? Sus padres no tenían ni el interés, ni la posibilidad de adentrarse en ese misterio. Fritz era fuerte, dulce y leal: ¡que más les importaba!"

El lector ya lo adivinó: Fritz no sabía nada de sus lejanos orígenes que le daban secretamente esa superioridad instintiva sobre esos brutos militares prusianos que le rodeaban. La vida se desarrollaba sin dramas en esa familia aristocrática, hasta el día en que el hijo informó a sus padres que quería casarse con una extranjera, una judía rusa: Raquel Davidova. Su padre, cortante y autoritario, no aceptó ese nefasto matrimonio y juzgó su hijo "indigno de llevar el uniforme e indigno de ser alemán." El general pronunció así brutalmente su sentencia: ""Nuestro hijo ha muerto...nadie en el castillo debe pronunciar su nombre. Nadie debe intentar volver a verlo. ¡Que se haga bailador o prostituto, si le place! Fritz von Morderburg ha desaparecido de este mundo." En la capilla del castillo, la baronesa rezó mucho tiempo. El general oía por las noches el ruido de sus sollozos sofocados."

Como vemos, las tradiciones prusianas no se dejaban llevar por la tolerancia. Esa rigidez iba evidentemente acompañada de un antisemitismo de lo más odioso, tal como lo imaginaba Pierre Paraf: El general "no concebía mayor orgullo que ser, quizás de todos los generales del Reich comandante de un ejército, el único en no haber dejado nunca pasar las vallas del castillo a un judío."

Fritz murió finalmente durante la guerra. Una carta de 1916 escrita por su amada Raquel revelaba efectivamente su naturaleza poco dada para las armas: "Un poeta, pensó el general indignado; ¡era lo que faltaba para nuestro pobre hijo! Un pacifista, un humanitario, gruñía tristemente el general. Un verdadero soldado puede tener miedo. ¡Pero evita confesarlo[354]!"

Parece ser que el recuerdo de su hijo no enternecía el corazón de

---

[354] Pierre Paraf, *Quand Israël aima*, 1929, Les Belles Lettres, 2000, p. 138-149, 169

piedra del barón prusiano. Sólo después de que Raquel Davidova se presentara en el castillo con una carta que Fritz había escrito antes de morir, el general tuvo remordimientos y comprendió lo trágico de la situación. En efecto, leyendo esa carta, comprendió que Fritz había renegado del Reich alemán para alistarse en el ejército austríaco con un falso nombre. El drama fue que con ese nombre sirvió bajo las órdenes de su propio padre, y que éste, al no reconocerlo, lo envío a morir al frente. El general Morderburg quedó entonces abatido por la noticia: "Nuestro Fritz está muerto. Está muerto por mi culpa...Yo soy su asesino. Lo maté dos veces. Primero expulsándolo del castillo, y luego, más tarde, esa mañana de marzo de hace ocho años, designándolo, sin haberlo reconocido, para ocupar una trinchera en Verdún."

La verdadera naturaleza humanista de Fritz asomó dentro de él antes de morir. Esto escribía a Raquel, la amada de su hijo: "Israel, cuya voz me impidieron escuchar tanto tiempo, Israel, tú que has despertado en mi alma, ese día, tú victoria será próxima. Y tú, querida Raquel, ¡tus padres del gueto no habrán sufrido en vano[355]!" En realidad, evidentemente, era el autor él que se expresaba aquí de esta forma.

El castigo infligido por el novelista a este general reaccionario era bastante severo, pues le hizo matar a su propio hijo. Los días pasaban lentamente para la vieja pareja abatida por el destino. El castigo ya era bastante duro; incluso cruel. Pero la fértil imaginación de Pierre Paraf tenía previsto otros suplicios.

El general von Morderburg acabó viudo y solitario. Un día, la municipalidad le solicitó para presidir la inauguración de un monumento en honor a los muertos de la guerra. Pero abrumado por las dudas y los escrúpulos, encerrado en su soledad y en su sufrimiento desde tanto tiempo, se juzgó indigno de semejante honor y prefirió rechazarlo educadamente. Esa actitud provocaría la indignación de la población y crearía un escándalo. El caso se comentó en la jerarquía militar, y el gobierno del Reich decidió suprimir su pensión de general pacifista. "La naturaleza se aprovecha para tomar pérfidamente su revancha", añadía amablemente Pierre Paraf, el cual parecía continuar así el relato de su venganza personal: "Cuando el general atraviesa, solitario y sombrío, las calles de Pommernberg, el alcalde evita saludarlo"; los niños se burlan de él, "su pobreza no conmueve a nadie."

Solo y desesperado, escribía finalmente a Raquel Davidova: """Señora, a pesar de que seáis judía y que los judíos no nos aprecien mucho, os ruego que, en memoria del teniente, cojáis el tren hasta

---

[355] Pierre Paraf, *Quand Israël aima*, 1929, Les Belles Lettres, 2000, p. 196

Pommernberg para reconfortar un pobre padre y decirle que su Fritz le amaba a pesar de todo...Y quizás el señor Barón os deje el castillo para recompensaros cuando muera". En sus mejías ardientes, el general von Morderburg sentía correr las lágrimas." Este interminable onceavo capítulo de este libro se titula sencillamente: *La victoria de Israel*. El viejo general murió en su cama. "Israel había amado. Israel había vencido[356]."

Esta historia "antirracista" podría haber terminado con esas palabras. ¡Pero no! Todavía se precisaba un último capítulo para saciar la sed de venganza que brotaba de la imaginación de Pierre Paraf. En efecto, ¡Fritz no estaba muerto! Aunque gravemente herido y mutilado, todavía estaba vivo. Allí estaba en el entierro del viejo general, en la carreta al lado de Raquel. Durante el cortejo fúnebre que atravesaba las calles del pueblo, el general fue abucheado hasta su tumba. Jóvenes gritaban: "¡A bajo Morderburg! ¡Viva Alemania! Y escupieron tres veces con desprecio."

En su calvario final, el general sólo tuvo una carroza fúnebre miserable. Además, el odio patriótico del populacho se cebó con él sin piedad. Pero entonces, una escena extraordinaria se produjo, como una aparición que impresionó la imaginación del pueblo: "El mutilado, arisco y esquivo, que hasta ese momento había permanecido inmóvil, se levantó del pequeño carruaje, arrancando los tejidos de lana que cubrían su rostro. Los asistentes se quedaron petrificados, creyendo que iba a hablar. Pero Fritz se contentó con alzar la mirada hacia ellos, y la expresión de sus ojos fue tal que las mujeres temblorosas se santiguaron, los jóvenes se callaron y bajaron la cabeza y los hombres regresaron a sus casas asustados[357]."

Lo habéis comprendido: esa muchedumbre de *goyim* estúpidos y embrutecidos acababan de comprender por fin quien era el nuevo amo. El estilo es un poco grandilocuente, pero el relato tiene el mérito de desvelar el trasfondo del espíritu cosmopolita. En hebreo, esas motivaciones se resumen con la siguiente formula: *"Laassoth nekama bagoïm"*; "Vengarse de los Gentiles[358]."

---

[356] Pierre Paraf, *Quand Israël aima*, 1929, Les Belles Lettres, 2000, p. 204, 217, 229

[357] "El lenguaje de los ojos tiene una gran importancia en la vida cotidiana- siempre quieren decir algo...Se puede devorar o asesinar con los ojos..."Mi hermano decía justamente que prefería cien veces que nuestra madre le arrancara los ojos a martillazos a recibir una solo mirada de nuestro padre."El peso de la mirada es inmenso en una cultura donde el mal de ojo es una amenaza constante." (Mark Zborowski, *Olam*, 1952, Plon, 1992, p. 324).

[358] Si bien este relato no es más que una reveladora ficción alambicada, estas motivaciones pueden a veces revelarse más claramente a raíz de acontecimientos

La rabia y la pasión por destruir

El escritor florentino Giovani Papini (1881-1956) era "uno de los más brillantes escritores de su época". Seducido en su juventud por el futurismo de Marinetti, acabaría siguiendo el ejemplo de numerosos judíos convirtiéndose sinceramente al catolicismo. En una novela titulada *Gog*, publicada por la editorial Flammarion en 1932, Papini resumió de una manera condensada el pensamiento antisemita de su época a través del monólogo de un extraño personaje, un tal Ben Roubi, el cual se presentaba a una entrevista de trabajo. Este texto, escrito por un intelectual judío, es un documento capital para comprender las crisis de identidad judías:

"¿Qué podía hacer el judío, pisoteado y mancillado de gargajos, para vengarse de sus enemigos? Rebajar, degradar, desenmascarar, disolver los ideales de los *Goyim*, destruir los valores con los que la Cristiandad pretende subsistir. Y, efectivamente, mirándolo bien, la inteligencia judía no ha hecho otra cosa en un siglo más que mancillar y socavar vuestras creencias, las columnas que soportan el edificio de vuestro pensamiento. Desde el instante en que los Judíos han podido escribir libremente, todo vuestro andamio espiritual amenaza con venirse abajo.

"El Romanticismo alemán había creado el Idealismo y rehabilitado el catolicismo: de repente irrumpe un pequeño judío de Dusseldorf, Heine, y emplea su inspiración jovial y maligna para mofarse de los románticos, de los idealistas y de los católicos.

---

históricos reales y trágicos. Escuchen sino a Joseph Roth, en su libro *Judíos errantes*, publicado en 1937, epilogar a modo de advertencia: "Sobre España pesa un anatema de los rabíes desde que los judíos tuvieron que abandonar ese país...Quizás me sea permitido en este punto referirme al acontecimiento más terrible acaecido en los últimos años, y precisamente en relación con mis informes acerca del anatema que, tras la expulsión de los judíos de España, fuera pronunciado por los rabinos: a la guerra civil española. Pocos serán, probablemente, los lectores que conozcan la versión según la cual *jerem*, el gran anatema, habría de expirar este año. Ni que decir tiene que no tengo derecho a permitirme establecer una clara relación entre lo metafísico y la muy cruel realidad. Pero sí lo tengo, en cambio, para hacer referencia a estos, cuando menos, chocantes hechos. No quiero dar por buena la formulación en virtud de la cual justo cuando el anatema expira da comienzo la mayor catástrofe que jamás haya conocido España. Lo único que quiero es señalar esta -ciertamente más que curiosa-simultaneidad; y aquel versículo de los Padres, que dice así: "El juicio del Señor amanece cada hora, aquí abajo y allá arriba". A veces pasan siglos, pero el juicio es indefectible." Esta es una manera de advertirnos, con un tacto esquisito, de que la venganza es un plato que se sirve frío. En Joseph Roth, *Judíos errantes*, Acantilado 164, Barcelona, 2008, p. 99, 123, 124. Respecto a la guerra civil española y al papel de los judíos, léase *El Fanatismo judío*. (NdT).

"Los hombres siempre creyeron que la política, la moral, la religión y el arte son manifestaciones superiores del espíritu, que nada tienen que ver con la bolsa y el estómago; llega un Judío de Treves, Marx, y demuestra que todas esas cosas muy idealistas crecen en el mantillo y estiércol de la baja economía.

"Todo el mundo imagina que el hombre genial es un ser divino, y el criminal un monstruo; surge entonces un Judío de Verona, Lombroso, y os demuestra de manera clara que el genio es un medio loco epiléptico, y que los criminales no son más que la manifestación de los atavismos de nuestros antepasados, y que por lo tanto son nuestros parientes próximos.

"Al final del siglo XIX, la Europa de Tolstoi, de Ibsen, de Dostoievski, de Nietzsche, de Verlaine, se vanagloriaba de ser una de las grandes épocas de la humanidad; aparece un Judío de Budapest, Max Nordau, mofándose de ellos y explicando que vuestros famosos poetas y escritores son unos degenerados, y que vuestra civilización está basada en la mentira.

"Cada uno de nosotros está persuadido de ser, por lo general, una persona normal y moral: he aquí que se presenta un Judío de Freiberg en Moravia, Sigmund Freud, y descubre que, dentro del más virtuoso y distinguido caballero, se esconde un invertido, un incestuoso y un asesino.

"Desde los tiempos del amor cortés y los trovadores platónicos, estamos acostumbrados a considerar a la mujer como un ídolo, como un vaso de perfección; interviene un Judío de Viena, Weininger, y demuestra científicamente y dialécticamente que la mujer es un ser innoble y repugnante, un abismo de inmundicia y de bajeza.

"Los intelectuales, filósofos y demás, siempre han estimado que la inteligencia es el único medio para alcanzar la verdad cuya búsqueda es la mayor gloria del hombre; surge un Judío de París, Bergson, y, con sus análisis sutiles y geniales, invierte la primacía del intelecto, desmantela el edificio milenario del platonismo, y concluye que el pensamiento conceptual es incapaz de abarcar la realidad.

"Las religiones son casi universalmente consideradas como el resultado de una admirable colaboración entre Dios y la facultad más elevada que posee el ser humano; pero un Judío de Saint-Germain-en-Laye, Salomón Reinach, se ingenia para demostrar que las religiones son un simple reducto de primitivos tabúes salvajes, de sistemas de prohibiciones con superestructuras ideológicas variables.

"Pensábamos vivir tranquilamente en un universo sólido y ordenado, basado en el tiempo y el espacio considerados distintos y absolutos; viene un Judío de Ulm, Einstein, y establece que el tiempo y el espacio son la misma cosa, que el espacio absoluto no existe y, al igual que el tiempo, que todo está basado en una relatividad perpetua y que el edificio de la vieja física, orgullo de la ciencia moderna, ha quedado destruido.

"El racionalismo científico estaba seguro de haber conquistado el pensamiento y de haber encontrado la llave de la realidad; aparece un Judío de Lublin, Meyerson, para disipar también esta ilusión: las leyes racionales no se adaptan nunca completamente a la realidad, pues siempre hay un residuo irreductible y rebelde que desafía el supuesto triunfo de la razón razonadora. Y se podría seguir.

"Y no hablo de la política, donde el dictador Bismark tiene como antagonista el Judío Lassalle, donde Gladstone ve como el Judío Disraeli le gana una y otra vez, donde Cavour tiene como brazo derecho al Judío Artom, Clemenceau, el Judío Mandel, y Lenin, el Judío Trotski. Fíjense como no puse de relieve nombres oscuros de segunda fila. La Europa intelectual actual está, en gran medida, bajo el dominio, o, si lo prefieren, bajo el hechizo de los grandes Judíos que he citado.

"Nacidos entre los distintos pueblos, dedicados a diversos estudios, todos, sean alemanes o franceses, italianos o polacos, poetas o matemáticos, antropólogos o filósofos, tienen un rasgo común, un objetivo común: poner en cuestión la verdad admitida, rebajar lo que está arriba, mancillar lo que parece puro, hacer vacilar y quebrantar lo que parece sólido, lapidar lo que se respeta. Ese efecto disolvente de los venenos que destilamos desde hace siglos es la gran venganza judía sobre el mundo griego, latino y cristiano. Los Griegos hicieron burla de nosotros, los Romanos nos diezmaron y dispersaron, los Cristianos nos torturaron y despojaron, pero nosotros, demasiado débiles para vengarnos por la fuerza, hemos llevado a cabo una ofensiva tenaz y corrosiva contra los pilares sobre los que descansa la civilización nacida en la Atenas de Platón y la Roma de los emperadores y de los papas. Nuestra venganza está a punto.

"Como capitalistas, dominamos los mercados financieros en una época en que la esfera económica lo es casi todo. Como pensadores, dominamos los mercados intelectuales, socavando poco a poco las viejas creencias, sagradas o profanas, las religiones reveladas al igual que las religiones laicas.

"El Judío reúne dentro de él los dos extremos más temibles; déspota en el ámbito de la materia, anarquista en el ámbito del espíritu. En el orden económico, sois nuestros servidores, y en el orden intelectual, nuestras víctimas. El pueblo al que se acusó de inmolar un

Dios ha querido a su vez inmolar los ídolos de la inteligencia y del sentimiento, y obligaros a arrodillaros ante el ídolo más poderoso, el único que ha quedado: el Dinero. Nuestra humillación, que va desde la esclavitud de Babilonia hasta la derrota de Bar-Kojba, perpetuándose en los guetos de la Edad Media hasta la Revolución francesa, nuestra humillación está por fin bien pagada. ¡Y el paria entre los pueblos puede ahora cantar el himno de una doble victoria!

"...Al hablar así, el pequeño Ben Roubi se había exaltado un poco: sus ojos chispeaban dentro de sus órbitas; sus delgadas manos hendían el aire; su voz, débil al principio, se hizo más aguda. Se dio cuenta que había hablado demasiado y se calló de golpe. Hubo un largo silencio. Al final, el doctor Ben Roubi, me preguntó con una voz tímida y suave: "¿Podría usted adelantarme mil francos sobre mis honorarios? Tengo que hacerme un traje y me gustaría pagar algunas pequeñas deudas que tengo" ...Cuando recibió su cheque, me miró con una sonrisa con la que pretendía ser fino: "No tome al pie de la letra las paradojas que solté esta tarde. Los Judíos son así: nos gusta hablar demasiado; y, cuando nos lanzamos, hablamos, hablamos...y acabamos siempre ofendiendo a alguien. Si os he ofendido en algo, os ruego que me perdonéis[359]"."

Este texto, indudablemente antisemita, se puede quizás explicar por el resentimiento de Giovanni Papini contra su antigua comunidad. Seguramente haya que ponerlo en la larga lista de judíos que padecieron ese famoso "odio de sí mismo", y que hicieron profesión de antisemitismo para liberarse de su pesada carga. Curiosamente, Papini llegó incluso a salpicar con sus invectivas al pobre Otto Weininger, que ya tenía el corazón bastante herido y destrozado. Pero más allá de estas consideraciones, es cierto que nos parece ver en este texto extraordinariamente explícito las mismas declaraciones que en Alain Minc, Viviane Forrester, Camille Marbo o Pierre Paraf, en las que la humillación del enemigo siempre precede la "victoria final".

La maldad

La imagen del judío siempre ha sido negativa en el mundo europeo hasta fechas recientes. Si ésta pudo evolucionar en un sentido mucho más positivo a lo largo del siglo XX, parece que sólo fue posible gracias al poder mediático que ha impuesto en la mente de los occidentales la imagen del judío perseguido. En su gran *Historia del antisemitismo*,

---

[359] Giovanni Papini, *Gog*, Flammarion, 1932, p. 75-79

León Poliakov recordaba que a principios del Renacimiento los cristianos tenían en horror a los judíos. Poliakov daba por ejemplo el testimonio de un burgués de finales de siglo XV que explicaba a su manera las persecuciones de los judíos:

"Los Judíos son duramente castigados de vez en cuando. Pero no sufren inocentemente, sufren por culpa de su maldad: porque engañan a la gente y arruinan los campos con su usura y con sus asesinatos secretos, como todo el mundo sabe. Es por eso que son tan perseguidos y no porque sean inocentes. No hay pueblo más malvado, más astuto, más avaro, más desvergonzado, más bullicioso, más venenoso, más colérico, más embustero e ignominioso[360]."

En el siglo siguiente, William Shakespeare popularizó en su teatro una imagen especialmente negativa del judío, encarnado en toda su dureza por el personaje de Shylock. El novelista estadounidense Philip Roth se desolaba recientemente de "la auténtica detestación de los judíos que movía a Shakespeare", y como había hecho de ese Shylock un usurero rapaz, despiadado y sin sentimientos, y que iba hasta sacar carne humana de su deudor para cobrar las sumas prestadas. En la obra de Shakespeare, en efecto, le vemos afilando su cuchillo para sacar la libra de carne en el pecho de Antonio.

"Para los públicos del mundo entero, Shylock es la encarnación del judío...Aquel judío brutal, repelente y villano, retorcido por el odio y por la venganza pasado a convertirse en nuestro doble, ante la ilustrada conciencia de Occidente... ¿Recuerda usted lo primero que dice Shylock? ¿Recuerda esas tres palabras? ¿Qué judío sería capaz de olvidarlas? ¿Qué cristiano, capaz de perdonarlas? "Tres mil ducados"...Esos judíos repelentes y odiosos...cuya persistencia en cuanto villanos, tanto en la historia como en el teatro, carece de parangón; el prestamista de nariz ganchuda, el degenerado egoísta, miserable, loco por el dinero, el judío que se reúne con los suyos en la *sinagoga* para maquinar la muerte de los cristianos virtuosos...Ése es el judío de Europa, el que los ingleses arrojaron de sí en 1290, el que los españoles expulsaron en 1492, el que padeció el terror por mano de los polacos, el que diezmaron los rusos, el que incineraron los alemanes, el que rechazaron los británicos y los norteamericanos mientras rugían en Treblinka los hornos crematorios[361]."

Philip Roth sabía seguramente que el Shylock de Shakespeare fue puesto en escena en 1600, y que, por consiguiente, no pudo de ninguna

---

[360] Léon Poliakov, *Histoire de l'antisémitisme, Tome I*, Points Seuil, 1990, p. 360, 361
[361] Philip Roth, *Operación Shylock*, Debolsillo Penguin Random House, Barcelona, 2005, p. 316, 317, 318

manera influenciar los soberanos de los siglos precedentes para motivar la expulsión de los indeseables.

Otro famoso novelista estadounidense del siglo XX dejó un testimonio personal interesante. En su biografía, *Vueltas al tiempo*, Arthur Miller, describía así su abuelo materno, Luis Barnett: "Había sido propietario de una empresa floreciente en los años veinte, sin embargo, había ido adquiriendo fama de propenso a la acción directa. A los cabecillas sindicales de su contingente laboral los invitaba a subir hasta el final de una escalera y mientras hablaba con ellos del modo más juicioso, les propinaba un fuerte empujón para que sus cabezas chocasen y echaba a los atónitos individuos escaleras abajo." Así describía a los judíos que conoció en su entorno: "a los *cloakies* mezquinos y locos por el dinero, a los judíos que sólo se interesaban por los negocios[362]."

El filósofo Jacob Talmon confirmó esa dureza de carácter de algunos de sus congéneres: "Es indudable que la vehemencia excesiva de los judíos, típica de la necesidad constante de las minorías marginales de justificar su independencia con una afirmación de sí mismas, tiene una polaridad ambivalente: además de una vocación idealista por las cosas del espíritu, vemos en los Judíos una clase de egoísmo especialmente duro, agudo y sin escrúpulo[363]."

Sería sin embargo falso pensar que esta dureza sólo se manifiesta contra los *goyim*. Philip Roth, en *Operación Shylock*, se lamentaba amargamente de esa especificidad comunitaria:

"¿Por qué será que los judíos nos tratamos con tan pocos miramientos? ¿Por qué perdemos los judíos, estando entre nosotros, la cortesía normal en toda convivencia? ¿Por qué tenemos que magnificar todas las ofensas? ¿Por qué tiene que haber pelea cada vez que se producen una provocación? ...La falta de amor de los judíos por sus camaradas judíos – dijo Smilesbuger- es causa de mucho sufrimiento entre nuestro pueblo. La animosidad, la ridiculización, el puro y simple odio de un judío por otro... ¿Por qué? ¿Dónde están nuestra tolerancia y nuestro perdón, cuando se trata de los vecinos?¿Por qué hay tanta división entre los judíos?...Por culpa del enconado odio que los judíos se tienen mutuamente...Disputas encarnizadas, insultos verbales, murmuraciones maliciosas, cotilleos escarnecedores, mofas y befas, crítica destructiva, quejas constantes, condenas, desprecios... ¿Quién les ha metido en la cabeza a los judíos que siempre hay que estar hablando, cuando no gritando o haciendo chistes a costa de alguien, o

---

[362] Arthur Miller, *Vueltas al tiempo*, Tusquets, Barcelona, 1999, p. 15, 27
[363] J.-L. Talmon, *Destin d'Israël*, 1965, Calmann-Lévy, 1967, p. 32

desmenuzando por teléfono, durante una tarde entera, los defectos del mejor amigo?"

Esta maledicencia lleva un nombre: *loshon hora*. Philip Roth apuntaba aquí la dimensión patológica de la cosa. Esos Judíos que no podían dejar de hablar mal acudían a Freud, escribía Philip Roth:

"A Freud acudían como borregos los judíos con incontinencia verbal, y a Freud le soltaban unos *loshon hora* que llevaban sin salir de la boca de los judíos desde la destrucción del Segundo Templo[364]...Ahora bien: podría argüirse, con cierto cinismo, que decir *loshon hora* es lo que hace que los judíos sean judíos, y que no puede concebirse nada más judíamente judío que lo que Freud recetaba en su consulta a sus pacientes judíos."

"Si todo un santo de la tolerancia... llegó al extremo de felicitarse por su propia sordera, porque así no tenía que seguir escuchando *loshon hora*, imagine usted qué daños no podrá causar en la mente asustadiza del judío medio", observaba Philip Roth. El novelista, que soñaba con ver "los judíos libres ya de la turbulencia de sus propios desórdenes" y que no "difamaran ni despreciaran a sus camaradas judíos", se desesperaba por ver a su pueblo enmendarse: "Si durante un momento del tiempo no hubiera ni una sola palabra de *loshon hora* en boca de ningún judío...Si, todas a una, los judíos del mundo entero decidieran cerrar el pico durante un segundo...Pero dada la imposibilidad de que se produzca ni siquiera un segundo de silencio judío, ¿qué esperanza le queda a nuestro pueblo?"

Pero en Israel, la situación no es muy diferente que en la diáspora. "El *loshon hora* es cien veces peor en Eretz Yisroel, mil veces peor en Eretz Yisroel de lo que fue en Polonia...En Polonia estaba el antisemitismo, que por lo menos nos obligaba a silenciar las faltas de los camaradas judíos en presencia de los goyim. Pero aquí, sin tener que preocuparnos de los *goyim*, póngale usted puertas al campo...Se les ocurre algo que pueda generar odio: lo dicen. Se les ocurre algo que pueda generar resentimiento: lo dicen. ¿Un chiste a costa de alguien? Lo cuentan, lo ponen por escrito, lo incluyen en el siguiente telediario[365]."

También Isaac Bashevis Singer puso en boca de su personaje, en su novela *El Esclavo*, estas palabras: "No -dijo al fin-, hablar mal del

---

[364] *Loshon hora*: literalmente "lengua del mal": maledicencia, lengua de víbora, calumnia, mala lengua. El segundo Templo fue destruido por las legiones romanas de Tito.

[365] Philip Roth, *Operación Shylock*, Debolsillo Penguin Random House, Barcelona, 2005, p. 383-390

prójimo no puede ser un pecado tan grave como comer cerdo, o de lo contrario nadie se atrevería a hacerlo...Es más fácil no comer cerdo que dominar la lengua[366]."

En otra de sus novelas, *La Destucción de Kreshev*, Isaac Bashevis Singer presentaba otro testimonio sobre la dureza de los judíos en los shtetls de Europa central. La mujer de Shloimele, Lisa, culpable de adulterio con el cochero, iba a pagar muy duramente su desliz junto a su amante: "Según la sentencia, los pecadores debían recorrer todas las calles de la villa, detenerse delante de todas las casas para que cada hombre y cada mujer les escupieran y les echaran basura. La procesión empezó por la casa del rabino y fue siguiendo su camino hasta llegar a las casas de los miembros más miserables de la comunidad." Todo el mundo corría al encuentro de los culpables. Las mujeres se ensañaban con Lisa: "Era obvio que las damas de la sociedad funeraria se habían esmerado para lograr que la hija de una familia noble y rica sufriera el más alto grado de vergüenza y degradación...Las mujeres...salieron de sus casas para zaherir a los pecadores con gritos, lamentos, maldiciones y puños en alto...Aunque habían sido advertidos que no debían emplear la violencia, varias mujeres le pellizcaron y maltrataron. Una mujer vació sobre ella un cubo de orines, otra la apedreó con entrañas de gallina y, entre todas, la cubrieron con toda clase de porquería[367]."

Así pues, podemos entender que la hospitalidad hacia los extranjeros tampoco sea su fuerte; como se suele decir: "después de tanto tiempo ya se sabría..." Estas eran las opiniones de tres personalidades judías respecto a la hipotética acogida de extraterrestres en su comunidad. Sus respuestas a esta pregunta un poco descabellada son sin embargo interesantes y evocadoras de esa mentalidad irremediablemente cerrada a los *goyim* y a los extranjeros. El periódico *Courier international* de julio de 1997, tradujo el artículo del diario israelí *Jerusalem Report*: "¿Y si los Marcianos existieran? Las leyes que en la Torá son válidas para los no-judíos, ¿también se aplicarían a los no-humanos inteligentes?" He aquí pues las contestaciones de esos "grandes pensadores judíos" al respecto:

Harold Schuweis es rabino en California. A la pregunta: "Cuál sería la reacción judía ante el primer contacto?, éste respondía: "...Tomemos, por ejemplo, el debate que causa estragos sobre el verdadero sentido de Levítico XIX, 18: "Ama tu prójimo como a ti

---

[366] Isaac Bashevis Singer, *El Esclavo*, 1962, Epublibre, editor digital German25 (2014), p. 440, 441

[367] Isaac Bashevis Singer, *La Destruction de Kreshev*, 1958, Folio, 1997 p. 84, 85. Traducción versión PDF libre, *La Destrucción de Kreshev* p. 28, 29

mismo." En nuestra comunidad, numerosas autoridades afirman que "tu prójimo" quiere decir "tu prójimo judío", otros desean limitar el sentido de "tu prójimo judío" a los judíos que son "hermanos en el respeto de la fe". Este es el punto al que algunos de nosotros han llegado hoy en día; así que, ¿qué pueden esperar extraterrestres de sangre verde?"

Moshe David Tendler es rabino, profesor de microbiología en la Universidad Yeshivá de Nueva York. A la pregunta: "¿Podrían los extraterrestres convertirse al judaísmo?", respondía: "Alguien me preguntó un día lo que pasaría si consiguiéramos programar un ordenador para que fuera capaz de elegir, y éste deseara convertirse al judaísmo. Le respondí que primero deberíamos llevarlo al *mikveh* (baño ritual), lo cual provocaría un corto circuito." Efectivamente, es extremadamente difícil para un goy, casi imposible, ser aceptado dentro de la comunidad judía. La cosa es más factible para una *shiksa*[368].

Robert Sheckley, un autor de ciencia-ficción varias veces galardonado respondía así: "¿Qué significaría el descubrimiento de vida extraterrestre para el judaísmo? -No me extrañaría, respondía, que los extraterrestres que desembarcasen un día en la tierra fuesen propensos al antisemitismo. Mi primera reacción sería decir: ¡Lo sabía! Siempre sentí que había algo en nosotros que se le atragantaba a la creación. Para un judío sería algo maravilloso, algo por lo que valdría la pena ser condenado al ostracismo. Si nos diéramos cuenta de que todo el Universo nos odia, eso haría de nosotros un pueblo todavía más excepcional."

El odio hacia los "otros"

Ciertamente, los judíos se complacen en cultivar su singularidad. Pero para ellos, el culto de la "memoria" conlleva un sentimiento de venganza muy marcado, tal como pudimos ver a través de las producciones literarias y cinematográficas. Vemos también como desde la destrucción de Alemania en 1945, los judíos no son dados al perdón: más de cincuenta años después de los hechos, siguen persiguiendo los responsables y llevando a ancianos ante los tribunales. Sabemos que Elie Wiesel ha trabajado continuamente para perpetuar el recuerdo del holocausto en los supervivientes de las cámaras de gas. En un estilo siempre un poco grandilocuente y ampuloso, escribía: "La memoria del silencio, les decía, la celebro; pero el silencio de la memoria, lo

---

[368] *Shiksa*: termino peyorativo para designar una mujer goy.

recuso[369]." La memoria, el recuerdo de los sufrimientos y las adversidades pasadas son en efecto una poderosa argamasa comunitaria que permite mantener los lazos de sangre: "¡*Zakhor!*", "¡Acuérdate!", dice la Biblia.

El caso viene de lejos. Vimos con Abravanel como los judíos nunca digirieron realmente la destrucción del templo, y como pretenden vengarse de cualquier adversario que rechace la Ley de Israel, personificado en la Biblia con el nombre de Amalek. Así es como Marek Halter escribía: "" Recuerda lo que te hizo Amalek...No lo olvides...", me repitió ciento sesenta y nueve veces la Biblia. Incluso si quisiera, ¿cómo podría olvidarlo, si la historia nunca me ha dejado olvidar?" "¿Perdonar? Pero "¿por qué perdonaríamos a aquellos que se arrepienten tan poco y tan raramente de sus monstruosos crímenes?" se preguntaba Vladimir Jankelevitch[370]."

El académico Maurice Rheims confirmaba esta mentalidad: "Evidentemente, hay un tiempo para el perdón. Pero entonces, recuerdo la marca del gueto, las hogueras, los pogromos. Odiar no es muy cristiano. Pero cristiano, tampoco lo soy. Sería bueno que lo consultara con el cardenal, el mío, el académico. Santo varón, tuvo que entrenar mucho para alcanzar la absolución. Por lo que a mí respecta, en este mundo, yo no perdono[371]."

Un novelista menor como Boris Schreiber consiguió expresarlo con más vehemencia aún. Nacido en Berlín en 1924 en una familia judía emigrada, vivió de nómada entre Francia y Estados Unidos. En *El Tornasol desgarrado*, expresaba sus sentimientos respecto a los criminales letones que operaban durante el régimen bolchevique en la Rusia revolucionaria. Acerca del famoso polaco Dzerjinski que se distinguió durante la represión, Boris Schreiber escribía:

"Su estado-mayor estaba compuesto sobre todo por polacos. Para los trabajos sucios, pesquisas, arrestos y las ejecuciones sumarias, reclutaba a letones. Principalmente letones. En Moscú, en esos años, temblábamos ante los letones. Iban con una gorra, vestidos con una chaqueta corta de cuero y con un revolver en el cinturón. Esas bandas de letones que llegaban en coches de noche comandados por un hombre igual de sensible que Robespierre...- ¡Cuando pienso a lo que hemos sobrevivido! ¿Letonia que se hace ahora la víctima? ¡Que se muera! ¡Que se muera ya! Los letones, asesinos con los bolcheviques, asesinos con los nazis. ¡Y el Occidente imbécil que los compadece, que los

[369]Elie Wiesel, *Mémoires, tome I*, Seuil, 1994, p. 443
[370]Marek Halter, *La force du Bien*, Robert Laffont, 1995, p. 215, 110
[371]Maurice Rheims, *Une Mémoire vagabonde*, Gallimard, 1997, p. 69

mima! Reventar, ¡eso es lo que tienen que hacer!"

Los furores de Boris Schreiber contra los letones presentan evidentemente la ventaja de silenciar la responsabilidad aplastante de los revolucionarios judíos en las atrocidades cometidas durante ese periodo, tal como Solzhenitsyn lo demostró. Pero el odio de Boris Schreiber no sólo se limitaba a los letones. En efecto, tampoco parecía apreciar "esa innoble Polonia":

"En esos países, escribía, sólo existe un consenso: el odio hacia los Judíos." Es cierto que los judíos son mejor vistos en Francia que en Polonia: "Al menos en Francia, estamos tranquilos: es Occidente, es la civilización...Aquí, somos anónimos. ¿Quién conoce nuestra religión aquí? Pero en Polonia, como en todos los países del Este, es imposible ser anónimo. Todos reconocen a los Judíos[372]." Lo ideal, efectivamente, es poder actuar sin ser reconocidos o identificados.

Guy Konopnicki también era originario de Polonia; y él tampoco parecía apreciar especialmente los habitantes de ese país: "Me habían contado que mi familia venía de una ciudad del Este donde los Judíos llevaban barbas, hablaban yiddish... que llamaban ese país Polonia y que les inspiraba más repulsión que nostalgia[373]."

Sin embargo, tampoco hay que pensar que Guy Konopnicki considere a los franceses mejor que a los polacos. Si bien Francia le acogió a él y a su familia, al cabo tampoco merece más gratitud que los demás pueblos europeos, a juzgar por las palabras de agradecimiento que escribió en el epígrafe de su libro *El lugar de la nación*, en el que mencionaba aquellos que merecían su estima y a los que dedicaba su libro:

"A los Senegaleses del Camino de las Damas[374], a los Árabes de Monte Cassino, a Michel Manouchian y a Max Rayman, a los antifascistas alemanes, italianos y españoles, a los judíos extranjeros arrestados por la policía francesa" y también: "A Stendhal, que prefería vivir en Italia, y naturalmente, a mi madre judía austro-polaca nacida en Alemania y auténtica vendedora de boinas francesas, y por fin a mi padre, que dio a este país cuarenta y nueve años de trabajo más cuatro años de resistencia sin por ello cobrar la misma pensión que Maurice Papon[375]." Para él, Francia, que le había acogido, no merecía ninguna

---

[372]Boris Schreiber, *Le Tournesol déchiré*, Éd. François Bourin, 1991, p. 185, 293

[373]Guy Konopnicki, *La Place de la nation*, Olivier Orban, 1983, p. 13

[374]Camino que conducía al frente en Verdún durante la Primera guerra mundial. (NdT)

[375]Maurice Papon: fue un político y alto funcionario francés que ocupó diversos cargos en la administración entre 1931 y 1981. En 1981, el diario *Le canard enchaîné* denunció la colaboración documentada de Papon con los nazis mientras era funcionario del

consideración.

Pierre Paraf también expresó esa desconfianza instintiva de los judíos y su aversión hacia los extranjeros por la boca de algunos de sus personajes de novela:

"El *jazán*[376] me espeto gravemente sus mandamientos sentenciosos a la cara: "Nunca olvides, me dijo, que eres un buen judío, y desconfía del *goy*, incluso cuando está en el ataúd... y sobre todo, no olvides poner unos *mezuzot*[377] en cada habitación donde vayas a vivir, de poner en tus brazos y en tu frente los tefilines[378], y guárdate de tocar bajo ningún pretexto un crucifijo[379]"."

Los crucifijos y la religión católica son, en efecto, especialmente objeto de gran aversión. Pudimos ver como los cineastas cosmopolitas habían realizado numerosas películas de propaganda al respecto con el único propósito de ridiculizar y de mancillar el catolicismo, así como suscitar el desprecio y aborrecimiento de esa religión. El filósofo Jacob Talmon nos confirmaba que los judíos más influyentes habían obrado a favor de la laicización de las sociedades europeas. La instauración de la República en Francia en 1870 representó naturalmente un gran paso hacia delante: "Los judíos de los tiempos modernos han preconizado en todas partes si no la separación de la Iglesia y del Estado, al menos el derecho de libertad de consciencia, y han reclamado secularizar la política y la vida política[380]."

Más recientemente, pudimos comprobar cómo en otros países europeos menos descristianizados que Francia, la acción de judíos influyentes seguía siendo la misma. Así, Amos Luzzatto, presidente de la Unión de las comunidades judías de Italia, pidió a finales de agosto del 2005 la supresión de todos los crucifijos y objetos católicos de los lugares públicos, al considerar que esos símbolos eran ofensivos para las demás religiones[381].

---

régimen de Vichy y su participación en la persecución de judíos durante la Segunda Guerra mundial, por lo que fue procesado y condenado a prisión como criminal de guerra en 1998. (NdT)

[376] Jazán: el que recita en la sinagoga.

[377] Los mezuzot son pequeños estuches que contienen dos versículos del Pentateuco, fijados verticalmente en los marcos de las puertas de las viviendas. (NdT).

[378] Tefilín, de téfila, rezo. Filacterias: pequeñas envolturas de cuero que contienen tiras de pergamino con pasajes de la Biblia y que los judíos llevan atado al brazo izquierdo y en la frente durante ciertos rezos. (NdT).

[379] Pierre Paraf, *Quand Israël aima*, 1929, Les Belles lettres, 2000, p. 26

[380] J-L. Talmon, *Destin d'Israël*, 1965, Calmann-Lévy, p. 152

[381] Leído en la carta de Emmanuel Ratier, *Faits et Documents* (1 de septiembre del 2005).

Pierre Paraf, que fue cofundador de la Liga contra el antisemitismo (hoy en día Licra), y Jacob Talmon, fueron todavía más explícitos en sus palabras, expresando claramente su odio de la religión católica y la venganza secular que se planeaba contra la civilización cristiana: "Tantos de nuestros hermanos con la marca del gueto gimen debajo del látigo cristiano. ¡Gloria a Dios! Jerusalén los reunirá un día; ¡tendrán su revancha como todos los desheredados[382]!" Esto era exactamente lo que escribía Jacob Talmon: "Los Judíos tienen unas cuentas pendientes sangrientas muy antiguas que saldar con el Occidente cristiano[383]." Esto también es el "verdadero rostro de Israel".

En su *Historia del antisemitismo*, León Poliakov mencionó el caso famoso del filósofo Baruch Spinoza, el cual hacía recriminaciones en contra de su propia comunidad. En el *Tratado teológico-político*, Spinoza escribía: "Respecto a que los judíos han subsistido tantos años dispersos y sin Estado, no es nada extraño, una vez que se separaron de todas las naciones, hasta el punto de concitar contra sí el odio de todas." (capítulo III)

Spinoza escribía, además: "El amor de los hebreos a la patria no era, pues, simple amor, sino piedad, que, junto con el odio a las otras naciones, era fomentada y alimentada mediante el culto diario, hasta el punto de convertirse en una segunda naturaleza. En efecto, el culto cotidiano no sólo era totalmente diferente (de donde resultaba que los hebreos eran absolutamente únicos y completamente aislados del resto), sino también totalmente contrario... un odio permanente, que arraigó en su interior más que otro ninguno, puesto que era un odio nacido de una gran piedad o devoción[384]"(capítulo XVII). Spinoza fue evidentemente excomulgado, repudiado por su comunidad en 1656.

Dos cientos años después, otro gran pensador de origen judío, Karl Marx, diría algo similar en sus escritos de 1843: "La humanidad debe emanciparse del judaísmo...No son los judíos a los que hay que matar, sino a Yahvé, su Dios. No hay religión que celebre tanto el odio que el judaísmo."

---

[382]Pierre Paraf, *Quand Israël aima*, 1929, Les Belles lettres, 2000, p. 19

[383]J-L. Talmon, *Destin d'Israël*, 1965, Calmann-Lévy, p. 18

[384]Léon Poliakov, *Histoire de l'antisémitisme, Tome I*, Points Seuil, 1990, p. 226. Baruch Spinoza, *Tratado teológico-político*, Altaya, 1997, Barcelona, p. 132, 371

2. El antisemitismo

En las primeras páginas de su libro sobre las causas del antisemitismo, Bernard Lazare identificaba el problema suscitado por la presencia de los judíos en una sociedad extranjera: "El antisemitismo ha florecido en todos los lugares y en todos los tiempos", observaba. Los judíos "han sido, sucesiva e igualmente, maltratado y odiado por los alejandrinos y los romanos, los persas y los árabes, los turcos y las naciones cristianas...la raza judía ha sido objeto del odio de todos los pueblos en medio de los cuales se ha establecido. Ya que los enemigos de los judíos pertenecían a las razas más diversas, vivían en países muy apartados los unos de los otros, estaban regidos por leyes diferentes y gobernados por principios opuestos, no tenían ni el mismo modo de vivir ni las mismas costumbres y estaban animados por espíritus disímiles que no les permitían juzgar de igual modo todas las cosas, es necesario, por lo tanto, que las causas generales del antisemitismo siempre hayan residido en el mismo Israel y no en quienes lo han combatido[385]."

Pero los intelectuales judíos no son todos tan honestos como Bernard Lazare. Éste último figura, junto a unos pocos más, como una excepción al margen del judaísmo, si no es que son directa y llanamente rechazados por su comunidad y acusados de padecer del "odio a sí mismo".

Inexplicable antisemitismo

Los judíos son perfectamente conscientes de que forman un pueblo a parte que siempre fue rechazado por los demás. En todas las épocas y en todas las latitudes. Pero el antisemitismo constituye para ellos un fenómeno difícilmente explicable, a juzgar por lo que pudimos leer.

Elie Wiesel habló al principio de sus *Memorias* de las persecuciones sufridas por los judíos en Rumanía, el país de su infancia, durante el periodo de entreguerras: "Cada vez que la "Guarda de Hierro" antisemita levantaba la cabeza, escribía, nosotros bajábamos la

---

[385]Bernard Lazare, *El Antisemitismo, su historia y sus causas*, (1894). Ediciones La Bastilla, Edición digital, 2011, p. 5, 6, 7

nuestra. Aparecían pintadas en las paredes: "¡Zsidans (judíos) en palestina!" Granujas con las caras desencajadas por el odio se abalanzaban sobre los judíos en las calles, arrancándoles las barbas y los peyos (greñas). Los *"kuzistas"*, así se hacían llamar, eran unos nazis en versión rumana. Salvajes sedientos de sangre judía, un nada les bastaba para improvisar un pogromo en toda regla."

Nada permite explicar ese odio en el texto de Elie Wiesel, aparte de explicaciones grotescas: "Vivíamos en el terror, escribía. Nunca podíamos saber: los enemigos eran capaces de todo. Incluso imputarnos asesinatos rituales. Recuerdo una triste canción que cantaba mi madre: el de Tiszaeszlár. Un judío contaba sus penas: acusado de haber degollado un niño cristiano por motivos rituales, gritaba: "¡Malditos sean nuestros enemigos que pretenden que los judíos necesitan sangre para practicar su religión! Atravesaba esas adversidades sin sorpresa, casi sin sufrimiento, escribía Elie Wiesel. No estaba lejos de pensar para mis adentros: es su problema, no el nuestro."

Por lo visto, sin embargo, esas tensiones permanentes podían suscitar dolorosas preguntas: "Durante los periodos más oscuros, cuando la amenaza llevaba pesando demasiado tiempo sobre la comunidad, me hacía preguntas sencillas, si no simplistas, ingenuas, infantiles: ¿Por qué nos odian? ¿Por qué nos persiguen? ¿Por qué nos torturan y atormentan? ¿Por qué tanta persecución, tanta opresión? ¿Qué hemos hecho a los hombres para que nos quieran hacer tanto daño? Me confiaba a mis Maestros, también a mis amigos. Intentábamos comprender. La única respuesta de mis Maestros era hacernos leer y releer la Biblia, los profetas, la literatura martiriológica. Arraigada en el sufrimiento, pero anclada en el desafío, la historia judía describe un conflicto permanente entre nosotros y los demás. Desde Abraham, estamos de un lado y el mundo entero del otro. De ahí la animadversión que atraemos sobre nosotros."

Pero esas respuestas, sin duda muy insuficientes, no permitían apaciguar el espíritu de Elie Wiesel: "La supervivencia de mi pueblo seguía dejándome perplejo, escribía, al igual que el odio perenne en su contra seguía intrigándome[386]."

Leyendo a Elie Wiesel, pareciera que las persecuciones de las que eran víctimas los judíos de Europa central se declaraban de manera imprevisible, de forma totalmente incoherente, según el humor del invasor ocupante:

"Durante la Primera Guerra mundial, escribía, el ejército alemán

---

[386]Elie Wiesel, *Mémoires*, tome I, Seuil, 1994, p. 30-32

vino a rescatar a los judíos que, bajo la ocupación rusa, eran golpeados, escarnecidos, oprimidos por los Cosacos salvajes, cuya mentalidad y tradiciones religiosas se alimentaban de antisemitismo. Después de su marcha, nuestra región vivió un periodo de calma. Los oficiales alemanes eran educados, serviciales y cultivados[387]." Pero esto no fue efectivamente más que un corto periodo de calma, pues en seguida los alemanes también empezaron a perseguir a los judíos, por razones todavía totalmente desconocidas: probablemente porque necesitaban un "chivo expiatorio".

En su libro *El Odio antisemita*, publicado en 1991, Serge Moati nos aportaba testimonios que coincidían con lo anterior. Interrogado por el periodista, el abogado Hajdenberg, que fue el responsable del Renacimiento judío en los años 70 en Francia, se hacía la misma pregunta: "Si un niño me preguntase: ¿"Por qué hay tanto resentimiento contra los judíos" ?, sería incapaz de darle una explicación razonable, objetiva." Los motivos del antisemitismo "son tan complejos, irracionales, que ningún dato objetivo permite combatirlos[388]."

El escritor Maurice Rheims, de la Academia francesa, tampoco veía ninguna causa racional del antisemitismo. En *Una Memoria vagabunda,* mencionaba las persecuciones enfocándolas desde la teoría del chivo expiatorio, la cual era finalmente la única explicación posible para él. Así pues, la humanidad necesitaría "a los judíos, hombres y mujeres sobre los que golpear para pasar su mal humor, fáciles de perseguir, torturar, masacrar y acusar de los siete pecados capitales. Quizás sea esa la razón que llevo el Señor a fabricar los judíos[389]." La explicación es quizás un poco corta, pero no dudamos de que satisface ampliamente los pocos lectores de Maurice Rheims.

El cardenal Jean-Marie Lustiger (Aaron Lustiger) también buscó las causas del fenómeno, pero no halló una explicación valida: "Hablé antaño con antisemitas, decía; lo intenté. Intenté entenderlos. Creo haber visto a través de qué mecanismos mentales llegaban a esas conclusiones extremas, horribles, en las que se complacían- pero jamás comprendí porque...El verdadero misterio es el delator, el traidor, el torturador, el verdugo, el agente de exterminación del sistema[390]."

El director de prensa Jean Daniel tampoco conseguía elucidar ese "misterio". En su obra titulada *La Era de las rupturas*, reconocía que el "pueblo elegido" debía a menudo pagar el precio de esa elección: "Sé

---

[387]Elie Wiesel, *Mémoires*, tome I, Seuil, 1994, p. 42

[388]Serge Moati, *La Haine antisémite*, Flammarion, 1991, p. 195

[389]Maurice Rheims, *Une Mémoire vagabonde*, Gallimard, 1997, p. 66

[390]Marek Halter, *La force du Bien*, Robert Laffont, 1995, p. 214

perfectamente que el precio de la elección es la persecución y que ese precio es aterrador. Esa pareja elección-persecución me es insoportable. Esa pareja contiene, a mi modo de ver, todo el misterio judío. Quiero decir que ese misterio, cuando me asedia, vela mi pensamiento en vez de enriquecerlo...Donde está ese pueblo sino en la persecución. Nadie ha conseguido nunca definirlo[391]."

Esto mismo nos declaraba el filósofo francés André Glucksmann, en su libro titulado *El Discurso del odio*, publicado en el 2004: "El odio hacia los judíos es el enigma entre todos los enigmas. Esa pasión destructiva atraviesa los milenios, reviste distintas formas, renace continuamente de las cenizas de los distintos fanatismos que la motivan...Para el antisemita, el objeto de su aversión sigue siendo un ovni. No sabe de quien ni de qué está hablando...El judío no es de ningún modo la causa del antisemitismo; hay que analizar esa pasión por y para sí misma, como si ese judío que persigue sin conocerlo no existiera...Dos milenios que el judío incomoda. Dos milenios siendo una pregunta viviente para todo el mundo. Dos milenios de inocencia, sin tener nada que ver con nada[392]."

El gran filósofo judío Emmanuel Levinas, el maestro espiritual de Bernard-Henri Levy, aportaba una explicación luminosa acerca de este extraño fenómeno que es el antisemitismo. Según Levinas, el antisemitismo es "la repugnancia hacia lo desconocido del psiquismo del otro, al misterio de su interioridad o, más allá de toda aglomeración de conjunto y toda organización en organismo, a la pura proximidad del otro ser humano, es decir a la sociabilidad en sí misma[393]." Un poco complicado de comprender para nosotros, a decir verdad.

Pero dejemos Jean-Michel Salanskis interpretar el pensamiento del gran filósofo:

"Emmanuel Levinas decía que, a través del hitlerismo, los judíos habían sido exterminados en calidad de "otro indiscernible", como personas conocidas por hacer notar una diferencia, pero cuya diferencia, precisamente, ya no se manifestaba por ningún carácter, imposibilitando así su localización. Interpretaba el odio hitleriano hacia los judíos como el odio secreto hacia el otro hombre en general que los

[391] Jean Daniel, *L'Ère des ruptures*, Grasset, 1979, p. 113

[392] André Glucksmann, *Le Discours de la haine*, Plon, 2004, p. 73, 86, 88. "Jamás olviden que el antisemita, por definición, no sabe de lo que habla." (Stéphnae Zagdanski, *De l'Antisémitisme*, Climats, 1995, 2006, p. 35)

[393] Emmanuel Levinas, *L'au-delà du verset*, Minuit, 1982, p. 223, citado por Jean-Michel Salanskis, *Extermination, loi, Israël*, Les Belles Lettres, 2003, p. 140.

nazis habían hecho aflorar debajo del barniz de la civilización[394]."

Tenemos por fin aquí la explicación que faltaba a nuestro rompecabezas intelectual. Es, efectivamente, la única explicación valida, pues es indudable que no se puede racionalmente odiar únicamente a los judíos, sino a los hombres en general.

Esto era también lo que nos decía el premio Nobel Elie Wiesel, para el cual los antisemitas son los enemigos de toda la humanidad. Es sencillamente imposible que unos individuos puedan racionalmente ser hostiles a los judíos, y solamente a los judíos, pues no existe ninguna razón para ello:

"Es así y nada se puede hacer al respecto, escribía: el enemigo de los judíos es el enemigo de la humanidad. E inversamente. Matando a los judíos, el asesino mata más que judíos. Empieza con los judíos, pero luego la tomara inevitablemente con las otras etnias, religiones o grupos sociales...Matando a los judíos, los asesinos emprendían el asesinato de toda la humanidad[395]."

El análisis de Clara Malraux concordaba totalmente en este punto: "La persecución es menos dura de soportar cuando uno sabe que es total y absolutamente injustificada y que, por ello, el enemigo se transforma en enemigo de la humanidad[396]."

Hay que partir por lo tanto de la inocencia intrínseca de los judíos si queremos comprender su manera de percibir los acontecimientos. Esto significa que matar un judío, inocente por naturaleza, es atacar a cualquier persona inocente o cualquier otra comunidad; y es por lo tanto definirse como enemigo de la humanidad. Pero también existe otra interpretación, más clásica, que parte del postulado de que los judíos se definen como la única verdadera humanidad; las demás naciones no serían, según una conocida formula del Talmud, más que "la simiente del ganado".

Clara Malraux (nacida Goldschmidt) era la esposa del célebre escritor André Malraux, que fue también ministro de cultura del general De Gaulle. Analizando la sociedad alemana después de la caída de Napoleón, señalaba como los judíos soportaban todavía en aquella época muchas molestias, incluso a veces pogromos: "Errando de aquí para allá, expulsados de Austria para ser masacrados en Polonia, maltratados de todas las maneras posibles en una Alemania rencorosa...En la Prusia de Federico II, únicamente dos puertas estaban

---

[394]Jean-Michel Salanskis, *Extermination, loi, Israël*, Les Belles Lettres, 2003, p. 72

[395]Elie Wiesel, *Mémoires, tome II*, Éditions du Seuil, 1996, p. 72, 319

[396]Clara Malraux, *Rahel, Ma grande soeur...Un salon littéraire à Berlin au temps du Romantisme*, Editions Ramsay, Paris, 1980, p. 15

abiertas para los judíos; para cruzarlas debían pagar un derecho cuyo importe era voluntariamente el mismo que el de una cabeza de ganado...Todo esto a pesar de que Federico II hubiese tomado algunas medidas benévolas a favor de aquellos desdichados."

Clara Malraux observaba también a su pesar que la animosidad contra los judíos no había cesado tras el paso de las tropas napoleónicas en Alemania. "Ya en 1816, estallaron manifestaciones antisemitas. En 1819, hubo un pogromo en todo su horror, con golpes, heridas, y saqueos de tiendas."

Evidentemente no existe ninguna explicación válida que aportar para explicar las persecuciones contra esos "inocentes". Sin embargo, no todos los judíos de Berlín eran tratados tan duramente, ya que, por ejemplo, la famosa Rahel Levin recibía en su salón la más prestigiosa sociedad de su época: Goethe, Hegel, Beethoven y el poeta Heinrich Heine eran invitados que ella trataba con familiaridad y a los que "influenciaba[397]". El padre de Rahel, escribía Clara Malraux, "formaba parte de los judíos tolerados. Ejercía la doble función de orfebre y banquero." Todo no iba tan mal pues, al menos para algunos judíos que podían enriquecerse y prosperar cómodamente.

Pero es cierto que el pueblo llano no parecía apreciar el pueblo elegido tanto como la aristocracia berlinesa. El libro de Clara Malraux nos informaba al respecto de algunas recriminaciones lanzadas en su contra. Los judíos eran considerados como "culpables, criminales, asesinos, adúlteros y pecadores, que no debían ser admitidos en las guildas de los buenos y leales comerciantes."

Quizás tengamos aquí el principio de una explicación a ese extraño fenómeno que atraviesa la historia de toda la... ¡humanidad! En la página 136, leíamos que el asesinato de un escritor que no parecía agradar al pueblo de Israel había provocado como respuesta una serie de medidas represivas: el "asesinato...de Kotzbue, un escritor mediocre, espía al servicio de Rusia... permitió a los dirigentes tomar las más infames medidas contra los judíos, entre otros[398]." Empezamos a ver más claro en el asunto. Sólo había que ordenar un poco los acontecimientos.

En *El Crimen y la memoria*, publicado en 1989, el escritor Alfred Grosser también se preguntaba acerca del fenómeno antisemita: "Que en Alemania, y luego fuera de Alemania, se haya destruido miembros y

---

[397]Clara Malraux, *Rahel, Ma grande soeur...Un salon littéraire à Berlin au temps du Romantisme*, Editions Ramsay, Paris, 1980, p. 13-17

[398]"Los Goyim que intentan descubrir los secretos de la Ley de Israel cometen un crimen pasible de pena de muerte." (*Sanedrín, 59a*)

portadores de una civilización nacida de siglos de progresos culturales, que se haya podido considerar como infrahumanos a filósofos, compositores, arquitectos y premios Nobel de toda clase, he aquí algo que constituye un escándalo tan grande para el espíritu que una singularidad resulta de ese mismo escándalo[399]."

Para Alfred Grosser, los judíos son perfectamente inocentes de cualquier reproche que se les pueda hacer: "Es abusivo hablar de reconciliación judeocristiana, tal como dicen las Iglesias aún demasiado a menudo. Verdaderamente, no veo en que los judíos tendrían que hacerse perdonar de los cristianos", escribía en la página 236.

Y, sin embargo, unas páginas más adelante, Alfred Grosset presentaba él mismo algunas explicaciones refiriendo las palabras antisemitas de un tal "padre Bailly", el cual escribía en 1890: "Un hombre de corazón nos escribió: "¿No sería necesario hacer una petición que firmasen todos los franceses que desean deshacerse del yugo que los oprime y pedir al parlamento: 1- Que los judíos no puedan tener dos nacionalidades y regresen al estatuto de extranjeros en Francia? 2- Que los extranjeros que perturban la paz del país y siembran la discordia entre las diversas clases de ciudadanos atizando el odio y la división, sean expulsados de Francia" (página 59).

El antisemitismo de la época era netamente perceptible en los periódicos "reaccionarios". Así, *La Sociología católica* publicó, en su número de marzo-mayo de 1898 un artículo titulado: "La cuestión judía considerada desde el punto de vista de la raza y de las costumbres", en el que se podía leer: "Los necios, los atolondrados y los escritores vendidos a los judíos intentan conmovernos con el destino de éstos. Sus desdichas han sido el justo castigo por su abominable comportamiento..." (página 60).

Los puntos suspensivos de M. Grosser ocultan al lector las causas de la animadversión que parecen haber suscitado sus congéneres. Esto podría haber sido un punto de partida de explicación. Pero quizás M. Grosser prefirió seguir el ejemplo de Elie Wiesel, el cual escribía con franqueza al principio de sus *Memorias*:

"Quiero avisaros que tengo la intención de omitir algunos acontecimientos: aquellos que atañen a mi vida privada y a la de otros, y aquellos que amenazan con poner en apuros a amigos o conocidos y, en general, aquellos cuya revelación podría perjudicar al pueblo judío[400]." A fin de cuentas, esta es una buena contestación.

---

[399]Alfred Grosser, *Le Crime et la mémoire*, Flammarion, 1989, p. 75
[400]Elie Wiesel, *Mémoires, tome I*, Éditions du Seuil, 1994, p. 28

Los judíos y el comunismo

En su libro titulado *El Odio antisemita*, el periodista Serge Moati daba la palabra a algunas personalidades antisemitas de diferentes ámbitos para intentar comprender mejor la naturaleza de su delirio. En Rusia, interrogó Valery Liemelianov. El fundador histórico del movimiento Pamiat ("la memoria"), "muy relacionado con los movimientos antisionistas de los países árabes", vive hoy en día en Moscú. Éste explicaba[401]:

"Desde 1917, el KGB estaba trufado de judíos. El gulag, descrito por Solzhenitsyn, fue creado por judíos, concretamente por el judío Trotski y por el judío Smirnov. Solzhenitsyn acusa Stalin en vez de atacar a los judíos. El sifilítico Lenin no era más que una marioneta entre sus manos...En setenta y tres años de comunismo, los judíos han liquidado aquí cien millones de personas, de las cuales treinta y siete millones en los tiempos del sifilítico Lenin... Los judíos machacan las otras nacionalidades, gozan de privilegios considerables. A pesar de que su porcentaje en la población sólo sea del 0,69%, invaden todas las posiciones claves de la sociedad: la administración, la cultura, la economía, la política, la religión...Los judíos han tomado el poder en 1917. Toda la élite de la revolución estaba compuesta por judíos[402]."

A principios de los años 1990, el movimiento Pamiat era dirigido por Dimitri Vassiliev, el más conocido y popular de los jefes nacionalistas rusos. Éste decía lo siguiente:

"¿Quién hizo la revolución? Nadie más que los judíos. Trotski, Zinoviev, Kamenev, Lenin. ¡Todos judíos! Han matado al Zar. Han destruido la Iglesia. El socialismo no es un concepto ruso, es un concepto extranjero. Marx fue bautizado, pero era judío." Y añadía: "Llevo combatiendo el sionismo desde hace más de quince años. Desde que empecé, perdí mi trabajo. Desde entonces, los servicios secretos me persiguen. La prensa me cubre de oprobio."

Estos dos testimonios, de los que afloraba una verdad demasiado horrorosa, no podían quedar sin una respuesta que hiciera contrapeso. Serge Moati se apresuraba así en contraponerse a esas declaraciones y atraer la atención del lector sobre los crímenes del periodo estaliniano:

"El Zar rojo Stalin sería ferozmente antisemita. Exterminaría una gran parte de la élite intelectual judía. Haría fusilar a los escritores de lengua yiddish y acabaría con toda la cultura judía. Un genocidio del

---

[401] Serge Moati empleaba aquí el verbo "eructar", pero esto no cambia nada a los hechos enunciados.

[402] Serge Moati, *La Haine antisémite*, Flammarion, 1991, p. 127

espíritu bajo los pretextos más inverosímiles. En enero de 1949, lanzaría la primera de una larga serie de campañas antijudías. El 12 de agosto de 1953, 24 escritores y artistas judíos serían fusilados. Durante el transcurso de un plan quinquenal, de 1948 a 1953, Stalin hizo desaparecer 238 escritores, 106 actores, 19 músicos, 87 pintores y escultores. Todos judíos...Afortunadamente, la muerte de Stalin, el 5 de marzo de 1953, puso un fin a esa montuosa operación[403]."

Pero el repentino antisemitismo de Stalin, que se manifestó después de la Segunda Guerra mundial, no debe ocultar la aplastante responsabilidad de muchísimos judíos fanáticos en las atrocidades espantosas cometidas durante los treinta primeros años del régimen. Si hacemos las cuentas, el antisemitismo repentino de Stalin después de la guerra es bastante irrisorio comparado con el interminable martirio del pueblo ruso. De hecho, la propia muerte de Stalin sigue sin haber sido dilucidada.

Serge Moati trataba a continuación el antisemitismo de Polonia en los años 80, tras cuarenta años de comunismo. Pero tampoco se alarmaba de enfrentarse a las mismas acusaciones proferidas por los antisemitas rusos. Por ejemplo, uno de sus corresponsales periodista le confesaba: "Hoy en día, el ambiente general de anticomunismo furioso está teñido de un fuerte antisemitismo. Se acusa a los judíos de haber dirigido el aparato estaliniano. Esto se explica fácilmente: buena parte de los intelectuales judíos, refugiados en la Unión Soviética para huir del nazismo, regresaron después de la Liberación en los furgones del Ejército rojo para tomar las riendas de su país. Es cierto que un gran número de judíos sinceramente comunistas han tratado de construir el socialismo."

Esta empresa no tenía nada de reprensible, pues a fin de cuentas "el comunismo ha encarnado el gran sueño de la modernidad." El internacionalismo proletario había sido "concebido y sentido como una apoteosis de la modernidad."

Que la teoría liberadora de la humanidad haya podido engendrar una sangrienta dictadura es un tema secundario, pues fue en nombre del ideal que la experiencia revolucionaria permitió rebasar los límites del ser humano. El fin justifica los medios.

Gabriel Meretik, un periodista francés de origen judío polaco justificaba ese discurso de esta manera: "Todas las élites polacas han sido diezmadas, y los Soviéticos se han apoyado sobre los comunistas judíos, cosmopolitas e internacionalistas, entregados a la Causa. Éstos

---

[403]Serge Moati, *La Haine antisémite*, Flammarion, 1991, p. 135-137, 131

eran leales y agradecidos al régimen de Moscú que les había permitido librarse de los campos de exterminio nazis. Se pusieron por lo tanto al servicio de esa utopía, una de las más nobles que esos judíos polacos podían imaginar: la felicidad y la igualdad para todos sobre la tierra."

Pero manifiestamente, el hecho es que muchos polacos no percibieron los acontecimientos de esa manera, y todos los artificios del lenguaje de Gabriel "Meretik" para denigrar la "pureza" de la nación no cambiarán nada. En efecto, éste explicaba que "los polacos vivían el comunismo como un cáncer trasplantado por los rusos con la ayuda de los judíos en el cuerpo de una nación sana y pura."

A falta de poder negar la evidencia, la conclusión de Serge Moati sobre este capítulo consistía en seducir el lector con los horrores del antisemitismo, un poco como lo hacen esas bandas sonoras angustiosas que realzan el horror de los documentales televisivos sobre la Segunda Guerra mundial, aun cuando las imágenes son a veces simplemente triviales: "En definitiva, es el regreso de los viejos temas a penas actualizados. En Polonia, última sociedad campesina de Europa del Este donde la tierra no ha sido nacionalizada, el judío es siempre percibido como la criatura cosmopolita de la ciudad maléfica, destructora de los valores tradicionales."

Esto le permitía caer de pie y afirmar: "Siempre se oye la misma cantinela: los judíos son los amos de la finanza internacional y de la prensa. Quieren comprar Polonia para esclavizarla...Los judíos, perfectos chivos expiatorios, han representado la diana ritual de una nación improbable cuyo territorio no ha dejado, a lo largo de los siglos, de ser objeto de disputas, invadido, troceado y ocupado por potencias extranjeras[404]..." Pero debemos insistir y preguntarle al señor Moati si es cierto que "muchos judíos" han tenido un papel de primer orden en los crimines espantosos cometidos bajo el régimen soviético. ¿Sí o no, señor Moati?

Pero, a fin de cuentas, todo eso está ya muy lejos de nosotros, y lo más importante es que los enemigos de ayer puedan perdonarse y reconciliarse. En este caso, el más débil tuvo que dar el primer paso. El 20 de mayo de 1991, Lech Walesa, el nuevo presidente de la república polaca, en visita oficial a Israel, pronunciaba estas palabras en la tribuna de la Knesset: "Hay entre los polacos gente que os dañó. Aquí, en Israel, en la cuna de vuestra cultura y de vuestro renacimiento, os pido perdón." Pero Serge Moati seguía siendo suspicaz acerca de ese arrepentimiento polaco: "Lech Walesa vino pues a buscar la absolución

---

[404]Serge Moati, *La Haine antisemite*, Flammarion, 1991, p. 99-106

en la tierra de Israel. ¿Bastará ese "perdón "solemne y colectivo rogado ante el pueblo judío? Sólo el pueblo polaco tiene la respuesta[405]."

¿Qué quiso decir Serge Moati con esa pregunta retórica, más que: "¿Bastará eso para calmar el odio y la sed de venganza del pueblo elegido contra Polonia?"

La cuestión es ahora saber cuánto tiempo se necesitará para que un representante de la comunidad judía pida perdón a los pueblos europeos por las decenas de millones de víctimas del comunismo de las que los doctrinarios y funcionarios judíos son directamente responsables.

El antisemitismo en Europa central ha sido analizado por otro intelectual francés. En 1990, inmediatamente después de la caída del comunismo, el ensayista Guy Sorman investigaba el origen del antisemitismo en Hungría en su libro titulado *Salir del socialismo*: "¿Por qué esa obsesión antisemita de los húngaros?, escribía. Efectivamente, ésta nunca cesó. En los años 1930, la *intelligentsia* de Budapest estaba dividida entre el "bando judío" y sus enemigos; cualquier otro debate era secundario. Fue en Hungría donde fueron adoptadas en 1938 - antes que en Alemania- las primeras leyes antijudías."

Sorman invertía la situación, convirtiendo a los comunistas en los responsables del resurgimiento del antisemitismo: "Después de la guerra, los comunistas han querido hacer creer que todo el pueblo había resistido al nazismo. No hubo por lo tanto un examen de consciencia colectivo, una catarsis, una explicación. No se planteó la pregunta; como todas las preguntas incómodas en una sociedad comunista, ésta fue tabú durante cuarenta años. Una vez que los comunistas se fueron la cuestión judía resurge públicamente[406]."

El lector perspicaz se da cuenta aquí hasta qué punto los comunistas húngaros tuvieron un papel perverso al disimular a sabiendas el antisemitismo húngaro durante la guerra, para exaltar así la victoria contra el fascismo. Sin embargo, unas líneas más adelante, Guy Sorman se veía obligado a mencionar, muy sucintamente, el papel de los judíos -de muchos judíos- en las atrocidades cometidas en la breve república comunista instaurada durante 133 días, bajo la presidencia de Bela Kun, al igual que el papel de muchísimos judíos en la administración del nuevo régimen comunista instaurado en 1948[407]:

"Algunos encuentran "justificaciones objetivas" de naturaleza histórico-políticas a ese antisemitismo permanente. Serían intelectuales

---

[405]Serge Moati, *La Haine antisemite*, Flammarion, 1991, p. 121

[406]Guy Sorman, *Sortir du socialisme*, Fayard, 1990, p. 250

[407]Sobre Hungría: *Las Esperanzas planetarianas* y *El Fanatismo judío*.

judíos los que habrían introducido el comunismo en Hungría: Bela Kun, jefe de la Comuna de 1918, era bolchevique y judío; Rakosi, jefe del gobierno estaliniano de 1948 también lo era."

Guy Sorman respondía con mucha soltura a esas viles acusaciones: "Se da el caso que actualmente son intelectuales judíos- Giörgy Konrad, Janos Kis- los que representan el liberalismo más intransigente. Ellos son los que exigen las privatizaciones, con el riesgo de dejar en el paro a los obreros menos calificados."

Guy Sorman se salía así por la tangente con el argumento de que las acusaciones antisemitas no eran fundadas por el simple hecho de que los judíos eran a la vez lideres bolcheviques y militantes encarnizados del liberalismo. En realidad, no hay nada contradictorio en ello, pues los dos sistemas obran conjuntamente para disolver las naciones y para el advenimiento del Imperio global, tan querido por los hijos de Israel. El ideal democrático resultaría finalmente mucho más eficaz que la rigidez de los sistemas comunistas para disolver los pueblos étnicamente homogéneos y favorecer el gran mestizaje universal. No es, por lo tanto, sorprendente ver como la mayor parte de los intelectuales judíos han operado su mutación con tanta facilidad. Ese era precisamente el tema de estudio de nuestro anterior libro, *Las Esperanzas planetarianas*.

Sin embargo, no dejaba de haber cierta amargura dentro del corazón de los húngaros por culpa de los responsables de las ignominias cometidas durante el régimen comunista; un resentimiento que se podría calificar efectivamente de "antisemita", y que sólo puede aumentar debido a las denegaciones desvergonzadas de los principales interesados.

Para Sorman, como comprenderá el lector, el antisemitismo no tiene ninguna justificación seria, siendo además que los judíos regresan de nuevo al país para aportar todo su genio y su inagotable creatividad, sin los que Hungría seguiría siendo un país de retaguardia:

"Hay que señalar aquí que, de forma general, el regreso de los intelectuales judíos constituyó el fermento de la vida cultural y política de toda Europa central", escribía Sorman. Dado que los judíos son inocentes de todo lo que se les reprocha, el problema sólo puede provenir de los húngaros, cuya ambigua identidad sería la causa de su agresividad: "Los intelectuales que caen en el antisemitismo, escribía Sorman, parecen defender especialmente la identidad nacional húngara precisamente porque ésta es imperceptible."

Esta tendencia a echar la culpa de sus propias taras sobre el pueblo judío no es una particularidad de los húngaros. Guy Sorman nos recordaba que ese defecto también afectaba a los españoles que habían expulsado a los judíos y a los moros en 1492: "Esa obsesión por la pureza de sangre magiara entronca con el mismo delirio que el de los españoles del siglo XV, cuando éstos expulsaron los moros. Al igual que los españoles de aquella época, los húngaros actuales son mestizos: Hungría fue atravesada durante siglos por los invasores de Asia, ocupada por los otomanos (exactamente igual a como lo fue España por los árabes), colonizada por los alemanes, los eslavos, los judíos, los serbios. En realidad, Hungría sólo tiene de húngaro su idioma."

Como lo habréis comprendido, es la falta de identidad propia lo que volvió agresivos a los húngaros y a los españoles en contra de los judíos. "La invención del chivo expiatorio, proseguía Guy Sorman, sirve para consolidar la unidad del grupo social, sin el cual éste estallaría en pedazos...El odio hacia los judíos sería por lo tanto dramáticamente consustancial a Hungría porque es difícil ser húngaro: ¡identidad incierta[408]!"

Pero desafortunadamente, el antisemitismo no sólo se desarrolló en Hungría y en España. Otro famoso ensayista liberal francés, Alain Minc, tomó el pulso del antisemitismo polaco después de la caída del comunismo, haciendo como si no tomara en serio la responsabilidad abrumadora de "muchísimos judíos" en la tragedia del comunismo. Su ironía le llevaba hasta mofarse de ese antisemitismo polaco que todavía existe actualmente, a pesar de que el número de judíos en ese país es hoy en día irrisorio. Para Alain Minc, el antisemitismo de las víctimas del comunismo es evidentemente igual de ridículo que el viejo antisemitismo cristiano al que parece haber sustituido.

El comunismo, escribía Minc, actúa aquí como un "segundo pecado original", pues "la muerte de Cristo ya no cumple con su oficio divino. La implantación del comunismo en 1947 por los judíos: ¡he aquí la oportunidad para atizar por mucho tiempo el odio contra el pueblo judío! Un claro antisemitismo en las calles, en las conversaciones, en los eslóganes y en las viejas cantinelas que vuelven a sonar: el cosmopolitismo aparente, el abuso de poder, los privilegios económicos, el tráfico...Nada le falta a esta Polonia, siempre en la vanguardia del progreso. Un antisemitismo por fin cristalino y en estado puro, ¡pues ya no hay judíos[409]!"

La burda estupidez de los polacos es evidente. El análisis de Alain Minc que notaba la presencia de un antisemitismo sin judíos, podría sin embargo ser interpretado de otra manera. Se podría entender

---

[408]Guy Sorman, *Sortir du socialisme*, Fayard, 1990, p. 251

[409]Alain Minc, *La Vengeance des nations*, Grasset, 1990, p. 43

sencillamente que los polacos guardan un mal recuerdo de la presencia de los judíos en su país. Sería otra explicación plausible.

La verdad es que Polonia fue durante mucho tiempo en la historia europea el único país en acoger a los judíos, los cuales desde la Edad Media eran expulsados de todas partes. Expulsados de Inglaterra en 1290, también lo fueron de Francia en 1306, y luego de forma radical en 1394. Fueron expulsados de España en 1492, de Rusia, de Austria y de todos los Estados alemanes en un momento dado. Pero Casimiro el Grande, rey de Polonia (1310-1370), les había concedido el derecho de instalarse y de vivir en su reino según sus leyes[410]. Ese es el motivo por el que la población judía era tan numerosa en Polonia antes de la Segunda Guerra mundial.

El declive progresivo de ese país a partir del siglo XVII le llevó a su desmembramiento por parte de sus vecinos y finalmente a su desaparición. Polonia, debilitada, fue efectivamente desmembrada una primera vez en 1772 por Prusia, Rusia y Austria, y luego otra vez en 1792, desapareciendo de los mapas de Europa en 1795. Tras un renacimiento efímero con Napoleón, Polonia reapareció únicamente en 1918 después de la Primera Guerra mundial. Sería probablemente interesante estudiar de forma paralela la situación de España que empezó precisamente su Siglo de Oro después de la expulsión de 1492.

En un capítulo de su libro titulado de forma sintomática, *Identidad judía, identidad humana*, Raphaël Draï abordaba la revolución bolchevique, explayándose largamente sobre los pogromos cometidos contra los judíos a partir de 1919: "Los judíos fueron reducidos al estado de insectos" (p. 388). Según Raphaël Draï, aquellos pogromos "explicaban algunas adhesiones a la revolución." Aquí, de nuevo, debemos señalar el error de interpretación, y precisar, tal como lo había demostrado Solzhenitsyn en su libro *Doscientos años juntos (1795-1995)*, publicado en el 2003, que aquellos pogromos tuvieron lugar durante la guerra civil, y que eran de alguna forma una respuesta a la presencia masiva de judíos en el régimen bolchevique. Esta dificultad manifiesta para hablar del papel de sus congéneres en la aventura bolchevique se percibía en la manera un tanto caricaturesca de presentar los acontecimientos en la página 392: "La revuelta de los Espartaquistas, escribía Draï, reprimida sangrientamente, coloca en la picota a los revolucionarios calificados "de origen judío" como Rosa Luxemburgo. De una manera general, los judíos son declarados

---

[410]El rey Casimiro tenía una amante judía llamada Esterka. "Los habitantes de Cracovia se quejaban de sus judíos desde 1369." (Mark Zborowski, *Olam*, 1952, Plon, 1992, p. 445)

responsables de la derrota del Reich[411]."

El término "calificados" empleado aquí es eminentemente representativo de toda una mentalidad. Por lo que ya era tiempo para Raphaël Draï de pasar rápidamente a otro capítulo: "1933: Los Judíos atrapados en la Ley"; "1935: Las leyes raciales." Pues, al fin y al cabo, el papel de víctima es más cómodo que el de verdugo.

El problema es que, a fuerza de negar las evidencias, los intelectuales judíos no solamente pierden toda credibilidad, sino que además suscitan una legítima suspicacia acerca de otras acusaciones, aparentemente grotescas y "delirantes", de las que sus congéneres fueron objeto desde la Edad Media hasta nuestros días. Sin duda, sería más sabio reconocer su participación en las masacres. A fin de cuentas, el error es humano.

Irse por las ramas

La clara diferencia entre la imagen mediática dada por la comunidad judía y las realidades más prosaicas obliga a los intelectuales cosmopolitas a mantener continuamente un discurso bastante sofisticado para atajar preguntas a veces un poco incómodas. Afortunadamente, en los platós de televisión y en la radio, los periodistas y los políticos que les sirven de interlocutores son los bastante corteses como para no interrogar los representantes comunitarios acerca de temas sensibles, como por ejemplo el papel de los comerciantes judíos en la esclavitud y la trata de los Negros, la responsabilidad de los jefes bolcheviques en las atrocidades de la revolución rusa, el papel de algunos hombres influyentes en el desencadenamiento de la guerra de Irak, de Serbia, de Afganistán y quizás próximamente en Irán. También se dan situaciones en las que se prefiere diluir una cuestión delicada dentro de otras consideraciones más triviales.

Pierre Birnbaum, profesor de sociología política en la Universidad de París I, es autor de un libro publicado en 1993, titulado *Francia para los franceses, Historia del odio nacionalista*. Para él, como para otros autores cosmopolitas, los sentimientos patrióticos de los franceses autóctonos[412] indican una "pusilanimidad", como diría Alain Minc, y una mezquindad muy despreciable. El sentimiento de superioridad del

---

[411]Raphaël Draï, *Identité juive, identité humaine*, Armand Colin 1995

[412]*Français de souche* en el texto: expresión utilizada en Francia para referirse a los franceses autóctonos "de raíz", en contraposición a los *Français de branche*, los franceses de "rama", provenientes de la reciente inmigración. (NdT).

intelectual cosmopolita, una vez más, es muy netamente perceptible en la manera de analizar la situación:

"¡Francia para los franceses!, escribía Pierre Birnbaum, pasa por ser el grito de unión que repiten, en todas las épocas e incansablemente, en París como en numerosas ciudades de provincia y hasta en los pequeños pueblos somnolientos, los manifestantes nacionalistas encolerizados...Este eslogan demuestra una crispación identitaria, un rechazo de la ciudadanía universal."

Hay que señalar que el señor Birnbaum no se expresaba como intelectual cosmopolita, sino como un francés "perfectamente integrado". Ahora bien, cuando se trata de explicar el antisemitismo de la población, y las acusaciones específicamente dirigidas contra la comunidad judía, no queda más remedio que "marear la perdiz". Si partimos de la premisa de que los judíos son por naturaleza inocentes, tal como ellos mismos lo repiten, las acusaciones "antisemitas" contra ellos no pueden tener ningún fundamento racional. Para la mentalidad cosmopolita, esas acusaciones son errores burdos, un ataque contra toda la humanidad, o por lo menos contra todos los "chivos expiatorios" de la sociedad. Así pues, los judíos nunca son las únicas víctimas, lo cual es muy tranquilizador para ellos. Por otra parte, se procede a exagerar desmesuradamente las acusaciones para ridiculizarlas:

"La historia más lejana, escribía Pierre Birnbaum, demuestra que en las más alejadas y diversas provincias del país existía un rechazo a la presencia de los judíos similar a la de esos otros seres considerados igual de maléficos y peligrosos como eran los leprosos y las brujas: en algunas épocas, su persecución fue frecuente, llegando a veces a la expulsión directa, al encarcelamiento o a los pogromos...Ese odio abiertamente declarado en nombre de la identidad católica de la sociedad francesa también iba dirigido contra los protestantes, igualmente intolerables; y, hasta bien entrado en la época contemporánea, se oía defender y reivindicar continuamente la San Bartolomé[413]; cosa que los protestantes y judíos, y dentro de poco también los musulmanes, deberían tomar muy en cuenta a tenor de unos hechos que vienen confirmando ampliamente todos los temores[414]."

Este tipo de subterfugio intelectual se vio también, por ejemplo, en

---

[413]La matanza de la San Bartolomé fue el asesinato de hugonotes (protestantes franceses de doctrina calvinista) durante las guerras de religión de Francia del siglo XVI. Comenzó en la noche del 23 al 24 de agosto de 1572 en París, y se extendió durante meses por todo el país. (NdT).

[414]Pierre Birnbaum, *La France aux Français, Histoire des haines nationalistes*, Éd. Seuil, Paris, 1993, p. 14, 16

la respuesta que dio el famoso director de prensa Jean Daniel a un escritor que había sido noticia en el año 2000 al indignarse por la "sobre representación" de los judíos en un programa de radio pública. Renaud Camus, escritor de izquierda que había dado pruebas de su respetabilidad durante años, había escrito en su diario *Campaña de Francia* lo siguiente: "Cinco participantes y ¿qué proporción de no-judíos? Ínfima, sino inexistente. Pues esto me parece, no exactamente escandaloso quizás, pero si exagerado, y fuera de lugar, incorrecto. Y no, no soy antisemita, y sí, considero que la raza judía ha aportado a la humanidad una de las contribuciones espirituales, intelectuales y artísticas más altas que haya habido... Pero no, no me parece adecuado que una tertulia, preparada y anunciada por antelación, es decir oficial, acerca de la integración en nuestro país, en una emisora del servicio público, se desarrolle exclusivamente entre periodistas e intelectuales judíos o de origen judío...Considero que tengo derecho decirlo. Y si no lo tengo, lo digo de todas formas. Lo digo en nombre de esta cultura y civilización francesa de antigua raigambre que son mías, y cuyos logros a través de los siglos son más que respetables y de los cuales lamento ya casi ni oír hablar en el país que fueron suyos."

Estas palabras, perfectamente justificadas, habían suscitado la tradicional "conmoción dentro de la comunidad". El escándalo mediático fue de tal magnitud que la editorial Fayard tuvo que retirar el libro de la venta, antes de volver a publicarlo sin los pasajes incriminados. Numerosas personalidades habían sin embargo defendido al escritor, denunciando un verdadero linchamiento.

Jean Daniel iba a dar su opinión en esta polémica enfocando la cuestión de la misma forma que su congénere Pierre Birnbaum, es decir con ese profundo desprecio que siente el cosmopolita hacia el indígena. Se trataba primero de exagerar desmesuradamente la acusación para hacerla perder credibilidad. A continuación, se debía "marear la perdiz", colocando los acusados en medio de un grupo de "chivos expiatorios" (brujas, leprosos, homosexuales, mujeres, inmigrantes, gitanos, protestantes, proletarios, etc.) para diluirlos en una masa anónima. Jean Daniel llevó a cabo ese trabajo concienzudamente antes de concluir con acusaciones ultrajantes en contra del acusador:

"Esta exasperación ante la composición mayoritariamente judía de la tertulia" de *France Culture*, escribía, "ese estado de ánimo desconfiado, antipático y de tradición típicamente francesa revela una mentalidad muy concreta. ¿Qué significa la expresión "sobrerrepresentación"? Primero que existen sobre y subrepresentaciones. ¿Pero de quiénes? ¿De comunidades que componen la sociedad francesa? ¿Ya seríamos por lo tanto una sociedad comunitaria? ¿Convendría así- según el pensamiento paritario y políticamente correcto- que cada una de las comunidades estuviese igualmente representada, si no, por provincias, por lo menos por religiones? ¿Estarían así legitimados los musulmanes y los negros que se declararon recientemente mal representados en la televisión y en la radio? Esto se puede lamentar, o no. Esta extensión de la paridad hombres-mujeres a todas las categorías, ¿se haría en detrimento del mérito y de las capacidades? ...Se dice, se puede decir, o se dirá: hay demasiados negros en los equipos de futbol, demasiados antillanos en los enfermeros, demasiados catalanes en los equipos de rugby, demasiados corsos en los aduaneros, etc. Pero, evidentemente, esto no tiene el mismo significado que cuando se señala que hay demasiados albaneses en la mafia, demasiados gitanos ladrones de coches, demasiados magrebíes y negros en las cárceles, demasiados protestantes directivos en la banca- y demasiados judíos en los medios de comunicación. ¿Es eso sobrerrepresentación? ¿Y si fuera el caso, donde estaría el peligro en una sociedad tan plural, tan multi-confesional y tan multi-étnica? ¿Quién puede todavía ser, sin padecer la ceguera del odio, nostálgico de esa Francia católica y pura, en una Europa a salvo de los moros y de los sarracenos? ...En realidad, me temo que el señor Renaud Camus es un antisemita auténtico, y, si se me permite decirlo, un antisemita de buena compañía. Estoy seguro de que tiene excelentes amigos judíos y que es leal a ellos. Pero créanme, es completamente antisemita. En casos como el suyo-tan pacífico- dudo que se pueda curar[415]."

En verdad, Jean Daniel fingía creer que las acusaciones iban dirigidas contra los judíos, cuando el fondo de la cuestión radicaba en la parcialidad o imparcialidad de los intelectuales judíos. Fingió no comprenderlo y eludió astutamente el problema.

Esa inclinación natural a "marear la perdiz", a enredar la situación y a embaucar el adversario se observa en la mayoría de los intelectuales cosmopolitas de todo el mundo, tal como pudimos comprobarlo en *Las Esperanzas planetarianas*. Esta homogeneidad de pensamiento sólo puede explicarse por la base común de la formación intelectual de los judíos: esto es el estudio exhaustivo de la Torá desde temprana edad, y posteriormente del Talmud, así como una larga práctica del *pilpul*, es decir esos combates oratorios en los que los contradictores compiten con tortuosa ingeniosidad para imponer su punto de vista. Es,

---

[415]Jean Daniel Bensaid, *Soleils d'hiver,* Grasset, Poche, 2000, p. 337, 323

efectivamente, en el arte del raciocinio que la superioridad intelectual de los judíos asquenazíes se expresa más plenamente. A falta de ser el "pueblo del libro", es decir de la gran literatura, el pueblo judío es el pueblo del *pilpul* talmúdico, esto es de la inteligencia pura y de la contorsión intelectual[416].

Al final del siglo XIX, el escritor antisemita Edouard Drumont ya había observado esa tendencia de algunos intelectuales cosmopolitas a eludir hábilmente las preguntas incómodas. Después de una serie de escándalos financieros en los que se vieron implicados varias personalidades de origen judío, entre otras, Edouard Drumont imaginó este diálogo ilustrativo al principio de su libro titulado *La Francia judía ante la opinión*:

"Es imposible hacerse entender por este falso sordo decidido a no oír nada y que termina por meterse en la cama de otro. Israel se divierte así jugando con nosotros con las palabras y con diálogos interrumpidos.

- ¿Como es posible que en unos pocos años la casi totalidad de la fortuna de Francia se haya concentrado en unas pocas manos judías?

- ¡Qué! ¡Desgraciado! ¿Querríais, en nombre de prejuicios de otra época, impedirnos que adoremos al Dios de Jacobo, que celebremos Yom Kipur y Pésaj?

- Habéis caído como una plaga de langostas sobre este desafortunado país. Lo habéis arruinado, sangrado, reducido a la miseria, habéis organizado la más terrible explotación financiera que el mundo haya contemplado.

- ¿Es la fiesta de Sucot lo que os molesta? Sucot, la poética fiesta del follaje...Vamos, viva en su tiempo, deje a cada cual la libertad de consciencia.

- Los Judíos Alemanes que habéis introducido en todos los ministerios, en las prefecturas, en el Consejo de Estado, son

---

[416]"A menudo se le da el nombre de *pilpul*, discusión, literalmente pimiento, a los estudios talmúdicos debido a su picante, riqueza y el estímulo que se experimenta en ellos. Sobresalen sobre todo en comparar varias interpretaciones, imaginar todos los aspectos posibles, imaginables e imposibles de un hipotético problema y, mediante una ingeniosa maniobra intelectual, en resolver lo que parece insoluble. Agudeza, saber, imaginación, memoria, lógica, sutileza, se hace todo lo posible para resolver una cuestión talmúdica. La solución ideal es el *khidesh*, síntesis original hasta entonces inédita. Esa actuación intelectual es un placer para el que la realiza y para los que la escuchan. Existe un goce en ejercitar con fuerza y destreza el pensamiento, en dar muestra de su soltura en ese nivel de elevación y de abstracción. Cuando dos sabios consagrados empiezan un debate "picante", se junta alrededor un círculo admirativo, acechando en silencio cada replica, incluso a costa, a toro pasado, de discutir tal o cual sutileza con uno de los dos, entablando una nueva argumentación." (Mark Zborowski, *Olam*, 1952, Plon, 1992, p. 89)

perseguidores despiadados; ellos vilipendian todo lo que nuestros padres respetaban, tiraron nuestros crucifijos en los vertederos de basura, ¡atacan a nuestras heroicas Hermanas de la Caridad!...

- ¡Los principios de tolerancia proclamados en 1789! ¡Eso es todo lo que hay! Es la gloria de Israel por haber defendido esas doctrinas. ¡Querido y buen Israel! Israel faro de las naciones! Israel es el campeón de la Humanidad; él desea el bien de todos los pueblos..., por eso se lo quita.

En estas condiciones, como se comprenderá, no es posible una discusión seria. Usted le pregunta al Sr. de Rothschild. Usted quiere, en virtud de vuestros derechos de ciudadano, saber qué trabajo ha producido a cambio de las prodigiosas sumas de dinero que ha percibido. El Sr. de Rothschild ha salido afuera. En su lugar, es el Sr. Frank quien se presenta; un muy honesto hombre, un decente científico que os habla de religión cuando le habláis de economía política y que os responde con pamplinas acerca del Progreso cuando le preguntáis sobre los atropellos de sus correligionarios[417]."

No juzgamos aquí si las acusaciones de Drumont eran fundadas o no, aunque probablemente fueran excesivas e incluso francamente delirantes. En cambio, nos interesa el comportamiento del personaje acusado, en el papel de anguila escurridiza, en la medida en que es efectivamente una caricatura de lo que pudimos ver en Pierre Birnbaum y Jean Daniel.

En su *Historia del antisemitismo*, León Poliakov nos aportaba algunos testimonios interesantes acerca de la imagen de los judíos en las obras de teatro de los cristianos del siglo XIV, y en las que "la insondable perfidia de los judíos" era descrita con palabras poco amenas.

"La extensa gama de epítetos utilizados para describir a éstos puede dar una idea de esa tendencia, escribía Poliakov: "falsos judíos", "falsos ladrones", "falsos descreídos", "malignos y felones judíos", "perversos judíos", "judíos traidores", "falsa y perversa nación", "falsa canalla[418]"." Ya existía claramente cierta incomprensión mutua.

El espejo del antisemita

En la introducción de su novela titulada *En el punto de mira*

---

[417] Edouard Drumond, *La France juive devant l'opinion*, Marpon & Flammarion éditeurs, Paris, 1886, p. 25, 26

[418] Léon Poliakov, *Histoire de l'antisémitisme I*, 1981, Points Seuil, 1990, p. 305

(prefacio de 1984), el famoso escritor estadounidense Arthur Miller negaba, él también, cualquier especificidad judía, siempre y cuando se trataba de responder a las acusaciones de los antisemitas. Ya no hay más "pueblo elegido", ni "misión" que cumplir para salvar la humanidad. Los judíos son personas como las demás, semejantes a los chinos, por ejemplo, que también son acusados de querer dominar sus vecinos:

"Me divertía oír en Bangkok descripciones de los chinos locales exactamente iguales a las que circulaban en Occidente, y sin duda todavía circulan, acerca de los judíos. "Los chinos sólo son leales entre sí. Son muy inteligentes, estudian más en la escuela, siempre tratan de ser los primeros en los estudios. Hay una cantidad de banqueros chinos en Tailandia, demasiados; lo cierto es que ha sido un verdadero error dar a los chinos la ciudadanía tailandesa porque se han apoderado secretamente del control del sistema bancario. Además, son espías de China o lo serán en tiempos de guerra. Lo que realmente desean es una revolución en Tailandia (aunque sean banqueros y capitalistas) para que terminemos dependiendo de China"." Como se puede comprender, las acusaciones dirigidas contra los judíos indicaban simplemente una cierta envidia natural del pueblo llano, siempre dispuesto a expresar sus frustraciones y su resentimiento contra una minoría que sirve de chivo expiatorio. De hecho, existía la misma reacción identitaria en Camboya contra los vietnamitas, explicaba Arthur Miller: "Muchas de estas mismas reflexiones contradictorias se aplicaban a los vietnamitas que habían residido en Camboya durante generaciones; también ellos eran más industriosos que los nativos, eran de dudosa lealtad, estaban a punto de convertirse en espías del Vietnam comunista, aunque fueran fervientes capitalistas, y así sucesivamente. Estos ejemplos revelan dos similitudes sorprendentes: los chinos en Tailandia y los vietnamitas en Camboya eran con frecuencia comerciantes, propietarios de tienda y de casas pequeñas, vendedores ambulantes, y muchos eran maestros y abogados o intelectuales, envidiables en un país rural."

La conclusión de Arthur Miller era sin embargo bastante talmúdica, una falacia retorcida que equivale finalmente a acusar el acusador:

"La mente antisemita ve al judío como el portador de la misma alienación, de la explotación indiscriminada, que el pueblo teme y de la cual se resiente. Solo añadiré, escribía Miller, que temen esa alienación porque la sienten en sí mismos como un individualismo desesperadamente antisocial, privado de la sensación de pertenencia, que desmiente el ferviente deseo de ser parte útil del todo mítico, la sublime esencia nacional. Con frecuencia parece que temen al judío como temen a la realidad. Y quizás por esto no cabe esperar que los sentimientos antisemitas tengan verdaderamente fin. Verse a sí mismo, contemplar la propia imagen en el espejo de la realidad y la fealdad del mundo, no ofrece el menor consuelo[419]..."

Reconocemos aquí el mismo razonamiento de Guy Sorman, cuando nos explicaba que el antisemitismo español y húngaro eran debidos a la falta de identidad de esos dos pueblos, o el de Alain Minc acerca de la "pureza" polaca. Claramente, de nuevo, el problema no radica en los judíos sino en sus acusadores.

El filósofo Jacob Leib Talmon hacía el mismo análisis cuando escribía en *Destino de Israel*: "Cuando miramos la cuestión, a menudo nos llama la atención el hecho de que un gran número de las acusaciones vertidas por los antisemitas sobre la cabeza de los judíos se aplican en realidad a los propios antisemitas[420]." Efectivamente, "llama mucho la atención".

Habría pues en los antisemitas de todo el mundo una disposición singular en trasponer sus propias taras sobre los judíos. Esto también lo expresó Clara Malraux: "Durante estos últimos años, las manifestaciones de antisemitismo han sido analizadas, al igual que sus causas psicológicas: ¿necesidad del no-judío de sentirse superior para tranquilizarse a sí mismo, necesidad de echar sobre los demás sus propias faltas, siendo éstos los parias o chivos expiatorios, o bien- y me inclino más hacia esta hipótesis, pues explicaría mejor la focalización del fenómeno en los "Hijos del Libro"- el odio del padre[421]?"

Esta explicación se hallaba a su vez en el famoso escritor vienes de principios de siglo XX, Arthur Schnitzler, el cual explicaba a sus lectores las raíces del antisemitismo: "Su novela *A campo abierto*, publicada en 1908, y su obra de teatro *Profesor Bernhardi*, cuyo estreno tuvo lugar en Berlín en 1912, muestran que ningún estamento social se libra de la plaga del antisemitismo", escribía su biógrafo Jacques Le Rider.

He aquí como Schnitzler, a través de su personaje, percibía el antisemitismo de la sociedad austríaca de la época: "Movido por el amor de la humanidad y de la verdad, Bernhardi ha obrado siguiendo su conciencia profesional de médico y según los principios éticos de compasión y de humanidad. Pero como es judío, se ha convertido en enemigo del pueblo. Esa es la diabólica transmutación de los valores que opera el antisemitismo: el judío víctima se convierte en enemigo

---

[419]Arthur Miller, *En el punto de mira*, Tusquets Editores, Barcelona, p. 15, 16

[420]J.-L. Talmon, *Destin d'Israël*, 1965, Calmann-Lévy, p. 79

[421]Clara Malraux, *Rahel, Ma grande soeur...*, Edition Ramsay, Paris, 1980, p. 21, 22

del pueblo, mientras que el agresor antisemita se considera como la víctima. Incluso cuando sale de prisión después de una condena injusta, Bernhardi no encuentra a nadie que le pida perdón. Al contrario, es él, otra vez, el que debe hacerse perdonar de haber sido la causa de todo el "Asunto[422]"."

Para Schnitzler, en efecto, los judíos, inspirados por el amor a la humanidad, son de todas formas inocentes de lo que puedan reprocharles los antisemitas. Por consiguiente, éstos últimos son los que intentan dar la vuelta a la situación para sacar ventaja "de forma diabólica". Falta hacía decirlo.

La paranoia antisemita

Los análisis del antisemitismo conducen siempre lógicamente al trastorno mental de los goyim agobiados por un odio incomprensible. El antisemitismo sería ante todo una forma de paranoia.

De tal forma que, a los que acusan a los judíos de constituir un "lobby" que ejerce una enorme influencia sobre los diputados franceses y dentro del Parlamento europeo, Pierre Birnbaum puede contestar de forma conmovedora:

"A diferencia de los poderosos grupos de presión transnacionales que actúan libremente en Bruselas y que mantienen en la ciudad ejércitos permanentes de agentes para defender sus intereses, los judíos no podrían organizarse de esa forma y, además, se verían desprovistos de aliados potenciales. En una Europa de casi 450 millones de personas, representan alrededor de un millón y medio de individuos a los que casi todo separa: la lengua, la cultura, las prácticas religiosas, los modos de actuar, los valores. Apenas si disponen de unos representantes incapaces por sí solos de hacer progresar una causa, y menos aún de imponer un punto de vista...Abordan con angustia esta nueva etapa europea de su larga historia en este continente...Su presencia en Bruselas es de las más discretas y modestas. Sólo disponen de tres o cuatro representantes permanentes impotentes para hacerse escuchar por unas instituciones que ya están desbordadas de solicitudes[423]."

Vemos pues que las acusaciones de los antisemitas, acerca de un

---

[422]Jacques Le Rider, *Arthur Schnitzler*, Belin, 2003, p. 195, 211, 212

[423]Pierre Birnbaum, *Prier pour l'Etat, les Juifs, l'alliance royale et la démocratie*, Calmann-Lévy, 2005, p. 178-180. [El 16 de febrero del 2012 fue inaugurado en Estrasburgo, en el mismo edificio que el Parlamento europeo, el Parlamento Judío europeo. Éste está compuesto por 120 representantes de 47 países, algunos no miembros de la Unión Europea e incluso de fuera del propio continente. (NdT).]

supuesto poder financiero de los judíos y su influencia como grupo de presión constituido, carecen de todo fundamento. El libro del periodista Serge Moati sobre *El Odio antisemita* presentaba un testimonio convergente de una personalidad importante. Se trataba de Abraham Foxman, el histórico presidente de la ADL (Anti Defamation League), la más importante organización antirracista de Estados Unidos y cuyas palabras hacían eco a las de Pierre Birnbaum:

"Se habla a menudo del "lobby judío", pero los judíos sólo tienen cuarenta y ocho representantes en el congreso...El "lobby judío" no existe. Esa palabra pertenece a la terminología antisemita. Nadie dice que hay un lobby cristiano cuando es sabido que hay grupos de presión cristianos en todas partes[424]." Nos quedamos más tranquilos pues.

El semanal *Le Point* publicaba sin embargo el día 12 de enero del 2006 un reportaje sobre el escándalo Abramoff que había sacudido el mundo político estadounidense.

"Jack Abramoff, brillante lobista de 46 años, cercano a los círculos republicanos, fue durante mucho tiempo una de las figuras más poderosa de *K street*, la calle de los lobbies. Acaba de declararse culpable de estafa, fraude fiscal y corrupción activa. Desde entonces, el mundo político está en ebullición debido a que Abramoff ha aceptado cooperar con la justicia para negociar una reducción de pena. Se teme que delate los nombres de los parlamentarios que sobornó a cambio de favores para sus clientes. Se habla de entre 12 y 60 congresistas embarrados, uno de los mayores escándalos de la historia del Congreso. Abramoff tenía como principales clientes a las tribus indias propietarias de casinos a los que estafaba alegremente. Les facturaba honorarios descomunales y les imponía una sociedad de relaciones públicas de un socio suyo...ocultando además que también cobraba dinero del lobby anti-juego. Abramoff se ha llenado los bolsillos (82 millones de dólares), aunque redistribuyó el dinero de los indios a los parlamentarios: cenas, su restaurante de lujo, viajes a campos de golf de Escocia, empleos para las esposas...Abramoff y sus clientes han contribuido desde 1999 por valor de 4,4 millones de dólares a las campañas electorales de más de 250 representantes. Cuarenta de ellos-entre los cuales algunas eminentes figuras republicanas y varios demócratas, como Hillary Clinton- se han apresurado en donar las contribuciones del lobista corrupto a las obras caritativas."

Pero no le dediquemos más tiempo a estas nimiedades, y observemos mejor con León Poliakov las manifestaciones de la locura

---

[424]Serge Moati, *La Haine antisemite*, Flammarion, 1991, p. 158

antisemita. En su monumental *Historia del antisemitismo*, el gran historiador exponía la naturaleza patológica del antisemitismo alemán tras la derrota de 1918. Para él, la explicación era bastante simple: los alemanes fueron presa de un mal bastante conocido- el síndrome de persecución- que puede llevar a las personas que lo sufren hasta la locura total:

"Al día siguiente de la revolución de Octubre, las declaraciones de algunos responsables de los destinos de Alemania rayaron el delirio porque según ellos "un número indeterminado de bolcheviques era de origen judío...Esa delirante tendencia se acentuó cuando quedo claro que Alemania había perdido la guerra." Según León Poliakov, el propio general Ludendorff, caudillo de la victoria de Tannemberg en 1914, después de haber sido el estratega que dirigió las potencias centrales entre 1916 y 1918, "cayó en la locura antijudía más redomada", y en el "delirio de persecución".

Por lo visto, el mal era contagioso, ya que Churchill también sufrió ese mismo delirio. Al final de 1919, éste justificaba la cruzada antibolchevique en un discurso en la cámara de los Comunes en el que fustigaba, según Poliakov, "la secta más formidable del mundo". Incluso precisó sus ideas en un artículo publicado el 8 de febrero de 1920 titulado *El Sionismo contra el bolchevismo*. La descripción que hacía Churchill de los "judíos internacionales" y demás "judíos terroristas", según los términos empleados por Churchill, "rayaba el delirio", escribía Poliakov, pues "los antisemitas más frenéticos podían sacar ventaja de ello[425]."

La locura antisemita

Las peripecias judiciarias que salen regularmente en las noticias antes de ser inmediatamente silenciadas no evitan que los intelectuales cosmopolitas vituperen contra aquello que consideran delirios obsesivos de antisemitas. En *La Culpa de los judíos*, Guy Konopnicki escribía, por ejemplo:

"No se pasa nunca inocentemente de la denuncia del capitalismo a la denuncia de potencias financieras ocultas tramando un complot mundial. Todos los que repiten esa obsesión no hacen más que expresar el antisemitismo más ordinario. Puede que el desliz sea sin querer, inconsciente, pero es lo propio del delirio[426]."

---

[425]Léon Poliakov, *Histoire de l'antisémitisme II*, 1981, Points Seuil, 1990, p. 409
[426]Guy Konopnicki, *La Faute des Juifs*, Balland, 2002, p. 128, 69

Konopnicki coincidía así con Abraham Foxman, el cual había señalado el problema central de la cuestión del antisemitismo al desvelar finalmente que éste no era más que "la enfermedad del cerebro no judío". Abraham Foxman relató un diálogo que tuvo durante uno de sus viajes y que demostraba la naturaleza perversa del antisemitismo y la dificultad para comprender su lógica:

"Hace unos meses fui a Moscú. Conocí a unos moscovitas. Una noche, uno de ellos me preguntó:" ¿Por qué existe el antisemitismo? Respondí: "Esa es una pregunta a la que usted debe dar la respuesta ya que el antisemitismo es una enfermedad del cerebro no judío, no del cerebro judío. Sólo somos unas víctimas. Dígannos, ustedes, ¿por qué existe el antisemitismo? Y se hizo el silencio.""

Efectivamente, numerosos intelectuales cosmopolitas llegan a esa conclusión. Serge Moati aportaba por ejemplo en su libro *El Odio antisemita* otro testimonio en el mismo sentido. Renée Neher, originaria de Alsacia, "extremadamente patriota", por lo tanto muy francesa, que vivió la Segunda Guerra mundial y la invasión alemana...y que "vive en Israel desde 1971" (otra "paradoja") declaraba:

"Como cualquier enfermedad, el antisemitismo experimenta periodos de crisis y de remisión, pero no hay cura para esa terrible enfermedad[427]."

Michel Winock, historiador y profesor en el Instituto de Ciencias Políticas de París, cuyos trabajos son autoridad, analizó la cuestión de la misma manera: "El antisemitismo no es solamente una monstruosidad moral y una inepcia intelectual; es el instrumento de políticas reaccionarias, es, más allá de las nociones de derecha y de izquierda, un resumen de todos los racismos, la negación de la sociedad pluralista, la exaltación imbécil del yo nacional y finalmente uno de los gérmenes de la barbarie totalitaria[428]."

Todos los seres humanos pueden padecer esa terrible enfermedad, y no solamente los europeos. De tal forma que pudimos escuchar Elie Wiesel en la televisión francesa, en el programa de entrevistas *Tout le monde en parle* del 6 de mayo del 2006, declarar respecto de Irán y del presidente iraní Ahmadinejad: "El jefe religioso de Irán es un loco, quiero decir patológicamente enfermo; está loco de remate." Y añadía con toda lógica: "Su bomba no amenaza a Israel, amenaza al mundo entero." Lo habéis comprendido; todos los que se oponen a los proyectos de los judíos son unos "locos" que el mundo occidental tiene

---

[427]Serge Moati, *La Haine antisémite*, Flammarion, 1991, p. 158, 165

[428]Michel Winock, *Edouard Drumond et Cie, antisémitisme et fascisme en France*, Seuil, Paris, 1982, p. 64-66

el deber de combatir.

El ensayista Raphaël Draï analizó la locura antisemita a través del mito de la voluntad de dominación mundial de los judíos, difundido por el famoso texto *Los Protocolos de los Sabios de Sion,* el cual sería finalmente "el trasfondo de la consciencia occidental". La "diabólica transmutación" que hemos descrito anteriormente y que consiste para el antisemita en transponer todas sus taras sobre los judíos para librarse de ellas, debe en realidad ser analizadas desde el punto de vista de la psiquiatría.

El odio antisemita, explicaba Raphaël Draï, ha "tomado una mitología diabólica: *Los Protocolos de los Sabios de Sion...*Los objetivos principales del plan ya han sido expuestos y denunciados, por lo que conviene ahora considerar el aspecto psicopatológico del documento...Las afirmaciones que contiene no son solamente burdas y engañosas. Constituyen lo que se llama en psicopatología clínica una negación...Dicho de otra forma, la negación por parte del autor del falso documento debería llamar nuestra atención sobre la inversión psíquica revelada por ese documento...La lectura de esa carta revela un documento clínico sobre la psicopatología del antisemitismo deshumanizador. El antisemita atribuye a los judíos unas intenciones que él mismo tiene en contra de éstos; intenciones que no puede confesar directamente...Es el mecanismo mental que hallamos en todos los falsos documentos de la misma índole y con la misma intención...Las intenciones políticas y sociales de esos escritos son claras...La dimensión psicopatológica de tales construcciones debe llamar y retener la atención...Los Judíos puestos en escena son Judíos proyectivos; la imagen "judaizada" es propia de los delirios antisemitas[429]."

La cosa está clara pues: son los antisemitas los que proyectan sus taras y deficiencias sobre los judíos, los cuales son siempre víctimas y chivos expiatorios.

El factor psicopatológico del antisemitismo era puesto de relieve en un libro del famoso escritor estadounidense Philip Roth, si bien de forma burlesca. En su novela *Operación Shylock*, imaginaba una enfermera antisemita que trataba de curarse en una asociación: "Soy una antisemita en fase de recuperación. Me salvé gracias a A.S.A.

- ¿Qué es A.S.A.?

- Anti-Semitas Anónimos. El grupo de rescate fundado por Philip..."

---

[429]Raphaël Draï, *Identité juive, identité humaine*, A. Colin, 1995, p. 390-392

"A mí el antisemitismo me venía de familia...Es uno de los temas que solíamos tratar en las reuniones de A.S.A. ¿En qué consistía la respuesta? Pues en qué más da por qué lo tenemos, lo que hay que hacer es admitir que lo tenemos, y ayudarnos mutuamente, y librarnos del asunto."

He aquí los diez dogmas de Anti-Semitas Anónimos imaginados por Philip Roth:

"1. Reconocemos nuestra condición de personas llenas de prejuicios y con tendencia al odio, que somos impotentes para controlar.

2. Reconocemos que no son los judíos quienes nos han hecho daño a nosotros, sino nosotros quienes hacemos responsables a los judíos tanto de nuestros males como de los del mundo en general. Somos nosotros quienes hacemos daño a los judíos, creyendo semejante cosa.

3. Un judío puede tener sus defectos, como cualquier otro ser humano, pero los que aquí hemos de tratar con franqueza son los que tenemos nosotros: paranoia, sadismo, negativismo, destructividad, envidia.

4. Nuestros problemas monetarios no tienen origen en los judíos, sino en nosotros mismos.

5. Nuestros problemas laborales no tienen origen en los judíos, sino en nosotros mismos (y lo propio puede decirse de los sexuales, los maritales y los de comunicación con los demás).

6. El antisemitismo es un modo de negarse a admitir la realidad, de no querer reflexionar honradamente sobre nuestras propias personas y la sociedad que nos rodea.

7. En cuanto se manifiestan incapaces de controlar su odio, los antisemitas no son como las demás personas. Nos damos cuenta de que la más leve mancha antisemita en nuestro comportamiento pone en peligro nuestras posibilidades de curación.

8. Ayudar a otros a que se desintoxiquen es la piedra angular de nuestra recuperación. Nada inmuniza más contra la enfermedad del antisemitismo que el hecho de trabajar intensamente con otros antisemitas.

9. No somos científicos, no nos interesa la razón de que hayamos contraído esta terrible enfermedad: todos coincidimos en reconocer que la tenemos y que debemos ayudarnos en reconocer que la tenemos y que debemos ayudarnos mutuamente para desembarazarnos de ella.

10. Dentro de la fraternidad de A.S.A., ponemos nuestro máximo empeño en dominar el odio a los judíos en todas sus

manifestaciones[430]."

El punto número 9 es sin duda el más revelador. Evidentemente no de los síntomas de la "enfermedad antisemita", sino de la mentalidad cosmopolita. Es inútil buscar las causas del antisemitismo. No existen causas del antisemitismo. No puede haber causas del antisemitismo, excepto, claro, los prejuicios de otra época transmitidos por la religión católica:

"Pero vamos a ver, ¿por qué empecé a odiar a los judíos? Porque ellos no tenían que aguantar todas esas tonterías de los Cristianos...Todo empezó en mis tiempos de Cristiana, pero se fue reforzando en el hospital. Ahora gracias a A.S.A., veo con claridad mis otros motivos de odio. Odiaba su cohesión. Su superioridad. Lo que los gentiles llaman su avaricia. Su paranoia y su actitud defensiva, siempre andándose con muchísimo cuidado, a base de tácticas, siempre poniendo en juego la inteligencia...Los judíos me sacaban de quicio por el mero hecho de ser judíos. Total, que eso fue lo que me quedó de los Cristianos...El catolicismo penetra hasta lo más profundo. Y hasta lo más profundo llegan también la locura y la estupidez. ¡Dios! ¡Jesucristo! ... ¿sabe usted lo que me dijo Philip cuando le conté lo de Walter Sweeney rezando, postrado de hinojos, y muriendo de inanición? "El cristianismo", dijo. "Delicias gentiles" [*goyishe nakhès*[431]]. Y escupió en el suelo[432]." Evidentemente, el señor Roth no es un adepto de la religión católica.

Por lo visto el ambiente de ese hospital regentado por médicos y cirujanos judíos había generado cierto resentimiento en las enfermeras goyim: "Pero en este hospital, con tantos médicos judíos y enfermos, y familiares de visita, y llantos y murmullos, y gritos judíos...", las enfermeras se podían irritar. Afortunadamente, el buen doctor Aharon había decidido ocuparse de ellas: "Mañana por la noche trae otro antisemita contigo, quizás otra enfermera que en el fondo de su corazón sea consciente del daño que le está haciendo el antisemitismo...El único escudo contra tu odio es el programa de recuperación que...hemos puesto en marcha en este hospital...al antisemita, como al alcohólico, sólo puede curarlo otro antisemita."

El bueno de Aharon se ocupa cuidadosamente de sus pacientes:

---

[430]Philip Roth, *Operación Shylock*, Debolsillo Penguin Random House, Barcelona, 2005, p. 101, 106, 115, 116

[431]En la versión original, en tono despectivo y burlón: "Delicias para gentiles" o "Es bueno para los goyim". (NdT).

[432]Philip Roth, *Operación Shylock*, Debolsillo Penguin Random House, Barcelona, 2005, p. 264, 265, 266, 267

"Es perfecto- dijo Aharon, divertido, sin apartar la vista de mis glosas marginales a los Diez Dogmas - Vas a reescribir lo que él escribe." Aunque el bueno del doctor era a veces un poco insolente: "¿No le basta con una sola antisemita? ¿Le hace falta tener a su alrededor a todas las antisemitas del mundo, impetrando su perdón judío, confesando su podredumbre gentil, proclamando que él es un ser superior y ellas son morralla?¡*Contadme vuestros impíos secretos de infidentes*[433], *chicas!* Con eso es con lo que verdaderamente se excitan los judíos[434]..."

Leyendo estas palabras comprendemos mejor porque los oponentes políticos eran encerrados en hospitales psiquiátricos en los regímenes estalinianos de la URSS y de Europa del Este[435].

Psicoanálisis del antisemita

Norman Cohn llevó el análisis todavía más lejos. En su obra titulada *The Myth of the Jewish World Conspiracy: A Case Study in Collective Psychopathology*, publicada en 1966, Norman Cohn llevó a cabo un verdadero psicoanálisis del antisemita y llegó a la misma conclusión que otros investigadores cosmopolitas: el antisemitismo es el fruto de una "diabólica transmutación".

Respecto al "mito de la conspiración mundial judía", Norman Cohn escribía: "Después de reflexionar sobre estas cuestiones, propuse hace diez años la hipótesis de que las ideas propagadas acerca de los judíos correspondían a unas proyecciones negativas inconscientes, es decir a un mecanismo mental mediante el cual algunos seres humanos atribuyen a los demás sus propias tendencias anárquicas que se niegan a reconocer. Más específicamente, sostenía que, en esa forma de antisemitismo, los judíos, como colectivo, representan para el subconsciente a la vez el "mal" hijo, es decir el hijo rebelde[436], y el "mal" padre, es decir el padre que puede potencialmente torturar, castigar y matar.

Más tarde, me enteré de que varios psicoanalistas profesionales habían formulado, mucho antes que yo, exactamente la misma

---

[433]*Goyim* en la versión francesa (NdT).

[434]Philip Roth, *Operación Shylock*, Debolsillo Penguin Random House, Barcelona, 2005, p. 119, 120, 122

[435]Quizás provenga de una explicación religiosa muy antigua: "Según los rabíes, los discípulos de Amalek son comparados a un loco que pretende tirarse en una bañera de agua hirviendo para enfriarla" (JMB)

[436]El "mal hijo" es otra figura bíblica.

hipótesis[437]. Este trabajo me ha convencido de que era una hipótesis notablemente fértil."

Norman Cohn proseguía así: "Varios psicoanalistas han afirmado que debido al hecho de que rechazan el Dios de los cristianos, los judíos representan para algunos de ellos los hijos rebeldes, los "malos"- por lo tanto, los parricidas. Esto significa que en todas las épocas era para ellos muy fácil y tentador transformar a los judíos en chivos expiatorios de los resentimientos inconscientes que podían sentir tanto hacia su padre como hacia su Dios...Pero el subconsciente tiende a asociar el judío más estrechamente con el "mal" padre que con el "mal" hijo. Esto se comprende mejor si se observa cómo la relación histórica de la Cristiandad europea con el pueblo judío conduce inevitablemente a este último a asumir el papel de figura paterna colectiva." De hecho, la historia del pueblo judío relatada en el Antiguo Testamento ha precedido el nacimiento del cristianismo, a la vez heredero y rival de dicho pueblo.

El Dios celoso, despiadado y cruel del Antiguo Testamento sustenta este psicoanálisis: "El punto probablemente más importante, escribía Norman Cohn, es que, contrariamente al Dios cristiano que combina los atributos del padre y del hijo, el Dios de los Judíos es únicamente el padre: un padre...que aparece igual de tiránico que despiadado. Así pues, los Judíos que vivían en tierras cristianas eran el blanco perfecto de las proyecciones edípicas asociadas al "mal" padre."

Para Norman Cohn, el antisemitismo puede por lo tanto explicarse, en el plano psicoanalítico, en base a la figura de "un niño pequeño que ama y odia a la vez a su padre" pero que desea matarlo. "Ese sentimiento es rápidamente reprimido en el subconsciente, pero aun así busca una salida...La figura del mal padre se transforma en un implacable opresor, provisto del odio despiadado y la furia destructora que siente en realidad el niño sin atreverse a reconocerlo completamente. Es así como el niño pequeño elabora, en base a su propia pulsión destructiva y sus propios sentimientos de culpabilidad, una figura parental vengativa de una crueldad monstruosa. Un ser todopoderoso que tortura, mutila y devora, y al lado del cual, si se compara, el padre real parece inofensivo por muy duro que se le imagine."

"Los Sabios de Sion, continuaba Norman Cohn, son

---

[437]Por ejemplo, R.M Loewenstein, *Psychanalyse de l'antisémitisme*, Paris, 1951; H. Loeblowitz-Lennard, *The Jew as symbol*, en *The Psychoanalytic Quarterly*, vol. XVII (1948), y más recientemente B. Grunberger, *Der Antisemit und der Oedipuskomple*, en *Psyche* (Stuttgart), agosto 1962.

evidentemente esas figuras parentales. Esto sobresale tanto de su nombre como por el trato que infligen a las naciones, un trato que, a todas luces, puede ser comparado al que el "mal" padre inflige a su hijo. Chupan la sangre y la fuerza vital de las naciones, y la utilizan para sus siniestros objetivos; infligen a los pueblos la tortura y la muerte provocando las guerras."

Desde el punto de vista del psicoanálisis, el fenómeno hitleriano se explica de la misma forma: "Los peores crímenes fueron cometidos contra el padre encarnado por el judío que Hitler identificaba con el "mal" padre...Cuando se somete a los antisemitas fanáticos a pruebas psicológicas, sale a la luz un odio anormalmente intenso hacia las figuras parentales que aparecen a veces amenazantes y a veces mutilados o asesinados[438]."

El psicoanalista Ernst Simmel, al reflexionar en 1946 sobre las formas extremas del antisemitismo nazi, ya había notado: "El proceso de formación de un grupo, cuando se produce en condiciones patológicas, puede llevar a obsesiones colectivas, o, mejor dicho, a una psicosis colectiva. Ese síndrome clínico: destructividad agresiva e ilimitada bajo los efectos de una ilusión, con negación completa de la realidad es conocido como psicosis; es una forma paranoica de la esquizofrenia[439]."

Finalmente, Norman Cohn concluía así su análisis: "Esos grupos poseen otra especificidad que los asemeja a los esquizofrénicos paranoicos: un sentido megalómano de su misión...una lucha unilateral contra una conspiración imaginaria...Lo que creen ser su enemigo no es más que su propia destructividad exteriorizada. Además, su enemigo imaginario les parece más terrible aún si cabe por el hecho de que sus sentimientos inconscientes de culpabilidad son todavía más grandes. Pues esos sentimientos de culpabilidad, lejos de desvanecerse, los atormentan sin descanso. Tienen su origen en las pulsiones asesinas del niño hacia sus padres, las cuales se ven luego tremendamente fortalecidas por los crímenes reales perpetrados por el adulto. Pero en vez de ser percibidos bajo la forma de una culpabilidad, son negados y reprimidos en el subconsciente. En consecuencia, son percibidos bajo la forma de un peligro impreciso, como una amenaza, aflorando el temor ciego de ver las víctimas, es decir los padres asesinados en la imaginación y los sustitutos parentales reales asesinados en la realidad,

---

[438]Norman Cohn, *Histoire d'un mythe, La " Conspiration " juive et les protocoles des sages de Sion*, 1967, Folio, p. 254, 255, 257, 261, 262, 265.
[439]Ernst Simmel, *Antisemitism: a social disease*, Éd. Simmel, New York, 1946, p. 39, citado por Norman Cohn.

levantarse para exigir la retribución...Cuando los hombres perciben, incluso de manera confusa, que una gran injusticia ha sido cometida, y cuando sienten que carecen de la generosidad o del coraje necesario para protestar, cargan indefectiblemente la falta sobre las víctimas, aliviando así su propia conciencia." *Los Protocolos de los sabios de Sion* representan finalmente "una visión aberrante del mundo, basada en temores y odios infantiles."

Después de esta lectura refrescante, comprendemos ahora que el Mal está profundamente arraigado dentro de los goyim. Pero, sin embargo, nos parece escuchar en ese discurso algunos términos que nos suenan familiares: "un sentido megalómano de su misión", una "conspiración imaginaria", la paranoia, una "destructividad exteriorizada": un poco más y casi tendríamos la impresión de que ese psicoanálisis del antisemita y el lenguaje edípico que lo acompaña podrían permitir a los intelectuales judíos describir por fin libremente lo que ocultan dentro de ellos mismos.

TERCERA PARTE

PSICOPATOLOGÍA DEL JUDAÍSMO

1. La neurosis judía

La inversión de los roles

En realidad, y a juzgar por lo que pudimos leer, esta tendencia a invertir los roles, a darle la vuelta a las situaciones, y, finalmente, a proyectar sobre los demás sus propios "conflictos edípicos", parece más bien un síntoma de trastorno mental característico de los intelectuales judíos.

Tomemos por ejemplo el caso del escritor Arthur Miller. Nacido en Nueva York en 1915, fue – naturalmente- "uno de los mayores dramaturgos de nuestros tiempos". Presidente del Pen Club, asociación internacional de escritores, recibió el premio *Pulitzer* en 1949, dos veces el premio del *New York Drama Critics Circle*, y una vez el prestigioso premio *Tony Award*.

En su primera novela titulada *En el punto de mira*, podíamos leer en la portada: "En 1945, Arthur Miller se atreve a atacar un tema tabú: la presencia de un antisemitismo latente pero real en la sociedad estadounidense." En su introducción de 1984, Miller explicaba que en los años treinta el antisemitismo se difundía insidiosamente en Nueva York: "La ciudad palpitaba de odio." Pero, aunque quisiéramos saber por qué o las causas de tal fenómeno, Miller insistía más bien sobre las manifestaciones de éste, protagonizadas, una vez más, por los católicos. Especialmente los programas radiofónicos del padre Coughlin: "El padre Coughlin, sacerdote de Michigan, presentaba desde 1926 en la CBS un programa de radio semanal muy escuchado en todo el país. Alentaba el antisemitismo con sus discursos incendiarios y fue a menudo apodado "el Padre de la radio del odio"."

La perversidad sádica de los sacerdotes era inaudita, pues la "existencia entre los sacerdotes católicos de militantes entregados a la tarea y el placer de atizar el odio a los judíos" era notoria. Ante esas afrentas al pueblo de Israel, siempre víctima y siempre perseguido sin ningún motivo, Arthur Miller confesaba a posteriori: "No puedo releer esta novela sin evocar la sensación de urgencia con la que la escribí...el antisemitismo en América era un tema cerrado, si no prohibido para la ficción. El mero hecho de poner las palabras sobre el papel fue un alivio[440]."

El héroe imaginario de la novela *En el punto de mira* se apellida Newman. Es "un neoyorquino limpio y arreglado, descendiente de una familia inglesa cuyas raíces se remontan al siglo XIX". Newman es un auténtico WASP estadounidense, orgulloso de serlo y que se considera "de raigambre superior y más pura." Pero en contra de sus certezas, descubrirá un día que sus prejuicios acerca de los judíos no eran en realidad más que ideas que albergaba inconscientemente contra sí mismo. Durante una entrevista de trabajo con una mujer, Newman "supo entonces por primera vez en su vida que el motivo de ese silencio no era la cortesía. Era la culpabilidad, porque tanto la naturaleza maligna de los judíos y su infinita capacidad de engaño como el apetito sensual por las mujeres que se revelaba en sus ojeras y su tez oscura eran simplemente el reflejo de sus propios deseos, los deseos que él les atribuía. Lo supo cómo tal vez no volvería a saberlo, porque en ese momento los ojos de la mujer habían hecho de él un judío, y porque era su propio monstruoso deseo lo que le impedía defenderse."

De repente, su vida dio un giro radical. Newman iba a vivir una verdadera pesadilla. No llegaba a comprender cómo esas nuevas gafas que llevaba puestas hacían sobresalir su nariz, y cómo ahora todo el mundo lo tomaba por judío. Su jefe empezó a desconfiar de él y fue transferido a otro departamento donde no tuviera que estar de cara al público y a los clientes.

Todo eso a pesar de ser un estadounidense de buena ascendencia y de frecuentar reuniones antisemitas. Pero he aquí también que su nueva fisionomía le jugó una mala pasada. Uno de los participantes, experto en reconocer judíos, llamaba de repente la atención de la sala sobre el intruso, y de manera totalmente histérica gritaba: "¡Es un judío! - Por Dios todopoderoso, ¿no veis que es un judío?" Naturalmente, Newman exclamó: "¡No lo soy! - ¡No soy judío, malditos imbéciles, no lo soy!",

[440]Arthur Miller, *Focus*, 1945, Buchet-Chastel, 2002, p. 7, 9, 14, 10 y *En el punto de mira*, Fábula-Tusquet, Barcelona, p. 12

pero sus protestas de nada sirvieron para evitar que esa muchedumbre de católicos meapilas y tercos lo expulsara de la sala por la fuerza.

Al contarle su desgracia a un compañero de trabajo, éste le preguntaba: "-Lo que no entiendo, es como tal cantidad de gente puede llegar a semejantes extremos contra los judíos...no entiendo cómo pueden sentirse excitados al punto de ir a una reunión para estudiar la manera de librarse de los judíos. Que no les guste es una cosa. Pero ponerse a trabajar, llegar a esos límites...No lo entiendo. ¿Cuál es la explicación? - No son muy inteligentes, en su mayoría- replicó Newman, arqueando las cejas[441]."

Evidentemente, Arthur Miller hablaba aquí a través de sus personajes: no entendía las manifestaciones de antisemitismo. Para él eran un enigma[442].

Pero Newman iba a vivir todavía más desgracias. Estas se suceden sin que pueda hacer nada al respecto. En su barrio, unos individuos le rompen la cara "porque para ellos, era judío y por lo tanto culpable." Pronto sintió sobre él todas las malas miradas de los crueles goyim que odian a los judíos sin ninguna razón: "La gente y la ciudad lo rodeaban con sus ojos atentos, ya no se sentía anónimo en las calles ni en los sitios públicos." El pobre Newman se volvió paranoico. Ahora sentía en sus propias carnes los tormentos que padecían los pobres judíos, siempre perseguidos e inocentes. Su vecino M. Finkielstein, también recibió sin ningún motivo una paliza por parte de unos malvados goyim armados de bates de béisbol, unos tipos de la "banda del Frente cristiano": "Está bien, bastardos hebreos. Esto ha sido el precalentamiento. Vamos muchachos[443]." Así pues, cuando finalmente decide denunciar ante la policía, Newman tiene que rendirse ante la evidencia y, ¡declarar que le persiguen por ser judío!

No hay que darle mayor importancia a este indigente guion y al estilo sin relieve del escritor. El autor no lo necesita para ser considerado "un maravilloso genio de la literatura". En cambio, la idea subyacente de esta historia es muy sintomática de esa tendencia de fondo a invertir los papeles que vemos en otros muchos textos.

Pero esta tendencia a darle la vuelta a las situaciones se manifiesta sobre todo a través de la proyección sobre los goyim de la culpabilidad

---

[441]Arthur Miller, *En el punto de mira*, Fábula-Tusquet, Barcelona, p. 54, 55, 191, 192, 196, 197

[442]"No lo entendemos", al igual que Shmuel Trigo, Alexandre Adler, Emmanuel Levinas, Stefan Zweig, Sigmund Freud, etc, léase en Hervé Ryssen, *Las Esperanzas planetarianas*, (2022).

[443]Arthur Miller, *En el punto de mira*, Fábula-Tusquet, Barcelona, p. 217, 241

inconsciente profundamente arraigada dentro de la personalidad de los intelectuales judíos. Sospechamos que esto responde a la necesidad de éstos de deshacerse de sus propios "conflictos edípicos".

Así, por ejemplo, esta inversión proyectiva es detectable en el relato que vimos anteriormente de Pierre Paraf, *El General von Morderburg*. Tajante y autoritario, vimos como ese general prusiano juzgaba su hijo "indigno de vestir el uniforme, indigno de ser alemán". Y cómo, cuando éste decidió casarse con una joven judía, el general, terco e intolerante, pronunció su sentencia: "Nuestro hijo ha muerto...nadie en el castillo debe pronunciar su nombre. Nadie debe intentar volver a verlo. ¡Que se haga bailador o prostituto, si le place! Fritz von Morderburg ha desaparecido de este mundo."

En realidad, esta reacción brutal e irrevocable, con la que los padres reniegan de sus hijos y los consideran muertos en cuanto deciden casarse fuera de la comunidad, es una tradición típicamente judía, y no prusiana. Se sabe que cuando un miembro de una familia ortodoxa se casa con un gentil, la familia judía se reúne para pronunciar un juramento, el *shib'ah*. Este rito se efectúa normalmente cuando una persona fallece. Hacer *shib'ah* consiste en declarar que se considera a una persona como muerta en todos los sentidos. La película de Norman Jewison, *El violinista en el tejado,* muestra muy bien como esa reacción paterna forma parte de la más antigua tradición judía. Pierre Paraf la atribuyó a su general prusiano para desacreditarlo más fuertemente.

Esta tendencia instintiva a atribuir a los demás sus propios sentimientos de culpabilidad "inconscientes" se observa también en el famoso filósofo Bernard-Henri Lévy. En su libro del 2004, titulado *Reincidencias*, atribuía el concepto de "pueblo elegido" a algunas naciones europeas que, efectivamente, pudieron reivindicar de forma muy puntual ese concepto en algún momento de su historia. Sin embargo, este concepto de "pueblo elegido" sólo puede degenerar en una locura criminal en los pueblos europeos: "Francia nación elegida...Alemania nación elegida...Cuántas naciones elegidas murmuraba Levinas con espanto y aire pensativo...Quizás la nación judía sea, en el fondo, la menos elegida de todas...Quizás este concepto de nación elegida sea la matriz del crimen, la fuente del odio recurrente contra los Judíos y aquello que representan- a saber el rechazo, precisamente, de esta idea de elección percibida, desde su punto de vista, como el colmo de la idolatría[444]." Esta reflexión expresada así por Bernard-Henri Lévy era bastante irrisoria, más aún cuando en su libro

---

[444]Bernard-henri Lévy, *Récidives*, Grasset, 2004, p. 457

se deleitaba describiendo la "misión" especial del…. ¡pueblo elegido! Pero sabemos que a los intelectuales judíos les gusta manejar las paradojas. Sus ideas son aparentemente paradójicas, pero, en realidad, reflejan una *"chutzpah"* a prueba de todo y una persistente tendencia a la inversión[445].

Incluso la famosa "jeremiada", tan característica del espíritu cosmopolita, así como la imagen de "mártir", han podido ser proyectadas sobre los "otros" como si fueran taras congénitas de las que había que deshacerse. Un escritor de segunda fila como Bernard Cohen denunciaba así a los cristianos en su libro titulado, *No gozarás, el retorno de los puritanos*: "La jeremiada, en cuanto profecía moralizadora, se ha convertido en un sistema de pensamiento y de poder. A los predicadores vestidos de negro se han unido los políticos, los analistas, los científicos[446]…"

Las acusaciones de los intelectuales planetarianos contra sus adversarios parecen efectivamente indicar una proyección patológica de su propia culpabilidad. Esta parrilla de análisis de los textos permite indudablemente comprender mejor los análisis de Norman Cohn respecto a la "esquizofrenia paranoica" de los antisemitas y que también

---

[445]"Ya hemos notado, en su doctrina del Mesías apóstata, que los sabateos no temían las paradojas." (Gershom Scholem, *Le Messianisme juif*, 1971, Calmann-Lévy, 1974, p. 169).

"Diálogos, citas, agudezas, risas, hallazgos, anécdotas, conversaciones, elogios, teorías, relatos, encuentros, interpretaciones, digresiones, demostraciones, fantasías, metamorfosis, elipsis, variaciones, contradicciones, parábolas, juicios, sarcasmos, paradojas: esta chispeante multitud de frases, densas pero lógicas, de una lógica que da vueltas sobre sí misma, forma lo que llamamos tradicionalmente en hebreo, un *Midrash* [ver nota 109]." En Stéphane Zagdanski, *De l'Antisémitisme*, Climats, 1995, 2006, p. 21. En el Talmud (*Erubin*, 13b), se dice de Rabí Meir: "Declara puro lo que es impuro y lo demuestra; y declara impuro lo que es puro y lo demuestra." [Llegados a este punto, invitamos los lectores a descubrir por sí mismo los *midrashim* de algunos rabinos contemporáneos publicados en las plataformas digitales (Youtube, Bitchute, Odysee). Por ejemplo: Rabbi Yosef Mizrachi, Rabbi Alon Anava, Rabbi Abraham Benhaim, Rabbi Yekutiel Fish, Rabbi Cahn, Rabanit Kineret Sarah Cohen, Rabbi Rav Zamir Cohen, Rabbi Rod Reuven Bryant, Rabbi Rav Ron Chaya, Rabbi Rav Avidgor Miller, Rabbi Yaron Reuven, Rabbi Michael Laitman, Rabbi Michael Danielov, Rebbetzin Tziporah Heller, Rabbi Mendel Sasonkin, Rabbi Rav Touitou, Rabbi Rav Raphael Pinto, Rabbi Lawrence Hajioff, Rabbi Tovia Singer, etc., etc. La *chutzpah*, la autosatisfacción y la hostilidad hacia el mundo de los gentiles que transparentan en sus discursos son simplemente asombrosas. Recomendamos a su vez el trabajo de divulgación del publicista estadounidense Adam Green y su canal de información online *KnowMoreNews.org* que recoge estos comentarios y alerta sobre estas cuestiones. (NdT).]

[446]Bernard Cohen, *Tu ne jouiras point, le retour des puritains*, Albin Michel, 1992, p. 51

avalaron otros eminentes pensadores judíos. Este "síndrome de la persecución" que caracterizaría a los antisemitas podría no obstante aplicarse muy bien a las reacciones habituales de algunos intelectuales judíos.

Escuchemos por ejemplo Elie Wiesel, el cual publicaba en 1974 unos artículos que plasmaban sus angustias ante los rebrotes de antisemitismo: "Publico en el *New York Times* y *Le Figaro* un artículo titulado "Por qué tengo miedo"... Han aparecidos unas señales, y son inquietantes. El espectáculo repugnante de una asamblea internacional en delirio, festejando un portavoz del terror[447]. Los discursos, los votos contra Israel. La dramática soledad de este pueblo con vocación universal. Un rey árabe ofrece a sus invitados ediciones de lujo de los infames *Protocolos de los sabios de Sion*. Los cementerios profanados en Francia y en Alemania. Las campañas de prensa en la Rusia soviética. La ola retro que banaliza nuestro sufrimiento y los panfletos anti-sionistas, antijudíos que deforman nuestras esperanzas. Hay que estar ciego para no reconocerlo: el odio del judío vuelve a estar de moda[448]."

Indudablemente, existe una tendencia en los intelectuales judíos a dramatizar excesivamente y a sistematizar lo que se percibe como "antisemitismo ambiental". Estas líneas de Samuel Pisar, escritas en 1983, ilustraban todavía más ese sentimiento de persecución que parece animar a los judíos, sea cual sea la época: "La explosión reciente de bombas en las grandes ciudades, los grafitis antisemitas, la profanación de las escuelas y de los cementerios, son los mismos que han hecho tambalear mi infancia, destruido mi mundo...Estaremos atentos, velando el más tenue ruido de los pasos del monstruo...Nuestros enemigos ya nos están vigilando incansablemente. Para ellos, seremos siempre culpables. Culpables de ser judíos en Israel, de ser judíos en otro lugar, de ser judíos. Culpables, según, de ser capitalistas o de ser bolcheviques. Culpables en Europa de haber sido asesinados como ovejas, y culpables en Israel por haber tomado las armas para no volver a serlo. Culpables, en verdad, de seguir existiendo[449]."

Las contradicciones dentro del discurso de los intelectuales judíos no son escasas. Ya lo vimos anteriormente en las obras de Alfred Grosser y Clara Malraux donde se preguntaban acerca de las causas del antisemitismo. Pero están igualmente presentes en autores como

---

[447]Yasser Arafat, el presidente palestino ante la Asamblea general de las Naciones Unidas.

[448]Elie Wiesel, *Mémoires, tome II,* Seuil, 1996, p. 97

[449]Samuel Pisar, *La Ressource humaine,* Jean-Claude Lattès, 1983, p. 250-251

Jacques Attali, Daniel Cohn-Bendit o Shmuel Trigano[450], por ejemplo. Estos intelectuales respaldan sus demostraciones señalando toda clase de "paradojas", lo cual es una manera muy cómoda de evitar dar explicaciones. El filósofo Jacob Talmon aportó un testimonio interesante sobre la facilidad con la que algunos intelectuales judíos podían afirmar, a veces en el mismo libro, una cosa y su contraria según las circunstancias.

En el siglo XIX, después de la revolución francesa y la emancipación de los judíos en la mayor parte de Europa, el pueblo hebreo se había dado cuenta de la importancia de esas transformaciones y se había aprovechado plenamente de la nueva situación. Talmon escribía al respecto: "Hacia 1850, el corresponsal en Praga del *Jewish Chronicle* estaba orgulloso de anunciar al periódico, en Londres, que, según las estadísticas, el número de estudiantes judíos de la antigua universidad era proporcionalmente mucho más grande que el de Judíos del Imperio de los Habsburgo. Enumeraba luego algunos signos de la superioridad del nivel de vida de la población judía respecto al de los Gentiles de su entorno. Ganaban más dinero y conseguían ascender más rápido en la escala social. Basta recordar la manera en que Disraeli se vanagloriaba orgullosamente de pertenecer a la "raza pura de los elegidos", y como decía que se alegraba de que ésta conquistaría un día el mundo. La prensa estaba completamente en manos de los judíos. Constituían un grupo dominante en todos los sectores de la economía nacional, y estaban penetrando en el mundo de las artes y las ciencias. Disraeli predecía que el mundo estaría dentro de poco a sus pies."

Pero los Gentiles no se dejarían esclavizar tan fácilmente, y empezaron a reaccionar ante esa invasión y los continuos ataques a los fundamentos de su civilización. Esta reacción defensiva es hoy en día comúnmente llamada "antisemita". Y fue precisamente ese repunte de antisemitismo el que determinó que los judíos "conquistadores" cambiaran de estrategia. Lo que escribía Jacob Talmon sobre ésto era totalmente revelador de la capacidad de adaptación de los intelectuales judíos:

"Se habían dado cuenta que muchos Gentiles no veían el repentino éxito de los judíos, recientemente emancipados, como la confirmación del principio benéfico de la carrera abierta a todos los talentos...Poco tiempo después, los autores judíos iban a devanarse los sesos para

---

[450]Véase el análisis de Jacques Attali sobre la "guetización" de los judíos; el de Daniel Cohn-Bendit sobre la inmigración en Europa; Shmuel Trigano sobre el papel de los judíos en la URSS, en Hervé Ryssen, *Las Esperanzas planetarianas*, (2022).

demostrar justo lo contrario[451]."

Fue así como, desde ese día, los intelectuales judíos ya no se vanagloriaron de querer dominar el mundo, como lo afirmaba el Primer ministro inglés Disraeli, sino que al contrario proclamaban ante el mundo que los judíos eran pobres, débiles y perseguidos. Sin embargo, basta con rascar un poco la superficie y leer algunos libros reservados para la comunidad para darse cuenta de que existen otras disposiciones menos confesables.

Sabemos ahora que la voluntad de dominación mundial de los judíos, expuesta por Los protocolos de los sabios de Sion, es una "terrorífica impostura con apariencia de vampiro", tal como lo expresó el dibujante Will Eisner. Pues debemos entenderlo claramente: no son los judíos los que quieren dominar el mundo, sino los nazis supremacistas, los cristianos fundamentalistas o los musulmanes fanáticos, cuando no la Iglesia de Cienciología o la secta Moon.

El famoso escritor estadounidense Norman Mailer, por ejemplo, nos aseguraba en su libro ¿Por qué estamos en guerra?, que los únicos responsables de la guerra de Estados Unidos contra Irak en el 2003 fueron los cristianos neoconservadores que influían en la política estadounidense. Éstos habían conseguido su revancha: "Un año después de la caída de la Unión Soviética, hubo muchos miembros de la derecha estadounidense, los primeros conservadores de bandera, que pensaron que se trataba de una oportunidad extraordinaria. Estados Unidos podía hacerse con el dominio del mundo...Posteriormente, el gobierno de Clinton no recogió ese sueño de la dominación mundial, y tal vez sea una de las razones del odio intenso e incluso violento que tantos grupos de derecha sintieron durante esos ochos años. Si no hubiera sido por Clinton, Estados Unidos podría estar gobernando el mundo...Tras el 11 de septiembre, los conservadores patrioteros se sintieron victoriosos. Podían intentar apoderarse del mundo[452]."

Pero cuando vemos el número de personalidades ultra-sionistas que estuvieron implicadas en las sucesivas administraciones estadounidenses, se hace evidente, una vez más, que este intelectual judío ha proyectado sobre los "otros" las artimañas de sus congéneres[453]. Y sabemos perfectamente que no era la primera vez que

[451]J.-L. Talmon, Destin d'Israël, 1965, Calmann-Lévy, 1967, p. 50

[452]Norman Mailer, ¿Por qué estamos en guerra?, Editorial Anagrama, 2003, Barcelona, p. 68, 69, 70

[453]"El dolor de ser judío es que uno se siente responsable de todo lo que hacen los demás judíos. Pues ser judío es vivir con el eco de mil años de alienación. Defender mi pueblo me resulta tan difícil como criticarlo. No estoy a gusto conmigo mismo cuando hablo

personalidades sionistas muy influyentes manifestaban su ardor belicista contra los pueblos recalcitrantes que no querían probar las bondades de la democracia plural y de la sociedad de consumo[454].

El discurso de Viviane Forrester, que vimos en otro capítulo, revelaba a su vez ese mismo síndrome de proyección. Recordemos sus palabras tendentes a culpabilizar los europeos: "Espolio, masacres y genocidios...La aptitud de los occidentales para gestionar, borrar y ocultar lo que les incomoda... En nombre de su supremacía, con un sentido innato de la arrogancia y la certeza de una superioridad natural que justifica su prepotencia universal[455]."

Cuando se lee el Antiguo Testamento y se observa paralelamente la política del Estado hebreo desde su nacimiento, también podemos pensar legítimamente que esas acusaciones se aplican igualmente al pueblo judío. En cuanto al arte de "ocultar lo que les incomoda", recordaremos una vez más las responsabilidades abrumadoras de muchos judíos en los treinta millones de víctimas rusas y ucranianas, ocultadas debajo de la alfombra por los intelectuales judíos de todo el mundo, y por las que, a pesar de su bochorno perceptible al respecto, todavía esperamos unas disculpas.

Esto es lo que escribía por su parte el novelista ruso Vasili Grossman: "El antisemitismo es un espejo donde se reflejan los defectos de los individuos, de las estructuras sociales y de los sistemas estatales. Dime de qué acusas a un judío y te diré de qué eres culpable. El nacionalsocialismo, al acusar al pueblo judío que él mismo había inventado de racismo, de ansia de dominar el mundo y de una indiferencia cosmopolita hacia la nación alemana, proyectaba sobre los judíos sus propios rasgos[456]."

La inversión patológica quedaba también en evidencia en un pasaje del libro de Theodor Lessing, publicado en 1930, en el que el autor ensalzaba los méritos de uno de sus congéneres que también se las ingeniaba para desmontar el antisemitismo: "El sionista holandés Fritz Bernstein ha explicado de forma magistral la idea según la cual el odio profesado a un pueblo no debe su existencia a unos hechos históricos, sino que constituye más bien un hecho esencialmente psicológico... Demuestra con sólidos y sanos argumentos que no existe primero un

---

de Israel o de los judíos." Norman Mailer, *¿Por qué estamos en guerra?*, Editorial Anagrama, 2003, Barcelona, p. 103-104. (NdT).

[454] Sobre el entorno del presidente George Bush Jr. y los políticos belicistas: Hervé Ryssen, *Las Esperanzas planetarianas,* (2022) y *El Fanatismo judío*, (2019).

[455] Viviane Forrester, *Le Crime occidental*, Fayard, 2004, p. 57, 65

[456] Vasili Grossman, *Vida y destino*, Galaxia Gutenberg, 2007, Barcelona, p. 362

objeto odioso, previo al odio, sino que existe una necesidad de odiar previa que inventa y genera las cosas aborrecidas."

Theodor Lessing aportaba otros argumentos científicos para respaldar su discurso: En efecto, siguiendo la teoría de James y Lange, "no lloraríamos porque estamos tristes, sino que nos entristecemos porque debemos llorar. No tenemos secreciones internas porque estamos furiosos, enamorados o entusiastas, sino a la inversa: es la necesidad de secreciones internas lo que suele provocar la furia, el amor y el entusiasmo[457]." ¿No es esto "genial"?

Esta inversión sistemática de los valores y de los roles no es reciente, a juzgar por las viejas tradiciones de antaño. El gracioso Papa León X, por ejemplo, al que le agradaba los espectáculos, permitía todos los años que se organizaran carreras de judíos para que el pueblo de Roma se divirtiera. Como era muy miope, se acercaba a los balcones para vislumbrar el espectáculo, regocijándose del alborozo popular. Durante los carnavales, el pueblo romano se burlaba así de las costumbres de los judíos y su manía de tomarlo y hacerlo todo al revés. Se hacía escarnio paseando por las calles de la ciudad a un rabino montado en un burro, pero al revés, sujetando éste con sus manos la cola del animal. Pero esto era en los tiempos antiguos, cuando los europeos todavía no habían sido iluminados por el "Siglo de las luces".

El espejo del judaísmo

Los intelectuales judíos que analizan el antisemitismo no sólo proyectan sobre sus adversarios características que parecen, efectivamente, aplicarse a ellos mismos en primer lugar. A través de un lenguaje en clave, afirman la superioridad del espíritu judío modelado, como decía tan bien León Poliakov, por "los más acrobáticos razonamientos del Talmud[458]". El lector entendido puede así disfrutar de la ingeniosidad del autor y de la credulidad de los lectores ingenuos que leen el texto de forma literal. Es importante saber al respecto que los misterios de la Cábala judía se basan precisamente en el desciframiento del "sentido oculto" de los textos de la Torá y sus interpretaciones[459].

---

[457]Theodor Lessing, *La Haine de soi, le refus d'être juif*, 1930, Berg international, 1990, p. 159

[458]Léon Poliakov, *Histoire de l'antisémitisme, Tome I*, 1981, Points Seuil, 1990, p. 314

[459]"La fórmula mística de ese sistema de interpretación se denomina PaRDeS. Palabra compuesta a partir de las letras iniciales de Pechat, Remez, Derash y Sod que significan y corresponden a: interpretación en el sentido literal, interpretación en el sentido

Los intelectuales judíos saben, desde hace mucho tiempo, transmitir en sus escritos mensajes que la gente común es incapaz de percibir. Esta aptitud se entiende fácilmente si se tiene en cuenta que, durante siglos, los judíos no podían combatir abiertamente el catolicismo o el islam sin arriesgarse a recibir fuertes castigos. Se adaptaron por lo tanto a las circunstancias, y se acostumbraron a expresar de forma velada lo que realmente pensaban.

Este fue el caso, por ejemplo, del Talmud, un libro que los cristianos medievales consideraban como la principal fuente del odio de los judíos hacia el cristianismo. El libro fue expurgado a partir del siglo XVI de los pasajes más injuriosos contra Cristo y los cristianos, evitando así dar pie a las críticas y a las acusaciones. Desde entonces, existió un acuerdo tácito para que los pasajes dejados en blanco fuesen enseñados oralmente. Los ejemplares del libro eran de todas maneras lo bastante escasos, además de ser escritos en hebreo, como para no alarmar a la población.

Esto era lo que escribía León Poliakov sobre Baruch (Benedicto) Spinoza, el célebre filósofo que solía difundir insidiosamente la duda religiosa en sus lectores. Recordemos aquí que Spinoza era un Marrano, es decir un judío disfrazado de católico:

"En un segundo plano, Spinoza, como buen y sutil talmudista, habla, al mismo tiempo que su lenguaje explícito, un segundo lenguaje esotérico; finge querer demostrar una idea, pero se las arregla para usar ciertos argumentos y citar ciertos textos, de tal forma que el lector descubre otra idea muy distinta, otra consecuencia; y es esa segunda idea la que Spinoza quería en realidad demostrar. Es, según la expresión del filósofo Wolfson, el Baruch implícito, es decir el judío descreído, disimulado detrás del Benedicto explícito, es decir el Marrano admirador de Jesús. En un plano más profundo todavía, el lenguaje de Spinoza es el del amor insatisfecho o frustrado; detectamos en él el resentimiento hacia la sinagoga que lo rechazó[460]."

En efecto, con esas contorsiones, Spinoza intentaba congraciarse con su propia comunidad que juzgaba severamente sus ideas, al igual que lo hacían los cristianos. Al final, los discursos desviados de Spinoza no impidieron que éste fuese excomulgado por los rabinos y expulsado

---

alegórico, interpretación en el sentido del comentario e interpretación en el sentido secreto." (Mark Zborowski, *Olam*, 1952, Plon, 1992, p. 421). [PaRDéS: P para *pesat*, el sentido literal; R para *remez*, el sentido alegórico; D para *derasá*, la interpretación talmúdica y aggádica; S para *sod*, el sentido místico. En Gershom Scholem, *La Cábala y su simbolismo*, Siglo XXI Editores, Madrid, 2009, p. 69. (NdT).]

[460] Léon Poliakov, *Histoire de l'antisémitisme, Tome I*, 1981, Points Seuil, 1990, p. 226, 227

fuera de la comunidad judía.

Este maquillaje de los textos es todavía perceptible en muchos autores contemporáneos. Vemos como el propio Gershom Scholem es atrapado "con las manos en la masa" en un pasaje de su libro sobre *El Mesianismo judío*, en el que citaba un pasaje del Talmud (*Sanedrín, 91b*): "La única diferencia entre el mundo actual y los tiempos del Mesías es la sumisión de Israel a las naciones", escribía Scholem.

Pero, evidentemente, la frase correcta es "la sumisión de las naciones a Israel", tal como pudimos leerlo en otra parte. El procedimiento es aquí un poco tosco, pero es netamente suficiente para los lectores goyim. La inversión de los términos se debe a que el libro, a pesar de ser materia para especialistas, es sin embargo difundido al público en general, y es preciso alguna precaución a pesar de todo.

En otro pasaje, Gershom Scholem citaba un aforismo del Zohar: "El mesías no vendrá hasta que Esaú haya derramado todas sus lágrimas[461]." Scholem señalaba que "las lágrimas de Esaú son las mismas que, según Génesis, XXVII, 38, Esaú derramó cuando Jacob le engañó para conseguir la bendición de Isaac."

Pero sabemos muy bien que en los textos del judaísmo el nombre de "Esaú" es una denominación velada para referirse a "la cristiandad". Es por lo tanto "la cristiandad" la que debe derramar todas sus lágrimas para que la redención pueda por fin llegar. Y Scholem añadía: "Los aforismos penetrantes de este tipo son legión."

He aquí ahora un texto extraordinario y asombroso del escritor austriaco Joseph Roth, el famoso autor de *La Marcha de Radetsky*. En un relato de 1934 titulado *El Anticristo*, Joseph Roth advertía sus lectores contra las artimañas del Maligno y nos enseñaba a reconocerlo detrás de sus disfraces. Decía así en el epígrafe: "He escrito este libro a modo de advertencia para que se conozca el Anticristo sea cual sea la forma en que aparezca":

El Anticristo "se da a conocer más claramente en el hecho de transformar en vulgar algo que es noble en su esencia. El sentido de su existencia y sus actos es, precisamente, profanar lo sagrado, rebajar lo noble, tergiversar lo recto y afear lo bello. No contento con que se haya concedido el poder sobre lo esencialmente vulgar- pues también eso forma parte del mundo terreno-, intenta extender su dominio sobre lo noble. Pero como lo noble, nunca se sometería a su disciplina si no dejara de serlo, lo primero que hace es convertirlo en maldad. El diablo se asemeja a un rey violento cuyo país es estéril y que, para conquistar

---

[461]Gershom Scholem, *Le Messianisme juif*, 1971, Calmann_Lévy, 1974, p. 45, 57, 65. Léase en nota del traductor en Anexo V.

las naciones florecientes que lo rodean, comienza transformándolas en yermos con el fin de que se asemejen a la suya...El Anticristo...tiene el poder de desertizar una tierra florida mientras nos ciega de tal modo que creemos que el desierto es, justamente, un jardín floreciente. Y mientras se dedica a aniquilar, creemos que construye. Cuando nos da piedras, pensamos que nos da pan. El veneno de su copa tiene para nosotros el sabor de una fuente de vida[462]."

El plan del Anticristo para subvertir las naciones es el siguiente: "Astuto como es, empezó seduciendo no a los rebeldes sino, ante todo y, sobre todo, a los guardianes de lo antiguo. No a quienes deseaban una renovación, sino a los llamados a mantener lo viejo. Al principio se alojó en las iglesias y, luego, en las casas de los señores. Pues su método es ése y en ello se le puede conocer sin equívoco; y es un error, un error del mundo, creer que se le reconoce por incitar e instigar a los humillados y esclavizados. Eso sería una necedad, y el Anticristo es astuto. No empuja a rebelarse a la gente oprimida, sino que seduce a los señores para que opriman. No hace rebeldes, sino tiranos. Y una vez que ha introducido la tiranía, sabe que la rebelión llegará por sí sola. De ese modo gana por partida doble, pues, en cierta manera, fuerza a los justos, que de otro modo se le resistirían, a ponerse a su servicio. No convence, por ejemplo, a los siervos para que sean señores, sino que comienza esclavizando a éstos. Luego- una vez que han entrado a su servicio-, los fuerza a someter a esclavitud a los impotentes, los pobres, los laboriosos, los humildes y los justos. A continuación, los pobres y modestos se indignan espontáneamente contra la violencia; y los inteligentes y los justos se ven obligados a indignarse contra la necedad y la injusticia y son quienes ponen las armas en manos de los pobres. Y así deben hacerlo, pues son justos. Por tanto, es falso decir al mundo que el Anticristo guía a los indignados. Al contrario, seduce a los guardianes de lo establecido. Por su naturaleza no le resulta tan fácil acercarse a quienes sufren como a los poderosos." De la misma forma, el Anticristo "también hizo a los sacerdotes mentirosos antes de empujar a los creyentes a negar a Dios...Los negadores de Dios- o, como se llaman a sí mismos, los ateos- no niegan a Dios, sino la falsa imagen de Dios que les han transmitido", escribía Joseph Roth.

Pero no nos engañemos, no son los judíos a los que Joseph Roth se refiere, sino a los antisemitas: "Por eso, quien cree en Jesucristo y odia, desprecia o simplemente menosprecia a los judíos, su seno terrenal, es hermano del Anticristo...Estáis poseídos por el Anticristo...Les

---

[462]Joseph Roth, *El Anticristo*, Ediciones Capitán Swing, Polifonías, Madrid, 2013, p. 49, 50

envidiáis porque consiguen bienes terrenales. Ésa es la verdad. Queréis para vosotros todos los bienes de la tierra. El Anticristo está entre vosotros y dentro de vosotros."

Con un aplomo muy característico, la famosa *"chutzpah"* a la que nos tienen acostumbrados, Joseph Roth nos explicaba a continuación como debe ser un buen cristiano, a la vez que nos advertía contra las ovejas descarriadas y daba sus directrices para regentar correctamente la Iglesia. Así concluía su demostración:

"Pero los falsos cristianos desprecian, odian o menosprecian el seno de su salvación, es decir a los judíos. Pues los judíos son el seno terrenal de Jesucristo. Quien no aprecia a los judíos tampoco siente aprecio por Jesucristo. El cristiano aprecia a los judíos. Quien los desprecia o los menosprecia no es cristiano y se burla del propio Dios...Pero aquel que por su cuenta quiere vengarse de los judíos en nombre de Dios como si fuera su representante, por así decirlo, yerra y comete un pecado mortal...Quien odia a los judíos es un pagano, y no un cristiano. Quien es capaz de odiar- a quien quiera que sea- es un pagano y no un cristiano. Y quien cree ser cristiano porque no es judío, es doble y triplemente pagano. ¡Que sea expulsado de la comunidad de los cristianos! Y si la Iglesia no lo expulsa, lo expulsará Dios mismo[463]."

Contrariamente a los peores prejuicios antisemitas, debemos creer que los judíos son seres pobres, vulnerables e inofensivos: "A continuación vino a verme un débil; era uno de esos que son hoy en día las víctimas más débiles de los poderosos, es decir, un judío."

Y sería bueno, además, mostrar un poco más de respeto hacia él: "También nosotros, los judíos, tuvimos en otros tiempos una casa. Pero en nuestros libros estaba escrito que el forastero ha de ser en nuestra casa como un familiar. Y todos nos ateníamos a este mandamiento. Y hasta lo transmitimos a los forasteros, que aprendieron de nosotros que es mucho mejor dar hospitalidad que disfrutarla[464]." La tradición de hospitalidad de los judíos es en efecto bien conocida por todos.

Unas páginas más adelante, Joseph Roth nos advertía una vez más contra cualquier tentación de oponerse a los judíos: "Sólo Dios tiene derecho a castigar a los judíos. Pero Dios mismo odia a los hombres que odian a los judíos...Usted, antisemita, es la mano derecha y la varita mágica del Anticristo."

Tampoco deberíamos pensar que existe el menor atisbo de orgullo

---

[463]Joseph Roth, *El Anticristo*, Ediciones Capitán Swing, Polifonías, Madrid, 2013, p. 115, 116, 186, 183, 184

[464]"Los extranjeros están en nuestra casa como en la suya", declaró un día el presidente François Mitterand, el cual estaba muy bien "rodeado".

o megalomanía en estas líneas por parte del escritor judío. Sería una opinión antisemita pensar eso, una afrenta a todo el pueblo judío, y, además, un grave error de interpretación: "Los antiguos judíos decían ser el pueblo elegido de Dios. Pero ¿con qué fin lo decían? Con el fin de engendrar al Redentor, a Jesucristo, que murió en la cruz por todos los hombres del mundo. En realidad, la soberbia de los judíos era humildad[465]." Es realmente un alivio leer eso. Nos quedamos mucho más tranquilos pues.

Podemos pensar legítimamente que Joseph Roth experimentó un placer malévolo en sembrar la confusión invirtiendo los roles. Pues en realidad, parecen ser los judíos, y no los antisemitas, los que encarnarían según él el Anticristo. El autor dejaba de hecho un indicio grosero en un pasaje del libro cuando sugería que el Anticristo había "organizado una guerra entre Rusia y Japón" y que tenía por costumbre "robar a los hombres muertos" (páginas 62-63). Ahora bien, es de notoriedad pública que la guerra de 1905 de Japón contra Rusia fue ampliamente financiada por el riquísimo hombre de negocios estadounidense Jacob Schiff, por odio al zarismo. Jacques Attali confirmó el papel fundamental de los financieros judíos en esa guerra: "Max Warburg y Jacob Schiff se convierten entonces en los financistas titulares de Japón. Schiff efectúa incluso un viaje triunfal al archipiélago, para gran furor de los rusos[466]."

En cuanto al saqueo de cadáveres en los campos de batalla, era una tradición centenaria de los judíos de Europa del Este[467]que los soldados de todo el continente, que veían sus siluetas negras inclinadas sobre los

---

[465]Joseph Roth, *El Anticristo*, Ediciones Capitán Swing, Polifonías, Madrid, 2013, p. 212, 213, 216, 217, 182

[466]Jacques Attali, *Los judíos, el mundo y el dinero*, Fondo de cultura económica, 2005, Buenos Aires, p. 378.
[Otras numerosas fuentes lo confirman: ""El señor Schiff en numerosas ocasiones rechazó participar en préstamos a Rusia, y utilizó su gran influencia para evitar la entrada de Rusia en los mercados de dinero de América, solamente por el maltrato a los judíos del gobierno ruso". El ministro de finanzas japonés Bakatani afirmaba que cuando Japón, acometiendo la negociación de un préstamo de 10 millones de libras en Londres durante la primavera de 1904, encontró dificultades para asegurar esa cantidad, "el señor Schiff en una sola conversación con el señor Takahashi ofreció por sí solo suscribir la mitad del préstamo que necesitábamos". Concluyó con la afirmación: "La cantidad de nuestro préstamo suscrito por el señor Schiff, de la primera a la quinta emisión, asciende a un total de 39.250.000 £."" Cyrus Adler, *Jacob Henry Schiff, A Biographical Sketch*, The New York American Jewish Committee, Nueva York, 1921, p. 16, 15, citado en Alberto Léon Cebrián, *Las Revoluciones bancarias*, 2017, p. 228. (NdT).]

[467] Hervé Ryssen, *Las Esperanzas planetarianas*, (2022), (nota 817).

cadáveres después de la batalla, solían llamar los "cuervos".

Para Joseph Roth, esta obra no tenía por lo tanto sólo un valor combativo, destinado a borrar de la mente del *goy* cualquier huella de antisemitismo. También tenía una función de válvula de escape: Joseph Roth invirtió los roles para expresar de manera velada la neurosis del judaísmo y la tentación de algunos judíos de identificarse con el Anticristo y el Diablo. Es interesante observar al respecto que para los cristianos la obra de "Satanás", el Adversario, consiste precisamente en invertir sistemáticamente todos los valores establecidos. Pero para esos intelectuales judíos quizás sólo se trate de un simple juego intelectual un poco enfermizo, seguramente fruto de una grave neurosis.

El novelista Isaac Bashevis Singer ilustró esta tendencia "diabólica" del judaísmo, difundida sobre todo por la herejía sabatea. En *La Destrucción de Kreshev*, narraba las desgracias de una joven mujer judía que se había casado sin saberlo con un judío aparentemente correcto en todos los aspectos, pero que resultaba en realidad ser un adepto de la doctrina de Shabtai Tzvi:

"Aunque el falso Mesías había muerto hacía tiempo, el culto secreto de sus seguidores se mantenía en muchos países. Se reunían en ferias y mercados, se reconocían mediante signos secretos y, así, estaban a salvo de la ira de otros judíos que los hubieran excomulgado. Muchos rabinos, maestros, matarifes rituales y otras personas aparentemente respetables pertenecían a esta secta. Algunos se hacían pasar por milagreros, e iban de ciudad en ciudad repartiendo amuletos en los que habían introducido no el santo nombre de Dios, sino impuros nombres de perros y malos espíritus, Lilith y Asmodeo, así como el nombre del propio Shabtai Tzvi. Todo eso lo consiguieron con tal astucia, que sólo los miembros de la hermandad podían apreciar su trabajo. Sentían gran satisfacción en engañar a los piadosos y extender el mal[468]."

El judío herético fue finalmente descubierto: "Explicó cómo se había unido a las filas del culto de Shabtai Tzvi siendo niño aún, como había estudiado junto a sus condiscípulos, como le habían enseñado que un exceso de degradación significaba mayor santidad y que, cuanto más odiosa es la maldad, más cerca se está del día de la redención[469]."

En otra de sus novelas, *El Esclavo*, Isaac Bashevis Singer describía a su vez algunas prácticas sabateas en una pequeña aldea de Polonia del

---

[468]Isaac Bashevis Singer, *La Destruction de Kreshev*, 1958, Folio, 1997, p. 53, 54. Traducción versión PDF libre, *La Destrucción de Kreshev* p. 17
[469]Isaac Bashevis Singer, *La Destruction de Kreshev*, 1958, Folio, 1997, p. 74 Traducción versión PDF libre, *La Destrucción de Kreshev* p. 24.

siglo XVII: "En la época de Sabbetai Zeví, el falso Mesías que después se puso el fez y se convirtió en mahometano, Pilitz se hallaba dividido. La comunidad excomulgó a los seguidores de aquél, quienes a su vez maldijeron en público al rabino y a los ancianos. Los hombres no sólo se insultaban mutuamente, sino que se atacaban. Algunos miembros de la secta arrancaron el tejado de sus casas, guardaron sus enseres en barricas y baúles y se dispusieron a huir a la Tierra de Israel. Otros se dedicaron a la Cábala, trataban de sacar vino de las paredes o de crear palomos por los poderes arcanos del Libro de la Creación. Los hubo que abandonaron la Torá pues creían que con la llegada del Mesías la ley quedaba anulada. Otros creyeron hallar en la Biblia insinuaciones de que el camino de la redención estaba en el mal, y se entregaron a toda clase de abominaciones. Había en Pilitz un maestro que poseía una imaginación tan viva, que mientras oraba con su chal y sus filacterias, pensaba que estaba copulando y hasta llegaba a eyacular. La secta maldita consideraba esto una hazaña tan grande, que lo eligió jefe... No sólo los unía la ilusión de que Sabbetai Zeví volvería y reconstruiría Jerusalén, sino también el interés. Formaban asociaciones, comerciaban y se favorecían mutuamente e intrigaban contra sus enemigos. Si acusaban de estafa a alguno de ellos, sus amigos testificaban en su favor y procuraban inculpar a otro. Pronto se hicieron ricos y poderosos. En sus reuniones se burlaban de los justos y comentaban lo fácil que era engañarlos[470]."

La doctrina sabatea, en efecto, animaba a invertir todos los valores establecidos, incluso los del judaísmo talmúdico. Sabemos gracias a Gershom Scholem que los sabateos, a pesar de haber sido combatidos ferozmente por los rabinos, habían sin embargo conseguido secretamente una posición preeminente en las comunidades judías de Europa central, y que incluso numerosos rabinos practicaban en secreto sus ritos de inversión que llamaban a ir en contra de los principios de la Torá.

"Reconocer el sabateísmo de eminentes rabinos de Jerusalén, Adrianópolis, Constantinopla, Esmirna, Praga, Hamburgo o Berlín, hubiese sido...poner abiertamente en evidencia la integridad de un cuerpo de hombres de los que siempre se supuso que eran unos defensores eruditos y valientes de la tradición judía, escribía Scholem. No es de extrañar que se haya instintivamente evitado llevar a cabo las investigaciones que habrían podido descubrir opiniones heréticas, por no decir francamente licenciosas, en los lugares más inesperados...No

---

[470]Isaac Bashevis Singer, *El Esclavo*, 1962, Epublibre, editor digital German25 (2014), p. 762-765. (Ver nota del traductor en Anexo VI. 2)

solamente la mayoría de las familias que formaron parte del movimiento sabateo en Europa occidental y en Europa central se mantuvieron posteriormente dentro del redil judío, sino que muchos de sus descendientes, sobre todo en Austria, llegaron, a lo largo del siglo XIX, a posiciones importantes: intelectuales de renombre, grandes financieros o hombres políticos con altas conexiones. Obviamente, no era de esperar que esas personalidades dieran su visto bueno a que se "descubriera" su herencia "comprometida". Debido a sus posiciones en la comunidad judía, no es sorprendente que sus deseos fueran escuchados...Difícilmente puedo ocultar mi opinión de que el movimiento fue mucho más amplio de lo que se ha admitido generalmente hasta ahora... Las fuentes en nuestra posesión, por muy escasas que sean, dejan ver muy claramente que el número de rabinos sabateos fue mucho más grande de lo que se ha estimado generalmente, más grande incluso de lo que creía el rabino Jacob Emden que fue fervientemente anti-sabateo y al que se acusó siempre de exageración[471]."

Si bien no podemos desenmarañar en este estudio lo que hay actualmente de sabateo o de propiamente talmúdico en el espíritu de los judíos, sería interesante investigar más a fondo, a fin de comprender mejor la naturaleza de ese espíritu de inversión que hallamos en muchos intelectuales. ¿Es consecuencia de un espíritu "malicioso", por no decir francamente "demoníaco", o bien la manifestación de una neurosis? ¿O bien las dos a la vez? En beneficio de la duda, aceptaremos de momento, y hasta prueba de lo contrario, la tesis menos contundente.

La proyección de sus sentimientos de culpabilidad sobre el resto de la humanidad lleva incluso a algunos pensadores cosmopolitas a proyectar sobre los "antisemitas" su propia aptitud para la inversión acusatoria, creyendo así deshacerse de ese lastre. Tomando su caso patológico como una generalidad, acusan a sus adversarios de las mismas taras psicológicas, de las mismas inverosímiles contorsiones intelectuales de las que ellos mismos son capaces. Comprendemos mejor ahora los análisis de Raphaël Draï expuestos anteriormente acerca de *Los Protocolos de los Sabios de Sion*:

"... conviene ahora considerar el aspecto psicopatológico" y "...la inversión psíquica revelada por ese documento... El antisemita atribuye a los judíos unas intenciones que él mismo tiene en contra de éstos; intenciones que no puede confesar directamente...La dimensión

---

[471]Gershom Scholem, *Le Messianisme juif*, 1971, Calmann-Lévy, 1974, p. 142-144

psicopatológica de tales construcciones debe llamar y retener la atención...Los Judíos puestos en escena son judíos proyectivos; la imagen "judaizada" es propia de los delirios antisemitas[472]."

En *El Odio antisemita*, Serge Moati compartía con sus lectores un testimonio todavía más elocuente sobre la psicopatología específica del intelectual judío. He aquí la extraordinaria conclusión de su libro, en la que el autor, tras haber entrevistado antisemitas de todo el mundo, expresaba lo que realmente pensaba, desvelando una parte de su subconsciente. Al igual que los demás intelectuales judíos, y a pesar de su exhaustiva investigación, afirmaba seguir sin comprender las causas del antisemitismo. Pero a estas alturas de nuestro estudio, esto ya no tiene importancia. Escuchémosle hablar:

"He querido hurgar en las entrañas de la bestia, y me he topado con el Misterio. He desmenuzado los hechos, he escuchado mucho, he intentado sacar a la luz lo que no me atrevo a llamar "razones" y, sin embargo, al igual que en los oscuros cuentos iniciáticos, el Misterio permanece delante de mí, oculto, sellado, enterrado, profundamente agazapado en las consciencias. El Misterio del antisemitismo. He chocado con el odio. Pero la pregunta sigue estando ahí, arisca. Sabe resistirse a todos los análisis... El antisemitismo es realmente una pasión funesta que se lleva por delante todos los diques de la razón y sumerge todo aquel que es víctima de él. De París a Varsovia, de Moscú a Chicago, me encontré una y otra vez con las mismas locas palabras nacidas en oscuros sueños. El antisemita dice lo mismo en todas partes. Trastabilla el mismo discurso en todas las lenguas. El antisemita está poseído por algo que le sobrepasa y eso es por cierto lo que sugiere cuando dice: "¡No lo puedo evitar!" Suena casi como una excusa. Insaciable búsqueda del judío por parte del antisemita. Buscar el judío, desalojarlo, acorralarlo, ensañarse, regresar y volver a empezar, imaginarlo en todas partes, incluso donde ya no está y allí donde nunca estuvo. Inventar el judío cuando sea necesario, a conveniencia, ahí donde todavía pueda servir, y, en verdad, siempre puede servir.

El antisemita es un hipocondríaco. Se declara enfermo de los judíos, pero se los zampa, se chuta con judíos, se los inyecta intravenosa el pobre, si no el pobre se muere, si no el pobre ya no existe. El judío cimienta su identidad. Para él, sin judío, no hay salvación. Así que, después de haberlos matado, los reinventa todos. Por placer. Para vivir o para intentar vivir. Los judíos le son realmente necesarios. Durante

---

[472]Raphaël Draï, *Identité juive, identité humaine*, Armand Colin 1995, p. 390-392

este viaje, he estado cerca, lo confieso, de padecer el mismo mal. Veía yo también el antisemita en todas partes, en mis pesadillas por la noche o en mis fantasías de día. Detrás de palabras anodinas, o más allá de inofensivas alusiones. Me salía de tono, acosaba, hacía de policía del subconsciente de los demás. Tenía que acabar con todo eso. Pero, sin embargo, ya nada me parecerá tan anodino como antes, pues he vivido la cotidianidad del odio. La mía y la de los demás.

He sentido que el subconsciente del antisemita desborda, sujeto a erupciones que lo hacen tambalear. El antisemita titubea y el mal que sale de él le sobrepasa infinitamente. Nada sacia su hambre y su sed, su furor y su odio. Éste lo arrastra en su loca zarabanda. Es su esclavo para siempre, encadenado y cautivo...

Habéis oído, pues yo también me topé con él, el odio jamás saciado de algunos "iluminados" que no pasarían de folclóricos si la historia no nos hubiese enseñado a desconfiar fuertemente de los locos y sus delirios...He querido verlo desde más cerca, cara a cara, ése que me odia. Y he tenido miedo. No de las aves negras que pasaban, sino del reflejo en sus caras de nuestra humanidad común. Como si el antisemita fuese y siguiese siendo, más allá del asesinato con el que fantasea o que ya cometió, que teme o desea, más allá del espejo que le acercaba, un hermano a pesar de todo, sí, un hermano quebrado y herido...el verdugo lloraba y era otra vez por mi culpa, siempre mi culpa. Me decía su odio y oía su queja. El verdugo sollozaba sobre mi hombro y parecía decirme con su voz de niño cruel y triste:" ...Déjame matarte, tengo que vivir. No tengo memoria, tú tienes una. No sé quién soy, mientras que tú tienes la identidad más antigua del mundo. Odio tu memoria, odio tus recuerdos, odio tu Dios y la pretensión que te ha dado...Te odio porque acaparas mi aire. Porque gozas tanto y yo tan poco. ¡Eh! ¡judío! Ámame, yo que quiero matarte. Bendíceme por querer matarte. Ámame, y hazme tú. Dame este mundo que se me niega. Judío, judío, dame el mundo." ¡Loco que estaba! Ese era el largo lamento que oía, ese grito oscuro proveniente de los orígenes, un temor tan antiguo e irracional, tan infantil, y, por así decirlo, tan estúpido, tan monstruosamente estúpido. Yo, hoy, he escuchado el antisemita. Ya no le tengo más miedo. Conozco su debilidad...Me da pena, sí, la misma pena que los enfermos frágiles, pero esa no es una razón para no combatirlos. Con todas nuestras fuerzas. Con la razón. Y el subconsciente. Con la educación, con el progreso cívico y moral, ciertamente...

He querido hurgar en las entrañas de la bestia. Lo he hecho. Al final de este viaje casi iniciático, tengo las manos llenas de sangre. Entre las vísceras, escondido y oculto, había un espejo muy sucio. Limpié el espejo con mi saliva. Y me estremecí: ese rostro entrevisto en el centro de la oscuridad, al final del mal, era el mío. Me vi en el corazón mismo del sueño de la bestia. Se alimentaba de mi rostro, lo regurgitaba, lo devoraba. Al destruir el monstruo, rompí el espejo. Mi rostro estaba roto. Un nuevo rostro nacerá. Un día. Enigma. Misterio en forma de conclusión provisoria. Enigma. Como una historia judía, eso me han dicho."

La dimensión patológica es aquí muy claramente perceptible, y Serge Moati hacía además una confesión muy interesante al final del texto, cuando nos explicaba que, en ese espejo hallado en las entrañas de la "bestia", era su rostro el que veía, y no el del antisemita. Invitamos ahora al lector a releer este texto, pero esta vez intercambiando los términos "judíos" y "antisemitas", para así comprender el problema al que nos enfrentamos.

Os dejamos un instante antes de proseguir...

¿Y qué? ¿No es asombroso y sobrecogedor? La última conclusión del libro de Serge Moati correspondía a una brusca recuperación después del delirio mediante el que se había desahogado imprudentemente. El judío mesiánico se recuperaba finalmente y afirmaba de nuevo su misión eterna, aunque evidentemente demasiada pesada para unas mentes tan frágiles:

"Hoy por hoy, tengo un fuerte sentimiento de orgullo, el de pertenecer a un pueblo singular que amo y que respeto. En su diversidad y su dispersión, en sus desdichas, en su testarudez y en sus esperanzas. Un pueblo, mi pueblo, que se parece tanto a la humanidad en su lucha precaria con los demás, y con Dios... Mi pueblo, que al igual que yo, enredado en su misión demasiada pesada para él, es bravucón y cabezón. Amo mi pueblo, aquí y en todas partes. Lo amo y lo defiendo. Aquí, en Israel, en todas partes. Así es, la proximidad del antisemita no ha hecho más que reforzar mi propia identidad. Su odio me ha ayudado, y yo se lo devuelvo: huele a la muerte y yo amo el amor. Gracias, padre mío por haberme hecho nacer judío...mañana ya no seré judío por casualidad. He retado y combatido los demonios y quiero vencerlos una y otra vez. Tengo un nombre hebreo que me dio mi padre: Haïm, significa la vida. También significa la Victoria. Víctor, es el nombre de mi hijo. Victoria[473]..."

---

[473]Serge Moati, *La Haine antisémite*, Flammarion, 1991, p. 228-232

La obsesión judía

El intelectual judío parece estar literalmente obsesionado con su identidad judía, y la emancipación de los judíos europeos durante el siglo XIX no solucionó realmente nada, pues los judíos parecen estar siempre luchando entre las dos opciones perfectamente antinómicas que son la integración real en la sociedad europea y la fidelidad al judaísmo.

Acerca de este fenómeno, puede ser interesante citar aquí la filósofa Hannah Arendt, la cual escribía en 1951 acerca de esos judíos de Europa central que habían abandonado sus shtetls al final del siglo XIX, para vivir en Viena y en Berlín, antes de instalarse en París o en Nueva York: "El resultado fue que sus vidas privadas, sus decisiones y sentimientos se convirtieron en el verdadero centro de su "judeidad". Y cuanto más perdió su significado religioso, nacional y socioeconómico el hecho del nacimiento judío, más obsesiva se tornó la judeidad; los judíos se hallaban obsesionados por ésta como uno puede estarlo por un defecto o por una ventaja físicos, y entregados a ésta como uno puede estarlo a un vicio[474]."

El novelista vienés de principios de siglo XX, Arthur Schnitzler transcribió bastante bien el carácter a la vez enigmático y obsesivo de la "cuestión judía" que le atormentaba: "No era posible para un judío, escribía, especialmente si era un hombre público, olvidar que era judío, pues los demás no lo olvidaban, ni los cristianos, ni, menos aún, los judíos. No había más alternativa que pasar por insensible, avasallador y arrogante, o por susceptible, tímido y sujeto a la manía persecutoria."

---

[474]Hannah Arendt, *Los orígenes del totalitarismo*, Taurus-Santillana, 1998, Madrid, p. 88. ["La secularización, por eso, determinó finalmente esa paradoja, tan decisiva para la psicología de los judíos modernos, por la cual la asimilación judía en su liquidación de la conciencia nacional, en su transformación de una religión nacional en una denominación confesional y en su forma de responder a las frías y ambiguas demandas del Estado y la sociedad con recursos igualmente ambiguos y con trucos psicológicos - engendró un muy auténtico chauvinismo judío, si por chauvinismo entendemos el nacionalismo pervertido en el que "el individuo es él mismo lo que adora; el individuo es su propio ideal e incluso su propio ídolo". A partir de entonces el antiguo concepto religioso de pueblo elegido ya no fue la esencia del judaísmo; se trocó en la esencia de la judeidad... Allí donde los judíos fueron educados, secularizados y asimilados bajo las ambiguas condiciones de la sociedad y del Estado en la Europa occidental y central, perdieron esa medida de responsabilidad política que implicaba su origen y que los notables judíos siempre habían sentido, aunque fuera en la forma de privilegio y de dominio. El origen judío, sin connotaciones religiosas y políticas, se convirtió en todas partes en una cualidad psicológica, se tornó "judeidad" y desde entonces pudo ser considerado solamente dentro de las categorías de la virtud o del vicio." En *Los Orígenes del Totalitarismo, Antisemitismo*, p. 81, 88. (NdT).]

Su biógrafo, Jacques Le Rider, escribía sobre el novelista lo siguiente: "La lectura del monumental diario íntimo de Schnitzler, escrito desde su adolescencia hasta 1931, muestra como el hecho de darle vueltas a su identidad judía era para él un ejercicio que repetía indefinidamente[475]."

El caso de Franz Kafka era por completo similar. Esto era lo que escribía Laurent Cohen sobre él, al notar esa "enfermedad" específica del judaísmo: "Kafka ya no nos aparece como un caso "clásico" de judío enfermo sino, al contrario, como un hombre obsesionado con una búsqueda de la identidad. "Se odiaba a sí mismo no por ser judío, sino por no serlo lo suficiente" escribió acertadamente el excelente biógrafo Ernst Pawel...Simplemente no creía que la asimilación pudiese aportar a los judíos más que una fina capa de barniz, bajo la cual, contra viento y marea, seguirían siendo ellos mismos. Kafka "no podía hacerse a la idea" de "dejarse atrapar en el juego neurótico de la asimilación". Kafka, como muchos judíos, "es definitivamente prisionero de su identidad", escribía Laurent Cohen. "¿Cómo, siendo un partidario de la empresa colectivista sionista, pudo escribir en 1923 un texto tan deprimente como *La obra*? Cuando nos acercamos a él, nos sentimos aterrados ante semejante culto paranoico del enclaustramiento[476]." Esta es otra confirmación de cierta paranoia muy específica del judaísmo.

Para los judíos franceses de *La Belle Époque*, el novelista Marcel Proust dejó un retrato social que ponía en escena dos personajes emblemáticos torturados por esas dos alternativas identitarias. He aquí lo que escribía León Poliakov al respecto en su *Historia de las crisis de identidad judías*: "La doble figura de Charles Swann y Albert Bloch ejemplifica las dos vertientes: Swann, hombre de buen gusto, erudito, amigo del príncipe de Gales, que había borrado en él cualquier rastro de pertenencia semita, se solidariza con los judíos al final de su vida, convirtiéndose en un *dreyfusard477* comprometido, y asemejándose a "un viejo hebreo"." Albert Bloch, en cambio, es un "joven judío pedante, en busca por todos los medios de su integración en la mejor sociedad", y, tal como lo describía Proust, "un mal educado, neurópata, esnob[478]."

Con el globalismo triunfante de finales de segundo milenio, parecía abrirse para numerosos judíos esa época mesiánica tan esperada por ellos: las fronteras desaparecían, los pueblos blancos aborrecidos se

[475]Jacques Le Rider, *Arthur Schnitzler*, Belin, 2003, p. 202, 203
[476]Laurent Cohen, *Variations autour de K*, Intertextes, Paris, 1991, p. 15, 47, 50, 132
[477]Partidarios del capitán Alfred Dreyfus (ver nota 174). (NdT).
[478]Léon Poliakov, *Histoires des crises d'identité juives*, Austral, 1994, p. 83

disolvían y todo el mundo occidental parecía por fin "pacificado". Sin embargo, si bien algunos intelectuales o financieros judíos creían firmemente que ""esta vez sería la buena"", era de suponer que la próxima llegada del *Mashíaj* no lograría serenar todos los espíritus.

El novelista Philip Roth se hacía eco de esa obsesión a través de uno de sus personajes que no podía pasar página y olvidarse de "ese tema":

"En resumen, pues, George, me dio una conferencia sobre el tema que en verdad no recuerdo haber elegido yo para que me vaya siguiendo así, como una sombra, desde la cuna a la tumba; el tema cuya obsesiva indagación siempre me ha parecido que podía dejarse para otro día; el tema cuya persistente intrusión en todos los asuntos, grandes y pequeños, no siempre sabía uno cómo manejar; el tema invasor, omnipresente, fastidioso, en que venían encapsulados el más grave problema y la más sorprendente experiencia de mi vida, y que, a pesar de todos los honrosos intentos de resistir a su embrujo, daba ahora muestras de ser la fuerza irracional que había conducido mi vida hasta este punto; el tema que, a juzgar por lo que estaba oyendo, tampoco se podía considerar exclusivamente mío...El tema que responde al nombre de *judío479.*"

La obsesión judía queda aquí perfectamente expresada en lo que tiene de neurótica para un intelectual. El problema radica en que muchos judíos son precisamente unos "intelectuales", debido a la tradicional importancia dada al estudio en el judaísmo, principalmente al estudio de la Torá y el Talmud[480]. Es en ese sentido, por cierto, que se puede legítimamente reconocer que los judíos son "el pueblo del libro", o más bien "de los libros": la Torá, el Talmud, y el Zohar.

El filósofo Jacob Talmon mencionó también la obsesión del intelectual judío: "Su dolorosa y obsesiva conciencia de sí mismo se interpone entre él y el mundo[481]", escribía.

En una conferencia del 14 de marzo del 2005, el influyente director de prensa Alexandre Adler expresó la misma conclusión: "El judaísmo es una cosa muy complicada, y, al mismo tiempo, es de vez en cuando una neurosis obsesiva[482]."

---

[479]Philip Roth, *Operación Shylock*, Debolsillo Penguin Random House, Barcelona, 2005, p. 149

[480]"... nueve horas diarias de aprendizaje maquinal exigidas en el jéider a los niños de tres años." (Mark Zborowski, *Olam*, 1952, Plon, 1992, p. 15). El jéider es la escuela elemental tradicional cuyo fin es enseñar a los niños las bases del judaísmo y del hebreo.

[481]J.-L. Talmon, *Destin d'Israël*, 1965, Calmann-Lévy, 1967, p. 15

[482]http://www.beit-haverim.com/anoter/ConfAdler0305.htm

Otro sobresaliente intelectual francés como Edgar Morin dio una imagen igual de dividida de su identidad en el diario *Libération* del 13 de mayo del 2004: "Francés, mediterráneo, judío, universalista, europeo, laico...Son lo que yo denomino mis identidades concéntricas", escribía. Nacido en París, en una familia judía emigrada (su padre Vidal Nahoum era un Marrano de Salónica), el sociólogo de cultura sefardita se siente también el hijo espiritual de Spinoza, "porque rechazaba la idea de un pueblo elegido". Se sitúa por lo tanto un poco al margen de la comunidad y se declara curiosamente "un judío no judío, un no-judío judío." Como veis, no es nada fácil ser judío.

La lista sería muy larga si publicáramos todos los testimonios angustiados de intelectuales judíos. El propio Bernard-Henri Levy, el hombre que se pavonea en los platós de televisión, no podía ocultar completamente esta "judeidad obsesiva". Tampoco negaba que, con semejante lastre, algunos intelectuales judíos pudiesen ser seducidos por la tentación de renegar.

La novela de Albert Cohen, *Bella del Señor*, era para él sintomática de esa ambivalencia de los judíos de la diáspora. Se puede leer ese libro, escribía Levy, "como una alegoría de la judeidad en Occidente": "Los lectores del libro se acuerdan, estoy seguro, de esa escena extraordinaria...en la que vemos el príncipe de la gentilidad, Solal el magnífico, el Gran Duque de la SDN [Sociedad de Naciones], hablar de igual a igual con los más grandes, y, a la vez, alimentar y proteger en su sótano una especie de "corte de los Milagros[483]"compuesta de Judíos escrofulosos, enfermizos, proscritos, sin representación en el mundo donde él es uno de los reyes y a los que se ve abocado a visitar en secreto por la noche."

Pero al alejarse así de su pueblo, Solal dio la espalda a la Ley. Llevando a su personaje al suicidio, explicaba Bernard-Henri Levy, Albert Cohen quiso dar a entender que: "Israel jamás se reconciliará con el Occidente cristiano." Según el filósofo, la novela de Albert Cohen "mostraba la tentación de renegar, la tentación, como dice en un momento dado Solal, de "hacer el mono" con los cristianos y ser más cristiano que los cristianos...Se puede leer esta novela como la gran novela del neo-marranismo contemporáneo, proseguía Levy, la gran novela que proclama el sufrimiento del neo-marrano: *goy* por fuera, judío por dentro; viviendo de día en el mundo y regresando por la noche a su gueto interno[484]."

---

[483]*La cour des Miracles*: expresión francesa que se refiere a los barrios marginales y los bajos fondos del París de Antiguo Régimen. (NdT)

[484]Bernard-Henri Lévy, *Récidives*, Grasset, 2004, p. 397, 391

Y no olvidemos que, en otros pasajes de sus obras, Bernard-Henri Lévy se declaraba "francés", más francés que él, ¡imposible! Recordemos lo que le contestaba en 1981 a Raymond Aron, cuando éste se alarmaba de ver Lévy vomitar página tras página, de la manera más ultrajante, sobre Francia y la cultura francesa: "Me ha leído usted demasiado bien, estoy seguro, como para ignorar que es en calidad de francés y como francés que, como cualquier otro filósofo francés, me he arriesgado con esta investigación acerca de la Francia negra[485]."

En definitiva, es muy práctico ser judío. "Yo, soy judío cuando me apetece[486]", decía el antiguo ministro socialista Bernard Kouchner. Eso les permite hacer apología de todo lo desviado, disidente y renegado, y luego quejarse de discriminación cuando se les atrapa con las manos en la masa.

Los síntomas de la locura

La neurosis judía es por ejemplo muy patente en la novela titulada *Un judío a la fuga,* del escritor Laurent Sagalovitch. El periódico *Le Monde* del 2 de septiembre del 2005 hacía una reseña de dicha novela en la que insistía en el carácter patológico y trágico de la vida del héroe, muy similar al del autor: Desea "irse lejos. ¿Lejos de qué? Lejos de aquí. De esta Francia enmohecida que le aburre y que aborrece profundamente. Al igual que Simon Sagalovitch, el personaje de su última novela."

Simón tiene 31 años. "Su hermana, neurótica, se acuesta con un goy" un poco tonto. "Durante la cena de *Pesaj,* Simón anuncia a sus padres que ha decidido marcharse de Francia para instalarse en Canadá: "Este país me agobia, es demasiado pequeño, demasiado mezquino, demasiado interesado"." De acuerdo Simón. ¡*Mazal tov!* ¡Lárgate de esta Francia "enmohecida"!

A su novia que desea tener un hijo con él, le dice así: "¿Por qué quieres mi semen, el cual sufre de evidentes signos de angustia traumática y que según mi psicoanalista se debe a una incompatibilidad metafísica con el universo, sin olvidarnos del silencio de Dios durante el Holocausto, además de la actual amenaza nuclear que representa Corea del Norte, Irán, Siria y Pakistán? ¿Cómo quieres que engendre un hijo que será o bien autista, o bien maniático-depresivo, o bien

---

[485]Bernard-Henri Lévy, *Questions de principe, deux,* Grasset, 1986, p. 306. Lease también en Hervé Ryssen, *Las Esperanzas planetarianas,* (2022).

[486]Daniel Cohn-Bendit, Bernard Kouchner, *Quand tu seras président,* Robert Laffont, 2004, p. 347

hiperactivo, o bien vegetativo, idiota e inculto?, un hijo que un día vendrá a decirme papá te quiero mucho, pero me tocas los cojones."

Simón Sagalovitch se instala finalmente en Canadá. "Pero he aquí que el aburrimiento vuelve a hacer mella en él. Y la eterna pregunta: ¿Marcharse otra vez? ¿Pero hacia dónde? Lejos. ¿Lejos de qué?" Sin darme cuenta de ello, había contraído la maldición del judío errante, nunca a gusto en ninguna parte, siempre en búsqueda de un paraíso que sólo existe en los libros para niños."

Los comentarios elogiosos que pudimos leer en internet insistían más bien sobre la ridiculez de la historia: "El viaje del hipocondríaco Sagalovitch a Vancouver promete a los amantes de historias judías, de neurosis familiares, de fútbol, de whisky o de Lorazepam, uno de los más sabrosos cócteles de la nueva temporada literaria." El héroe "lleva consigo la nostalgia del gran equipo de fútbol de los Verdes de Saint-Étienne, su desconfianza hacia los goyim, su fuerte sentido de la inadaptación y una jubilosa mala fe. Apenas aterriza en Canadá, se lía con una belleza holandesa (optimista, relajada y gran fumadora de cannabis). Con ella descubrirá los encantos de la sociedad libertaria pero higienista de la ciudad de de Vancouver."

Es cierto que, si bien suelen "desconfiar de los goyims", los judíos saben apreciar las "bellezas holandesas", y, como ya pudimos darnos cuentas en el cine y la literatura, la única cosa que los judíos parecen realmente apreciar de los pueblos europeos, es la belleza de sus mujeres. Pero incluso en esta materia, parece ser que los judíos tienen dificultades para abstraerse de su judeidad. El aclamado novelista Philip Roth escribía así en *Operación Shylock*:

"Yo mismo salí con una chica que había estado casada con un judío. La gente más antisemítica del mundo es la que ha estado casada con un judío o una judía. Todos te dicen lo mismo: son una panda de neuras. Conozco a una chica que vivió ocho o nueve años con un judío. En todo ese tiempo, no pasaron de quince o dieciséis los buenos polvos que echaron, porque el tío nunca se relajaba lo suficiente. Estaba siempre tan obsesionado por su judiez, que tuvo que buscarse una *shiksa* para joder a gusto. Para qué hablar de la forma en que la trataban los padres de él, como a una mierda recién cagada. La madre que los parió, la cantidad de problemas que tienen los judíos. No hacen más que gimotear[487]."

La periodista del *Nouvel Observateur*, Colette Mainguy, tampoco parecía estar muy cuerda, a juzgar por lo que escribía en la portada de

---

[487]Philip Roth, *Operación Shylock*, Debolsillo Penguin Random House, Barcelona, 2005, p. 296

su novela titulada *La Judía* (2001): "He redescubierto mi judeidad después de cinco años de psicoanálisis. Hacía tanto tiempo que tenía sueños germánicos recurrentes. Los alemanes me persiguen. Me ametrallan y después muero debajo de una lona en un camión que recorre el Vercors. Me detienen en las redadas de judíos; le reprochó a mi madre haberme abandonado en un campo; soy periodista y cuento como es la vida de un gueto antes de que me encierren en él; hago felaciones a unos nazis, la Gestapo golpea mi puerta. Siempre huyo. Mis escondites son siempre sótanos oscuros, armarios sórdidos o aterradores laberintos; Una noche, me encaro con mi hermana Beth. Ella es la jefa de la Gestapo en un campo de concentración." Por lo visto, esos cinco años de psicoanálisis no fueron suficientes para exorcizar el mal.

Leímos también en la prensa la noticia del caso patológico de Philippe Zamour, de 41 años, juez desde hacía 10 años, y que había sido sorprendido masturbándose durante una audiencia en el tribunal de Angulema (Charente). El hombre fue detenido, suspendido de su cargo e inculpado por delito de "exhibicionismo sexual". Antes de este incidente, Philippe Zamour ya había recibido una atención terapéutica, pues solía salir de compras vestido de mujer o imitar Johny Hallyday[488] en los pasillos del palacio de justicia. Según la agencia Reuters, a fecha de 28 de septiembre del 2005, el susodicho se benefició de un sobreseimiento por razones médicas, y el juez fue declarado irresponsable de sus actos por los psiquiatras, los cuales le diagnosticaron y declararon ni más ni menos que "esquizofrénico". Bajo esas circunstancias, el Consejo superior de la magistratura estimó que no era posible sancionar el acusado.

Este ejemplo es muy anecdótico, pero podemos considerar sin embargo que refleja un fenómeno muy real. Lo que es más sorprendente es que, hasta donde sepamos, ninguna investigación realmente exhaustiva ha sido llevada a cabo y publicada sobre las patologías específicas de la identidad judía, ningún estudio serio está disponible para el público en general. El "problema" es sin embargo de talla, a juzgar por lo que pudimos leer en otras partes acerca de otras personalidades.

El escritor Joseph Roth también se vio directamente afectado por la neurosis judía, pues su propia mujer padeció graves problemas mentales. Incluso un rabí milagroso jasídico trató de sanarla en vano:

---

[488]Famoso rockero francés. Ídolo generacional. Es considerado como un icono en el mundo francófono desde los inicios de su carrera. Para algunos es el equivalente francés de Elvis Presley. (NdT).

"Él mismo, Joseph Roth, un judío ilustrado, agnóstico, antes de convertirse (realmente o de forma ficticia) al catolicismo, consultó un "rabí" milagroso para su mujer Friedl que padecía una esquizofrenia cuyo desenlace fue fatal[489]."

Elie Wiesel era bastante crítico con respecto al escritor yiddish Isaac Bashevis Singer. Probablemente porque éste recibió el premio Nobel de literatura y ocupaba un lugar preeminente que Elie Wiesel envidiaba en secreto: "No le caía bien, escribía Wiesel en sus *Memorias*, y, ¿por qué no reconocerlo?, era recíproco." Elie Wiesel reprochaba además a Bashevis de: "deformar, distorsionar la imagen del judío de Europa del Este", quejándose "de que sus héroes eran a menudo feos, moralmente chiflados, encantadores pero perturbados, sabios pero perversos. ¿Es posible que los judíos polacos hayan sido todos unos maníacos sexuales? ¿Es concebible que un rabino consagrado a Dios y a su Ley sólo piense en cometer el adulterio la noche del Yom Kipur[490]?"

Pero Isaac Bashevis Singer no está catalogado por su comunidad como uno de esos judíos que padecen "el odio de sí mismo", y quizás simplemente describió con realismo lo que había visto.

Irène Némirovsky es una conocida novelista en Francia que recibió el premio Renaudot a título póstumo. Nació en Kiev en 1903 en una familia de banqueros. En su novela *Los perros y los lobos,* que parecía ser en parte una autobiografía, describía una familia judía de Ucrania instalada en Francia después de la Primera Guerra mundial. Harry Sinner, el hijo del banquero se casaría con una francesa: Laurence Delarcher, de la familia de la antigua banca Delarcher. Era, escribía Irene Nemirovsky, "el tipo judío. Frágil, inteligente y triste. ¿Puede gustar a esas chicas sonrosadas y rubias?" En eso se parecía a sus tíos que administraban el banco, y que eran como él, "hombres de baja estatura, de tez aceitosa, rasgos afilados y ojos inquietos."

Para Harry Sinner, "igual que a todos los judíos...los defectos específicos de su raza lo escandalizaban de un modo mucho más acusado y doloroso que a los cristianos. Y esa energía tenaz, esa

---

[489]Joseph Roth, *Juifs en errance*, 1927, Seuil, 1986, p. 29. [" Para los jasídicos, el rabí milagroso es el mediador entre el hombre y Dios. Los judíos ilustrados no necesitan mediador alguno. Incluso consideran un pecado el creer en un poder terrenal que fuera capaz de anticipar decisiones de Dios...No obstante, muchos judíos, aun cuando no sean jasídicos, son incapaces de sustraerse a la milagrosa atmósfera que rodea un rabí, hasta el punto de que hay judíos descreídos, que en situaciones difíciles acuden al rabí con el objeto de hallar consuelo y ayuda." Joseph Roth, *Judíos errantes*, Acantilado 164, Barcelona, 2008, p. 46. (NdT).]
[490]Elie Wiesel, *Mémoires, Tome I,* Seuil, 1994, p. 462, 463

necesidad casi salvaje de conseguir lo que se deseaba, ese desprecio ciego hacia lo que pudieran pensar los demás, todo eso quedaba clasificado en su mente con una misma etiqueta: "Desfachatez judía"." Estaba marcado por "la maldición de una raza que no pude permanecer quieta, e intenta, sin descanso y en vano, ser más fuerte que el mismo Dios[491]."

Ada, una pequeña judía entre sus allegados, pero menos acaudalada, estaba enamorada de él. Su esposo Ben tuvo entonces un comprensible ataque de celos. Había que romper el silencio: "Su rabia estalló en forma de maldiciones, insultos, gritos...Las frases brotaban de su boca en una mezcla de yidis y ruso. Harry apenas las comprendía y, para él, aquellos juramentos, aquellos aspavientos, aquellos rugidos de odio, tenían algo de repugnante y grotesco. En ese instante se acordó de la aversión que traslucía el rostro de Laurence cuando lo había llamado histérico. Aquel frenesí, aquellos bramidos, aquellas atropelladas invocaciones a un dios vengador surgían de otro mundo.

- ¡Que te mueras delante de mí! - aullaba Ben - ¡Que hagan pedazos tu cadáver! ¡Que no halles descanso, sueño ni una muerte en paz! ¡Que tu descendencia sea maldita! ¡Malditos sean tus hijos!

- ¡Cállese! - Gritó Harry con vehemencia- ¡No estamos en un gueto de Ucrania!

- ¡Pues es de donde saliste, como yo, como ella! ¡Si supieras cuánto te odio…! ¡Nos miras por encima del hombro, nos desprecias, no quieres tener nada que ver con la chusma judía[492]!"

Los ataques de ira son siempre impresionantes en esta comunidad donde los desequilibrios mentales son manifiestamente más frecuentes de lo que se cree. Respecto a la propia Irène Némirovsky, Pierre Birnbaum escribió lo siguiente: "Su vagabundeo denota su trastorno completo, más aún, su neurosis, su perpetua agitación que acentúa todavía más su rareza[493]."

Franz Kafka era muy consciente de esta neurosis específica del intelectual judío. Numerosos judíos que habían dejado su *shtetl* para instalarse en Viena habían decidido convertirse al catolicismo para intentar liberarse de esa tiranía. Pero, sin embargo, la conversión no calmaba sus espíritus atormentados: había que esperar para ello la

---

[491]Irène Némirovsky, *Los perros y los lobos*, Ediciones Salamandra, 2016, Barcelona, p. 94, 114, 130, 122

[492]Irène Némirovsky, *Los perros y los lobos*, Ediciones Salamandra, 2016, Barcelona p. 159, 160

[493]Pierre Birnbaum, *Un Mythe politique : la république juive*, Fayard, 1988, p. 134

siguiente generación. Kafka escribió así un día a sus amigos Brod y Welsch: "Pero qué atroces fuerzas judías se agitan hasta estallar dentro de un judío bautizado. Sólo se tranquilizan y disipan en los hijos cristianos de la madre cristiana[494]."

En 1886, en su famoso libro sobre la comunidad judía de Francia, Eduardo Drumont ya había notado ese problema particular de los hijos de Israel que empezaban a afluir a Francia desde los guetos de Europa central: "La neurosis, ésa es la implacable enfermedad de los judíos, escribía Drumont. En este pueblo mucho tiempo perseguido, viviendo siempre en una angustia constante y en incesantes conspiraciones, sacudido después por la fiebre de la especulación, ejerciendo solamente profesiones de índole cerebral, el sistema nervioso ha acabado por alterarse por completo. En Prusia, la proporción de alienados es mucho más fuerte en los israelitas que en los católicos."

El escritor estadounidense Philip Roth expresó la neurosis judía de forma bastante evocadora, siempre a través de sus truculentos personajes: "Pues es un chico judío echado a perder. El novio judío, echado a perder, de la *shiksa* no menos echada a perder. Un animal histérico y salvaje, eso es lo que es. Y eso es lo que soy yo. Eso es lo que somos los dos[495]", escribía.

Por lo visto, el escritor debió sufrir "unos meses antes una horripilante crisis nerviosa" que le llevó "en un momento de extrema desorientación a preguntarse si de verdad está...sufriendo uno de aquellos episodios alucinatorios cuya terminante verosimilitud lo había llevado el verano anterior hasta los límites del suicidio. El control que sobre sí mismo ejerce empieza a antojársele tan leve como su influencia sobre el otro Philip Roth, a quien, de hecho, se niega a otorgar la consideración de "el otro Philip Roth" o "el impostor", o "el doble" ..." Efectivamente, existe un desdoblamiento de la personalidad de "Philip Roth" en esta novela, donde el héroe también lleva el nombre del autor. Y es que Philip Roth es el centro del mundo.

"Su grandiosa motivación. Su lábil personalidad. La monomanía histérica. La sarta de embustes, el sufrimiento, la enfermedad, el horripilante orgullo por el hecho de ser "indistinguible"...De todo ello

---

[494]Laurent Cohen, *Variations autour de K...*, Intertextes éditeur, Paris, 1991, p. 49

[495]Philip Roth, *Operación Shylock*, Debolsillo Penguin Random House, Barcelona, 2005, p. 268. Traducción de Ramón Buenaventura, 1996. [De la traducción francesa en el texto: "*Un maldito pequeño judío completamente chiflado. El maldito pequeño judío completamente chiflado de la maldita shiksa completamente chiflada, su maldito novio, un loco, un animal, un histérico, eso es lo que es. Eso es lo que soy yo. Eso es lo que somos.*" Philip Roth, *Opération Shylock*, 1993, Gallimard, 1995, p. 271. (NdT).]

resulta alguien que intenta ser real, sin saber ni siquiera aproximadamente cómo conseguirlo, alguien que no tiene idea ni de cómo ser ficticio- y hacerse pasar, de modo convincente, por quien no es...Su artificio es falso hasta el tuétanos, es una caricatura histérica del arte del ilusionismo, una hipérbole alimentada por la perversidad (quizá incluso por la locura), es la exageración hecha principio inventivo..."

En otro capítulo de la novela, Roth retrataba así un tipo de personalidad judía encarnado por uno de los personajes: "Sí, Smilesburger es mi judío típico, lo que "judío" significa para mí, mi mejor modelo. Negativismo fruto de la experiencia [*Negativismo mundano*]. Seductora verbosidad. Venación intelectual. El odio. La mentira. La desconfianza. El sentido práctico. La sinceridad [*La autenticidad*]. La inteligencia. La malicia. [*La maldad*]. La comedia. El aguante. El teatro. La herida. El daño [*El abatimiento*][496]."

Pero otras dos frases bajo la pluma de Philip Roth retienen nuestra atención y nos parecen mucho más importante para comprender el fondo de la personalidad judía. La primera es la confesión del autor, que se desesperaba de nunca poder hallar la paz interior: "Nunca me veré libre de esta tendencia a la exageración, al insoportable asedio de la confusión...nunca me libraré de mí mismo...viviré para siempre en la morada de la Ambigüedad[497]." Y la segunda es esta: "Ser judío es invocar a un padre desquiciado y colérico. Invocar a un padre desquiciado y violento, y así estamos los judíos, desde hace tres mil años, igual de desquiciados[498]."

Y así es como tocamos los dos puntos que conforman, a nuestro juicio, la raíz del problema: la "ambigüedad", o la ambivalencia, que constituye la base de la identidad del intelectual judío; y la cuestión del Padre, que dura "desde hace tres mil años", y que es la clave de la neurosis judía, tal como lo había correctamente diagnosticado Sigmund Freud al analizar su propio caso personal.

Pierre Paraf ilustró magníficamente esta ambivalencia a través de una especie de sublimación en un pasaje de su novela:

"Pueblo de usureros y hedonistas...Pueblo de destructores sangrientos que sólo conoce el odio. Pueblo de la libra de carne, del "*pilpul*" talmúdico, de la inteligencia agotada y de los sentidos resecos.

---

[496]Philip Roth, *Operación Shylock*, Debolsillo Penguin Random House, Barcelona, 2005, p. 277, 281, 283, 455, 456. [*De la traducción francesa en el texto*]

[497]Philip Roth, *Operación Shylock*, Debolsillo Penguin Random House, Barcelona, 2005, p. 354

[498]Philip Roth, *Operación Shylock*, Debolsillo Penguin Random House, Barcelona, 2005, p. 125

Espaldas encorvadas, cuellos rígidos y barbas piojosas.

-En absoluto. Pueblo de amantes, cuyo cielo florido de estrellas alberga el sueño perfumado de rosas de Saron y de lirios de Galilea, portadores perseverantes de un mensaje que no es más que una carta de amor a la humanidad. Pueblo amante de Dios, pueblo pálido de ternura insatisfecha, quemado por más fuegos de los que el mundo jamás encendió[499]."

En la vida religiosa, podemos observar igualmente esa especie de esquizofrenia espiritual que reina en el alma del judío piadoso cuando se dirige a su Dios, pasando bruscamente de las imploraciones desesperadas a los reproches más familiares, para finalmente prosternarse humildemente. Así lo describía Joseph Roth en *Judíos errantes*:

"En la casa de Dios no están como huéspedes extraños, sino como en su propia casa. No le hacen una visita oficial, sino que se reúnen tres veces al día en torno a sus ricas, pobres, sagradas mesas. Al rezar se indignan contra Dios, claman al cielo, se quejan de su rigor y, en casa de Dios, entablan proceso contra Él, para a continuación confesar que han pecado, que todos los castigos eran justos y que quieren ser mejores. No hay pueblo que tenga semejante relación con Dios[500]."

Esto nos recuerda a la figura de Golum, esa desgraciada criatura de *El Señor de los Anillos* que parece sufrir esa ambivalencia patológica, cuando pasa del odio y de la voluntad de venganza que alberga secretamente, a las manifestaciones más exageradas de debilidad para intentar apiadar a sus compañeros de infortunio, y al que vemos luego con los ojos iluminados por una fe mesiánica que le debe conducir al imperio del mundo[501].

La ambivalencia del pensamiento de los intelectuales judíos es el reflejo del profundo sufrimiento interior y de la duda recurrente que arrastran acerca de la legitimidad de la "misión" del pueblo judío. El alma del judío, siempre en la frontera entre dos conceptos antagónicos, parece únicamente poder afirmarse en ese esfuerzo constante por deshacerse de esa vacilación existencial que es constitutiva de la esencia del judaísmo. Los judíos afirman con tanta más fuerza su fe mesiánica que viven en la angustia de su ambigüedad y en las dudas suscitadas por la hostilidad general que siempre han levantado en contra de ellos a lo largo de la historia.

---

[499]Pierre Paraf, *Quand Israël aima*, 1929, Les belles lettres, 2000, p. 8

[500]Joseph Roth, *Judíos errantes*, Acantilado 164, Barcelona, 2008, p. 45

[501]Sobre la analogía del golum, léase en Hervé Ryssen, *Las Esperanzas planetarianas*, (2022).

Bajo esas circunstancias, el misticismo judío, encarnado por el Jasidismo, puede ser considerado como una tentativa de liberación extática. Aparecido en el siglo XVIII, ese movimiento religioso, que acabó por agrupar una amplia mayoría de los habitantes del *shtetl*, fue primero una reacción ante la angustia y el sufrimiento de los judíos polacos y ucranianos después de los pogromos perpetrados por los Cosacos de Bogdán Jmelnitski. Asimismo, ya vimos como la base moral de la vida judía se había tambaleado con el fervor mesiánico provocado por el "falso Mesías" Shabtai Tzvi. La reacción rabínica contra esa corriente emocional "consistió en levantar aún más alto el cerco alrededor de la Torá con nuevas reglas suplementarias", escribía Mark Zborowski. "Los letrados talmúdicos fortalecieron su dominio, sometiendo a la masa de los *proste*[502] bajo el yugo de innumerables preceptos que eran incapaces de comprender: el pueblo del *shtetl* sólo tenía la elección entre el *pilpul* y la obediencia ciega. Predicadores ambulantes, los *maggidim*, prometían los peores tormentos del infierno por cualquier transgresión de una *mitzvá*[503]. Los *proste* se enfrentaban solos a la imagen de un Dios vengativo, guardián celoso de Su alianza que no dejaba ninguna esperanza al transgresor."

El movimiento jasídico se presentó primero como "la revuelta de los no-instruidos" contra la autoridad rabínica. Su primer jefe fue Israel ben Eliezer, Ba'al Shem Tov, el Maestro del Divino Nombre, también llamado Besht[504]. Alejados de los discursos austeros y amenazantes de los *maggidim*, los jefes jasídicos predicaban la esperanza, la misericordia y el amor, en vez de la venganza y el castigo. Al igual que los demás movimientos sabateos, el jasidismo se topó con la violenta

---

[502]*Proste* es una palabra en yiddish utilizada por los asquenazíes para indicar que una persona o algo es pobre, vulgar o de poca clase.

[503]Los mandamientos, éstos son los 613 preceptos bíblicos de la Torá.

[504]"Bal Shem Tov posó su hacha. Se subió a un coche y partió a través de Polonia. Llamando a las puertas de las sinagogas, gritó: -¡Eh!¿Qué hacéis con la frente en tierra? Os traigo la palabra del Eterno.¡Levantaos y bailad, comed, bebed, fumad, cantad! Dejad descansar a vuestro espíritu: está reseco de tanto ergotizar, pero vuestro corazón está fresco; escuchad sus impulsos. ¡Cerrad el Talmud! ¿Qué es? Como mucho, un viejo galimatías de académicos pasados de moda. He aquí el último grito: ¡el Zohar, el libro del esplendor!¡Abridlo y leed! Casi todo Israel escuchó a Bal Shem Tov, leyendo el *Fol Zohar*. Y se puso a rezar bailando, comiendo, bebiendo, fumando, cantando. Fue el nacimiento del hasidismo. Y del hasidismo surgieron los milagros. Y Bal Shem Tov, llamado El Balshem, el leñador de las Maramures, fue el primer rabino milagroso." Recreación de Albert Londres en *El judío errante ya ha llegado*, Editorial Melusina, 2012, p. 60, 61. Ba'al Shem significa literalmente "uno que posee el dominio del nombre de Dios, que es capaz de emplearlo". (NdT).

resistencia de los letrados rabínicos y de las clases superiores del *shtetl*: "Los *misnagdíes*[505]estaban dispuestos a cualquier cosa, incluso a la denuncia, el encarcelamiento y el ostracismo", escribía Zborowski. Hubo un tiempo en que se consideraba que el matrimonio con un miembro del otro grupo era igual de reprensible que el matrimonio contraído con un no-judío.

Las dos corrientes acabaron finalmente por coexistir, pero nunca fusionaron. La corte del tzadik, o *rebe*, el jefe religioso de los judíos jasídicos, siguió siendo el lugar de consuelo y apoyo de los humildes. Sin embargo, después de un periodo de rechazo absoluto de la instrucción, el jasidismo abrió progresivamente su interpretación a la antigua tradición escrita y a las investigaciones eruditas, y más adelante, eruditos e ignorantes, artesanos y rabinos, *proste* y *sheyne*, todos "iban a ver el *rebe*" en busca de ayuda o de algunas palabras alentadoras, mientras que el rabino, el *rov*, seguía siendo aquel que se consultaba para la interpretación de la Ley que regulaba todos los detalles de la vida del *shtetl*. Los dos grupos socio-religiosos, jasídico y rabínico, coexistieron finalmente en complementariedad. "Las dos palabras, *jasidíes* y *misnagdíes*, que designaban antiguamente dos bandos hostiles pasaron a ser los calificativos de dos tipos de personalidades. El *jasidí* es el zelote, ardiente y afectivo; el *misnagdí* es frío, escéptico y de un entusiasmo tibio[506]."

Joseph Roth dejó un testimonio sorprendente sobre las prácticas religiosas de los judíos jasídicos: "Aquella fuerza no era sólo la de una fe fanática. Era, con certeza, una salud cuya eclosión provenía de lo religioso. Los jasídicos se cogían de la mano, bailaban en círculo, rompían el anillo para dar palmadas, movían la cabeza al compás hacia la izquierda y derecha, asían los rollos de la Torá y los volteaban a la redonda, como muchachas, apretándolos contra su pecho, besándolos y llorando de alegría. Había en aquel baile una concupiscencia erótica. Me conmovió profundamente que todo un pueblo ofrendara a su Dios su voluptuosidad sensual, que del libro de las más severas leyes hiciera su amado y que no supiera separar ya el deseo corporal del gozo espiritual y, por el contrario, uniera ambos. Era el ardor del celo y el del fervor devoto. La danza era un oficio divino, y la plegaria, un exceso sensual[507]."

---

[505]Misnaged, misnagdim (plural) (misnagdíes en español): los oponentes al jasidismo.

[506]Mark Zborowski, *Olam*, 1952, Plon, 1992, p. 170-176. [Sobre la deriva sectaria y su canalización, y en particular dentro del judaísmo, véase en nota del traductor Anexo IV. 4]

[507]Joseph Roth, *Judíos errantes,* Acantilado 164, Barcelona, 2008, p. 56, 57

Elie Wiesel también estudió la Cábala durante su juventud, deleitándose con los placeres del "conocimiento oculto" que heredó el jasidismo: "Para un adolescente ávido de saber y de ilusiones, la Cábala ofrece lo más estimulante, lo más romántico, lo más atractivo." Así es como describía esas prácticas: "ejercicios ascéticos, letanías ardientes y mágicas, caída en los tormentos del abismo con la esperanza de volver a subir hacia cumbres vertiginosas." Pero era un juego peligroso con el que había que tener cuidado: "Me despertaba sudoroso, sin aliento. Deliraba, no sabía cuándo estaba soñando o cuando estaba lúcido; ya no sabía ni quien era ni donde estaba. Sentado en el suelo, golpeando su cabeza contra la pared, mi Maestro parecía desesperado; los sollozos sacudían todo su cuerpo. Sentí en ese momento que la locura nos acechaba a los dos. Pero estaba decidido a seguir con nuestra búsqueda. Costara lo que costara[508]."

El escritor Arthur Miller dejó un testimonio concordante muy interesante en sus memorias. Cuando todavía era un niño pequeño, su bisabuelo le llevó un día con él a la sinagoga, dejándolo en un rincón apartado donde se suponía que no vería la ceremonia.

"Oí que los hombres empezaban a cantar. No al unísono, como un coro, sino un abanico de melodías distintas que entonaban con dulzura una docena de voces o más. Oí un golpeteo apagado, y, acto seguido, más golpes y más graves, y las voces se hicieron más sonoras...y el golpeteo que se hacía más rápido...vi algo de lo más asombroso: unos quince ancianos, encorvados y totalmente cubiertos por el respectivo taled, todos ellos con los pies enfundados en calcetines blancos, estaban bailando. Contuve el aliento movido por el pánico. Uno de ellos tenía que ser el bisabuelo y yo estaba viendo lo prohibido. Aunque, ¿qué era exactamente lo prohibido? ¡Tal vez encontrarse en situación tan indigna! Quizás el que, de un modo oculto y misterioso, se sintieran contentos, aunque fuesen ancianos. Pues nunca había oído yo una música como aquélla, tan loca e impulsiva, y cada cual bailaba sin consonancia alguna con el resto, sólo de cara a las tinieblas exteriores[509]..."

No es de extrañar que los observadores de otras épocas asimilaran esas locas zarabandas al Sabbat de las brujas. Estamos muy lejos de los genuinos bailes folclóricos o el vals vienés, que reflejan, sin lugar a duda, mejor la sencillez, la gracia y la armonía de la cultura europea desde la Antigua Grecia.

---

[508]Elie Wiesel, *Mémoires, tome I*, Seuil, 1994, p. 49, 50, 53, 57

[509]Arthur Miller, *Vueltas al tiempo*, Tusquets, Barcelona, 1999, p. 46

El complejo de inferioridad

Se trata en primer lugar de un complejo físico debido a las deficiencias generadas por una larga endogamia. Como su Ley les prohíbe los matrimonios fuera de su comunidad, la consanguinidad es muy alta y probablemente era todavía más alta en los judíos de los shtetls. Al final del siglo XIX, los judíos sionistas, que rechazaban la disolución en la sociedad europea y planeaban construir un Estado judío en Palestina, se habían dado cuenta de la gravedad de cierta degeneración física del pueblo judío. Esto escribía Jacques Le Rider al respecto:

"Los primeros sionistas, especialmente Theodor Herzl, hablaban con una dureza a veces despiadada de los judíos asimilados que, según ellos, habían abandonado la tradición judía y adoptado los comportamientos más criticables de su sociedad -pero también a veces con una severidad despectiva hacia los judíos culturalmente "atrasados" y físicamente "degenerados" del gueto de las ciudades de Europa central y oriental o de los shtetls de Galitzia[510]."

Más recientemente, Philip Roth también habló con una "dureza despiadada" de esas taras físicas de parte de la comunidad judía, a tal punto que el novelista parecía saldar cuentas con su comunidad. Algunas de sus palabras son realmente insultantes. En la página 291 de su libro soltaba además un discurso revisionista bajo el pretexto de dar la palabra a uno de sus personajes antisemitas. Pero si bien Philip Roth parece a veces tener la mente retorcida y trastornada, no podemos decir que pertenezca a esa clase de judíos aquejados del "odio de sí mismo", pues en muchos otros pasajes de sus obras expresa su fe mesiánica en la misión del pueblo judío. De nuevo, debemos notar aquí la ambivalencia del pensamiento.

"Un tío del NIH que es amigo mío hizo un estudio de un grupo entero de rabinos. Hará unos veinte o veinticinco años. Y llegó a la conclusión de que padecen enfermedades específicas de los judíos. Es por culpa de la consanguinidad, porque llevan siglos mezclándose entre ellos. Hay nueve enfermedades específicas de los judíos que afectan a los niños...Una de ellas es el síndrome de Down. Pero siempre esconden a los que lo padecen. Porque, claro, ya se sabe, todos los judíos son genios. Todos tocan el violín. O son físicos nucleares. O, claro, por supuesto, genios de Wall Street (*Risita. Carcajadita*). De quienes nunca dicen una palabra es de los que salen idiotas, por culpa de la

---

[510]Jacques Le Rider, *Arthur Schnitzler*, Éd. Belin, 2003, p. 199

consanguinidad. Están todos como chotas. Siempre teniendo niños entre ellos...Los judíos padecen de una cosa llamada la enfermedad de Paget. La gente no suele saberlo. Fijémonos en Ted Koppel. Y otros que tal andan. Woody Allen, el cantamañanas ese, que se cae de puro gilipollas. O Mike Wallace. Se les espesan los huesos y se les tuercen las patas. Las mujeres tienen lo que se llama la chepa hebrea. Se les endurece las uñas. Como piedras. Tienen el mentón flojo. No hay más que fijarse en las judías viejas, todas tienen el mentón flojo, de retrasadas mentales. Por eso nos odian tanto, porque a nosotros no nos pasa. Porque nosotros seguimos tan ternes. A lo mejor engordamos un poco. Pero tan ternes. Ya se sabe lo que es un judío. Un árabe nacido en Polonia. Se ponen enormes...Los judíos son todos feísimos. Con esa nariz, etcétera...Como Kissinger. Enorme. La nariz grande, los rasgos grandes. Y por eso no les gustamos. No hay más que ver a Philip Roth. Un tío feo a tope. Gilipollas de pies a cabeza...Vaya marranada. Estaba el tío tan salido con las *shiksas*, que echó mano de una camarera, un caso mental, divorciada con dos hijos, y le pareció de perlas. Tonto del culo. Ahora está regresando al redil judío, porque quiere que le den el premio Nobel[511]."

Hay que admitir aquí que algunos judíos saben a veces reírse de sí mismos con una acidez bastante divertida. Evidentemente, este tipo de humor no es del agrado de todo el mundo, pero hemos podido ver en la primera parte de este libro que el desprecio y los sarcasmos de algunos intelectuales podían a menudo ir en contra de los goyim; por lo que creemos que es justo restablecer un poco el equilibrio.

En un libro escrito con un estilo similar, muy en boga en la literatura actual, Rich Cohen narraba la historia de esos gánsteres "estadounidenses" de entreguerras. Todo el mundo ha oído hablar de Al Capone y de la mafia italiana. Lo que se sabe menos es que los principales sicarios que sembraban el terror en las grandes ciudades norteamericanas de esa época eran gánsteres judíos. En su libro titulado *Yiddish Connection*, publicado en 1998, Rich Cohen describió el aspecto de algunos de esos héroes aureolados en secreto por Hollywood[512]:

"En aquella época, en Brownsville, el poder estaba en manos de los hermanos Shapiro, cuya familia era originaria de Ucrania. El mayor,

---

[511]Philip Roth, *Operación Shylock*, Debolsillo Penguin Random House, Barcelona, 2005, p. 295, 292, 293

[512]Sobre la mafia "estadounidense" de los años 1920-1930, y sobre la mafia "rusa" de los años 1990: Hervé Ryssen, *Las Esperanzas planetarias* (2005), (2022) y *La Mafia judía* (2008), (2019).

Meyer, había nacido en el barrio, un chico atocinado que a la edad adulta perseveró en la obesidad. Todo era gordo en él: ojos gordos, una nariz gorda, orejas gordas, una boca gorda...Los hermanos poseían unos quince burdeles en los bajos fondos. Al igual que los jefes judíos de Odesa, en la Rusia del siglo XIX, aterrorizaban los tenderos y los comerciantes."

Éste era Abraham Reles, o Abe Reles, el "Kid", otra figura de la época cuya familia era originaria de Galitzia, al sur de Polonia: "Con el tiempo, Reles se convirtió en un líder. Por más que apenas midiera más de metro sesenta, algo en él forzaba el respeto...Hablaba lentamente, con una voz de garganta, con un ceceo. Tenía un andar curioso: en la calle, parecía un hombre que intentaba tirar sus zapatos hacia delante sacudiendo los pies."

Más tarde, Reles destronó los hermanos Shapiro en Brooklyn. Con su cuadrilla, consiguió al final de su carrera una marca de ochenta y cinco muertos.

En sus inicios, "la primera persona a la que el Kid reclutó fue Martin Goldstein...Marty era tímido, pero el Kid supo descubrir en él una particularidad. Si se ponía a prueba su timidez, se le podía sacar de sus casillas, ponerlo en un estado de crisis propiamente psicótico. Por eso se le llamaba Bugsy (el zumbado)- porque estaba un poco loco, y esa era una cualidad que se veía siempre en algunos gánsteres...Tenía la misma manera de hablar con la boca pequeña, de andar como un pato, la misma actitud de tipo duro que las estrellas de cine."

"Aunque ya existían numerosos gánsteres judíos consagrados años antes de mediados de siglo, el primero que accedió verdaderamente a la fama fue Monk Eastman. Su verdadero nombre era Edward Osterman...Monk era monstruoso, de una monstruosidad que ya no se suele ver- propia del siglo XIX...Su rostro picado mostraba las huellas de la viruela...tenía las orejas como hojas de repollo, la nariz chata reducida a su mínima expresión, la boca sombría, en forma de muesca...Para quien lo veía aparecer repentinamente en una calle de los bajos fondos, debía encarnar la muerte en persona[513]."

Esas características físicas no se aplican evidentemente a todos los judíos. Pero, sin embargo, las taras hereditarias son lo suficientemente serias y extendidas en la población judía como para ser objeto de estudios científicos. El doctor estadounidense Richard Goodman, que trabajó en las enfermedades genéticas del pueblo judío, publicó en 1979 un estudio al respecto que establecía que existía más de un centenar de

---

[513]Rich Cohen, *Yiddish Connection*, 1998, Folio, 2000, p. 31, 41, 42, 66

enfermedades hereditarias en los judíos[514]. Esas deficiencias son un 20% más frecuentes en los judíos asquenazíes provenientes de Europa del Este, los cuales representan el 82% de todos los judíos del mundo (los Sefardíes, los judíos del mundo mediterráneo, representan el 18% restante). Su estudio establecía también que no existe ninguna deficiencia genética propia a la raza caucásica, y sólo una en la raza negra. Todas esas enfermedades tienen su origen en deficiencias neurológicas que afectan el sistema nervioso y el cerebro. Éstas únicamente se pueden explicar por la endogamia y los matrimonios consanguíneos propios del repliegue étnico en el que vivió el pueblo judío durante siglos.

La enfermedad de Tay-Sachs es la más conocida. Afecta a los niños. Éste parece normal hasta los seis años, pero luego se vuelve indolente, apático, amorfo. Sus movimientos se tornan espasmódicos, hasta que ya no puede mantener su cabeza erguida. Los ojos se vuelven fijos. El niño queda ciego en la adolescencia. El cráneo se hipertrofia y las manos hinchan. Más del 90% de los enfermos que sufren esta enfermedad son judíos. Ésta se declara en un niño judío sobre 3600, pero un judío sobre 27 es portador de ese carácter genético. Esta frecuencia obliga a que los judíos se sometan a pruebas de diagnóstico antes del matrimonio.

La abetalipoproteinemia o Síndrome de Bassen-Kornzweig (ABL 1): Esta enfermedad afecta a los recién nacidos antes de cumplir un año. El bebé no puede crecer ni engordar, sufre de diarreas y de vómitos. Su visión también se ve afectada, hasta la ceguera total. Los músculos se debilitan. En la mayoría de los casos, el enfermo muere de un paro cardíaco antes de los treinta años.

El síndrome de Blum: los individuos que lo padecen se caracterizan por una estatura muy pequeña, una deficiencia del sistema inmunitario, y una predisposición al cáncer. Tienen una voz alta. Los individuos aquejados de esta enfermedad mueren antes de cumplir los 16 años. Estos caracteres se hallan en un judío sobre 120, pero afectan en menor medida a la mayoría de los judíos.

La disautonomía familiar sólo afecta a individuos de origen judío. El individuo puede ser de una estatura anormalmente pequeña y presenta los síntomas siguientes: vómitos, dificultades para tragar, andar inestable, espasmos musculares en los brazos y en los movimientos de la cabeza, dificultades para articular, con una sonoridad nasal muy particular, sufrimiento difuso e hiperactividad. La

[514]Richard Goodman, *Genetic disorders among the jewish people*, Hopkins university Press, 1979

enfermedad se declara en un judío sobre 10 000 pero el gen está presente en 18 judíos sobre 1000.

La enfermedad de Gaucher se declara en los adolescentes: los huesos se fracturan fácilmente, sobre todo la cadera. Hay fuertes dolores de huesos que pueden durar varias semanas. Se observa el color amarillento de la piel. Esta enfermedad afecta de media un judío sobre 2500. La muerte se produce antes de los 45 años.

La mucolipidosis de tipo IV se caracteriza por la degeneración mental y física, y la ceguera. Afecta a niños que no pueden pronunciar más que algunas palabras y responden débilmente a los estímulos verbales. Son incapaces de andar y de alimentarse solos. No suelen vivir más allá de los diez años.

La enfermedad de Niemann-Pick: vómitos, lesiones de la piel, la piel se vuelve espesa y toma un color moreno amarillento, perdida de las funciones mentales y físicas. La muerte se produce antes de los cuatro años. Esta enfermedad afecta a un judío sobre veinte mil, y el gen deficiente está en un judío sobre 100.

La distonía de torsión primaria: se declara en torno a los diez años y se manifiesta por convulsiones extrañas involuntarias de los pies, de las piernas, de la cabeza y del torso. La enfermedad afecta a un judío sobre 17 000 y el gen se encuentra en un judío sobre 130. La enfermedad no es mortal pero no permite llevar una vida muy normal.

PTA Deficiencia: pérdida de sangre anormal tras un corte o una operación, sangrado anormal sin daño exterior. La enfermedad afecta un judío sobre 12 000 y el gen está presente en un judío sobre 56.

La degeneración esponjosa del sistema nervioso central, o enfermedad de Canavan, es una enfermedad que empieza en el tercer mes de vida. El enfermo no puede sostener su cabeza, sufre de espasmos. La cabeza aumenta de tamaño; el enfermo acaba ciego. La mayoría muere antes de los cuatro años. El origen de esta enfermedad no ha sido nunca determinado, pero el 80% de los enfermos son judíos asquenazíes.

Existe en Estados Unidos una clínica especializada en el tratamiento de esas enfermedades que afectan a los individuos de origen judío. Los lectores que quieran más informaciones sobre este problema pueden consultar el sitio internet del Chicago for Jewish Genetic Disorder: *www.Jewish-geneticscenter.org*

El escritor estadounidense Arthur Miller dejó un testimonio sintomático en su autobiografía. Esto era lo que escribía sobre su abuelo materno, Louis Barnett:

"Al igual que Samuel, padre de mi padre, Louis procedía de la aldea polaca de Radomizl y es probable que estuvieran lejanamente emparentados. Lo he creído siempre porque se parecían mucho. Ambos eran sujetos imperturbables, de piel muy clara, aunque el abuelo Samuel, pese a la notable combadura de la columna, fue un hombrecillo cuya mujer e hijos, cosa excepcional en la época, rebasaban el metro ochenta de estatura." La consanguinidad explica efectivamente las frecuentes similitudes fisonómicas.

Por el lado paterno, la cosa no era mejor: "Mi madre...un error de la naturaleza según ellos, ya que era la única morena vinculada con aquella familia fabulosa. Formaban un clan insólitamente cerrado y sólo contraían matrimonio con personas que se les parecía. A decir verdad, una de mis primas más hermosas se casó con un tío carnal suyo, pese a las advertencias del rabino, y aunque vivieron enamorados durante años, juntas las manos y sin que se cansaran de contemplarse, creo que la culpa acabó por abrirse paso en ella, se marchitó de un modo extraño a poco de cumplir los cuarenta, a causa de algo que nadie pudo diagnosticar entonces, y murió hecha una ruina, sin pelo, medio ciega por algún cataclismo interior, sin sufrir ninguna enfermedad conocida[515]."

En cuanto al padre, Arthur Miller lo describió bastante bien con esta simple frase: "Cuando en 1940 le dijo mi madre que me iba a casar con una chica gentil, no dijo nada, pero mientras ella esperaba respuesta al otro extremo de la salita brooklynesa, de tres metros y medio de lado, él cogió un grueso despertador que alguien había dejado en una mesa próxima y se lo arrojó, no alcanzando por poca la cabeza de la hija." Por lo visto, los judíos no desean especialmente casar sus hijos con los goyim. Después de todo, es su derecho.

Ese complejo de inferioridad, que vemos también en Sigmund Freud, es además de índole artístico e intelectual. Desde la Antigüedad, la producción de los europeos en esa materia ha sido brillante e infinitamente más rica que la de los judíos, y, bastaría, por ejemplo, comparar la imagen esplendorosa de nuestras villas, catedrales y palacios con la de los callejones embarrados de los shtetls de Europa central para hacerse una idea. Ciertamente, desde su salida del gueto en el siglo XIX, numerosos judíos no han cesado en su afán por recuperar el tiempo perdido, de modo que los productos estampillados con la marca comunitaria han invadido desde hace mucho tiempo las librerías y las salas de cine, mientras que toda clase de esculturas de arte contemporáneo, más o menos disparatadas, adornan las plazas de

---

[515] Arthur Miller, *Vueltas al tiempo*, Tusquets, Barcelona, 1999, p. 14, 15, 19, 20

grandes ciudades. De hecho, se aclama el genio y se multiplican los artículos de prensa y la publicidad para acoger cualquier "producto" salido del cerebro de un hijo de Israel.

Ese entusiasmo comunitario tan característico, retransmitido por todo el sistema mediático, es la principal manifestación de esa famosa solidaridad judía que suele provocar algún malestar y crispación entre algunos artistas eclipsados, aunque más dotados. Este bombo refleja, quizás una vez más, cierto complejo de inferioridad[516]. Y puesto que ya conocemos la tendencia a la inversión de algunos intelectuales judíos, no es sorprendente oír algunos de ellos acusar a los "antisemitas" de tener envidia del supuesto genio del pueblo elegido.

Esto escribía por ejemplo el escritor ruso Vasili Grossman- el "Tolstoi del siglo XX"- en su novela *Vida y destino*: "El antisemitismo es la expresión de la falta de talento, de la incapacidad de vencer en una contienda disputada con las mismas armas; y eso es aplicable a todos los campos, tanto la ciencia como el comercio, la artesanía, la pintura. El antisemitismo es la medida de la mediocridad humana…. Pero éste es sólo uno de los aspectos del antisemitismo. El antisemitismo es la expresión de la falta de cultura en las masas populares, incapaces de analizar las verdaderas causas de su pobreza y sufrimiento. Las gentes incultas ven en los judíos la causa de sus desgracias en lugar de verla en la estructura social y el Estado. Pero también el antisemitismo de las masas no es más que uno de sus aspectos. El antisemitismo es la medida de los prejuicios religiosos que está latente en las capas más bajas de la sociedad... Sólo atestigua que en el mundo existen idiotas, envidiosos y fracasados[517]."

Pero también es cierto que otros autores judíos han reconocido las carencias de su comunidad: El filósofo Jacob Talmon estaba de acuerdo cuando escribía lo siguiente en *Destino de Israel*: "Los escritores judíos han sido eminentes biógrafos (André Maurois y Stefan Zweig). Han descrito de una manera extremadamente estimulante las complejidades y los dilemas de la situación del hombre contemporáneo (Arthur Koestler, Arthur Miller e Ilya Ehrenbourg) …Pero, aunque sus obras sean conmovedoras y estimulantes, no se puede decir que se trate de una gran literatura[518]."

El imprescindible Philip Roth se expresó acerca de esta cuestión en su novela *Operación Shylock*, a través de su personaje antisemita, y

---

[516]Hervé Ryssen, *Las Esperanzas planetarianas*, (2022).

[517]Vasili Grossman, *Vida y destino*, Galaxia Gutenberg, 2007, Barcelona, p. 362, 363, 364

[518]J.-L. Talmon, *Destin d'Israël*, 1965, Calmann-Lévy, 1967, p. 33

con un estilo bastante popular, por no decir francamente vulgar:

"Los judíos tienen tendencia a aislarse de todos los demás grupos sociales. Luego, cuando se ven en apuros, todo se les vuelve pedir socorro. Y ¿qué razón hay para ayudarles? Los judíos salieron del gueto, en Europa, en tiempos de Napoleón. Los liberaron, y, cielo santo, qué modo de extenderse. En cuanto agarran el control de algo, ya no lo sueltan. Se hicieron con el control de la música con Schoenberg. Pero nunca han escrito ninguna música que valga un pedo. Hollywood[519]. Otro buen pedo. ¿Por qué? Porque ellos se hicieron con el control. Por ahí se dice que los judíos crearon Hollywood. Los judíos no son creativos. ¿Qué es lo que han creado? Nada. En pintura, Pissarro. Hay que leer a Wagner, cómo se explaya sobre los judíos. Todo su arte es pura superficialidad. No se asimilan a la cultura del país donde habitan. Tienen una popularidad superficial, como Herman Wouk, o como el de las marranadas, o como el atontado del soplagaitas de Mailer, pero nunca les dura, porque no está vinculada a las raíces culturales de la sociedad. ¿Quién es su portaestandarte? Saul Bellow. Y vaya pájaro, que se cae de triste. ¿O no? (*Risitas*)... ¿Y Roth? Un pajillero de mierda, todo el rato meneándosela, encerrado en el cuarto de baño, hale, manita, hale, manita. Arthur Miller, otro que tal. A ver si no es verdad que tiene pinta de basurero, de tío que dirige un basural. Es que tienen una pinta, tío, la hostia de mala. Más largo que un día sin pan...La producción cultural de los judíos ha sido siempre muy baja, bajísima...A lo mejor sí que tienen sus propias instituciones culturales, pero nunca producen nada. No hay más que analizar la mierda. En la tele, todo lo vulgar va firmado por un judío[520]."

Philip Roth expresó así de forma un poco brutal la misma opinión que Spinoza y algunos más[521], pero su texto tiene por lo menos el mérito de ser lúcido. Evidentemente, lo suyo no es escribir como Chateaubriand, Víctor Hugo, o Louis Ferdinand Céline. En esto, los judíos no pueden rivalizar con los goyim.

El odio de sí mismo

La "misión" del pueblo judío puede parecer bastante pesada para un pueblo ya bastante marcado por su herencia secular. Tan pesada y molesta que es perfectamente comprensible que numerosos judíos, a lo

---

[519]Sobre Hollywood : Hervé Ryssen, *Las Esperanzas planetarianas,* (2022).

[520]Philip Roth, *Operación Shylock*, Debolsillo Penguin Random House, Barcelona, 2005, p. 294, 295

[521]Sobre Spinoza, Hervé Ryssen, *Las Esperanzas planetarianas,* (2022).

largo de la historia, hayan preferido apartarse de esa condición que muchos han considerado "inhumana".

El académico francés Maurice Rheims escribió sobre su "condición de judío": "La carga es pesada, hereditaria, llena de desgracias, de oprobios, de persecuciones. ¿Buena o mala suerte[522]?"

Al estudiar la vida de los escritores judíos de Viena de principios de siglo XX, Jacques Le Rider escribía acerca del escritor Berthold Stauber y su novela *Viena en el crepúsculo,* en la que describía el antisemitismo de su época: "Vive su judeidad como una maldición y cae a menudo simple y llanamente en el antisemitismo judío[523]."

Otto Weininger fue un escritor con un ímpetu y una entereza sobresalientes. Nacido en 1880, en la Viena de Arthur Schnitzler, de Stefan Zweig, de Kafka y de Sigmund Freud, escribió solamente un libro, en 1902, pero que quedó para la posteridad como uno de los más terribles testimonios sobre los sufrimientos y tormentos que el judaísmo puede infligir a sus miembros. Otto Weininger dio muestras de una precocidad sorprendente y se convirtió al protestantismo a los 22 años. Pero al contrario que muchos conversos de aquellos tiempos que se convertían al cristianismo con miras arribistas, Weininger fue un converso sincero. Y por una buena razón: la "misión" del pueblo elegido le parecía una monstruosidad de la que no quería participar.

Publicó *Sexo y carácter* a los 23 años, antes de suicidarse en octubre de 1903. El famoso "odio de sí mismo" se manifestaba ahí con cierto vigor, tal como lo demuestran algunos pasajes que hemos seleccionado y ordenado:

"Pero ¿por qué el esclavo ortodoxo de Jehová se cambia tan rápida y fácilmente en un materialista, en un librepensador?" En efecto, hay que decir que: "Los judíos han sido también los que con más facilidad han aceptado una concepción mecánico-materialista del mundo." Son los campeones de las ideologías económicas de la Historia que son el marxismo y el liberalismo. Para ellos, la materia determina todas sus acciones.

Weininger parecía aquí hacer suyas las palabras de Karl Marx en sus escritos de 1843: "Al no creer en nada se refugia en lo material, sólo a esto se debe su ansia por el dinero. En él busca una realidad y pretende que el "negocio" le convenza de que la existencia tiene un fin. El único verdadero valor que reconoce es, pues, el dinero "ganado"".

El joven escritor explicaba esas disposiciones por la falta de transcendencia de la religión judía: "Su modo de adorar a Dios poco

---

[522]Maurice Rheims, *Une Mémoire vagabonde,* Gallimard, 1997, p. 67

[523]Jacques Le Rider, *Arthur Schnitzler,* Belin, 2003, p. 200

tiene que ver con la verdadera religión", "el judío no es el hombre religioso de quien tantas veces se nos ha hablado, sino el hombre irreligioso", escribía Weininger. Por consiguiente, la acción de los judíos sólo tiene una finalidad terrestre:

"El judaísmo, en el más amplio sentido, es aquella tendencia por la que la ciencia puede reducirse a un medio para llegar a un fin, excluyéndose todo lo trascendental. El ario siente la necesidad de comprender y derivar todos los fenómenos, como una desvalorización del mundo, y se da cuenta de que precisamente lo inescrutable es lo que concede su valor a la existencia. El judío no tiene el menor temor ante los secretos, porque no los presiente. Todos sus esfuerzos quedan limitados a ver el mundo del modo más sencillo y común que sea posible[524]."

Con el fin de comprender mejor esa falta de transcendencia que subrayaba Otto Weininger, podemos mencionar a continuación otras lecturas. La investigación de Mark Zborowski sobre la religión y las costumbres de los judíos de Europa central es un libro de referencia al respecto:

"La Alianza sellada entre el Creador y su criatura es un contrato. Aquel que es miembro del pueblo que lo firmó puede sentirse con derecho a esperar y a reclamar las recompensas prometidas a cambio del respeto de las cláusulas. Pero es un pacto ambiguo. Por una parte, existe una cierta igualdad entre las partes contratantes, en cuanto a lo que son los derechos y deberes recíprocos. Pero, por otra parte, se trata de un acuerdo entre un fuerte y un débil, lo que supone en gran medida una relación de subordinación. Esta desigualdad le da derecho al Pueblo elegido a implorar auxilio, pues el fuerte tiene obligaciones para con el débil[525]."

Otto Weininger quizás indagó la cuestión de forma más profunda e íntima: "¿Tendré que explicar detenidamente por qué el judío carece de ardor en su fe y por qué la religión judía es la única que no intenta hacer prosélitos, hasta el punto de que para los judíos mismos es un enigma, que les hace sonreír perplejos, la causa que mantiene el judaísmo? ¿Será preciso repetir que la religión judía no es una doctrina de la esencia y objeto de la vida, sino una tradición histórica que se puede resumir en el paso a través del Mar Rojo y que culmina con el agradecimiento de los cobardes fugitivos a un poderoso salvador?

---

[524]Otto Weininger, *Sexo y carácter*, 1902, Ediciones 62 s|a, 1985, Barcelona, p. 321, 311, 319, 310

[525]Mark Zborowski, *Olam*, 1952, Plon, 1992, p. 198. (En el mismo sentido que Weininger y Zborowski, véase nota del traductor en Anexo VII.)

Realmente el judío es el hombre irreligioso alejado de todas las creencias. No se afirma a sí mismo y con él al mundo, cuya esencia se halla en la religión. Toda fe es heroica, pero el judío no conoce el valor ni el temor."

Después de leer estas líneas, podemos admitir que el autor se había desligado definitivamente de la religión judía. Aun así, las embestidas de Otto Weininger iban mucho más allá de una simple crítica religiosa, y describía la personalidad de los judíos moldeada por una cultura común. El paralelo que presentaba entre "el judío" y "la mujer" podría parecer sorprendente a simple vista:

"Su semejanza se basa sobre todo en que aquéllos y éstas creen poco en sí mismos. Pero las mujeres creen en los demás, en el hombre, en el niño, en "el amor"; tienen un centro de gravedad, si bien éste se encuentra fuera de ellas. El judío no cree en nada, ni en sí mismo, ni en los otros; no encuentra un apoyo en los extraños, ni siquiera extiende sus raíces hacia éstos, como hace la mujer. La inestabilidad de su morada, su profunda incomprensión para los bienes inmuebles y su preferencia por el capital mueble parecen ser simbólicas...Para citar una analogía con las mujeres, recordaremos que los judíos prefieren los bienes muebles[526]."

Siguiendo con esa comparación, Weininger señalaba además esta diferencia entre "el Ario" y "el Judío", términos muy en boga y utilizados en su época. Mientras que para el Ario el principio del bien y el principio del mal son distintos el uno del otro, "en el hombre ario el principio del bien y del mal de la filosofía religiosa se hallan unidos, y al mismo tiempo ampliamente separados; en él luchan su demonio bueno y su demonio malo. En el judío, casi como en la mujer, el bien y el mal todavía no están completamente diferenciados[527]."

Pero "la congruencia entre judaísmo y feminidad parece ser completa en cuanto se comienza a pensar en la infinita capacidad de mutación de los judíos. Su gran talento para el periodismo, la "movilidad" del espíritu judío, la falta de raíz de sus pensamientos, ¿no

---

[526]Otto Weininger, *Sexo y carácter*, 1902, Ediciones 62 s|a, 1985, Barcelona, p. 319, 317, 302

[527]"El individuo se percibe a sí mismo en base a los principios del shtetl, como un campo donde las fuerzas se contraponen. Existe siempre una buena y una mala cara, de la misma forma que "un palo siempre tiene dos extremos". Esta constante interacción entre el bien y el mal no se vive como un conflicto interno, como tampoco las controversias familiares son consideras como peleas. Se ve como algo normal que los dos aspectos de una personalidad busquen sin cesar un compromiso, sin que ninguno de los dos trate de eliminar definitivamente al otro para ocupar todo el espacio." (Mark Zborowski, *Olam*, 1952, Plon, 1992, p. 402)

podría permitir afirmar de los judíos, como de las mujeres, que precisamente por no ser nada pueden llegar a ser todo?"

Weininger apuntaba así algo que también pudimos observar acerca de la ambivalencia de los sentimientos y pensamientos judíos, así como la plasticidad de la personalidad judía. Al afirmar sin rodeos que "el judío no es nada", pretendía en realidad significar con esta fórmula abrupta, que la personalidad judía se sostiene sobre una base movediza, hecha de ambigüedades y de dudas, generadoras de una hiperactividad literaria de tipo patológica que sirve de desahogo, aunque caiga a veces en una desmesura fuera de lugar.

La "arrogancia judía", escribía Weininger, "encuentra también su explicación ulterior en la falta de conciencia de sí mismos y en la enorme necesidad de exagerar el valor de la propia personalidad rebajando la de quienes les rodean. De aquí su femenina ambición por los títulos, aunque sus antepasados sean muy anteriores a las más rancias aristocracias, ambición que corre pareja con su deseo de alardear de algo. Ese deseo se exterioriza por su frecuente aparición en los mejores palcos de los teatros, por los cuadros que adornan sus salones, por sus amistades con los cristianos y por su dedicación a la ciencia. Pero, al mismo tiempo, la incomprensión judaica para todo lo aristocrático [528]."

El escritor israelí Avraham Yehoshua tuvo una reacción interesante que revelaba esa ambigüedad judía. Reaccionando en el diario *Metro* del 21 de septiembre del 2005 a las palabras del director de orquesta griego Mikis Theodorakis, que había declarado que "todo el mal en este mundo proviene de los judíos", explicaba el antisemitismo por "el carácter escurridizo" de la identidad judía, y añadía con toda naturalidad que ésta podía "ser la fuente de las peores fantasías."

La duda concomitante a la ambigüedad era expresada por Arthur Miller en su autobiografía al escribir sobre su obra de teatro *Las Brujas de Salem*, ambientada en las colonias norteamericanas del siglo XVII. Esto decía acerca de los puritanos ingleses: "Aquellos lugareños de Nueva Inglaterra...eran posibles *ur-hebreos*, con idéntico idealismo furioso, idéntica dedicación a Dios, idéntica tendencia a la estrechez legalista, idéntica pasión por la polémica pura e intelectualmente sutil. Dios los estaba volviendo tan locos como a los judíos que trataban de mantener su exclusivo e inmaculado vaso de fe en Él[529]." La duda y la

---

[528] Otto Weininger, *Sexo y carácter*, 1902, Ediciones 62 s|a, 1985, Barcelona, p. 306, 316, 304

[529] Arthur Miller, *Vueltas al tiempo*, Tusquets, Barcelona, 1999, p. 50. *Ur-hebreos: ur* es un prefijo alemán que indica antigüedad y preeminencia. Sería equivalente a decir

ambigüedad son efectivamente constitutivas de la personalidad judía, las cuales son generadoras de locura y de creatividad caótica.

Otto Weininger proseguía su análisis y notaba cierta predisposición para el escarnio y el sarcasmo, lo cual también se deriva de las reflexiones anteriores: "Jamás logra considerarse a sí mismo en serio, y como es natural tampoco toma en serio a los restantes individuos ni a ninguna cosa...El judío no cree que haya nada verdadero e inmutable, santo e invulnerable. Por esto es eminentemente frívolo y se burla de todo...La sátira es en su fondo intolerante, y, por tanto, corresponde mejor a la naturaleza típica del judío, así como a la de la mujer. Tanto los judíos como las mujeres carecen de humorismo, pero les gusta la burla...Esta falta de profundidad es la que explica también la ausencia de verdaderos grandes hombres entre los judíos, y constituye la causa de que al judaísmo, como a las mujeres, les está negada la genialidad...El tipo específico de inteligencia que se atribuye tanto a los judíos como a las mujeres es, por una parte, la cautelosa vigilancia de un gran egoísmo, y, por otra, la infinita capacidad de adaptación de ambos a las finalidades externas sean cuales sean[530]..."

Pero, "privados totalmente de una creencia, los judíos no hubieran podido persistir y mantenerse, y esta creencia es el sentimiento confuso, oscuro y, sin embargo, desesperadamente cierto de que algo tendría que suceder al judaísmo y en el judaísmo. Este algo es el Mesías, el Salvador del judaísmo es el Salvador de los judíos[531]... La esperanza del judaísmo es identificable con la posibilidad permanente de que de su especie surja el gran triunfador, el fundador de religiones. Ésta es la importancia inconsciente de todas las esperanzas mesiánicas en la tradición judía[532]."

La esperanza inherente del mesianismo judío es, en efecto, la idea dominante que estructura la personalidad judía, de tal forma que todo el edificio se derrumbaría si el Mesías llegara realmente. David Banon describió perfectamente ese universo mental que alimenta la frustración

---

proto-hebreos.

[530]Otto Weininger, *Sexo y carácter*, 1902, Ediciones 62 s|a, 1985, Barcelona, p. 317, 315, 312, 313

[531]Recordemos las palabras de Guy Konopnicki citadas anteriormente: "Algo está apareciendo, algo que nos sobrepasa y que se nos escapa... Algo está creciendo que no se parece en nada a las revoluciones previstas por los barbudos del siglo pasado, ni a los progresos triunfantes anunciados en los tiempos de la Ilustración. Algo impalpable que nace a través de los enfrentamientos y de las crisis de nuestra época...Algo saldrá de esta crisis. Como en todas las anteriores, algo que no será ni francés, ni americano, ni ruso."

[532]Otto Weininger, *Sexo y carácter*, 1902, Ediciones 62 s|a, 1985, Barcelona, p. 326

permanente, la agitación cerebral y aboca al individuo a un activismo exacerbado:

"En su esencia, es la aspiración a lo imposible. La tensión mesiánica es una espera febril, una esperanza inquieta que no conoce ni sosiego ni reposo...La tensión mesiánica hace que el pueblo judío siempre viva expectante ante la inminencia de una transformación radical de la vida sobre la faz de la tierra...La redención está siempre cerca, pero si adviniese sería inmediatamente cuestionada en nombre de la propia exigencia absoluta que pretende llevar a cabo". "La redención prometida al final de los tiempos sustenta una realidad que está siempre más allá de lo existente, y que, por lo tanto, nunca se alcanzará. Pero el hombre debe aspirar a ella constantemente. El Mesías es siempre aquel que debe llegar un día...pero el que finalmente aparece no puede ser más que un falso Mesías[533]."

El paralelo que establecía Weininger entre "el judío" y "la mujer" se volvía quizás todavía más significativo a través de su análisis de la evolución social de la sociedad moderna, tan crítica respecto del "patriarcado" y de la autoridad paterna en todas sus formas[534]: "En nuestros días vemos al judaísmo en el máximo nivel a que ha llegado desde los tiempos de Herodes. El espíritu moderno es judío cualquiera que sea el punto desde el cual se le considere. La sexualidad se exalta y la actual ética de la especie canta al coito...Nuestro tiempo no es tan sólo el más judaico, sino también el más feminista...El tiempo del anarquismo más crédulo, sin comprensión para el Estado y para el derecho; el tiempo de la ética de la especie y de las concepciones históricas más superficiales (el materialismo histórico); el tiempo del capitalismo y del marxismo, para el que la historia, la vida y la ciencia no significan otra cosa que economía y técnica; el tiempo en que el genio es considerado como una forma de locura y que, sin embargo, no posee ni un gran artista ni un gran filósofo."

Pero a pesar de todo, para el neófito Weininger, esta inversión de los valores no era ineluctable: "Frente al nuevo judaísmo se abre paso un nuevo cristianismo; la humanidad espera al nuevo fundador de religiones, y la lucha busca la decisión como en el año uno *[de nuestra era]*. La humanidad tiene de nuevo la elección entre el judaísmo y el cristianismo, *[entre los negocios y la cultura, entre la mujer y el hombre]*, entre la especie y la personalidad, entre la nada y la divinidad..."

El panorama descrito era pues bastante sombrío, pero Otto

---

[533]David Banon, *Le Messianisme*, Presses Universitaires de France, 1998, p. 5-7, 11

[534]Hervé Ryssen, *Las Esperanzas planetarianas, La sociedad matriarcal,* (2022).

Weininger hablaba probablemente con conocimiento de causa cuando escribía: "No existe ningún judío varón que, aunque sea confusamente, no sufra por su judaísmo, esto es, por su falta de creencia..." El judío es el individuo "más desgarrado, el más pobre en identidad interna...el judío jamás es armónico e íntegro. En consecuencia, el semita es cobarde, el polo opuesto al héroe[535]."

El odio de sí mismo de algunos judíos ha sido objeto de estudio por parte de algunos escritores, entre los cuales cabe destacar Theodor Lessing y su libro publicado en 1930. Éste era un sionista militante, publicista, periodista y profesor en la universidad de Hanover. En 1906, Lessing visitó Galitzia, al sur de Polonia, para observar sus congéneres de los shtetls y de los centros urbanos. Las descripciones conmovedoras, pero totalmente carentes de complacencia que hizo y publicó a su regreso iban a causarle algunos problemas. Después de aquello, Lessing sería acusado de "antisemita judío". Por lo visto, sus reacciones se parecían "a las de un Gustav Mahler cuando éste escribía desde Lemberg (Lvov) a su esposa Alma: "¡Dios mío! ¿Y se supone que yo estoy emparentado con esta gente[536]?""

Theodor Lessing tampoco veía con buenos ojos "la hiper-productividad literaria, filosófica y artística que demostraba un número creciente de sus correligionarios del otro lado del río Rhin", escribía Maurice-Ruben Hayoun. Para él, esas manifestaciones revelaban una "psicopatología de la historia del pueblo judío[537]."

En su obra *El odio a sí mismo, el rechazo a ser judío (o El amor-odio de los judíos)*, examinaba los casos de seis "judíos antisemitas": Paul Rée, Otto Weininger, Arthur Trebitsch, Max Steiner, Walter Calé y Maximilian Harden. Sin embargo, el texto más interesante de su libro era probablemente los pasajes extraídos del diario íntimo de una mujer de alta cuna y condición, escrito en torno a 1920. Esta mujer era "bien nacida, bella, sana y talentosa", pero "sufría desde su más temprana edad de una enfermedad de autodestrucción ética". Sus palabras, extremadamente duras y desgarradoras, reflejaban el profundo sufrimiento de esos judíos afectados por el odio de sí mismo, los cuales son probablemente mucho más numerosos de lo que se cree:

"Soy claramente consciente de algo inexorable: el judaísmo yace

---

[535]Otto Weininger, *Sexo y carácter*, 1902, Ediciones 62 s|a, 1985, Barcelona, p. 326, 327, 322. *[añadido en cursiva de la traducción francesa en el texto].*

[536]Theodor Lessing, *La Haine de soi, le refus d'être juif*, 1930, Berg international, 1990, p. 13

[537]Theodor Lessing, *La Haine de soi, le refus d'être juif*, 1930, Berg international, 1990, p. 34

dentro de mi ser. No lo puedo sacudir simplemente con un cepillo. Al igual que un perro o un cerdo que no puede deshacerse de su naturaleza canina o porcina, no puedo deshacerme de esos vínculos eternos del ser que me apresan en este plano intermedio entre la humanidad y la animalidad: el judío...Jamás mientras viva podré separarme de la maldición de mi ser, ni negar el pecado de mi judaísmo que pesa sobre mí como una montaña. Me siento maldita y condenada...Hay momentos en los que siento que debería cortarme las venas y dejar correr esa sangre de purín que infecta tanto mi cuerpo como mi espíritu. ¡Así es! Hubiese preferido ser un animal, hubiese preferido sangre de rata o de serpiente a esta sangre de peste ambulante, a esta forma, a este símbolo de lo anti-divino.

A veces, una idea loca se apodera de mí: redimir mi ser con un crimen. Eliminar por lo menos uno de esos pequeños judíos responsables de la derrota alemana. Uno de esos perros judíos desvergonzados que han tenido la insolencia de querer gobernar el pueblo alemán de Austria. Donar mi vida, purificarme con un baño de sangre judío. Me deleito con esa idea, la saboreo voluptuosamente hasta el final, me dejo llevar, desesperada...Me hierve la sangre hasta el punto de levantarme del suelo, como alegre, sin conocimiento, ardiente de odio. Si pudiera matarlos todos. ¡Todos! Aniquilarlos de la faz de la tierra, ¡salvar el universo! Si pudiese extirparlos, si pudiese dar mi vida para provocar la extinción de esa plaga, de esa epidemia. Veo todo rojo de tanto que me hierve la sangre...Desde siempre, el espíritu impío y retorcido del judío ha sido el de la discordia y de la negación...

El judío siempre debe aniquilar, destruir, envenenar y mancillar: las razas, los ideales, el corazón de los hombres, tanto le da. Lleva en él la maldición de su naturaleza nefasta a lo largo de los milenios de la historia humana...Corroído por la envidia, quiere mancillar el universo y quitarle lo que ignora y lo que no posee. Es por esta razón que odia todo lo que es puro y escupe sobre todo lo que es grande, de lo contrario no podría alcanzarlo. También es por eso que destruye lo que los demás construyen y sólo piensa en devastar. Actualmente, su instinto lo lleva a querer destruir la humanidad rubia de ojos azules, esa humanidad que le recuerda dolorosamente su raza negra, de ojos de animales y patas cortas...Es lo que explica sus clamores en favor de la *igualdad*, es lo que explica su tendencia instintiva hacia la socialdemocracia y el comunismo, los cuales representan nada más que el odio despreciable que sienten los inferiores hacia los que están por encima de ellos... Impotente e invisible, como si estuviera extinto mientras el sol está en su zenit; su poderío sólo crece con el ocaso y la noche, y cuando, como es el caso hoy en día, el sol de la humanidad yace bajo en el horizonte y vemos crecer desmesuradamente los rayos de la siniestra oscuridad de ese eterno negador; se hace tan grande, tan grande, que la tierra se ve envuelta en ella...

El judaísmo es probablemente una etapa en la evolución del devenir que debemos superar para acceder a una forma más elevada y a una naturaleza más noble. En ese sentido, ya he superado el judaísmo, pues niego el egoísmo y las ansias de felicidad, ese antiguo vestigio de la herencia judía, ignoro la búsqueda de los bienes terrestres... Por desgracia, ¿qué sabéis vosotros, pueblo rubio de ojos azules, amados de los Dioses, qué sabéis de la noche eterna, sin sol, de *Nifelheim*538? Pero yo ni os odio ni os envidio. Yo os amo porque amo todo aquello que es alto, noble y hermoso. Acepto toda forma superior que no sea como la mía y que me mantiene aquí abajo, voluntariamente apartada...Es la razón por la que no me siento rebajada por una grandeza extranjera, al contrario, me elevo de común acuerdo con ella...

Pero ¿quién?, ¿quién puede creer o imaginar, sin haber él mismo vivido y padecido el eterno destino de Cristo, que nadie está más alejado del judaísmo que aquel que lo ha superado? Únicamente el que ha superado una enfermedad puede estar vacunado contra ella, únicamente el que vio la peste y sobrevivió puede estar libre de la contaminación. Debo desear serenamente mi aniquilación si amo verdaderamente Germania. Sería difícil encontrar hoy en día un destino más trágico que el de esas escasas personas que han realmente roto con sus orígenes judíos...Me gustaría poder gritar a los alemanes: ¡Manténganse firmes! ¡Manténganse firmes! ¡No tengáis piedad! ¡Ni siquiera para mí! ... ¡Acabemos de una vez por todas con esa marea venenosa! ¡Quememos ese nido de avispas! Incluso si cien justos tuviesen que ser destruidos con los injustos. ¿Qué valen ellos? ¿Qué valemos? ¿Qué valgo yo? ¡No! No tengáis piedad, os lo ruego[539]."

Este testimonio conmovedor ilustra muy bien el sufrimiento oculto, que asoma aquí y allá en los textos de algunos escritores que no parecen atreverse a reconocer completamente su tormento interno. Veíamos la misma vehemencia en Rahel Levine, cuando ésta recibía en su salón berlinés los mayores escritores alemanes de finales de siglo XVIII. En una carta dirigida a su hermano, escribía: "Mi vida no es más que una lenta agonía...Jamás, por un segundo, olvido esta infamia. La

---

[538]*Nifelheim*: "Hogar de la niebla", en la mitología nórdica es el reino de la oscuridad y de las tinieblas, envuelto por una niebla perpetua. (NdT).

[539]Theodor Lessing, *La Haine de soi, le refus d'être juif*, 1930, Berg international, p. 163-168

bebo en el agua, la bebo en el vino, la bebo en el aire, en cada respiración. El judío debe ser exterminado en nosotros a costa de nuestras vidas, es la santa verdad[540]."

Autor de una veintena de libros, el filósofo Arthur Trebitsch también experimentó esa crisis de identidad. Nacido en Viena en 1880, fue hasta su muerte "el más furioso perseguidor de judíos. Su vida representa el clásico caso de auto-odio judío, tan desgarrador y desesperado como pocas veces se vio desde Pfefferkorn. Desde su más temprana edad, germinó en el espíritu de ese hermoso niño rubio un verdadero delirio: una asociación judía secreta estaba extendiendo sus tentáculos de un extremo al otro del universo para dominar el mundo y destruir los pueblos arios...Ése era su delirio. Al servicio del pueblo alemán, se convirtió en un combatiente leal y en camarada del general Erich Ludendorff y su esposa Mathilde." Trebitsch padeció a lo largo de su vida una grave enfermedad de la vista que le llevó progresivamente a la ceguera.

Comprometido con los ideales nacionalsocialistas, Arthur Trebitsch era un partidario antisemita radical. Lessing, que describía el personaje, notaba además "su angustia monomaniática de ser llamado judío": "Descubrimos en su biografía una sucesión sin sentido de disputas, de duelos, de pleitos, de escándalos y problemas... Una vez, presentó una denuncia que elevaría a todas las instancias judiciales porque se había sentido ofendido en su pertenencia germánica por un "Don nadie" que le había llamado "judío". Por último, un día solicitó un voto de confianza de sus camaradas de partido, pero acto seguido enviaba a todos aquellos que le negaron su sufragio sus testigos para un duelo. Se enfada con todos los grupos, incomoda a los Nacionales-Socialistas que le habían elegido jefe de grupo, se enemista con la Iglesia, el clero y el Centro."

Arthur Trebitsch organizaba giras de conferencias por toda Alemania para abrir los ojos de sus contemporáneos. "El delirio de grandeza desemboca en el delirio de persecución", escribía Lessing. Según él, Trebitsch habría sufrido una paranoia aguda: "Está convencido de la existencia de una sociedad secreta- la llama *Weltcharusse*- que intenta asesinarlo[541]". También "estaba persuadido de que incluso dentro de su partido de tendencia antisemita y *wölkisch*, había judíos que actuaban en la sombra. A través de la creación de una

---

[540]Léon Poliakov, *Histoire de l'antisémitisme, Tome II*, 1981, Points Seuil, 1990, p. 96
[541]Theodor Lessing, *La Haine de soi, le refus d'être juif*, 1930, Berg international, p. 80, 90, 92. Acerca de la "*Weltchawrusse*" (mafia judía de Berlín), léase *L'Histoire de l'antisémitisme* de León Poliakov, página 352 y siguientes.

"asociación cultural", presenta esta descabellada solicitud: organizar una comisión para examinar si alguno de los miembros del grupo es circunciso y así arrestar a un espía judío infiltrado. Ese "olfatear" judíos le causa cada vez más problemas. Sostiene que, con el fin de ejercer una influencia nefasta sobre los espíritus, los judíos se sirven de mujeres que se ponen en contacto con escritores y políticos que consideran peligrosos. Es así como escritores como Laurids Brunn y Arthur Sinter habrían caído en el misticismo influenciados por la acción de mujeres al servicio de los judíos. La *Chawrusse* sería la instigadora de numerosos matrimonios de hombres de Estado con judías. Él mismo se habría librado hasta cuatro veces de intentos de infección con el fin de paralizarlo. Nos cuenta todas esas elucubraciones en cada página[542]." Arthur Trebitsch murió de tuberculosis, en Viena, en 1929, convencido de que los judíos habían conseguido envenenarlo.

Por lo demás, el libro de Theodor Lessing es más bien decepcionante. Al igual que León Poliakov en su *Historia de las crisis de identidad judías*, estos autores no trataron de comprender las causas de esa angustia ni las que provocan el rechazo de la judeidad, considerándolo simplemente como un enigma y una anomalía. A pesar de medir los esfuerzos de Trebitsch para afirmar su germanidad, Lessing sólo expresaba una ligera ironía acerca de un comportamiento que juzgaba exagerado y servil, comparándolo al de un Disraeli, el cual no se andaba con rodeos para lograr sus objetivos. Escribía así, respecto del que se convertiría en "Lord Beaconsfield": "Beaconsfield jamás hubiera llegado a ser Primer Ministro de Inglaterra presentándose constantemente ante el mundo como el más auténtico inglés, en lugar de recordar que estaba precisamente orgulloso de ser judío[543]."

Esto era realmente entender muy mal el propósito de Arthur Trebitsch, pues Lessing no parecía haber comprendido que Trebitsch y Weininger ya no eran judíos por la sencilla razón de que éstos decidieron que ya no lo eran, demostrándolo por completo con sus palabras y sus acciones.

---

[542]Theodor Lessing, *La Haine de soi, le refus d'être juif*, 1930, Berg international, p. 94. Sin embargo, conocemos numerosos ejemplos de hombres políticos franceses casados con mujeres de origen judío: François Mitterand, Michel Rocard, Robert Hue, Jacques Toubon, Jean-Pierre Chevènement, Dominique Baudis, Alain Besancenot, etc...(Léase la inestimable *Encyclopédie politique française*, de Emmanuel Ratier); al igual que otros hombres famosos: Anatole France, André Malraux, Jacques Lacan, Georges Bataille, Jacques Maritain, Georges Bizet, Andréi Sájarov, Thomas Mann, Tolstoi, Stalin, etc.; otros tuvieron amantes judías, como Goethe, Paul Bourget, Charles Péguy, Dumas (padre e hijo), Romain Rolland. Todos fueron favorables a Israel.

[543]Theodor Lessing, *La Haine de soi, le refus d'être juif*, 1930, Berg international, p. 89

Theodor Lessing señalaba en cambio con acierto que numerosos judíos antes que ellos se habían adentrado en esa vía liberadora: "Todas las fuerzas antijudías han constantemente tenido a su disposición un estado-mayor compuesto de judíos que han ido más allá en los prejuicios de sus maestros. Arthur Schopenhauer se vio respaldado en sus crisis antijudías por sus primeros apóstoles Frauenstadt y Asher. Richard Wagner, al que posteriormente iban a declarar judío, no fue contradicho por sus discípulos judíos Heinrich Porges y Herman Levi cuando desacreditaba Meyerbeer, Mendelsohn, Halevy y Bizet, tratándolos de judíos que saboteaban la música alemana. Paul Rée y Siegfried Lipiner, los discípulos judíos de Nietzsche eran unos "antisemitas" mientras que su maestro tenía en alta estima a los judíos. Y el más extraño de todos los antisemitas, Eugenio Duhring, tuvo un día una gran sorpresa cuando el escritor judío Benedicto Friedlander, que admiraba sus escritos contra los judíos, le legó toda su fortuna después de haberse suicidado." Y Lessing añadía: "Una fuerza centrífuga ejerce un efecto nocivo sobre el judaísmo cuando éste se pierde a sí mismo y no puede sostener sus almas más fuertes (pensemos en Jesús y en Spinoza)."

Estamos dispuestos a creer que romper con el judaísmo no es tarea fácil. Normalmente, el proceso suele llevar varias generaciones para que la judeidad se atenúe y desaparezca totalmente. Otros judíos, más conscientes, pueden desear rechazar inmediatamente ese judaísmo que consideran como una "prisión", tal como lo escribía Jean Daniel. Lessing empleaba así una bella fórmula para definir la condición del judío: "esta maldición que consiste en ser prisionero del anillo del judaísmo[544]." Una imagen evocadora y pertinente después de haber visto la trilogía de *El Señor de los anillos*.

Para esos, el proceso es ciertamente más doloroso, y no puede llevarse a buen término más que con una acción decidida, y con un fuerte compromiso espiritual y político. Recordemos las palabras de esa joven mujer en su diario íntimo: "Nadie está más alejado del judaísmo que aquel que lo ha superado." Eso mismo afirmaba ya Weininger al escribir: "*Cristo es el hombre más grande, porque es el que se ha medido con el mayor enemigo545.*" Al contrario que Arthur Trebitsch, Weininger permanecía dentro de una visión judeo-céntrica. Pero no importa, con tal de que se liberen del judaísmo. Después de todo, no hay ninguna razón que condene a todos los judíos a seguir el destino de

---

[544]Theodor Lessing, *La Haine de soi, le refus d'être juif*, 1930, Berg international, p. 82, 88

[545]Otto Weininger, *Sexo y carácter*, 1902, Ediciones 62 s|a, 1985, Barcelona, p. 326

Golum.

Los suicidios

Así las cosas, comprendemos mejor la frecuencia del suicidio en los judíos, especialmente entre los intelectuales de esa pequeña comunidad. Completemos a continuación la lista de suicidados que conocía Elie Wiesel[546]. Ya vimos en este estudio los casos de Jerzy Kosinski, Bruno Bettelheim y Alfred Wolfmann. De la misma forma que otros de sus allegados y conocidos habían acabado con sus vidas, Wiesel también se extrañaba del suicidio del intelectual judío Walter Benjamín, para el que tampoco veía los motivos de su acto desesperado: "España nunca expulsó a los judíos perseguidos por la Gestapo. El filósofo Walter Benjamín no tenía motivos para suicidarse: no lo hubieran entregado a la policía de Vichy. Además, Franco había dado instrucciones a sus legacías en los países ocupados por Alemania para que entregaran pasaportes españoles a los judíos sefarditas."

Siendo un joven periodista, Wiesel empezó a escribir en yiddish el relato de sus años en los campos de concentración. Se lo dio a leer a una amiga, Yaffah, la cual trabajaba en una revista de cine israelí: Ésta "perdería la cabeza años más tarde en Estados Unidos. Paranoica, acabaría por escapar de sus "perseguidores" refugiándose en la muerte."

Pareciera que Elie Wiesel disfrutaba enumerando las personas que conoció y que acabaron con sus vidas: "El historiador judío Joseph Wulf se suicidaría unos años más tarde en Berlín." O bien, "Arnold Foster, el cabecilla de todos los combates contra el antisemitismo, me habla de su sobrino Harold Fender, autor de una novela desilusionada a lo Hemingway, *Paris blues*; escribirá un conmovedor relato del rescate de los judíos daneses y, hasta su suicidio no dejará de escribir sobre el tema de los campos de concentración[547]."

En *La Fuerza del Bien*, Marek Halter recordaba el drama de los judíos alemanes, tan bien "integrados". Él tampoco, como todos los demás, comprendía el antisemitismo que había "conmocionado" los judíos alemanes, y que, según él, había provocado la epidemia de suicidios:

"Existen pocos países donde la integración cultural de los judíos fuera tan perfecta y consumada como en Alemania. La comunidad judía, antes de Hitler, contaba con quinientas mil personas, de las cuales

---

[546]Hervé Ryssen, *Las Esperanzas planetarianas*, (2022).
[547]Elie Wiesel, *Mémoires, tome I*, Seuil, 1994, p. 243, 302, 433, 485

un tercio vivía en Berlín. Su presencia en la literatura y las ciencias era patente. La lengua alemana era la lengua en la que escribían y pensaban Freud, Einstein, Kafka, Schnitzler, Kraus, Werfel, Schonberg, Mahler...En Alemania, quedan actualmente menos de treinta mil judíos, casi todos venidos de Rusia. La marginación por parte del poder nazi, su ostracismo cultural y posteriormente físico, les conmocionó. El abandono de lo humano en el país del humanismo, su violenta negación; el choque fue tan brutal, la decepción tan intensa, que una impresionante ola de suicidios se extendió rápidamente. La letanía de esos nombres dice mucho de la desesperanza de toda una cultura. Kurt Tucholsky, crítico y dramaturgo, suicidado. Ernst Toller, poeta, suicidado. Ludwig Fulda, dramaturgo, suicidado. También suicidados el filósofo Walter Benjamin, el novelista Ernst Weiss, el dramaturgo Walter Haserchever, el compositor Gustave Brecher, el novelista Stefan Zweig[548]."

Sin embargo, se supone que los judíos no esperaron 1933 para suicidarse. Françoise Giroud, en su libro sobre Alma Mahler, la esposa del compositor mencionaba también esa tendencia suicida: "Una noticia trágica acaba de golpear a los Werfel, la muerte de Hugo von Hofmannsthal. El hijo mayor del poeta, Franz, se ha suicidado a los veintiséis años de un disparo de pistola. El día del entierro del joven, en el momento de encabezar el cortejo fúnebre, Hofmannsthal se ha derrumbado, muerto a los cincuenta y cinco años. Hacía mucho tiempo que, el que había sido el ídolo de la *intelligentsia* vienesa, deseaba morir[549]."

El libro de Marthe Robert, *De Edipo a Moisés*, también mencionaba suicidios frecuentes de judíos de Europa central emigrados en las capitales europeas, y que formaban "toda una generación judía espiritual y socialmente desarraigada." En una carta, Marthe Robert escribía: "Kafka evoca la extrañeza y el desequilibrio patológico de sus correligionarios judíos en el instituto alemán de Praga. Muchos de ellos, dice, se han suicidado durante sus años de estudio[550]."

Marthe Robert citaba también una carta de Freud relativa al suicidio de Nathan Weiss, "un documento valioso sobre el mundo judío vienés de aquella época y sobre sus enfermedades, en cierto modo específicas (principalmente la tuberculosis y el suicidio, como lo demuestran precisamente los dramas frecuentes entre los allegados de Freud). Freud traza un retrato impresionante de la familia

---

[548]Marek Halter, *La force du Bien*, Robert Laffont, 1995, p. 56
[549]Françoise Giroud, *Alma Mahler*, Robert Laffont, 1988, Pocket 1989, p. 168
[550]Marthe Robert, *D'Oedipe à Moïse*, 1974, Agora, 1987, p. 18

Weiss...Muestra al padre, un rabino erudito dotado de un orgullo inconmensurable, tacaño por añadidura y henchido de maldad; a continuación, el hijo, talentoso y brillante, con poder de seducción y con ese cinismo de "advenedizo", pero que se derrumba de manera inesperada justo en el momento en que alcanza su objetivo (un matrimonio ventajoso)[551]."

Eduardo Drumont ya había observado en 1886, en su famoso libro, *La Francia judía*: "La muerte súbita es sin embargo más frecuente entre los judíos que el suicidio, aunque éste aumenta en unas proporciones asombrosas que demuestran el progreso que la neurosis hace en ellos."

Sería efectivamente interesante tener por fin acceso a estadísticas sobre el tema. Estudiantes de ciencias sociales podrían quizás adentrarse en esa materia, revisando, por ejemplo, los archivos de instituciones mentales para precisar el alcance del drama, poco conocido, que afecta a una parte de nuestros conciudadanos. En cualquier caso, debemos notar, una vez más, que, al intentar explicar todos esos suicidios a través de las agonías sufridas durante la Segunda Guerra mundial, Elie Wiesel y Marek Halter no hacían más que echar la culpa sobre el resto de "la Humanidad" de un problema específico de su comunidad.

---

[551]Correspondencia, carta a Martha del 16 de septiembre 1883, citada en Marthe Robert, *D'Oedipe à Moïse*, 1974, Agora, 1987, p. 115

2. Psicoanálisis del judaísmo

Cuadro clínico del histrionismo

Entre los diferentes tipos de personalidades patológicas, los psicoterapeutas distinguen generalmente las personalidades siguientes: ansiosas, paranoicas, histriónicas, obsesivas, narcisistas, esquizoides, depresivas, dependientes, pasivas-agresivas, escurridizas. La personalidad "histriónica" es la que nos interesará aquí.

Con el fin de dar una idea de esta patología, presentaremos primero el análisis sucinto de un hombre que tuvo que lidiar dentro de su actividad profesional con una joven mujer manifiestamente histriónica:

"Katrina busca continuamente por todos los medios a su alcance llamar la atención de los demás: ropa discretamente provocativa, comportamiento seductivo, declaraciones teatrales en reunión, cambios de actitud desconcertantes (pasa de la seducción a la indiferencia), llamadas de auxilio dramatizadas (cuando se presenta como una niña apenada). Posee una "gama" muy amplia para captar la atención de los otros. Juan ha notado también que sus emociones cambian rápidamente: en una misma noche, ha pasado de la desesperación a la excitación del juego de la seducción, luego a la tristeza misteriosa, a la frialdad, para finalmente acabar todo con un beso ardiente. Por último, tiene tendencia a idealizar algunas personas, hablando de ellas con admiración, pero también a rebajar exageradamente otras, que pueden incluso ser las mismas. ["Puede uno pasar de héroe a desgraciado en un santiamén", comenta François Lelord]. Juan se da cuenta de que ya no sabe si Katrina "juega" un papel de actriz, o si ese comportamiento teatral es su verdadera naturaleza[552]."

En el trabajo, y sobre todo en las reuniones, las personalidades histriónicas son a veces muy difíciles de soportar. Mientras que se espera de ellas un discurso preciso, fáctico, centrado en la resolución de los problemas, producen un discurso confuso, dramatizado, centrado en las emociones. Las personalidades histriónicas también son muy "sensibles a la opinión de los demás". Tienen "una capacidad bastante

---

[552]François Lelord, *Comment gérer les personalités difficiles*, Odile Jacob, 2000, p. 89-107

reducida para observarse a sí mismas y reconocer la realidad de sus emociones."

El adjetivo "histriónico", para definir ese tipo de personalidad, es relativamente reciente en el vocabulario de los psicoterapeutas. Antes de hablar de personalidad "histriónica", se hablaba de personalidad "histérica", término que proviene del griego "husteros" y que dio origen a la palabra "útero". Los griegos pensaban efectivamente que "las demostraciones ruidosas y excesivas de las mujeres eran provocadas por la agitación interna de sus úteros." De hecho, esta patología es mucho más corriente en las mujeres que en los hombres.

La imagen popular de la histeria, es decir la loca retorcida por convulsiones de tipo epiléptico, nos viene del siglo XIX y los trabajos del célebre doctor Jean-Martin Charcot de la Salpêtrière. Pero "la gran crisis epiléptica seudo-convulsiva descrita por Charcot es poco común hoy en día[553]." Las manifestaciones físicas de la enfermedad han tomado formas más variadas. En efecto, las modalidades expresivas de la histeria son tanto culturales como individuales. "Dependiendo de la época y la cultura, el grupo social facilita o reprime las manifestaciones más ruidosas de la neurosis. La civilización técnica no las favorece mucho, por lo que raramente nos topamos hoy en día con "la gran histeria" tal como fue popularizada por la iconografía de la Salpêtrière, aunque no por ello la histeria ha desaparecido, sino que se ha hecho más discreta, siguiendo otros patrones[554]."

Sin embargo, los médicos observan a menudo en sus pacientes varios trastornos espectaculares: parálisis, contracturas, dolores abdominales, amnesias, y a veces crisis parecidas a la epilepsia. Hasta el siglo XIX, esos trastornos eran designados con el nombre de "furor uterino". Pero los progresos de la medicina han permitido afirmar que los comportamientos y los trastornos de los sujetos llamados "histéricos" no tenían nada que ver con el útero. Además, el término "histérico"se volvió peyorativo, a menudo utilizado por los psiquiatras para designar las pacientes que no lograban ayudar. En 1980 se decidió entonces sustituir ese término por "histriónico", del latín *histrio*, "actor de teatro".

---

[553]http://www.acpsy.com/Troubles-Nevrotiques-et-Troubles.232.html

[554]http://www.acpsy.com/Hysterie.html. [""La definición de histeria nunca se ha dado y nunca se dará", dijo Lasègue. Esta afirmación, incluso hoy en día, puede reflejar las dificultades para definir el concepto. La histeria no sólo es una enfermedad, también es una forma de estar en el mundo. Hay muchas definiciones de histeria, que reflejan las concepciones personales de sus autores, pero también sus fantasías." En Michel Steyaert, Introducción de *Hystérie, folie et psychose*, Éd. Les Empêcheurs de penser en rond, 1992. (NdT).]

El libro de Vittorio Lingiardi, titulado *Los trastornos de la personalidad*, describía así la personalidad histriónica: "En la histeria, predominan las manifestaciones de hiperemotividad, de imaginación incontrolable, de confianza ciega en la intuición, asociados a una búsqueda permanente de la atención de los demás. Los histéricos tienden a ver el mundo de manera global, pero muy impresionista; su atención se dirige hacia los aspectos más brillantes y más visibles de la realidad, desatendiendo a los detalles. A menudo montan una escena o un espectáculo, incluso inconscientemente, y de manera excesivamente seductiva; son generalmente superficiales en sus relaciones interpersonales, y tienden a basar sus elecciones y opiniones sobre convicciones poco profundas. Los histriónicos tienen una fragilidad emocional todavía más profunda, una impulsividad más grande y un comportamiento seductivo más pronunciado. Muy egocéntricos, tienden a explotar su gran potencial emotivo (explosiones de cólera, ataques de lágrimas, etc.) para controlar y dominar a los demás. Son teatrales, extravertidos, excitables, exhibicionistas. Incluso su sexualidad es exhibida de forma más manifiesta, y a menudo presentan profundos trastornos en la materia. Temen la soledad, y los momentos de separación les llenan de angustia[555]."

Otros estudios aportan otros elementos sobre este tema. El libro de Evelyne Pewzner, *Introducción a la psicopatología del adulto*, presentaba el caso ejemplar de Albertina: "Durante nuestra primera entrevista, Albertina destaca por la discordancia entre su expresión verbal inteligente y su apariencia de estudiante revoltosa vestida con uniforme de internado. Tiene esa actitud típica de duda irónica respecto a la utilidad y eficacia de un tratamiento psicológico. Niega por completo necesitarlo. Su argumentación es brillante y bien ordenada." Se declara autónoma, de carácter fuerte, y "casi desafía al terapeuta de poder hacer algo para ayudarle. Dice no padecer de nada y no sentirse interesada por las preocupaciones de su familia sobre su estado físico y mental." No se considera enferma, afirma estar en plena posesión de sus facultades mentales y estar sólo preocupada por sacar adelante sus estudios. Quiere ser brillante e ir a una de esas grandes escuelas que le aconsejó su padre: "Desea una profesión en la que se oiga hablar de ella[556]."

El cuadro clínico general que presentaba Evelyne Pewzner se podría resumir así: la personalidad histérica se caracteriza por una

---

[555]Vittorio Lingiardi, *Les Troubles de la personalité*, Flammarion, 2002, p. 75

[556]Evelyne Pewzner, *Introduction à la psychopatologie de l'adulte*, Armand Colin, 2000, p. 120-123, 155.

manera de ser ante el mundo marcada por la insatisfacción y la falta de autenticidad, y un modo de relacionarse centrado en la manipulación y la seducción. Todo, en sus actitudes, el comportamiento, la vestimenta, el maquillaje, las palabras, tienden a atraer la atención, agradar, seducir. El histérico evita así el encuentro auténtico con el otro, como si la "máscara" del personaje ocultase siempre la propia persona. La "plasticidad" de la persona permite la "multiplicación de los roles" en función del auditorio: el histérico juega el papel que se espera de él. Se puede relacionar este rasgo con la gran "inestabilidad emocional" del histérico: hace falta poco para verle pasar de las risas a las lágrimas. Los trastornos de la memoria son también frecuentes en los histéricos, cuyas biografías siempre tienen lagunas y olvidos. Puede tratarse de una amnesia selectiva acerca de un periodo o un determinado acontecimiento, pero las ilusiones de la memoria y la fabulación a menudo vienen para paliar esas lagunas de la memoria. La mitomanía traduce la poderosa imaginación del sujeto. A través de sus comedias y sus fabulaciones, el histérico falsifica continuamente sus relaciones con los otros, dando continuos espectáculos. El sujeto, centrado sobre sí mismo, es incapaz de ver las cosas bajo otro punto de vista o de ponerse en el lugar del otro. La depresión está en el primer plano del cuadro clínico. Los lazos de camaradería son escasos y se mantienen difícilmente en el tiempo.

El libro de Gisèle Harrus-Révidi sobre la histeria, aportaba otras precisiones que presentamos a continuación expurgadas del indigesto galimatías psicoanalítico: El histérico exagera la expresión de las emociones, abraza simples conocidos con un ardor excesivo, solloza de manera incontrolable por motivos sentimentales menores, y presenta súbitos estallidos de cólera. Las expresiones emocionales y pasionales del histérico tienen algo de teatral y de excesivo. Los histéricos son también unos enfermos del verbo y de su interpretación. Su palabra tiene la particularidad de ser profusa, difusa, simbólica sobre sí misma, y tiene como función inconsciente impedir que se escuche el síntoma. La personalidad histérica tiene una manera de hablar demasiada subjetiva y parca en detalles. Por ejemplo, cuando se le pregunta al paciente de describir su madre, no puede ser más específico que: "era una persona fantástica". También se observa la dificultad para "verbalizar afectos o sentimientos". El egocentrismo, la intolerancia a la frustración y a cualquier demora para obtener una gratificación, se traducen en el histérico en un comportamiento que apunta a conseguir una satisfacción inmediata. La depresión es obviamente una parte importante del núcleo de la personalidad. De hecho, las pacientes de

Freud están frecuentemente en un estado de luto real y/o de decepción amorosa permanente: a esto se sobreañade "un luto fantasmático debido a la no superación de posiciones edípicas y activado por una co-excitación sexual permanente" [¡entienda quien pueda!]. Aflora una angustia constante fijada sobre la familia, los hijos, una "espera ansiosa de un acontecimiento que romperá la monotonía cotidiana, de ahí la estupefacción de la familia al comprobar que una catástrofe real es a menudo aceptada con naturalidad[557]." Se observa que en algunos casos "esta neurosis se complica con intentos de suicidio."

La "gran intolerancia a la frustración" es confirmada por otros análisis: el histérico es "caprichoso e irritable". Los sentimientos son exagerados en su expresión y son vividos con intensidad (ataques de lágrimas y estallidos de cólera espectaculares). Se comporta "como si quisiera satisfacer el otro y saciar su deseo; se inventa un personaje que acaba creyéndose, haciéndose el amable y haciéndose luego pasar por la víctima[558]."

El libro de Ronald D. Laing aportaba una precisión sencilla que podría parecer anodina: "El histérico finge que algunas de sus actividades no son lo que parecen, o que no significan nada, o que no tienen implicaciones especiales, o bien que hace esto o aquello porque está obligado, cuando en secreto sus deseos son satisfechos por esas actividades. El histérico suele a menudo asegurar que no está presente en sus actos, cuando en realidad se expresa verdaderamente a través de ellos[559]."

En *Histeria, locura y psicosis*, el psiquiatra Michel Steyaert apuntaba también otras características del delirio: "licantropía, delirios extáticos, delirios de persecución, delirios proféticos... Recordemos la frecuencia de las fantasías de prostitución, violación, de seducción, de apareamientos impuros[560]."

Por fin, tenemos este análisis interesante de un psiquiatra que hacía hincapié en "esa capacidad de manipulación fuera de lo común" del histérico: "El histérico es aquel que engaña. Esa capacidad de adaptación al otro es prodigiosa; instintivamente sabe estar en la misma onda, en el mismo modo de funcionamiento y, sin darse realmente cuenta de sus "poderes", usa y abusa del otro. El encanto es un factor

---

[557]Gisèle Harrus-Révidi, *L'Hystérie*, Presses Universitaires de France, 1997, p. 12-17, 32, 88, 89

[558]Sante-az.aufeminin.com/w/sante/s243/maladies/hysterie.html

[559]Ronald D. Laing, *Le Moi divisé*, Stock, 1970, p. 131

[560]Michel Steyaert, *Hystérie, folie et psychose*, Éd. Les Empêcheurs de penser en rond, 1992, p. 73

común de todos los que he podido conocer, un increíble poder de seducción seguido de una llamada parecida a la de las sirenas que atraían a los marineros, pues ese es el modo de actuar del histérico: atrapar en sus redes, usar a costa de y "dejar morir". Busca el Amor con una A mayúscula, el hombre o la mujer que debe demostrar que existe tal amor...Es difícil de detectar a primera vista; incluso llegué a pensar que quizás sólo los histéricos podían reconocerse entre ellos, como en las relaciones animales en las que cada uno delimita su propio territorio[561]."

Sea cual sea el lugar y la época, los síntomas traducen siempre el deseo permanente del histérico de constituir un enigma para la lógica científica y de ofrecer su cuerpo a la mirada escrutadora y experta del médico.

El diagnostico

El cuadro general de los síntomas del histrionismo parece poder explicar de forma extraña lo que hemos analizado en nuestros capítulos precedentes. De hecho, los intelectuales cosmopolitas manifiestan una agitación interna y una actitud exuberante que recuerdan los síntomas del histrionismo. Evidentemente, no se trata de decir que cada una de esas personalidades padece esa patología, pero se observa cierta homogeneidad de pensamiento y unos comportamientos comunes en esos intelectuales, que se aparentan de manera bastante sorprendente a las descripciones detalladas más arriba.

Para empezar la "depresión", "el estado de luto real y/o de decepción amorosa permanente". Podemos asociar esto con la imagen mediática que desea transmitir la comunidad judía al resto de la humanidad: la de un pueblo perseguido que sufre de su aislamiento y de la maldad de los hombres. Joseph Roth dio fe de esta singular predisposición de los judíos al sufrimiento: "Allí donde se detiene un judío, surge un muro de las Lamentaciones. Dondequiera que un Judío se establezca, nace un pogrom...Asimismo, el presente de los Judíos es probablemente mayor que su pasado, pues es todavía más trágico[562]." Esta es una declaración extraída de un artículo del diario *Das Tagebuch* del 14 de septiembre de 1929, por lo tanto, antes de la crisis económica y de la toma del poder de Hitler, pero, por lo visto, la época ya era considerada suficientemente "trágica". En el plano clínico, sabemos

---

[561]http://www.psychopsy.com/hysterie.html.

[562]Joseph Roth, *A Berlin*, Éditions du Rocher, 2003, p. 33

que la depresión puede ser "el último recurso, desesperado, de captar y retener la atención de un interlocutor experto, el médico[563]."

Por otra parte, numerosos judíos mantienen viva, conscientemente o no, una angustia, una inquietud interna, que sin duda es uno de los rasgos del carácter hebraico que contribuye a alimentar en ellos su propio sentimiento de judeidad. Éste era al respecto, el conmovedor testimonio de George Perec que nos desvelaba el trasfondo de su identidad:

"No sé exactamente qué es ser judío, lo que significa para mí ser judío...No es un signo de pertenencia, no está ligado a una creencia, a una religión, a una práctica, a una cultura, a un folklore, a una historia, a un destino, a una lengua. Sería más bien una ausencia, una pregunta, un estar en entredicho, una vacilación, una inquietud: una cierta inquietud tras la que se perfila otra certeza, abstracta, pesada, insoportable: la de haber sido designado como judío y, en cuanto judío, víctima, y deberle la vida sólo al azar y al exilio[564]." Podemos identificar aquí "la angustia constante fijada sobre la familia", pero también esa "ambigüedad" que ya pudimos observar, expresada aquí por la "vacilación". La obsesión identitaria tan frecuente en los textos puede sin duda alguna compararse con el síntoma neurótico de "la autoobservación, de la que se ha dicho que está extraordinariamente desarrollada en las histéricas[565]."

El filósofo marxista Jacques Derrida expresaba un sentimiento similar en *Puntos suspensivos*, donde reconocía sentir en su fuero interno un "deseo de integración en la comunidad no judía, una mezcla de fascinación dolorosa y de desconfianza, con una vigilancia nerviosa y una aptitud agotadora para percibir los signos de racismo, tanto en sus configuraciones más discretas como en sus negaciones más ruidosas[566]."

---

[563]Evelyne Pewzner, *Introduction à la psychopatologie de l'adulte*, Armand Colin, 2000.

[564]George Perec, *Nací, textos de la memoria y el olvido*. Abada Editores, Madrid, 2006, p.101-102. [" Lo que fui a buscar a la isla Ellis es la imagen misma de ese punto de no retorno, la consciencia de esa ruptura radical...Para mí es el lugar mismo del exilio, es decir el lugar de la ausencia de lugar, el lugar de la dispersión. En ese sentido me concierne, me fascina, me implica, me interpela, como si la busca de mi identidad pasase por la apropiación de ese lugar vertedero...Lo que se encuentra ahí no son en ningún caso raíces o huellas, sino lo contrario : algo informe, en el límite de lo inefable, a lo que puedo llamar enclaustramiento, o escisión, o fractura, y que está para mí muy íntima y confusamente ligado al hecho mismo de ser judío. " (p.104, 100- 101). (NdT).]

[565]Otto Weininger, *Sexo y Carácter*, Ediciones 62 s|a Barcelona, 1985, p. 275

[566]Jacques Derrida, *Points de suspensions, Entretiens*, Galilée, 1992, p. 130

Esa inquietud visceral puede también tomar la forma de la paranoia. Así, escuchamos regularmente en los medios de comunicación los intelectuales judíos alarmarse del auge del antisemitismo. Esa imperceptible inquietud que atormenta de forma soterrada el alma judía en todas las épocas se manifiesta a través de reflejos alarmistas frente a lo que se percibe como el auge de la "lacra". Al menor signo de oposición o de crítica a la acción de algún judío, toda la comunidad salta a la palestra en los medios, y se empiezan a escuchar los gritos desgarradores ante la terrible amenaza, así como los coros de las plañideras en segundo plano. Las personalidades que creíamos más dignas y razonables caen en interpretaciones exageradas, que parecen casi ridículas una vez que el ajetreo desaparece. Es así, por ejemplo, como vimos Elie Wiesel publicar, ya en 1974, unos artículos en los que manifestaba su temor más profundo ante el renacer del antisemitismo: "Publico en el *New York Times* y *Le Figaro* un artículo titulado "Por qué tengo miedo" ... Han aparecido unas señales y son inquietantes.[567]"

Sin duda, existe una tendencia en el intelectual judío a ser agorero, a "dramatizar" exageradamente lo que percibe como antisemitismo en el ambiente. Escuchemos Samuel Pisar: "Hoy en día, percibo con angustia como se acercan los pasos del monstruo sobre todo el universo[568]." Esto lo decía en 1979, y ya vimos como en 1983 escribía: "Nuestros enemigos ya nos están vigilando incansablemente. Para ellos, seremos siempre culpables. Culpables de ser judíos en Israel, de ser judíos en otro lugar, de ser judíos. Culpables, según, de ser capitalistas o de ser bolcheviques. Culpables en Europa de haber sido asesinados como ovejas, y culpables en Israel por haber tomado las armas para no volver a serlo. Culpables, en verdad, de seguir existiendo[569]."

"Mientras escribo estas lineas, decía Elie Wiesel en 1996, la marea antisemita no para de subir. Sesenta y cinco grupos racistas, más o menos influyentes, propagan el odio en Estados Unidos. En Japón, los libros antisemitas figuran en las listas de mejores ventas...Ahora bien, una vez liberado, el odio no conoce límites. El odio llama al odio. El odio mata lo humano dentro del hombre antes de matarlo[570]."

Hoy en día, nada ha cambiado en su manera de ver el mundo. Las manifestaciones de indignación contra el racismo, y sobre todo "contra el antisemitismo" se repiten regularmente, redoblan de intensidad, suscitadas por una agitación cuidadosamente organizada por el sistema

---

[567]Elie Wiesel, *Mémoires, Tome II*, Seuil, 1996, p. 97

[568]Samuel Pisar, *Le Sang de l'espoir*, Robert Laffont, 1979, p. 22

[569]Samuel Pisar, *La Ressource humaine*, Jean-Claude Lattès, 1983, p. 250-251

[570]Elie Wiesel, *Mémoires, Tome II*, Seuil, 1996, p. 128-129

mediático. Hay que rendirse ante la evidencia: cuando una persona mayor es agredida y torturada en su casa de un suburbio o cuando cualquier goy es asesinado salvajemente en la calle, la información apenas trasciende en los sucesos de los periódicos. Pero cuando se trata de un judío, entonces se trata obligatoriamente de un odioso acto de antisemitismo. Los ministros bajan a la calle para unirse a las manifestaciones organizadas para demostrar su solidaridad con la comunidad "en estado de shock". Hay una cierta injusticia, ya que los franceses autóctonos no reciben casi nunca la misma cobertura mediática en sus desgracias, y menos aún esa conmovedora solicitud gubernamental.

Pero es cierto que la "fragilidad emocional" de los judíos es sin duda mucho más importante. Efectivamente, conocemos su "hiperemotividad", y una cierta tendencia para "explotar su gran potencial emotivo". El menor incidente "antisemita", la menor pintada en un buzón de correo pone en marcha toda la máquina mediática y judicial. Quizás algunas personalidades judías tienden a "exagerar la expresión de sus emociones", lo cual da a su manera de interpretar las noticias "algo de teatral y de excesivo".

Sin embargo, esas manifestaciones de sufrimiento y ese "lamento victimario[571]" no son simplemente los ecos amplificados de las noticias. Cabe señalar que son una constante en los sistemas mediáticos de las democracias, en las que los medios retransmiten continuamente toda la literatura compasiva que nos invita a ayudar el desgraciado pueblo judío, siempre perseguido en todas partes y en todas las épocas por razones desconocidas. Los documentales, las películas y los programas de toda clase sobre el tema son innumerables y omnipresentes, así como los libros que recuerdan las desgracias del pueblo judío a lo largo de la historia. Todos los seres humanos son solicitados para compadecerse del dolor y del drama de los judíos, pobres, débiles y vulnerables, siempre perseguidos por motivos que nadie consigue explicar. Los cincuenta millones de muertos no judíos de la Segunda Guerra mundial son a menudo olvidados, apartados en un segundo plano, incluso directamente ocultados en beneficio sólo de las víctimas judías.

La explicación es de nuevo de tipo médico: esas "llamadas de auxilio dramatizadas" sirven para "enterneceros y despertar el instinto protector". Esa "presentación dramatizada y teatral de las emociones" forma parte de una "gama muy amplia para captar la atención de los otros".

---

[571]Shmuel Trigano, *L'Idéal démocratique…* Odile Jacob, 1999, p. 43

Pero no solamente se trata de ver el tratamiento desproporcionado que dan los medios de comunicación a los terribles acontecimientos de Oriente-Medio y de Israel. Se trata también de ver la frivolidad de numerosos histriones del mundo del espectáculo y de la farándula, de su manera de mostrarse, de hacerse ver, de pavonearse en los platós de televisión: "Son teatrales, extravertidos, excitables, exhibicionistas". Es así como los vemos, "dando continuos espectáculos". Incluso a veces basta con bajarse los calzoncillos y correr en el plató de televisión para ser calificado de "genial", "incomparable", "espléndido", "sublime"[572].

Pero sería inapropiado que un goy se permitiese una crítica demasiado dura, pues esos "artistas" son muy "sensibles a la opinión de los demás". Se puede comprobar con facilidad como una crítica negativa con un toque de desprecio acerca de la obra de uno de sus congéneres, pintor o novelista, por ejemplo, provocará inmediatamente el malestar del interlocutor, aun cuando sus producciones en esas materias sean a menudo de una mediocridad insigne. En cambio, se puede remarcar que las medallas y las recompensas de toda clase son altamente valoradas, tal como apuntaba Otto Weininger "su femenina ambición por los títulos".

En otro tiempo, Eduardo Drumond ya había remarcado una cierta puerilidad en el comportamiento: "A un mal estallido de alegría, sigue a veces una expresión de ingenuidad...Sí, hay algo infantil en él...Su boca se entreabre de placer cuando se vanagloria, como la boca de esos africanos cuyos ojos y dientes brillan de contento por poseer un trozo de abalorio de vidrio o un pedazo de tela algo vistoso...Cuando os cuenta que ha recibido una distinción, una medalla de chocolate en una exposición, se os queda mirando fijamente para ver si os burláis de él, que es lo que siempre teme; entonces su rostro pálido y exangüe se ilumina con un rayo de felicidad como se ilumina el de los niños."

Las listas de los beneficiarios de la Legión de Honor son un acontecimiento muy esperado por la comunidad, y el gobierno no lo ignora, pues es sabedor de su "intolerancia a la frustración y a cualquier demora para obtener una gratificación". Esto es algo que los gobiernos sucesivos de la República francesa procuran siempre evitar, privilegiando las abundantes condecoraciones[573]."

---

[572]Referencia al humorista Michaël Youn. Éste tuvo la audacia de correr desnudo en un plató de televisión durante una ceremonia de entrega de premios de un festival de cine. (NdT).

[573]Jean Daniel y Bernard Attali acaban de ser promovidos Comendadores de la Legión de Honor, y Gisèle Halimi ha sido promovida Oficial, al igual que el estilista israelí Albert Elbaz, entre otros. (Leído en *Rivarol*, número del 28 de abril del 2006) Jacques

Efectivamente, los hijos de Israel manifiestan a menudo "un comportamiento que apunta a conseguir una satisfacción inmediata". Recordemos por ejemplo cómo el presidente François Mitterrand había sido conminado a dar explicaciones por su amistad con René Bousquet y sus implicaciones durante el régimen de Vichy[574]. A pesar de todas las muestras de simpatía que había dado a la comunidad judía, aquel "detalle" le había costado caro, pues fue copiosamente vilipendiado al final de su reinado por esa falta juzgada imperdonable. Recordemos también el caso de los "fondos en ausencia de herederos" que poseían los bancos suizos y que tuvieron que pagar rápidamente sin rechistar, sesenta años después de la guerra, las cantidades colosales exigidas por el Congreso judío mundial. Evidentemente, no se trata aquí únicamente de un análisis médico, sino también de una relación de fuerzas financieras. Después de aquel caso billonario, un autor judío, Norman Finkielstein no había dudado en publicar un libro para denunciar el chantaje lucrativo que calificaba de "industria del holocausto". Al igual que otros autores irrespetuosos, pretendía denunciar el "negocio del holocausto" señalando que los jefes de la comunidad judía usaban el drama del holocausto para culpabilizar a los goyim y reclamar indemnizaciones exageradas décadas después de los hechos.

Esa "intolerancia a la frustración" también se manifiesta regularmente con las denuncias presentadas ante la justicia de forma sistemática por cualquier declaración considerada hostil a la comunidad. Vimos en el año 2000, como el escritor de izquierda Renaud Camus había sido víctima de un linchamiento mediático por haber protestado por la "sobrerrepresentación" de judíos en un programa de radio del servicio público. La reacción indignada de Jean Daniel fue entonces idéntica a la de la mayoría de sus congéneres. El filósofo Jacques Derrida fue en aquella ocasión uno de los firmantes de la petición organizada por Claude Lanzmann, que calificaba sencillamente de "criminales los pasajes racistas y antisemitas del libro" de Renaud Camus. "Habría que preguntarse qué pasa en nuestro espacio público cuando un editor y cierta cantidad de "intelectuales" cierran los

---

Friedmann acaba de ser promovido Gran-Oficial el 5 de mayo "por su papel esencial en la creación del museo del Quay Branly" dedicado a las Artes Primeras (las artes africanas). (*Rivarol*, 19 de mayo del 2006).

[574] Al final de su segundo mandato, ya enfermo y disminuido. Existe una larga entrevista emitida el 12 de septiembre de 1994, unos meses antes de su muerte, durante la cual Jean Pierre Elkabbach interrogó François Mitterrand de forma casi inquisitorial. El Presidente de la República se negó hasta el final a reconocer legal y oficialmente la responsabilidad de Francia y la República por las actuaciones del regimen de Vichy durante la guerra. (NdT).

ojos sobre esas frases tan espantosas como grotescas[575]", escribía Derrida.

En el mismo sentido, ésta fue la reacción de Elie Wiesel, en 1989, después de las declaraciones de Jean-Pierre Domenach alarmándose del alboroto mediático de la comunidad: "He seguido con tristeza el escándalo que montó el señor Domenach. He leído sus entrevistas en *L'Événement du jeudi* y en *Le Figaro*, he oído sus risitas pedantes en *Europe 1* y las advertencias que se digna darnos, a nosotros los judíos, de tener más cuidado para evitar las reacciones antisemitas. ¿Cuál es el método que nos propone? Es muy simple, casi banal: hablar más bajo, no mostrarse, renunciar a la lealtad judía (denunciar Israel, por ejemplo), no mencionar la judeidad de las víctimas judías. Lo confieso: debido a sus implicaciones perversas, esta amable sugestión pone a algunos judíos fuera de sí- primero, porque hace que los antisemitas dejen de sentirse culpables. ¿Cómo? ¿El antisemitismo ya no sería la culpa de los antisemitas, sino de los propios Judíos? ¿El odio que los Judíos suscitan se debería solamente a su comportamiento? Nos desprecian, nos persiguen, y ¿deberíamos emprenderla con nosotros mismos[576]?"

Y de nuevo, observamos como un intelectual judío se sale por la tangente para acabar invariablemente acusando al otro de sus propias taras y reprochándole de acusar a los judíos de defectos muy reales:

"De ser cierto lo que dice, proseguía Wiesel, los Judíos- perdón: "algunos" judíos- se estarían sirviendo del Holocausto para enriquecerse, y, además, para perseguirlo a él y a otras personas honorables... ¿Enfermedad de la persecución? Es increíble pero cierto: "algunos" antisemitas se sienten perseguidos por los Judíos que ellos mismos persiguen."

El cuadro clínico de la histeria aportaba esta precisión esclarecedora: "Tienden a explotar su gran potencial emotivo (explosiones de cólera, ataques de lágrimas, etc.) para controlar y dominar a los demás". Lo que escribía el psiquiatra Michel Steyaert al respecto era bastante sorprendente debido a la similitud con el objeto de nuestro estudio étnico-psiquiátrico, y confirmaba que el "modo de

---

[575]Jacques Derrida, Élisabeth Roudinesco, *Y mañana, qué...*Fondo de Cultura Económica, Buenos Aires, 2002, p. 36 (nota), 136. Sobre Renaud Camus, Derrida escribía (p. 137): "Creo que el personaje es astuto y calculador, pero también, como casi siempre ocurre, ingenuo, poco ejercitado, digamos, para decirlo rápidamente, en el autoanálisis. Por lo menos el de su inconsciente social. Seguimos navegando en las mismas aguas: derecho penal, criminología y psicoanálisis; todo está por reinventar."
[576]Elie Wiesel, *Mémoires, Tome II*, Seuil, 1996, p. 169, 171

relacionarse" está "centrado en la manipulación y la seducción":

"Esta megalomanía la viven en un estado de ánimo de exaltación que confina con la teatralidad y con la tragicomedia." Los pacientes "acaban en un hospital, donde suelen generar un ambiente tumultuoso, pues son unos maestros en el arte de manipular los equipos médicos. Además, no es raro verlos, con el pretexto de querer ayudar, intentar convencer a los demás enfermos de la incompetencia de los médicos y de la inhumanidad de la psiquiatría. Les resulta muy difícil soportar la más mínima actitud firme hacia ellos[577]."

Podemos ver aquí un paralelo con la agitación perpetua mantenida por el sistema mediático, ese frenesí incesante que exalta la revuelta contra el orden y los valores tradicionales, y que, a su vez, invita a la adoración extática de la sociedad plural y los "derechos humanos". Veremos más adelante ese modo de pensamiento dialéctico o binario basado en dos sentimientos antinómicos: repulsión e idealización absoluta.

La manipulación de los hombres y de la sociedad puede también expresarse de manera más o menos consciente a través de la "mitomanía", algo que creemos haber percibido en los relatos de algunos personajes públicos. Elie Wiesel dio un testimonio importante acerca de sus disposiciones para enriquecer y adornar sus relatos. Un poco más y podríamos sospechar que Samuel Pisar compartía la misma tendencia descrita por el análisis médico: "Las ilusiones de la memoria y la fabulación a menudo vienen para paliar esas lagunas de la memoria". Los relatos de estos dos autores, especialmente los relativos a los episodios de los campos de concentración, son a menudo "parcos en detalles". Sus relatos son "confusos, dramatizados, centrados sobre las emociones".

Los "trastornos de la memoria" son, como sabemos, característicos de la patología. Esa "amnesia selectiva" es de hecho perfectamente ilustrada en el caso de los intelectuales judíos en la manera que tienen de ponderar el papel de sus congéneres en la revolución bolchevique. El mayor disidente soviético, Alexandre Solzhenitsyn, publicó en el 2003 un libro capital que mostraba toda la magnitud de la participación del pueblo hebreo en una de las mayores masacres de la historia de la humanidad[578]. De hecho, tal como lo demostramos en *Las Esperanzas planetarianas* a través del estudio de libros sobre la Unión Soviética, los intelectuales judíos parecen haber totalmente olvidado su

---

[577]Michel Steyaert, *Hystérie, folie et psychose*, Éd. Les Empêcheurs de penser en rond, 1992, p. 62

[578]Alexandre Solzhenitsyn, *Deux siècles ensemble*, Fayard, 2003.

responsabilidad aplastante, irrefutable, evidente y criminal en los cerca de treinta millones de muertos rusos y ucranianos que cayeron en el olvido. "¡Qué clase de amnesia padecen! ...", se indignaba Solzhenitsyn ante la impudencia de las negaciones de algunos autores judíos[579]. Aquí, de nuevo, nos parece apropiado explicar esa anomalía con el análisis clínico: "La memorización llena de lagunas de los hechos, su evocación vaga e imprecisa permiten una más sencilla eliminación de los aspectos de la realidad que el individuo no quiere ver aflorar en la conciencia."

Hemos podido también estudiar en este libro esa "plasticidad" que permite la "multiplicación de los roles". Y es que "el judío" parece tener esa capacidad para amoldarse en cualquier circunstancia y para cambiar de identidad a la vez que conserva el fondo de su propia identidad: vimos cómo podía ser jefe indio en una reserva del oeste estadounidense, como aquel travieso judío evocado por Elie Wiesel, cosaco bigotudo, o más francés que los franceses, como Bernard-Henri Levy. También vimos a un gánster transformarse en un buen feligrés y engañar a toda la población de una pequeña ciudad de provincia para ganarse el jurado del tribunal que le iba a juzgar. Aquí también, el fin justifica los medios.

El carácter proteiforme del judaísmo puede expresarse en el plano individual de manera patológica, bajo la forma de bruscos cambios de humor. En la película *Barton Fink*, veíamos, por ejemplo, ese productor de cine lamer las suelas de los zapatos de un joven guionista en boga recién llegado a Hollywood, y en la siguiente entrevista insultarlo y echarlo de forma grosera. Las emociones cambian rápidamente[580], y, por lo visto, ese productor asquenazí, que "abraza simples conocidos con un ardor excesivo", también "tiene tendencia a idealizar algunas personas, hablando de ellas con admiración, pero también a rebajar exageradamente otras, que pueden incluso ser las mismas". El joven Barton Fink pasaba así de "héroe a desgraciado en un santiamén."

De forma parecida, podíamos ver un sketch del humorista Timsit que caricaturizaba su primo judío lamentándose dolorosamente (¡mi desgraciado hermano, el pobre!) y que seguidamente pasaba a la

---

[579]Hervé Ryssen, *Las Esperanzas planetarianas,* (2022).

[580]"Los dramas yiddishes, con su rápida alternancia de escenas alegres y tristes, reflejan ese sentido del contraste...Si bien algunas circunstancias obligan a pasar rápidamente de la risa a las lágrimas, eso ocurre porque las emociones han sido programadas. Se es alegre en Purim, se llora en Yom Kippur...Las emociones, aunque estén prescritas, no son por ello meramente formales. Aunque ordenadas, no son por ello menos sinceras." (Mark Zborowski, *Olam*, 1952, Plon, 1992, p. 401). "Esa constante del comportamiento, las lágrimas siguiendo sin transición a la risa, se imprime rápidamente en el niño del shtetl." (Mark Zborowski, *Olam*, 1952, Plon, 1992, p. 303)

reprimenda y a los insultos más excesivos. Sabemos, en efecto, que el histérico "solloza de manera incontrolable por motivos sentimentales menores, y presenta súbitos estallidos de cólera". Pero algunos análisis de la personalidad histriónica hacen referencia a "una personalidad múltiple" y subrayan la "alternancia de personalidades diferentes (carácter, biografía)": "Mostrar un personaje, jugar un papel, representa para el histérico una necesidad imperiosa, la de evitar un encuentro auténtico con el otro. Detrás de los disfraces que lo ocultan, a través de la multiplicidad de personajes que adopta, la personalidad histérica no se deja conocer[581]."

Recordemos estas palabras de Otto Weininger, que notaba en los judíos la "más pobre identidad interna": "La naturaleza típicamente judía nos es especialmente facilitado por la irreligiosidad del semita...El judío es el hombre incrédulo...Y la causa esencial de que el judío no sea nada debe buscarse en que no cree en nada. Poco importa que un hombre crea o no en Dios; si no cree en él que crea, al menos, en el ateísmo. Pero, en cambio, el judío no cree en nada, no cree en sus creencias y duda de sus dudas[582]."

En esto coincidía perfectamente el director de prensa Jean Daniel cuando escribía: "Sea como sea, acepto ser judío hasta en mis dudas, a condición de que me dejen esa duda y que no sea una forma de tacharme por eso de insinceridad[583]."

El diagnóstico médico es más prosaico: "Si se considera al histérico como un embustero, hay que admitir que no es un embustero como los demás. Sin duda, su insinceridad es más o menos consciente, pero ¿cómo podemos hablar de mentira para un sujeto para el cual la realidad apenas existe? Su ausencia de percepción, su falta de penetración psicológica hacia los demás delatan la puerilidad de sus subterfugios, su sorpresa infantil cuando es desenmascarado. Pero por una suerte de erotismo del imaginario, el simulacro y el juego pueden convertirse en una fuente de placer con cierta dosis de perversidad[584]."

Aquí nos viene a la mente la imagen del famoso estafador Jacques Crozemarie, presidente de la Asociación para la investigación contra el cáncer en los años 1990. Este hombre estafó alrededor de 300 millones de francos a los franceses, los cuales habían sido lo bastante crédulos como para ser conmovidos por sus intervenciones lagrimosas en televisión. Liberado en el 2002, tras 33 meses pasados en prisión,

---

[581]http://www.acpsy.com/Hysterie.html
[582]Otto Weininger, *Sexo y Carácter*, Ediciones 62 s|a Barcelona, 1985, p. 317
[583]Jean Daniel, *L'Ère des ruptures*, Grasset, 1979, p. 114
[584]http://www.acpsy.com/Hysterie.html

declaró en una entrevista publicada en *Le Parisien*: "No soy un ladrón. Nunca entendí porque fui condenado, y nunca lo entenderé. No quiero ser condenado para toda mi vida. Me indigna. ¡He pagado por nada! Todavía estoy esperando las pruebas contra mí." Ya expusimos en *Las Esperanzas planetarianas*, esa mentalidad pintoresca que consiste en negarlo todo abruptamente a pesar de las evidencias más contundentes. El asesino Pierre Goldman también había logrado engañar a todo el mundo en los años 1970. Si los jurados del tribunal de Amiens hubiesen sido instruidos de esa mentalidad tan particular, seguramente no hubieran exculpado el criminal y se hubieran ahorrado la humillación de leer las confesiones apenas veladas del susodicho publicadas en su novela.

En el plano político, esta simulación puede llevar por muy mal camino y resultar catastrófico. Así, en todas las épocas y en todos los lugares, los judíos fueron denunciados como extranjeros que rechazaban obstinadamente asimilarse a la población, aunque hubiesen adoptado la lengua y las costumbres locales. Alexandre Solzhenitsyn, analizando en los años 1970 la salida masiva de judíos de Rusia precipitándose a las puertas de Estados Unidos, había comprobado que la integración de los judíos era ficticia, y confirmaba las reflexiones del líder sionista Jabotinsky a principios del siglo XX: "Cuando el Judío se asimila en una cultura extranjera, no hay que fiarse de la profundidad ni de la consistencia de la transformación. Un Judío asimilado cede ante el primer empuje, abandona la cultura prestada sin la menor resistencia en cuanto está convencido de que su reinado se ha terminado." Este carácter corresponde otra vez al análisis clínico del histrionismo: Son "generalmente superficiales en sus relaciones interpersonales, y tienden a basar sus elecciones y opiniones sobre convicciones poco profundas".

Se sabe que los judíos siempre fueron expulsados en algún momento de la casi totalidad de los países donde vivieron. Esas "separaciones", a menudo brutales, jalonan la historia del judaísmo. De hecho, cuando los intelectuales judíos escriben que estaban perfectamente "integrados" en tal o cual país, debemos comprender sobre todo: "socialmente integrados"; y nadie discutiría que, en el plano financiero, los judíos se integran mucho mejor que otros. Pero en realidad, como hemos podido analizarlo a través de los escritos de eminentes intelectuales, parece ser que la identidad judía prima ampliamente sobre todo lo demás, y sigue representando de todas formas, como lo decía Edgar Morin, "una fuente perpetua de confrontación". Para Edgar Morin, ésta no es de por si negativa, pues genera una "muy fuerte tensión creativa585." El problema es que esa "muy fuerte tensión creativa" no siempre es percibida como tal por los "otros", los cuales a menudo prefieren vivir sin ella, tal como lo demuestran las innumerables expulsiones que han marcado la historia del judaísmo. Esas huidas incesantes desde la huida de Egipto se cuentan por decenas: huida de Inglaterra en 1290, huida de Francia en 1394, huida de España en 1492, huida, en algún momento de todos los principados alemanes, huida de Irak, de Irán o de Yemen, huida de la URSS...Pero como sabemos: "Los lazos de camaradería son escasos y se mantienen difícilmente en el tiempo."

Pongámonos en el lugar de un judío y consideremos la historia de esos infelices: ¿Cómo no vivir en la angustia sabiendo que una ruptura brutal pronto volverá a producirse?, pues ésta parece realmente ineluctable: "Temen la soledad, y los momentos de separación les llenan de angustia". Asimismo, se puede leer en el cuadro clínico de la histeria lo siguiente: "Nada es peor para el histérico que la ruptura de la relación con el otro de la cual mana su sentimiento de existencia: se ve entonces abocado a una soledad insoportable de la que trata de salir entrando en una nueva relación, con el mismo fervor e intensidad que la anterior[586]." Así pues, se deja Toledo por Salónica, se deja Lisboa por Ámsterdam, se deja Berlín por París, Kichiniev por Moscú, y Moscú por Nueva York o Tel Aviv. Cada vez, el anterior objeto de amor, que había sido idealizado al principio, es renegado, vilipendiado, insultado tras la ruptura.

Evidentemente, por otro lado, los judíos dan muestras de una gran autonomía, y no parecen necesitar a nadie. El gran pensador judío Franz Rosenzweig escribía así en 1976 en *La Estrella de la Redención*: "Nuestra vida ya no está enlazada con nada externo. Echamos en nosotros mismos raíces, y carecemos de ellas en la tierra; somos, pues, eternos caminantes, hondamente arraigados en nosotros mismos, en nuestros propios cuerpo y sangre. Y este enraizamiento en nosotros y nada más que en nosotros garantiza nuestra eternidad[587]." Esta declaración parece también copiada del cuadro clínico de la personalidad histriónica que se declara "autónoma".

Esa soledad parece alimentar esa "espera ansiosa de un acontecimiento que romperá la monotonía cotidiana" que mencionaba el psiquiatra. El filósofo Jacob Leib Talmon presentaba este revelador

[585]Edgar Morin, *Un nouveau commencement*, Seuil, 1991, p. 120

[586]http://www.acpsy.com/Hysterie.html

[587]Franz Rosenzweig, *La Estrella de la Redención*, Hermenia 43, Ediciones Sígueme, Salamanca, 1997, p. 363

testimonio: "Bruno Bauer utilizaba una imagen terrible, al comparar los judíos a esa esposa del proverbio ruso que está segura del amor de su marido sólo cuando éste la golpea. Los Judíos, dicen, sólo se sienten en paz consigo mismo y con el Creador cuando son perseguidos[588]." Y, efectivamente, parece "que una catástrofe real es a menudo aceptada con naturalidad." Otto Weininger subrayaba la naturaleza terrorífica del Dios de Israel, cruel y celoso: "Su relación con Jehová, el ídolo abstracto, ante el cual siente la angustia del esclavo, y cuyo nombre jamás osará pronunciar, caracteriza al judío, de modo análogo a la mujer, quien también precisa ser dominada por una voluntad ajena[589]."

"¡Es un pueblo viejo que conoce a Dios desde hace mucho tiempo! Ha experimentado su gran bondad y su fría justicia, ha cometido pecados y los ha expiado amargamente, y sabe que puede ser castigado, pero no abandonado[590]", decía Joseph Roth.

Pero sería sin embargo ilusorio pedirles que se explayaran claramente sobre sus faltas. Efectivamente, a juzgar por nuestras numerosas lecturas, parece ser que la casi totalidad de los intelectuales judíos está convencida de no tener ninguna responsabilidad respecto de las reacciones de animadversión en contra de su comunidad. En *Difícil libertad*, el filósofo Emmanuel Levinas escribía, por ejemplo: "Ser perseguido, ser culpable sin haber cometido ninguna falta, no es pecado original, sino la otra cara de una responsabilidad universal- de una responsabilidad hacia el Otro- más antigua que cualquier pecado[591]."

Escuchemos Yeshayahu Leibowitz, filósofo de las religiones, expresarse acerca del antisemitismo hitleriano: "Adolf Hitler no es el punto culminante del antisemitismo alemán tradicional: es un fenómeno de una naturaleza totalmente distinta, que es históricamente incomprensible. Para mí, el antisemitismo no es un problema de los Judíos sino de los goyim[592]."

Elie Wiesel expresó una opinión similar en el primer tomo de sus *Memorias*, donde escribía acerca de los goyim hostiles a los judíos: "No estaba lejos de pensar: es su problema, no el nuestro[593]."

Y estos no son testimonios aislados. Al contrario, esa actitud parece ser la de la mayoría de los intelectuales judíos. Así, el filósofo francés Shmuel Trigano tampoco ocultaba su sorpresa ante las

[588]J.-L. Talmon, *Destin d'Israel*, 1965, Calmann-Lévy, 1967, p. 72

[589]Otto Weininger, *Sexo y Carácter*, Ediciones 62 s|a Barcelona, 1985, p. 309

[590]Joseph Roth, *Judíos errantes*, Acantilado 164, Barcelona, 2008, p. 45

[591]Emmanuel Levinas, *Difficile liberté*, Albin Michel, 1963, 1995, p. 185, 290

[592]Herlinde Loelbl, *Portraits juifs*, L'Arche, 1989, 2003 para la versión francesa

[593]Elie Wiesel, *Mémoires, tome I*, Seuil, 1994, p. 30, 31

manifestaciones de antisemitismo. Para él son un gran misterio: "Uno de los mayores misterios de la modernidad es sin lugar a dudas (mucho antes que el racismo) el fenómeno del antisemitismo, todavía inexplicado a pesar de una biblioteca inmensa sobre el tema...El fenómeno antisemita es seguramente uno de los fenómenos más importantes que, al igual que el fascismo y el totalitarismo, ha permanecido como un misterio[594]."

La incapacidad para "ver las cosas bajo otro punto de vista o de ponerse en el lugar del otro", es efectivamente sintomática: Los sujetos tienen "una capacidad bastante reducida para observarse a sí mismas y reconocer la realidad de sus emociones." Así pues, el antisemitismo es para ellos un "enigma". Esto era también, como ya vimos, lo que declaraba el filósofo André Glucksmann: "El odio hacia los judíos es el enigma entre todos los enigmas... El judío no es de ningún modo la causa del antisemitismo; hay que analizar esa pasión por y para sí misma, como si ese judío que persigue sin conocerlo no existiera...Dos milenios que el judío incomoda. Dos milenios siendo una pregunta viviente para todo el mundo. Dos milenios de inocencia, sin tener nada que ver con nada[595]."

Esta opinión es confirmada por los psiquiatras, como el reflejo del espejo: "Sea cual sea el lugar y la época, los síntomas traducen siempre el deseo permanente del histérico de constituir un enigma para la lógica científica y de ofrecer su cuerpo a la mirada escrutadora y experta del médico."

Esto era exactamente lo que expresaba Bernard-Henri Lévy en *El Testamento de Dios* cuando hablaba de "ese pueblo indomable cuya perseverancia para ser sigue siendo uno de los más profundos enigmas para la consciencia contemporánea[596]."

Sabemos que los histéricos "evitan las responsabilidades y reflexionar sobre sus propios actos[597]". A pesar de todos las desgracias y desengaños a lo largo de su dolorosa historia, a pesar de todos los reveses y fracasos, los judíos no reexaminan nunca los hechos. Muchos teólogos observaron esa sorprendente tenacidad, esa obstinación a prueba de todo del "pueblo testarudo". Se pueden citar de manera oportuna las reflexiones de Baltasar Gracián, ese jesuita español del Siglo de Oro, que escribía así: "Todo necio es persuadido, y todo persuadido necio; y cuanto más erróneo su dictamen, es mayor su

[594]Shmuel Trigano, *L'Idéal démocratique...*, Odile Jacob, 1999, p. 17, 92

[595]André Glucksmann, *Le Discours de la haine*, Plon, 2004, p. 73, 86, 88

[596]Bernard-Henri Lévy, *Le Testament de Dieu*, Grasset, 1979, p. 9

[597]http://www.etudiantinfirmier.com/index_psy.php?page=2

tenacidad...El tesón ha de estar en la voluntad, no en el juicio[598]." Pero de momento, tal sensatez parece estar muy alejada de las preocupaciones de nuestro paciente.

A veces aflora en los textos cierta duda acerca de las certezas proféticas y las convicciones más arraigadas. Esto se observa en autores no sospechosos de padecer oficialmente del "odio de sí mismo". Lo vimos brevemente expresado en el director de prensa Jean Daniel, o en el novelista Albert Cohen, en *Bella del señor*, en un pasaje de su novela, donde en una suerte de ataque de trance el autor adoptaba un estilo un poco extraño. El autor se explayaba sobre varias páginas sin puntuación alguna[599]. A pesar de las dificultades para leerlo, ese texto es valioso, pues desvela algunas angustias profundamente arraigadas dentro de la personalidad judía. La tentación del odio de sí mismo, inmediatamente "reprimida", como dicen los psiquiatras profesionales aparecía claramente: "...También es contagio de su odio sí a fuerza de oír sus viles acusaciones nos han hecho sentir la desesperada tentación de concebir el horrible pensamiento de avergonzarnos de nuestro gran pueblo la desesperada tentación de concebir el pensamiento de que si nos odian tanto y en todas partes es porque nos los merecemos y por Dios que yo sé que no nos lo merecemos y que su odio es el necio tribal odio por lo diferente y un odio de envidia y también el odio del animal por el débil pues débiles en número lo somos por doquier y los hombres no son buenos y la debilidad atrae espolea la innata bestial crueldad oculta... y veréis como en Tierra de Israel los hijos de mi pueblo regresado serán apacibles y arrogantes y hermosos y de noble prestancia y arrojados guerreros si es menester y viendo por fin su auténtico rostro aleluya amaréis a mi pueblo amaréis Israel que os ha dado a Dios que os ha dado el más grande libro que os ha dado el profeta que era amor[600]..."

Bien...No es Céline o Joyce quien quiere. Pero por lo menos, este texto tiene el mérito de hacer aflorar a la superficie lo que parece preocupar de forma soterrada algunos espíritus cosmopolitas. Además de la tentación del odio de sí mismo, vemos otra vez el espíritu de venganza, así como la esperanza de un tiempo en el que Israel será reconocido por todos los pueblos como el faro de las naciones. Este tipo

---

[598]Baltasar Gracián, *Oráculo manual y arte de prudencia, 183*. (NdT).

[599]En los textos de los rollos de la Torá tampoco hay puntuación. Albert Cohen parece querer imitar la técnica literaria del flujo de conciencia que usaron autores como James Joyce o Marcel Proust. (NdT).

[600]Albert Cohen, *Bella del Señor*, Anagrama, 1992, Barcelona, p. 561

de confesión es poco corriente en la literatura dirigida al público en general y refleja innegablemente la "dificultad de verbalizar afectos o sentimientos" que vimos en el análisis médico. Sería interesante y apasionante para jóvenes investigadores que se abrieran los archivos de hospitales psiquiátricos o de algunas bibliotecas comunitarias para hallar otros documentos de este tipo[601].

De todas formas, ese pasaje escrito bajo la pluma de Albert Cohen ilustra perfectamente esa "ambivalencia" constitutiva de la personalidad judía. Otto Weininger escribía al respecto: "El contenido psíquico del judío siempre presenta una cierta dualidad o pluralidad, y jamás podrá librarse de esa ambigüedad, de esa duplicidad o de esa multiplicidad...La multiplicidad interior, vuelvo a repetir, es la característica judía; la sencillez *[y la claridad]* caracteriza lo no judío[602]."

Esta ambivalencia aparece frecuentemente en la literatura cosmopolita planetaria. El filósofo Pierre Levy escribía así: "Mirad a los Judíos: una cuña de Oriente en Occidente, una gota de Occidente en Oriente[603]." Recordemos también las palabras de Jacques Attali cuando hacía la apología de la sociedad "plural" y como encomendaba a los Europeos a que reivindicaran "la multiplicidad de sus afiliaciones aceptando decididamente sus ambigüedades[604]". "Cada cual tendrá derecho a pertenecer a varias tribus hasta entonces antagónicas, a ser ambiguo, a colocarse entre dos mundos. Tomar prestados elementos de diversas culturas para improvisar la suya a partir de los pedazos de las otras[605]."

Pareciera que existe un miedo repulsivo hacia todo lo que es franco, claro, con contornos nítidos y precisos, de la misma forma que el diablo teme el agua bendita o que los vampiros palidecen ante un diente de ajo. Pero las opiniones de Jacques Attali no hacen más que

---

[601]En la película, *Alguien voló sobre el nido del cucu*, (EE. UU., 1975), Milos Forman pretendía hacernos creer que los alienados no eran tan locos como parecía y que eran sobre todo víctimas de una sociedad opresora. Ese era el objetivo de la escuela anti-psiquiátrica que tuvo su hora de gloria en los años 70 con David Cooper, Aaron Esterson y Ronald D. Laing: no hay enfermos mentales; es la sociedad la que vuelve loco. (Alain de Benoist, *Vu de droite*, 1977, Le Labyrinthe, 2001, p. 184). Elie Wiesel recordaba en uno de sus libros que Maimónides, el gran pensador judío de la Edad Media, ya declaraba: "El mundo será salvado por los locos." (Elie Wiesel, *Un Désir fou de danser*, Seuil, 2006, p. 14).

[602]Otto Weininger, *Sexo y Carácter*, Ediciones 62 s|a Barcelona, 1985, p. 320

[603]Pierre Lévy, *World philosophie*, p. 153-156

[604]Jacques Attali, *Europe (s)*, Fayard, 1994, p. 198

[605]Jacques Attali, *Dictionnaire du XXI siècle*, 1998.

reflejar su propio universo mental. Aquí también, debemos apuntar la concordancia con el análisis psiquiátrico: el "egocentrismo" y la "incapacidad para ver las cosas bajo otro punto de vista o de ponerse en el lugar del otro".

El histrión está siempre en la frontera, con un pie de cada lado, sujeto a la "vacilación", como lo describió el escritor Georges Perec. Es por eso que a lo largo de la historia los judíos fueron a menudo acusados de traición, tanto por un bando como por el otro. Los ejemplos no faltan.

Pero como sabemos, los judíos tienen también una "misión" que cumplir "para toda la humanidad", como ellos mismos repiten continuamente. En su libro *El Odio antisemita*, Serge Moati nos traía el testimonio de una de sus congéneres, Renée Neher, instalada en Israel desde 1971: "¿Qué significa la noción de "pueblo elegido"? Significa que la Biblia nos ha asignado una misión de justicia, de paz, de monoteísmo y de anti-idolatría. Mientras los diez mandamientos entregados a Moisés en el Sinaí no sean todos respetados, nos sentiremos responsables y culpables...La humanidad podría asemejarse a una orquesta donde cada cual, necesario como parte del todo, juega su partitura. El judío sería el "primer violín". Aquel que, en ausencia del jefe de orquesta, Dios, se limita a dar el tono. Si se viera por fin al judío como un elemento de la orquesta de la humanidad, el antisemitismo quedaría entonces abolido. ¿Por qué el judío tendría que dar el tono? ¿Cuál es el origen de ese privilegio? Radica en el hecho de que creemos en la palabra de la Biblia que nos asignó esa función: "pueblo elegido[606]"."

El histérico siente también la necesidad de involucrarse y de entregarse a una causa. El psiquiatra Michel Steyaert notaba al respecto lo siguiente: "A menudo, las pacientes eligen un trabajo donde podrán dar muestras de entrega, como profesoras, enfermeras, médicos, asistentes sociales[607]." Otra vez vemos como el espíritu cosmopolita coincide con el cuadro clínico.

Sin duda, se puede detectar una forma de "egocentrismo" muy característico. Manifiestamente, sin ellos no puede haber civilización, ni tampoco humanidad: "Son la clave del desarrollo del mundo. No hay desarrollo sedentario sin esos nómadas". "La historia de Israel, una vez más, se jugará en su capacidad de cumplir un papel...de agente de paz y progreso entre Oriente y Occidente. Si intenta limitar su identidad a las tierras adquiridas, está perdido. Si continúa su ruta, podrá sobrevivir

---

[606]Serge Moati, *La Haine antisémite*, Flammarion, 1991, p. 165

[607]Michel Steyaert, *Hystérie, folie et psychose*, Éd. Les Empêcheurs de penser en rond, 1992, p. 61

y ayudar a la humanidad a no desaparecer." Tal es así que, "la desgracia del pueblo judío, por ende, es una desgracia para todos los hombres", escribía Attali con descaro.

Y dado que todo lo que atañe a los judíos también afecta a toda la humanidad, no nos debe sorprender escuchar Jacques Attali afirmar con la *chutzpah* a la que nos tiene acostumbrados: "La desaparición del Templo también es una tragedia para los no judíos, porque los hebreos oraban por ellos: "No saben lo que perdieron[608]"." Para los intelectuales planetarianos, el pueblo judío está en el centro del mundo, y es sencillamente inimaginable que se pueda concebir la vida de otra manera. Sin ellos, no hay vida posible sobre la tierra.

Veamos aquí un diálogo de una novela de Jacques Attali, titulada *Vendrá* (el Mesías evidentemente): "No somos superiores. Somos diferentes. Nos hubiera gustado que nos ignoraran, olvidados en nuestras tierras. Pero nos echaron de ellas. Nos convertimos en nómadas obligados a acechar el enemigo y a inventar el tiempo. Después de eso, caímos en la esclavitud. Cuando nos liberaron, Dios nos asignó la misión de salvar a los hombres y de hablar en Su Nombre. Nosotros no lo pedimos." Basta simple y llanamente con reconstruir el Templo de Jerusalén: "Cuando haya ahí...ya no algunas piedras y hierbajos, sino el único lugar digno de acoger a Dios en este planeta, entonces el mundo podrá prepararse para un tiempo perfecto[609]."

En definitiva, los judíos "hubieran preferido ser ignorados", pero resulta que tienen "una misión que cumplir"; no tienen elección. Y como sabemos, el histérico suele decir "que hace esto o aquello porque está obligado, cuando en secreto sus deseos son satisfechos por esas actividades."

Para esas almas atormentadas, lo que les ata a las realidades terrestres es la misión divina de la que creen que fueron investidos. Se explayan entonces con una elocuencia especial cuando se trata de convencernos de las bondades del cosmopolitismo y de la sociedad plural con el fin de apresurar la venida del Mesías. El novelista peruano Mario Vargas Llosa ilustró esta misión en una novela titulada *El Hablador*. El hombre, que no para de hablar, consigue subyugar con el verbo un pueblo de indios miserables de la selva amazónica, haciéndoles renegar de sus costumbres y tradiciones para seguir la palabra de su nuevo Dios viviente[610]. Naturalmente, al final del libro

---

[608]Jacques Attali, *Los Judíos, el mundo y el dinero*, Fondo de cultura económica, 2005, Buenos Aires, p. 485, 486, 489, 491

[609]Jacques Attali, *Il viendra*, Fayard, 1994, p. 82

[610]Hervé Ryssen, *Las Esperanzas planetarianas*, (2022).

entendemos que el personaje imaginario de Mario Vargas Llosa forma parte del pueblo elegido.

Por cierto, Marek Halter nos confirmaba que "el hablador o el hombre que habla" no es ni más ni menos que el "profeta", en hebreo "el *navi*, es decir "el hombre que habla[611]"." Y una vez más, nos encontramos ante otro rasgo de la histeria: los histéricos son "unos enfermos del verbo y….su palabra tiene la particularidad de ser profusa, difusa, simbólica sobre sí misma, y tiene como función inconsciente impedir que se escuche el síntoma." En este caso, sin embargo, la dimensión patológica nos parece menos explicativa que la dimensión política y escatológica propia del judaísmo.

En efecto, se sabe de la importancia del proselitismo en el universo mental judaico. Ese ejemplo ilustra bastante bien la idea de que el pueblo judío es, ante todo, un pueblo militante- o un pueblo de "sacerdotes", como ellos mismos dicen retomando las escrituras de los profetas. Pero a diferencia de las demás religiones monoteístas que esperan convertir a los demás pueblos a su propia fe, el proselitismo judío no tiene como objetivo convertir a los goyim a la religión hebraica. Todo el proceso consiste en llevarlos a renegar de su historia, de sus tradiciones y de su cultura, pero sin darles nada a cambio. El objetivo es generalizar en todas partes la sociedad de consumo y favorecer la emergencia de la "sociedad abierta" y multirracial que debe prefigurar ese mundo unificado que se confunde, para los judíos, con el advenimiento de los tiempos mesiánicos. Esa propaganda inagotable en favor de la sociedad plural es así tanto una acción religiosa como la expresión de una neurosis obsesiva. Es lo que explica el continuo flujo de producción literaria y cinematográfica que invaden permanentemente las librerías y las pantallas de televisión de las sociedades democráticas.

La implicación y desempeño del pueblo judío son en cualquier caso profundamente morales, tal como lo explicaba Renée Neher: "Esta voluntad de hacer prevalecer la moral en el mundo...es nuestra razón de ser...Un día, los pueblos se darán cuenta de que no queremos hacer daño a nadie y que, al contrario, buscamos mejorarnos a nosotros mismos[612]." Jacques Attali también había recordado las conocidas reglas morales del judaísmo: "Imponerse una moral muy austera, no tolerar arrogancia ni inmoralidad, para no crear celos ni pretextos para la persecución[613]."

---

[611]Marek Halter, *La Force du Bien*, Robert Laffont, 1995, p. 67

[612]Serge Moati, *La Haine antisémite*, Flammarion, 1991, p. 165

[613]Jacques Attali, *Los Judíos, el mundo y el dinero*, Fondo de cultura económica, 2005, Buenos Aires, p. 490

Nos vienen en mente aquí unas palabras de Otto Weininger, en *Sexo y carácter*: "Las histéricas... creen en su propia sinceridad y moralidad...Las verdaderas causas de la enfermedad demuestra que su mendacidad es orgánica. Cuanto más fielmente creen las histéricas atenerse a la verdad tanto más profundamente se asienta su mendacidad[614]."

En cuanto a los "delirios proféticos" propios de la histeria, hemos podido observar que, efectivamente, los intelectuales judíos, desde Abravanel hasta Jacques Attali, se presentan a sí mismos como los grandes expertos del tema.

El paralelo que hemos establecido con el pueblo judío no implica, obviamente, que cada judío individualmente esté afectado por esa afección. Nos ceñimos aquí únicamente a señalar las extrañas similitudes entre el pensamiento de los intelectuales judíos y la neurosis, sabiendo que la documentación médica disponible es insuficiente para hacer una descripción completa de la extensión de la enfermedad dentro del pueblo judío. Igual que para las estadísticas de suicidio, las informaciones al respecto son muy difíciles de conseguir y, por lo visto, parecen ser mantenidas en secreto.

Al final del siglo XIX, el doctor Charcot había observado que ese mal afectaba en mayor proporción esa población recién llegada de los guetos de Polonia y Rusia: "Los Semitas tienen el privilegio de representar en un grado máximo todo lo que la neurosis puede inventar. Sería un trabajo interesante estudiar las enfermedades de una raza que ha desempeñado un papel tan nefasto en el mundo antiguo y hasta nuestros días."

Como se puede advertir, la histeria no es solamente esa mujer loca retorcida por los espasmos, propia de la imaginería psiquiátrica, aunque la neurosis también implica síntomas orgánicos que forman parte de lo que se llama "conversión somática". En la época de Charcot, los doctores observaban que todos esos síntomas diferían de las enfermedades físicas, pues aparecían de repente y cesaban de manera caprichosa, podían ser provocados o desaparecer después de acontecimientos relevantes o transcendentales y no correspondían a ninguna enfermedad física detectable.

Las manifestaciones somáticas son muy variadas. Se observa primero las conversiones neurológicas. Desde Charcot, éstas son las más clásicas, aunque las más espectaculares ya son más escasas. Entre ellas están los trastornos de la motricidad: astasia-abasia (incapacidad

---

[614]Otto Weininger, *Sexo y Carácter*, Ediciones 62 s|a Barcelona, 1985, p. 268, 269

para mantenerse de pie aun cuando los movimientos de las piernas son posibles); parálisis de todo tipo (un miembro, la mano, las dos piernas, etc.); contracturas musculares y movimientos anormales, calambres, tortícolis, discinesia facial, blefaroespasmo, etc. También se nota trastornos de la sensibilidad y de la sensorialidad: anestesias cutáneas de alcance variable; hiperestesias localizadas; alergias, asma, urticaria generalizada. Pueden aparecer trastornos de la vista: visión borrosa, ceguera[615], estrechamiento del campo ocular, diplopía, etc.; trastornos auditivos, incluso sordera; dolores frecuentes (cefaleas, lumbalgias, dolor de cervicales, artralgia, dolores pelvianos); trastornos de la fonación: periodos afónicos transitorios, disfonía, tartamudeo, murmureo. También existen trastornos vegetativos y digestivos: los dolores abdominales son frecuentes (espasmos, vómitos, disnea, dolores del esófago, constipación, etc.), y también el famoso "embarazo psicológico" (amenorrea, hinchazón de vientre y senos). Se observan también trastornos vasomotores (palidez, rojez, hipersudación); trastornos alimenticios (anorexia, bulimia); trastornos de la sexualidad (frigidez, dispareunia, vaginismo), además de las manifestaciones paroxísticas que son las famosas "crisis de histeria", a menudo ruidosas y espectaculares (desmayos, crisis tetaniformes, seudo-crisis de epilepsia generalizada, nerviosismo).

En su libro titulado *Psicopatología del adulto*, Quentin Debray subrayaba especialmente los trastornos de la función digestiva: "La función digestiva es la causa de múltiples quejas: disfagia y espasmos faríngeos, dolores, cólicos, náuseas, vómitos e hinchazones abdominales. Los síntomas ginecólogos son frecuentes, con dismenorrea, menstruaciones irregulares, dispareunia y vaginismo. El clásico caso de embarazo psicológico, o pseudociesis, con amenorrea (ausencia de menstruación), gases intestinales, nauseas e hinchazón mamaria, está asociado a la histeria."

El embarazo imaginario o psicológico es un fenómeno psíquico que desencadena en la mujer síntomas comparables a los del verdadero embarazo. Cuando una mujer desea realmente un hijo, puede suceder que fuerce inconscientemente la naturaleza hasta tal punto que llega a sentirse verdaderamente embarazada. Está tan convencida de estar embarazada que su equilibrio interno da un vuelco y desencadena los síntomas de una mujer preñada, pero sin el embarazo: interrupción de

---

[615]En *Hollywood ending* (2002), por ejemplo, Woody Allen interpreta el papel de un director judío neurótico e hipernervioso que se vuelve repentinamente ciego durante el rodaje de su película. Su psicoanalista lo tranquiliza explicándole que se trata de un mal pasajero.

las menstruaciones, náuseas, senos dolorosos (a veces causado por la ausencia real de las menstruaciones), vómitos, aumento de peso, etc. Por lo tanto, la mera idea de quedar embarazada puede ser suficiente para retrasar la menstruación y provocar un embarazo psicológico. Lo mismo ocurre en el caso de las mujeres de edad avanzada que se niegan a reconocer que ya no son capaces de procrear.

Todas estas precisiones eran necesarias para completar el cuadro clínico de la histeria. Después de todas estas consideraciones, podemos admitir que la histeria no es una cosa fácil. Los síntomas, como vemos, se presentan de distintas maneras según los individuos. Por si fuera poco, en el marco de este estudio etnopsiquiátrico, conviene observar el comportamiento general. Sería por lo tanto inútil intentar buscar los síntomas en cada individuo.

La idealización del padre

Se trata ahora de comprender las causas de ese extraño fenómeno que intriga a los hombres desde la Antigüedad. Los análisis psiquiátricos son más concisos que la descripción de los síntomas, pero colocan siempre la función paterna en el primer plano.

El complejo de Edipo, teorizado por Sigmund Freud, está en el centro del diagnóstico y de todas las explicaciones. Postula que el primer afecto sexual del niño se dirige hacia el progenitor de sexo opuesto, mientras que para el progenitor de mismo sexo el niño desarrolla sentimientos de odio y rebelión. En condiciones normales, existe entre padres e hijos un apego recíproco, un sentimiento natural de comunidad. En los histéricos, ese apego es excesivo hacia uno de los padres y el rechazo hacia el otro es violento. La idealización del padre sería así la principal explicación de la histeria femenina.

En el origen del trastorno histriónico, escribía el psiquiatra Vittorio Lingiardi, hallamos "una grave carencia en los cuidados maternos en la primera infancia". Esa privación afectiva precoz llevaría a que el niño se dirija hacia el padre para satisfacer sus necesidades afectivas. Puede resultar una idealización paterna excesiva. "Los mecanismos de idealización y negación explican el comportamiento cognitivo de esas personas: demasiado general, no específico, pobre en detalles, impresionista. La retención incompleta de los hechos, su evocación difusa e imprecisa permiten una eliminación más simple de los aspectos de la realidad que el individuo no quiere ver aflorar en la consciencia."

Aquí y allá, leemos expresado de forma abrupta que el sujeto histérico "es una mujer que teme ser abandonada por su padre[616]."

François Lelord mencionaba que Freud veía el origen del mal en el incesto y los tocamientos sexuales que le confesaban muchas de sus pacientes. "¿Quizás reviven una situación de su infancia en la que buscaban atraer la atención de un padre distante e idealizado?"

En su libro *Histeria, locura y psicosis*, el psiquiatra Michel Steyaert insistía sobre esa idealización paterna, haciendo suya la tesis de Freud según la cual, y al contrario de lo que pretendían todas sus pacientes histéricas, no había incesto probado, sino simplemente un deseo de incesto de la mujer histriónica. "Los pacientes de los que hablamos han resuelto mal el complejo de Edipo. En efecto, lo que prevalece en el delirio de los enfermos (mujeres) es una problemática paterna con el deseo muy claro y a veces expresado de tener un hijo del padre. Esta fábula de relación incestuosa pasada y presentada como real, de la que el padre sería culpable se observa frecuentemente en el ámbito clínico... Esas pacientes desean tener un hijo con el padre que identifican con un hombre todopoderoso o un mago, o un poderoso médico, incluso a veces Dios", escribía Michel Steyaert. La histérica busca "sustitutos paternos entre personajes de alto rango, profesores, médicos idealizados, hasta el momento en que surgen relaciones sexuales reales o fantasmáticas con ellos que hacen caer todo el edificio." Así, la histérica, "llamando a ella, solicitando y desquiciando los aparentes maestros, sacerdotes y médicos" reduce a éstos "uno tras otro a la impotencia, mientras sigue reclamando cada vez con más fuerza un hombre que sea un verdadero amo[617]."

Recordemos en este punto las palabras de David Banon sobre el mesianismo judío: "La redención prometida al final de los tiempos sustenta una realidad que está siempre más allá de lo existente, y que, por lo tanto, nunca se alcanzará... El Mesías es siempre aquel que debe llegar un día...pero el que finalmente aparece no puede ser más que un falso Mesías."

Este análisis concuerda con lo que hemos podido leer en otras partes: "Bien sea que niegue cualquier necesidad del hombre, o bien que demuestre, en el seno de una relación de pareja patológica, la incapacidad de su compañero para hacerla disfrutar, la histérica se presenta siempre como la que se sentirá defraudada, la que siempre

---

[616]Tres películas ilustran bien el fenómeno histérico: *Un tranvía llamado deseo*, de Elia Kazan (1951); *Cara de ángel*, de Otto Preminger (1952); *Verano asesino*, de Jean Becker (1983)

[617]Michel Steyaert, *Hystérie, folie et psychose*, Éd. Les Empêcheurs de penser en rond, 1992, p. 60, 61

negará al hombre su capacidad para colmarla, es decir, su virilidad[618]."

La experiencia del profesional es aquí irreemplazable: "Observamos siempre una erotización intensa de las palabras y de la relación, sea a través de la vestimenta, el maquillaje, los comentarios sobre el físico y la vida privada imaginada del médico, e incluso a veces, algunas enfermas están convencidas de estar embarazadas de su médico." Unas páginas más adelante, el terapeuta apuntaba algo que ya vimos: "Puede manifestarse otro síntoma: se trata del embarazo psicológico, o bien ideas delirantes de embarazo o de puesta en escena de un alumbramiento, síntomas que nos parecen traducir de forma ejemplar el deseo de tener un hijo del padre."

Llegado a este punto, el psiquiatra debe sin embargo reconocer que la relación incestuosa quizás no sea solamente fruto de la imaginación del enfermo, tal como había finalmente concluido Sigmund Freud. La explicación freudiana del deseo de incesto por parte de la mujer histriónica, que absolvería así toda responsabilidad paterna, es sin duda insuficiente: "Creemos en efecto que, en algunos casos, ha podido existir actitudes ambiguas por parte del padre durante la infancia de la paciente...Las familias de esas enfermas son a menudo bastante trastornadas, y existe frecuentemente secretos de familia, cosas que no se dicen. A menudo, reaparece en el delirio "algo" del orden de un drama acaecido en la generación anterior: incesto, nacimiento ilegítimo, desacuerdo matrimonial y adulterio de uno de los padres (generalmente el padre tiene una amante de la edad de su hija), por ejemplo. A veces también han existido relaciones sexuales con un hermano, una hermana, o un hermanastro, una hermanastra[619]." Efectivamente, el incesto está en la base de la problemática edípica y de la patología histérica.

El nacimiento del psicoanálisis

Analizando los casos de jóvenes mujeres "histéricas", Sigmund Freud trazó las primeras teorías que desembocaron, a finales del siglo XIX, en la invención del psicoanálisis. Ese método terapéutico que consiste en explorar el subconsciente del enfermo para hacer aflorar a la consciencia el traumatismo inicial generador de la neurosis.

Desde 1893, Freud proponía que el incesto estaba en el origen de la patología. Muchas de sus pacientes, en efecto, le habían contado haber sufrido tocamientos sexuales e incestos durante su infancia. Todas

---

[618]http://www.acpsy.com.

[619]Michel Steyaert, *Hystérie, folie et psychose*, 1992, p. 62, 69, 61, 66

decían haber sido seducidas por su propio padre, o por un adulto que gozaba de una autoridad paternal. Más tarde, en 1897, Freud se preguntó si esos relatos no serían imaginarios, si aquello no sería más que fantasías femeninas que correspondían a "conflictos edípicos reprimidos."

Esto escribía Ernst Jones, el biógrafo oficial de Freud: "Desde mayo de 1893, que fue cuando anunció esto por primera vez a Fliess, hasta setiembre de 1897... sostuvo la opinión de que la causa esencial de la histeria es una seducción sexual de una criatura inocente de parte de una persona adulta, que por lo común sería el padre. La evidencia del material analítico parecía irrefutable. Se mantuvo en esta convicción durante cuatro años; si bien se sentía cada vez más sorprendido de la frecuencia de estos supuestos episodios. Empezaba a parecer que, en una proporción elevada, los padres eran protagonistas de tales ataques incestuosos. Y lo que es peor, habitualmente se trataba de episodios de índole perversa, que tomaban como punto de elección la boca o el ano. De la existencia de ciertos síntomas histéricos en su hermano y en varias de sus hermanas (nótese bien, no él mismo) dedujo que aún su propio padre debería ser acusado de tales hechos[620]..." (carta a Fliess del 11 de febrero de 1897).

En septiembre de 1897, tras la muerte de su padre acaecida a finales de octubre de 1896, dejó de lado la teoría de la "seducción" para adoptar la teoría de la "fantasía": la mujer histérica ya no había sufrido ningún incesto durante su infancia, sino que era ella la que fantaseaba con su padre. El padre salía entonces absuelto, libre de toda sospecha. A partir de ahora, había que creer que los hijos estaban enamorados de sus padres de sexo opuesto y que deseaban tener relaciones incestuosas. Ernst Jones escribía aquí: "Durante el invierno que siguió la muerte de su padre (en febrero precisamente), Freud acusó a éste de actos de seducción y tres meses más tarde (el 31 de mayo de 1897), tuvo un sueño de incesto que puso fin a sus dudas relativas a la historia de la seducción[621]."

"En cartas fechadas el 3, el 4 y el 15 de octubre, Freud proporcionaba detalles sobre el progreso de su análisis... Se había dado cuenta ya de que su padre era inocente y que había proyectado sobre él ideas propias. Habían surgido recuerdos infantiles de deseos sexuales

---

[620]Ernst Jones, *Vida y obra de Sigmund Freud, Tomo I*, Anagrama, 1981, Barcelona, p. 320, 321

[621]Ernst Jones, *Vida y obra de Sigmund Freud, Tomo I*, Anagrama, 1981, Barcelona, p. 323 (página censurada en pdf)

hacia su madre en ocasión de haberla visto desnuda[622]."

Ernst Jones escribía a continuación, avalando la tesis freudiana: "Freud había descubierto la verdad del caso: que independiente de los deseos incestuosos de los progenitores hacia sus hijos e incluso de ocasionales actos de esa índole, de lo que se trataba en realidad era de la existencia, con carácter general, de deseos incestuosos de los niños hacia sus progenitores, y específicamente hacia el del sexo opuesto... En ese momento Freud no había llegado aún, en realidad, a la idea de la sexualidad infantil tal como habría de entenderse más adelante. Los deseos y fantasías de incesto serían productos ulteriores, a ubicarse probablemente entre los 8 y los 12 años y que eran referidos al pasado, encubriéndolos tras la pantalla de la primera infancia. No es aquí donde tendría su origen. Lo más que llegaría a admitir era que los niños pequeños, incluso de 6 a 7 meses (!) tenían la capacidad de registrar y captar, en cierta forma imperfecta, el significado de los actos sexuales de los progenitores que habían llegado a presenciar o a escuchar...Reconocer y aceptar la gran riqueza de la sexualidad infantil, que podía manifestarse a través de pulsiones activas, constituyó un paso más que Freud, con su habitual prudencia, sólo dio más tarde[623]."

¡Así fue! La sexualidad infantil y el "complejo de Edipo" habían nacido: el niño siente un apego amoroso hacia el progenitor de sexo opuesto y desea secretamente la muerte del otro que es su rival; y cualquier ser humano debe superar ese complejo para alcanzar una verdadera madurez afectiva. Y durante cien años, ¡todo el mundo cayó en esa trampa! Excepto aquellos, obviamente, que conocían las verdaderas motivaciones de Freud, pero que prefirieron callarlas para no desvelar al público en general el gran secreto de la comunidad judía. Freud había evidentemente recibido presiones muy fuertes de su entorno y de parte de eminentes miembros de su comunidad para que no desvelase las costumbres de los judíos. Inventando la teoría del "complejo de Edipo", ocultaba la realidad del incesto en las familias judías y disculpaba los padres judíos. Y de paso borraba el rastro, proyectando esa especificidad judía en el plano universal a través de un héroe griego.

El incesto en la tradición judía

---

[622]Ernst Jones, *Vida y obra de Sigmund Freud, Tomo I*, Anagrama, 1981, Barcelona, p. 324

[623]Ernst Jones, *Vida y obra de Sigmund Freud, Tomo I*, Anagrama, 1981, Barcelona, p. 321, 322, (páginas censuradas en pdf)

La cuestión del incesto está muy presente en el judaísmo. La Torá[624] relata varios episodios. Las hijas de Lot[625](el sobrino de Abraham), por ejemplo, habían embriagado a su padre y aprovechado su ebriedad para probar los placeres del incesto. Después de haber satisfecho la más joven, el patriarca se había acostado luego con su hija mayor. Sabemos que los rabinos hallaron excusas a las hijas de Lot. Según ellos, al acostarse con su padre, ellas se habían sacrificado "por el bien de la humanidad".

Vemos también en la Torá judía, el ejemplo de Tamar, la hija de David, que se acostó con su propio hermano, Amnón. Una vez su pasión saciada, éste quiso despedirla, pero Tamar se echó a sus pies: "¿A donde iría yo con mi deshonra? Y tú serías uno de los perversos de Israel. Mira, habla al rey, que seguramente no rehusará darme a ti."Pero él no quiso darle oídos, y, como era más fuerte que ella, la violentó y se echó con ella[626]."

El famoso novelista yiddish Isaac Bashevis Singer también había mencionado esas prácticas: "Así, Jacob se juntó con dos hermanas, y Judas vivía con Tamar, su nuera, y Rubén violó el lecho de Bala, la concubina de su propio padre, y Oseas tomó esposa en un burdel, y así ocurrió con todos los demás[627]."

En un libro titulado *Las Fuentes talmúdicas del psicoanálisis*, Gerard Haddad aportó algunas informaciones sobre el tema. El libro de *Génesis* proporciona otro testimonio interesante en el relato de la boda de Isaac y Rebeca: "Entonces Isaac la trajo a la tienda de su madre Sara, y tomó a Rebeca y ella fue su mujer, y la amó. Así se consoló Isaac de la muerte de su madre[628]." Aquí bien podría ser una elipsis, pues los judíos saben leer más allá de la omisión; Isaac habría yacido con su

---

[624]La ortografía es variable según que autores. Así, podemos verlo escrito como "Torá", "Torah" o "Thora", es decir, los cincos libros del Antiguo Testamento, llamado Pentateuco: Génesis, Éxodo, Levítico, Números y Deuteronomio. Pero para los judíos, "la palabra Torah engloba tanto el Talmud como los cinco libros del Pentateuco." (Mark Zborowski, *Olam*, 1952, Plon, 1992, p. 100). El conjunto de los 24 libros "canónicos" del judaísmo es llamado *Tanaj (TNK)*. *TNK* es el acrónimo de *Torá* (Instrucción, Ley: El Pentateuco), *Nevi'im* (Los Libros de los Profetas) y *Ketuvim* (Los Escritos: Salmos, Proverbios, Lamentaciones, Daniel, etc.). Esta lista de libros bíblicos hebreos inspirados quedó establecida definitivamente en el siglo II de la era cristiana por el consenso de un grupo de rabinos. El orden de los libros del *Tanaj* es distinto al orden del Antiguo Testamento según el canon cristiano. (NdT).

[625]*Génesis, XIX.*

[626]*Libros Históricos, Segundo Libro de Samuel (II Samuel, 13).*

[627]Isaac Bashevis Singer, *La Destruction de Kreshev*, 1958, Folio, 1997, p. 64. Traducción versión PDF libre, *La Destrucción de Kreshev* p. 21

[628]*Génesis, XXIV, 67*

propia madre.

Gerard Haddad subrayaba sin embargo que esa práctica estaba tajantemente proscrita para los judíos, tal como lo estipula el Talmud de Babilonia (*Mishnah, Yebamot, 2a*): "Quince categorías de mujeres eximen a sus rivales[629] y a las rivales de sus rivales y así sucesivamente, hasta el infinito, del *halizah*[630] y del matrimonio levirato[631]; y estas son: su hija, la hija de su hija y la hija de su hijo, la hija de su esposa, la hija de su hijo y la hija de su hija; su suegra, la madre de su suegra y la madre de su suegro, su hermana materna, la hermana de su madre, la hermana de su esposa y la esposa de su hermano materno."

El autor precisaba así: "La noción de alianza preferente con la hija del tío materno se percibe sin embargo en *Génesis* donde los patriarcas Isaac y Jacobo han practicado ese tipo de unión." Pero a continuación parecía contradecirse con lo que acababa de escribir: "Incluso la Ley por excelencia, los "Diez mandamientos" que hicieron temblar el mundo en sus fundamentos, no enuncia la prohibición de la madre, ni tampoco la menor referencia al incesto[632]." He aquí un nuevo ejemplo de "paradoja" del espíritu judío.

Según el Talmud, el libro de las interpretaciones rabínicas, la revelación de los Diez mandamientos pudo al principio perturbar el pueblo de Israel: "Durante la ausencia de Moisés, escribía Gerard Haddad, el contenido no expresado de los Diez mandamientos se manifestó a los Hebreos: ¡Renunciad al incesto! Sin embargo, según el tratado *Habbat*, las relaciones conyugales de los Hebreos eran más o menos incestuosas. ¿No se había casado el patriarca Abraham con su media hermana Sara, y Moisés no era el hijo de una relación incestuosa entre tía y sobrino? Ahora de repente Yahveh ordenaba la disolución de todos los matrimonios presentes en el Sinaí." Los Hebreos se entregaron entonces a la idolatría, dejando para la siguiente generación la tarea de gestionar mejor sus alianzas. "Esa es la brillante lectura que nos ofrece el Talmud", escribía Gérard Haddad, el cual tampoco aportaba más explicaciones; pero si la "generación siguiente" tiene la misma significación que "el año que viene en Jerusalén", uno podría

---

[629]Cuando un marido tiene más de una esposa, cada mujer es una rival en relación con las otras.

[630]Provisión denominada *halizah* por la que una o ambas partes pueden elegir no cumplir la ley del matrimonio levirato, esto es el matrimonio de una viuda sin descendencia con su cuñado.

[631]Toda mujer comprendida en las quince categorías que se enumeran a continuación está exenta de *yibum* (matrimonio levirato).

[632]Gérard Haddad, *Les Sources talmudiques de la psychanalyse*, Desclée de Brouwer, 1981, Poche, 1996, p. 261, 263

perfectamente pensar que esas prácticas son todavía vigentes a día de hoy, a juzgar por las numerosas alusiones sobre el tema que hacen los intelectuales judíos.

David Bakan nos explicó los motivos de la frecuencia del incesto en las comunidades judías de Europa oriental: "Debido a su endogamia, el problema del incesto se daba de forma característica en las comunidades judías, por lo que el papel del misticismo judío (es decir el jasidismo) consistía en parte en proporcionar los medios para enfrentarse a los intensos sentimientos de culpabilidad derivados de los deseos incestuosos...Las tentaciones incestuosas son quizás, como Freud lo indica, universalmente extendidas, pero eran especialmente marcadas en los judíos, lo cual suscitaba la elaboración de intensas contramedidas y, consecuentemente, un excesivo sentimiento de culpabilidad[633]."

David Bakan precisaba que "la intensidad de la tentación incestuosa" radicaba en que los judíos de los shtetls de Europa oriental se casaban únicamente entre ellos. Y como vivían generalmente en pequeñas comunidades, la elección de un cónyuge era extremadamente limitada[634]. "Recordemos que, en la leyenda de Edipo, el incesto es consecuencia de un acontecimiento imprevisible que había separado los protagonistas, de tal manera que no se habían reconocido una vez llegados a la edad adulta. La principal razón del arreglo tradicional de los matrimonios por los mayores de la comunidad judía reside quizás en el hecho de que los mayores poseían las informaciones esenciales sobre los grados de parentesco. Igualmente, la costumbre de los matrimonios precoces quizás se justificaba, no sólo por la realidad de los impulsos sexuales que existían en los judíos, sino también por la necesidad de paliar las tendencias incestuosas."

En *Sexo y carácter*, Otto Weininger escribía a principios de siglo XX, confirmando esa tradición: "Sólo los judíos son verdaderos casamenteros, y, en efecto, las intervenciones de ese género encuentran su máxima difusión entre los semitas. Cierto es que tales mediaciones son muy necesarias en el judaísmo, pues, como ya hemos indicado en otras páginas, en ningún otro pueblo de la tierra se encuentra tan escaso número de matrimonios por amor...La tercería constituye una predisposición orgánica del judío, y esa suposición encuentra nuevo apoyo en el hecho de que los rabinos judíos se dedican de buen grado a especular con los problemas de la multiplicación y conocen una

---

[633]David Bakan, *Freud et la tradition mystique juive*, 1963, Payot, 2001
[634]R. Landes et M. Zborowski, *Hypotheses concerning the Eastern European Family*, Psychiatry, 1950, p. 447-464

tradición verbal acerca de la procreación de los hijos[635]."

Los matrimonios precoces que mencionaba David Bakan se encuentran a veces en la literatura. La novela de Isaac Bashevis Singer, *El Esclavo*, daba una idea de esas prácticas matrimoniales: "El propio Jacob no tenía más que doce años cuando se prometió con Zelda Lía, que era dos años más joven que él e hija del decano de la comunidad[636]."

"Generalmente uno se casa antes del vigésimo año, pero no es raro que sea después del décimo año[637]", confirmaba Mark Zborowski.

Este es otro testimonio aportado por el gran historiador del antisemitismo, Leon Poliakov. Se refería a la expulsión de los judíos de España en 1492. La adversidad era entonces comparada a la salida de Egipto: "En pocos meses, los judíos vendieron todo lo que pudieron...Antes de partir, casaron entre ellos todos sus hijos de más de doce años, para que cada niña estuviese acompañada de un marido[638]."

En su novela titulada, *Cuando Israel amó*, Pierre Paraf confirmaba esas informaciones. La historia sucedía en noviembre de 1776 (Adar 5536): "La Bella Sultana se aproxima al puerto de Marsella. Mañana embarco para Djebel-Al-Tarik. Mi pequeña Sara, dentro de un mes celebraremos nuestras bodas...Para tus catorce años, regresaremos a Francia[639]."

En *Satán en Goray*, el escritor Isaac Bashevis Singer describía las comunidades de judíos polacos del siglo XVII: "En los días intermedios

---

[635]Otto Weininger, *Sexo y Carácter*, Ediciones 62 s|a Barcelona, 1985, p. 307. Mark Zborowski es bastante discreto sobre el papel de ese terciador: "El *shadkhn*", escribía, es un "personaje considerable...Su pequeño libro desgastado en el que están escritas las informaciones acerca de los partidos dignos de ese nombre es el anuario de la alta sociedad del shtetl...Bien sea que se limite a ejercer en un solo shtetl o que sus talentos le lleven de ciudad en ciudad, el *shadkhn* retiene y memoriza los rumores e informaciones que hacen de él un huésped bienvenido pero un tanto temido. Dos familias, aunque muy cercanas, requerirán sus servicios para arreglar un matrimonio." (Mark Zborowski, *Olam*, 1952, Plon, 1992, p. 257).

[636]Isaac Bashevis Singer, *El Esclavo*, 1962, Epublibre, editor digital German25 (2014), p. 155

[637]Mark Zborowski, *Olam*, 1952, Plon, 1992, p. 261

[638]Léon Poliakov, *Histoire de l'antisémitisme, Tome I*, 1981, Points Seuil, 1990, p. 170. [También de España nos llega el lejano eco de la misma problemática. En el año 653, el rey visigodo Recesvinto promulgaba el *Liber Iudiciorum*, por el que obligaba a los Judíos del reino a "prometer voluntariamente y en son de paz de no cometer más incestos a la moda judía, no circuncidarse más, no celebrar el Sabbat ni la Pascua judía, casarse con cristianos y observar los ritos cristianos en las fiestas y matrimonios." *Liber Iudiciorum*, Liber XII, II. VIII Concilio de Toledo. Aunque es bien conocida la persecución anti judía en la Hispania visigoda durante el siglo VII, tan única, precurosa y feroz dentro de la Europa medieval. (NdT).]

[639]Pierre Paraf, *Quand Israël aima*, 1929, Les Belles Lettres, 2000, p. 71

de las fiestas se redactaban contratos de matrimonio y se rompían los platos de la buena suerte en toda casa donde hubiera una muchacha de más de ocho años[640]."

Gerard Haddad nos daba aquí un nuevo ejemplo de esa ambivalencia y esa duplicidad que parecen ser definitivamente constitutivas del judaísmo cuando escribía respecto del "equívoco de la palabra *hessed*": "Etimológicamente ese término significa "incesto". Pero también designa comúnmente un acto bondadoso, la gracia y, por extensión, la piedad religiosa. El *hassid* es un hombre muy piadoso-término que eligió Baal Shem Tov para bautizar su famosa secta [hasidismo, jasidismo]- pero literalmente su significado sería el "incestuoso"." El origen de este equívoco viene explicado por el Talmud de Babilonia (*Yebamot, 15b*): "La Torah insiste en la defensa del incesto para que no se suponga lo contrario ya que Caín y Abel se casaron con sus hermanas. El texto contiene así la palabra *hessed* que significa comúnmente "gracia". Era una gracia otorgada por el Creador a los primeros humanos para unirse así y poblar el mundo[641]."

En su libro sobre *El Mesianismo judío*, Gershom Scholem confirmaba que los judíos cabalistas jugaban con esa ambivalencia para interpretar la ley a su manera: "Los *Tikunei haZohar*[642], por ejemplo, declaran (*Tikkun, 69*): "En las alturas (es decir en el cielo), ya no existen leyes del incesto". Otra referencia generalmente citada para apoyar esa creencia es, *Levítico, XX, 17* (texto dedicado casi enteramente a la enumeración de las transgresiones incestuosas): "Si alguien toma por esposa a su hermana, hija de su padre o hija de su madre, viendo así la desnudez de ella y ella la desnudez de él, es una ignominia"." Pero Gershom Scholem añadía: "La palabra hebrea empleada aquí para decir "ignominia", *hessed*, es la misma que vemos habitualmente en la Biblia con el sentido de "ternura"[643]."

Gershom Scholem recordaba que los judíos pertenecientes a la

---

[640]Isaac Bashevis Singer, *Satán en Goray*, PDF, Editor digital Epublibre, German25, 2017, p. 82

[641]Gérard Haddad, *Les Sources talmudiques de la psychanalyse*, Desclée de Brouwer, 1981, Poche, 1996, p. 265

[642]También conocido como el *Tikunim*, es un texto principal de la Cábala. Es un apéndice separado del Zohar que consiste en setenta comentarios sobre la palabra inicial de la Torá, *Bereishit*, en un estilo de Midrash cabalístico. Contiene profundas enseñanzas secretas de la Torá, diálogos conmovedores y fervientes oraciones. El tema explícito y aparente y la intención del *Tikunei haZohar* es reparar y apoyar la Shejinah o Maljut -de ahí su nombre, "Reparaciones del Zohar"- y llevar a cabo la Redención y concluir el Exilio. (NdT)

[643]Gershom Scholem, *Le Messianisme juif*, 1971, Calmann-Lévy, 1974, p. 179

secta herética de los sabateos habían adoptado como línea de conducta infringir sistemáticamente todas las prohibiciones de la Torá. En el momento de cumplir una *mitzvá*[644], por ejemplo, el Judío piadoso debía pronunciar una bendición. Pero, "según la nueva formulación mesiánica inaugurada por el propio Shabtai Tzvi, ahora debía decir: "Alabado seas Dios Eterno, que permite lo que está prohibido"".

Y Scholem recordaba, además: "El caso más grave en esa materia fue el de un tal Baruchia Russo, el cual hacia 1700 fue el jefe del ala radical de los sabateos de Salónica." Acerca de las "treinta y seis prohibiciones que son pasibles del castigo "de extirpación del alma[645]"", y que hallamos en la Torá (*Levítico, 18*), "la mitad de ellas atañen a las prohibiciones relativas al incesto. Baruchia no sólo se conformó con declarar la abrogación de esas prohibiciones; llego incluso hasta convertir lo que proscribían en los preceptos positivos de la nueva Torá mesiánica[646]."

Así pues, comprendemos mejor ahora lo que quería decir David Bakan cuando escribía de forma muy discreta: "El papel del misticismo judío (es decir el jasidismo) consistía en parte en proporcionar los medios para enfrentarse a los intensos sentimientos de culpabilidad derivados de los deseos incestuosos." Por lo tanto, lo que está a priori prohibido en la Torá, da pie a interpretaciones equívocas en los judíos talmudistas, pero es lícito en los judíos jasídicos e incluso una obligación para los sabateos.

El incesto: un tema lancinante en el judaísmo

No existen, hasta donde sepamos, estudios sobre la frecuencia del incesto en el judaísmo contemporáneo; si existen, manifiestamente no están a disposición del público. Sin embargo, es un punto crucial que permite ver cuál fue el origen de la elaboración del "complejo de Edipo" y del psicoanálisis freudiano.

La cuestión del incesto es, en efecto, un tema lancinante en los intelectuales judíos. Los testimonios directos son bastante escasos dado que los interesados son muy discretos al respecto y que muy pocas víctimas de incesto denuncian sus propios padres. Pero si leemos los judíos con un espejo, nos damos cuenta de que ese problema es una

---

[644]Una Mitzvá (Mitzvot, plural): uno de los 613 mandamientos de la Ley judía.

[645]Se trata de la controvertida pena de Karet, extirpación del alma, castigo supremo, pena capital.

[646]Gershom Scholem, *Le Messianisme juif,* 1971, Calmann-Lévy, 1974, p. 135-137. (Ver nota del traductor en Anexo VI. 3)

obsesión en la producción cultural del judaísmo. Los intelectuales y cineastas judíos hablan de ello con mucho secretismo, de manera anecdótica, o bien proyectando el problema en un plano universal, a través de familias goyim. Sabemos que el pueblo judío ama el misterio y los secretos, y el incesto, precisamente, es uno de esos secretos, si no "EL" secreto del judaísmo.

Jacques Attali habla de incesto de forma ambigua en al menos cuatro de sus libros. Su primera novela, *La Vida eterna* (1989) es terriblemente aburrida. Es una historia de ciencia ficción en la que se relata la historia de un "pequeño pueblo" que vive en el cosmos[647]. La heroína se llama Golischa y no conoció a su padre: "Un día, hasta oyó uno de sus servidores asegurar en círculos restringidos que su abuelo era también su padre, lo cual explicaba la postración de la madre y la reclusión de la hija." En pocas palabras, su abuelo se había acostado con su propia hija.

En su novela, *El primer día después de mí*, publicado en 1990, Jacques Attali relataba lo que veía un hombre recién fallecido que se imaginaba estar todavía en vida. Curiosamente, siempre usa mayúsculas cuando se refiere a "Ella"; y nunca sabemos si se refiere a su madre o a su amante.

La cuestión es también aludida en un pasaje de su novela futurista y apocalíptica de 1994, *Vendrá* (se refería evidentemente al Mesías judío), que ya hemos mencionado en *Las Esperanzas planetarianas* y en *El Fanatismo judío*. En ella, Jacques Attali ponía en escena un hombre llamado Mortimer, abrumado por delirios proféticos y angustiado por la pregunta de si su hijo podría ser el profeta Elías en persona venido a anunciar a los judíos la venida inminente del Mesías. En un ambiente apocalíptico, Mortimer partía entonces con él a Jerusalén para consultar con unos rabinos. Así pues, acababa reunido con ellos en una cripta, "exactamente debajo de la entrada de lo que había sido el Sacrosanto del segundo Templo, justo ahí donde había estado hace más de dos mil años[648]." Ahí, unos rabinos intrigados por el fenómeno discutían sobre el caso del joven prodigio.

A continuación, reproducimos el final de un diálogo asombroso: "Según Ustedes, ¿incluso los tabúes sexuales serán abolidos?, sonrío Mortimer. - ¡Absolutamente!, afirmó Nahman. - ¿Incluso el incesto?, se atrevió a preguntar Mortimer. - ¡Blasfemas, Nahman!, gritó MHRL,

---

[647] Léase en Hervé Ryssen, *El Fanatismo judío*, (2022).

[648] Hervé Ryssen, *Las Esperanzas planetarianas*, (2022) y Jacques Attali, *Il viendra*, p. 82

impidiendo que el joven rabino respondiera[649]." Por lo visto, hay cosas que no deben ser reveladas al público en general[650].

El filósofo Alain Finkielkraut hizo algunas confidencias en *El Judío imaginario* (1980): "Actualmente, más que nunca, uno es judío por su madre". De manera un poco más elíptica, Finkielkraut era un poco más sugestivo en otro pasaje; nuestros lectores sabrán descifrar las frases codificadas: "La madre judía...se permite estar enamorada de su o de sus pequeños bebés. Sin melindres...el "quédate con nosotros", el "sé mío" expresado por la necesidad materna se convierte en un "sé fiel a tus orígenes", y este matiz inapreciable hace volar por los aires la prohibición y legitima la posesividad[651]." Vemos perfectamente que tipo de "prohibiciones" los padres judíos hacen "volar por los aires". Alain Finkielkraut, como muchos de sus congéneres, había sentido la necesidad de consultar un psicoanalista: "Por exasperación o desaliento, llegué alguna vez a flaquear y ofrecer mi judeidad al psicoanálisis...Fascinado por su identidad judía [la de sus padres], sucumbo ante su neurosis...Mis temores y mis problemas han nacido probablemente de nuestra intimidad delirante[652]." El propio Finkielkraut escribía al final de su libro: "Histérico, había sido judío para que se fijaran en mí."

El famoso novelista estadounidense Philip Roth también se "dejó llevar" en *El mal de Portnoy* (1967)[653]. En su novela *El Diablo en la cabeza* (1984), el filósofo Bernard-Henri Levy hacía decir a uno de sus personajes: "Me prometo a mí mismo que cuando sea mayor despertaré a mi dulce madre, como un "príncipe azul" con su bella; casarme con ella si hace falta, hacerle otros hijos. No me cabe duda de que sabré, yo, Benjamin, apaciguar su misterioso tormento[654]."

---

[649]Jacques Attali, *Il viendra*, p. 264. El alfabeto hebraico sólo contiene consonantes. Es por eso que Cohen, Kun, Kahn, Caen o Cohn, por ejemplo, son el mismo apellido y designan el "sacerdote" en hebreo.

[650]"Cualquiera que confiese los secretos de Israel a no judíos debe ser asesinado antes de que les revele algo". (Talmud, *Choschen Hamm, 386, 10*).

[651]Alain Finkielkraut, *Le Juif imaginaire*, 1980, Points Seuil, 1983, p. 128-130

[652]Alain Finkielkraut, *Le Juif imaginaire*, 1980, Points Seuil, 1983, p. 136-138

[653]Sobre *El mal de Portnoy*, léase en Hervé Ryssen, *El Fanatismo judío*

[654]Bernard-Henri Lévy, *Le Diable en tête*, Grasset, 1984, p. 460. [También podemos mencionar aquí la novela de Albert Cohen, *El libro de mi madre*, la cual constituye un homenaje hiperbólico a su madre; un libro "del que se ha dicho que es la más bella novela de amor que jamás se haya escrito, un alucinante *tour de force* presidido por la intensidad de un sentimiento que se desborda en cada una de sus páginas." En Albert Cohen, *El libro de mi madre*, Anagrama, Barcelona, 1992, 1999, contraportada del editor. (NdT).]

El escritor Romain Gary también vivió atribulado por esa cuestión que tocó en varias de sus novelas[655]. En un artículo del semanal *Le Point* del 2 de diciembre del 2010, un periodista comunitario aureolaba ese supuesto "gran genio" de la literatura francesa. He aquí lo que se podía leer: "Erika, la esquizofrénica de *Europa* [una novela de Romain "Gary"] es traicionada por el destino que hace de ella la hija de su amante. Se acaba suicidando en un vestido blanco."

Léase además lo que escribía el "gran" Elie Wiesel, en *Celebración talmúdica* (1991): "Una mujer quería consultar Rabbi Eliezer acerca de un grave problema, pero éste se negó a ayudarla. Se dirigió entonces a Rabbi Yeoshua, el cual se mostró más benévolo. ¿Cuál era el problema? He aquí: *"B'ni hakatan mibni hagadol*, mi hijo menor tiene por padre mi hijo mayor"...Las madres judías son siempre culpables de lo que les ocurre a sus queridos hijos." Y Wiesel añadía elípticamente: "Como buen judío, amaba a su madre un poco demasiado[656]."

Las relaciones incestuosas entre padre e hija fueron cantadas por el célebre Serge Gainsbourg, judío de origen ruso, que grabó en 1984 una canción titulada *Lemon Incest*. En el video clip, Gainsbourg posaba en una cama con su joven hija Charlotte. Las palabras y las imágenes son totalmente ambiguas, por lo que probablemente únicamente los judíos comprendieron realmente el mensaje de la canción.

Barbara fue una cantante francesa bastante conocida. Tras su fallecimiento, en noviembre de 1977, nos enterábamos de que esa judía de origen húngaro había tenido relaciones incestuosas con su padre. El secreto se mantuvo oculto durante muchos años, pero lo confesaba entre líneas en el escenario para aquellos que sabían escuchar. Hizo alusión a ello en al menos cuatro de sus canciones. "Siempre he pensado que los amores más bellos eran los amores incestuosos[657]", declararía.

La periodista Claude Sarraute, hija de la novelista Nathalie Sarraute (nacida Tcherniak), judía de origen ruso, hizo una confesión en una entrevista en el 2009: "Mi padre me acariciaba por todas partes. Casi fui violada por uno de sus mejores amigos que tenía el mismo gusto por las niñas pequeñas. Me gustaba mi padre, pero el otro estaba borracho y me asustó mucho."

Notemos que, en el incesto, la violencia no es indispensable para la violación de la niña por parte del padre. Mediante actos de ternura, el

---

[655]Sobre Romain "Gary" léase Hervé Ryssen, *El Fanatismo judío.*

[656]Elie Wiesel, *Célébration talmudique*, Éd. Seuil, 1991, p. 12, 182-191, y en *El Fanatismo judío.*

[657]Sobre Barbara: Hervé Ryssen, *Le Miroir du judaïsme (El Espejo del judaísmo)*, Baskerville, 2009.

padre puede suscitar en su hija el consentimiento para tener relaciones sexuales con él[658].

En enero del 2011, la escritora Christine Angot publicaba su nueva novela, titulada *Los chicos (Les Petits)*; y dado que ella forma parte de la comunidad, toda la prensa se había apresurado para hablar de ella. Esta era la historia: Helena es una mujer blanca que viene de separarse del padre de su hija, un cabrón de hombre Blanco que acaba de abusar de la niña. Esa mujer blanca se enamora de Billy, un músico de las Antillas la mar de simpático. Se marchan los dos a vivir en una isla y tienen cuatro hijos, hermosos mestizos que serán de mayor probablemente comisarios de policía, como en las películas y series estadounidenses...Vemos de nuevo aquí que los intelectuales judíos parecen estar obsesionados con el mestizaje de la raza blanca. También notamos la típica inversión acusatoria tan específica del judaísmo: la novelista, nacida Schwartz, que había confesado haber tenido relaciones incestuosas con su padre, proyectaba en esa novela su culpabilidad sobre el goy, el cabrón Blanco, culpable de todos los males de la tierra.

La película de Gaspar Noé, *Solo contra todos* (Francia, 1998), es un buen ejemplo de inversión acusatoria. La historia narra la vida de un carnicero de cincuenta años, en paro y recién salido de prisión que llega a París después de haber dado una paliza a su mujer embarazada. Tiene una hija, pero ésta vive en un hogar social. Ese monstruo, que ama a su hija de un amor incestuoso no es judío: ¡es un tipo asqueroso, facha, racista y homófobo!

En su famosa película *Chinatown* (EE. UU., 1974), Roman Polansky proyectaba también el problema sobre una familia goy. Al final de la película, la bella Faye Dunaway, abofeteada por Jack Nicholson, confesaba por fin que la joven chica que ocultaba a todo el mundo era a la vez su hija y su hermana. Tuvo un hijo con el monstruo de su padre, el gran terrateniente. Sabemos que Roman Polansky ha sido condenado en Estados Unidos por pedofilia.

El vigésimo episodio de la tercera temporada de la serie *Sin rastro* se titula *El hombre del saco*. En él se cuenta la historia de un joven sospechoso, siete años antes, del asesinato de su novia, la hija de un pastor protestante. Elle tenía entonces trece años y él diecisiete. La investigación, que no había resuelto el caso, vuelve a abrirse cuando otra chica de trece años también desaparece. Finalmente, la investigación policial determina que fue el pastor el que había asesinado

---

[658]Jacques-Dominique de Lannoy, *L'Inceste*, Presses Universitaires de France, 1992, p. 96, 110

su propia hija después de haberla violado. He aquí un guion típicamente judío; la culpabilidad es aquí transferida sobre el cristianismo aborrecido. La guionista, Jennifer Levine, estaba por lo visto muy preocupada por el incesto que proyectó sobre una familia cristiana.

La famosa película *Regreso al futuro*, de Robert Zemeckis (EEUU, 1985) es una historia en la que también vemos la temática del incesto, pues la madre del protagonista se enamora de su hijo. La sinopsis de la película decía así: "Marty McFly es proyectado en el pasado. Su madre se enamora de él cuidándolo tras un accidente. Marty sustituyó a su padre que había conocido a su madre precisamente en ese accidente (se trata de una variante de la paradoja del abuelo o del complejo de Edipo)."

En la película *War zone* (Gran Bretaña, 1999), del célebre Tim Roth, el héroe, Tom, descubre las relaciones incestuosas entre su padre y su hermana. El horror se acaba cuando Tom y su hermana apuñalan a su padre. Tim Roth confesó haber sido víctima de abusos sexuales de parte de su padre.

Otro gran ejemplo es la película *Festen*, de Thomas Vinterberg (Dinamarca, 1998). En ella están presente el incesto (inversión acusatoria) y la apología del mestizaje (únicamente para los goyim): para celebrar sus sesenta años, un padre de familia reúne todos sus familiares y allegados. Sus tres hijas están ahí: Miguel, el menor, alcohólico y malogrado; Helena, alocada que se presenta con su pareja- un Negro; y Cristian, el mayor, que todavía sufre por el suicidio de su hermana gemela. En el brindis de cumpleaños, Cristian desvelará delante de toda la familia un terrible secreto: las relaciones incestuosas a las que su padre le sometió.

De paso también esperamos enterarnos un día de lo que realmente pasó entre Franz Kafka y su padre... Pero lo mejor es lo siguiente: en la película de culto *Invasión Los Angeles (They live,* EEUU, 1988) de John Carpenter, vemos el héroe, Nada, que ha sido víctima de un padre abusivo, descubrir gracias a unas gafas de sol especiales que una parte de la población está compuesta por extraterrestres que tienen apariencia humana. ¡Forman una élite que gobierna el mundo a través de la mentira!

En nuestros libros *El Fanatismo judío* (2007) y sobre todo en *El espejo del judaísmo* (2009), hemos presentado muchos más ejemplos, clasificándolos por capítulos: entre un padre y su hija, entre un padre y su hijo, entre una madre y su hijo, entre hermanos y hermanas.

Pero citemos el ejemplo de ese Jonathan Littell, que recibió en el 2006 el premio Goncourt con su novela *Las Benévolas*. El héroe es un oficial de las SS homosexual locamente enamorado de su hermana gemela Una[659].

La periodista del *Nouvel Observateur*, Colette Mainguy, también proyectó su neurosis sobre los nazis. En el 2001, publicaba su novela titulada *La Judía*. En la contraportada se podía leer esto: "He redescubierto mi judeidad después de cinco años de psicoanálisis. Hacía tanto tiempo que tenía sueños germánicos recurrentes. Los alemanes me persiguen. Me ametrallan...hago felaciones a unos nazis, la Gestapo golpea mi puerta. Siempre huyo...Una noche, me encaro con mi hermana Beth. Ella es la jefa de la Gestapo en un campo de concentración."

Vean también la película *Scarface* (EEUU, 1932): es la historia de un gánster enamorado de su hermana. La película es del prolífico cineasta Howard Hawks, con un guion del no menos prolífico Ben Hecht[660]y Seton Miller. En 1983, Brian de Palma realizó otra versión. En *Kika* (España, 1993), una comedia de Pedro Almodóvar, el hermano es un violador compulsivo que abusó durante mucho tiempo de su hermana.

El novelista yiddish Isaac Bashevis Singer, que recibió el premio Nobel de literatura en 1978, hablaba frecuentemente del incesto en sus novelas: padre e hija, madre e hijo, hermano y hermana[661].

He aquí un ejemplo fortuito que hemos descubierto hojeando libros en la Fnac Montparnasse. En una obra llamativa titulada *Nazismo y Holocausto, un enfoque psicoanalítico* (Hermann, 2010), el autor Jean-Gérard Bursztein hacía una confesión en el espejo. Efectivamente, en la página 52 leíamos: "El mito nazi ha representado la posibilidad de reconsiderar la ruptura entre la naturaleza y la cultura, es decir la prohibición del incesto, de ahí su éxito. En efecto, debido a su contenido Edípico codificado, ese mito nazi ha representado, para todos esos alemanes atrapados en la histeria colectiva, la posibilidad de hacer realidad con sus actos sus fantasías incestuosas, de reconsiderar esa prohibición del incesto." Ese Jean-Gérard Bursztein, como muchos de sus congéneres, había sido evidentemente abusado por su padre cuando era niño, antes de ser consolado en la cama de su madre. Proyectaba de

---

[659]Léase en Hervé Ryssen, *El Fanatismo judío*.

[660]Llamado "el Shakespeare de Hollywood". El *Dictionary of Literary Biography-American Screenwriters* lo llama "uno de los guionistas de cine más exitoso en la historia del cine". Ben Hecht fue también un activista sionista convencido, miembro del Grupo Bergson, un grupo del frente del Irgún en los Estados Unidos que se dedicaba a recaudar fondos para las actividades del Irgún (organización paramilitar sionista) y a difundir su propaganda. (NdT).

[661]Léase en Hervé Ryssen, *Le Mirroir du judaísme*, Baskerville, 2009, p. 319, 329, 338

manera muy clara en el plano universal algo que en realidad sólo atañe a los judíos.

Los lectores del *Espejo del judaísmo* ya conocen Daniel Zimmermann, el autor de un libro hermosamente titulado *El Ano del mundo* (1997). Daniel Zimmermann contaba la vida en los "campos de la muerte" a través de un personaje de novela. El libro ofrecía un panorama bastante completo de todas las atrocidades cometidas por los nazis en los campos de concentración, en este caso Auschwitz y Treblinka. Leemos por ejemplo como un prisionero es crucificado "como una mariposa" mientras el doctor Mengele "clava jeringuillas en el pecho de los bebés", colecciona cerebros judíos en frascos de formol y utiliza a modo de pisapapeles cabezas reducidas de judíos, al estilo de los pueblos indios de América. A otro prisionero le arranca las partes genitales un pastor alemán; mujeres SS matan "musulmanas" a porrazos...En fin, ¡un horror! También está la escena de la barbacoa gigante. "François", el héroe, aviva el fuego de la hoguera funeraria vertiendo grasa fundida sobre los cuerpos, ¡igual que si fuese una pierna de cordero en el horno!

El lector patidifuso asiste a escenas atroces, muy comunes en la literatura holocaustica, en la que podemos ver unos SS reventar cabezas de bebés contra las paredes, o tirarlos vivos en las brasas. Obviamente, no nos creemos ni una sola palabra de lo que dice Daniel Zimmermann. Al contrario, pensamos que ese individuo es un enfermo mental con una imaginación delirante.

Quizás contenga mucha verdad esta máxima de Cyrano de Bergerac[662]: "Dondequiera que la memoria sea fuerte, la imaginación disminuye; y ésta se hace más grande en la medida en que la otra se reduce." Ahora bien, sabemos que los judíos tienen una imaginación desbordante, por no decir febril, incluso francamente enfermiza. No es casualidad que ellos fueran los fundadores de Hollywood y que hoy en día sigan siendo tan influyentes en la industria cinematográfica. Los intelectuales judíos hablan mucho de "memoria". Ya lo sospechábamos, pero ahora, gracias a Cyrano de Bergerac, estamos seguros de que es porque no la tienen. En todo caso, es indudable que para muchos judíos la verdad histórica tiene mucho menos importancia que los mitos creados por los profetas, los fabuladores y los novelistas.

El "caso Zimmermann" confirma nuestro análisis. Una década antes, en 1987, Daniel Zimmermann ya había tenido la necesidad de explayarse sobre la cuestión del incesto. En su novela titulada *El Bobo*

---

[662]Cyrano de Bergerac (1619-1655) fue un poeta, dramaturgo y pensador francés coetáneo de Boileau y de Molière. (NdT).

(Le Gogol) proyectaba su propia culpabilidad sobre un goy al que daba un nombre bretón. Esto era lo que se podía leer en la contraportada: "¿Es un pobre chico este Patrick, apodado "El Bobo" porque se supone que es un idiota? Todo lo deja suponer; es feo, huele mal, se dice que es martirizado por su padre y es la cabeza de turco de sus condiscípulos y de sus profesores. Únicamente un profesor especializado y entregado a las personas en situación de exclusión social lo protege. ¡Pero este falso retrasado es superiormente inteligente! No soporta su destino pasivamente, lo fabrica. Le da la vuelta a las situaciones y a las instituciones para sacar ventaja, domina su maestro, conquista su madre y juega con su padre manejándolo a su antojo. ¿Logrará Edipo en Savigny-sur-Orge escapar del castigo? Con una audacia sin compromiso, Daniel Zimmermann, que ha sido durante mucho tiempo profesor de niños inadaptados, lleva los grandes mitos a los suburbios para subvertirlos. Violento, cruel, este texto es también la bella e ingenua historia de un amor extraordinario."

Desde la primera página, vemos la evidente inversión de roles: "Acorralado contra la fachada de la escuela Jules Ferry, Patrick Leguern se enfrenta a la jauría de sus condiscípulos. Sin aliento, sudoroso, se defiende con uñas y dientes, con insultos, escupitajos y patatas. David Kupfermann, [el profesor] asiste desde la lejanía al linchamiento."

El texto es de una mediocridad literaria palmaria, lo cual no es sorprendente viniendo de un intelectual judío. Uno de los capítulos se titulaba "El hijo-hermano". El "bobo" Patrick Leguern creció y nos enterábamos de que había dejado preñada a su propia madre. Como por casualidad, ésta se llamaba "María": "María no pensaba en ahorcarse, tejía una canastilla. Embarazada de siete meses, su vientre era enorme. Patrick estaba orgulloso, un grandullón su hijo-hermano. María sonría con indulgencia[663]."

Al final del libro, otro capítulo rezaba: "El hermano-padre", y el siguiente: "La amante-madre". Patrick y su madre se mudaban de casa y tenían dos hijos. La novela se terminaba con estas palabras: "Cuando paseaban juntos de la mano, los transeúntes los seguían con una mirada enternecida -la felicidad también existe para las personas feas- aunque un poco críticos, pues por la diferencia de edad ella podría haber sido su madre."

Otro pequeño plumífero judío que se hacía el listo nos invitaba a "descodificar" el mensaje. En su ensayo del 2006 titulado de manera original *Sobre el antisemitismo*, Stephane Zagdanski escribía así: "Para

---

[663]Daniel Zimmermann, *Le Gogol*, Le Cherche midi, 1987, p. 149

descifrar: se dejan llevar egoístamente por los oscuros placeres del incesto a los que nos han vetado el acceso. Hay que comprender que el antisemita está muy preocupado por el incesto, lo cual es lógico, ya que sufre de una deficiencia de sus límites[664]." Dos páginas más adelante, Zagdanski hacía decir a un personaje antisemita imaginario: "La alegría de los judíos es extraña para nosotros. Ese gozo privado es tabú, ¡por eso nos lo prohíben! Ellos son el tabú encarnado del incesto pues ellos disfrutan de aquello que deseamos en vano[665]."

Incesto y pedofilia

Los estrechos vínculos entre el incesto y la pedofilia son de sobra conocidos. Según algunas estadísticas, la casi totalidad de los adultos que cometen tales abusos lo harían dentro de su propia familia. Además, cerca de la mitad de ellos también abusarían de niños fuera de su entorno familiar, y un 19% también cometerían violaciones sobre mujeres adultas.

Podemos recordar aquí como el cineasta Román Polanski había tenido que huir precipitadamente de Estados Unidos en 1977, después de haber drogado y sodomizado una niña de 13 años que había invitado a su casa para una sesión de fotos cuando él tenía 43 años. Después de emborracharla y administrarle un fuerte sedante, y tras comprobar sus reglas, la violó, sodomizándola dos veces seguidas a pesar de las protestas de la niña. Se enfrentaba a cincuenta años de cárcel, pero su abogado había llegado a un acuerdo con el juez y, en agosto de 1977, el director de *Rosemary's baby* había aceptado declararse culpable de "relación sexual ilegal" para librarse de la pena máxima. Pero el juicio no se encauzó como lo esperaba, y finalmente decidió no asistir a la segunda sesión. A pesar de que estaba en libertad bajo fianza, viajó a Londres antes de refugiarse en Francia, país del que había conseguido la nacionalidad un año antes. La justicia estadounidense trató en vano durante años arrestarlo durante sus viajes en el extranjero. El 27 de septiembre del 2009, por fin, treinta dos años después de los hechos, Román Polanski era detenido en Zúrich mientras se desplazaba a un

---

[664]Hay que intercambiar los términos "judío" y "antisemita" para dar con el sentido correcto de la frase.

[665]Stéphane Zagdanski, *De l'Antisémitisme,* Climats, 1995, 2006, p. 206, 208. Leemos también en ese ensayo: """ Y" es un judío avergonzado, gordo y soberanamente tonto, persuadido de ser un genio por su madre incestuosa desde su más temprana infancia." (página 267). "La letra Yod (Y) suele designar un Judío", escribía David Bakan, en *Freud et la tradition mystique juive*, 1963, Payot, 2001, p. 65

festival de cine para recibir un premio honorífico por toda su carrera. Muy rápidamente, recibió el apoyo de un centenar de representantes del mundo político y artístico francés e internacional. Y de nuevo, como por azar, veíamos en esa lista principalmente miembros de su comunidad. En Francia, todos los intelectuales judíos habían saltado a la palestra para defender como un solo hombre el pedófilo: Bernard-Henri Levy, Claude Lelouch, Pedro Almodóvar, Woody Allen, Constantino Costa-Gavras, Alain Finkielkraut, etc. El ministro Frederic Mitterand también se sintió afectado por la suerte del pedófilo, pues él mismo había narrado en un libro, en el 2005, sus aventuras sexuales en Tailandia. Un mes más tarde, Polanski era liberado bajo fianza. En julio del 2010, el ministro suizo de justicia decidió no extraditarlo a Estados Unidos, y Polanski fue liberado al poco tiempo. Todas esas estrellas e intelectuales que sólo hablaban de los "derechos humanos", defendían ahora un criminal, únicamente porque era miembro de su pequeña secta.

En Francia, otras personalidades muy conocidas, como Daniel Cohn-Bendit, antiguo líder estudiantil de mayo del 68, o el animador cultural Michel Polac, por ejemplo, habían hecho la apología de la pedofilia en sus libros. Periodista para la televisión y la radio, cineasta y escritor, Michel Polac tuvo su hora de gloria en el programa de televisión *"Droit de réponse"*, en los años 80. En su *Diario*, publicado en el 2000, se atrevía a confesar que había tenido una relación sexual a los cuarenta años con un niño "que debía tener 10 o 11 años, quizás menos."

El antiguo ministro de la Cultura, Jack Lang, daba regularmente entrevistas en el periódico *Gai Pied Hebdo*, una revista homosexual que se situaba en el límite de la legalidad al promover la pedofilia. En *Gai Pied Hebdo* del 31 de enero de 1991, leíamos, por ejemplo: "La sexualidad pueril es todavía un continente prohibido. Será tarea de los descubridores del siglo XXI abordar sus costas." Hoy en día, los amantes de ese tipo de prácticas son algo más discretos.

En septiembre del 2009, el antiguo director del telediario de las 20h en la cadena TF1, Jacques Asline, se suicidaba en Suresnes tirándose en las vías del tren. Había sido puesto bajo control judicial y estaba siendo investigado desde el mes de enero por tenencia y consumo de imágenes pornográficas infantiles. Ese hombre de 60 años era un amigo cercano del presentador estrella del telediario de TF1 Patrick Poivre d'Arvor.

Si bien actualmente esas prácticas pedófilas parecen ser condenadas más fuertemente, por lo visto no era lo mismo en los años 70, en una época en que el auge de la filosofía freudo-marxista y la "liberación sexual de las costumbres" iban viento en popa y abanderaban los ideales de revuelta de la juventud contra la sociedad[666]. El diario *Le Monde*, por ejemplo, había publicado el 26 de enero de 1977 un manifiesto pidiendo la liberación de tres individuos condenados por pedofilia. Esto era lo que se podía leer: "Consideramos que existe una desproporción manifiesta, entre, por una parte, el calificativo de "crimen" que justifica tal severidad de la condena y la naturaleza de los hechos reprochados; y, por otra parte, entre la ley anticuada y la realidad cotidiana de una sociedad que tiende a reconocer en los niños y en los adolescentes la existencia de una vida sexual (¿Para qué tiene derecho a la píldora abortiva una niña de trece años?)[667]." Ese manifiesto recibió el apoyo de varias personalidades, entre las cuales figuraban las firmas de Louis Aragon, Roland Barthes, Simone de Beauvoir, Gilles y Fanny Deleuze, André Glucksmann, Felix Guattari, Bernard Kouchner, Jack Lang, Jean-Paul Sartre, Philippe Sollers, etc. Si bien todos los firmantes no eran judíos, éstos representaban sin embargo una proporción importante que no podía explicarse más que por el peso de la tradición.

En 1978, unos militantes trotskistas (Comités comunistas para la autogestión) publicaron y distribuyeron en París un folleto con el título explícito: *Homosexualidad y pedofilia*, en *"éditions La Commune"*. En dicho folleto se defendía que la homosexualidad y la pedofilia estaban relacionadas y que había que hacer "desaparecer los prejuicios" al respecto. También se nos informaba que la situación de los pedófilos en las sociedades evolucionadas de Occidente se parecía a "la esclavitud" y que "los enamorados de los niños eran víctimas de un genocidio, es decir de una destrucción en masa." La pedofilia era considerada como revolucionaria porque "la práctica amorosa con los niños es un desafío permanente a la autoridad de la familia y constituye una transgresión de las relaciones sociales dominantes." También sabemos que los jefes del movimiento trotskista son todos judíos, independientemente de la parroquia en la que predican[668].

En febrero de 1981, en el número 114 de *L'Étincelle*, el boletín interno de la Liga comunista revolucionaria, una moción pedía "la supresión de todas las leyes que reprimen las relaciones adulto-niño recíprocamente consentidas y por lo tanto la supresión de la noción de mayoría de edad sexual." El individuo que ocupaba la posición central de esa operación de putrefacción política era un bisexual confeso

---

[666]Hervé Ryssen, *Las Esperanzas planetarianas*, (2022).

[667]http://www.unification.net/french/misc/hom.html

[668]Hervé Ryssen, *Las Esperanzas planetarianas, El mesianismo trotskista*, (2022).

llamado Boris Fraenkel. En 1995, tuvo una breve notoriedad mediática cuando desveló que había sido "agente de enlace" de Lionel Jospin, el candidato de la elección presidencial del 2002, durante el periodo en que éste era un trotskista infiltrado en el aparato del Partido socialista. En los años 1960, Boris Fraenkle fue en Francia uno de los primeros militantes en favor de la homosexualidad y de la libertad sexual. Colaborador del editor François Maspero, este último también posteriormente militante en la Liga Comunista Revolucionaria, escribió en la revista *Partisans* y tradujo al francés las obras de Wihelm Reich[669]. En 1967, fue el organizador, en la universidad de Nanterre, de una conferencia titulada "Juventud y sexualidad" que tuvo un gran impacto y es todavía a día de hoy generalmente considerada como primicia de la revolución de Mayo del 68.

El editor François Maspero editaba los libros de Daniel Guérin, el cual había sido al final de los años 1930 un colaborador muy cercano de León Trotski con el que había mantenido una larga y famosa correspondencia. Daniel Guérin publicó algunos libros de referencia de ese movimiento político, como *Fascismo y grandes negocios*. Uno de sus artículos publicados en el número 39 de *L'Étincelle*, se titulaba "El movimiento obrero y la homosexualidad." En el número 4 de otra publicación, *Marge* (noviembre de 1974), su artículo se titulaba así: "Por el derecho de amar un menor". Ese mismo Daniel Guérin fue en 1971 uno de los fundadores del Frente homosexual de acción revolucionaria. Podemos añadir que Daniel Guérin era judío, pues su madre procedía de la famosa familia Eichtal.

El célebre escritor Bernard Werber, tan famoso como mediocre, y cuyos libros se venden en todos los supermercados del mundo, es también un fervoroso globalista. Desde hace unos años, declara abiertamente desear la instauración de un gobierno mundial. En su novela barata titulada *El Espejo de Casandra*, publicada en el 2009, el héroe puede ver el futuro, pero nadie le cree. En la página 485 de esa estúpida novela aparecen algunos ingredientes de judaísmo- siempre los mismos a decir verdad: la obsesión por un gobierno mundial, la guerra contra los "tiranos "y los malos, la unificación del mundo, la paz sobre la tierra, el arrasamiento de todas las diferencias, sociales, nacionales, étnicas...y, como siempre, ese problema lancinante en los judíos: el incesto y la pedofilia, que ya obsesionaba a Sigmund Freud y que sigue obsesionando a muchos judíos en todo el mundo por motivos evidentes.

---

[669]Sobre Wihelm Reich y el freudo-marxismo, *Las Esperanzas planetarianas, (2022).*

Escuchemos lo que Bernard Werber hacía decir a sus personajes: "Y bien, ¿qué es lo que verías si fueras optimista, Baron? - Lo contrario de una gran guerra nuclear es una paz mundial y una desmilitarización del planeta. Y luego echamos a todos los tiranos y dictadores fanáticos...Sip, haría falta una Asamblea de Sabios con un poder ejecutivo real que se encargara de imponer la paz mundial..." Esto nos da una idea del estilo de Bernard Werber, ese "gran genio de la literatura". "¿Duquesa?, pregunta Kim. - Pues, lo contrario de la superpoblación es el control de la natalidad planetaria. A mí me parecería bien la Asamblea de los Sabios de todas las naciones propuesta por Baron. Ya que sabemos que con la medicina hay mucha menos mortalidad infantil que antes, se privilegiaría la calidad sobre la cantidad. Un hijo por familia, pero con un derecho automático y obligatorio a ser amado, alimentado y educado desde el nacimiento. Ya no más redes pedófilas, ya no más padres abusivos, cada niño que naciera sería amado por sus padres y educado para valorizar lo que hay de mejor." La obsesión globalista de "paz sobre la tierra" de Bernard Werber y de sus congéneres tiene su origen en la temprana infancia. De hecho, nos parece bastante claro que Bernard Werber, al igual que Sigmund Freud, fue "abusado" por su padre cuando era pequeño mientras que su madre le consolaba regularmente en la cama diciéndole que era un "gran genio", quizás incluso el mesías en persona. Así es como algunos judíos, llegados a la edad adulta, se imaginan ser los "elegidos" cuya misión es salvar el planeta.

Pedofilia en los rabinos

Vemos como los medios de comunicación occidentales siempre se escandalizan al máximo y ponen el foco sobre cualquier caso confirmado de pedofilia en la Iglesia católica. Lo que el público en general ignora es que ese alboroto judío-mediático es una típica inversión acusatoria. Efectivamente, el problema es muchísimo más acuciante y preocupante en la comunidad judía[670]. Citaremos aquí únicamente los casos más recientes:

El 7 de octubre del 2008, una noticia nos informaba que un rabino

---

[670]En el 2018 se estrenó *M*, un documental francés dirigido por Yolande Zauberman que pasó un tanto desapercibido. El documental *M*, presentado en el Festival de Locarno y rodado en yiddish en Bnei Brak, levantaba el velo sobre la pedofilia en los círculos ortodoxos judíos de Israel. Una de las frases impactantes del documental era la pronunciada por el protagonista cerca de una sinagoga: "Allí me circuncidaron, allí me hicieron los rizos, allí me casé, allí me divorcié y allí me violaron". (NdT)

de la comunidad jasídica de Amberes había sido arrestado en Brooklyn. Los policías habían registrado su domicilio y lo habían llevado detenido y esposado a comisaría. Rabí Israel Weingarten, 58 años, era acusado de haber violado una niña pequeña durante una década. Los abusos empezaron cuando ésta tenía nueve años. En el 2008, la niña era una mujer de 28 años cuando denunció al rabino. Éste le había llevado a Bélgica y a Israel (un poco como en la película *Lolita* de Stanley Kubrick). Estas informaciones habían sido publicadas por un periodista judío llamado Steve Lieberman, en *The Journal News*. Weingarten y seis de sus hijos se habían negado a responder a los agentes del FBI. El rabino se había encerrado en su casa por lo que los policías derribaron las puertas para arrestarlo.

El 2 de junio del 2009, nos enterábamos a través de *La Presse Canadienne* que Andy Blatchford, ex-director de la sección de Quebec del B'nai B'rith, había sido acusado por posesión de pornografía infantil.

Bill Surkis, 69 años, ex-director del Centro de conmemoración del Holocausto de Montreal, había tenido que comparecer ante el Tribunal de justicia de Montreal. La policía había incautado 86 videos y 653 fotos de pornografía infantil en su ordenador. Bill Surkis había sido denunciado después de haber llevado su ordenador a una tienda de informática para suprimir los virus. Casado y siendo abuelo, acabo pasando sus noches detrás de los barrotes.

En el *New York Times* del 13 de noviembre del 2008, un artículo de Paul Vitello trataba ese tema delicado. En él se informaba de cómo un político local, Dov Hikind, había tocado el tema de los abusos sexuales de menores en la comunidad judía ortodoxa llamando a que los oyentes de una radio testificaran. A continuación, recogió más de 1000 denuncias y los nombres de 60 predadores sexuales de Nueva York y Nueva Jersey. Las víctimas se habían presentado en su despacho para contar sus historias. "Profesores y rabinos cometen abusos en la escuela. Pedófilos en las calles. Incesto en casa." Dov Hikind decía haber guardado esas historias bajo llave en su despacho de Brooklyn porque las personas que se habían declarado víctimas le habían hecho jurar de mantener el secreto, pues temían ser excluidos de su comunidad, perder su empleo y su vivienda. Sin embargo, en octubre del 2008, un reputado abogado, Michael Dowd, que representaba media docena de antiguos alumnos de una *yeshiva* (escuela talmúdica) que afirmaban haber sido abusados sexualmente por el rabino Yehuda Kolko, de la *yeshiva* Teminah de Brooklyn, había conseguido que M. Hikind fuera citado a comparecer ante la justicia y que se le exigiera aportar sus documentos como prueba. Michael Dowd afirmaba que esas informaciones eran cruciales para probar las afirmaciones de sus clientes según los cuales los abusos sexuales eran cosa corriente y encubiertos de forma rutinaria por los administradores de las *yeshivas*. Dov Hikind se había negado: "Por nada del mundo traicionaré su confianza", declaró. Según él, entre todas esas personas que le habían confesado haber sido víctimas, "el 99% no irá nunca, bajo ninguna circunstancia, a la policía" Ese conflicto había revelado las tensiones que existían dentro de la comunidad ortodoxa, tal como la prensa judía lo había desvelado, así como algunos sitios web como failemessiah.com y unorthodoxjews.blogspot.com.

Después de este caso, un joven judío de 23 años, Joel Engelman, que había crecido en la comunidad ortodoxa de Williamsburg, en Brooklyn, creó una asociación de víctimas bautizada *"Survivors for Justice"*. Consideraba que a pesar "de sus buenas intenciones", Dov Hikind no había ido hasta el final de sus responsabilidades. "La comunidad no puede tener su propia policía. Lo ha demostrado repetidas veces." Joe Engelman había denunciado un profesor de la *United Talmudical Academy* que lo había violado cuando tenía ocho años. El profesor había recibido una simple suspensión temporal y había retomado sus funciones. Por su parte, el profesor Marci Hamilton, profesor asociado a la *Yeshiva University School of Law* y especialista de los abusos sexuales dentro de la comunidad judía, consideraba que la negativa de M. Hikind de proporcionar los nombres de los supuestos predadores era "escandalosa".

El diario *Le Figaro* del 16 de julio del 2009 publicó un artículo sobre los excesos de la telerrealidad en Estados Unidos, especialmente a través del programa en directo de caza de maniáticos sexuales: *"To catch the predator"* *(Atrapar el predador)*. El programa reunía los periodistas estrella de la televisión nacional. En este caso, el hombre atrapado fue un pedo- maniático. Había sido atraído por una chica de 18 años que se había hecho pasar por una niña de doce años a través de un foro de discusión de internet. Una noche, ésta anunció al hombre que sus padres habían salido y que podía venir a verla. El maniático apareció llamando a la puerta de un chalé y fue recibido en el salón por una niña. Ésta usó como pretexto ir al baño para que de repente apareciese un periodista con dos cámaras de televisión para llamar la atención al maniático: "¿Qué hace usted aquí?¡Usted sabía que ella tenía doce años!" El hombre, que era un rabino, se derrumbó lamentándose: "¡He perdido mi sinagoga! ¡He perdido mi familia!" Los policías aparecieron entonces por la puerta al son de las sirenas y apuntándolo con sus armas de servicio. Por lo visto, ¡estos desenlaces le encantan al público estadounidense!

En Francia, el programa titulado *"Les Infiltrés" (Los infiltrados)* había atrapado de la misma forma un pedófilo. El diario *Le Parisien* del 8 de abril del 2010 relataba el caso en sus páginas. Un concejal del ayuntamiento de Mesnil-Saint-Denis, responsable del área de internet, había sido engañado. Había intercambiado mensajes por internet con una tal Jessica, de 15 años, a la que había asegurado que le "enseñaría a hacer el amor sin hacerle daño". Pero detrás del personaje de Jessica se ocultaba una periodista. Una vez concluido el diálogo en internet, el hombre había sido denunciado por los periodistas ante la policía judicial de Nanterre. Unos días más tarde, a mediados de febrero, Maurice Gutman, un miembro eminente del Consistorio[671], también era puesto bajo custodia.

En enero del 2010, el diario israelí *Haaretz* nos informaba de que la Corte suprema había anulado, por unánime decisión, la decisión del tribunal de distrito de Jerusalén que había autorizado la extradición de Avraham Mandrowitz hacia los Estados Unidos. Avraham Mandrowitz, de 62 años, padre de siete hijos y miembro del movimiento jasídico, había sido acusado en 1984 por los tribunales estadounidenses de haber practicado la sodomía sobre niños de entre 5 y 10 años. Mandrowitz vivía en aquella época en Brooklyn donde se presentaba como rabino y psicólogo especializado en los problemas infantiles. La acusación estadounidense mencionaba más de 100 víctimas. Había huido con su familia para instalarse en Israel. En 1985, las autoridades de los Estados Unidos habían emitido una solicitud de extradición contra él que las autoridades israelíes habían rechazado basándose en las disposiciones de la Convención firmada entre Israel y Estados Unidos que no incluían los actos de sodomía en la lista de infracciones. Esto se llama "proctosemitismo". Sin embargo, en enero del 2007, esa Convención fue enmendada y preveía en adelante la extradición para cualquier pena de prisión superior a un año. Las autoridades estadounidenses habían entonces inmediatamente reiterado su solicitud de extradición y Mandrowitz fue detenido en noviembre del 2007 por la policía israelí en su casa de Jerusalén y llevado ante el tribunal de distrito de Jerusalén que autorizó su extradición.

En marzo del 2010, tras el enésimo caso de pedofilia en Israel,

---

[671]Consistorio Central Judío de Francia, situado en la rue de la Victoire en París. Es la institución creada en 1808 por Napoleón I para administrar la fe judía en Francia, según el modelo de las otras dos religiones oficiales (católica y protestante). Nombra al Gran Rabino de Francia. (NdT)

Yitzhak Kadman, presidente del *National Council for the Child (Consejo Nacional para la Infancia)* había declarado: "Venimos diciendo desde hace mucho tiempo que Israel es un paraíso para los pedófilos."

En abril del 2010, un rabino llamado Bryan Bramly, de 35 años, había sido transferido desde Arizona hasta Nueva York. Bryan Bramly era acusado de haber violado una niña pequeña de siete años cuando era estudiante en la escuela rabínica del *"Conservative movement"*. Desde entonces, se había casado y era padre de dos hijos y se había convertido en el rabino del Templo Beth Sholom de East Valley, en Chandler, Arizona. El hombre fue puesto en libertad con una fianza de 10000 dólares.

En abril del 2010 también, un rabino de Nueva York de 59 años llamado Baruch Mordechai Lebovits era condenado a 32 años de prisión por haber agredido sexualmente un adolescente, tal como lo anunciaba el ministerio fiscal de Brooklyn en un comunicado. "Ha sido declarado culpable el día 8 de marzo de agresiones sexuales reiteradas, en el 2004 y 2005, contra un adolescente de 16 años", precisaba el fiscal Charles Hynes. El rabino "es también un hombre de negocios eminente de la comunidad de Borough Park, donde vive el adolescente". El denunciante, Yoav Schönberg, de 22 años, era un judío ortodoxo, amigo del rabino Lebovits. Había declarado con una voz tan baja que la juez Patricia DiMango le había pedido varias veces que repitiera lo que acababa de decir. Yoav Schönberg explicó que el rabino Lebovits le había propuesto, el 2 de mayo del 2004, clases de conducción gratuita. Después de algunos minutos en el coche, Lebovits le había pedido que aparcara. Ahí, el rabino desabrochó la braguleta de Yoav y le practicó una felación. Según la asistente del fiscal, esas agresiones sexuales fueron repetidas varias veces entre ese día y el 22 de febrero del 2005. El rabino Baruch Lebovits eran además inculpado en otros dos casos de pedofilia por los que estaba en espera de ser juzgado. El caso había sido divulgado por el *New York Daily News*.

En el 2009, 40 menores de esa pequeña comunidad judía de Brooklyn habían declarado haber sido "maltratados", mientras solamente hubo 10 alegaciones de ese tipo que implicaran a la Iglesia Católica en los cincuenta estados norteamericanos: es decir 10 niños abusados sexualmente para 68 millones de católicos estadounidenses, comparado con 40 niños para 2 millones de judíos neoyorquinos. Había por lo tanto 130 veces más probabilidades de riesgo para los pequeños judíos que para los pequeños católicos.

Un sitio de internet especializado en las denuncias de esos rabinos pederastas estimaba que en Estados Unidos, sobre los 5 millones y medio de judíos, 1,3 millones habrían sufrido abusos sexuales[672]. Esto significaba que un judío sobre cuatro habría sido violado en su infancia; esto es como si 75 millones de estadounidenses hubiesen sido violados.

En diciembre del 2010, nos enterábamos de que David Epstein, profesor en la universidad de Columbia, se acostaba desde hacía varios años con su propia hija.

A continuación, presentamos un caso más grave: En el 2008, el rabino Elior Noam Chen había sido acusado de haber violado niños de entre tres y cuatro años, a los que también había torturado durante rituales de purificación. Estos hechos habían tenido lugar en la comunidad de Beitar Illit, en Cisjordania. El rabino había huido a Canadá, después de que una madre miembro de sus discípulos hubiese sido acusada de abusar de sus propios hijos. Los quemaba, les hacía comer sus excrementos y los había encerrado en maletas durante días. Se emitió una orden de arresto internacional contra él. Chen y su familia habían sido finalmente detenidos en Brasil, lugar donde habían conseguido escapar y refugiarse en la comunidad ultra-ortodoxa de Sao Paolo que los ocultaba.

Podemos también mencionar el caso emblemático de "Tony Alamo", jefe carismático de una secta cristiana apocalíptica de Arkansas, en Estados Unidos, que había sido condenado en noviembre del 2009 a 175 años de prisión por violaciones y crímenes sexuales sobre niños. Tony Alamo se aprovechaba de su estatus de profeta autoproclamado para forzar a niñas menores de edad (desde los 8 años) a casarse amenazándolas de condena eterna al infierno. También ordenaba castigos corporales de toda clase sobre los hijos de sus adeptos. Su verdadero nombre era en realidad Bernie Lazar Hoffman. Había nacido en 1934 de padres judíos de Rumanía.

En abril del 2009, se publicó en Estados Unidos un libro titulado *Tempest in the Temple (Tempestad en el Templo)* que denunciaba los desmanes de numerosos rabinos. El libro llevaba el siguiente subtitulo: "Comunidades judías y escándalos pedófilos" (*Child sex scandals*). Era el primer libro sobre el tema. Su autora, Amy Neustein, era una judía estadounidense de Baltimore. Esto era lo que se podía leer en la presentación del libro: "En el 2006, el *New York Magazine* y la cadena ABC divulgaron las historias de rabinos que habían abusado de niños. A principio del año 2007, la *Jewish Telegraphic Agency* publicó un

---

[672]http://www.theawarenesscenter.org

reportaje en cinco partes sobre las violaciones de niños por rabinos. A pesar de esa cobertura mediática, ninguna investigación exhaustiva fue llevada a cabo. *Tempestad en el Templo* cuenta los casos de unos quince rabinos, educadores y psicólogos de la comunidad judía, y los apoyos de los que se beneficiaron."

En el mes de enero del 2008, se publicó un libro autobiográfico titulado *La Hija del rabino: Sexo, Droga, y Ortodoxia*, que causó gran revuelo en la comunidad judía. Su autora era una tal Reva Mann. Ésta era la nieta del segundo rabino asquenazí de Israel, Isser Yehuda Untermann. De 50 años y madre de tres hijos, Reva Mann había comenzado a rememorar su vida después del suicidio de su madre. Narraba, entre otros sucesos, como había perdido su virginidad en la sinagoga, o su experiencia con el LSD con 16 años. Ante la pregunta que le hicieron: "¿Cuál es el objetivo de este libro?", Reva Mann respondió: "A: Todo lo que siempre habéis querido saber sobre el judaísmo sin atreveros a preguntar. Y B: espero que este libro llegue a las personas que se autodestruyen y que les ayudará a retomar el curso de sus vidas."

Ahora comprendemos mejor porque los judíos, que controlan todo el centro del sistema mediático del mundo occidental, acusan regularmente el clero católico. También comprendemos porque los medios insisten siempre en denunciar los sitios internet "negacionistas y pedófilos".

Las prescripciones del Talmud

El Talmud es bastante explícito sobre estos temas. Este libro, que recoge "la tradición de los antiguos", está compuesto de innumerables comentarios de rabinos acerca de la Ley [la Guemará]. Por lo tanto, buena parte del texto consiste en la enumeración de las opiniones de tal o cual rabino, seguido de una confrontación con las opiniones de tal o cual rabino, y finalmente concluido con una especie de síntesis hecha por otro rabino. En 1935, y por primera vez, los 63 volúmenes, o tratados, fueron traducidos para que las nuevas generaciones, incapaces de comprender las diferentes lenguas utilizadas en la versión original, pudiesen acceder al texto más fácilmente. Esa traducción completa del Talmud al inglés, publicada en 1935 en la editorial *Soncino Press*, es designada desde entonces como la *Edición Soncino* del *Talmud*[673].

---

[673]En versión inglesa en www.halakhah.com. El Talmud se compone de 63 tratados distribuidos en seis ordenes principales. Los ordenes centrales son *Z*eraim (las Simientas: tratados agrícolas), *Moed* (Temporadas y días festivos, que contiene el

Evidentemente, esta edición no tuvo una gran tirada y tampoco fue puesta a la venta para el público en general.

La lectura de los comentarios es fastidiosa; así pues, hemos preferido resumir el texto de algunas notas a pie de página. Precisemos que el Talmud hace oficio de código jurídico sobre el que se basa la ley religiosa judía, y que es el libro usado para la formación de los rabinos.

En el tratado *Sanedrín 54a-54b*, leemos lo siguiente: "La pederastia[674]con un niño que tiene menos de nueve años, no es considerada como la pederastia con un niño de mayor edad. Samuel dijo: "La pederastia con un niño que tiene menos de tres años no se considera de la misma manera que la pederastia con un niño de mayor edad[675]". ¿Cuál es la base de su desacuerdo? Rab sostiene que sólo un sujeto pasivo que fuera capaz de tener relaciones sexuales como un sujeto activo puede hacer incurrir la culpabilidad del sujeto activo; mientras que un niño incapaz de ser un sujeto activo no puede ser considerado como el sujeto pasivo de un acto de pederastia[676]. Samuel, por su parte, sostiene que la Escritura dice: "No te echarás con varón como con mujer; es abominación." (*Levítico, XVIII, 22*). Ha sido por lo tanto enseñado, conformemente a la opinión de Rab, que el acto de pederastia es considerado como crimen a partir de nueve años y un día;

---

tratado fundamental sobre el Sabat), *Nashim* (dedicado por entero a las mujeres, a la sexualidad y la reproducción, y constituido por numerosos tratados bastante escabrosos), y el orden propiamente jurídico llamado *Nezikin* (sobre daños y perjuicios. La ley civil y penal). El exclusivismo y la noción de pureza racial y sexual están omnipresentes en el Talmud. De hecho, un tratado entero, llamado *Niddah*, tiene como objeto la sangre y las menstruaciones de la mujer. Básicamente, el Talmud trata de cuestiones de dinero, sexo, pureza y mesianismo. Véase de nuevo la nota del traductor en Anexo I. (NdT).

[674]"Nos ponemos aquí desde el punto de vista del sujeto pasivo de la sodomía. Tal como ha sido establecido más arriba en 54a, la culpabilidad incurre en el sujeto activo de la sodomía, incluso si el sujeto pasivo es menor (menos de trece años). Sin embargo, a continuación, se hará una nueva distinción para los sujetos pasivos que tengan menos de trece años."

[675]*Talmud, Sanedrín 54b, nota 24*: "Rab pone como edad mínima nueve años; pero si la sodomía es practicada sobre un niño más joven, no se incurre ninguna culpabilidad. Samuel, por su parte, pone la edad mínima en tres años". *Talmud, Sanedrín 54b*: "Rab dijo: La pederastia con un niño menor de nueve años de edad no se considera como pederastia con un niño por encima de esa edad. Samuel dijo: La pederastia con un niño menor de tres años no se trata como con un niño por encima de esa edad. ¿Cuál es la base de su disputa? - Rab sostiene que sólo quien es capaz de tener relaciones sexuales, puede, como sujeto pasivo de la pederastia, echar la culpa [sobre el delincuente activo]." (NdT).

[676]Con nueve años, el niño varón ha alcanzado su madurez sexual. *Sanedrín 54b, nota 25*. (NdT).

pero aquel que comete la bestialidad, sea por vías naturales o por vías que no son naturales, o bien si una mujer procura ser abusada de manera bestial, sea por vías naturales o por vías que no son naturales, es merecedor de castigo."

Sanedrín, 55b "Una niña de tres años y un día de edad, cuyo padre arregló su compromiso [matrimonial], está comprometida con el coito, ya que el estatus legal del coito con ella es el de un coito completo. En el caso de que el marido sin hijos de una niña de tres años y un día de edad muera, si su hermano mantiene relaciones sexuales con ella, entonces la adquiere como su esposa. La pena de adulterio puede ser incurrida a través de ella; ella contamina a quien tiene relaciones con ella, de modo que aquel a su vez contamina aquello sobre lo que se acuesta, como una prenda que ha yacido sobre una persona afligida por la gonorrea."

En el mismo pasaje vemos una nota que dice así: "Una variante de este pasaje es: "¿Hay algo que sea permitido a un Judío y que sea prohibido a un pagano? Las relaciones sexuales por las vías que no son naturales están permitidas a un Judío[677].""

Sanedrín, 69b: "Nuestros rabinos enseñaron: Si una mujer se unió lascivamente a su joven hijo [un menor], y él cometió la primera etapa del coito con ella, dice Beth Shammai que ésto la hace no apta para el sacerdocio. Pero Beth Hillel la declara todavía apta... Todos están de acuerdo en que la relación sexual de un niño de nueve años y un día es una relación sexual real; mientras que la de un niño de menos de ocho años no lo es. Su disputa se refiere sólo al caso de un niño que tiene ocho años. Beth Shammai sostiene que debemos basar nuestra decisión en las generaciones anteriores, pero Beth Hillel sostiene que no[678]."

Talmud Kethuboth, 11a-11b: "Raba dijo: "Cuando un hombre adulto tiene relaciones sexuales con una niña pequeña no es nada, porque cuando la niña es menor de tres años, es como si uno le pusiera el dedo en el ojo; pero cuando un niño pequeño tiene relaciones sexuales con una mujer adulta, esto es equivalente al caso en que "una niña es herida [penetrada] por un pedazo de madera""

---

[677]*Talmud, Sanedrin, 58b*: "Rava dice: ¿Hay alguna acción por la que un judío no sea considerado responsable, pero un gentil sí lo sea por realizarla? Un judío no es responsable por mantener relaciones sexuales anales con su esposa." (NdT).

[678]*Talmud, Sanedrín, 69b, nota 5*: "Así que, si él tenía nueve años y un día o más, Beth Hillel está de acuerdo en que ella queda invalidada para el sacerdocio; mientras que, si él tenía menos de ocho, Beth Shammai está de acuerdo en que ella no lo está." Shamai y el fariseo Hillel (-110 aC, -10 dC) fueron los dos primeros eruditos antiguos que discutieron y sistematizaron la interpretación de la Torá escrita. El fariseo Saulo de Tarso (San Pablo) fue discípulo de Gamaliel, nieto de Hillel. (NdT).

"La virginidad de una niña es tomada en consideración únicamente a partir de los tres años y un día. Si es violada por debajo de esa edad, el culpable es absuelto, pues el Talmud dice que "es como si le metieran el dedo en el ojo"; la virginidad se vuelve a formar. Por encima de los tres años y un día, la virgen no casada que es violada- dado que se entiende que sólo puede casarse a partir de los nueve años y un día-tiene derecho a recibir una indemnización. Si es violada por dos hombres o por diez, sólo el primero paga la multa. Si uno de los dos la violó por vía anormal, éste es el que paga la multa. Pero si diez la violaron por vías normales y uno por vía anormal, entonces todos deberán pagar[679]."

Por lo tanto, el Talmud prohíbe a las madres judías dormir con sus hijos cuando estos son mayores de nueve años y un día. Según este libro santo, la misma prohibición se aplica para el padre cuando la niña tiene más de tres años y un día. Además, según el Talmud, una viuda judía nunca debe tener un perro. Por lo tanto, cuando vemos una señora pasear su perro por la calle, sabemos que no es una viuda judía; si bien ésta puede tener una perra.

El Complejo de Edipo por fin explicado

Ahora entendemos perfectamente porque el psicoanálisis nació en los sesos de un miembro del "pueblo elegido". Nacido en Moravia, Sigmund Freud provenía de un entorno judío jasídico tradicional. Sus padres eran judíos de Galitzia, en el oeste de la Ucrania actual. Su madre había nacido en Brody, uno de los mayores centros del pensamiento jasídico de Europa oriental. En Viena, donde la familia se había instalado, sus padres todavía hablaban un alemán muy mezclado con el yiddish. Si bien Freud, al igual que Karl Marx y muchos otros judíos, se había alejado de la religión judía, no por ello, muy al contrario, había renunciado a su pertenencia comunitaria. En el prólogo en hebreo de *Moisés y la religión monoteísta*, escribía que "se había separado de la religión judía pero que no había repudiado el pueblo judío[680]."

---

[679]Roger Peyrefitte, *Les juifs*, (*Deuxième partie, Chapitre 5*), Flammarion, 1965. Desaconsejamos la lectura del libro de Roger Peyrefitte, que tiende a demostrar, especialmente a través de la onomástica, que "todo el mundo sería un poco judío". Por lo visto y a pesar de su gran erudición, Roger Peyrefitte poco entendió de la cuestión judía.

[680]David Bakan, *Freud et la tradition mystique juive*, 1963, Payot, 2001, p. 320. [" Nunca he podido comprender por qué habría de avergonzarme de mi origen o, como entonces comenzaba ya a decirse, de mi raza. Asimismo renuncié sin gran sentimiento a la connacionalidad que se me negaba. Pensé, en efecto, que para un celoso trabajador

Freud no tuvo el valor de revelar al mundo que el famoso "complejo de Edipo" era en realidad el "complejo de Israel". Como buen judío, había proyectado la neurosis del judaísmo sobre el resto de la humanidad retomando una leyenda griega para que los goyim aceptaran más fácilmente su "descubrimiento".

La leyenda griega cuenta que el oráculo predijo a Edipo, hijo del rey de Corinto, que un día mataría a su padre y que se casaría con su madre. El joven príncipe, horrorizado, huyó entonces del reino y partió hacia Tebas. En el camino, Edipo mato a dos hombres que querían que les cediera el paso. Al llegar por fin a las puertas de la ciudad, tuvo que responder a la pregunta del Esfinge que aguardaba en la entrada. Ese monstruo con rostro y busto de mujer, cuerpo de león y alas de pájaro, atemorizaba la región devorando a aquellos que no podían acertar sus enigmas. Pero Edipo acertó[681] y el Esfinge tuvo que huir. Edipo se convirtió entonces en rey de Tebas y se casó con la reina Yocasta, la viuda de Layo, el rey de Tebas asesinado por Edipo en el camino sin que éste lo supiera. Más tarde, se enteró de que muchos años atrás Layo había ordenado el asesinato de su hijo recién nacido. Esa orden no había sido ejecutada y el niño había sido recogido por pastores que lo habían entregado al rey de Corinto, del que Edipo siempre creyó que era su hijo. La predicción del oráculo se había por lo tanto cumplido. Edipo, desesperado, se quitó los ojos y huyo al destierro para hacerse mendigo.

El complejo de Edipo es en realidad una especificidad judía. David Bakan confirmaba de manera edulcorada nuestras propias conclusiones: "La principal crítica dirigida contra la doctrina del complejo de Edipo es que se inspira en un tipo de constelación familiar particular que encontramos en el entorno cultural directo de Freud y que éste habría cometido el error del "etnocentrismo", generalizando en exceso a partir de una cultura determinada[682]."

Por otra parte, Freud tenía ciertas disposiciones para comprender sus pacientes, pues él mismo parecía afectado por ese trastorno que estudiaba. A los cuarenta y dos años, cuando todavía seguía con su autoanálisis, acusaba a su propio padre, fallecido recientemente en

---

siempre habría un lugar, por pequeño que fuese, en las filas de la Humanidad laboriosa, aunque no se hallase integrado en ninguno de los grupos nacionales. Pero estas primeras impresiones universitarias tuvieron la consecuencia importantísima de acostumbrarme desde un principio a figurar en las filas de la oposición y fuera de la "mayoría compacta", dotándome de una cierta independencia de juicio"", en Sigmund Freud, *An autobiographical study*, (1924), S. E. XX. p. 9. (NdT).]

[681]"¿Cuál es la única criatura que al amanecer anda a cuatro patas, al mediodía anda a dos y al caer la tarde anda a tres?" (NdT)

[682]David Bakan, *Freud et la tradition mystique juive*, 1963, Payot, 2001, p. 298

1896, tal como lo atestigua este pasaje de una carta dirigida a su gran amigo, el doctor Wilhelm Fliess: "Desgraciadamente, mi propio padre era uno de esos pervertidos. Él es la causa de la histeria de mi hermano y de algunas de mis hermanas menores. La frecuencia de ese tipo de relaciones a menudo me da que pensar."

En el libro de Martha Robert, *La revolución psicoanalítica*, encontramos un pasaje interesante. Martha Robert, como muchos de sus congéneres que sienten la necesidad "de hablar de ello", se expresaba con elipsis: "Descubre entonces en su interior...sus sentimientos hostiles hacia su padre, su ternura incestuosa hacia su madre, sus deseos de muerte, su esquivez...Su repugnancia en divulgar el secreto del mundo oscuro en el que acaba de penetrar es tal que, en las cartas al único amigo al que confiesa los resultados de su análisis, relata los recuerdos de su madre escribiendo en latín[683]."

Evidentemente, Freud también había sido abusado por su padre durante su infancia, y se consolaba en la cama de su madre, que probablemente le aseguraba que era un "genio", quizás incluso el mesías en persona[684].

Freud tuvo además que sufrir por el hecho de tener en su ascendencia algunas taras hereditarias. Esto era lo que escribía en 1886 a propósito de su tío de Breslau, el hermano menor de su padre: "Es comerciante, y la historia de su familia es muy triste. De sus cuatro hijos, sólo una hija es normal y se ha casado en Polonia. Uno de los hijos es hidrocéfalo y retrasado; otro que prometía de pequeño, se ha vuelto loco a los 19 años; la otra hija ha enloquecido con veinte y tantos años...Mi otro tío de Viena murió epiléptico. Ya no puedo atribuir esta herencia sólo a la familia de mi madre. Debo reconocer que hay en mi familia unas taras neuropatológicas muy serias[685]." José, el hermano de su padre Jacobo, tenía también un hijo epiléptico: "Aunque, como delincuente, parecía más bien un pervertido que un loco. Según la opinión de Jacobo Freud, hay que considerarlo más bien como un imbécil". Así pues, hay que reconocer que "toda esa rama paterna de su familia...casi únicamente cuenta con degenerados."

[683]Marthe Robert, *La Révolution psychoanalytique, Tome I*, Payot, 1964, p. 41. Hervé Ryssen, *Le Miroir du judaïsme*, p. 349, 350

[684]En *El mal de Portnoy*, el novelista estadounidense Philip Roth escribía: "¿Qué les pasaba a estos padres judíos?,¿qué eran capaces de hacernos creer a los judiitos jóvenes, por un lado, que éramos unos príncipes, únicos en el mundo, como los unicornios, genios, más brillantes que nadie nunca y más guapos que ningún otro niño de la historia?" Philip Roth, *El mal de Portnoy*, Debols!llo, Penguin Random House, Barcelona, 2008, p. 131

[685]Correspondencia, carta a Martha del 10 de febrero de 1886, p. 222-223

Sigmund Freud era muy consciente de esa fatalidad genética y notaba con pesar: "Esas historias son tan frecuentes en las familias judías." Martha Robert añadía, además, tergiversando un poco el asunto: "Freud no puede dejar de atribuir esa tara tan manifiesta a la "muy hermosa tendencia a la neurastenia" que padece desde tanto tiempo y que también se da en su hermana Rosa y su hermano Emmanuel[686]."

Al final del siglo XX, los judíos de los *shtetls* de Polonia y de Rusia afluían a la capital del Imperio Austrohúngaro, pues, además, una ley de 1869 les había otorgado la igualdad de derechos. En los círculos culturales y financieros, numerosos judíos no tardaron en imponerse, de modo que la Viena de principios de siglo XX, al igual que Berlín y Moscú en los años 20, representó para ellos una edad de oro, de la misma forma que lo son hoy en día París y Nueva York. Al principio del siglo XX, los judíos ocupaban en la capital del Imperio Austrohúngaro posiciones muy dominantes en el mundo de las finanzas y de la cultura. Los escritores, periodistas y artistas más en boga en aquella época, es decir aquellos que se beneficiaban de mayor publicidad, formaban parte de la comunidad judía: Sigmund Freud, Stefan Zweig, Arthur Schnitzler, Franz Werfel, Franz Kafka, Gustav Mahler, Karl Krauss, Hugo von Hofmansthal, etc. Pero esos numerosos judíos advenedizos, a penas salidos del gueto, no tenían la intención de perder su identidad asimilándose en la sociedad austriaca. Como en todas partes, los judíos preferían vivir entre ellos[687].

Si bien no le interesaba demasiado la religión, Sigmund Freud se mantuvo sin embargo muy vinculado a su comunidad. Había estudiado las Escrituras y el hebreo en la escuela y tenía el mismo afán por el saber y el estudio que sus antepasados talmudistas[688]. Vivió y creció en

---

[686]Marthe Robert era judía, y casada con un judío.

[687]La vida en los guetos fue deseada así por los propios judíos. Léase al respecto Hervé Ryssen, *Le Miroir du judaïsme*, Baskerville (2009), p. 48-53 y *Histoire de l'antisémitisme*, Baskerville (2010). p. 280, 400

[688] "Mi profunda dedicación a los escritos bíblicos (iniciada casi al tiempo que aprendí el arte de la lectura) tuvo, como lo reconocí muchos años después, un prolongado efecto en la línea de mis intereses." Sigmund Freud, *An autobiographical study,* (1924), S. E. XX. p. 8. Estas palabras eran corroboradas por las de su padre, Jacob Freud, quien en el 35° cumpleaños le escribió a su hijo la siguiente dedicatoria en la Biblia de Philippson que Sigmund usara de niño: "A la edad de siete años el espíritu de Dios comenzó a acercarse a ti y te dijo: Ve a leer los libros que he escrito, y se abrirán para ti las fuentes de sabiduría, conocimiento y entendimiento. El Libro de los Libros es el pozo que han labrado los sabios y en el cual los legisladores han aprendido conocimiento y justicia..." Esta Biblia era una edición bilingüe (hebreo-alemán), con explicaciones e ilustraciones, editada por primera vez en 1854 por el Rabino Ludwig Philippson. Léase en Ostow,

un entorno exclusivamente judío, y también a lo largo de toda su carrera profesional. En el Comité director de la Sociedad psicoanalítica de Viena, todos los asistentes eran judíos, excepto Richard Sterba, que Freud señaló una vez con el dedo riéndose para recordar que era una excepción. De hecho, esa situación era resumida por una frase de Freud que escribía así: "Aunque hace mucho tiempo que me separé de la religión de mis antepasados, nunca perdí el sentimiento de solidaridad con mi pueblo[689]."

Todos los discípulos de Freud que han aportado alguna contribución original al psicoanálisis han sido judíos, menos la excepción notable de Jung. Por otra parte, el periodista de investigación Emmanuel Ratier sacó a la luz la pertenencia de Sigmund Freud a la secta masónica B'nai B'rith, una francmasonería exclusivamente reservada a los judíos[690]. De 1900 a 1902, participó como "hermano fundador" a la creación de la segunda Logia del B'nai B'rith de Viena, la Logia Armonía.

M. : *Sigmund and Jacob Freud and the Philippson Bible*, 1989, IRPA, p. 16, 483 y en Pfrimmer, T. : *Freud, lecteur de la Bible*, Presses Universitaire de France, 1982, Paris. (NdT).

[689]Marthe Robert, *D'Oedipe à Moïse*, 1974, Agora, 1987, p. 35, 45, 51, 56. ["Haced todo lo necesario para restablecer el interés de nuestros connacionales (*folksbrider*) para nuestro Instituto Científico Judío en Vilna. Nosotros los judíos, siempre hemos tenido en alta estima los valores espirituales. Gracias a ellos hemos permanecido juntos y hemos perdurado hasta el día de hoy. Para mi, siempre fue un ejemplo de nuestra historia, que inmediatamente después de la destrucción del Templo de Jerusalén, Rabí Johanan ben Zakkai pidió permiso al opresor para abrir la primera escuela superior para estudios judaicos. También ahora ha llegado una época difícil para nuestro pueblo. Esta época exige de nosotros que nuevamente unamos nuestras fuerzas para poder sostener en estas tormentas nuestra cultura y ciencia. Y bien sabéis del papel que juega en esta tarea, el Instituto Científico Judío de Vilna." Sigmund Freud, para la revista del Instituto Científico Judío de Vilna *Ivo bleter*, noviembre-diciembre de 1938, T.XIII. n. 7-8, pag. 32. (NdT).]

[690]B'nai B'rith, literalmente Hijos de la Alianza, Hijos del Pacto o Hijos de la Luz. Desde 1843, es oficialmente reconocida como la masonería exclusivamente judía. La *Enciclopedia Judaica* de 1901 afirma que el lenguaje técnico, el simbolismo y los ritos de la francmasonería están llenos de ideas judías (Cyrus Adler, *The Jewish Encyclopedia, vol III*, Ed. Funk and Wagnalls, 1901, p. 503-504). De hecho, toda la parafernalia simbólica de la masonería especulativa gira en torno a la iconografía judaica: Jehová, el Templo de Salomón, el tabernáculo, Hiram Abiff, Tubal Caín, la escalera de Jacob, Abraham, etc. Las formas de sociedades iniciáticas secretas como la masonería y las ciencias ocultas derivan de la Cábala hebrea, nacida en los círculos judíos que estuvieron en contacto con los saberes esótericos de Babilonia, Egipto y las escuelas mistéricas paganas de la Antigüedad helenística, muy especialmente en las ciudades de Alejandría y Antioquía. Sobre la masonería y sus orígenes recomendamos la obra muy bien documentada de Alberto León Cebrián, *Las Revoluciones masónicas*, Bubok, 2015. (NdT).

Freud sabía que tenía que conquistar a toda costa el mundo intelectual goy para asegurarse la más amplia difusión de la nueva "ciencia". Ese fue el motivo por el que entronizó Jung, el único goy del movimiento, como presidente de la Sociedad psicoanalítica. En su libro titulado *Misterios y secretos del B'nai B'rith*, el periodista de investigación Emmanuel Ratier transcribía las declaraciones de un psicoanalista austro-húngaro, Fritz Wittels, el cual había relatado un suceso poco conocido acaecido durante el segundo Congreso psicoanalítico de 1910: "Varios discípulos judíos se tomaron muy mal la promoción de Carl Gustav Jung a la presidencia del movimiento psicoanalítico, lo que había provocado gran descontento en los discípulos vieneses que sospechaban Jung de tener prejuicios antijudíos." Freud se habría exclamado en ese momento: "La mayoría de vosotros sois judíos, y por ese motivo sois incompetentes para ganar amigos a la nueva ciencia. Los judíos deben conformarse con el rol modesto de preparar el terreno. Es absolutamente fundamental que pueda formar vínculos con la comunidad científica[691]." El judaísmo, como de costumbre, no avanzaba a cara descubierta. Todo lo contrario.

Cábala, jasidismo y psicoanálisis

En los shtetls de Europa oriental, los judíos vivían en un confinamiento poco favorable para la liberación de los espíritus: "La manera de vivir de los judíos, escribía David Bakan, estaba codificada punto por punto, de un momento al siguiente, de un día al otro, de una semana a la otra, de una temporada a la siguiente, y así desde el nacimiento hasta la muerte. Todo se hacía conforme a la Alianza." Bajo esas circunstancias, la vida era "una ocupación religiosa a tiempo completo."

En su libro, *Freud y la tradición mística judía*, David Bakan intentaba demostrar que el psicoanálisis era en realidad ampliamente derivado de los métodos de la Cábala judía. Esa corriente mística judía, que despegó realmente en el siglo XVI y que suscitó a continuación algunas herejías ferozmente combatidas por los rabinos, se perpetuó, y de alguna forma, se estabilizó en los judíos jasídicos actuales. Ellos son los herederos de esa tradición esotérica. Bakan recordaba el vínculo pasional de los judíos piadosos con su Torá y su Ley: "Durante siglos, la Torá había sido considerada como un documento tan sumamente sagrado que cada letra, cada matiz en el estilo y hasta el tamaño de las

---

[691]Emmanuel Ratier, *Mystères et secrets du B'Nai B'Rith*, 1993, p. 145-149

letras en los rollos manuscritos, tenían para los místicos y exégetas, un sentido profundo, oculto." En efecto, el texto no debía ser solamente leído de manera literal. Con el fin de descubrir el "sentido oculto", los cabalistas poseen antiguas técnicas expuestas en el Zohar, el libro de referencia de los judíos cabalistas.

Los juegos de palabra forman parte íntegra de la búsqueda del sentido oculto de la Torá, explicaba Bakan. Pero además del simple juego de palabras que se puede ver de un extremo al otro del Zohar, también existen muchos juegos sobre los números, basados en gran parte sobre el hecho de que cada carácter hebraico tiene un valor numérico. De forma característica, el juego sobre las letras- llamado *Zeruf* (combinación) en la mística judía- se clasifica en tres secciones principales: gematría, notarikon y temurah. La gematría establece el sentido basándose en el valor numérico de las palabras. Notarikon procede de forma acrónima, como un método para seleccionar una palabra usando cada una de sus iniciales o sus letras finales para formar otra palabra: así *"chen"* que significa "gracia" tiene las mismas primeras letras (consonantes, *chn*) que *"chokmah nistarah"* que significa "sabiduría oculta". Temurah cambia las palabras cambiando el orden de las letras. Bakan creía percibir en los textos la "tendencia temurica de Freud".

Según él, los métodos de los cabalistas habían podido inspirar el método psicoanalítico. Bakan observaba que el método freudiano de la interpretación de los sueños, que consiste en extraer cada elemento de su contexto, corresponde exactamente a "la búsqueda de los sentidos ocultos o más profundos de la Torá". Los cabalistas interpretaban la Torá "de una manera que se parece sorprendentemente a la del psicoanalista interpretando los carices y divagaciones de la expresión humana." Según Bakan, Freud "quería informarnos de que, a través del psicoanálisis, analizaba un ser humano como los Judíos habían analizado durante siglos la Torá[692]."

David Bakan apoyaba aquí su tesis según la cual Freud fue un heredero de los sabateos, cuyos principios, en su tendencia radical, consistían en ir sistemáticamente en contra de la Torá y hacer todo lo que estaba prohibido[693]. Esos judíos cabalistas fueron perseguidos y excomulgados por los rabinos, pero se sabe que, en Europa central, y especialmente en Polonia y en Moravia, precisamente, los sabateos habían conseguido fuertes posiciones dentro del judaísmo. Para David

---

[692]David Bakan, *Freud et la tradition mystique juive*, 1963, Payot, 2001, p. 286-290, 276, 275, 272.
[693]Véase de nuevo nota del traductor en Anexo VI. 3.

Bakan, el método freudiano era por lo tanto la "culminación final del sabateísmo". Su método psicoanalítico fue su manera personal de cumplir la apostasía sabatea.

En Moravia, explicaba Gershom Scholem, el movimiento sabateo se implantó hasta el punto de ganar la adhesión de numerosos urbanitas y pequeños comerciantes judíos. "Según Jacob Emden, el valor numérico de las letras hebraicas en el versículo 3 del salmo 14: "No hay más hombres honestos, ni siquiera uno" es igual al valor numérico de las letras de la palabra hebrea para significar Moravia. En Praga y en Mannheim, aparecieron centros de estudios orientados en un sentido sabateo y los "diplomados" de esas instituciones tuvieron una gran influencia" en el siglo XVIII[694].

Tampoco es casualidad que el primer libro de Freud trate de *La interpretación de los sueños*. En las antiguas comunidades judías, la obra más demandada a los vendedores de libros ambulante los días de mercado era precisamente *La Clave de los sueños*, que daba la significación de todos los sueños. *"La Clave de los sueños* de Salomon B. Jacob y Pitorn Chalamot, era uno de los más buscado", escribía David Bakan. "El tratado Berakoth, uno de los menos legalizados del Talmud, contiene una de las exposiciones más amplia sobre los sueños y su interpretación de toda la literatura rabínica. Durante siglos sirvió de guía para la interpretación de los sueños."

Por lo tanto, Freud se habría ampliamente inspirado de esas lecturas, y Bakan notaba al respecto: "La similitud fundamental entre sus métodos y los empleados en el psicoanálisis ya ha sido reconocida por la literatura psicoanalítica." Hallamos efectivamente rasgos muy similares en la teoría psicoanalítica. Así, el Berakoth aporta estas explicaciones: Si una persona ha soñado haber regado aceitunas con aceite: "se trata de alguien que ha cohabitado con su madre". Si una persona ha soñado que "sus ojos se besaban entre sí, entonces es que ha cohabitado con su hermana". Y si una persona ha soñado que besaba la luna, es que "ha cometido adulterio[695]". Como vemos, los sueños según el Berakoth tienen un significado sexual y son la culminación de un deseo. Y así, junto con David Bakan, podemos ver de nuevo como la cuestión del incesto parece ser una obsesión en la comunidad judía.

El tema del parricidio

---

[694]Gershom Scholem, *Le Messianisme juif,* 1971, Calmann-Lévy, 1974, p. 156

[695]David Bakan, *Freud et la tradition mystique juive,* 1963, Payot, 2001, p. 282

El tema del parricidio es lancinante en la obra de Sigmund Freud. Está presente en *La interpretación de los sueños* (1900). De nuevo está representado en *Tótem y Tabú* (1912), y culmina en *Moisés y la religión monoteísta* (1934). En un pasaje de este último libro, Freud retomaba, veintitrés años más tarde, lo que ya había afirmado en *Tótem y Tabú* sobre los orígenes primitivos de la sociedad humana, una herencia de la tesis darwiniana de la "horda primitiva".

Según él, "en tiempos prehistóricos el hombre primitivo habría vivido en pequeñas hordas dominadas por un macho poderoso":

"El macho poderoso habría sido amo y padre de la horda entera, ilimitado en su poderío, que ejercía brutalmente. Todas las hembras le pertenecían: tanto las mujeres e hijas de su propia horda como quizá también las robadas a otras. El destino de los hijos varones era muy duro: si despertaban los celos del padre, eran muertos, castrados o proscritos. Estaban condenados a vivir reunidos en pequeñas comunidades y a procurarse mujeres raptándolas, situación en la cual uno u otro quizá lograra conquistar una posición análoga a la del padre en la horda primitiva. Por motivos naturales, el hijo menor, amparado por el amor de su madre, gozaba de una posición privilegiada, pudiendo aprovechar la vejez del padre para suplantarlo después de su muerte...El siguiente paso decisivo hacia la modificación de esta primera forma de organización "social" habría consistido en que los hermanos, desterrados y reunidos en una comunidad, se concertaron para dominar al padre, devorando su cadáver crudo, de acuerdo con la costumbre de esos tiempos...creemos que no sólo odiaban y temían al padre, sino que también lo veneraban como modelo, y que en realidad cada uno de los hijos quería colocarse en su lugar. De tal manera, el acto canibalista se nos torna comprensible como un intento de asegurarse la identificación con el padre, incorporándose una porción del mismo."

Así nació, según Freud, la primera forma de organización social "basada en la renuncia a los instintos, en el reconocimiento de obligaciones mutuas, en la implantación de determinadas instituciones, proclamadas como inviolables (sagradas); en suma, los orígenes de la moral y del derecho. Cada uno renunciaba al ideal de conquistar para sí la posición paterna, de poseer a la madre y a las hermanas. Con ello se estableció el tabú del incesto y el precepto de la exogamia."

Entonces, se instituyó un día de fiesta y de festín para celebrar "la victoria de los hijos aliados contra el padre". Durante ese "banquete totémico" era devorado un animal que servía de sustituto del padre[696].

---

[696]Durante la fiesta de Pesaj, los judíos sacrifican de forma ritual y comen los corderos, animales sagrados de los egipcios.

Y Freud concluía así: "Tenemos sobrados motivos para considerar al totemismo como la primera forma en que se manifiesta la religión en la historia humana[697]." Así, "la hostilidad contra el padre que impulsó a su asesinato fue extinguiéndose en el transcurso de un largo período de tiempo para ceder su puesto al amor y dar nacimiento a un ideal cuyo contenido era la omnipotencia y falta de limitación del padre primitivo combatido un día, y la disposición a someterse a él". "La sociedad reposa entonces sobre la responsabilidad común del crimen colectivo, la religión sobre la consciencia de la culpabilidad y el remordimiento."

Freud añadía además en *Tótem y Tabú* que "este acto criminal y memorable que constituyó el punto de partida de las organizaciones sociales, de las restricciones morales y de la religión" es el "magno suceso con el que se inicia la civilización y que no ha dejado de atormentar desde entonces a la Humanidad[698]."

Sin embargo, podemos legítimamente sorprendernos de que Freud escribiera en esas mismas páginas que "este estado social primitivo no ha sido observado en parte alguna", y que eso no le impidiera postular su teoría como una ley universal aplicable invariablemente a todos los pueblos de la tierra.

El estudio antropológico de Freud respecto a la sociedad primitiva es dudoso. David Bakan afirmaba por su parte que Freud había encontrado su inspiración en aquello que le era más familiar: "Consideramos que las antiguas religiones semíticas, tal como se han mantenido según Freud a lo largo de los siglos en la vida de los Judíos, constituyen los elementos de referencia fundamentales de *Tótem y Tabú*[699]."

Efectivamente, Freud se inspiró fundamentalmente de las costumbres de la comunidad judía para escribir esas líneas y elaborar su teoría. Pues únicamente en la comunidad judía el padre posee todas las mujeres, incluso sus propias hijas, y en ninguna otra parte. "Todas las hembras le pertenecían", escribía. En cuanto a esa idea, según la cual "el hijo menor, amparado por el amor de su madre" podía "aprovechar la vejez del padre para suplantarlo después de su muerte", ésta fue evidentemente inspirada en las largas tradiciones familiares judías.

---

[697]Sigmund Freud, *Moisés y la religión monoteísta: tres ensayos, Obras Completas,* EpubLibre, Trad. Luis López Ballesteros y de Torres, 2001, p. 4408, 4409, 4410
[698]Sigmund Freud, *Tótem y Tabú, Obras Completas,* EpubLibre, Trad. Luis López Ballesteros y de Torres, 2001, p. 2478, 2476, 2473, 2475
[699]David Bakan, *Freud et la tradition mystique juive,* 1963, Payot, 2001, p. 321

Como borrar el rastro

Evidentemente, Freud había recibido fuertes presiones por parte de su entorno y de sus colegas para que no desvelara el gran secreto de la comunidad judía. Desde aquellas revelaciones que había que leer como un reflejo en un espejo, los intelectuales judíos se han ingeniado en borrar el rastro para despistar y engañar a los goyim. En *El libro negro del psicoanálisis*, publicado en el 2005[700], algunos autores interpretaron el paso de la "teoría de la seducción" a la "teoría de la fantasía", que había llevado a Freud a descubrir el supuesto "complejo de Edipo", de manera a ocultar completamente la escena del crimen. Así, para Allen Esterson, el problema no radicaba en saber si los pacientes de Freud- que eran evidentemente de su propia comunidad- habían sido víctimas de incesto, o si habían soñado con él. En efecto, Esterson aseguraba que éstos nunca le dijeron que habían sido abusados sexualmente durante su infancia: "Contrariamente a lo que afirmaría en sus posteriores informes, Freud escribía en aquella época que sus pacientes "no tenían ningún recuerdo" y le aseguraban "con vehemencia que no creían" en los traumatismos sexuales en los que él insistía[701]." Por lo tanto, habría sido el propio Freud el que sugirió a sus pacientes esa idea del incesto.

En el *Libro negro del psicoanálisis*, Hans Israel confirmaba que Freud nunca había escrito que sus pacientes, hombres y mujeres, declararon haber sido abusados sexualmente: "En sus artículos de 1896, Freud repite que exhortaba a sus pacientes a confesarle que habían sido sometidas a abusos sexuales en la infancia, pero que no recordaban, y que, incluso después de curarse, continuaban rechazando creer en esas "escenas". Nunca cuenta que las pacientes acudieran para hablarle de abusos sexuales – al contrario, ¡puesto que eso hubiera sido contrario a su propia teoría! Su "teoría de la seducción" de 1896 es de hecho bien diferente a la descripción que dio más tarde. "

Por otra parte, "Freud afirmaba que los síntomas histéricos "desaparecían inmediatamente y sin retorno", cuando se conseguía volver a llevar a la conciencia el acontecimiento traumático reprimido que había estado en su origen. Es una afirmación que repetiría a lo largo de toda su carrera: el psicoanálisis, gracias al análisis de la transferencia y de las resistencias, se centra en las causas de la neurosis, contrariamente a las otras terapias que sólo obtienen curaciones

---

[700]En el 2005, Francia era todavía, junto con Argentina, el país más freudiano del mundo, *El libro negro del psicoanálisis*, Introducción. (NdT).

[701]*El libro negro del psicoanálisis*, Colectivo, bajo la dirección de Catherine Meyer, p. 20

superficiales y temporales... Era un argumento publicitario muy potente, eficaz de largo para justificar el coste y la duración interminable de los tratamientos analíticos[702]."

Hans Israel escribía que Freud pensaba que era capaz de curar sus pacientes "haciéndoles desvelar sus recuerdos inconscientes de abusos sexuales sufridos a una edad muy joven. Estaba totalmente convencido que no dudó en vanagloriarse públicamente de éxitos terapéuticos que aún no había obtenido. En las cartas a Fliess, no deja de repetir que trabaja muy duro para obtener un éxito terapéutico con sus pacientes, pero que aún no lo ha conseguido. Lo repite constantemente, para finalmente admitir en otoño de 1897 que ya no cree en su teoría. La primera razón que da para justificar este giro es que no ha podido terminar "un solo análisis". Vemos pues que la explicación es sorprendentemente simple, no hay nada misterioso. Freud simplemente tuvo una idea, y no funcionó. Lo intentó a fondo, pero fue un fracaso. Entonces decidió abandonarla. Es tan tonto como esto." Hans Israel concluía así: "Freud no pudo ponerse a dudar de las historias de sus pacientes ¡por la buena razón de que nunca las hubo[703]!"

En definitiva, habría sido el propio Freud el que habría sugerido los recuerdos de abusos sexuales a sus pacientes, pues éstos nunca le contaron de forma espontánea esas escenas de incesto y de perversión que les pedía que se rememoraran. Olvídense pues, estimados lectores, ¡de todas esas historias de incesto!

De hecho, la introducción del *Libro negro* desvelaba de entrada la génesis del psicoanálisis en el cerebro de Freud, pero avalando la tesis del traumatismo incestuoso narrado por los pacientes. En 1897, después de su autoanálisis, Freud "acabó por darse cuenta de que había tenido, de niño, deseos eróticos con respecto a su madre y sentimientos de celos con respecto a su padre. He aquí, entonces, el por qué había dado tan fácilmente crédito a las acusaciones de sus pacientes con respecto a las seducciones de sus padres: ¡es que él mismo quería matar al padre! Y he aquí también, por qué todas sus pacientes le habían contado esas inverosímiles historias de incesto: no se trataba de recuerdos, sino de fantasías que expresaban un deseo infantil de ser seducidas por su padre. Freud acababa de descubrir la sexualidad infantil, el papel de las fantasías inconscientes en la vida psíquica de las neurosis y la universalidad de lo que más tarde denominaría "complejo de

---

[702]*El libro negro del psicoanálisis*, Colectivo, bajo la dirección de Catherine Meyer, p. 24, 42

[703]*El libro negro del psicoanálisis*, Colectivo, bajo la dirección de Catherine Meyer, p. 25

Edipo[704]"."

Verdaderamente, tenemos la impresión de que este libro fue escrito, como muchos otros sobre el tema, para llevar los lectores goyim por el camino equivocado, pues no podemos concebir que esos intelectuales judíos, psicoanalistas, por si fuera poco, ignoren la realidad del incesto en su propia comunidad, y en sus propias familias.

Feminismo y matriarcado

Las tradiciones y costumbres del pueblo judío pueden parecer bastante desconcertantes para un espíritu europeo. Es interesante observar cómo los judíos, especialmente los judíos piadosos, tratan a la mujer, hija o esposa, de acuerdo con costumbres peculiares. En su gran estudio sobre los judíos de los shtetls de Europa oriental, Mark Zborowski escribía: "La mujer no tiene que estudiar, pues no será más judía si estudia. Por más que sea perfecta y obediente a la Ley, su judaísmo, comparado con el de un hombre instruido, no será nunca completo. No es considerada como un ser independiente, sino como un miembro de un conjunto cuyos elementos son complementarios[705]."

La mujer no necesita conocer la Ley judía: a una chica le basta con saber un poco leer y rezar. Existe por lo tanto dos tipos de literatura paralelas que el "Moicher Sforim", el vendedor de libros ambulante, propone de shtetl en shtetl: los textos sagrados en hebreo para los hombres instruidos y una abundante literatura yiddish reservada para las mujeres y los prostes706 compuesta de libros religiosos o profanos redactados con una simplicidad y una claridad indignas de un auténtico letrado. "El shtetl ha instaurado una cultura para el hombre donde la mujer es oficialmente una subordinada y un ser inferior. El estudio de la Ley, el primer factor de promoción social, no está permitido para ellas, por lo que las mujeres están automáticamente excluidas de las cimas de la sociedad."

Las leyendas talmúdicas y la práctica social en el shtetl concuerdan, además, en señalar la naturaleza radicalmente pecadora de la mujer. "Puesto que es pecado contaminar el estudio de la Ley con ensoñaciones sensuales, escribía Zborowski, el matrimonio de los chicos es relativamente precoz. Satisfechos en sus deseos, tienen así el espíritu libre para estudiar... El ideal del shtetl prescribe a los hombres

---

[704]*El libro negro del psicoanálisis*, Colectivo, bajo la dirección de Catherine Meyer, p. 13

[705]Mark Zborowski, *Olam*, 1952, Plon, 1992, p. 72

[706]*Proste yidn*: el pueblo llano. Ver nota 501.

evitar absolutamente a las mujeres. La actitud respecto a ese ideal va desde la observancia fanática hasta un relativo respeto indiferente...Uno no se previene contra el sexo, sino contra su intrusión intempestiva e inoportuna." Y esas precauciones son severas: "Con el fin de atenuar el encanto maléfico de la mujer casada, sus cabellos son cortados y tendrá que llevar toda su vida una peluca y una pañoleta. Las mangas cortas están prohibidas y el hombre no deberá estudiar en una habitación en la que una mujer esté con los brazos desnudos...Si un judío ortodoxo se ve obligado a dar la mano a una mujer, cubre hábilmente su mano con el faldón de su caftán para evitar cualquier contacto[707]." Mark Zborowski precisaba, además: "El hombre da cada día gracias a Dios por no haberle hecho mujer"; y cada cual puede verificar que esas tradiciones son aún vigentes hoy en día en las comunidades de judíos ortodoxos.

Una chica joven quizás pueda mostrar gran tenacidad en su empeño por estudiar y aprender para que finalmente su padre claudique. Algunas chicas han podido tener acceso al saber tradicional, como esa Yentl, en la película de Barbara Streisand (EE. UU., 1983) en la que vemos esa escena en la plaza del mercado donde aparece el vendedor de libros ambulantes gritar a voz en cuello: "¡Ilustrados para las mujeres! ¡Libros santos para los hombres!" Su compañero Avigdor, a quién le presenta un día a su novia le responde: "No necesito que ella piense." Esto resume bastante bien el papel tradicional de subordinada de la mujer judía.

El estudio muy idealizado de Mark Zborowski no desvelaba evidentemente todo, pues es un libro para el público en general. Pero sabemos por otra parte que el Talmud desaprueba expresamente que las mujeres estudien la Ley, reservada sólo para los hombres: "El rabino Eliezer dijo: Cualquiera que le enseñe a su hija la Torá le está enseñando la promiscuidad[708]."

Según el tratado Kethuboth, se puede repudiar una mujer sin devolverle su pensión de viudedad en los siguientes casos: si le da alimentos prohibidos a su marido; si le engaña acerca de los periodos de sus menstruaciones; si no cumple con su deber con la Halajá (los mandamientos de la Ley, los mitzvots); si camina fuera de casa con la cabeza descubierta; si sale corriendo a la calle. Aba Saul añadía si ella insultaba los padres de su marido en su presencia. Rabi Tarfon por su parte decía: si es chillona. Samuel entiende que se refiere a cuando ésta levanta la voz en casa y sus vecinos oyen su voz. Según Rab, se trata únicamente de la mujer que se oye desde otra habitación durante sus

---

[707]Mark Zborowski, *Olam*, 1952, Plon, 1992, p. 115-129
[708]Talmud *Sota, 20a (www.sefaria.org/Sotah.20a)*

relaciones conyugales.

Recordemos también que una mujer que tiene sus reglas es considerada como impura: el marido debe respetar hacia ella las "leyes del aislamiento": doce días por mes (cinco de examen y siete de pureza), durante los cuales no deberá tocar su esposa. "En cuanto uno está en estado de *nidda*, ella ya no puede ni tan siquiera tocar la mano de su esposo, ni darle un objeto, ni tirárselo o recibirlo de él. Se deja el objeto y él lo cogerá." En el estado de *nidda*, la mujer no puede ir en el mismo coche con su marido, el mismo barco, el mismo vagón. Una pareja judía debe tener por lo tanto dos camas, pues "sería un crimen yacer en la misma cama en estado de *nidda709*." En la sinagoga, obviamente, las mujeres quedan apartadas en otra sala, y no pueden participar, ni tampoco ver la ceremonia religiosa de los hombres.

El semanal económico *L'Expansion* nos daba en su número de marzo del 2006 algunos detalles sobre la vida familiar en las colonias judías de Cisjordania: "En la población ultra-ortodoxa, en la que hay una media de siete hijos por hogar, sólo la mujer trabaja (generalmente en la educación), mientras que el hombre se dedica a estudiar la Torá a tiempo completo." Esas colonias atraen numerosas empresas y se desarrollan muy bien gracias a su "mano de obra femenina sacrificada y barata[710]".

Esto era lo que hacía decir a Daniel Cohn-Bendit hablando con Bernard Kouchner: "¿Conoces ese rezo diario judío que hace decir a los hombres: "Doy gracias a Dios por no haberme hecho mujer"?" Y Bernard Kouchner respondía con una ingenuidad fingida: "¡Qué horror, esto no lo sabía[711]!"

Las mujeres judías también han aportado los mayores contingentes de prostitutas. Al final del siglo XIX, los proxenetas judíos de Polonia no dudaban en raptar las chicas jóvenes de su comunidad en los shtetls para enviarlas a los prostíbulos de Nueva York o de Buenos Aires. En su famoso libro *La Francia judía*, en 1886, Eduardo Drumont ya lo había notado: "Las mujeres judías proporcionan el mayor contingente de prostitutas en las grandes capitales. El hecho es innegable, y los *Archivos israelitas* lo han reconocido ellos mismos[712]..." Desde tiempos

[709]Roger Peyrefitte, *Les Juifs*, Flammarion, 1965, p. 97-99

[710]"Es normal que el letrado permanezca inmerso en sus libros mientras que su mujer sale a ganar la subsistencia de la familia." (Mark Zborowski, *Olam*, 1952, Plon, 1992, p. 74)

[711]Los dos se guiñan el ojo. D. Cohn-Bendit, B. Kouchner, *Quand tu seras président*, Robert Laffont, 2004, p. 333

[712]Édouard Drumond, *La France juive, tome I*, 1886, p. 88

inmemoriales, los judíos han sido los principales actores del proxenetismo internacional. Sabemos que después de la caída de la Unión Soviética, en el caos y la miseria del ambiente, miles de jóvenes mujeres rusas, moldavas y ucranianas contestaron a anuncios falsos que les proponían un trabajo como camarera o criada en un hotel en Israel, y que acabaron secuestradas y encerradas en prostíbulos de Tel-Aviv[713].

Los judíos también han sido los pioneros de la industria pornográfica[714]. Eduardo Drumont también denunciaba en su época los desmanes de la pornografía: "Es una verdadera sentina judía esa calle del *Croissant*, ese mercado central de revistas pornográficas, donde las tiendas israelitas se aglutinan unas contra otras, luchando entre ellas a ver cuál producirá las fantasías más desvergonzadas[715]."

Así pues, se comprende mejor lo que motivaba las mujeres judías de los shtetls al entrar en la sociedad europea al final del siglo XIX. Sometidas desde siglos atrás a unas leyes que las relegaban a una posición netamente subalterna de tipo oriental, las mujeres judías quisieron aprovechar esa repentina liberación para echar abajo ese patriarcado familiar que podía abusar de ellas dentro del marco del mayor respeto y acatamiento de las tradiciones. Finalmente, no debe sorprender que esas mujeres acosadas se entregaran en cuerpo y alma al movimiento feminista. Esas mujeres creyeron poder resolver su neurosis y sus "conflictos edípicos" combatiendo el patriarcado bajo todas sus formas. Al igual que Freud y los demás intelectuales cosmopolitas, transfirieron sobre el resto de la humanidad un problema que, en un principio, sólo era muy personal y particular. De tal forma que fue en la sociedad goy europea que las había acogido donde las feministas intentaron matar el padre. En esa guerra contra la sociedad patriarcal, las mujeres judías se comprometieron muy particularmente. En Francia, el movimiento feminista fue liderado y muy influenciado por personalidades judías como Gisele Halimi, Simone Veil o Elisabeth Badinter, que reivindicaban la herencia de Emma Goldman y de Louise Weiss. El judaísmo estuvo efectivamente en la vanguardia de ese movimiento "liberador". Es interesante comprobar como el movimiento feminista, que tomó auge a finales del siglo XIX, concuerda exactamente con el movimiento de emancipación de los judíos de los

---

[713]Léase al respecto nuestro largo capítulo sobre la trata de Blancas en Hervé Ryssen, *La Mafia judía*, (2008), (2022).

[714]Léase en Hervé Ryssen, *La Mafia judía* (2008), (2022).

[715]Édouard Drumont, *La France juive, tome II*, 1886, p. 466. Entendemos por qué los "historiadores" judíos acusan siempre Julius Streicher, el famoso propagandista antisemita alemán, de haber sido un "pornógrafo".

guetos de Europa oriental.

Elisabeth Badinter publicaría varios libros sobre el tema. Ella era la hija y heredera de Marcel Bleustein-Blanchet, un multimillonario de origen "polaco" fundador de una de las primeras agencias de publicidad en Francia, *Publicis*. Comprometida con la izquierda política, Elisabeth Bleustein se casó con Robert Badinter, el antiguo ministro de justicia socialista de François Mitterrand.

En *Los Establos de Occidente*, Jean Cau observaba pertinentemente, a principios de los años 70, esa guerra a muerte declarada al varón occidental. La izquierda intelectual, decía, ha entablado el combate contra el padre. "Persigue su imagen en todas partes: Dios, el jefe, el colono, el conquistador, el profesor, el Estado, etc.[716]."

La boga del feminismo fue concomitante del pensamiento revolucionario freudo-marxista. Esa ideología pretendía llevar a cabo la revolución socialista mediante la implosión de la estructura familiar patriarcal europea, con el fin de liberar las mujeres y los hijos de la terrible opresión que ejercía sobre las familias el varón blanco dominador. Wilhelm Reich y sus sucesores de la escuela de Fráncfort, como Theodor W. Adorno ("W" de "Wiesenthal"), Max Horkheimer o Herbert Marcuse, así como los jóvenes rebeldes de mayo de 1968, eran los más fervientes propagandistas, tanto por su odio de la civilización europea, como por, tal como lo hemos analizado, su ferviente deseo de precipitar la llegada del Mesías[717].

Max Horkheimer y Theodor Wiesenthal Adorno estaban en primera fila de la famosa escuela de Fráncfort. En su libro escrito en común, *La Dialéctica de la Ilustración* (1944), en un capítulo titulado *Elementos del antisemitismo*, éstos dos demostraban además ser dos grandes humoristas. Nuestros lectores ya están familiarizados con el pensamiento judío y comprenden que los intelectuales judíos son, efectivamente, sobre todo unas estrellas de circo: ¡los reyes de la contorsión! En ese texto, Horkheimer y Adorno confirmaban con brillantez la verdadera vocación del judaísmo que demostraron de manera excelente los Barnum, Zavata, Gruss, Amar y demás Pinder. Escuchen esto: "Los judíos son hoy el grupo que atrae sobre sí, en teoría y en la práctica, la voluntad de destrucción que el falso ordenamiento social genera espontáneamente. Los judíos son marcados por el mal absoluto como el mal absoluto. Así son, de hecho, el pueblo elegido...En

---

[716]Jean Cau, *Les Écuries de l'Occident*, Table ronde, 1973

[717]Sobre Wilhelm Reich y el freudo-marxismo: Hervé Ryssen, *Las Esperanzas planetarianas*, p. 80-88

la imagen del judío que presentan al mundo, los racistas expresan su propia esencia. Sus apetitos son la posesión exclusiva, la apropiación, el poder sin límites, a cualquier precio. Cargan al judío con esta culpa, se burlan de él como rey y señor, y así lo clavan en la cruz...El furor se desahoga sobre quien aparece como indefenso[718]."

En *Eros y civilización* (1955), Herbert Marcuse desarrollaba una reflexión que se basaba en el famoso libro de Freud, *Malestar en la civilización*, pero prolongando la reflexión freudiana en un sentido revolucionario. Marcuse atacaba los símbolos de autoridad: el padre de familia, el líder político, el jefe de empresa, el Estado. Predicaba la "sociedad sin padres", retomando la argumentación de los "francfortistas" y de los freudo-marxistas (Wilhelm Reich, Erich Fromm): no hay liberación social sin liberación sexual. De nuevo, nos parece ver aquí al intelectual judío, a penas salido de su shtetl, proyectar su propia culpabilidad sobre la sociedad europea a falta de tener el valor de acabar con sus propios demonios interiores- sus *dybbuks*. En efecto, es un poco risible recibir lecciones de moral acerca del arcaísmo de nuestra cultura por gentes cuyas costumbres pueden parecer tan dudosas y que tratan a las mujeres de una manera tan dura[719].

A lo largo de todo el siglo XX, los judíos emancipados no han cesado en su empeño, a través del marxismo, el freudismo, el freudo-marxismo, el liberalismo y todas las teorías cosmopolitas, de transferir sobre las poblaciones europeas una neurosis de la que no saben cómo liberarse, y en la que la idea de Mesías los entrena en una huida hacia adelante eterna, derribando todo sobre su paso y sacrificando todas las demás civilizaciones con la esperanza de ver un día restaurado el muy hipotético reino de David.

Con el fin de liberar los hijos y las mujeres de la odiosa opresión del varón blanco, el feminismo y los ideólogos freudo-marxistas trapichean con la historia a su manera y plantean teorías que deben

---

[718]Max Horkheimer y Theodor Adorno, *La Dialéctica de la Ilustración*, Editorial Trotta, Madrid, 1994, p. 213, 214, 216

[719]Podemos leer por ejemplo en el Talmud, entre otras muchas más cosas, lo siguiente: "Rabí Yohanan dijo: Esa es la declaración de Yohanan ben Dehavai. Sin embargo, los rabinos dijeron: La Halajá no está de acuerdo con la opinión de Yohanan ben Dehavai. Más bien, todo lo que un hombre desee hacer con su esposa puede hacerlo. Puede mantener relaciones sexuales con ella de la manera que desee, y no necesita preocuparse por estas restricciones. Como alegoría, es como la carne que viene del carnicero. Si quiere comerla con sal, puede comerla así. Si quiere comerla asada, puede comerla asada. Si quiere comerla cocida, puede comerla cocida. Si quiere comerla hervida, puede comerla hervida. Y lo mismo ocurre con el pescado que viene del pescador." (*Talmud, Nedarim, 20b*). (NdT).

conducir a la destrucción de la célula familiar patriarcal. Nos enteramos así que el periodo neolítico, que corresponde a la invención de la agricultura y a la sedentarización de los pueblos entre 8000 y 3000 antes de "nuestra era", corresponde a "la edad de oro de la Humanidad". El propio Karl Marx situaba en ese periodo el comunismo primitivo. Esas sociedades ideales eran, al parecer, de tipo matriarcal: "El neolítico inventó la metalurgia: ahora bien, joyas y cobre para objetos de cocina son principalmente usados por mujeres, lo cual refuerza nuestra convicción de una sociedad matriarcal", leíamos en esa literatura freudo-marxista. Por lo visto, la humanidad vivía entonces en paz, hasta que los malvados indoeuropeos vinieron estropearlo todo: "Hoy en día ha quedado formalmente demostrado que la guerra apareció mucho más tarde... El detonador es innegablemente la invención de la guerra con la domesticación del caballo por las tribus arias. De golpe, una etapa diaria pasa de 20 km a 200 km, lo cual permitió algaras por sorpresa sobre las ciudades y las riquezas, los graneros de trigo, bellas mujeres y joyas, etc." Así aparecieron dos clases dominantes: la de los guerreros y la de los sacerdotes, que son exclusivamente masculinas, y que "introdujeron el patriarcado autoritario y sometieron las mujeres en el marco social y en materia sexual." Sin embargo, todavía quedaban algunas reminiscencias de aquella sociedad ideal en la Edad Media: "Como prueba de ello, tenemos, por ejemplo, aun recientemente, el caso de Leonor de Aquitania y sus Cortes de Justicia de Amor que dictaminaban casi siempre a favor del amante en prejuicio del marido." Pero los malvados acechaban: "Luis IX el Santo exterminó esa sociedad feminista antes de tiempo durante la Cruzada contra los Albigenses."

Este es un ejemplo bastante caricaturesco de lo que puede producir el fanatismo al servicio de la escatología hebraica. La historia es retorcida de tal forma que pueda encajar en el molde ideológico, según el consabido principio de que el fin siempre justifica los medios.

El filósofo freudo-marxista Jurgen Habermas describía él también a su manera en los años 70 el ideal comunista de sociedad matriarcal: "Una relación de tipo familiar tan sólo existe entre la madre y sus hijos o entre los hermanos. No se permite el incesto entre la madre y el hijo adolescente, aunque no hay una limitación similar al incesto entre padre e hija, debido a que no existe el rol de padre[720]." El rol del padre es efectivamente menos importante en las sociedades matriarcales donde únicamente las madres se encargan de las familias, mientras que los varones (como en algunas sociedades de primates) son abandonados a

---

[720]Jurgen Habermas, *La reconstrucción del materialismo histórico*, Taurus ediciones, 1981, Madrid, p. 136

su propia suerte y se dedican al vagabundeo sexual.

Esas sociedades matriarcales son por lo tanto polígamas. Y como por casualidad, vimos al principio de este estudio Jacques Attali promover la poligamia, tanto en su *Diccionario del siglo XXI*, publicado en 1998, como en su libro titulado *El Hombre nómada,* en el 2003. Hay que apuntar aquí que esa estructura familiar era la norma en los judíos de los tiempos antiguos, tal como lo escribía Attali en otro de sus libros: "La poligamia es y seguirá siendo durante mucho tiempo, en efecto, la práctica admitida por los hebreos, como lo es para todos los pueblos de la región[721]." Quizás debamos ver aquí otra vez esa incapacidad patológica para "ver el punto de vista de los otros", que lleva a razonar únicamente en función de sus propias normas, y a querer imponerlas a toda costa al resto de la humanidad.

¿Y qué decir de aquella ley soviética que despenalizaba el incesto en la URSS, conociendo el papel preponderante que tuvieron numerosos judíos en ese régimen durante los treinta primeros años?

Karl Marx, que procedía de una familia judía, también había evocado esa idea de una sociedad primitiva ideal. Un sociólogo estadounidense, Lewis Samuel Feuer, había notado que Karl Marx insistía mucho sobre el hecho de que en la humanidad primitiva el incesto era la regla. Y con justa razón, Lewis Samuel Feuer añadía: "Que Marx haya podido imaginar que el incesto era la regla dice más sobre el propio Karl Marx que sobre las sociedades primitivas[722]."

Trastornos sexuales

En su estudio sobre la *Vida sexual judía* publicado en 1981, el doctor Georges Valensin, que era un judío sefardita, explicaba que los jóvenes judíos eran introducidos muy pronto en la sexualidad: "El joven judío, con apenas diez años, ya era puesto al tanto de la naturaleza de las relaciones sexuales a través de la lectura del Talmud, siendo ésta muy importante para él si, como ocurría a menudo, su matrimonio era precoz. En esa lectura encontraba relatos sexuales muy subidos de tono; relatos con muchas notas y comentarios apasionados que ayudaban a hablar libremente de sexualidad." Otro sexólogo, Kinsey, explicaba como "le había llamado la atención la libertad de palabra en materia sexual de los jóvenes judíos estadounidenses." Éste añadía así: "Los

---

[721]Jacques Attali, *Los judíos, el mundo y el dinero,* Fondo de cultura económica, 2005, Buenos Aires, p. 24

[722]Lewis Feuer citado por Nathaniel Weyl, en *Karl Marx and the Promethean Complex, Encounter,* December 1968, p. 15-30

judíos hablan de cuestiones sexuales con mucha menos reserva que los demás hombres, y probablemente sea por eso por lo que se ha expandido la leyenda de que eran muy activos sexualmente[723]." El doctor Valensin explicaba en efecto que los judíos sufren en general mayores deficiencias sexuales que los demás. Por lo que no es casualidad si hay tantos judíos en el ámbito de la sexología[724].

A veces, también, las costumbres intimas de las familias judías pueden engendrar individuos "hipersexuales". Pensamos aquí en Dominique Strauss-Kahn, antiguo ministro socialista de Economía y finanza y presidente del Fondo monetario internacional, que en el 2011 resultó ser un violador compulsivo. También pensamos en el presidente israelí, Moshe Katzav, acusado por varias mujeres en octubre del 2006. Los casos de esta índole son abundantes[725].

Hay que apuntar aquí el papel del padre autoritario y de la madre abusiva en ese tipo de comportamientos. En Estados Unidos, una investigación sobre 412 casos de esos adultos "hipersexuales" (337 hombres, 75 mujeres) llegó a esta conclusión: "De manera general, esas personas han vivido en una familia donde un padre brutal les ha dado la imagen de ellos mismos de que no pueden ser amados; su madre ha sido sexualmente abusiva, despertando precozmente su sexualidad y haciéndoles ver que esa es la única forma de relacionarse y ser tomado en consideración por los demás. En esos adultos, la sexualidad será extremadamente valorizada, lo que les conduce a tener una actividad sexual desenfrenada y a una explotación sexual, primero de sus hermanos y hermanos, y luego de cualquier persona. Esa sexualidad rebosante se manifiesta en algunos comportamientos tolerados por la sociedad (masturbación, homosexualidad, prostitución) y en otros que lo son menos; como el exhibicionismo y el voyerismo[726]."

Pero detengámonos un poco en dos casos. Thierry Chichportich, el famoso sexólogo, era más bien "hipo" que "hiper", pues necesitaba adormecer sus pacientes antes de violarlas. En el mes de mayo del 2006, el "masajista de las estrellas", apodado "el hombre con los dedos de oro" por la élite del cine mundial, era condenado a 18 años de prisión por el tribunal de Niza por las violaciones de doce mujeres en el 2003 durante sesiones de masaje. Utilizaba sus referencias de masajista de

---

[723]A.Kinsey, *Le Comportement sexuel de l'homme*, Éd. Du pavois, París, 1950, p. 617 ; en Georges Valensin, *La Vie sexuelle juive*, Éditions philosophiques, 1981, p. 170
[724]Léase al respecto Hervé Ryssen, *El Fanatismo judío*.
[725]Léase Hervé Ryssen, *El Fanatismo judío*.
[726]Jacques-Dominique de Lannoy, *L'Inceste*, Presses Universitaires de France, 1992, p. 94

grandes estrellas- Carole Bouquet, Emmanuelle Béart, Penélope Cruz, Mónica Bellucci- para atraer a las clientas. Estas eran adormecidas previamente sin enterarse mediante un narcótico administrado en una bebida. Todas las víctimas declararon ante el juez que, antes del masaje, éste les servía una comida o una bebida "con sabor amargo" que tenía por efecto de dejarlas dormidas o en "un estado comatoso". Algunas jóvenes mujeres descubrieron que habían tenido una relación sexual con Thierry Chichportich visionando unas cintas de video incautadas en su casa. Efectivamente, el masajista grababa sus relaciones sexuales con las mujeres inconscientes. La primera denuncia había sido puesta por una de las víctimas que había recobrado parcialmente la conciencia durante la violación. El descubrimiento de los videos y de los narcóticos usados permitieron enjuiciarlo.

En noviembre del 2009, Thierry Chichportich comparecía ante el tribunal de los Alpes marítimos por otras dos violaciones cometidas en el 2001. Una joven mujer, Christine, manicurista en la región de París, había explicado durante la audiencia haber conocido el masajista en octubre del 2001. Éste la había invitado a cenar en su casa donde se quedó dormida después de la cena: "En un momento dado, he sentido un cuerpo pesado sobre el mío. Una sensación de penetración. Eso me ha despertado." El mismo guion que con otra mujer, Cecilia, responsable de comunicación, que había conocido a Thierry Chichportich en Cannes en el 2001, y que afirmó haberse quedada dormida después de haber bebido un té que éste le había servido en una cabina de la playa del Carlton.

Chichportich había negado los hechos en la audiencia declarándose víctima de una conspiración. Las "seudo-víctimas", según él, habían denunciado para conseguir dinero. Asumiendo él mismo el papel de víctima, había acusado a los medios de ser el origen de las denuncias de las mujeres, antes de denunciar sus malas condiciones de vida en la prisión de la Alta-Córcega. Ese intento de provocar la compasión del jurado no dio sus frutos, pues sería condenado a otros doce años de prisión, además de los dieciocho del anterior juicio.

El caso Tordjman fue emblemático. Sexólogo de renombre mundial, el muy mediático Gilbert Tordjamn fue el fundador de la sexología en Francia. La primera denuncia contra él databa del año 1999. A continuación, numerosas mujeres habían acusado al especialista de abusos sexuales. Gilbert Tordjman había sido imputado en marzo del 2002, con 75 años. En total, fueron cuarenta y cuatro mujeres, antiguas pacientes, las que habían pasado por la oficina del juez de instrucción para aportar su testimonio en contra del antiguo presidente de la Asociación mundial de sexología.

El semanal *Le Point* del 9 de agosto del 2002 relataba los testimonios de sus víctimas. El primero se remontaba al año 1983. El testimonio había sido publicado previamente bajo la forma de un largo relato titulado "El horror detrás de la puerta", en la revista *Psychologies*. Anne contaba como su terapia con el doctor Tordjman había acabado en el hotel y como éste se había aprovechado de su estatus de médico para entablar relaciones sexuales con ella, destruyéndola psicológicamente. En el texto, el nombre del doctor Tordjman no era mencionado. "Era impensable en aquella época, decía Anne. Aquello ocurrió en 1978. Me llevó cinco años superarlo y cuatro años más antes de aceptar hablar de ello."

Beatriz., 44 años, había sido abusada en 1988. Gilbert Tordjman le acariciaba el clítoris y se masturbaba contra ella durante las sesiones. "No sabía lo que un sexólogo tenía derecho de hacer. Me decía: "Si no lo quiere hacer, nunca lo conseguirá."" Carolina, 45 años, contó cómo eran las sesiones de láser en 1991: "Estaba desnuda encima de una mesa, con las piernas abiertas con un láser sobre el sexo. Me pidió hacer el amor fingiendo los gemidos mientras me acariciaba los senos, el vientre y el sexo. Estaba desesperada y totalmente avergonzada. Luego empezó la sesión de masturbación profunda, sin guantes, con una proyección de película pornográfica que se suponía debía hacerse eco de mis fantasías."

Los testimonios se repetían así a lo largo de los años. El guion era casi siempre el mismo: proyección de películas pornográficas, sesiones de láser, hipnosis, luego masturbación de las pacientes, a veces de él mismo, y, finalmente, para algunas, penetración sexual.

Para justificarse, el famoso sexólogo le dedicó a ese caso en el 2001 un editorial en su revista *Les Cahiers de sexologie clinique*: "Entre el diagnóstico o la práctica terapéutica, y el gesto sexual, o interpretado como tal, el límite puede ser difícil de establecer para algunas pacientes frágiles y adoctrinadas... Los exámenes que practicamos en los pacientes que vienen a las consultas debido a una disfunción sexual tienen un carácter estrictamente médico." En pocas palabras, las víctimas no habían comprendido la situación: habían confundido el tocamiento vaginal con la masturbación.

El sexólogo parecía privilegiar las víctimas que habían sido abusadas sexualmente durante su infancia. Ese era el caso de Mónica (el nombre fue cambiado por el periódico), que había consultado el doctor Tordjman con su marido a partir de 1993. Mónica había sido violada por su hermano, y desde entonces era incapaz de sentir deseo durante las relaciones sexuales. Durante las sesiones de hipnosis, el doctor Tordjman multiplicó las caricias y las palabras groseras, hasta pasar luego a los tocamientos vaginales susurrándole al oído cosas como: "Tengo ganas de ti, eres tan deseable." Más adelante, Mónica intentaría suicidarse.

Silvia, una pequeña rubia dinámica de 45 años, desencadenó la tormenta judicial y mediática. En marzo de 1999, había ido a la consulta junto a su marido por una falta de libido. "Fui a ver el doctor Tordjman porque era alguien muy reputado. Conocíamos sus libros. Tenía plena confianza." Pero desde el principio, Silvia quedó desconcertada por los gestos del sexólogo, su manera de tocarle el vientre muy cerca del pubis y por las palabras groseras que le murmuraba al oído. Luego, sesiones tras sesiones, la cosa se agravó: "Me lamió los senos, introdujo varios dedos en mi vagina. Estaba perdida, no sabía qué hacer." Después de confesarle a su marido lo que había sufrido, se presentó ante el consejo provincial de la Orden de los médicos de París para denunciar el caso. Mientras tanto, la mujer del doctor Tordjman le había telefoneado para suplicarle que no desvelara nada, alegando los problemas cardíacos de su marido. "Lo intentó de todas las maneras, pero me mantuve firme y nos presentamos ante el consejo regional, donde asistimos a una verdadera parodia de justicia."

Gilbert Tordjamn sólo recibió una amonestación, pero no por los actos cometidos sobre su paciente, sino por haber infringido el secreto profesional revelando a su mujer lo que había ocurrido. Silvia recurrió, junto con el ministerio de Salud. El consejo nacional de la Orden, el 13 de junio del 2001, impuso un mes de suspensión al doctor Tordjman; pero por violación del secreto profesional, y no por abuso sexual. Sin embargo, la publicidad que tuvo esa condena iba a permitir que las víctimas se reunieran en la Ancas (Asociación nacional contra los abusos sexuales cometidos por profesionales de la salud) y muchas de ellas decidieron denunciar por vía penal. El 13 de marzo, por fin se anunciaba la imputación por violación.

"El doctor Tordjman no puede expresarse libremente debido a que la instrucción del proceso está en curso, explicaba su abogado Jacques-Georges Bitoun. Pero está decidido a defenderse hasta el final, pues ninguno de los testimonios tiene sentido. Esas mujeres son claramente unas fabuladoras o unas locas. El doctor Tordjamn ha examinado más de 7000 mujeres a lo largo de su carrera y aunque siete de ellas lo denuncien, eso no es grave dado que éstas tienen un largo historial psicológico. ¡Además, nadie va a un sexólogo para auscultarse las amígdalas!"

En el 2003, en libertad condicional, Gilbert Tordjamn infringió la decisión de justicia que le prohibía ejercer su profesión. Fue inmediatamente detenido y encarcelado en la prisión de Fresnes. El 4 de mayo del 2005, el diario *Le Figaro* informaba de que el "papa de la sexología" volvería a comparecer ante la sala de lo penal. El juicio era esperado para el mes de abril del 2009, pero Tordjman fallecería poco antes en su celda de prisión.

Los judíos conforman grandes batallones de profesionales de la salud dentro del psicoanálisis y la sexología[727]. Si bien es probablemente cierto que los psicoanalistas intentan curar a sus pacientes, podemos pensar que ellos también intentan curarse a sí mismo a través de sus pacientes. El psiquiatra Jacques-Dominique de Lannoy precisaba al respecto: "El terapeuta a menudo ha sufrido él también un traumatismo durante su infancia y puede ocurrir que los pacientes se conviertan en las únicas personas con las que puede establecer una conexión...de ahí el intercambio de roles en la relación terapéutica[728]."

La mayoría de las terapias individuales implican una relación personal prolongada con el terapeuta, por lo que no es de extrañar comprobar que numerosos casos de abusos sexuales son cometidos en los consultorios médicos, especialmente sobre mujeres que han sufrido la violencia de sus padres durante su infancia[729].

La bisexualidad freudiana

La idea de la bisexualidad de los individuos formó parte desde el principio del corpus doctrinal de los movimientos feministas y freudo-marxistas. Ese concepto, como todo lo que proviene del pueblo judío, ha sido elevado a ley universal aplicable a todos los individuos de todas las civilizaciones, aunque en lo práctica su campo de aplicación se limita a la población europea.

Haciendo creer al hombre europeo que también es un poco una mujer, se piensa que así aceptará más fácilmente la nueva sociedad

---

[727]Sin embargo, hay que notar que el número de psicoanalistas ha bajado notablemente estos últimos años debido al descrédito de esta "ciencia".

[728]Jacques-Dominique de Lannoy, *L'Inceste*, Presses Universitaires de France, 1992, p. 100-103

[729]Hemos resumido numerosos casos de violaciones de pacientes por médicos en *El Fanatismo judío*, capítulo *Violaciones en psiquiatría*, y en *Le Mirroir du judaïsme*, Baskerville (2009), p. 296-302

matriarcal que se le quiere imponer para "liberarlo". Se debe aceptar y comprender que, en la sociedad patriarcal, terriblemente represiva, el hombre europeo reprimía sus instintos femeninos naturales, y que esa "inhibición" hacía que el varón blanco fuese tan agresivo hacia los extranjeros, sobre todo hacia los judíos.

Esto escribía por ejemplo en 1987 la feminista Yolande Cohen en *Mujeres y contrapoderes*: En la sociedad actual "hombres y mujeres se van a ver obligados a desarrollar y exteriorizar "la otra parte" de sí mismo que la educación de antaño reprimía. Además, la mujer tendrá la obligación de desempeñar el papel de hombre y éste el papel de mujer. La bisexualidad originaria ha regresado, barriendo todo a su paso, la desigualdad y la estricta complementariedad de los sexos...La llegada del tercer milenio coincide con una extraordinaria inversión de las relaciones de fuerzas. No solamente el sistema patriarcal estará muerto y finiquitado en la mayor parte del Occidente industrializado, sino que también asistiremos al nacimiento de un nuevo desequilibrio en las relaciones de los sexos, esta vez en beneficio exclusivo de las mujeres[730]."

El deseo de destrucción de la sociedad europea es una vez más muy perceptible, pues, evidentemente, la apología de la bisexualidad no es más que una manera velada de alentar la homosexualidad. Pero también percibimos en esas declaraciones esa ambivalencia típicamente histérica, que no es más que la proyección sobre el resto de la humanidad de una neurosis muy específica del judaísmo.

Veamos lo que decía el psicoterapeuta Michel Steyaert: "Los temas homosexuales son casi constantes en la locura histérica, bien se trate de una homosexualidad activa (lo cual no impide la coexistencia con relaciones heterosexuales), o bien de una homosexualidad no activa pero que se manifiesta muy claramente en las fantasías y en las fases delirantes...Hacemos así la transición con el problema de la bisexualidad que se observa frecuentemente en la locura histérica, ya que la cuestión verdaderamente fundamental del histérico es: ¿Quién soy, hombre o mujer[731]?""

Esta ambigüedad de la personalidad histérica es la misma que hemos percibido en numerosos textos de la literatura cosmopolita. Ya no nos debe sorprender, por lo tanto, dado el control y la presencia de los judíos en nuestro sistema mediático, todas esos programas y series de televisión que hacen la apología de la homosexualidad desde los años

---

[730]Yolande Cohen, *Femmes et contre-pouvoirs*, Boréal, 1987, p. 214-216

[731]Michel Steyaert, *Hystérie, folie et psychose*, Éd. Les Empêcheurs de penser en rond, 1992, p. 67-68

1990. Esa propaganda corresponde a un deseo de destrucción de la sociedad europea tradicional, pero también a una profunda neurosis que conduce a los enfermos a proyectar sobre el resto de la humanidad sus propios "conflictos edípicos".

Esto nos recuerda por ejemplo la película de 1998 del director Jean-Jacques Zilbermann, que trataba de la homosexualidad dentro de la comunidad judía: *El hombre es una mujer como las demás (L'Homme est une femme comme les autres)*.

La homosexualidad es probablemente mucho más extendida de lo que se cree dentro de la secta. El presentador de televisión Stephane Bern llegó así a declarar de forma inesperada en un artículo del diario *Libération*, en mayo del 2000, que "las madres judías hacían excelentes homosexuales".

Podemos citar a continuación algunas de las últimas películas más conocidas sobre el tema:

Bruno (EEUU, 2009), por ejemplo, es una película "irritante", "incómoda", de Larry Charles y de Sacha Baron Cohen. Cuenta la historia rocambolesca de un periodista austriaco homosexual que decide convertirse en una estrella en Los Ángeles.

En *Whatever works* (EEUU, 2009), el famoso director Woody Allen transforma una pareja de cristianos. La esposa se convierte en una aficionada a las orgías, mientras que su marido se convierte en un homosexual realizado.

La película del chino Lou Ye, *Noches de borrachera primaverales* (China, 2009), es "una película apasionada sobre la homosexualidad en China", reseñaba el diario *Le Monde*. La película, seleccionada para el Festival de Cannes, había sido subvencionada con 70 000 euros por la Región Ile-de-France, y con 120 000 euros del Fondo Sur del Ministerio de Asuntos exteriores (Quay d'Orsay) destinado a apoyar las obras culturales extranjeras. El diario precisaba que la película había sido producida por Sylvain Bursztein.

En abril del 2011, *Tomboy*, la nueva película de Celine Sciamma, narraba la historia de Laura, 10 años y *garçon manqué*[732]. En su nuevo barrio, hace creer a Lisa y a su cuadrilla que es un niño. Laura se convierte en "Miguel", un niño como los demás lo suficientemente diferente como para llamar la atención y que Lisa se enamore.

La feminización de las sociedades occidentales y el auge de la homosexualidad no son una casualidad, sino que son, sin lugar a duda, la consecuencia del poder mediático adquirido por numerosos e

---

[732] Chico malogrado; Chica con fuerte carácter varonil; Marimacho.(NdT).

influyentes empresarios, intelectuales y periodistas judíos. Pueden darle vueltas al problema en todos los sentidos: no hay otra explicación. No es sólo un proceso político que apunta a la destrucción del mundo europeo, basado en un delirio profético propio del judaísmo, sino que es también una proyección neurótica que se traduce por: "una regresión de tipo anal, relacionado con la no superación de conflictos edípicos". Las teorías freudianas, lo hemos visto, funcionan mejor cuando se aplican a la propia matriz hebraica.

El tema de la bisexualidad, popularizada desde el principio por Sigmund Freud, es efectivamente una muy antigua obsesión de los judíos cabalistas, tal como lo recordó David Bakan. Para los adeptos del Zohar y de la Cábala, en efecto, la doctrina teológica de la Shejiná (una forma de hierogamia sagrada) ocupa un lugar esencial. La Shejiná es de alguna forma la parte femenina de Dios, la "Divina Presencia de Dios", la "madre celeste", y una parte del propio Dios. "En repetidas ocasiones, el Zohar habla de la unión de Dios con Su Shejiná...La Shejiná es la esposa de Dios, que ha sido repudiada por su Señor, pero el tiempo se avecina en el que Él echara de nuevo sobre ella una mirada favorable."

David Bakan explicaba que "la bisexualidad del hombre" es un "tema dominante" del Zohar: Puesto que la Divinidad tiene una parte hembra, es lógico pensar "que Adam había sido creado a imagen de Dios y de la Shejiná, o de Dios conteniendo en él a la Shejiná. Así, Adam, cuya costilla sirvió para crear Eva, es a la vez varón y hembra." De tal manera que podemos "rastrear el germen de esa doctrina de la bisexualidad en la tradición cabalista[733]" popularizada por Freud.

Para muchos judíos, evidentemente, "la Shejiná se identifica también con la comunidad de Israel, como esposa de Dios[734]." Y ahora comprendemos mejor la comparación de Otto Weininger entre "el judío" y "la mujer", si es que pudo parecernos un poco irrisoria al leerlo por primera vez. En realidad, la comparación era mucho más profunda de lo que parecía[735].

---

[733] David Bakan, *Freud et la tradition mystique juive*, 1963, Payot, 2001, p. 301, 33, 306

[734] David Bakan, *Freud et la tradition mystique juive*, 1963, Payot, 2001, p. 297 [" El deber de los judíos piadosos es restaurar a través de sus plegarias y actos religiosos la perfecta unidad divina, bajo forma de unión sexual, entre las divinidades masculina y femenina. Así, antes de la mayoría de los actos rituales, se recita la siguiente fórmula cabalística: "En aras de la unión [sexual] del Sacrosanto y su Shejiná..." En Israel Shahak, *Historia judía, Religión judía, El peso de tres mil años*, Ediciones A.Machado, 2016, Madrid, p. 75. Véase también nota del traductor en Anexo VIII.]

[735] Léase otra vez Weininger en el capítulo *El odio de sí mismo*. "El judío es por

Ahora también comprendemos mejor el mesianismo judío. Cada desgracia que golpea la comunidad, cada cataclismo, es identificado por los rabinos y los intelectuales judíos con "los dolores del alumbramiento del Mesías" - los *"Hevlei Mashiah"*, en hebreo. El vocabulario utilizado por el judaísmo para expresar el deseo de la llegada del Mesías es sorprendentemente similar al del análisis médico del fenómeno histérico.

"Los dolores del alumbramiento del Mesías", esto es ahora muy evidente para nosotros, son en realidad los síntomas del embarazo imaginario[736].

Cuevas y sótanos de la civilización

Si bien el psicoanálisis está en regresión continua y casi ha desaparecido, en cambio las teorías freudianas, que habían ampliamente inspirado los movimientos "contestatarios" de los años sesenta y setenta, continúan impregnando profundamente la sociedad occidental. Siguen representando una matriz ideológica generadora de resentimiento y de hostilidad contra la sociedad europea tradicional. A través del feminismo y la tesis de la bisexualidad, son un ataque permanente contra el varón blanco, favoreciendo con ello una introspección nociva para los individuos, así como una homosexualidad que los medios occidentales transmiten de manera complaciente. Con el "descubrimiento" de la sexualidad infantil, las teorías freudianas justifican también la pedofilia y la "liberación" sexual. La valorización del amor libre, en detrimento del matrimonio y del compromiso, menoscaba la célula familiar y la natalidad europea tanto como la ley Veil[737] del aborto. La pornografía, que se inmiscuye en todas las pantallas, participa en el gran movimiento de "liberación". Si a ésto le añadimos una incansable propaganda mediática castradora que tiene como objetivo culpabilizar el hombre europeo y hacerle aceptar la sociedad multirracial, entonces llegamos efectivamente a una verdadera empresa de destrucción en toda regla.

La proyección neurótica judía viene acompañada de un espíritu de venganza muy característico que se vislumbra claramente en muchos textos y de manera muy variada: ataques anticristianos y apología de la sociedad plural, marxismo y liberalismo, psicoanálisis y feminismo. El

---

naturaleza una hembra", explicaba el joven judío de la película de Henry Bean, *El creyente* (2001).

[736] Léase otra vez el capítulo *La Esperanza mesiánica*.

[737] Simone Veil. Política francesa de origen judío que impulsó dicha ley en 1975. (NdT).

resentimiento secular en contra de la civilización europea y del cristianismo siempre ha suscitado en los judíos una literatura vengadora que se alimenta de una envidia impotente y de un odio implacable disimulado detrás de una fraseología igualitarista. Esa fusión del espíritu de resentimiento y de la neurosis ha constituido la esencia del espíritu judío a lo largo de todo el siglo XX desde la salida del gueto.

Freud, como los demás judíos, sentía hacia la Iglesia católica y la civilización europea un odio profundo. De ahí su admiración hacia Aníbal Barca, ese héroe semita de la Antigüedad que había luchado sin tregua y tenido en jaque a Roma durante años. Freud escribía de manera muy explícita en *La Interpretación de los sueños*: "Aníbal tuvo un lugar destacado en mis fantasías". La escena en la que Amílcar hace jurar a su hijo que deberá vengarse de los Romanos exaltaba su imaginación: Aníbal representa la tenacidad judía ante la Roma aborrecida.

Mientras Marx había montado sus teorías supuestamente universales sobre la lucha de clases, Freud había hecho lo propio con su complejo de Edipo, igual de "universal". Karl Marx afirmaba que la cultura y la política de todas las sociedades eran casi completamente dependientes del sistema económico y del poder de la clase propietaria. Por consiguiente, según él, las "superestructuras" culturales y las mentalidades occidentales se modificarían inevitablemente en cuanto las estructuras de explotación económica de la burguesía fuesen destruidas y reemplazadas por el poder del proletario liberador. El método de Freud, su congénere, era finalmente muy similar. Era una especie de transposición a escala humana de los análisis sociales del marxismo. Freud dividió el ser humano en el "Ello", el "Yo" y el "Superyó", como Marx había dividido la sociedad en clases sociales irremediablemente antagonistas[738]. El Superyó, que representa las normas asfixiantes de la sociedad, obligan el individuo a "inhibir" sus instintos naturales, desempeñando así el papel otorgado a la policía a las órdenes de la burguesía en el esquema marxista-leninista.

Sea como fuere, Karl Marx y Sigmund Freud buscaban siempre en lo más bajo aquello que podía explicar los conflictos naturales que existen en cada ser humano y en todas las sociedades. "Podemos deducir como resultado que en el complejo de Edipo coinciden los comienzos de la religión, la moral, la sociedad y el arte, coincidencia que se nos muestra perfectamente de acuerdo con la demostración aportada por el psicoanálisis de que este complejo constituye el nódulo de todas las neurosis[739]", escribía Freud. Éste hurgaba en el

---

[738] Léase en Hervé Ryssen, *Las Esperanzas planetarianas*, (2022).

[739] Sigmund Freud, *Tótem y Tabú*, *Obras Completas*, EpubLibre, Trad. Luis López

subconsciente del ser humano para encontrar lo más sucios, hacerlo aflorar a la consciencia y "liberar" el paciente de sus frustraciones y de su neurosis. Sabemos ahora que las interminables y ruinosas sesiones de psicoanálisis tenían sobre todo como resultado socavar aún más la moral de las personas depresivas.

Freud era consciente de su método: "Siempre estuve en la planta baja o en el sótano del edificio", escribía, mientras observaba como "en los pisos superiores" se hospedaban "los huéspedes tan distinguidos como la religión, el arte, etc.[740]..."

Esa imagen se podía ver también en el novelista Albert Cohen, del que León Poliakov decía: "Para el judío mediterráneo Albert Cohen, el judaísmo es una mazmorra misteriosa, un oscuro sótano que su héroe "Solal" frecuenta y ama en secreto. En su novela *Bella del Señor*, en efecto, tal como lo escribía Bernard-Henri Lévy, "Solal el magnífico, el Gran Duque de la SDN que habla de igual a igual con los más grandes, y, a la vez, alimenta y protege en su sótano una especie de "corte de los Milagros" compuesta de Judíos escrofulosos, enfermizos, proscritos, sin representación en el mundo donde él es uno de los reyes y a los que se ve abocado a visitar por la noche a escondidas.""

¿No es esto muy revelador de una mentalidad tendente a la acción soterrada, a hurgar, a cavar galerías, a actuar en secreto, más que a crear y hacer germinar lo que hay de más bello y noble en el alma humana?

No es por lo tanto sorprendente, en esas condiciones, que los nacionalsocialistas hayan caricaturizado sus enemigos declarados como animales e insectos conocidos por habitar en las cuevas, los sótanos, las alcantarillas y los tubos de ventilación que se afanan en socavar las estructuras del edificio. Indudablemente, el espíritu de venganza y esa manera de empeñarse en destruir lo que los otros han creado durante siglos no contribuyen a hacer eclosionar lo que hay de más bello en el ser humano. Las carencias del judaísmo en los ámbitos de la cultura y del arte no se explican de otra forma.

Ciertamente, la sistematización ideológica con pretensiones universales, tal como se ve en Karl Marx y Sigmund Freud, no ha sido el germen de una gran creación artística, por decirlo de alguna manera. Cuando por fin, ésta se expresa en la pintura o en la escultura, por ejemplo, la creatividad judía nos muestra sobre todo el trastorno neurótico, patológico: basta observar esos cuadros en las galerías de arte contemporáneo o esas esculturas en las plazas y rotondas de nuestras ciudades, a cuál más retorcida y horrenda.

Ballesteros y de Torres, 200, p. 2485
[740] Marthe Robert, *D'Oedipe à Moïse*, 1974, Agora, 1987, p. 181

El judaísmo en psiquiatría

La universalización de la neurosis freudiana parece coincidir con la tendencia general que tienen los intelectuales judíos en considerar que toda la humanidad debe confundirse con el judaísmo. Es lo que permitía decir a Elie Wiesel con toda naturalidad: "Así son las cosas, y no hay nada que se pueda hacer al respecto: el enemigo de los judíos es el enemigo de la humanidad[741]." Por otra parte, dado que los judíos son inocentes de todo lo que se les puede reprochar, aquellos que la emprenden con ellos lo hacen por consiguiente contra toda la humanidad. En sus *Memorias*, Elie Wiesel escribía: "El odio del Judío nunca se ha limitado únicamente al Judío: desborda y apunta a las otras minorías. Se empieza por odiar el Judío, se acaba por detestar los que son diferentes, que vienen de otra parte, que piensan y viven de otra manera. Es por eso que el antisemitismo no sólo concierne a los Judíos; afecta a la sociedad donde vivimos en su conjunto[742]."

Bernard-Henri Levy se expresaba de la misma forma en el 2002, cuando los judíos de Francia estaban en la diana de las acusaciones de la juventud inmigrante solidaria del pueblo palestino. En aquella ocasión, algunas violencias habían sido cometidas contra sinagogas, y el filósofo intentaba enrolar los franceses en su lucha contra el islam radical: "Los judíos están en primera linea, pero justo detrás está Francia...Este antisemitismo es nuevo...Cuando se carga contra una sinagoga con un vehículo ariete, se ataca el símbolo como tal, la institución, lo universal[743]". A menos, evidentemente, que se trate sencillamente de una sinagoga.

La verdad es que los discursos de Elie Wiesel y de Bernard-Henri Levy traducen un miedo terrible de ver el "pueblo elegido" solo ante sus contradictores, y, sobre todo, en frente de sus propias contradicciones ("Temen la soledad, y los momentos de separación los llenan de angustia", decía el médico). El judío carga con todos los sufrimientos de la humanidad, nos decía el filósofo Alain Finkielkraut: "Desde la mujer golpeada hasta el trabajador inmigrante, desde la junta chilena hasta los niños camboyanos y los prisioneros del gulag, cada víctima resucitaba el Judío[744]." Por otro lado, cuando un judío recibe un golpe, toda la humanidad sufre. Ya conocemos la cantinela.

André Neher, retomaba por su parte las palabras de Vladimir

---

[741] Elie Wiesel, *Mémoires II*, Éditions du Seuil, 1996, p. 72

[742] Elie Wiesel, *Mémoires II*, Éditions du Seuil, 1996, p. 128-129

[743] Bernard-Henri Lévy, *Récidives*, Grasset, 2004, p. 845

[744] Alain Finkielkraut, *Le Juif imaginaire*, 1980, Points Seuil, 1983, p. 211

Jankelevitch: "Auschwitz es el fracaso de la aventura milenaria del pensamiento humano[745]", escribía. En realidad, se trató sobre todo de un duro golpe para el pensamiento judío.

La proyección de la neurosis judía en el plano universal se manifiesta también en la dimensión religiosa. Al plantear su teoría de la horda primitiva, del asesinato del padre y del festín totémico, Freud pretendía mostrar, en *Tótem y Tabú*, el carácter neurótico de la religión, que, según él, no era más "que la neurosis de la humanidad". Pero ahora sabemos que, si hay una neurosis, ésta corresponde a un caso muy concreto. Siempre se debe leer los intelectuales judíos con un espejo.

Como bien se sabe, todos los intelectuales judíos se deleitan con el "misterio" del judaísmo. En su libro de 1992 titulado *La Herida*, el célebre director de prensa Jean Daniel (Bensaïd) expresaba su angustia: "El misterio judío es un fenómeno conmovedor que puede levantar unas preguntas místicas y llevar a algunos a creer en la elección de un pueblo[746]." Trece años antes, ya se interrogaba a sí mismo, sin poder hallar una solución a su problema: "Puedo decir que ese misterio, cuando me habita, me nubla el pensamiento más que enriquecerme... ¿Dónde está ese pueblo sino en la persecución? Nadie ha sido capaz de definirlo hasta ahora[747]." Y de nuevo oímos el eco de las palabras de André Glucksmann: "Dos milenios siendo una pregunta viviente para todo el mundo. Dos milenios de inocencia, sin tener nada que ver con nada[748]."

Al final de su libro *El Judío imaginario*, Alain Finkielkraut también se interrogaba sobre la naturaleza escurridiza del judaísmo: "¿Pueblo? ¿Religión? ¿Nación? Todas esas categorías son más o menos aplicables: ninguna es realmente satisfactoria...El pueblo judío no sabe lo que es[749]."

Así lo expresaba André Neher: "No existe una respuesta a la pregunta "¿Quién es judío?". Esta pregunta será siempre una pregunta porque contiene en ella una franja que la trasciende para siempre[750]."

"Fuera de la familia, la comunidad judía es una ficción que no existe más que en los discursos de aquellos que la proclaman. Existen, ciertamente, instituciones, una prensa, escuelas, notables, asociaciones benéficas, pero el Judío vive como la mayoría de sus congéneres fuera

---

[745] André Neher, *Le dur Bonheur d'être juif*, Le Centurion, 1978, p. 47

[746] Jean Daniel, *La Blessure*, Grasset, 1992, p. 259

[747] Jean Daniel, *L'Ère des ruptures*, Grasset. 1979, p. 113

[748] André Glucksmann, *Le Discours de la haine*, Plon, 2004, p. 88

[749] Alain Finkielkraut, *Le Juif imaginaire*, 1980, Points Seuil, 1983, p. 199, 204

[750] André Neher, *Le dur Bonheur d'être juif*, Le Centurion, 1978, p. 215

de esa red." Es "una colectividad que no tiene una existencia colectiva[751]." Sin embargo, estas declaraciones no impedían que el filósofo se airara, unas páginas más adelante, contra aquellos que se atreven a pensar que los judíos tienen un espíritu muy particular, y que éste es precisamente por lo que se les puede identificar, más que por sus hábitos, sus nombres o su nariz. Vean las contorsiones intelectuales de las que daba muestra: "El antisemitismo se convirtió en un racismo el día funesto en que, por causa de la emancipación, ya no se pudo reconocer un Judío a primera vista. Dado que, por culpa de la repugnante promiscuidad social, los Judíos ya no llevaban un signo distintivo, se les castigó entonces con tener una mentalidad distinta. La ciencia llevó a cabo lo que estaba fuera de alcance de las miradas: garantizar la extrañeza del adversario, estigmatizar la nación de Israel encerrándola en su realidad judía." Eran, se supone, "el miedo y el resentimiento" los que animaban los antisemitas. "El odio racial, esa rabia ciega, castigaba en realidad a los Judíos porque éstos ya no exhibían su diferencia[752]."

Hemos ironizado en nuestro anterior libro sobre esta aparente incomprensión de los intelectuales judíos acerca de la hostilidad que pueden suscitar sus razonamientos y procedimientos en el mundo de los goyim. Ahora comprendemos mejor porque sus discursos pueden ser sinceros, y como esa *"chutzpah"* característica puede ser finalmente la expresión de su ambigüedad y de su vacilación identitaria.

En sus *Reflexiones sobre la cuestión judía*, en 1946, Jean-Paul Sartre había escrito: "El judío es un hombre a quien otros hombres tienen por judío: ésta es la pura y sencilla verdad de la que hay que partir...En efecto, contrariamente a una idea muy extendida, no es el carácter judío el que provoca el antisemitismo, sino que, y por el contrario, es el antisemita el que crea al judío...Si los judíos no existiesen, el antisemita se los inventaría[753]."

Esta tesis, que parece grotesca así a primera vista, contiene en realidad parte de verdad en el sentido de que corresponde muy bien a la percepción que tienen los propios judíos de su identidad, a falta de poder explicar la realidad de las causas del antisemitismo. El testimonio de Jean Daniel es al respecto esclarecedor: "¿El libro de Sartre? Fue una liberación. Tenía la impresión de que por fin un tipo me había comprendido. Me costaba pensar que no fuera judío él también por

---

[751] Alain Finkielkraut, *Le Juif imaginaire*, 1980, Points Seuil, 1983, p. 113

[752] Alain Finkielkraut, *Le Juif imaginaire*, 1980, Points Seuil, 1983, p. 106

[753] Jean-Paul Sartre, *Reflexiones sobre la cuestión judía*, Seix Barral, Barcelona, 2005, p. 77-78, 159, 15

cómo era capaz de ir hasta el fondo de nuestra humillación. La invención de ese judío implícito fue en ese momento una liberación." Alain Finkielkraut también quedó extasiado: "Ese corto ensayo es un texto fascinante, fundamental y salvador[754]." El semanal *Marianne* del 25 de junio del 2005 aportaba el testimonio del cineasta Claude Lanzmann, el cual confirmaba: "Ese libro ha representado un momento esencial. De alguna manera, Sartre nos ha devuelto el gusto por la vida. En esta tierra, había por lo menos un hombre cerca de nosotros que nos había comprendido."

Por muy sorprendente que esto parezca a los goyim avezados de la "cuestión judía", estos testimonios no pueden considerarse como una manifestación de lo que algunos llaman la "perfidia" judía. Contrariamente a lo que podíamos pensar en nuestro anterior libro, hay aquí probablemente mucha sinceridad en estas declaraciones. Recordemos lo que escribía Otto Weininger: "No existe ningún judío varón que, aunque sea confusamente, no sufra por su judaísmo, esto es, por su falta de creencia... es el individuo más desgarrado, el más pobre en identidad interna[755]."

"Tengo una historia y un rostro marcado por veinte siglos de desgracias, escribía Finkielkraut: puedo en un momento de bajón maldecir mi falta de personalidad, mi inconsistencia y mis dudas[756]." Y seguidamente, el filósofo retomaba las sempiternas jeremiadas judías, pues los judíos, debemos saberlo, son débiles, muy débiles; y su debilidad los deja a la merced de la locura de los hombres. La Alemania hitleriana había por lo tanto decidido exterminar esos seres débiles, precisamente a causa de su debilidad (¡no busquen más explicaciones!): "El Estado más poderoso del mundo planificó la desaparición de un pueblo sin ejército, sin tierra y sin alianzas. Entre un país sobre equipado y una nación sin defensa, nunca hubo una guerra tan desigual y tan absoluta." Los pobres judíos son así los "chivos expiatorios[757]", siempre perseguidos, y siempre inocentes.

En mayo del 2006, un Elie Wiesel en su ocaso por fin hacía algunas confesiones en su "novela", *Un loco deseo de bailar*. Su héroe "sufre de una locura debido al exceso de memoria". Éste se confesaba a un psicoanalista: "¿Soy paranoico, esquizofrénico, histérico, neurótico?" A través de su personaje Elie Wiesel se expresaba así: "Como el *dybbuk*, me refugio en mi locura como en una cama caliente en una noche de

---

[754] Alain Finkielkraut, *Le Juif imaginaire*, 1980, Points Seuil, 1983, p. 17

[755] Otto Weininger, *Sexo y carácter*, 1902, Ediciones 62 s|a, 1985, Barcelona, p. 322

[756] Alain Finkielkraut, *Le Juif imaginaire*, 1980, Points Seuil, 1983, p. 15

[757] Alain Finkielkraut, *Le Juif imaginaire*, 1980, Points Seuil, 1983, p. 64, 162, 60

invierno. Si, así es. Es un *dybbuk* que me persigue, que vive dentro de mí. Él, el que ocupa mi lugar. Él, el que usurpa mi identidad y me impone su destino... ¿De dónde viene mi gran desasosiego, esos cambios, esas repentinas metamorfosis, sin explicaciones ni ritos de pasaje, ese estar de capa caída cercano al embrutecimiento, esa vacilación del ser que caracteriza mi malestar[758]?"

Como muchos otros, Alain Finkielkraut llegó a estar harto y asqueado de ese cuestionamiento interminable respecto de su identidad judía: "Estaba hasta la coronilla de mi judeidad. El asco. La saturación. El hartazgo. Estaba lleno, agotado por el machaqueo, embrutecido por la cantinela sobre nuestro destino sin igual, bombardeado por la sempiterna canción del pueblo menospreciado. Atiborrado, pedía clemencia. No a Dios, no al sistema, sino a aquellos que sostenían el embudo, mis padres y su sempiterna obsesión judía. Obsesión, esa es la palabra... ¿No me recordaban ellos continuamente nuestra soledad, nuestra maldición?"

Finkielkraut se declararía incapaz de hallar las causas de su vacilación identitaria: "No estoy en condiciones de explicar, después de otros mil, a raíz de que traumatismo llegué a ser judío, pues hasta donde logro recordar, siempre lo he sido[759]."

Freud había comprendido que el origen del judaísmo no era de naturaleza religiosa, sino sexual. El poeta "alemán" Heinrich Heine tenía, por cierto, la costumbre de declarar sarcásticamente que el judaísmo no era una religión, sino una "desgracia familiar" (*Familienunglück*). Únicamente los iniciados podían comprender el trasfondo de su pensamiento.

Como sabemos, el origen del mal es el incesto, el cual es el origen de la patología histérica que caracteriza tan bien el judaísmo: histrionismo, egocentrismo, angustia, paranoia crónica, intolerancia a la frustración, fabulación, amnesia selectiva, ambigüedad identitaria y sexual, megalomanía, etc. Todo se resume finalmente en esta frase: *El judaísmo es esa enfermedad que el psicoanálisis pretendió curar.*

Ya no se trata en absoluto del "pueblo elegido", sino más bien de reconocer un diagnóstico médico. Así pues, desde hace tres mil años, el judaísmo parece ser una larga sucesión de generaciones incestuosas. Efectivamente, en la mayoría de los casos, el autor de un incesto ha sufrido él mismo durante su infancia un abuso sexual por parte de un adulto, que suele ser un pariente cercano[760]. A través del trauma, el hijo

---

[758] Elie Wiesel, *Un Désir fou de danser*, Éd. Seuil, 2006, p. 13, 29

[759] Alain Finkielkraut, *Le Juif imaginaire*, 1980, Points Seuil, 1983, p. 127, 209

[760] Jacques-Dominique de Lannoy, *L'Inceste*, Presses Universitaires de France, 1992,

incestuoso se convierte a su vez en un padre incestuoso, y esas disposiciones se transmiten así de generación en generación. Leyendo los intelectuales judíos actuales, debemos suponer que el psicoanálisis freudiano no ha conseguido liberarlos de su neurosis obsesiva. Jean Daniel, que deseaba claramente salir de ella, se rebelaba contra el celo excesivo de algunos guardianes de la tradición, como el gran Emmanuel Levinas, por ejemplo, "que espeta y proclama que abandonar el judaísmo es compartir la intención del Faraón (actualmente Hitler) y rematar el genocidio abortado. Así es como se esgrime el cerrojo más duro de la prisión", escribía Jean Daniel. Manifiestamente, algo le preocupaba, pues reclamaba para los judíos el derecho de poder "salirse del orden si se consideran indignos de una opción demasiado pesada[761]."

Diez años más tarde, Jean Daniel seguía encerrado entre paredes, tal como lo expresaba por fin claramente en su libro del 2003, *La Prisión judía*: "El judaísmo es una llamada a la santidad", escribía, antes de preguntarse: "¿Ha investido Dios a estos hombres con una misión inhumana? Este mandamiento de la Elección, ¿puede ser juzgado como el anverso de una maldición?" Y constataba que el judaísmo es un mundo cerrado, aislado del resto del mundo: "La comunidad judía en que es casi imposible entrar y se hace lo posible para impedir salir. Nos encontramos claramente en presencia de una prisión[762]."

En el acta de su conferencia del 14 de marzo del 2005 en el instituto Itshak Rabin, en París, el director de prensa Alexandre Adler recordaba a la audiencia el papel de cada judío: "Hay un imperativo omnipresente. Ese imperativo es el de no permitir que se pierda ningún judío. Desgraciadamente, a veces ocurre que algunos judíos se pierden, pero los judíos no deben ser cómplices de esto. El papel de cada judío en el mundo es ser el guardián de su hermano...esto quiere decir volver a traerlo a casa. Decirle: regresa, regresa, no olvides[763]."

Mark Zborowski nos daba una idea de la presión ejercida por el grupo sobre un hombre que quería evadirse de la "prisión": "Una persona que abjura de la fe es considerada como muerta para siempre: se celebra para ella un funeral, se conmemora una ceremonia simbólica, se respeta el duelo durante una hora y el nombre del "desaparecido" es

---

p. 92, 91

[761] Jean Daniel, *La Blessure*, Grasset, 1992, p. 258, 260

[762] Jean Daniel, *La prisión judía. Meditaciones intempestivas de un testigo*, Tusquets, Barcelona, 2007, p. 79, 172

[763] http://www.beit-haverim.com

proscrito de las conversaciones...Se intentará todo lo posible para evitar semejante catástrofe. El rabino, los amigos y la familia instan al renegado a recapacitar antes de que sea demasiado tarde. En caso de fracaso, el *meshumed*, o converso, es declarado muerto por el grupo[764]."

Notemos como Jean Daniel nunca pone mayúsculas a la palabra "judío". Eso es porque el pueblo judío no es una raza, ni una religión- pues existen numerosos judíos ateos- sino más bien un apego y una devoción hacia la historia judía, la Ley mosaica, la idea de la unificación del mundo, la idea de "paz" sobre la tierra y la llegada del mesías. Se debe por lo tanto más bien considerar como una secta: se es judío como se es comunista, miembro del Gran Oriente o testigo de Jehová. Aunque es cierto que es mucho más fácil ser admitido en cualquier otra religión que en la religión judía, donde la filiación a través de la madre es una regla casi intangible. Aun así, se puede comprobar como numerosos judíos que jamás serán considerados como tales por los ortodoxos -pues no descienden de madre- no se sienten menos solidarios de esa comunidad. El antiguo ministro Bernard Kouchner, por ejemplo, no es judío de pura sangre, pues sólo su padre lo era. Sin embargo, éste ha asimilado completamente los reflejos intelectuales del judaísmo, llevándolo al universalismo y a la apología de un mundo sin fronteras, de modo que nada lo distingue en ese plano del pensamiento del más fanático de los rabinos. El judaísmo, en efecto, se encarna esencialmente en un proyecto político.

Desde que salieron de los shtetls y los guetos urbanos en el siglo XIX para vivir entre las naciones, muchos judíos han preferido dejar extinguirse la neurosis dentro de ellos y fundirse con la sociedad europea. Sus hijos y nietos han así podido olvidar su judeidad y sentirse europeos de pleno derecho. La verdadera asimilación sólo se realiza a través de la perdida de la judeidad. El proceso puede tomar dos o tres generaciones, o bien ser fruto de una voluntad personal; pero existe. Y eso es de hecho lo que más temen los responsables de la comunidad judía en el mundo entero, los cuales no paran de advertir a los judíos contra los matrimonios mixtos, afanándose en mantener vivo en ellos el sentimiento de su propia judeidad atizando el miedo al antisemitismo para cerrar filas.

Numerosos judíos han así abandonado definitivamente el judaísmo y se han asimilado totalmente en los países donde se instalaron: "Por supuesto, muchos judíos han sido completamente asimilados y se han completamente desjudaízado[765]", reconocía Jacob Talmon con

---

[764] Mark Zborowski, *Olam*, 1952, Plon, 1992, p. 217

[765] J.-L. Talmon, *Destin d'Israël*, 1965, Calman-Lévy, 1967, p. 44

despecho.

El historiador León Poliakov constataba él también que muchos de sus congéneres habían tratado de "escapar del sufrimiento de ser Judío aboliendo el judaísmo por su propia cuenta." Observaba ese fenómeno a principios de siglo XIX en los judíos más ricos que podían eludir fácilmente la terrible vigilancia comunitaria. Una empresa realizable, escribía Poliakov, "a condición de tener coraje y sobre todo los medios financieros suficientes. Conversiones, ennoblecimientos, matrimonios aristocráticos, instalaciones en Viena, en París o en Londres; allá donde fuera más fácil hacerse olvidar: la posteridad de los Judíos adinerados de la época se ha disuelto por completo en la masa (excepto en contados casos, como los Rothschild), especialmente en la aristocracia cristiana[766]."

La neurosis es a veces tan acuciante y angustiosa que el judío reclama el derecho de liberarse conscientemente sin esperar más, convirtiéndose sinceramente al cristianismo a través de un compromiso militante en contra de sus antiguos "verdugos". Otto Weininger, que ya había abandonado el judaísmo antes de combatirlo, notaba en su época: "Los hombres más famosos fueron, en cambio, casi siempre antisemitas (Tácito, Pascal, Voltaire, Herder, Goethe, Kant, Jean Paul, Schopenhauer, Gillparzer, Wagner), y debe atribuirse a que, como genios que eran, encerraban dentro de su espíritu múltiples personalidades, y, en consecuencia, podían comprender mejor el judaísmo." Ese hombre, que conocía las contradicciones del espíritu judío y los sufrimientos que lo acompañaban, también deseaba liberar el judío de su judeidad: Esto requiere un compromiso voluntarista: "Sería necesario, en primer término, que los judíos llegaran a comprenderse entre sí, aprendieran a conocerse y a combatirse, para vencer de este modo al judaísmo que encierran en su interior... En consecuencia, el problema judío sólo puede ser resuelto individualmente, y cada semita debe intentar solucionarlo en su propia persona[767]." Efectivamente, para él la cuestión judía sólo podía ser resuelta de forma individual.

Los psicoterapeutas consideran que se debe empezar por superar los tabúes y el silencio que rodean el incesto dentro de la familia y practicar una terapia de grupo con el fin de luchar contra el aislamiento en el que los protagonistas del incesto tienden a encerrarse. David Bakan lo expresaba a través de un mensaje encriptado: "Los Judíos pueden ser liberados de sus tabúes y de su sentimiento de culpabilidad

---

[766] Léon Poliakov, *Histoire de l'antisémitisme, tome II,* 1981, Points Seuil, 1990, p. 97

[767] Otto Weininger, *Sexo y Carácter,* Ediciones 62 s|a Barcelona, 1985, p. 300, 308

con una toma de consciencia del origen histórico de esos tabúes, de la misma manera que un individuo, con el psicoanálisis, puede ser liberado de sus inhibiciones y de su sentimiento de culpabilidad tomando consciencia de sus orígenes infantiles[768]."

En efecto, sería probablemente benéfico y saludable para los judíos que se abrieran más al mundo exterior, en vez de seguir encerrados en sí mismos. Ese "ensimismamiento tenso y pusilánime en las identidades más pobres", como decía Bernard-Henri Levy, no favorece la liberación de los espíritus. Se debería por lo tanto comenzar a rechazar esas tradiciones polvorientas y toda "su parafernalia de antiguallas[769]" que los "hace parecer un pueblo de locos" a los ojos del mundo entero. Recordemos las palabras de Alain Minc: "¿Como se debe tratar esa enfermedad psicológica? ¿Qué psicoanálisis colectivo nos librara de esta paranoia?" La comunidad judía actual debe poder mirarse en el espejo: "Debe sanarse y sus élites cumplir con su deber" y "luchar contra el delirio xenófobo[770]" que encierra a los judíos en su gueto mental desde hace tanto tiempo.

Cualquier extranjero que llegue a Occidente puede efectivamente asombrarse de ver que, al contrario que las Iglesias, templos y mezquitas abiertas de par en par, las sinagogas y los lugares judíos están invariablemente cerradas a cal y canto y extremadamente vigiladas, como si los judíos tuvieran motivos para encerrarse. Ese confinamiento ya ha durado lo suficiente. Los judíos deben liberarse de esa "paranoia colectiva" y comprender que su cultura identitaria es un "callejón sin salida" que los "encierra en el miedo y en el odio[771]."

Por lo tanto, la terapia de grupo deberá ser conducida por un profesional ajeno a la comunidad. Se podrá entonces retomar el "protocolo de curación" enunciado por Philip Roth, pero poniéndolo en el correcto sentido, esto es invirtiendo los términos y sustituyendo la palabra "judíos" por "goyim", y "antisemitismo" por "judaísmo":

"Reconocemos nuestra condición de personas llenas de prejuicios y con tendencia al odio, que somos impotentes para controlar...Reconocemos que no son los goyim quienes nos han hecho daño a nosotros, sino nosotros quienes hacemos responsables a los goyim tanto de nuestros males como de los del mundo en general. Somos nosotros quienes hacemos daño a los goyim, creyendo semejante cosa... Un goy puede tener sus defectos, como cualquier otro

---

[768] David Bakan, *Freud et la tradition mystique juive*, 1963, Payot, 2001, p. 322

[769] Bernard-Henri Lévy, *L'Idéologie française*, Grasset, 1981, p. 212-216

[770] Alain Minc, *La Vengeance des nations*, Grasset, 1990, p. 11, 15, 179, 207

[771] Pierre Lévy, *World philosophie*, Odile Jacob, 2000, p. 147

ser humano, pero los que aquí hemos de tratar con franqueza son los que tenemos nosotros: paranoia, sadismo, negativismo, destructividad, envidia, etc."

Debido a que la identidad judía es esencialmente una idea, una vacilación, muchos judíos no pueden dejar de interrogarse al respecto. Muchas veces, nos dan la impresión de que no consiguen salir de sí mismos más que acumulando bienes materiales y riquezas, o lanzándose en la frenética carrera mesiánica. Aferrándose a su "misión" de unificación mundial es como consiguen finalmente dar un sentido y una justificación a su existencia en la tierra. Una vez superada la vacilación identitaria, y de alguna forma enaltecido por esa misión "divina" que hace de él un miembro del "pueblo elegido", el judío se transforma entonces en una máquina de guerra. Se debe leer con atención lo que nos dicen algunos intelectuales judíos, como por ejemplo Abraham Livni. En su libro titulado *El Regreso de Israel y la esperanza del mundo,* publicado en 1999, nos aseguraba que estábamos viviendo "el final de una época histórica bimilenaria, la del exilio del pueblo judío y de su dispersión entre los pueblos, y el comienzo de un nuevo ciclo centrado en la resurrección del pueblo de Israel." El mal estaba, por lo visto, profundamente arraigado en nuestros espíritus: "Auschwitz es el resultado asombroso, pero finalmente lógico, de una civilización bimilenaria. Auschwitz es la demostración suprema y absurda, de las consecuencias extremas de la mentira sobre la que la civilización cristiana ha sido construida durante veinte siglos[772]."

Son como esas máquinas de hierro que no se detienen hasta que se rompen. Las palabras de Nicolas Sarkozy todavía resuenan en nuestros oídos. El 16 de enero del 2009, el presidente de la República francesa transmitió sus deseos ante el cuerpo diplomático extranjero. Una vez más, habló de ese Nuevo Orden mundial, pero esta vez en unos términos casi amenazantes: *"Nous irons ensemble vers le nouvel ordre mondial, et personne, je dis bien personne, ne pourra s'y opposer[773]."*

No nos debe sorprender que en la Rusia bolchevique, después de que los judíos tomaran el poder en 1917, los oponentes políticos fuesen encerrados en los hospitales psiquiátricos, cuando no simple y llanamente liquidados. Esta tendencia a considerar a todos los que se oponen a sus proyectos de dominación como unos "locos" es una

---

[772]Abraham Livni, *Le Retour d'Israël et l'espérance du monde,* Éditions du Rocher, 1999, p. 11, 27, 28
[773]"Iremos juntos hacia el nuevo orden mundial, y nadie, digo bien nadie, podrá oponerse a ello."

tendencia muy marcada del judaísmo. Durante el verano del 2008, por ejemplo, unas pintadas habían aparecido en la acaudalada ciudad de Neuilly-sur-Seine, el feudo político del propio Sarkozy: "Sarkozy, judíos, chorizos". Un artículo en *Le Parisien* del 8 de agosto mencionaba aquel caso: Un hombre de 63 años, que ya había expresado su antisemitismo en contra de algunos comerciantes de la ciudad, había sido detenido y había admitido los hechos. El hombre había sido "internado en un hospital psiquiátrico": "El peritaje psiquiátrico ha llegado a la conclusión del delirio de persecución y de una ausencia total de discernimiento, por lo que se ha procedido al internamiento inmediato."

Es así como la mayoría de los judíos se acomodan finalmente a su singularidad. También pueden encontrar un agarradero en sus tradiciones seculares. Ciertamente, no es necesario respetar escrupulosamente todas las prescripciones diarias del judaísmo para ser judío, para pensar como un judío, para actuar como un judío y "recoger las chispas divinas", como lo preconiza la Cábala[774]. Pero los ritos comunitarios pueden ayudar a los judíos a llevar su carga y soportarse a ellos mismos, pues son bien conscientes del peso de sus faltas y de su locura. Una vez al año, la víspera de la fiesta religiosa de Yum Kippur, los judíos tienen la oportunidad de expiar sus pecados con un curioso ritual.

El manual de vida y conducta de los judíos, el *Shulján Aruj* (La Mesa servida), aporta las explicaciones en el capítulo CXXXI: "Se acostumbra en todas las Comunidades Judías, a realizar en la víspera de Iom Kipur, *Kaparot*. Se toma una gallina por cada miembro de la familia y se las degüella para expiar de esta forma nuestros pecados. La costumbre es degollar un gallo para el hombre y una gallina para la mujer. Asimismo, se acostumbra a seleccionar las aves blancas para simbolizar de esta forma la Purificación de los pecados. Para las mujeres embarazadas se degüellan dos gallinas y un gallo; una gallina perteneciente a la mujer, otra por la posible niña que nacerá y el gallo por si el futuro bebé es un varón. Se toma el gallo o la gallina, se los gira alrededor de la cabeza y se dice tres veces: *"Ze halifati, ze temurati, ze kaparati, ze atarnegol / atarnegolet lishjita ielej"*:"Este es mi sustituto, éste es mi cambio, ésta es mi expiación, este gallo/ gallina será degollado y yo seré Sellado para la Vida Buena y la Paz[775]"."

Así es cómo los judíos transfieren su culpabilidad y consiguen la

---

[774]Ver nota del traductor en Anexo IV. 3.

[775]*Kaparot y Vísperas de Iom Kipur.* El *Shulján Aruj* es obra del rabino Joseph Caro (Safed, 1563). Se publicó en 1565 en Venecia.

remisión de sus pecados: haciendo girar un gallo o una gallina alrededor de su cabeza antes de degollarlo[776].

Elie Wiesel había experimentado esas prácticas religiosas en el marco de la Cábala, pero se había mostrado bastante escéptico respecto de los resultados cosechados: "Las supuestas experiencias místicas de las que hablan los libros amarilleados por el paso de los siglos me apasionan. Mezclar vinagre con sangre de gallo degollado de forma ritual pronunciando fórmulas mágicas para ahuyentar Satanás más allá de las montañas, ¿era eso posible? ¿Repetir algunos "nombres" en una hora precisa para dominar las fuerzas del mal, derribar los aviones, repeler los tanques, vencer y humillar los caballeros de la Muerte? Cincuenta años después, puedo deciros la verdad: eso no funciona. Hablo por experiencia[777]."

En efecto, los tanques, los aviones y los "caballeros de la Muerte" que más tienen que temer los judíos están sobre todo dentro de ellos mismos. En cuanto al mesías que vendrá un día para liberarlos- la cosa es ahora segura- éste vestirá una bata blanca de médico psiquiatra y vendrá acompañado por dos o tres fuertes enfermeros. No imaginamos las cosas de otra manera[778].

París, junio del 2006
Octubre del 2011 para esta segunda edición.

---

[776]Nouvelle Revue d'Ethnopsychiatrie, *Psychopatologie du judaïsme*, N°31, septembre 1996, p. 43-45

[777]Elie Wiesel, *Mémoires, tome I*, Seuil, 1994, p. 49

[778]Para las denuncias diríjanse a la Oficina Nacional de Vigilancia contra el Antisemitismo. Llamen al (0033) 6 63 88 30 29 y pregunten por Sammy Ghozlan.

ANEXO I

EL TALMUD

El Talmud es un libro fundamental. Es una suerte de Constitución o Carta Magna para los judíos. Es una obra que recoge principalmente las discusiones rabínicas sobre leyes judías, tradiciones, costumbres, narraciones y dichos, parábolas, historias y leyendas. No es un libro de pensamiento o filosofía. Es un inmenso código civil y religioso basado en la Torá [el Antiguo Testamento], elaborado entre el siglo III y el V [quizás hasta el siglo VIII según algunos investigadores] por eruditos hebreos de Babilonia e Israel: "El Talmud está constituido de 63 libros. Esos libros son la compilación de escritos legislativos, éticos e históricos, redactados por los antiguos rabinos. Ha sido escrito cinco siglos después del nacimiento de Jesús Cristo. Es un compendio de leyes y de tradiciones. Representa el código jurídico sobre el que se basa la ley religiosa judía, y es el libro que se utiliza para la formación de los rabinos." (Rabino Morris N. Kertzer, *Look Magazine*, 17 de Junio de 1952.)

Existen dos conocidas versiones del Talmud: el Talmud de Jerusalén (*Talmud Yerushalmi*), que se redactó en la entonces recién creada provincia romana llamada Filistea y el Talmud de Babilonia (*Talmud Bablí*), que fue redactado en la región de Babilonia. Ambas versiones fueron redactadas a lo largo de muchos siglos por generaciones de eruditos provenientes de muchas academias rabínicas establecidas desde la Antigüedad. Se compone de la Mishná (colección escrita de las leyes orales, según *Éxodo, 24, 12*), de la Guemará (los comentarios de la Mishná de los rabinos) y de la Agadá (narraciones de valor secundario, ver nota 105). Las mitzvot (singular mitzvá) son los preceptos o mandamientos de la Ley judía.

En el Talmud *Berakhot 5a* (primer tratado del Talmud, *Las Bendiciones*) se dice: "Rabí Shimon ben Lakish dijo: Dios le dijo a Moisés:"Sube a mí en la montaña y quédate allí, y te daré las tablas de piedra y la Torá y la Mitzvá que he escrito para que las enseñes"(*Éxodo 24:12*), lo que significa que Dios le reveló a Moisés no sólo la Torá Escrita, sino toda la Torá, tal como sería transmitida a través de las generaciones. Las "tablas de piedra" son los diez mandamientos que se escribieron en las tablas de la Alianza, la "Torá" son los cinco libros de Moisés. La "Mitzvá" es la Mishná, que incluye las explicaciones de las mitzvot [los preceptos y mandamientos] y cómo deben cumplirse. "Que he escrito" se refiere a los Profetas y Escritos, escritos con inspiración divina. "Para que los enseñes" se refiere al Talmud [la Guemará], que explica la Mishná. Estas explicaciones son el fundamento de las normas de la Halajá práctica [la Ley judía, ver nota 167]. Este versículo enseña que todos los aspectos de la Torá fueron entregados a Moisés desde el Sinaí." Una conocida metáfora de los rabinos acerca del Talmud reza así: "La Torá es agua, la Mishná es vino y la Guemará es vino con miel." Se debe entender pues que para los rabinos la Ley proviene principalmente de la (su) Guemará.

Arsène Darmesteter (1846-1888), notable filólogo y erudito del judaísmo del siglo XIX, escribió en su libro sobre el Talmud lo siguiente: "Hoy el judaísmo encuentra su expresión más perfecta en el Talmud; este libro no ha influido en el judaísmo de forma remota, ni el judaísmo no es más que un tenue eco de él, sino que el Talmud se ha encarnado en el judaísmo, y el judaísmo ha tomado forma en el Talmud, pasando así del estado de abstracción a la realidad. El estudio del judaísmo es el estudio del Talmud, así como el estudio del Talmud es el estudio del judaísmo (...) Son dos cosas inseparables, mejor aún, son una misma cosa (...) En consecuencia, el Talmud es la expresión más completa de nuestro movimiento religioso, y este código de interminables prescripciones y meticulosos ceremoniales representa en su mayor perfección la obra total de la idea religiosa.... Este milagro se realizó en un libro: el Talmud (...)

Nada puede igualar la importancia del Talmud, excepto la ignorancia que prevalece sobre él (...) El Talmud se compone de dos partes distintas, la Mishná y la Guemará; la primera es el texto propiamente dicho, la segunda es el comentario del texto (...) Por el término Mishná se entiende una colección de decisiones y leyes tradicionales, que incluye todos los ámbitos de la legislación, tanto civil como religiosa. Este código fue obra de varias generaciones de rabinos (...) Una sola página del Talmud puede contener pasajes escritos en tres o cuatro lenguas diferentes, o más bien, pasajes escritos en una sola lengua fijada en diferentes niveles de su degeneración (...) A menudo, una Mishná de cinco o seis líneas va seguida de cincuenta o sesenta páginas de comentarios [Guemará] (...) La Halajá es la Ley en toda su autoridad; constituye el dogma y el culto; es el elemento fundamental del Talmud....El estudio diario del Talmud, que entre los judíos comienza a los diez años y sólo termina con la vida misma, es necesariamente un ejercicio extenuante para la mente, gracias al cual ésta adquiere una sutileza y una destreza incomparables (…) Pues el Talmud sólo aspira a una cosa: convertirse para el judaísmo en una especie de *"corpus juris ecclesiastici"."* Arsène Darmesteter, (*El Talmud, 1*888). *The Talmud,* The Jewish Publication Society of America, Philadelphia, 1897, p. 60, 61, 89, 7, 10, 14, 15, 17, 25, 26

ANEXO II

EL ZOHAR

Según Gershom Scholem, la Cábala medieval se desarrolló primero en Languedoc y Provenza en torno a 1150-1200, dentro de las comunidades judías influenciadas por los movimientos monásticos cristianos y la herejía gnóstica cátara. El *Sofer Bahir*, el *Sofer Yetsirá* y la *Merkabá* fueron tres importantes obras esotéricas que prefiguraron el *Zohar*. De ahí pasarían a Cataluña y luego a Castilla, donde la actividad de los cabalistas alcanzó su apogeo, siendo Moisés de León el compositor principal y definitivo del *Zohar*. Las influencias de la Cábala son el Neoplatonismo, la Gnosis[779] y antiguas doctrinas místicas judías transmitidas oralmente y por la *Agadá* talmúdica (ver nota 105):

"La Cábala – al pie de la letra: tradición, y en particular, tradición esotérica – es el movimiento en el que las tendencias místicas del judaísmo, principalmente entre los siglos XII y XVII, han encontrado su sedimentación religiosa en forma de múltiples ramificaciones y con frecuencia en el curso de un desarrollo accidentado. El complejo que aquí se nos presenta no es, en absoluto, como muchas veces se escucha,

---

[779]La base del gnosticismo es su interpretación dualista del cosmos. El verdadero Dios no es el Dios creador, está "oculto". La creación es obra de un demiurgo o demonio o *"gran arquitecto"*. El Dios bueno verdadero y el mundo material son dos entes opuestos. Los gnósticos consideran así el mundo material como diabólico. Algunos piensan que esta enseñanza del carácter maléfico del mundo puede ser muy peligrosa para la sociedad y la vida humana. Por su parte, el Neoplatonismo de Plotino es un monismo del Ser, una filosofía de lo Uno contraria al dualismo del Ser de la teología tradicional judía y cristiana (Dios creador del mundo *exnihilo*) que tuvo una muy poderosa influencia en los místicos y los filósofos hasta la modernidad. Al respecto existen muchas referencias: la máxima referencia es probablemente Mircea Eliade y su *Historia de las creencias y las ideas religiosas, tomo II*. La cábala judía parece estar emparentada con estas doctrinas, además de su natural filiación con las doctrinas talmúdicas. Sobre la cábala judía el lector puede consultar la obra del erudito español Marcelino Menendez Pelayo: *Historia de los Heterodoxos españoles, Tomo I*, Ed. F. Maroto, Madrid, 1880, p. 82-86 y p. 385-393. Y para una exposición completa de estas cuestiones en el judaísmo léase: Gershom Scholem, *Conceptos básicos del judaísmo: Dios, Creación, Revelación, Tradición, Salvación*. Editorial Trotta, 1998-2018, Madrid. (NdT).

un sistema unitaro de ideas místicas y en especial teosóficas. Un concepto como, por ejemplo, "la doctrina de los cabalistas" no existe. En lugar de esto, tenemos que habérnoslas aquí con un proceso frecuentemente asombroso por la multiplicidad y abundancia de sus motivos, el cual se ha decantado en sistemas o semisistemas totalmente diferentes. Alimentado por fuentes subterráneas de muy probable origen oriental, la Cábala vio por primera vez la luz en el sur de Francia, en las mismas regiones y en el mismo tiempo en que el mundo no-judío contemplaba el apogeo del movimiento de los cátaros o neomaniqueísmo. En la España del siglo XIII floreció con un desarrollo rápido y asombrosamente intenso hasta alcanzar la plenitud de sus construcciones, las cuales culminan en el libro pseudoepigráfico *Zohar* de rabí Moisés de León, una especie de Biblia para los cabalistas, que a lo largo de los siglos ha conseguido afirmar la posición casi inatacable de un texto sagrado y autoritario. En la Palestina del siglo XVI- merced a un segundo florecimiento – se convirtió en una potencia histórica y espiritual de primer rango dentro del judaísmo; ello fue posible gracias a que supo dar una respuesta a los excitados ánimos de los judíos españoles, afectados por la catástrofe de la expulsión de 1492, en relación con la cuestión – cuyo planteamiento resurgía sin cesar – del sentido del exilio. Rebosante de energías mesiánicas, explota en el siglo XVII a raíz del gran movimiento en torno a Shabtai Tzvi, movimiento que, aun en el momento de desplomarse, consiguió suscitar un mundo de herejía mística judaica, una Cábala herética que en sus impulsos y movimientos evolutivos ha jugado paradójicamente un papel muy importante en el nacimiento del judaísmo moderno, si bien dicha importancia ha sido ignorada durante mucho tiempo, y sólo actualmente va siendo paulatinamente reconocida."

En Gershom Scholem, *La Cábala y su simbolismo*, Siglo XXI Editores, Madrid, 2009, p. 108

Y más en detalle:

"Resulta difícil admitir un vínculo directo entre estos grupos judíos orientales de los siglos VIII al X y los conventículos cabalistas más antiguos del sur de Francia en el siglo XII. Por otra parte, es posible que estas antiguas tradiciones gnósticas, como otras entre los cabalistas, se remonten a diferentes grupos en Oriente, respecto a los cuales no poseemos ningún testimonio escrito. En las proximidades de las comunidades maniqueas y mandeas de Mesopotamia, los materiales gnósticos permanecieron vivos en una gran variedad de formas, hasta el punto de que podemos imaginar fácilmente la existencia de esos judíos gnósticos. Algunos fragmentos de sus doctrinas, mezclados con otros materiales, pudieron haberse abierto camino hasta Europa...Pero no debemos subestimar las dificultades que plantea una hipótesis como ésta. Mientras que los jasidim alemanes, como hemos mostrado con frecuencia en este capítulo, pudieron haber conocido algunas partes de estos fragmentos, otros tal vez quedaron inéditos. ¿Estas tradiciones pudieron haber llegado directamente desde Oriente hasta Provenza, evolucionando allí de manera paralela a la del catarismo? La dificultad para saberlo radica en la forma nada teórica o filosófica en que se presenta la idea de la metempsicosis en el *Bahir*. Pues en la religión dualista de los cátaros, que predicaba una diferencia esencial entre la naturaleza y el origen de los mundos físico y espiritual, esta idea no presenta las mismas dificultades que para la teología filosófica y la psicología del monoteísmo. La hipótesis de un paso del alma individual a otro cuerpo podía parecer mucho más cuestionable a la doctrina aristotélica del alma como entelequia del organismo que a la psicología dualista del tipo de los platónicos, donde esa doctrina podía tener fácil cabida. Sin embargo, incluso un neoplatónico judío como Abraham bar Hiyya se mostró intolerante ante la doctrina de la transmigración de las almas. ¿Cómo, a pesar de todo, penetró en Provenza una o dos generaciones después de él? Por ahora pienso que debemos dejar abierta la pregunta sobre dónde se originó históricamente la doctrina de la metempsicosis, tal y como ésta se expone en el *Bahir*, a pesar de su proximidad en tiempo y lugar al movimiento cátaro. En general me inclino a aceptar la primera hipótesis, es decir, la de que nos enfrentamos a fragmentos de una tradición gnóstica más antigua que llegaron de Oriente por caminos que ya no podemos descifrar y que alcanzaron a los círculos en los que se originó el *Bahir*."

Gershom Scholem, *Los orígenes de la Cábala,* Ediciones Paidós Ibérica, 2001 p. 117

ANEXO III

LA CÁBALA DE LURIA

1. "Se trata de una doctrina general del universo...Dios, en el origen de su acción, no se reveló primero a los demás a través de la Creación. Se ocultó. Se retiró en el más profundo misterio de su naturaleza profunda. Gracias a ello, por el hecho de que Él se ocultara y se retirara, el mundo apareció a su vez. Luego, se produjo un segundo acto, la emanación de los mundos, la creación de los mundos, así como la manifestación de la divinidad como Dios personal, como Creador y Señor de Israel (...) Para que pueda existir algo que no sea Dios, es indispensable que Dios se refugie en Sí-Mismo. Solamente después, puede Él arrojar sus rayos de luz (las *Sefirot*, las luces divinas) en el espacio creado por su contracción (*tsimtsum*) y fundar sus obras...Sin contracción, todo volvería a ser divinidad. Sin emanación, nada se crearía (...) Por medio de sus fuerzas, a través de las cuales Él quiere edificar la Creación, Él forma unos receptáculos (*kelim*) que deben servir luego a la revelación de su propia esencia (...) La luz, que debe recibir una forma plástica para realizar la obra del Creador y de donde saldrán luego las criaturas, ha sido atraída en los receptáculos después de un gran choque (...) [Pero] por unas razones espirituales que los cabalistas expusieron largamente, esos receptáculos se rompieron (...) Es el acto que los cabalistas llaman la "rotura de los receptáculos" (*shevirat ha-kelim*) (...) Habiéndose roto los receptáculos, la luz se ha dispersado. La mayor parte regresó a su fuente; pero el resto, o más bien las chispas de esa luz, han caído hacia abajo donde se esparcieron mientras que otras ascendieron de nuevo hacia arriba. Esta es la historia del exilio interno fundamental de la Creación (...) De ahí proviene el exilio. Desde ese instante, ya nada está en un estado de perfección. La luz divina...ya no está en el lugar correcto, pues los receptáculos se rompieron (...) Todo está ahora fuera de su lugar... Dicho de otra forma, todo lo que existe está en el exilio."

En Gershom Scholem, *Le Messianisme juif*, 1971, Les Belles Lettres, 2020, p. 92-94

2. "Las chispas de la luz divina han sido arrojadas en un abismo donde se constituyen las fuerzas del mal, mediante las cuales el Creador ha querido que las criaturas fueran puestas a prueba. Las criaturas deben así demostrar su fuerza y capacidad de elección luchando contra las fuerzas del mal. Dentro de ese mundo del mal, de las tinieblas y de la impureza – mundo denominado de las "cáscaras" (*Qelipot*), [*Qelipá*, singular]– han caído, según el mito cabalista, fuerzas de la santidad, chispas de la luz divina que se han fijado en las "cáscaras" después de la rotura de los receptáculos. Así pues, existe un exilio de la divinidad (…) Nos hallamos aquí en presencia de una noción cósmica del exilio. Ya no se trata sólo del exilio del pueblo de Israel, sino primero del exilio de la Presencia divina desde el origen del universo. Lo que adviene en el mundo no puede ser más que la expresión de ese exilio primitivo y esencial (…) Toda la imperfección del mundo se explica por esto. Las cosas impuras han triunfado sobre las fuerzas de la santidad, sobre las chispas de la luz santa, y las retienen bajo su yugo (…) Tal es la situación de la Creación tras la rotura de los receptáculos (…) [Ésto] es un defecto que requiere una Reparación (*Tikún*) (…) Se trata de la reparación de un vicio primitivo (…) Se trata de la imperfección, del defecto, del vicio original que se halla en todas las cosas, pues no hay nada en el mundo que no haya sido viciado cuando se rompieron los primeros receptáculos. Nos incumbe remediar ese vicio, devolver las cosas a su sitio y a su naturaleza propia. Este es el propósito de la religión, el papel asignado al hombre religioso al igual que al hombre corriente. El hombre debe reparar el mundo (…) El exilio de Israel no es más que la expresión más necesaria, más concreta y más cruel de la situación presente de un mundo que está todavía en un estado anterior a la reparación y a la redención (…) El exilio de Israel no es un hecho al azar, sino que se inscribe dentro de la realidad misma del mundo, por cuanto Israel no ha terminado todavía la reparación, ni devuelto las cosas a su sitio. ¿Cómo debe hacer esta reparación? A través de la Ley (*Torá*) y los preceptos (*Mitzvot*)." En Gershom Scholem, *Le Messianisme juif*, 1971, Les Belles Lettres, 2020, p. 94-96

Otros aspectos esotéricos que desarrolla el *Zohar* son : El Árbol de la Vida (*Sefirot*), el Hombre Supremo -hombre-mujer andrógino- (*Adam Kadmon*), la Presencia Divina femenina (la *Shejiná*) y la Teúrgia (la magia y la invocación de poderes ultraterrenos).

Al lector interesado en penetrar el increíble780 universo mental de la Cábala, recomendamos la obra del reconocido ocultista británico Arthur Edward Waite (1857-1942), *The Secret Doctrine in Israel – A*

---

[780]Utilizamos esta palabra en el sentido literal. (NdT).

Study of the Zohar and its Connections, Occult Research Press Publishers, New York. (descargable en Pdf en archives.org y scribd.com). A su vez, sugerimos los libros del investigador independiente estadounidense Christopher Jon Bjerknes, cuyo estudio exhaustivo de la Cábala le ha llevado a conclusiones que, de ser ciertas y plausibles, son realmente inquietantes para la Humanidad. (En www.cjbbooks.com.)

3. "La extrema difusión de las enseñanzas de rabi Isaac Luria y de sus discípulos había tenido como efecto el de introducir en todas partes las teorías de la Cábala en la concepción judía tradicional sobre la figura y función del Mesías. De tal forma que los cabalistas se convirtieron de hecho en los teólogos del pueblo judío a lo largo del siglo XVII. Las especulaciones mísiticas de Luria sobre la naturaleza de la redención y sobre el "mundo restaurado" (*olam ha-tikkun*), que ocurriría immediatamente después, habían introducido nuevas ideas y perspectivas en el folclore popular respecto al Mesías, heroe nacional llamado a salir victorioso de un drama cósmico supremo. Desde entonces, la redención ya no fue concebida solamente como un acontecimiento temporal, que traería la emancipación de Israel del yugo de las Naciones, sino también como una transformación radical de toda la creación, afectando igualmente el mundo material y el mundo espiritual, y que conduciría a la Reparación de la catástrofe primordial llamada "rotura de los receptáculos" (*shevirat ha-kelim).* Durante esa reparación, los mundos divinos deben recobrar su unidad y perfección originales...Se creía que la difusión de las enseñanzas de Luria debía incluso apresurar la venida del Redentor."

En Gershom Scholem, *Le Messianisme juif,* 1971, Les Belles Lettres, 2020, p. 149-150

ANEXO IV

EL JASIDISMO Y LOS MAESTROS JABAB LUBAVITCH

1. La Cábala de Luria fue extraordinariamente fecunda. A partir de ella, brotaron en los siglos siguientes movimientos místico-mesiánicos muy populares que dejaron una impronta profunda en el judaísmo. Algunos de estos, como el Sabateísmo y el Frankismo acabaron en un sectarismo mesiánico marcado por las "paradojas" y las "aberraciones", como veremos en la segunda parte de este estudio. En cambio, el Jasidismo del siglo XVIII, fundado por Israel Ben Eliezer (Ba'al Shem Tov) y continuador más moderado de la Cábala, tuvo quizás un papel más duradero, y esto hasta la actualidad. "El Jasidismo trató de eliminar el elemento mesiánico -con su deslumbrante pero excesivamente peligrosa amalgama de misticismo y espíritu apocalíptico- sin renunciar al atractivo del cabalismo posterior", o mejor dicho llevó a cabo "una "neutralización" del elemento mesiánico", pues nunca lo abandonó realmente, escribía Gershom Scholem.

Scholem insistía en las circunstancias de ese cambio aparente: "El jasidismo constituyó una reacción consciente frente a los peligros inherentes de las iniciativas mesiánicas que habían conducido al sobresalto sabateo. No rechazó la enseñanza de Isaac Luria sobre las chispas divinas, cuya influencia era demasiado grande para que pudiera ser rechazada, pero la reinterpretó de manera a retirarle el peligroso aguijón del mesiánismo...El objetivo inmediato del jasidismo de aquella época ya no podía ser la redención nacional del exilio ni la redención universal. Pues tras el incendio sabateo, esto hubiese significado una vez más el mesianismo. El objetivo...pasó a ser la redención mística del individuo *hic et nunc,* es decir la redención *en* el exilio, no *del* exilio o, dicho de otro modo, la victoria sobre el exilio a través de su espiritualización. El sabateísmo, revuelta contra el exilio, había fracasado. El jasidismo, que tenía ante sus ojos las consecuencias destructoras de aquel fracaso trágico, renunció a la idea de una revolución mesiánica. Se puso en paz con el exilio, paz precaria y difícil, ciertamente, pero aún así paz... Comprendemos ahora por qué el jasidismo insistió a la vez en la *devekut* [comunión mística con Dios], un elemento sin matiz escatológico, como lo demostré, y en la doctrina de las chispas en su nueva forma. "La *devekut* tiene por objetivo conducir a cada uno a la redención individual que conviene a su alma", declaraba el Ba'al Shem. La redención mística y la redención individual son así identificadas en oposición a la redención mesiánica, que pierde el sentido concreto e inmediato que tenía en la Cábala de Luria. "Solamente cuando hayamos alcanzado la redención individual podrá producirse la redención universal y el Mesías se manifestará", decía así otra sentencia de Ba'al Shem781."

Así pues, "el jasidismo, en términos generales, representa un intento de hacer accesible a las masas el mundo de la Cábala mediante una cierta transformación o reinterpretación". "Muchos de los seguidores de Ba'al Shem, discípulos de sus discípulos, se convirtieron en los fundadores de dinastías jasídicas en las cuales el liderazgo de grupos jasídicos grandes y pequeños era y todavía es transmitido, más o menos automáticamente, de padres a hijos". De tal forma que estos lideres jasídicos, llamados *rebe782*, se sucedieron hasta nuestros días, continuando la tradición y aportando también nuevas ideas, aunque, como reconocía Gershom Scholem, "no siempre es posible distinguir entre los elementos revolucionarios y los elementos conservadores del jasidismo, o mejor dicho, el jasidismo en conjunto es una reforma del misticismo anterior, pero al mismo tiempo sigue siendo más o menos idéntico a éste."

La dinastía jasídica más pujante y activa en la actualidad es sin duda la de Jabad-Lubavitch, y esto se debe a que esta escuela produjo una "teoría cabalística verdaderamente original". Scholem sostenía que el rasgo característico de esa nueva escuela radicaba en que "los secretos de la divinidad son expresados a la manera de una psicología mística", aportando así "un nuevo énfasis al aspecto psicológico en lugar del teosófico". "El cabalismo se convierte en un instrumento de análisis psicológico y de autoconocimiento", dando así "a los escritos de Jabad su carácter especifico de mezcla de adoración de Dios y de interpretación panteísta...y de intensa preocupación por la mente

---

[781]Para una explicación completa de esta neutralización léase Gershom Scholem, *Le Messianisme juif*, 1971, Les Belles Lettres, 2020, *La neutralisation du messianisme dans le hassidisme primitif (III – IV)*, p. 278-301 y sobre el jasidismo en general, *Las grandes tendencias de la mística judía, Novena Conferencia: El Hasidismo, la última etapa*, Fondo de cultura económica, 1997, Buenos Aires, p. 264-283. (NdT).

[782]Léase sobre los *rebes* en Hervé Ryssen, *El Fanatismo judío*. (NdT).

humana y sus impulsos." A través de una mayor comprensión psicológica y emocional, "el cabalismo ya no aparece bajo un disfraz teosófico...La teosofía, con todas sus complicadas teorías ya no se encuentra en el centro de la conciencia religiosa". El movimiento jasídico logró así mayor éxito y eficacia, pues "lo que realmente adquirió importancia fue el sentido de la vida personal en la mística. El jasidismo es el misticismo práctico en su más alto nivel", escribía Scholem. Comprendemos ahora por qué las opiniones y declaraciones de estos lideres jasídicos son tan importantes para sus seguidores judíos en todo el mundo, ya que lo que consiguieron los Jabad-Lubavitch es, como observaba Martin Buber, un "cabalismo convertido en *ethos*" pues "casi todas las ideas cabalísticas están ahora relacionadas con los valores propios de la vida individual y se pone un acento especial en las ideas y conceptos que se refieren a la relación entre los individuos y Dios". "En esto reside la verdadera originalidad del pensamiento jasídico. En tanto que moralistas místicos, los jasidim encontraron un camino para la organización social."

En Gershom Scholem, *Las grandes tendencias de la mística judía*, *Novena Conferencia: El Hasidismo, la última etapa*, Fondo de cultura económica, 1997, Buenos Aires, p. 266, 267, 269, 274, 276, 278 y en *Le Messianisme juif*, 1971, Les Belles Lettres, 2020, p. 292, 293

2. Iosef Itzjak Schneerson (1880-1950) fue el sexto *rebe* de la dinastía Jabad. Su primer discurso como líder de la dinastía en 1920 fue traducido y publicado en 1987 en un libro titulado *An End to Evil Reishis Goyim Amalek*. En el se puede leer algunas de sus enseñanzas místicas: "Está escrito, *Reishis Goyim Amalek, veachriso adei oveid-* "Amalek es el primero entre las naciones, y al final será destruido". La frase inicial significa que Amalek es la fuente y la raíz de las Siete Naciones Malvadas – aunque, sin embargo, está separado de ellas. Lo mismo ocurre (aunque teniendo en cuenta la distinción entre la santidad y su opuesto) con respecto a las fuerzas de la impiedad que se denominan colectivamente *Qelipot* [las cáscaras del mundo del Mal]. Amalek, que personifica la *Qelipá* más dura, es la fuente y la raíz espiritual de todas esas naciones, aunque sea distinta de ellas. La conclusión del versículo anterior ("y al final será destruido") parece implicar que la *Qelipá* de Amalek no contiene ningún elemento que pueda ser salvado por medio del servicio divino llamado *beirurim* (el tamizado y refinado de la materialidad mediante la elevación de las chispas divinas incrustadas en ella). La *Qelipá* de Amalek, por lo que parece, no puede ser rehabilitada en algo positivo y por lo tanto ser llevada a un estado de Reparación (*Tikún*). Más bien, la única

"Reparación" de Amalek es su total erradicación y destrucción. Esto se insinúa en el versículo "y al final será destruido": la consumación de Amalek es su destrucción."

Su sucesor y yerno, el séptimo *rebe* de la dinastía Jabad, fue Menachem Mendel Schneerson (1902-1994), quien a lo largo de su magisterio alcanzó un gran renombre internacional. Suyas son las siguientes declaraciones extraídas de un libro de mensajes grabados para sus seguidores en Israel: "La diferencia entre una persona judía y una no judía surge de la expresión común: "diferenciemos"(...) El cuerpo de una persona judía es de una calidad totalmente diferente al cuerpo de todas las naciones del mundo...La diferencia de la calidad interior, sin embargo, es tan grande que los cuerpos deben ser considerados como una especie completamente diferente... sus cuerpos son en vano. Una diferencia aún mayor existe con respecto al alma. Existen dos tipos de alma contrarios; el alma no judía proviene de tres esferas satánicas, mientras que el alma judía proviene de la santidad." En *Gatherings of Conversations* (1965), traducido por Israel Shahak y Norton Mezvinsky, *Jewish Fundamentalism in Israel*, Pluto Press, London, 1999, p. 59-61.

En el mismo sentido, Rabi Yitzjak Ginsburg, otra eminente autoridad Jabad-Lubavitch, escribía: "Todos los seres humanos poseen una Chispa divina. La diferencia entre un ser humano y otro radica en la medida en que la chispa ha entrado y desempeña un papel activo en su psique... Cuando la chispa entra plenamente en la psique, se conoce como alma divina. Y por eso hablamos de que los Judíos poseen un alma Divina. Con respecto a un no judío, la chispa Divina flota sobre la psique (no entra en ella ni siquiera en el plano inconsciente)". Y esta otra consideración: "Para comprender mejor la relación entre el judío y el no judío (...) observemos primero que el origen de las almas no judías es el mundo primordial del Caos (*Tohu*) que precedió al mundo de la Rectificación (*Tikún*), el origen de las almas judías". En Rabi Yitzjak Ginsburg, *Kabbalah and Meditation for the Nations*, Ed. Gal Einai Institute, 2007, p. 55, 125.

Estas enseñanzas entroncan directamente con las del *Tania*, la obra fundamental de los Jabab-Lubavitch escrita por su fundador Schneur Zalman de Liadí durante veinte años y publicada en 1797. Podemos leer algunos pasajes traducidos en www.Sefaria.org, *Tanya, Part One, The Book of the Average Men* (*Introduction*, 17): "Las almas de las personas del mundo, sin embargo, emanan de las otras *Qelipot* impuras que no contienen nada bueno. Tal como está escrito en *Etz Chayim* (Portal 49, capítulo 3): todo el bien que hace la gente, lo hace por motivaciones egoístas. Así, cómo comenta la Guemará (*Bava Batra 10b*) acerca del verso (*Mishlei 14:34)*, "La bondad de la gente es pecado"- ya que toda la caridad y bondad hecha por la gente del mundo es sólo para su auto-glorificacion, etc."

En 1978, el Congreso de EE.UU. pidió al presidente Jimmy Carter que designara el cumpleaños de Menachem Mendel Schneerson como el Día Nacional de la Educación en EE.UU. Desde entonces se conmemora como el Día de la Educación y el Intercambio. En 1994, se le concedió póstumamente la Medalla de Oro del Congreso por sus "destacadas y duraderas contribuciones a la mejora de la educación mundial, la moralidad y los actos de caridad".

3. "En virtud del gran mito del exilio y de la redención que constituye la Cábala luriana, las "chispas" de la vida y la luz divina han sido arrojadas en el exilio por todo el mundo y esperan angustiosamente ser "elevadas" a través de las acciones de los hombres y reinstaladas en su lugar primitivo en la armonía divina de todos los seres... Para el jasidismo las "chispas sagradas" están presentes en todas partes sin excepción...El hombre tiene la oportunidad en todas partes, incluso la obligación, de elevar las "chispas sagradas"...Toda consciencia abierta a la contemplación puede descubrir las "chispas" en cualquier aspecto de la vida y puede así conferir al mundo profano una significación religiosa inmediata...Los jasidim no rehuían de las fórmulas paradojicas para expresar sus pensamientos. "Una charla con tu vecino puede ser el lugar de una meditación profunda", decía Ba'al Shem. "Lo más importante en la manera de servir a Dios, decía otro maestro jasídico, es hacerlo por medio de cosas profanas, por medio de cosas no espirituales". Otro todavía: "Es incluso en las palabrerías de café sobre la política y las conversaciones que tratan de la guerra entre los pueblos que un hombre puede alcanzar una unión intima con Dios". Esta frase sorprendente no era una simple ocurrencia: su autor aportaba las instrucciones detalladas acerca de la manera de lograr esa proeza. El rabí de Polnoa [Yaakov Yossef Hakohen], un discípulo del Ba'al Shem, resumía esto de la manera siguiente: "Nada, grande o pequeño, en este mundo está separado de Dios, pues en todas las cosas Él está presente. El hombre consagrado puede entregarse a profundas meditaciones y a actos contemplativos de "unificación" hasta en sus acciones más terrenales, comiendo, bebiendo, en sus relaciones sexuales, e incluso haciendo negocios". Estos actos místicos que los cabalistas llaman "unificaciones" (en hebrero *yihudim*) no deben realizarse en soledad o en el retiro; deben darse también en la plaza del mercado, precisamente en los lugares que parecen más alejados de lo espiritual. Es precisamente ahí donde el verdadero jasid descubre el teatro de los sueños donde la paradoja está en el punto culminante."

En Gershom Scholem, *Le Messianisme juif*, 1971, Les Belles Lettres, 2020, p. 344, 345, 346

4. "El riesgo de una desviación de la autoridad tradicional hacia lo incontrolado y lo incontrolable está profundamente enraizado en la naturaleza de la experiencia mística. La educación religiosa del grupo sigue dejando la puerta abierta a numerosas aventuras del espíritu, que se oponen a los esquemas y doctrinas reconocidos y que pueden provocar un choque entre el místico y la autoridad religiosa...Esto debe ser considerado como uno de los varios factores decisivos que han contribuido a la formación de la opinión de que en la mística es absolutamente necesario un jefe espiritual, un gurú, como dicen los hindúes. Por supuesto que el gurú cumple ante todo, *prima facie*, una función psicológica. Impide que el discípulo...se equivoque y se ponga en peligro a sí mismo. El que busca solo su camino puede, desde luego, extraviarse fácilmente y aun caer en la locura...Los yoguis, los sufíes y los cabalistas reclaman tal guía intelectual no menos que los manuales de la mística católica. Sin guía se corre el riesgo de perderse en el desierto de la aventura mística...El guía...dirige y determina la interpretación de la experiencia mística, incluso antes de que se produzca. La canaliza a través de vías aceptables para la autoridad establecida. ¿Cómo consigue realizar esto?...Proporciona los símbolos cabalísticos tradicionales con los que se puede describir o interpretar esta peregrinación de un místico judío hacia la captación de la divinidad, asegurando de tal manera, en lo posible, la conformidad con la autoridad en los recodos precisamente más peligrosos del camino. Los compromisos acordados entre la mística y la autoridad religiosa transmitida encaminados a permitir a aquélla la permanencia dentro del marco de ésta ponen de manifiesto...una extensísima gama de variedades.

...Aquí los compromisos fueron inevitables, al menos en relación con el reconocimiento de diferencias de grados...Es así como en el judaísmo rabínico, en el seno del cual se desarrolló la mística cabalística, se reconocieron como auténticas y con valor de autoridad diferentes posibles experiencias revelativas, por ejemplo las de Moisés, los profetas, el Espíritu Santo (que habla por medio de los hagiógrafos de la Biblia), los receptores de la "voz celeste"(*bat-col*, que fue perceptible en la época talmúdica) y finalmente, la "manifestación del profeta Elías"...Esta fue la causa de que los cabalistas no reclamaran para sí más que el rango aparentemente modesto de "receptores de una manifestación del profeta Elías"...El profeta Elías representa en la tradición judía, desde los orígenes del judaísmo rabínico, una figura particular y estrechamente ligada a los deseos de este judaísmo: es el portador de mensajes divinos a través de todas las generaciones...Así pues, una revelación cabalística del profeta Elías representa una interpretación de la experiencia mística que, según su naturaleza, tiende más bien a confirmar la autoridad que a quebrantarla. Cuando consideramos las primeras personalidades de la historia de la Cábala para las que fue reclamado el acceso a tal rango, es muy significativo de que se trate de rabí Abraham de Posquières y de su hijo Isaac el Ciego,[y] Abraham ben David (muerto en 1198)..."

"Cuanto menor era la erudición y la formación teológica que poseía un aspirante a la iluminación mística, tanto más inmediato surgía el peligro de conflictos con la autoridad. Todos los manuales de mística que fueron escritos desde el punto de vista de la autoridad tradicional nos proporcionan los ejemplos que queramos de esto, prescindiendo, desde luego, de la doctrina específica de cada uno...Ni más ni menos sucede con algunas teorías hasídicas. Cuando Israel Ba'al-Sem, el fundador del hasidismo polaco en el siglo XVIII sostuvo la tesis mística de que la comunión con Dios (*debecut*) es más importante que el estudio de las Escrituras, levantó con ella una considerable oposición y fue citada por todos los escritos polémicos contrarios al movimiento como prueba de su tendencia antirrabínica y subversiva...En el judaísmo, por ejemplo, se intentaba prevenir cualquier conflicto posible, prescribiendo que el acceso al terreno de la práctica y de la especulación místicas esté reservado exclusivamente a los sabios con un aprendizaje talmúdico completo. En este sentido se cita en todos los libros la advertencia de Maimónides: "Nadie es digno de entrar en el paraíso (es decir, en el reino de la mística) a no ser que primero se haya hartado de pan y carne"(*Misne Torá*, hiljot *Yesodé haTorá*, IV, 13), o sea, del alimento de la pura sabiduría rabínica...Aunque muchos grandes cabalistas correspondieron plenamente a la exigencia citada de Maimónides, nacida de un espíritu conservador, no han faltado sin embargo otros que no poseían sino un endeble conocimiento rabínico o que, en todo caso, no habían concurrido con asiduidad a ninguna escuela talmúdica conveniente. Precisamente el más célebre de todos los místicos judíos de los últimos tiempos, el arriba citado Israel Ba'al-Sem, nos sirve aquí de ejemplo típico. Sus "conocimientos", en el sentido tradicional del término, eran muy limitados; careció del maestro de carne y hueso que le mostrase el camino, y el único al que reconoció como "gurú" espiritual fue al profeta Ahiyá de Siló, con quien mantenía constantemente contacto visionario y espiritual. En suma, era un perfecto místico laico, y sin embargo el movimiento por él fundado – en el cual este elemento laico ocupaba un lugar sobresaliente y constituía, en el menor de los casos, uno de los factores decisivos de su desarrollo – logró obtener en su lucha igualdad de derechos dentro del marco de la autoridad transmitida (naturalmente, no sin haberse mostrado dispuesto – a manera de precio – al compromiso). Otros movimientos místicos en los que el elemento laico ocupaba también un lugar importante dentro del judaísmo como es el caso del movimiento sabbetaico, no consiguieron alcanzar este propósito y fueron empujados a entrar en conflicto con la autoridad rabínica...

"En contraste absoluto e inconciliable con todos los intentos de compromiso o soluciones similares para eliminar la tensión entre el místico y la autoridad religiosa, se halla sin embargo el fenómeno extremo del misticismo nihilista, de la negación de toda autoridad en nombre de la experiencia o de la iluminación mística mismas..."

En Gershom Scholem, *La Cábala y su simbolismo, La autoridad religiosa y la mística*, Siglo XXI Editores, 2009, Madrid, p. 21-25, 30-33.

ANEXO V

JACOB Y ESAÚ EN LA EXÉGESIS CABALÍSTICA

El pueblo de Yahvé es Jacob:

"Cuando el Altísimo le dio a las naciones su hogar y estableció las divisiones del hombre, fijó los límites de los pueblos en relación con los números de Yisrael. Porque la porción de Yahweh es su pueblo, Yaaqov [Jacob] la heredad que le tocó. Él lo halló en una región desértica, en un baldío aullante y vacío. Lo rodeó, lo vigiló, lo guardó como a la niña de sus ojos. Como el águila que ronda su nido, revolotea sobre sus polluelos, así extendió él sus alas, lo tomó, lo llevó sobre sus plumas; Yahweh solo los guió, sin ninguna deidad extranjera a su lado." (*Deuteronomio: 32, 8-12, Biblia Israelita Nazarena 2011*). Léase también *Malaquías* 1: 1-5.

Esaú, Edom y Amalek son los términos empleados por los exegetas cabalistas para designar a los cristianos y a la cristiandad, más específicamente a los Europeos y a sus descendientes:

"Con tu espada vivirás y servirás a tu hermano."Esto aún no ha sucedido, porque Esaú aún no es el siervo de Jacob. Esto es porque Jacob no lo necesita todavía." (*Zohar, 1: 145a*);

"Jacob se humilló ante Esaú para que éste se convirtiera más tarde en su sirviente. Al controlarlo, cumplió el significado del versículo: "Que los pueblos te sirvan, y las naciones se inclinen ante ti"(*Génesis 27:29*). Aún no era el momento de que Jacob gobernara sobre Esaú. Jacob dejó que esto ocurriera más tarde, porque entonces era humilde." (*Zohar, 1:166b*)

"Después de que el Rey Mesías se levante, Jacob recibirá lo de arriba y lo de abajo, y Esaú lo perderá todo. No tendrá ninguna porción y herencia o recuerdo en el mundo. Este es el significado del versículo: "Y la casa de Jacob será fuego, y la casa de José llama, y la casa de Esaú estopa" (*Abdías 1, 18*), porque Esaú lo perderá todo, y Jacob heredará los dos mundos, este mundo y el mundo venidero, es decir, la parte superior del cielo y la tierra." (*Zohar. 1:143b*)

"Esaú se jactará de los señores, mientras que Jacob dará a luz a los profetas, y si Esaú tiene príncipes, Jacob tendrá reyes. Ellos, Israel y Roma, son las dos naciones destinadas a ser odiadas por todo el mundo. Una superará a la otra en fuerza. Primero Esaú subyugará al mundo entero, pero al final Jacob gobernará sobre todos. El mayor de los dos [Esaú] servirá al más joven [Jacob]." (*Leyendas de los judíos, 1:6*).

Fuente: https://www.sefaria.org.

"(…) En el futuro, el Cristianismo sufrirá un proceso de judaización para situarse a la derecha de Israel, mano derecha de Israel en el momento de la redención. Este proceso comienza, sin embargo, con el aplastamiento del poder del Cristianismo. En el *Sefer HaMeshiv*, el curso de los acontecimientos es representado de esta manera: "En virtud del poder del *Gran Nombre de Cuarenta y Dos Letras* [el Nombre Divino], te conjuro incluso contra tu voluntad a no tener el poder de volar o hacer algo o hacer cualquier otra acusación contra la nación israelita como lo has hecho hasta ahora. Yo te ataré y te conjuraré para que no tengas más poder para acusar a Israel en todo momento. Al contrario, a partir de este día, defenderás a la nación israelita...así lo haréis tú y el rabino José, los dos juntos...y con esto romperás el poder de Samael [ángel caído demoníaco] y aceleraréis la Redención en vuestro tiempo". La transición desde la acusación a la defensa no es más que el reflejo de un proceso que ocurre dentro de la Divinidad, un tema tratado en el *Sefer HaMeshiv*, "Sabed que Esaú es la creación del Isaac Celestial (la *Sefirah Gevurah*) para gobernar y guiar al mundo, y se llama Lot, y se llama Esaú... cuando el reino sea suyo, ascenderá por la ventana del Isaac Celestial (recibirá la emanación directamente de la *Sefirah Gevurah*). Será príncipe sobre ti y hará una acusación contra ti de que no tienes derecho a existir en el mundo... porque Esaú es Lot, aunque será conocido por el nombre de Esaú cuando llegue el momento de la llegada del Rey Mesías. Entonces se conocerá este secreto, que Esaú es nada menos que el malvado Samael, y durante los tiempos del nacimiento del Mesías, será llamado Esaú, (las letras hebreas, *Ayin-Sin-Waw*) que significan *Asu* (literalmente: ellos hicieron). Es decir, le obligaron a entrar en el misterio de la Alianza Celestial de la Circuncisión, pues hasta el día de hoy, aún no ha descendido más allá del misterio de la "rudeza", es decir, el misterio de la *Sefirah Tiferet* (un símbolo del Mesías). Sin embargo, pronto le obligarán a entrar en el misterio de la Alianza de la Circuncisión (la *Sefirah Yesod*). Esto es el secreto celestial del nombre *Ayin-Sin-Waw* (Esau-Ásu)…Al principio, Esaú se sitúa en la *Sefirah Gevurah* (simbolizada por Isaac). Después, desciende a la *Sefirah Tiferet* (Jacob); luego es obligado a entrar en la

Sefirah Yesod (El Pacto de la Circuncisión) junto con Jacob. Esta entrada significa la transición de "Edom" a la "Alianza", es decir, la conversión del Cristianismo al Judaísmo..."

En Moshe Idel, *The Attitude to Christianity in Sefer Ha-Meshiv*, p. 86, 88. El Dr. Moshe Idel es profesor en el Departamento de Pensamiento Judío de la Universidad de Jerusalén.

ANEXO VI

SHABTAI TZVI Y EL SABATEÍSMO

1. "La explicación que se elaboró fue la siguiente. Mientras las últimas chispas divinas *(nitzotzot)* de santidad y de bondad, que cayeron durante el pecado primordial de Adán en el dominio impuro de las *Qelipot* (es decir las fuerzas materiales del Mal, cuya presencia es especialmente fuerte entre los Gentiles), no hayan sido reunidas y llevadas a la fuente, la redención no habrá llegado a su fin. Esta es la labor que incumbe al Redentor, el más santo de todos los hombres: debe llevar a cabo aquello que las almas más justas del pasado fueron incapaces de hacer; debe bajar a través de las puertas de la impureza *(sha'are tum'ah)* al dominio de las *Qelipot* y rescatar las chispas divinas allí retenidas. En cuanto se haya completado esta tarea, el reino del Mal se derrumbará sobre sí mismo, pues éste sólo puede mantenerse gracias a las chispas divinas que están en su interior. El Mesías se ve obligado a realizar "actos extraños" (*ma'asim zarim*: noción central en la teología sabatea). Y entre estos actos, su apostasía es el más impactante. Esos actos son necesarios para cumplir su misión. Según la formula de Cardoso783 : "Ha sido decretado que el Rey-Mesías revestiría la forma de un marrano e iría así de incógnito en medio de sus congéneres judíos. En pocas palabras, ha sido decretado que se haría marrano como yo*"…La nueva doctrina de la apostasía necesaria del Mesías fue aceptada por todos los "creyentes". Resultó ser más rica en símbolos de lo que se pensaba al principio, pues daba cuenta hábilmente de la contradicción entre la realidad externa de la historia y la realidad interna de la vida de los "creyentes". Una vez establecida esta doctrina, ya no sorprendía el retraso de la liberación externa, pues ésta podía explicarse invocando el principio místico del ser "bueno dentro de sí mismo pero vestido de ropajes mancillados"."

En Gershom Scholem, *Le Messianisme juif*, 1971, Les Belles Lettres, 2020, p. 158, 164. (**Inyanei Shabtai Zevi*, édition A. Freimann,

---

[783]Abraham Miguel Cardoso (1626, Río Seco, Aragón -1706). Amigo de Tzvi y destacado ideólogo y prosélito de la secta. (NdT).

1913, p. 88).

2. "Para evocar este evangelio de la perversión, lo mejor que puedo hacer es citar la excelente obra sobre el gnosticismo del filósofo Hans Jonas*. Muestra como pudo nacer una ética de la perversión en los "*pneumaticos784*" de tendencia nihilista del siglo segundo:

"La ética espiritualista de esos *pneumaticos* conllevaba un elemento revolucionario que venía a estimular sus creencias. Sus enseñanzas inmorales se caracterizaban a la vez por el rechazo declarado y absoluto de todas las reglas y costumbres tradicionales y por un anhelo de libertad llevado al extremo que les hacía ver la libertad de hacer todo lo que les placía como una prueba de autenticidad y un favor del cielo...Esta doctrina se basa en la idea de que habían recibido un "alma adicional" y que el nuevo tipo de hombre que había accedido a ese privilegio ya no tenía que seguir las costumbres ni las obligaciones que habían sido la regla hasta entonces. A diferencia del hombre ordinario, es decir del hombre simplemente "psíquico", el *pneumatico* es un hombre libre. Está liberado de las exigencias de la Ley... Pero en la medida en que para lograrlo se necesitan actos libres, su actitud emancipada no debe ser considerada de ninguna manera como un comportamiento negativo. Este nihilismo moral nos revela la crisis de un mundo en transición. Cuando el hombre quiere verse totalmente libre y se vanagloria de su entrega al pecado sagrado, es porque busca rellenar el vacío que se abre en el "interregno" de dos periodos de la Ley, diferentes y opuestos. Esta tendencia anárquica se caracteriza por una hostilidad declarada respecto de todo regimen establecido, por una necesidad de diferenciarse netamente y de separarse de la mayoría de los hombres, por un deseo de derrocar la autoridad "divina", es decir los poderes que tienen el gobierno de este mundo y son los defensores de los criterios éticos anteriores. Hay en esta actitud mucho más que un simple rechazo del pasado; hay un deseo de insultar esos poderes y de rebelarse contra ellos. Esto es muy formalmente lo que se denomina una revolución y el corazón de esta revolución gnóstica del pensamiento religioso está constituido por ese evangelio de la subversión. Debía haber en fin en los gnósticos una buena dosis de "fanfarronada" que les permitía hacer creer a su naturaleza "espiritual". De hecho, es sabido que, en todos los periodos revolucionarios, a los hombres les gusta embriagarse con grandes palabras."

Esta descripción se aplica perfectamente al sabateísmo radical y

---

[784]Del griego *pneuma*, el espíritu. Los espirituales son los predestinados a la salvación. (NdT).

especialmente al frankismo."

En Gershom Scholem, *Le Messianisme juif*, 1971, Les Belles Lettres, 2020, p. 206, 207. (*Hans Jonas, *Gnosis und Spaätaniker Geist*, 1934, tomo I, p. 234)

3. "Las doctrinas de los antinomistas...fueron por su parte interpretadas como la nueva Torá espiritual que Shabtai Tzvi había traído al mundo terrenal y como la doctrina que estaba destinada a invalidar la vieja *Torá de-beriá*, a la cual ellos identificaban con la Torá de los tiempos premesiánicos. El contenido místico de la Torá fue liberado de sus vínculos con el significado tradicional del texto; se hizo independiente, no siéndole posible ya en esta situación encontrar su expresión adecuada en los símbolos del modo de vida tradicional judío. Fue a parar, por el contrario, a una situación antagónica con respecto a ellos: el perfeccionamiento y la realización de la nueva Torá espiritual [*Torá de-aŝilut*] trajeron consigo la invalidación de la *Torá de-beriá*, representativa de un nivel inferior, con la cual se identificó a partir de ahora el judaísmo rabínico. El antinomismo conduce al nihilismo místico, el cual predicaba la conversión de todos los valores anteriores y ostentaba en su bandera el siguiente santo y seña: *bitulah ŝel Torá zehu quiyumah*, "la anulación de la Torá es su cumplimiento."

En Gershom Scholem, *La Cábala y su simbolismo*, Siglo XXI Editores, Madrid, 2009, p. 100

4. "El nihilismo del movimiento sabateo y del movimiento frankista, ese nihilismo que resulta de esta doctrina, tan profundamente chocante para la concepción judía, [que postula] que "violando la Torá es como se cumple" *(bitulah ŝel Torá zehu quiyumah)*, fue la culminación dialéctica de la creencia en la mesianidad de Shabtai Tzvi. Después, cuando su inspiración religiosa se agotó, ese nihilismo abrió el camino a la Haskalá[785]y al movimiento reformista del siglo XIX. Finalmente, (...) fue dentro del mundo espiritual de las sectas sabateas, dentro del Santosanctórum de la mística cabalista, que esta crisis de la fe, que afectó a todo el pueblo judío en su totalidad cuando salió de su aislamiento medieval, se manifestó primero. Muchos Judíos que vivían dentro del gueto ya habían empezado, mientras todavía seguían adhiriendo exteriormente a las prácticas de sus antepasados, a aventurarse a penetrar en las vías de una interioridad original radicalmente nueva. Antes de la Revolución Francesa, las condiciones no estaban todavía reunidas para permitir que tal alteración

---

[785]La "Ilustración Judía". La Haskalá marca el inicio del intento de integración de los judíos europeos con el mundo secular, dando lugar al primer movimiento político judío y la lucha por la emancipación. Ver nota 328. (NdT).

desembocara en una lucha social; el resultado fue que esa alteración se volvió hacia dentro de sí; retumbó dentro del santuario secreto del alma judía. El deseo de liberación total que tan trágicamente llevó a los sabateos a emprender ese camino no fue únicamente un deso de autodestrucción. Muy al contrario, debajo de la superficie del rechazo de la Torá, del antinomismo y del nihilismo volcado hacia las catástrofes, se ocultaba una inspiración sumamente constructiva... Particularmente, vino a alimentar el sueño de una revolución universal que de un plumazo borrase todo el pasado para permitir reconstruir el mundo. La esperanza de un cambio radical de todas las leyes y costumbres que Frank había suscitado se hizo de repente realidad en el plano de la historia hacia el final de su vida. La Revolución francesa permitió a los proyectos sabateos y frankistas el derrocamiento de la antigua moral y a la religión encontrar un campo de aplicación: sabemos en efecto que los sobrinos de Frank, sea en virtud de su creencia o por cualquier otro motivo, desempeñaron un papel activo en diversos círculos revolucionarios de París y de Estrasburgo. Seguramente vieron en la Revolución la confirmación de sus opiniones nihilistas..."

En Gershom Scholem, *Le Messianisme juif*, 1971, Les Belles Lettres, 2020, p. 146, 210, 211

ANEXO VII

EL JUDAÍSMO SEGÚN WERNER SOMBART Y KARL MARX

Esa naturaleza contractual y hasta mercantilista del judaísmo fue estudiada en detalle por el sociólogo y economista alemán Werner Sombart en su obra de referencia, *Los Judíos y la vida económica (1911)*, en la que expuso el papel seminal y fundador del judaísmo en el capitalismo moderno. Werner Sombart exponía así las "ideas fundamentales de la religión judía":

"Lo declaro sin preliminares: he hallado en la base de la religión judía las mismas ideas directrices que las que caracterizan el capitalismo…Ésta es, de principio a fin, en sus rasgos fundamentales, una obra de la razón, una formación intelectual y finalista, proyectada en el mundo exterior como un organismo mecánico y artificial, con vistas a destruir y someter el mundo natural, y a asegurarse el dominio de todas las áreas de la vida. La religión judía se comporta exactamente igual que el capitalismo que es, él también, una formación extranjera, venida de no se sabe dónde ni como, en medio de un mundo natural, dominado por un poder creador, un producto racional y artificial en medio de una vida guiada por el instinto y la espontaneidad. Es el racionalismo lo que constituye el rasgo fundamental tanto del judaísmo como del capitalismo. Racionalismo o más bien intelectualismo: los dos igualmente opuestos a lo que hay en la vida y en el mundo de irracional y misterioso, los dos igualmente enemigos de todo lo que es arte, creación, trabajo de la imaginación, gozo sensible. La religión judía no conoce el misterio. Es incluso la única religión del mundo que ignora el misterio. No conoce ese estado de éxtasis en el que el creyente alcanza la unión con la divinidad, es decir el estado que las demás religiones ensalzan como el estado supremo, el más elevado, el más sagrado." Así, "lo que asemeja todavía más la religión judía al capitalismo, es la reglamentación contractual, diría incluso la reglamentación comercial, si esa palabra no tuviera un sentido tan profano, de las relaciones entre

Yahvé e Israel. Todo el sistema religioso judío no es más que un tratado entre Yahvé y su pueblo elegido: un tratado con todas las consecuencias obligatorias que se derivan generalmente de un contrato...Entre Dios y el hombre sólo es posible una forma de comunión: el hombre cumple ciertas obligaciones prescritas por la Torá, a cambio de qué recibe de Dios una recompensa correspondiente. De tal manera que el hombre no debe acercarse a Dios rezando sin llevar en la mano una contrapartida que ofrecer a cambio del favor que solicita (*Sifre*, 12b; *Wajjikra Rabba*, c31) ...La diferencia entra la suma y el peso de las "*Mitzwoth*" y la suma y el peso de las infracciones establecen si el individuo es un justo o si es condenado. El resultado del cálculo queda registrado en un reporte que contiene las "*Mizwoth*" y las "*Aberoth*", y queda sujeto a la aprobación del interesado. Es inútil decir que semejante contabilidad no es nada fácil de llevar...Según *Ruth rabba* (86a), Elías es el que lleva a cabo esa contabilidad, y según *Esther rabba* (86a), los ángeles son los encargados de esa tarea, etc. Así pues, el hombre tiene una cuenta abierta en el cielo según *Sifra* (224b)..."

En Werner Sombart, *Les Juifs et la vie économique*, Kontre Kulture, 2012, Saint-Denis, p. 367, 368, 371, 373. También editado en español por la Universidad Completense de Madrid en el 2008, *Los Judíos y la vida económica*. [Sombart se refería al judaísmo rabínico, más racional y práctico, y no al judaísmo místico-cabalístico que probablemente no debía conocer].

Karl Marx fue incluso más directo y lapidario cuando escribía en *La cuestión judía*:

"El dinero es el celoso Dios de Israel, ante el que no puede legítimamente prevalecer ningún otro Dios. El dinero envilece a todos los dioses del hombre y los convierte en una mercancía. El dinero es el valor general de todas las cosas, constituido en sí mismo. Él ha despojado, por ello, al mundo entero de su valor peculiar, tanto al mundo de los hombres como a la naturaleza. El dinero es la esencia enajenada del trabajo y de la existencia del hombre, y esta esencia extraña lo domina y es adorada por él. El Dios de los judíos se ha secularizado, se ha convertido en el Dios del mundo. El cambio es el Dios real del judío. Su Dios es solamente el cambio ilusorio."

En Karl Marx, *La cuestión judía*, Anthropos Editorial, 2009, Barcelona, p. 160

ANEXO VIII

LA SHEJINÁ Y LA COMUNIDAD DE ISRAEL

"En la literatura talmúdica y en el judaísmo rabínico no cabalista, lo que se entiende por el término *Sejiná* – al pie de la letra "residencia", pero residencia de Dios en el mundo – no es sino Dios mismo en su omnipresencia y actividad en el mundo y en particular en Israel. La *presencia* de Dios, lo que en la Biblia se denomina su "faz", equivale en el uso idiomático rabínico a su *Sejiná*. En ningún pasaje de la antigua literatura se encuentra una separación entre Dios mismo y su *Sejiná* en el sentido de una hipóstasis especial auténticamente diferenciable de Dios. Algo muy distinto ocurre con el acervo expresivo de la Cábala a partir del *Bahir*, el cual contiene ya casi todas las proposiciones esenciales de la *Sejiná*. En él, ésta es considerada como un aspecto divino, dotada de un carácter femenino y, podemos decir, independizada.

(…) El establecimiento de un elemento femenino en Dios es, naturalmente, uno de los pasos más pródigos en consecuencias que la Cábala ha realizado y ha intentado basar en la exégesis gnóstica. La enorme popularidad que han alcanzado en círculos extensísimos del pueblo judío los aspectos míticos de esta concepción, a pesar de haber sido considerada con frecuencia con el máximo escepticismo por el sector judío estrictamente rabínico, no cabalista, y a pesar del también frecuente y apurado intento de la apologética cabalística por canalizarla en direcciones inofensivas – lo femenino de la *Sejiná*, tomado en el sentido de una conducción providencial de la creación-, es sin duda una prueba de que los cabalistas han recurrido aquí a uno de los impulsos fundamentales de ciertas concepciones religiosas primitivas y de efectos más perennes del judaísmo.

(…) En el Talmud y en el Midrash[786] encontramos el concepto de "comunidad de Israel" (del cual procede el concepto cristiano de

---

[786]Véase de nuevo nota 109 y 445. (NdT).

ecclesia) solamente como una personificación del Israel histórico, real, y en cuanto tal claramente contrapuesta a Dios. La interpretación alegórica del Cantar de los Cantares en el sentido de la relación de Dios con la ecclesia judía, tal como había sido recibida desde siempre en el judaísmo, desconoce la elevación mítica del papel de la ecclesia a la categoría de potencia divina o incluso de hipóstasis. Tampoco identifica nunca la literatura talmúdica a la *Sejiná* con la ecclesia. Muy diferente es lo que ocurre en la Cábala, en la que esa identificación trae consigo la plena irrupción del simbolismo de lo femenino en la esfera de lo divino. Todo lo que había sido dicho en las interpretaciones talmúdicas del Cantar de los Cantares sobre la comunidad de Israel como hija y esposa fue transportado ahora en alas de esa identificación a la *Sejiná*. Dudo que podamos hacer afirmaciones razonables sobre el punto al que corresponde la prioridad en este proceso: a la reinstauración de la idea de un elemento femenino de Dios por los cabalistas antiguos o a la identificación exegética de los dos conceptos anteriormente separados de ecclesia de Israel y *Sejiná*, a través de la cual pudo ser transmitida una parte tan cuantiosa de la herencia gnóstica bajo una pura metamorfosis judía. No me es posible separar aquí el proceso psicológico y el histórico, que representan, dentro de su unidad, el paso decisivo de la teosofía cabalística…El origen del alma en la esfera de lo femenino en Dios mismo se ha convertido, para la psicología de la Cábala, en un factor de decisiva importancia. Pero la idea de la *Sejiná* que acabamos de describir en sus rasgos más elementales obtiene sólo su carácter totalmente mítico debido a dos complejos de ideas absolutamente inseparable de ella, a saber, la de la ambivalencia de la *Sejiná* y la de su exilio."

En Gershom Scholem, *La Cábala y su simbolismo*, Siglo XXI Editores, 2009, Madrid, p. 126-128

"(…) Pero esta idea de la ambivalencia de la *Sejiná*, de sus "fases" cambiantes, está ya relacionada con la de su exilio (*galut*). El concepto del exilio de la *Sejiná* es talmúdico: "En todo exilio al que tuvo que dirigirse Israel la *Sejiná* le acompañaba". Sin embargo, esto no tenía otro significado sino la *presencia* de Dios estaba con Israel en todos sus exilios. Esta idea, por el contrario, quiere decir en la Cábala lo siguiente: *Algo perteneciente a Dios mismo se ha exiliado de Dios*. Ambos motivos, el del exilio de la ecclesia de Israel en el Midrash y el del exilio del alma con respecto a su lugar de procedencia, que encontramos no sólo en círculos gnósticos, sino también en otros muchos ámbitos ideológicos, se unen ahora en el nuevo mito cabalístico del exilio de la *Sejiná*. Este exilio es representado muchas veces como la expulsión de la reina o de la hija del rey por su esposo o padre, y otras veces es representado como la subyugación por las fuerzas de lo demoníaco, por la "otra parte", que irrumpiendo destructivamente en su recinto la dominan y la someten a su actuación enjuiciadora.

Este exilio no es aún, por lo general, en la primitiva Cábala, algo que se origina con el principio de la creación. A tal idea se llegará después con la Cábala safédica del siglo XVI. El exilio de la *Sejiná*, o con otras palabras, la separación del principio masculino y del femenino en Dios, es entendido mayormente como la acción destructora del pecado humano y su sentido mágico. El pecado de Adán se repite incesantemente en cada pecado. Adán, en lugar de penetrar en su contemplación el conjunto de las sefirot en su impresionante unidad, se dejó atraer, cuando le fue ofrecida la elección, por la solución más fácil de contemplar únicamente la última sefirá – en la cual parecía reflejarse todo lo restante, como si fuera la divinidad, prescindiendo de las demás sefirot. En lugar de contribuir a mantener la unidad de la acción divina en el conjunto del universo – que aún estaba impregnado de la vida secreta de la divinidad – y de apoyarla en su propia consumación, destruyó esta unidad. Desde entonces existe una profunda separación entre lo inferior y lo superior, lo masculino y lo femenino en algún lugar interno. Esta separación es descrita por medio de múltiples símbolos... Y así como para el sentimiento religioso de los antiguos cabalistas el exilio de la *Sejiná* es un símbolo de nuestro profundo enculpamiento, la acción religiosa ha de tener consecuentemente por finalidad la supresión de dicho exilio o por lo menos el esfuerzo encaminado a obviar esa supresión. El sentido de la redención consiste en la reunificación de Dios y su *Sejiná*. Por medio de ella recobrarán su unidad primitiva – hablando de nuevo desde un punto de vista mítico – el principio masculino y femenino, y gracias a la unificación ininterrumpida de ambos las potencias generadoras fluirán de nuevo sin obstáculo por el universo. Bajo el dominio de la Cábala toda acción religiosa debía ir acompañada de la fórmula de que esto se hacía expresamente "por motivo de la unión de Dios y su *Sejiná*"... A manera de colofón quisiera hacer notar, con respecto a este punto únicamente, que de este gran mito, tan pródigo a su vez en consecuencias para la historia de la Cábala, de la *Sejiná* y su exilio se han encontrado representaciones en un número infinitamente crecido de viejos ritos, pero al mismo tiempo también en otros de posterior aparición. El ritual de los cabalistas está, de principio a fin, determinado por esta idea profundamente mítica." En Gershom Scholem, *La Cábala y su simbolismo*, Siglo XXI Editores, 2009, Madrid, p. 129 -131

"(...)¿Qué aspecto presenta este ritual cabalístico de los místicos? Antes del comienzo del Sábado, a la hora de vísperas del viernes, acostumbraban los cabalistas de Safed y de Jerusalén a salir de la ciudad vestidos de blanco...y a dirigirse al campo libre a causa de la llegada de la *Sejiná*. Esta salida representa una procesión en busca de la novia, a cuyo encuentro se va. Al mismo tiempo se cantaban determinados himnos a la novia y salmos de alegre emoción (como el salmo 29, y entre los demás, del 95 al 99). El más afamado de estos himnos, la canción compuesta en el círculo de Moisés Cordovero por Selomo Alcabes en Safed: *Ven querido mío, al encuentro de la novia/ la faz del Sábado recibamos,* pone en estrecho contacto con la mística simbólica las esperanzas mesiánicas de rescate de la *Sejiná* del exilio, y aún hoy se la canta en todas las sinagogas. Cuando dejó de efectuarse realmente la salida al campo, permaneció la costumbre de celebrar el rescate de la novia en el atrio de la sinagoga, y cuando esto también dejó de practicarse, permaneció hasta hoy la costumbre de dirigirse hacia el Oeste en el momento del último versículo del gran himno e inclinarse ante la novia esperada...Notable es también la costumbre, repetidamente atestiguada, de recitar los salmos sabáticos con los ojos cerrados, la razón de lo cual es, según los cabalistas, que la *Sejiná* en el *Zohar* se la denomina "la virgen bella que carece de ojos", la que se ha deshecho en llanto en el exilio. El Viernes por la tarde se recitaba también como canción de boda de la *Sejiná* el Cantar de los Cantares, que hace referencia, según la interpretación tradicional, a la unión íntima del "Ser Santo, alabado sea, con la Ecclesia de Israel". Únicamente al terminarse el rito de ir al encuentro de la novia se recitaban las oraciones sabáticas tradicionales."

En Gershom Scholem, *La Cábala y su simbolismo*, Siglo XXI Editores, 2009, Madrid, p. 170-171

Otros títulos